中华优秀传统文化论丛

费君清　刘家思　朱小农　主编

浙江工商大学出版社
ZHEJIANG GONGSHANG UNIVERSITY PRESS
·杭州·

图书在版编目(CIP)数据

　　中华优秀传统文化论丛 / 费君清，刘家思，朱小农
主编. — 杭州：浙江工商大学出版社，2020.7
　　ISBN 978-7-5178-3885-2

　　Ⅰ. ①中… Ⅱ. ①费… ②刘… ③朱… Ⅲ. ①中华文
化—文集 Ⅳ. ①K203—53

　　中国版本图书馆 CIP 数据核字(2020)第 087563 号

中华优秀传统文化论丛
ZHONGHUA YOUXIU CHUANTONG WENHUA LUNCONG

费君清　刘家思　朱小农　主编

责任编辑	张晶晶
封面设计	林朦朦
责任印制	包建辉
出版发行	浙江工商大学出版社
	（杭州市教工路 198 号　邮政编码 310012）
	（E-mail：zjgsupress@163.com）
	（网址：http://www.zjgsupress.com）
	电话：0571-88904980，88831806（传真）
排　　版	杭州朝曦图文设计有限公司
印　　刷	浙江全能工艺美术印刷有限公司
开　　本	710mm×1000mm　1/16
印　　张	27.5
字　　数	479 千
版 印 次	2020 年 7 月第 1 版　2020 年 7 月第 1 次印刷
书　　号	ISBN 978-7-5178-3885-2
定　　价	99.80 元

教育部 2019 年度省级一流本科专业建设点浙江越秀外国语学院汉语国际教育专业（教高厅函〔2019〕46 号）建设成果

浙江省高等教育"十三五"第二批教学改革研究项目"外语院校以中华优秀传统文化育人铸魂的教学改革与实践"（编号 jg20190507）研究成果

绍兴市 2019 年普通高校重点学科浙江越秀外国语学院中国语言文学学科（编号 SXSXK201903）建设成果

绍兴市 2019 年普通高校重点专业浙江越秀外国语学院汉语国际教育专业（编号 SXSZY201920）建设成果

绍兴市 2019 年高等教育教学改革课题"'双一流'背景下汉语国际教育专业'汉语＋'人才培养改革与实践研究"（编号 SXSJG201920）研究成果

浙江越秀外国语学院中国语言文学学科专业建设丛书编委会

前　言

习近平总书记指出："优秀传统文化是一个国家、一个民族传承和发展的根本，如果丢掉了，就割断了精神命脉。"中华民族有着悠久的历史，创造了辉煌的优秀文化。中华优秀传统文化是人类文化史上的瑰宝，是中华文明发展程度的历史标志，也是中华民族生生不息的力量源泉和精神导向。因此，学习和传承中华优秀传统文化，是摆在当代青年大学生乃至全国人民面前的重要课题。浙江越秀外国语学院是一所全日制本科高校，学校始建于 1981 年。自建校以来，学校坚持"以文化人"的教育方针，非常重视对学生进行中华优秀传统文化教育，固本铸魂，立德树人，致力于培养具有强烈家国情怀的人才，努力为中华优秀传统文化的传承做出应有的贡献。

众所周知，外国语院校以培养对外交流人才为主要任务，其广大毕业生是中外文化交流和各种合作联络的主力军，与孔子学院的学生、国外来华留学生和我国出国就读的留学生相比，他们是一支更为强大的力量。因此，培养具有国际视野、家国情怀和社会责任感的高素质应用型外语人才，是多数外语院校人才培养的基本目标。然而，不可忽视的是，外语院校外国语言文化氛围浓郁，多数学生以外国语言文学作为主修专业，将主要时间用于学习外国语言、了解外国文化、阅读外籍文献上，而对中华优秀传统文化的学习缺乏系统性，对中华优秀传统文化的精髓知之甚少，缺乏认同感。因此，他们在跨文化交际中不仅无法充分展现中华优秀传统文化底蕴，而且缺乏文化自信，无法承担起向全世界传播中华优秀传统文化的重任。

为了避免这种现象的出现，浙江越秀外国语学院充分利用绍兴作为文化古都的中华优秀传统文化资源丰富的优势，经过深入研究和探讨，对学生实施了

"以文化人,固本铸魂"的思想品德教育,不仅突出中华优秀传统文化在思想政治教育体系中的重要地位,而且采取灵活多样的方式对学生进行传统文化教育,增强学生对中华文化的认同感,提高他们的民族自信心,帮助他们树立家国情怀和担当精神。十几年来,通过深入实践和探索,越秀改变了多数外语院校只在通识教育课程或思政课程零星地涉及一点中华优秀传统文化知识的做法,将中华优秀传统文化教育工作系统化、常规化和制度化,提高了毕业生的综合素质,受到了社会的好评,从而形成既符合外语院校实际,又具有鲜明特色和很强推广意义的教育模式。

首先,成立组织机构,加强师资队伍建设。最初,越秀成立了具有绍兴文化特色的,探索中华优秀传统文化渊源流变的"大禹文化研究所",将学术研究与传统文化教育融为一体,开办"大禹文化书院",对全校学生开展以大禹为中心的优秀传统文化教育;接着,在此基础上创办了汉语专业,以加强中华优秀传统文化的师资队伍建设,营造中华文化教育氛围;然后,创办了中国语言文化学院,并将原先的"大禹文化研究所"扩建为"大禹与中华优秀传统文化研究中心",成立了中华优秀传统文化与人文素质教学部,建设了力量雄厚的师资队伍(至今已有教授二十一人,副教授十八人,博士三十八人),承担着全校的中华优秀传统文化教育的课程教学。同时,创办镜水人文大讲堂,定期聘请国内外中华优秀文化研究专家讲学。尤其是,学校成立了以党委为中心的中华优秀传统文化教育领导小组,构建党委统一领导、党政齐抓共管、相关部处和二级学院共同参与、社会协同的育人共同体,将中华优秀传统文化教育工作推向深入。

其次,建章立制,用制度保障。一是围绕中华优秀传统文化教育,学校专门制定出台了《推进中华优秀传统文化教育实施方案》,制定了大政方针,健全了组织管理机制,理顺了各种关系,完善了实施方案,从根本上将中华优秀传统文化教育融入学校整体办学思路之中,将其作为系统工程大力推进,规范管理、常抓不懈。二是修订了人才培养方案,将中华优秀传统文化教育课程纳入学校整体的人才培养方案之中。各专业的人才培养方案,将中华优秀传统文化课程分别纳入必修课、必选课或限选课之中。三是优化"四位一体"的教学制度。为做到课程教学规范,学习要求明确,确保教育效果,要求将教师讲授和学生自主学习结合起来,要求学生写出学习体会不少于三篇。这些制度,确保了中华优秀传统文化教育有条不紊地开展。

再次,构建常规体系,致力于系统化推进。为了使中华优秀传统文化入脑入心,学校改变了一般性的突击活动式的做法,以避免零碎性缺陷,从而构建了常规体系,系统化地全面推进。一是构建了中华优秀传统文化教育多元化的课程体系,形成了包含"传统文化教育必修课+传统文化教育选修课+传统文化教育课程思政课"等二十多门课程组成的课堂教学体系,以"大禹文化学导论""中国文化概论""国学经典导读""大学语文"等必修课为主干,以选修课为支冠,突出中华优秀传统文化核心内涵的教育。二是教材建设系统化,学校先后组织编写和出版了《大禹文化学概论》《大禹文化学导论》《国学经典导读》《大学语文》等一批省级新形态教材。三是坚持理论与实践相结合的教学原则,形成了以课堂教学为基础、社会实践为内核、学术活动为提升、文化体验为辅助的"四位一体"综合教育模式。四是构建了"知行合一、实践育人"的协同育人机制。不仅建立了绍兴市看守所"育新课堂"实践基地、宁波保税区实践基地、义乌外贸商务实践基地、柯桥轻纺城国际贸易实践基地等一批省内外社会实践活动基地,而且组建了"义工志愿者""筑梦支教队"等一批社团,形成制度化的常规活动。五是定期举办中华优秀传统文化的大师讲座和传统文化征文竞赛等一系列活动,至今已举办七十多场。这种系统性的教育,很好地贯彻落实了中共中央办公厅、国务院办公厅印发的《关于实施中华优秀传统文化传承发展工程的意见》的精神,收到了预期的教育效果。

为了更好地开展中华优秀传统文化教育,学校建立了一支雄厚的师资队伍。本着"打铁还需自身硬"的精神,坚持"以研促教"的原则,鼓励教师开展中华优秀传统文化的学术研究,深挖活水源头,夯实教育教学的基础,激活教育潜能,优化教学效果。因此,学校编辑出版了《大禹与中国传统文化研究》(原刊名为《中国禹学》)杂志,出版了一批专著,发表了一批研究中华优秀传统文化的学术论文。这里,我们收集了一部分论文,汇集出版,进行自我检视,以推进我们的中华优秀传统文化的教育工作。在这里,我们需要说明三点。

一是主题与范围。这次收集的论文,没有限定主题和时间范围,涉及的内容很广,时间跨度很大。之所以不突出什么主题,也不限制什么时间段,主要是考虑到中华传统文化博大精深,可研究的对象广泛,如果限制一个主题或者一个时段,反而只见树木,不见森林,显得片面。没有选择性收录,可以显示中华优秀传统文化的丰富性,而且也可以反映学校对学生进行传统文化教育的广度,彰显"百花齐放"的学术态势。当然,我们也有主题比较集中的成果。譬如在大禹文化研究方面,学校有不少成果,但一方面限于篇幅的原因,无法收集进来;另一方面也限于其主题集中,与无主题收集原则不协调,只好暂时忍痛割爱。

二是自荐与编辑。这里收集的论文只是学校部分教师研究成果的一部分。

我们采取了以作者自荐为主的收集方式。本着文责自负、充分尊重作者的原则，所有论文不做内容上的编辑和修订，更不做增删，只是对论文进行了审读，从内容上进行了初步把握，在体例上提出了共同的要求。但是，因为原刊编辑过程中的要求不一样，本书收入的论文难免在体例上还有一些差异。譬如注释，有的很详尽，显得非常严谨和规范，但也有少数注释从简；参考文献有的精善，有的丰富全面，如此等等。但是，作者在自荐前都非常用心，做了很多工作。例如，有部分论文，原先是繁体字发表的，都根据出版要求转换成简体字，重新一一校对；有的文章没有保留原始文档，是重新打印和校对的，费了不少心血，显示了负责的态度。借此机会，对各位作者表示衷心的感谢。

三是身份与质量。本论丛收集的论文只是学校从事传统文化课程教学的部分教师的部分成果。我们本着"教师"的唯一身份来收集论文，水平层次难免不一；篇幅长短也没有严格限制，篇幅长的洋洋数万言，短的五六千字。因为这里要展示的只是我校教师在开展传统文化课程教学的过程中做过的研究和专业积淀。应该说，我们的目的达到了。在这一批作者中，虽然有资深教授、博士副教授和博士之分，有的是博士生导师，有的是硕士生导师，但都是科班出身的。总的来说，所选文章都有一定新意，在一定程度上代表了作者在某一阶段的研究水平。可以看出，这些论文基本上呈现了长者厚实、短者精粹的特点。然而，因为疫情的原因，许多教师困居老家，无法推荐自己的佳作；也因为篇幅和体例的关系，部分老师自荐的成果未能收入本论丛，这无疑造成了遗珠之憾，在此深表歉意。

本论丛的编辑出版，得到了浙江工商大学出版社的大力支持，尤其是任晓燕主任和张晶晶编辑付出了辛勤的汗水，在此致以衷心的感谢！

2020 年 4 月

目　录

文本与接受:论《春秋左传集解》的诗学意义

丁太勰　　刘运好

摘　要:《左传》因记载了大量引《诗》、赋《诗》的材料,使之既具有诗学文献学意义,也具有诗学阐释学意义;既可以从《诗》的文本上考察其历史语境意义,也可以从接受上考察其现实语境意义。这两个方面也恰恰是杜预《春秋左传集解》阐释《诗》的主要着眼点。杜预解《诗》,既注重语词训诂、章句辨析及本事考索,试图在可能的历史语境的还原中揭示文本的本来意义;又注重阐释引诗、赋诗的当下现实的语境意义,试图揭示《诗》接受生成意义的特殊性。"诗以言志"是其一以贯之的诗学思想,"情志合一"则又是其基本思想倾向。

关键词:杜预;《春秋左传集解》;情志合一;诗学意义

在"春秋三传"中,《左传》因记载了大量引《诗》、赋《诗》的材料而具有特殊的《诗》学意义。杜预《春秋左传集解》(下称《集解》)也因阐释引《诗》、赋《诗》且渗透了时代与自己的诗学观念而具有特殊的诗学意义。然而,学界研究多瞩目于《左传》《诗》学而忽略了《集解》,近三十年来,唯有封富《从〈左传〉杜注看杜预的〈诗〉学观》(《重庆文理学院学报》2012 年第 3 期)一文,然其论述略显粗疏。因此,重新探讨《集解》的《诗》学意义非常必要。本文在重新考索《左传》用《诗》的基础上,集中论述《集解》对《诗》文本原始意义、接受生成意义的解读,分析其《诗》学思想的基本倾向。

一、《诗》学研究的津梁:《左传》引《诗》、赋《诗》再考索

《左传》《诗》学是杜预《诗》学产生的基础,是论证杜预《诗》学的逻辑起点。关于《左传》《诗》学研究的论文积案盈箱,20 世纪前期,顾颉刚、朱自清、夏承焘

即发表了相关论文①;20世纪80年代后,不仅专论文章层出不穷,而且相关专著也列出专章深入探讨②,毛振华③有详细介绍。无疑,这些研究对于揭示《左传》《诗》学做出了不同的贡献。本文认为,如果从纯粹《诗》学的观念上看,《左传》的《诗》学意义主要集中于两点:一是保留了部分逸诗,具有《诗》学的文献学意义。二是《左传》所载之引《诗》、赋《诗》,一部分表达用诗者之志,具有现实语境的意义;另一部分阐释诗中之志,具有历史语境的意义。因为《左传》与《诗》产生时间最为接近,故对《诗》中之志的阐释也最为接近《诗》的原始意义,因而成为研究《诗》之津梁之一。

《左传》的《诗》学文献意义,首先表现在对逸诗的保留上。统计《春秋左传正义》,《左传》引"逸诗"计15首,因现有诸家专论统计有误,故列表如下。

表1 《左传》引"逸诗"统计表

序号	分类	引《诗》篇名/内容	详细出处	备注
1	大雅	本枝百世	庄公六年,卷八	唯见《左传》
2	大雅	翘翘车乘,招我以弓,岂不欲往,畏我友朋	庄公二十二年,卷九	
3	大雅	我之怀矣,自诒伊慼	宣公二年,卷二十一	
4	大雅	虽有丝麻,无弃菅蒯。虽有姬姜,无弃蕉萃。凡百君子,莫不代匮	成公九年,卷二十六	
5	大雅	淑慎尔止,无载尔伪。	襄公三十年,卷四十	
6	大雅	我无所监,夏后及商。用乱之故,民卒流亡	昭公二十五年,卷五十二	
7	小雅	周道挺挺,我心扃扃。讲事不令,集人来定	襄公五年,卷二十九	
8	大雅	《茅鸱》	襄公二十八年,卷三十八	
9	小雅	《祈招》	昭公十二年,卷四十五	

---

① 顾颉刚:《〈诗经〉在春秋战国间的地位》,《古史辨》第三册,上海古籍出版社1981年版。朱自清:《诗言志辨》,华东师范大学出版社1996年版。夏承焘:《采诗与赋诗》,《中华文史论丛》第一辑,中华书局(上海)1962年版。

② 傅道彬:《先秦用〈诗〉论》,《中国文学的文化批评》,黑龙江人民出版社2000年版;刘丽文:《左传中的〈诗经〉文化》,《春秋的回声——〈左传〉的文化研究》,北京燕山出版社2000年版;俞志慧:《诗言志的分别义》,《君子儒与〈诗〉教儒——先秦儒家文学思想论》,北京三联书店2005年版。

③ 毛振华:《〈左传〉赋〈诗〉研究百年述评》,《湖南大学学报》(社会科学版)2007年第4期。

序号	分类	引《诗》篇名/内容	详细出处	备注
10	小雅	《新宫》	昭公二十五年,卷五十一	
11	周诗	俟河之清,人寿几何。兆云询多,职竞作罗	襄公八年,卷三十	
12	鄘风	礼义不愆,何恤于人言?	昭公四年,卷四十二	
13	郑风	何以恤我,我其收之	襄公二十七年,卷三十八	
14	郑风	《河水》	僖公二十三年,卷十五	
15	郑风	《辔之柔矣》	襄公二十六年,卷三十七	《逸周书》引

从表 1 可以看出,《左传》引《诗》15 首中,10 首有辞无目,5 首有目无辞。其中大雅 6 篇,小雅 4 篇,风 5 篇。周诗 1 篇,不详分类,或为周颂。另有襄公二十一年引《小雅·采薇》"优哉游哉,聊以卒岁"二句,杜预注:"案今《小雅》无此全句,唯《采菽》诗云:'优哉游哉,亦是戾矣。'"①或为逸诗,或为异文,疑不能明。钩稽《左传》佚诗,对于考察《诗》之原貌及删《诗》、编《诗》都有重要的文献学意义。

赋诗言志是春秋贵族特有的一种话语方式,其形式也有不同。《左传》所涉及的用《诗》,实际上并非止于"赋诗言志",而主要包含赋《诗》、引《诗》两种类型。也有学者另列"歌《诗》""诵《诗》",其实与赋《诗》并无本质区别,唯有歌《诗》(乐工奏诗)与礼的关系更为密切而已,故本文皆归于赋诗一类。

所谓赋《诗》,即因事用《诗》。《左传》多以"赋"标志之,内容有诵古,有造篇。孔颖达曰:"郑玄云:'赋者,或造篇,或诵古。'然则赋有二义,此与闵二年郑人赋《清人》、许穆夫人赋《载驰》,皆初造篇也。其余言赋者,则皆诵古诗也。"②"诵古"即赋者引用成诗,多为外交、宴饮、揖让之时,赋诗言志,微言相感。"造篇"即赋者自作诗章,多因具体事件,作诗以表达情志。《左传》赋《诗》共 40 场,73 次,去其重复,涉及《诗》66 首,其中逸诗 5 首③。其中造篇 9 首,分别是《卫风》之《硕人》《载驰》《清人》,《小雅》之《常棣》,《秦风》之《黄鸟》,《周颂》之《时迈》《武》《赉》

---

①　杜预注、孔颖达疏:《春秋左传正义》,北京大学出版社 1999 年版,第 972 页。
②　同上,第 79 页。
③　笔者据《春秋左传正义》统计:赋《风》31 次,涉及《诗》27 首,逸诗 2 首;赋《小雅》32 次,涉及《诗》27 首,逸诗 2 首;赋《大雅》8 次,涉及《诗》7 首,逸诗 1 首;赋《颂》2 次,涉及《诗》5 首。此未包括季札聘鲁,乐工为之所歌之《诗》。现有著述或论文统计皆有讹误。

《桓》。虽然造篇所占比例不多,但是可以据此考定作者及《诗》之本事,故既具有文献意义,亦具有诠释意义。所谓引《诗》,即援引他人之诗以说理。《左传》多以"曰"标志之,主要表现在叙述性说理和评论性说理之中。举凡评论性说理,都用"君子曰""孔子曰""子思曰"之类;叙述性说理,则在叙述人物对话中出现,如"卫彪傒曰""昭子叹曰"之类。《左传》引《诗》共 122 场,155 次,去其重复,涉及《诗》93 首,其中逸诗 10 首①。此外,《左传》引诗还有一种情况值得注意,即暗引《诗》义。如文公七年:"昭公将去群公子,乐豫曰:'不可。公族,公室之枝叶也。若去之,则本根无所庇阴矣。葛藟犹能庇其本根,故君子以为比。'"孔颖达疏:"此引葛藟,《王风·葛藟》之篇也。"②这一类引《诗》题意不显,唯以取某诗篇之意而暗示之,通过联想方得明了其诗篇。这其实也是另一种解《诗》的方式。

赋《诗》与引《诗》,虽然从阐释学上说具有相近的意义,但是二者毕竟有所区别。第一,在表达功能上,赋《诗》以言志为主体,说理熔铸于言志之中;引《诗》以说理为主体,取经典的话语方式,或证明,或深化所说之理。第二,在表达语境上,赋《诗》有明确的现实情境,《诗》的意义主要显现在当下的现实语境中,因此赋《诗》所取大多是《诗》的比喻义和引申义;引《诗》则是按照说理的具体内容和逻辑次序,《诗》的意义主要显现在经典的历史语境中,因此引《诗》所取大多是《诗》的原始含义。第三,在表达方式上,赋《诗》偏于"主文而谲谏",常是意在《诗》外;引《诗》偏于义正而辞严,常是理在《诗》中。第四,在表达场合上,赋《诗》多发生在重要的外交、礼宴的场合中,承载着更为严肃的政治意义;引《诗》可以发生在重要的场合中,也可以发生在私人对话中,主要在于说理的明晰、透彻。第五,在《诗》学意义上,赋《诗》属于延伸性《诗》学阐释,凸显了文学的多义性,对后来的文学创作提供了更为开阔的空间;引《诗》属于文本性《诗》学阐释,凸显了文学的经典性,对后来的《诗》学研究提供了历史的依据。而无论是赋《诗》还是引《诗》,都有表达主体和接受主体的分别,表达者因《诗》而达意,接受者则借其赋《诗》而观人,这也就为表达与接受的错位提供了可能,有助于深化阐释学的理论研究。

此外,本文虽将"歌《诗》"归于赋《诗》一类,但二者毕竟有所区别。《左传》之歌《诗》也可分为两类:一是大夫歌《诗》。如襄公十六年:"晋侯与诸侯宴于温,使诸大夫舞,曰:'歌《诗》必类。'齐高厚之诗不类。"杜注:"歌古诗,当使各从义类。"

---

① 笔者据《春秋左传正义》统计:其中引《风》23 次,20 首;《小雅》47 次,26 首;《大雅》57 次,24 首;《颂》19 次,13 首。另引逸诗 10 次,10 首。现有著述或论文统计皆有讹误。

② 杜预注、孔颖达疏:《春秋左传正义》,北京大学出版社 1999 年版,第 518 页。

孔疏："歌古诗各从其恩好之义类，高厚所歌之诗，独不取恩好之义类，故云齐有二心。"①以从歌《诗》的类型考察赋《诗》主体的内心世界，是一种对《诗》的特殊解读方法。二是乐工奏《诗》。如襄公二十九年，吴公子季札来聘于鲁，请观于周乐，乐工为之歌，季札对《周诗》的长篇评价，最为真实地表现了那个时代对于《周诗》及其音乐的审美认知，尤其具有《诗》的诠释学意义。乐工奏《诗》与礼的关系密切，孔颖达曰："若使工人作乐，则有常礼。穆叔所云《肆夏》，《樊》《遏》《渠》，天子所以享元侯也。《文王》《大明》《绵》，则两君相见之乐也。燕礼者，诸侯燕其群臣及燕聘问之宾礼也。歌《鹿鸣》《四牡》《皇皇者华》，如彼所云，盖尊卑之常礼也。"②所奏诗歌，必须遵循森严的等级次序，不可僭越。

综上，《左传》引《诗》、赋《诗》既具有《诗》学文献学意义，也具有《诗》学阐释学意义；既可以从《诗》的文本上考察其历史语境意义，也可以从接受上考察文学的现实语境意义。这两个方面也恰恰是杜预《集解》阐释《诗》的主要着眼点。

二、历史语境的还原：《集解》对赋《诗》的文本解读

"诗无达诂"，诗歌文本的意义不是独立的存在，而是在接受中呈现出来。"历史的距离"是影响经典解读的重要因素。经典的文本意义产生于特定时代，并且随历史的发展和接受主体的不同而呈现出一种动态的开放特征。因此，不同时代、不同接受主体，对于同一种文本可能做出截然不同的阐释。但是，努力追寻文本的本来意义，最大限度地追寻读者当下呈现的文本语境与可能存在的历史语境的"视界融合"，亦即追寻读者解读的意义与文本意义尽可能地叠合，是经典诠释的主要原则。杜预循古文经学的治经路数，"原始要终"是其基本学理特点，因此其语词训诂、章句辨析及本事考索，都试图在可能的历史语境的还原中揭示文本的本来意义。

先言训诂语词。语词训诂主要是探求语言在历史发展中所形成的概念意义，可以称为历时性意义。通过对语言在某一历史区间概念意义的阐释，在历史语境中，追寻文本的本意。因此，语言的历时性意义是理解文本意义的连贯古今的信息载体，从而使文本超越时间界限而为后人解读提供了可能。古文经学家正是通过这种方式最大可能地再现文本的历史语境。《集解》在这方面特点非常

① 杜预注、孔颖达疏：《春秋左传正义》，北京大学出版社1999年版，第939页。
② 同上，第504页。

突出，如僖公九年："臣闻之：唯则定国。《诗》曰：'不识不知，顺帝之则。'文王之谓也。又曰：'不僭不贼，鲜不为则。'无好无恶，不忌不克之谓也。"杜注："帝，天也。则，法也。言文王暗行自然，合天之法。""僭，过差也。贼，伤害也。皆忌克也。能不然，则可为人法则。"①前诗引《大雅·皇矣》，是周人叙述祖先的开国史诗。其"帝""则"二词，毛传未单独训释，郑笺则将语词训释融合在章句阐释中。关于"则"之训释，古今并无异议。然而"帝"的训释则微有不同。《字汇》曰："帝，上帝，天之神也。"故今人高亨解释："此二句言文王不知不觉地自然遵循上帝的法则。"②那么，杜预何以训为"天"？因为远古时上帝只是一种精神上的虚拟存在，它以天的形式显示其力量的存在。因此天的法则也就是上帝的法则，所以杜预补充"帝，天也"的训诂。而高亨的解释则胶着于本意而背离了语言意义的历时性。后诗引《大雅·抑》，告诫周朝贵族修德守礼、谨言慎行。毛传："僭，差也。"郑笺："当善慎女之容止，不可过差于威仪。女所行，不不信、不残贼者少矣，其不为人所法。"③杜注"僭"取自郑笺，补充"贼"的训释，其句意阐释又紧扣《诗》所言之"慎尔出话，敬尔威仪，无不柔嘉"，心有所忌则言必"过差"，志在克人则威以伤人，惟有不忌不克，则为人效法之榜样。因为《左传》与《诗》处于一个相近的历史区间，杜注不离《左传》的历史语境，又抓住《诗》的整体语境，所以其语词训诂、句意阐释，都能呈现《诗》之语言的历史语境意义。

次言辨析章句。杜注训诂语词，实则为辨析章句服务；而辨析章句也特别凸显《诗》意阐释的历时性特点。如昭公八年，"叔向曰：……《诗》曰：'哀哉不能言，匪舌是出，唯躬是瘁。哿矣能言，巧言如流，俾躬处休。'其是之谓乎！"叔向所引乃《小雅·雨无正》。毛传："哀贤人不得言，不得出是舌也。哿，可也。可矣，世所谓能言也。巧言从俗，如水转流。"郑笺："瘁，病也。不能言，言之拙也。言非可出于舌，其身旋见困病。巧，犹善也。谓以事类风切剀微之言，如水之流，忽然而过，故不悖逆，使身居安休休然。乱世之言，顺说为上。"④《集解》："不能言，谓不知言理。以僭言见退者，其言非不从舌出，以僭而无信，自取瘁病，故哀之。哿，嘉也。巧言如流，谓非正言而顺叙，以听言见答者，言其可嘉，以信而有征，自取安逸。师旷此言，缘问流转，终归于谏，故以比巧言如流也。当叔向时，《诗》义

① 杜预注、孔颖达疏：《春秋左传正义》，北京大学出版社 1999 年版，第 360 页。
② 高亨：《诗经今注》，上海古籍出版社 1980 年版，第 87 页。
③ 郑玄笺、孔颖达疏：《毛诗正义》，北京大学出版社 1999 年版，第 1171 页。
④ 同上，第 1033 页。

如此，故与今说《诗》者小异。"①显然，关于此《诗》阐释，毛传、郑笺与杜注大相径庭。不仅训诂不同，如"哿"，毛传训"可"，杜注训"嘉"，而且句意阐释也不相同。毛、郑认为，"不能言"者，是"不能以其正道曲从君心"的贤者，"能言"者是"阿谀顺旨，不依正法"的小人。杜预认为，"不能言"者，是"不知言理""僭而无信"之小人，"故身见困病"而可哀之；"能言"者是"巧为言语""其言信而有征"的贤者，故能"自使其身处休美之地"而可嘉之。杜预还特别指明："叔向时，《诗》义如此，故与今说《诗》者小异。"古今说《诗》的不同，乃因为《诗》意的阐释也同样具有历时性的特点。故孔颖达疏："云'叔向时《诗》义如此'者，但叔向此言在孔子删《诗》之前，与删《诗》之后，其义或异。"②叔向所说《诗》意是否一定是孔子删《诗》前的《诗》之原意，难以确论；但是由此也可说明，杜预辨析章句，能够自觉地在历史语境中探求《诗》的本意。杜预对赋《诗》"造篇"的研究，几乎全是探求《诗》的本意，如《载驰》《常棣》等。这种研究的本身就具有方法论的意义。

再言本事考索。由于文本生成于特定的历史背景，是对某种特定历史背景的语言阐释，因此文本的意义并非仅仅是语言的历时性的概念意义，同时又承载着特定历史背景下的文化意义。因此考索诗歌本事，一直为诗学家所瞩目。虽然受注释体例及书写条件的限制，《集解》言简意赅，有关《诗》之本事往往也点明即止。凡毛传、郑笺详细明确而无异议，则不另注；若间有争议，疑不能明，则说明之。如宣公十二年："《汋》曰：'于铄王师，遵养时晦。'耆昧也。《武》曰：'无竞惟烈。'抚弱耆昧，以务烈所，可也。"杜注："《汋》，《诗·颂》篇名。铄，美也。言美武王能遵天之道，须暗昧者恶积而后取之。《武》，《诗·颂》篇名。烈，业也。言武王兼弱取昧，故成无疆之业。"③汋，毛诗作"酌"。关于此诗本事，毛传："《酌》，告成《大武》也。"郑笺："于美乎文王之用师，率殷之叛国以事纣，养是暗昧之君，以老其恶。是周道大兴，而天下归往矣。"④毛传以为是告《大武》之成，乃歌武王之事；郑笺则以为是赞美"文王之用师"，二说不同。杜预弃郑笺而取毛传，明确指出，《酌》诗乃赞美武王能遵循天道，纵养纣之暗昧，待其恶行满盈而后诛之以定天下。从后两句"时纯熙矣，是用大介"看，此诗所表达的逻辑次序是：周经过"遵养时晦"，而后"于铄王师"，最终"时纯熙矣，是用大介"，即诛殷纣而周道明盛。完成这样的历史转折，显然是武王而非文王。因此，杜预取毛传而弃郑说，

---

① 杜预注、孔颖达疏：《春秋左传正义》，北京大学出版社1999年版，第1258页。
② 同上。
③ 同上，第639页。
④ 郑玄笺、孔颖达疏：《毛诗正义》，北京大学出版社1999年版，第1368页。

是完全准确的。同样,《武》诗亦是奏《大武》之歌,像武王伐纣之事,诗云:"于皇武王,无竞惟烈。"诗意较上诗更为明确,故杜曰"言武王兼弱取昧,故成无疆之业"。通过考索本事,能够从历史语境上解读诗歌,因此所阐释的观点也就大抵切合诗歌原意。

可见,《集解》关于《诗》的研究,无论语词训诂、章句辨析,还是本事考索,虽阐释方法未脱古文经学家的路数,但是阐释内容又常与古文经学家不同。然而,由于杜预解《诗》能从历史语境出发,所以异于古文经学者,也大抵持之有故,言之成理,对后代《诗》学研究有着重要影响。而且注重语词、章句、本事的历时性与对应性,对于文学创作的词语选择、句意锤炼、本事表现也有一定的启示。

三、现实语境的呈现:《集解》对赋《诗》的接受阐释

从严格意义上说,任何历史语境都具有不可还原性。因为经典文本的解读都是在特定的历史空间和阅读主体中展开的,所以接受者或研究者在解读时所呈现的文本语境,都带有当下的时效性、强烈的主体性。杜预对《左传》用诗的研究都带有二度阐释的属性:一是用《诗》者的一度阐释——无论是引《诗》说理或赋《诗》言志,所用之诗意实际上是用《诗》者接受生成的意义,而不可能完全是文本的原始含义。二是杜预的二度阐释——既包括对经典原始含义的阐释,也包括对用《诗》者接受生成意义的阐释。而后者则主要着眼于引《诗》者当下的现实语境。

赋《诗》言志或者引《诗》说理常常发生在特定的语境中,也包含着一种独特的隐秘的心理现象:赋《诗》言志或引《诗》说理的发生,其深层都包含着用《诗》者的心理阐释的过程。因此,用《诗》所呈现的意义都是用《诗》者接受生成的意义,亦即由文本原始含义衍生而来的当下的现实语境意义。这种特殊的文学史现象以及文学批评现象,不仅影响了后代摘句式批评的产生,而且也影响了后代自由引申式批评的产生。杜预对这类用《诗》的研究,特别注意揭示用《诗》者当下的现实语境意义。其主要表现在两个方面:

第一,对《诗》比兴义的阐发。《诗》之比兴所涉及的诗学,本质是象与意的关系问题。杜预不仅揭示"比"的特点,剖析其象中之意,而且汲取郑笺的研究成果,特别注意揭示"兴"中所包含"比"的意义。如襄公八年:"晋范宣子,来聘且拜公之辱,告将用师于郑。公享之。宣子赋《摽有梅》。"杜注:《摽有梅》,《诗·召

南》。摽，落也。梅盛极则落，诗人以兴女色盛则有衰，众士求之，宜及其时。"①
《摽有梅》是一首情歌。杜预认为，此诗是从女性角度来描写的，女色盛则有衰，
宜及时而嫁。毛传以为"摽有梅"是兴，郑玄虽也说是兴，但具体阐释却又是比。
如首章"摽有梅，其实七兮"，毛传："兴也。摽，落也。盛极而堕落者，梅也。"郑
笺："兴者，梅实尚余七未落，喻始衰也。"②毛传认为是兴而赋，郑笺认为是兴而
比。杜预采纳郑笺，凸显了兴中所包含的比之意义。又如文公六年："秦伯任好
卒。以子车氏之三子奄息、仲行、针虎为殉，皆秦之良也。国人哀之，为之赋《黄
鸟》。"杜注："《黄鸟》，《诗·秦风》。义取黄鸟止于棘桑，往来得其所，伤三良不
然。"③意取毛传，又融合了郑笺"兴者，喻臣之事君亦然"的阐释方法及内容。其
实，大多数《诗》之起兴多带有比的意味，因为一切物象如果与主体情感没有产生
心理上的联系，就不可能转化为诗歌意象。如文公七年，"昭公将去群公子，乐豫
曰：不可。公族，公室之枝叶也。若去之，则本根无所庇荫矣。葛藟犹能庇其本
根，故君子以为比。"杜注："葛之能藟蔓繁滋者，以本枝阴庥之多。谓诗人取以喻
九族兄弟。"孔颖达曰："《王风·葛藟》之篇也。彼毛传以之为兴，此言君子以为
比者，但比之隐者谓之兴，兴之显者谓之比。比之与兴，深浅为异耳。此传近取
庇根理浅，故以为比。毛意远取河润义深，故以为兴。由意不同，故比兴异
耳。"④孔氏取刘勰关于比兴的观点，认为兴与比不可分割。"兴之显者谓之比"，
比是兴的表层意；"比之隐者谓之兴"，兴是比的深层意。"传近取庇根理浅"为
比，比是诗的局部意；"毛意远取河润义深"为兴，兴是诗的整体意。所以出现
"兴"与"比"理解上的差异，乃理解的着眼点不同而已。这是非常有创新意义的
阐释，对于理解杜预对《诗》之比兴的阐释也不无裨益。注意揭示"兴"中含"比"
的意味，就使诗歌解读由象而意，渐次展开。

第二，对用《诗》者当下语境义的补充。举凡以诗言志皆带有强烈的主观色
彩，或断章取义，引申发挥；或言此意彼，联想暗示。若依《诗》序，三百首每篇都
有一个集中的主旨。举凡主旨单一，不易产生歧义的作品，杜预先概述诗的比喻
义或引申义，如上文所引的《摽有梅》《黄鸟》《葛藟》等，然后再揭示引诗当下的语
境意义，如《摽有梅》"宣子欲鲁及时共讨郑，取其汲汲相赴"之阐释。然而一首诗
的主旨往往又是从不同层面表现出来，而不同层面又可以引申出不同的意义阐

① 杜预注、孔颖达疏：《春秋左传正义》，北京大学出版社1999年版，第859页。
② 郑玄笺、孔颖达疏：《毛诗正义》，北京大学出版社1999年版，第92页。
③ 杜预注、孔颖达疏：《春秋左传正义》，北京大学出版社1999年版，第511页。
④ 同上，第158页。

释。对于这类引诗，《集解》多借引诗的前后语境，先补充所引诗的意义落脚点的诗句，然后阐释其当下的语境意义。如文公四年："昔诸侯朝正于王，王宴乐之，于是乎赋《湛露》，则天子当阳，诸侯用命也。"杜注："《湛露》曰：湛湛露斯，匪阳不晞。晞，干也。言露见日而干，犹诸侯禀天子命而行。"《湛露》出自《小雅》，是一首宴饮之诗。《序》曰："天子燕诸侯也。"①毛传："露虽湛湛然，见阳则干。"郑笺："兴者，露之在物湛湛然，使物柯叶低垂。喻诸侯受燕爵，其仪似醉之貌。"②杜预解释诗句本意虽取毛传，阐释的比喻意则与郑笺大异。郑认为以枝叶低垂喻似醉之貌，杜却认为"阳"喻天子，"露"喻诸侯，阳出而露干比喻"诸侯禀天子命而行"，凸显天子令行即止的无上权威。显然，杜预所阐释的并非诗之本意，而是用诗者当下的语境意义。因为"卫宁武子来聘，公与之宴，为赋《湛露》及《彤弓》"，此二乐乃天子宴饮诸侯之歌，文公令乐工奏之，即有僭越君臣伦理之意，故宁武子谓此诗乃"天子当阳，诸侯用命"。杜预特别呈现用诗者所取阳之于露、不可僭越之意而引申发挥。《左传》襄公二十七年、昭公十六年，分别有两次大型的赋诗活动，最能体现春秋赋诗言志的特点。赋诗者借赋诗以言志，主持者借赋诗以观人。赋诗者抓住诗意的某一点，引申发挥，言此而意彼；主持者在赋诗者所取诗篇及诗意中考量赋诗者的道德人品。如襄公二十七年："子展赋《草虫》，赵孟曰：善哉！民之主也。"杜注："《草虫》，《诗·召南》曰：未见君子，忧心忡忡。亦既见止，亦既觏止，我心则降。以赵孟为君子：在上不忘降，故可以主民。"③《序》曰："《草虫》，大夫妻能以礼自防也。"孔颖达曰："经言在室则夫唱乃随，既嫁则忧不当礼，皆是以礼自防也。"④本是一首爱情诗，与治国御民毫无关联。赵孟所以认为子展为君子，是因为诗有"我心则降"云云，表现出子展忧心于礼，居高位而降心于民，故可为民之主。显然，杜预阐释着眼于赋《诗》者当下的语境意义。杜预阐释《左传》用《诗》，并非专门研究《诗》学，所以特别注重揭示用《诗》的现实语境意义，是为了阐明《左传》的意旨。本来，对当下语境意义的阐释，与探求《诗》的原始含义也并无必然联系，然而，作为一种特殊的文学史现象——文学效果与文学接受之间在这里获得了统一。按照接受美学的观点，也应该成为文学史描述的重点。这种文学史现象，清人谭献概括说："作者之用心未必然，而读者之用心

---

① 杜预注、孔颖达疏：《春秋左传正义》，北京大学出版社 1999 年版，第 504 页。
② 郑玄笺、孔颖达疏：《毛诗正义》，北京大学出版社 1999 年版，第 622 页。
③ 杜预注、孔颖达疏：《春秋左传正义》，北京大学出版社 1999 年版，第 1063 页。
④ 郑玄笺、孔颖达疏：《毛诗正义》，北京大学出版社 1999 年版，第 69 页。

何必不然。"①前有《论语》对诗之"巧笑倩兮"的阐释，后有王国维《人间词话》的"三种境界"说，都是属于这种特殊的文学接受现象。这也为"诗无达诂"提供了一个特殊的注脚。

需补充说明的是，杜预解《诗》，实际上还包含着用《诗》者当下语境意义和诠释者当下语境意义的双重性。也就是说，杜预在对用《诗》者当下语境意义的揭示中又表现了杜预对用《诗》者接受生成意义的再度诠释。因此，杜预在解读用《诗》者当下语境意义的同时，又不自觉地投映了西晋时代的《诗》学观念。如上文所引对《大雅·皇矣》"不识不知，顺帝之则"的解读。杜预认为："言文王暗行自然，合天之法。"而郑笺则曰："其为人不识古，不知今，顺天之法而行之者。此言天之道，尚诚实，贵性自然。"②比较二者的阐释，可以看出，郑玄"顺天之法"，强调文王"贵性自然"的自觉性；杜注虽意取郑笺，但以"暗行自然"突出文王"不识不知"的自然之性，突出"合天之法"的本然情性，显然渗透了玄学的思辨方式。

春秋用《诗》，或取《诗》比兴义，或取《诗》引申义。前者呈现的是《诗》之象与意、表层意与深层意之间的关系；后者显现的是《诗》之创作与接受、原始义与衍生义之间的关系，是《诗》在接受、传播过程中所产生的特殊文学史现象。杜预对前一种语境意义的呈现，深化了文本原始含义的阐释；对后一种语境意义的呈现，揭示了《诗》接受生成意义的特殊性。前者为诗歌文本阐释提供了摹本，后者为研究诗歌接受史提供了范例。

四、情志合一：《集解》的诗学思想倾向

综观杜预《集解》，"诗以言志"是其一以贯之的诗学思想，"情志合一"则又是其基本思想倾向。这种诗学思想及其倾向，一方面直接受《左传》诗学观念的影响，间接接受汉代诗学观念尤其是《诗》序的影响；另一方面，也不自觉地带有西晋《诗》学观念的印记。

《左传》所言之"志"含义相当丰富，除去"记载"一类与情无关的义项外，其中与情感有关的义项约有六种：（1）意愿、遗志。如"盖隐公成父之志，为别立宫也。"（隐公五年）（2）思想、想法。"言以足志，文以足言，不言，谁知其志？"（襄公二十五年）（3）本性、性情。"民有好恶喜怒哀乐，生于六气，是故审则宜类，以制

---

① 唐圭璋：《词话丛编》，中华书局1986年版，第3987页。
② 郑玄笺、孔颖达疏：《毛诗正义》，北京大学出版社1999年版，第1033页。

六志。"(昭公二十五年)(4)希望、期待。"吉过于其志。"杜注:"志,望也。"(哀公十六年)(5)神情,精神。"味以行气,气以实志,志以定言,言以出令。"(昭公九年)(6)心意,神志。"疾不可为也,是谓近非鬼非食,惑以丧志。"孔颖达疏:"以丧失志意也。"(昭公元年)以上六个义项基本可以囊括先秦典籍与情相关的"志"的概念意义。由此可见,《左传》之"志"与"情"并无判然界限。故孔颖达曰:"六志,《礼记》谓之六情。在己为情,情动为志,情志一也,所从言之异耳。"①

然而,有三点值得注意:第一,《左传》也特别强调以礼法约束本然性情,如"以制六志""使不过节"。第二,《左传》所言之"志"与"礼"又几乎完全叠合在一起,如"礼失则昏,名失则愆,失志为昏,失所为愆。"(哀公十六年)失礼"则昏","失志"亦为昏,故知礼志一也。第三,《左传》所言之"情"与"志"是统一关系,而不是分离关系,如"夫舞,所以节八音而行八风,以八音之器,播八方之风,手之舞之,足之蹈之,节其制而序其情。"(隐公五年)古代诗乐舞三位一体,"诗言志,歌永言,声依永,律和声"(《尚书·尧典》),皆是言志的载体,所谓"序其情"亦即言其志,情志一也。《诗序》所说:"诗者,志之所之也。在心为志,发言为诗。""发乎情,止乎礼义。"②所表达的情志合一、以礼约情的诗学观念,实际上是对以《左传》为代表的先秦诗学观念的总结。

《集解》数次强调"诗以言志",然在具体使用情、志概念时,意义又几乎不加分别。如《集解序》"故发传之体有三,而为例之情有五","情"即志;"周礼有史官,掌邦国四方之事,达四方之志","志"即情。所以情志合一也就成为杜预诗学的基本思想倾向。但是《集解》与《左传》亦有细微区别。《左传》所言之"志"意义宽泛,几乎可以涵盖一切之"情";《集解》所言之"情"意义宽泛,几乎可以涵盖一切之"志"。这与陆机"诗缘情"之"情"意义相近,表现出情志说在西晋《诗》学中的微妙变化。

在《左传》中,不仅诗之"比兴"有两种类型:一是原诗所用之比兴;二是用诗所用之"比兴"。而且"诗言志"也有两种类型:一是作诗者之志,所表达的是《诗》中文本的原始意义;二是用诗者之志,所表达的是引《诗》的当下语境意义。杜预情志合一的《诗》学观也因此而分为两种类型:

第一,造篇、议论之用诗——论作诗者之志。造篇乃作者因事而作,表达特定的明确情感,杜预对这类诗歌主要是阐释其所包含的原始含义。如闵公二年:

---

① 杜预注、孔颖达疏:《春秋左传正义》,北京大学出版社 1999 年版,第 158 页。
② 郑玄笺、孔颖达疏:《毛诗正义》,北京大学出版社 1999 年版,第 15 页。

"文公为卫之多患也，先适齐。及败，宋桓公逆诸河，宵济。卫之遗民男女七百有三十人，益之以共、滕之民为五千人。立戴公以庐于曹，许穆夫人赋《载驰》。"杜注："《载驰》，《诗·卫风》也。许穆夫人痛卫之亡，思归唁之不可，故作诗以言志。"①《诗序》曰："《载驰》，许穆夫人作也。闵其宗国颠覆，自伤不能救也。卫懿公为狄人所灭，国人分散，露于漕邑，许穆夫人闵卫之亡，伤许之小力不能救，思归唁其兄，又义不得，故赋是诗也。"②许穆夫人因为宗国覆灭而不能救之，思归吊唁其兄而不合礼义，故作《载驰》以抒发这种复杂的情感。杜预所言"诗以言志"即是以诗抒情，乃以揭示作诗者之志为指归。又如隐公元年："君子曰颍考叔，纯孝也。爱其母，施及庄公，《诗》曰：'孝子不匮，永锡尔类。'其是之谓乎！"杜注："庄公虽失之于初，孝心不忘，考叔感而通之，所谓'永锡尔类'。诗人之作，各以情言。君子论之，不以文害意，故《春秋》传引诗不皆与今说诗者同。"③所谓"诗人之作，各以情言"，此之情乃作诗者之情，亦即志。考其诗意必须兼顾作诗者的历史语境和用诗者的当下语境，"不以文害意"是解诗的基本原则，不求"与今说诗者同"是其创新。

第二，赋诗言志之用《诗》——论用《诗》者之志。如襄公二十七年："赵孟曰：'七子从君，以宠武也。请皆赋，以卒君贶，武亦以观七子之志。'"杜注曰："诗以言志。"④此所谓"诗以言志"，意义与《载驰》所谓"诗以言志"意义完全不同。此乃赋诗者之志，而非诗人之志。赋诗言志，既是借诗抒情，也是借诗说理。所以，志与情在杜注中常常不加分别，如昭公二十年："晏子对曰：'古而无死，则古之乐也……古者无死，爽鸠氏之乐，非君所愿也。'"杜注："齐侯甘于所乐，志于不死，晏子言古，以节其情愿。"⑤享乐现实，期于不死，是齐侯之"志"，而此之志就是指情感、愿望。杜注言"志，望也"，亦即此意。情志合一，杜注又泛谓之"意"。僖公二十三年："公子赋《河水》，公赋《六月》。"杜注："古者礼会，因古诗以见意，故言赋。"⑥所谓"因古诗以见意"，也就是赋诗言志的意思。所以杜预所言之志，也包含"意"，如襄公十四年："夏，诸侯之大夫从晋侯伐秦，以报栎之役也。晋侯待于竟，使六卿帅诸侯之师以进。叔向见叔孙穆子，穆子赋《匏有苦叶》。"杜注："穆子

---

① 杜预注、孔颖达疏：《春秋左传正义》，北京大学出版社1999年版，第312页。
② 郑玄笺、孔颖达疏：《毛诗正义》，北京大学出版社1999年版，第210页。
③ 杜预注、孔颖达疏：《春秋左传正义》，北京大学出版社1999年版，第56页。
④ 同上，第1063页。
⑤ 同上，第1406页。
⑥ 同上，第413页。

赋《匏有苦叶》，意惟取'深则厉，浅则揭'二句，言遇水深浅，期之必渡。穆子赋此诗，言己志在于必济也。"①亦即必渡河而取之。此之"志"即"意"。襄公十五年所引"嗟我怀人，寘彼周行"，杜注："是后妃之志，以官人为急。"②亦同此意。

综上，杜预所言之情即志，志即情，二者之间并无本质区别；而且所言之情、志，又包含意、理，且受礼的约束。这种情志合一的诗学思想倾向，既继承了前代的诗学观念，也带有较为显著的时代特点。西晋前期，复古之风甚嚣尘上，于是"诗言志"的诗学观念成为文学批评主流，傅玄《答潘尼诗序》强调"盍各言志"，挚虞《文章流别论》"言其志，谓之诗"，正是这种复古诗学观念的代表。后来，陆机虽从诗歌发生上提出"诗缘情"（《文赋》）的理论，然而在思想表达上仍然强调"作诗以明道述志"（《遂志赋序》）。所以李善以"诗以言志，故曰缘情"阐释陆机"缘情说"③。而情志合一也是西晋初期基本的诗学思想倾向，挚虞《文章流别论》曰："夫诗虽以情志为本，而以成声为节，然则雅音之韵、四言为正，其余虽备曲折之体，而非音之正也。"④在表达形式上，以四言为正体，为雅韵；在思想内容上，"以情志为本"，从而成为西晋复古主义诗学观念的代表。"以情志为本"与杜预情志合一的诗学思想倾向是完全一致的。杜预强调在"诗以言志"的同时凸显情志合一的诗学思想倾向，显现了历史与现实的审美契合点。

概括地说，杜预从历史语境的角度，解读《诗》文本的原始含义；从当下语境的角度，解读用诗者的接受生成意义，而且二者互相依存、互相印证，既深化了《诗》的文本阐释，推进了《诗》的研究，也揭示了文学接受的一种特殊现象，为文学接受史研究提供了另一角度。又因杜预注《诗》紧扣《左传》，不自觉地采用诗史互证的研究方法，使其诗歌阐释时时突破旧说，自铸新论，尤具有创新意义。其"诗以言志""情志合一"的诗学思想及其倾向，虽在理论上创新不足，却也反映汉魏以来诗学主流的诗学思想形态。需补充的是，杜预《集解序》以"微而显""志而晦""婉而成章""尽而不污"概括《左传》叙事特点，在审美属性上与《诗》之比兴有密切关系，也特别具有诗学意义。

---

① 杜预注、孔颖达疏：《春秋左传正义》，北京大学出版社 1999 年版，第 919 页。
② 同上，第 934 页。
③ 六臣注《文选》，人民文学出版社影印宋刊明州本 2008 年版，第 255 页。
④ 严可均：《全晋文》，商务印书馆 1999 年版，第 820 页。

《左传》叙事见本末与《春秋》书法

张高评

摘　要："爰始要终，本末悉昭"，为古春秋记事之成法，孔子作《春秋》因之。左丘明本《春秋》而为传，或排比史事，或连属辞文，或探究终始，《晋书·荀崧传》称其张本继末，以发明经义；晋杜预《春秋经传集解·序》谓左丘明作传，有先经、后经、依经、错经之法。可见《左氏》释经，承比事属辞《春秋》之教，薪传张本继末、探究终始之历史叙事法。《左传》体虽编年，然于世局变革之际，往往出于终始本末之叙说，如《重耳出亡》《吕相绝秦》《声子说楚》《季札出聘》《王子朝告诸侯》诸什，发明尊王、攘夷、重霸之《春秋》大义，皆因事命篇，原始要终，侧重事件之本末叙事。"文省于纪传，事豁于编年"之纪事本末体优长，已胎源于斯。

关键词：《左传》叙事；属辞比事；《春秋》书法；纪事本末；《春秋》大义

一、"爰始要终，本末悉昭"，为古春秋记事成法

有渐无顿，为历史发展之通则。《易·坤》称："初六，履霜坚冰至。"又云："臣弑其君，子弑其父，非一朝一夕之故，其所由来者渐矣。"盖世事之发展，始于微，而积于渐，久而不已。《春秋》大义，所以在杜渐防微者，以此。然《春秋》编年，相关史事，分载于四季与各年，涣散隔断，不相连贯；若分年读之，始、微、积、渐之《春秋》本事与旨义，将不可得而知，孔子"窃取之"之微辞隐义，亦无从考见。

刘师培考察古春秋记事之成法，有所谓"爰始要终，本末悉昭，则记事以详为尚"之说。[①]《不修春秋》鲁史记既未传于世，试检索出土文献，可以仿佛。《清华简》第二册，《系年》第二十、二十二章，综述吴楚外交之冲突、势力之消长、晋越之

---

① 刘师培：《古春秋记事成法考》，《左盒集》卷二，《刘申叔先生遗书》，台北华世出版社 1975 年版，第 1 页，总第 1445 页。

结盟，其事之终始本末备见于一篇之中。《清华简》第七册，《越公其事》凡十一章，叙吴败越、勾践复国、越灭吴诸事，亦终始晓然。要之，古春秋记事之成法，源远流长，如《鲁春秋》《宋春秋》《燕春秋》《百国春秋》《系年》《越公其事》之属，多就终始本末而叙事之，乃中国叙事传统之具体而微者。

孔子笔削鲁史记，而作《春秋》，或排比其史事，或连属其辞文，或比事与属辞交融相发，以此阐明《春秋》都不说破之微辞隐义。孔子《春秋》，既以之寄寓褒贬，则临文之际，史事之本末终始，谅已具体掌握。或笔或削，或详或略，先后、重轻，诸般措置序列，必已妥善安排经营，故虽时隔数年，而史事脉络仍相互潜通。后人研读《春秋》，可借由比事属辞以推求史义。

历史编纂学，开创于孔子笔削鲁史记，而作《春秋》。左丘明因《春秋》而作《左传》，其方法要领，在"义以为经"，而史事、辞文纬之。① 于是《左传》之历史叙事，有先经、后经、依经、错经之伦。晋杜预《春秋经传集解》以"爰始要终，寻其枝叶，究其所穷"②，作为《经》《传》诠释之方法，与古春秋成法叙事见本末相较，可以相互发明。

二、本末叙事与属辞比事之《春秋》教

《礼记·经解》称："属辞比事，《春秋》教也。"经学家、礼学家所谓属辞比事，史学家与《四库全书》馆臣则称为比事属辞。称比事属辞，乃就历史编纂学之程序言，盖从实；谓之属辞比事，则从俗。③ 属辞比事《春秋》教之发用，与"原始要终，本末悉昭"之古《春秋》记事成法，堪称遥相呼应，殊途同归。

中唐啖助、赵匡新《春秋》学派，提倡以经治经，主张扬弃《三传》，独抱遗经而究终始，谓足以求索孔子著作《春秋》之微旨隐义。④ 宋人《春秋》学，推衍啖、赵之说，萧楚《春秋辨疑》⑤、家铉翁《春秋集传详说》⑥、陈亮序刘朔（一作沈棐）《春

---

① 何炳松：《历史研究法》，《何炳松文集》（第4卷），商务印书馆1997年版，第41—70页。
② 杜预注、孔颖达疏：《春秋左传注疏》，《十三经注疏》本，台北艺文印书馆1955年版，第18页。
③ 张高评：《比事属辞与古文义法——方苞"经术兼文章考论"》，台北新文丰出版公司2016年版，第44页。
④ 韩愈著、钱仲联注：《韩昌黎诗系年集释》，台北河洛图书出版社1975年版，第341—342页。
⑤ 萧楚：《春秋辨疑》，文渊阁《四库全书》本，台湾"商务印书馆"1983年版，第1—2页，总第110页。
⑥ 家铉翁：《春秋集传详说》，文渊阁《四库全书》本，台湾"商务印书馆"1983年版，第41页。

秋比事》①,诠释《春秋》之微辞隐义,亦多持本末叙事为津梁。

《春秋》事迹,有止一书以见义者,此不待属辞比事而可知也。事件有始、微、积、渐,故辞文需屡书、再书、连书、不一书以尽其义。若此之比,研读、诠释《春秋》,若不运以属辞比事之法,则其义难以稽考。元程端学《春秋本义》研治《春秋》,提出"大属辞比事""小属辞比事"之说。② 清毛奇龄《春秋传》揭示:"圣人究观终始""备究其事之始末",以之求义。③ 清顾栋高《春秋大事表·读春秋偶笔》谓:"'究终始'三字最妙!此即比事属辞之法。"④要言不烦,一语中的。凡此,皆持本末叙事以读《春秋》、治《春秋》者。无论忌讳之书写,或积渐之揭示,张本继末之叙事,颇能具文见义,破译微辞隐义。

历代学者治《春秋》,多凭借"属辞比事"之《春秋》教,以破译孔子"窃取"(私为)之意。考察《春秋》史书之编比,辞文之修饰,观其"上书""下书""中曰",从而张本继末,探究终始,运用此种比事属辞之法,于是《春秋》之言外指趣可知。明高攀龙《春秋孔义》,针对五六十年之《春秋》史事,选用《春秋》属辞"伤""贬""病"之言外之意,以解读孔义。即是运用属辞比事之法,就终始本末,通全书而观之,以考察晋、楚霸业之此消彼长。⑤

清毛奇龄著有《春秋传》等书,解读庄公四年《春秋》书"纪侯大去其国",驳斥《公羊传》贤齐襄公"九世复仇"之说⑥;亦持小属辞比事之法,进行诠释。清顾栋高《读〈春秋〉偶笔》说《春秋》:"须合数十年之通,观其积渐之时势",方能洞晓圣人之意"于字句之外"。又云:"看《春秋》眼光须极远,近看十年、数十年,远看通二百四十二年。"观其终始本末,系统归纳,于是凸显"有渐"二字,作为弑君、灭国之通则⑦,盖归纳自属辞比事之《春秋》教。《春秋》"都不说破"之"言外之意","于序事中寓论断"之书法⑧,多可以因比事属辞之法,而洞若观火。

清张自超《春秋宗朱辨义》,运用大属辞比事,"合二百四十二年之事而比观

① 刘朔(一作沈棐):《春秋比事》,陈亮"序",文渊阁《四库全书》本,台湾"商务印书馆"1983年版,第1页,总第8页。

② 程端学:《春秋本义》,文渊阁《四库全书》本,台湾"商务印书馆"1983年版,第34页。

③ 毛奇龄:《春秋毛氏传》,《皇清经解》本,台北复兴书局1961年版、1972年版,第24页。

④ 顾栋高:《春秋大事表·读春秋偶笔》,中华书局1993年版,第47页。

⑤ 高攀龙:《春秋孔义》,文渊阁《四库全书》本,台湾"商务印书馆"1983年版,第22—23页,总第67—68页。又,卷七,第2页,总第70页。

⑥ 张高评:《属辞比事与〈春秋〉诠释学》,台北新文丰出版公司2019年版,第220页。

⑦ 顾栋高著,吴树平、李解民点校:《春秋大事表》,第30—31、33—34页。

⑧ 顾炎武著,黄汝成集释,栾保群、吕宗力校点:《日知录集释》,上海古籍出版社2006年版,第1429页。

之",以探索《春秋》有关忌讳之书写。论述《春秋》鲁国十二公之婚配,以笔削、详略之书法,推求圣人之好恶、褒贬、劝惩。盖就桓、庄、僖、文、宣、成六公之娶齐女,《春秋》书"逆",书"至",独详;不娶齐女之襄、昭、定、哀四公,"逆"与"至"皆不书而从略。《春秋》书例:常事、合礼,则不书(削);非常、违礼,乃笔而书之(笔)。或笔或削之际,可以互发其蕴,互显其义,故云。《春秋》于鲁六公娶齐女,笔而书之以示戒,盖齐女荒淫而好杀,"世济其恶,以乱鲁",孔子详书之以示戒,亦通全《经》而探究之。① 由此观之,研治《春秋》,当讲求本末终始之叙事,所谓属辞比事之教也。

《春秋》体为编年,相关史事颇不连贯;而孔子"窃取"之义,多"推见至隐",见于言外。史事之发展,既有渐无顿,良非一朝一夕之故。故《春秋》叙事原始要终,本末悉昭以应之。然读者若不排比史事,连属辞文,掌握本末,探究终始,则《春秋》"都不说破"之"言外之意"②,将不可能有较精确之诠释解读。元程端学《春秋本义》说《春秋》:"有首必有尾,有尾必有首,所谓属辞比事者也。"③赵汸称:"二百四十二年简重如山,亦必属辞比事而后可施笔削,所以学《春秋》者,若非属辞比事亦不能达笔削之权。"④孔子作《春秋》,后世治《春秋》,必通晓属辞比事,方能考索笔削之权宜。

一部《春秋》史,实即晋楚争霸之历史。《春秋》特别着墨于齐桓、晋文攘楚之功,可见一斑。考《春秋》所载,夷狄中惟楚,始终与中国为敌:自邓之会,《春秋》书之,《左传》揭示"始惧楚",而后一百五十年之间,楚人亡灭华夏诸国十有四:僖公五年,楚人灭弦;十二年,灭黄;二十六年,灭;文公四年,灭江;五年,灭六;十六年灭庸;《春秋》终始本末书之,见晋文创霸,主盟华夏,于楚人之蚕食上国,亦莫之能救。不特此也,荆楚继之于宣公十二年,灭顿;十五年,灭胡,晋悼以来虽持续主霸中原,然坐视楚之灭华,亦无能救止。《春秋》学者破译荆楚灭华之本末叙事,于是得出若干言外之义。⑤ 研治《春秋》者所以能作如是之解读,要皆依据《春秋》之本末叙事,加之以属辞比事之诠释使然。

---

① 张自超:《春秋宗朱辨义》,文渊阁《四库全书》本第178册,台湾"商务印书馆"1983年版,卷8,第34页,总第188页。

② 黎靖德编、王星贤点校:《朱子语类》,中华书局1986年版,第2149,2153页。

③ 程端学:《春秋本义》,卷4,第91页。

④ 赵汸:《东山存稿》,文渊阁《四库全书》本第1221册,台湾"商务印书馆"1983年版,第369页。

⑤ 张高评:《属辞比事与〈春秋〉诠释学》,第242—250页。赵鹏飞:《春秋经筌》,《通志堂经解》本,大通书局1970年版,第64页,总第11808页。张自超:《春秋宗朱辨义》,卷十一,第25—26页,总第277—278页。

总之,连属上下、前后之辞文,类比、对比相近相反之史事,可以说解《春秋》经之微辞隐义。《礼记·经解》揭示属辞比事之法,启发后世解读《春秋》、研治《春秋》、诠释《春秋》若干法门。属辞比事之法,发挥"原始要终,本末悉昭"之古春秋记事成法,可以整合史事分散之失,救济史体编年之穷,发挥宏观系统之思维,进行张本继末之解读。有此法门,最有助于研治《春秋》,阐发其中之微辞隐义。

三、先经后经依经错经与《左传》叙事见本末

《左氏》以历史叙事解释《春秋》,与《公羊》《谷梁》以历史哲学解读孔《经》不同。宋真德秀编选《文章正宗》,卷十六为叙事文,开篇选录《隐桓嫡庶本末》《郑庄公叔段本末》《秦晋相失本末》《晋重耳出亡本末》四篇,题文皆标明"本末"。由此看来,真德秀所谓本末,一篇文字以切合原始要终,完全具足为基准。推而广之,《左传》叙事,如实体现属辞比事之《春秋》书法,若《文章正宗》所谓本末叙事者实多,后世纪事本末之体式,已不疑而具。

章冲著《春秋左氏传事类始末》,《四库全书总目·提要》称其书"丝牵绳贯,脉络潜通",就《春秋》而言,谓其事、其文,皆牵连贯串于"其义"。① 丝绳也,脉络也,即其事、其文;皆所以潜通于义,归趣于经旨,脉注绮交于孔子窃取之义者也。由此观之,以比事属辞解经,显然已运用本末终始之法。《左传》之历史叙事,已隐含纪事本末之体。

《左传》长于叙事,唐刘知几《史通·叙事》倍加推崇,评价其为"工侔造化,思涉鬼神,著述罕闻,古今卓绝"。清章学诚亦称扬有加,以为:"文字以叙事为最难,文章至叙事而能事始尽。而叙事之文,莫备于《左》《史》。"②清方苞倡古文义法,亦谓"记事之文,惟《左传》《史记》各有义法";又云:"《左传》叙事之法,在古无两。"③夷考其实,《左传》之叙事艺术,盖缘于解释《春秋》经之微辞隐义而生发,运化其事、其文、其义而一之,遂蔚为中国叙事传统之典范。

① 纪昀等主纂:《四库全书总目》,台北艺文印书馆1974年版,第3页,总第1051页。

② 刘知几著、浦起龙释:《史通通释》,上海古籍出版社1978年版,第451页。章学诚:《章氏遗书·补遗》,吴兴嘉业堂刊本,台北汉声出版社1973年版,第7页,总第1358页。

③ 方苞:《书〈五代史·安重晦传〉后》,《望溪先生全集》,《四部业刊初编》本,台湾"商务印书馆"1979年版,第24页,总第42页。方苞:《左传义法举要》,台北广文书局1979年版,第12页,总第24页。

（一）先经后经依经错经与《左传》以历史叙事解经

清章学诚曾谓："叙事之文，出于《春秋》比事属辞之教。"又曰："史家叙事之文，本于《春秋》比事属辞之教。"[①]《经》为不刊之书，《左传》解释《春秋》经，其历史叙事聚焦于"义"，盖以《经》旨为主轴核心，遂有先经、后经、依经、错经诸法式。杜预所谓"原始要终，寻其枝叶，究其所穷"云云，探寻先之、后之、依之、错之诸叙事义法，于史家文家之叙事艺术颇有启益。能传写《左传》以属辞比事解经之心路历程，可知《左传》叙事具见本末之大凡。[②] 梁刘勰《文心雕龙·史传》揭示"原始要终，创为传体"二语，亦以指称《左传》；且以"圣文之羽翮，而记籍之冠冕"二语，推重《左传》之叙事成就。原始要终云云，即指叙事见本末而言。[③]

杜预注《春秋左氏传》，既以叙事见本末发明《春秋》书法，故于《左传》先《经》以始事、《左传》先事以张本、《左传》不必然与《经》同年、《经》不书、《左传》因他事而兼及诸例，多所发凡。[④] 杜预注《春秋》经传，或阐明沿革，或推源求解，或重见互注，揭示许多前后会通之例。[⑤] 要之，皆有得于古春秋记事之成法，以及属辞比事之《春秋》教，而发用于解读经传者。试翻转而言，《左传》叙事在体现"原始要终，本末悉昭"之叙事艺术，故杜预解读《经》《传》，始能揭发其蒙蕴，而显扬其作义。

《左传》受限于编年记事，相关史事若不连贯。《左传》释经，转化属辞比事之法式，为历史叙事，甚至文学叙事。宋章冲《春秋左氏传事类始末》，有感于编年叙事，脉络潜通，如草蛇如灰线，故章冲特出纪事本末之体，以振济之。[⑥] 此为历

① 章学诚著、叶瑛校注：《文史通义校注》，中华书局 2008 年版，第 299 页。章学诚：《章氏遗书》，汉声出版社 1973 年版，第 836 页。

② 杜预：《春秋经传集解·序》，左丘明著、杜预注：《春秋左传注疏》影印本，中华书局 2015 年版，卷首。孔颖达疏云："隐公不书即位，先发'仲子归于我'；卫州吁弑其君，公娶于齐，如此之类，是先经以始事也。后经者，昭王室乱，定八年乃言'刘子伐孟'，以定王室'。哀二年'于戚'，哀十五年乃言'蒯聩，自戚入卫'，如此之类，是义也。依经者，经有其事，传辩其由，隐公不书即位，邾故为蔑之盟。案其经文，明其归趣，如是之类，是理也。错经者，若地有两名，经传互举，及经侵传伐，于文虽异，于理则合，如此之类，是错经以合意也。不出四体，故以四句明之。"

③ 刘勰：《文心雕龙·史传》，王更生：《文心雕龙读本》，台北文史哲出版社 1985 年版，第 278 页。

④ 叶政欣：《春秋左氏传杜注释例》，台北嘉新水泥公司基金会 1966 年版，第 126—137 页。

⑤ 方铭：《杜预〈春秋经传集解〉研究》，中国社会科学出版社 2017 年版，第 149—157 页。

⑥ 章冲：《春秋左氏传事类始末·序》，纳兰成德编：《通志堂经解》本，台北大通书局 1970 年版，第 12697 页。

史叙事之表征,属辞比事《春秋》教之体现。清韩菼为高士奇《左传纪事本末》作序,推崇《左传》,为"一人一事之本末",以其"传一人之事与言,必引其后事牵连以终之"。[①] 凡此,皆可见《左传》于历史叙事、属辞比事,乃至于纪事本末体,皆有开启之功。

　　为文之道,意在笔先;犹绘事之功,先有成竹在胸中。清方苞倡古文义法,提示"义以为经,而法纬之"[②];以纺织之事为喻:必先织纵丝经线,后织横丝纬线,以此比况为文,犹云义以为"先",而法"后"之。《传》解读《经》文,聚焦于经义之阐释,一切有为法,皆缘释经而生;横斜曲直,或先或后,或依或错,皆为解经而发。作文必有主意,纵横出入,亦皆觑定主意而生发,犹《春秋》属辞比事,皆缘孔子"窃取"之义而施为,故刘熙载《艺概·文概》,从文学叙事视角,看待《左传》释经之四大法式。[③] 民初林纾《左传撷华·序》,推崇杜预拈出《左传》解经之四大法式,以为:"元凯此言,不惟解经,已隐开后世行文之涂辙"。于是将先经、后经、依经、错经,比况为文之前步、结穴、附会明道,旁通取证,进而论述为文之首尾、中间、临尾,如何背驰而能系绁,如何锁纽牵合而能隐渡而下。[④] 要之,皆文学叙事之能事,辞文连属之艺术也。

　　由此观之,自历史叙事衍变为文学叙事,关键在比事与属辞之侧重有别而已。历史叙事,侧重编比史事;文学叙述,较倚重属辞约文。要之,皆属辞比事之《春秋》教所由生发之支派。

(二)《春秋》属辞比事与《左传》纪事本末

　　古春秋之记事成法,为"爰始要终,本末悉昭",于是本为一事之叙记,自始微、积渐,而至发展、结局,受限于编年体之年经事纬,不得不横隔阻断,星罗棋布,相关之事件大多难以连属类次。若撤除编年之藩篱,以事类首尾相从,将可能重现孔子笔削鲁史,编作《春秋》时之原初状态。《春秋》之本末叙事如此,《左传》之历史叙事,属辞比事,又何尝不然?

　　《春秋》所载史事,或大或小,或历三五年,或历十余年,更有历经数十载,甚

　　① 高士奇:《左传纪事本末》,中华书局 2015 年版,韩菼《序》,卷首,第 1 页。
　　② 张高评:《比事属辞与古文义法——方苞"经术兼文章"考论》,第 381—395 页。
　　③ 刘熙载著、徐中玉、萧华荣校点《刘熙载论艺六种》,巴蜀书社 1990 年版,《艺概》卷一《文概》,第43 页。
　　④ 林纾:《左传撷华》,高雄复文图书出版社 1981 年版,卷首,第 2 页。

至百余年者。由于编年记事，以年月为经，以史事为纬，事以系年，故相关史事散漫横隔，难以统属。研治《春秋》者，往往考察自始至中，自中至终之叙事，觑定其中屡书、再书、累书、连书、不一书者。运用属辞比事之法，系统概括而总论之，往往可借以推求孔子《春秋》窃取之义。《春秋》宋学家之探索微旨隐义，多时时运用之，如宋孙复、萧楚、胡安国、陈傅良、刘朔、家铉翁，元程端学、黄泽、汪克宽、赵汸，清毛奇龄、张自超、方苞、顾栋高、孔广森、钟文烝、张应昌诸家。① 要之，皆持比事属辞之《春秋》教，做整体掌握，系统考察，于是《春秋》迷茫隐晦之指义，率能解蔽与破译。

《左传》与《春秋》，就史书之文体分类而言，皆属编年体之史乘。就文体之发展与演进言，《左传》更加醇熟，规模更加宏伟。假设撤除《左传》编年之藩篱，重新类编重组，则《左传》可为君臣之本纪、列传，侯国之世家；且可类次其事之本末，以成纪事本末之书。何以知其然？盖《左传》阐发属辞比事之《春秋》教，其叙事自见终始本末，故类编重组不难。

中国史书有三大体例，互有得失：编年体，以时间为主，事系时序，前后井然，其失在相关事迹不衔接，以《春秋》《左传》为代表。纪传体，以人物传记事迹为主，而岁时不明，相关之人与事载记重复，《史记》《汉书》为代表。至于以相关事件为主，兼取编年、纪传之优长者，论者以为：当迟至南宋袁枢《通鉴纪事本末》出，方见创始之功。若据本文前幅所论，笔者以为记事本末体之滥觞，当最早发祥于《左传》。

古春秋纪事之成法，为"爰始要终，本末悉赅"。《左传》以历史叙事解说《春秋》，实深得古春秋、《尚书》叙事之遗绪。今考索《左传》之历史叙事，如郑伯克段于鄢（隐元）、长狄绝种（文十一）、赵盾弑其君（宣二）、郑伯兰卒（宣三）、若敖氏之灭（宣四）、崔杼弑其君（襄二十五）诸什，叙事在一年之内，有首有尾，本末悉昭，《左传》叙事，若此者极多，可以不论。

就史书文体分类学而言，《左传》与《春秋》近似，皆属于编年体。在形式上，与纪传体、纪事本末体截然不同。然自宋章冲仿南宋袁枢《通鉴纪事本末》，编成《春秋左氏传事类始末》五卷，于是纪事本末体之《左传》读本渐出。后人重编纪事本末新著，不过因史事而类聚群分编纂而已。

如明唐顺之《左氏始末》十二卷，清马骕《左传事纬》十二卷、清高士奇《左传

---

① 张高评：《比事属辞与明清〈春秋〉诠释学》，《经学研究集刊》2016 年第 20 期，第 17—52 页。张高评：《比属观义与宋元〈春秋〉诠释学》，《经学文献研究集刊》2016 年第 15 辑，第 81—114 页。

纪事本末》五十二卷、民初吴闿生《左传微》十卷、韩席筹《左传分国集注》十二卷。章冲以下诸家著述，或以事件分，或以侯国别，皆以本末叙事为纲，以相关史事为纬，而成纪事本末体著作。清章学诚《文史通义·书教》称纪事本末体之优长，为"文省于纪传，事豁于编年"，①诚哉斯言！其所以然者，可以印证《左传》叙事，薪传"爰始要终，本末悉昭"之古春秋记事成法。

就整体而言，《左传》确为"以事系日，以时系年"之编年体。年月井井，不相紊乱。唯《左传》编年叙事时，单一事件，为求"爰始要终，本末悉昭"，往往转变"以事系年"，而成"以年系事"之纪事本末体。以笔者观之，《左传》叙事，有事件横越数年，却同置一年之中者，决断去取，因事命篇，既张其本，复继其末，原始要终，首尾一贯，其纪事本末之权舆乎？如《重耳出亡》《吕相绝秦》《声子说楚复伍举》《吴季札出聘》《王子朝告诸侯》诸什，纪事本末之体式，已不疑而具。

（三）《左传》本末叙事与比事属辞之成就

汉桓谭《新论》称：《左传》与《春秋》，相互表里、相持而成，谓"《经》而无《传》，使圣人闭门思之，十年不能知也"②。《左传》能与《春秋》相表里者，在于以属辞比事发明圣经，可以辅翼《春秋》所不及、补苴所缺略之史事。此种传经贡献，远非《公羊传》《谷梁传》可及。唐刘知几《史通·申左》揭示"《左氏》之义有三长，而《二传》之义有五短"③，庶几近之。

刘知几所谓"《左氏》之义有三长"，夷考其实，要皆属辞比事之叙事成就。其中，以叙事见本末最具特色，历代学者多关注于此。中唐啖助、赵匡倡导舍传求经，而陆淳《春秋集传纂例》论《三传》得失，仍盛称《左氏》，以为"叙事尤备"。《左传》叙事详备之功，在"能令百代之下颇见本末"；可借由《左传》之叙事，以考求《春秋》之微辞隐义。④ 由此观之，陆淳等新《春秋》学派，虽然提倡回归《春秋》原典，以经治经，并不完全摒弃《左传》历史叙事解经之功能。

盖始、微、积、渐，为历史事件发展之脉络与通则。《左氏》深知其然，故以本

---

① 章学诚著、叶瑛校注：《文史通义校注》，卷一，内篇一，《书教下》："袁枢《纪事本末》又病《通鉴》之合，而分之以事类。按本末之为体也，因事命篇，不为常格。……文省于纪传，事豁于编年。决断去取，体圆用神，斯真《尚书》之遗也。"第51页。

② 桓谭：《新论》，语见李昉等敕编：《太平御览》，中华书局1960年、1992年版，第7页，总第2746页。

③ 刘知几著、浦起龙释：《史通通释》，台北里仁书局1980年版，第418—420页。

④ 啖助、赵匡、陆淳：《春秋集传纂例》，钱仪吉：《经苑》本，台北大通书局1970年版，第4页，总第2358页。

末终始,作为叙事之主体。宋陈亮为刘朔《春秋比事》作序,称《左传》"始卒无舛,先后有据,而义在其中"。特提"始卒"与"先后",与叙事传统所谓"爱始要终,本末悉昭",若合符节。① 故朱熹云:"看《春秋》,且须看得一部《左传》首尾意思通贯。"即指属辞比事《春秋》教之发用。叙事完备,夫然后乃有助于考求"圣人之笔削",与"当时事之大意"②。《左氏》以史传经,终始本末之叙事,解经之功独高。

宋程颐《春秋传》曰:"《春秋》,《传》为案,《经》为断。"元杨维桢《春秋左氏传类编·序》言:"圣人之《经》,断也;《左氏》之《传》,案也。欲观《经》之所断,必求《传》之所纪事之本末,而后是非见,褒贬白也。"③《经》《传》叙事互有详略,或始或终,容有出入,可以相发互补之处正多。宋家铉翁强调:《左传》以纪其详、述其终之特色,羽翼孔子《春秋》。《春秋》经若无《左传》本末终始之叙事,当时行事将无所考据。欲"知当时事","知圣人意",惟赖《左传》。④ 其后,元黄泽之说《春秋》,主张"《春秋》当详考事实,以求圣人笔削书法",⑤显然受家铉翁等之影响。

《左氏》所以善说《经》者,在借历史叙事呈现成败、治乱、微巨、内外之现象。明焦竑《〈春秋左翼〉序》称美《左传》叙事艺术:"丝牵绳联,回环映带,如树之有根株枝叶,扶疏附丽。"当指属辞比事之书法而言。⑥ 盖本末终始之叙事,正是属辞比事书法之衍化。

清顾炎武《日知录》所谓"于序事中寓论断",《左传》之历史叙事亦有之。《四库全书总目》推崇《左传》之以史传经:"后人观其始末,得其是非,而后能知一字之所以褒贬,此读史之资考证也。"又云:"删除事迹,何由知其是非?无案而断,是《春秋》为射覆矣!"《左传》以历史叙事解经,原始要终,张本继末,比事而属辞之,可以知经义,可以杜臆说。⑦ 四库馆臣之言,值得参考。

由此观之,汉桓谭所谓《经》《传》相互表里,唐陆淳称《左传》所谓"叙事尤备,能令百代之下颇见本末";元赵汸谓"学《春秋》,以考据《左传》国史事实为主,然后可求书法"⑧,观此益信。

---

① 陈亮:《春秋比事·序》,文渊阁《四库全书》本,第12页,总第11584页。

② 黎靖德编、王星贤点校:《朱子语类》,第2148页。

③ 杨维桢:《东维子集》,文渊阁《四库全书》本,台湾"商务印书馆"1983年版,卷6。

④ 家铉翁:《春秋集传详说》,第32—33、158页。

⑤ 赵汸:《春秋师说》,纳兰成德编:《通志堂经解》,台北大通书局1970年版,卷上,第21页。

⑥ 焦竑:《澹园集》,中华书局1999年版,第129—130页。

⑦ 纪昀主纂:《四库全书总目》,第536—537页。参考《经部春秋类三》,湛若水《春秋正传》提要,第24页,总第582页;卷四五,第958页。

⑧ 赵汸:《春秋师说》,第14944页。

四、尊王、重霸、攘夷与《左传》叙事见本末

尊王攘夷，为《春秋》二百四十二年之大节目。就尊王攘夷之内涵言，关系三大方面：尊王，为尊奉周天子为天下之共主。攘夷，为攘除夷狄之交侵中原；主要指荆楚，其次为狄、戎。其潜台词，为谁来尊王？有能力攘却夷狄者为谁？由此衍生之关键词，即是重霸二字。欲尊王，不得不重霸；唯霸王有坚实武力为后盾，执华夏盟会之牛耳，方具威势号召天下侯国尊奉周天子，方有能力指挥诸侯之联军，攘却荆楚与戎狄。尊王、重霸、攘夷三者，遂成为《春秋》与《左传》叙事之三部曲。

《孟子·离娄下》称：孔子作《春秋》，"其事，则齐桓、晋文；其文，则史"。已明示《春秋》为一部霸史，主要在叙记齐桓公、晋文公称霸诸侯之事。齐桓、晋文虽并举，然齐桓霸业，及身而亡；晋文创霸，其后泽被一百二十年。因此，晋国为春秋时代尊王攘夷之主角。《春秋》史为一部霸史，以晋楚争霸为主轴，霸权之盛衰消长，影响国际秩序之重整，以及华夷侯国之依违离合。故孔子《春秋》之书写，书"邓之会"，《左传》释之为"始惧楚"。盖春秋灭国之多，灭国之易，未有如荆楚之甚者。[①] 忧患中原之左衽，故《春秋》严夷夏之防，为其大义之所归。

尊王、重霸、攘夷，世所谓《春秋》之大义，《春秋》《左传》之叙事宗之。《左传》解说《春秋》，聚焦于晋楚霸业之消长，自然旁及王室之治乱，夷狄之兴衰。读者观其始书、连书、终书，张本继末，探究终始，而《春秋》大义得以考见。《左氏传》以历史叙事解说《春秋》，转而化之，尽传属辞比事之学，遂成纪事本末体之权舆。[②] 见诸《左传》叙事者，如《重耳出亡》（僖公二十三年）、《吕相绝秦》（成公十三年）、《声子说楚》（襄公二十六年）、《季札出聘》（襄公二十九年）、《王子朝告诸侯》（昭公二十六年）诸篇，于尊王、重霸、攘夷之《春秋》大义，皆有具体而微之体现，而纪事本末之体式此中有之。

孔子作《春秋》，其义往往推见至隐；然治《春秋》者，常以上下比事而见义。《春秋》有大属辞比事、小属辞比事，或牵连数年而共叙一事；《左传》叙事，有事件横越数年，却同置一篇之中；首尾照应主题，终始本末如丝牵绳贯者，非纪事本末之体钦？今以上述五篇为例，论证《左传》体虽编年，然薪传古春秋"原始要终，本

---

① 张高评：《属辞比事与〈春秋〉诠释学》，第257—282页。

② 张应昌编著：《春秋属辞辨例编》，上海古籍出版社2002年版，第639页。

末悉昭"之叙事书法,亦自具纪事本末之体式。分论如下。

(一)晋公子重耳出亡(僖公二十三年)

晋楚争霸,为《春秋》叙事之主轴。春秋时,凭陵诸夏,威逼上国者,莫如荆楚;而能制楚国,安华夏者,莫如晋。晋自文公城濮一战胜楚,奠定晋国霸业一百二十余年。故五伯虽始齐桓公,关键要紧处尤在晋文公一人。①

僖公二十八年,晋楚城濮之战,晋胜楚败。晋文公重耳所以堪膺此致胜重任者,与出亡十九年之磨难成长有关。故《左传》先经以始事,先叙记于僖公二十三年,以凸显苦难之动心忍性与增益不能,有助于创霸垂统。《左传》发其始、张其本如此,自亦不离古春秋记事之成法。

重耳因骊姬之乱,流亡在外:于鲁僖公五年(前 655)至狄,处狄十二年而行。僖公十六年(前 644),去狄、过卫、及齐。僖公二十二年(前 638),及曹、及宋。二十三年(前 637),及郑、及楚、之秦。若依编年记事之体例,重耳流亡之事件,《左传》当分隶上述四个时段叙事之。

今《左传》不然,未恪守编年体之体式,竟集中叙记于僖公二十三年。盖《左传》叙《晋公子重耳出亡》,为僖公二十四年秦纳公子,及一生霸业张本。② 故出以纪事本末之叙记,自具首尾,一气呵成,前后联络,血脉贯通。此真所谓因事命篇,体圆用神,原始要终,本末悉昭,此非纪事本末而何?

《左传》叙写重耳流亡,处狄十二年。僖公十六年,去狄、过卫、及齐。二十二年而去齐、及曹、及宋。再一年,而及宋、及楚、之秦。叙事之详略、属辞之重轻,与时间之久暂,了无关系。《左氏》或笔或削之叙事,即体现为详略、重轻、异同、宾主之属辞比事书法。而事之比,辞之属,又取决于左丘明著《传》之旨趣与史义。左氏著述之旨趣云何,史义何在? 笔者以为,在叙写重耳心智之成长而已。叙其十九年之间,"艰难备尝,情伪尽知",以此动其心,忍其性,增益其所不能,而后堪当大责重任,制楚创霸,主盟中原。

清章学诚《文史通义·答客问上》称:《春秋》之义,昭乎笔削。笔削之义,不仅见诸"事具始末"之比事,"文成规矩"之属辞,更具体表现在详略、异同、重轻、

---

① 李卫军编著:《左传集评》僖公二十三年,北京大学出版社 2016 年版。冯李骅:《左绣》卷六,康熙五十九年书业堂镌藏本,台北文海出版社 1967 年版,第 497 页。

② 李卫军编著:《左传集评》僖公二十三年。

忽谨诸书法上。①《春秋》之义如此,《左传》著述之旨义,亦同理可以类推。以《左传》叙晋公子重耳出亡而言,指趣既在横逆挫折、备尝险阻艰难、尽知民之情伪,然后能动心忍性,成长成熟。于是与此有关之取材,则详叙重叙,否则,即略写、不书,或轻描、淡写。如卫成公、曹共公、郑文公皆不礼焉,皆详叙;于易怒处、好色处、随地安乐趣、易恐惧处、无经络处,都重写。

再者,晋文创霸,是何等大事?却兼写四位奇女子——季隗、齐姜、僖负羁妻、怀嬴,作为反衬烘托,所谓异人之所同。重耳得返晋国,进而创霸制楚,左氏拈出"得人"二字,即详叙"从者"方面着笔。清冯李骅《左绣》称:"通篇处处频点公子,即处处陪写从者,最是烘云托月妙法。有时写公子,是写公子;有时写从者,亦是写公子。"②此种叙事书法,试与《国语·晋语》相较,即是"忽人之所谨"之别识心裁。《晋公子重耳出亡》,属辞比事之叙事如是,遂成《左传》纪事本末之名篇。

(二)晋吕相绝秦(成公十三年)

《左传》长于叙事,尤其工于叙写战事,千古以来无出其右。《左传》叙战之妙,无论长篇如城濮之战(僖二十八)、邲之战(宣十二),短幅如柏举之战(定四)、槜李之战(定十四),篇篇多有自家面目。妙在能因事命篇,体圆用神,故古今传诵不绝。

春秋五大战,晋楚城濮之战(僖公二十八年)、晋楚邲之战(宣公二年)、晋齐鞌之战(宣公十六年)、晋楚鄢陵之战(成公十六年)、吴越笠泽之战(哀公十七年)。叙战写谋,决断去取,神明变化,固无论矣。其他,如周郑繻葛之战(桓公五年)、齐鲁长勺之战(庄公十年)、秦晋韩之战(僖公十五年)、宋楚泓之战(僖公三十二年)、秦晋崤之战(僖公三十三年),乃至于吴楚柏举之战(定公四年)、吴越槜李之战(定公十四年)诸什,要皆叙战之神品、妙品。司马迁《史记》而下,叙写战事,多从中取法,信为千古叙战之典范。就叙战而言,自是因事命篇之纪事本末笔法。

《吕相绝秦》,就《左传》之历史叙事而言,原为秦晋麻隧之战之一环。《左传》叙麻隧之战,谋篇安章之比事与属辞,与其他篇章叙战之决断去取迥然不同。麻

---

① 章学诚:《文史通义校注》,第 138 页。
② 冯李骅:《左绣》卷六,第 497 页

隧之战,详叙《吕相绝秦》之外交辞令,却略写战事;《吕相绝秦》外交辞令,又重叙文公以来秦负晋之种种,而轻点晋悖秦德之实情。详略、重轻之际,自见《左氏》笔削见义之大凡。《左传》作为历史叙事之宝典,叙写战事,必提示胜负成败之所以然,颇有益于后世应变御变之资鉴。故叙战而详载辞令,重写绝秦,重轻详略之笔削,"义以为经"之决断去取,麻隧之战晋胜秦败之缘由,遂巧妙呈现。夷考其实,不过运用属辞比事之《春秋》教而已。

麻隧之战,晋胜秦败,晋国制胜之关键因素,取决于《吕相绝秦》一篇外交辞令。秦晋军事冲突长达六十九年,始于殽之战,终于十三国之伐。"干戈日寻,兵连祸结,未有如二国之甚者";清马骕《左传事纬》称:"吕相之绝秦也,以殽师责穆,以令狐、河曲责康,以辅氏责桓,其词多文,秦不能对。"①其实,秦晋二国之兵争,各有曲直,而吕相片面之词,强辞责秦;背理饰辞,十居七八:"如殽之役,以仇报德;而以为散离兄弟,倾覆国家;剟首之役,以为帅我蟊贼,尤为灭天理、丧本心之言。"②清高士奇《左传纪事本末》亦云:"秦晋交兵,自败殽以至令狐,自令狐以至迁延之役,曲直各有攸归。而论其始衅,则晋实负秦,秦无负于晋也。"③秦晋交兵之是非曲直,诚如马骕、高士奇所言;《吕相绝秦》外交辞令之悖理饰辞,高居十之七八。然吕相竟以颠倒是非,混淆黑白,赢取麻隧之战之胜捷,此又何说?

事有详略重轻,理有利害曲直,或笔或削,决断去取,足以体现说者之意图。《左传》叙吕相绝秦之事,要在借详略重轻之笔削,以逞颠倒曲直,混淆利害之意图。秦晋之军事冲突,自秦穆公始,中经秦康公,至秦桓公,吕相所陈,所谓韩之师、殽之师、令狐之役、河曲之战、辅氏之聚云云,大多事理全悖,特出于矫诬夸诈之词而已。唯《吕相绝秦》篇终,叙出令狐之盟,特举秦背盟招狄、求盟于楚二事。一篇外交辞令,曲在秦,直在晋者,唯此而已。吕相比物联类,饰辞驾罪,推广此一指义,于是前此之交兵,其非、其曲全在秦;而其是、其直皆在晋矣。以此类推,故秦无往而非曲,无役而称是矣。《春秋》以或笔或削取义,转化为外交辞令之巧用详略重轻,亦比事属辞之书法也。

《吕相绝秦》所叙秦晋交兵诸战役,韩之师,详《左传》僖公十五年(前 645);殽之师,详《左传》僖公二十三年(前 627);令狐之役,见文公七年(前 620);河曲之战,见文公十二年(前 615);辅氏之聚,见宣公十五年(前 594);令狐之会,在成公十一年(前 580);而麻隧之战,在成公十三年(前 578)。上述交兵事迹,依编年

---

① 马骕:《左传事纬》,齐鲁书社 1992 年版,第 207 页
② 魏禧:《左传经世钞》,《四库全书存目丛书》本,台南庄严文化公司 1997 年版,卷九,第 466 页。
③ 高士奇:《左传纪事本末》,第 387 页。

体例，业已分属七处叙记。吕相《绝秦》辞令，为夸饰秦背令狐之盟，召狄与楚之二三其德，于是历数近七十年之交兵战役，化零为整，混淆其是非曲直，通叙于一篇之中，切合"原始要终，本末悉昭"之古春秋记事成法。于是编年体事迹之不连贯，纪传体叙事之伤烦冗，皆得以救济。

《吕相绝秦》一文，以辞令为叙事，确实有《文史通义·书教下》所云：纪事本末体"文省于纪传，事豁于编年"之特点。

（三）蔡声子说楚复伍举（襄公二十六年）

章学诚《答客问上》云："《春秋》之义，昭乎笔削。笔削之义，不仅事具始末，文成规矩已也。"意谓：《春秋》笔削之义，体现于"事具始末"之比事，以及"文成规矩"之属辞上。史事如何编比？文辞如何连属？攸关笔削之义，与叙事之法。而笔削去取，体现在比事属辞之详略、重轻上；详之、重之所在，即是一篇取义之所归。

伍举得罪楚执政者，于是去楚奔晋。道遇相善之蔡声子，于是声子为恢复伍举之职位，而游说楚令尹子木。说服内容分为两大部分：前半，偏重属辞；后半，侧重比事。比事部分，笔削出楚材晋用之个案四则，就楚材晋用，"以害楚国，不可救疗"之实况，和盘托出。论者称：《声子说楚》，与《吕相绝秦》，皆《左氏》"借一段议论，为全部春秋前后作关锁，非苟作者"。① 所谓借一段议论作关锁者，即是决断去取，因事命篇，"爰始要终，本末悉昭"之纪事本末体行文表述。

声子说楚复伍举，前半谈说重属辞，分为两截：先拈出刑滥与赏僭，后申之以劝赏、畏刑、恤民。要之，以刑滥、畏刑为主，赏僭、劝赏为衬托；至于恤民，则是陪笔。凡此，可见属辞之大凡。特提刑滥、畏刑，卒章又突出"淫刑"，牵上搭下，渐入正题，扣切"大夫逃死于四方，而为之谋主，以害处国，不可救疗"之篇旨。后半文章，运用排比类似史事之比事法，枚举析公、雍子、子灵、苗贲皇四则楚材晋用之个案，作藉宾形主之烘托。全文四宾陪一主，比事以见义，自以恢复伍举职位为主体，卒章显志，暗示影射，伍举即将成为第五位楚材晋用之祸患。② 令尹子木闻言恐惧，言之于王，楚国不得不设下停损点。

声子所举楚材晋用之四人：析公奔晋，以为谋主，在《左传》文公十四年（前

---

① 冯李骅：《左绣》，第 14 页，总第 289 页。
② 孙琮：《山晓合左传选》，李卫军编著：《左传集评》，第 1432 页。周大璋：《左传翼》，李卫军编著：《左传集评》，第 1434 页。

613）；绕角之役，在成公六年（前 585）；晋侵蔡袭沈、获其君，在成公八年（前 583）。雍子奔晋，彭城之役，在成公十八年（前 573）；晋降彭城，见襄公元年（前 572）。子灵（申公巫臣）奔晋，在《左传》成公二年（前 589）；通吴于晋，详成公七年（前 584）；吴伐巢、取驾、克棘，入州来，详成公七年（前 584）。苗贲皇奔晋，见《左传》宣公四年（前 605）；鄢陵之役，详成公十六年（前 575）。楚材晋用之四人，或令楚失华夏，或使楚失东夷，或致楚疲于奔命，至今为患；或促成郑叛、吴兴、楚失诸侯。若依编年纪事，将分属八处叙记。今因声子说楚，类叙弃贤才、资敌国之谋主四人，《左传》叙事，决断去取，"不以年次为先后，随口吐出，以类相从而已"。就楚材晋用，造成楚国莫大危害一事，因事命篇，亦"爰始要终，本末悉昭"之纪事本末体叙事也。

春秋史，是一部诸侯争霸之历史。晋自文公城濮一战，胜楚、制楚、创霸之后，历晋悼公中兴，主盟华夏前后达一百二十余年。晋楚争霸，二雄霸业互为消长，其他侯国之或依或违，分合聚散皆随之，而春秋时代之国际秩序，遂因之而调整与改易。故研治《春秋》《左传》，或考察春秋史，掌握诸雄霸业之彼消此长，则思过半矣。

襄公以前，争霸中原者为晋楚两大国。楚国惟宣公十二年，晋楚邲之战，楚胜晋败，楚庄王称霸一时而已，其余皆晋国主盟华夏。成公七年，申公巫臣通吴于晋，于是晋联吴以制楚。其后晋霸不竞，楚势亦日削。清姜炳璋《读左补义》称《左传》"于兴衰交关处，必有一篇大文，牢笼后来结局"；[1]不止如此，《左传》于世局变革之际，往往出于终始本末之叙说，因事命篇，汇聚一处，以串联散分，囊括相关，此真纪事本末体之权舆。

晋楚争霸既为春秋之大事，为救济编年体事迹不连贯之缺失，《左传》于城濮之战晋文公称霸之前，先叙《重耳出亡》一篇文字，因事命篇，出以纪事本末体，预示亡公子而有得人之望；营造其天启之势，而返国、称霸之气象跃然纸上。《吕相绝秦》，叙麻隧之战，因《绝秦》而因事命篇，综括秦穆公以来，近七十年秦晋交兵之种种，为晋悼中兴霸业作见证。《蔡声子说楚》，亦藉声子复伍举之外交辞令，因事命篇，叙三十年来楚材晋用之祸害，造成楚失华夏、楚失东夷、楚失诸侯、疲于奔命之恶果，亦导致楚霸衰歇之结局。如此叙楚材晋用之虚实，晋楚争霸情势之消长，已昭然若揭。

由此观之，《左传》叙事之"爰始要终，本末悉昭"，文简事豁，无编年纪传之

---

① 姜炳璋：《读左补义》，影印同文堂藏版本，台北文海出版社 1968 年版，第 20 页，总第 1473 页。

失,颇饶纪事本末体之优长。

(四)吴季札出聘(襄公二十九年)

楚材晋用,资材于敌,导致申公巫臣通吴于晋,联吴以制楚,于是吴入州来,吴通上国。待吴崛起,而晋楚霸业亦相继中衰。《左传》于世局变革之际,往往出于终始本末之叙说。因应春秋晚期形势,于是有《吴季札出聘》,走访上国之叙事。其决断去取,亦因事命篇,出以纪事本末之书法。

《左传》叙吴季札出聘,先后历经五国,而于聘鲁叙事最详、最重。其他,如聘齐、聘郑、适卫、如晋,则叙事较略、较轻。四国之中,叙聘于晋,又较齐、郑、卫为详、为重。详略、重轻、异同之际,即见左氏笔削去取之义,与比事属辞之书法演示。冯李骅《左绣》称《左传》叙事,隐然具备纪事本末之体者,如叙战之前、叙聘之前,皆先著一大篇文字,首尾包络,绝妙呼应。[①]

春秋至襄公之末年,天下无霸,政出私门,礼乐征伐自大夫出。故叙公子季札评论列国名卿大夫,以为后半部《左传》之张本。元程端学《春秋本义》所谓"大属辞比事"者,《左传》叙事有之。叙季札出聘,所以详叙聘鲁,重写观乐论国风者,以季札身处吴地,"未闻中国声,故请作周乐,欲听其声,然后依声以参时政,知其兴衰也。"[②]或笔或削,或重或轻,决断去取之际,亦属辞比事之教也。

吴季札观乐,纵论列国风尚,其连属辞文,颇见或重或轻之笔削。属辞,有相近相似者,亦有相反相对者,近似者以正衬,相反者以对衬。无论近似或反对,多以重轻为笔削。所谓两两相对,而辞文或长或短,或整或散,大抵如相体裁衣,各个不同,似大珠小珠落玉盘者,由属辞可见叙事之妙也。《左传》之比事,将聘鲁、聘齐、聘郑、聘卫、聘晋,比物联类,以编比史事次第之,脉络文心相通,故前后绳穿丝连之妙。属辞比事之《春秋》书法,左氏运化十分老练美妙。

清冯李骅《左绣》、清陈震《左传日知录》,评点《左传》之文章,显然已提示《左传》精心于比事。无论模拟,或对比,详略、重轻之际,或笔或削,已揭示微义矣。[③] 金圣叹曾云:"临文无法,无异狗嗥!"历史叙事、文学叙事,有法可寻。一言以蔽之,曰属辞比事而已也。

---

① 冯李骅:《左绣》,第7页,总第1355页。又,李卫军编著:《左传集评》,第1429页。
② 李卫军编著:《左传集评》,引明张萧《左传隽》,第1424页。
③ 冯李骅:《左绣》卷十八,第13页,总第1287页。李卫军编著:《左传集评》,第1433页。又,引陈震:《左传日知录》,第1434—1435页。

《季札观乐》之叙事,齐郑、齐晋互为对叙;而观乐、观政,作为模拟叙事之资材,于是以"德"字、"政"字为线索,即成比事与属辞之"义"。吴季札历聘五国,叙聘鲁,特提观乐,论国风,较之齐、郑、卫、晋为详、为重。盖论乐观德,为此篇之大节目,乃左氏所宗。故或笔或削,或详或略如此。

叙事义法,古文义法,本由属辞比事之《春秋》教衍化而来。比事,涉及素材之取舍,《左传》选择论乐与论人,作为叙事骨干,前观列国音乐,后观列国人才;于鲁观乐,详叙重写,其他四国论人才,则略叙轻笔。前半叙观乐,多脉注于"德"字;后半叙观人,则贯注于"政"之义上,而辞文之连缀修辞因之。①"爱始要终,本末悉昭",属辞比事之教也。

(五)周王子朝告诸侯(昭公二十六年)

晋国主盟华夏,一百二十余年,尊王攘夷,其功独大。故《春秋》《左传》于晋霸之盛衰消长,攸关世局变化者,叙事多详之、重之。笔削去取足以见义、益信。春秋后期,迨周景王时,晋霸已衰,政出多门,自顾不及,因此无暇勤王。故周有嫡庶王位之争,王子朝之乱即其一。

《左传》叙王子朝之乱,载录《王子朝〈告诸侯〉书》,历数嫡庶之争、王室之乱;亦犹秦晋麻隧之战,晋吕相发出《绝秦》檄书,历数秦晋军事冲突之一般。吴闿生《左传微》评价以为:"在春秋文告,当为第一篇文字"。寓论断于叙事之中,虽饰辞悖理,而微婉深曲,谈说之美妙,不让《吕相绝秦》专美于前。

昭公二十二年,《春秋》经书曰:"王室乱。"至二十六年冬十月,《春秋》书曰:"天王入于成周。尹氏、召伯、毛伯以王子朝奔楚。"王子朝奔楚,示已不见容于华夏,是所谓王子朝之乱。论者称:"子朝之乱,东西交战,俨同二王。周民之苦,为东迁所未有。"②或从尊王视角,痛惜晋霸业之不竞,不能早合诸合。③《左传》以历史叙事解说《春秋》经,因事命篇,出以《王子朝告诸侯书》,假文告替代叙事,以诠释《春秋》书"王室乱"之所以然,亦出以"爱始要终,本末悉昭"之叙事法。

王子朝《告诸侯》书,历叙周武王以来之封建宗法,影响治乱成败之梗概:自武王、成王,历经康王、夷王,而厉王、宣王、幽王,而惠王、定王、灵王,至景王、敬王。自西周历经东周,共叙二十余位天子,历五百七十余年。子朝文告,叙说其

① 李卫军编著:《左传集评》,引盛谟:《于埜左氏录》,第1435页;引高嵝:《左传钞》,第143页。
② 韩席筹:《左传分国集注》,台北华世出版社1975年版,第32页。
③ 高士奇:《左传纪事本末》,第44页。

中大半天王之治乱,历数有关嫡庶、兄弟、王室之祸福。观其比事与属辞,亦原始要终、本末叙事之类。较诸编年叙事,确实"文省于纪传,事豁于编年"。所谓决断去取,因事命篇,即此是也。

《左传》因事命篇,比事而属辞之,从原始要终之本末叙事,自可推见封建维周之效应。于叙事中寓论断,直书王子朝"震荡播越,窜在荆蛮",则其栖栖惶惶,不见容于华夏,其义多见于言外。[①] 论断处,即于书词见义。比事属辞,而指义遂呼之欲出。昭公二十二年,《春秋》书"王室乱",《左传》本末始终,叙次其事,但见"天王播越,诸侯莫救",于晋之主夏盟,不无微词。故《春秋》书"王室乱",既伤周之衰乱,更叹中原之无霸。[②] 一笔两义,多见于文字之外。以此知《春秋》属辞之微而显,志而晦,婉而成章。

王子朝其行虽无礼,乱王室;但就文辞言,《告诸侯》书,足令听者目眩神摇,可以媲美《吕相绝秦》,堪称辞令之妙品。[③] 其辞命之工绝美妙,确有悦人说服之魅力。唯悖理饰辞,迷离失真,不可为训。故论者品评子朝:"可谓奸人之雄哉!"孔子曰:"出辞气,斯远鄙倍矣!"言为心声,属辞可见心性志意,《左氏》记言之妙有之。

要之,王子朝《告诸侯》书,叙事原始要终,张本继末,以叙周之"王室乱"。《左传》因事命篇,排比相关史事,嫡庶纷争之原委,王室治乱之始末,得此而后可以了然。因以求义,《经》文所书"王室乱",睹《左传》叙事可以知之。

五、结 论

就历史编纂学而言,未下笔先有义,故方苞谓"义以为经,而法纬之"。义,犹将帅,犹领航。事之比,辞之属,犹士卒,如船舰,皆以义为马首是瞻。其次,则史事之排比编次,相似相近者,以模拟;相反相对者,以对比,而皆脉注绮交于义。又其次,则为辞文之连属与修饰,亦以义为环中,为回归、为聚焦。《礼记·经解》:"属辞比事,《春秋》教也。"此之谓也。

始、微、积、渐,为历史发展之原理,《春秋》循是以作。学者持以破译微旨隐义,要多能怡然理顺,涣然冰释。《左传》传承此一书事之旗向,而益之以属辞比事之讲究,更加关注事件自始至中、中至终之积渐与发展。于是叙事传人,强调终始本末之衍变。唐陆淳《春秋集传纂例》称扬《左传》,所谓"叙事尤备,能令百

① 李卫军编著:《左传集评》,引刘维庄:《左传快评》,第1843页。
② 李卫军编著:《左传集评》,引邹美中:《左传约编》,第1843—1844页。
③ 李卫军编著:《左传集评》,引孙琮:《山晓阁左传选》,第1843页。

代之下颇见本末"。由此观之,《左传》虽为编年体史书,而比事属辞之际,纪事本末之发用,已具体而微隐寓其中矣。

慎始、谨微、戒积、杜渐,为《春秋》书事之焦点。学者以之读《春秋》、治《春秋》、解《春秋》,结合属辞比事之《春秋》教,遂成为解经之法门。如宋家铉翁《春秋集传详说纲领》揭示屡书、累书、特书、联书之例。清顾栋高《读〈春秋〉偶笔》,揭示弑君、灭国之事件,凸显"有渐"二字。履霜坚冰至,一叶落而知天下秋,《春秋》书事如此,《左传》以历史叙事解释《春秋》经,更加关注始、微、积、渐之来龙去脉,于是体现为因事命篇之纪事本末篇章,亦势所必至、理有固然。

《左传》以历史叙事解《经》,于尊王、攘夷、大义,益加踵事增华,变本加厉。除薪传发扬"爱始要终,本末悉昭"之古春秋记事成法外,清代姜炳璋《读左补义》所言:《左传》"于兴衰交关处,必有一篇大文,牢笼后来结局。"冯李骅《左绣》亦谓《左传》:"借一段议论,为全部春秋前后作关锁。"同时,以之凸显全书之纲领节目。于是"因事命篇"之纪事本末体,油然蜕变而化生。

如《重耳出亡》《吕相绝秦》《声子说楚》三篇纪事之本末,皆攸关晋楚争霸之来龙去脉,晋楚霸业之兴衰得失。《季札出聘》,背景为吴国崛起,晋联吴以制楚,故《左传》叙季札出访,因事命篇,观列国之乐音,论列国之人才,宏观而系统综述列国之虚实。公子季札所以评论列国名卿大夫者,可以作为后半部《左传》之张本。

《春秋》标榜尊王,无奈春秋之初,天王不王,已名存而实亡。致周郑交质、周郑交恶。春秋晚期,《春秋》书"王室乱",故《左传》载《王子朝〈告诸侯〉书》,明言求治,实则徵乱。必有如此大文,出以纪事本末之体,方能囊括古今,论列治乱兴衰。若依循编年纪事,则相关史事彼此扞格,前后疏远,因事命篇之彰显功能,将不可得而见。

因南宋袁枢《通鉴纪事本末》之启发,章冲著《春秋左传事类始末》,明唐顺之有《左氏始末》,清代马骕《左传事纬》,高士奇《左传纪事本末》,民初吴闿生《左传微》,韩席筹《左传分国集注》,叙事论文,亦多出于纪事本末之体。以之探索"弑君有渐、灭国有渐",固然"爱始要终,本末悉昭";推而考察废立、篡乱、兼并、创霸,乃至于个人成败,家国兴亡诸事迹,亦昭然若揭。

因此,运用因事命篇,网罗隐括相关史事于短幅之内,本末终始,来龙去脉,俱见于此。如此叙事,较之编年或纪传,果然"文省于纪传,事豁于编年"。此则比事属辞之功,而见乎纪事本末之体者也。

［本文原载于《中山大学学报》(社会科学版)2020 年第 1 期］

《史记》忌讳叙事与《春秋》书法

——以征伐匈奴之相关人事为例

张高评

摘　要：忌讳叙事，缘于"切当世之文而罔褒"，"有所刺讥褒讳挹损之文辞，不可以书见"，故推见至隐，笔削见义，寓微辞以讥讽之。忌讳叙事之焦点，在关注如何为尊者讳耻、为长者讳过。司马迁《史记》叙武帝征讨匈奴事，本文选取相关史传四篇：《李将军列传》，叙讨伐匈奴之功过，太史公诡辞谬称，刺讥褒讳有功不赏。《卫将军骠骑列传》，叙卫青、霍去病征讨匈奴，所获不如所亡；卫、霍将略，太史公所不取。言外褒贬，实与而文不与。《匈奴列传》，不敢斥言武帝穷兵黩武，乃托辞择任将相。《平准书》，直书为边费耗财而兴利平准，因平准而滋长鬻爵酷吏。聚敛攘夺不可以书见，故或笔或削以见义。司马迁擅长"于叙事中寓论断"，以属辞比事为脉络，体现或书或不书之笔削去取。主体论文分为三部分：一、《史记》叙征伐兴利与《春秋》笔削：（一）《春秋》书法与《史记》之笔削见义；（二）征战兴利，或书或不书，笔削以见义。二、征战匈奴与《史记》之《春秋》书法、忌讳叙事：（一）《平准书》据事直书，寓论断于叙事之中；（二）《李将军列传》于叙事中即见其指；（三）比事属辞与《匈奴列传》之忌讳叙事。三、征伐匈奴与《史记》之曲笔讳书、诡辞谬称：（一）曲笔讳书，微婉显晦，推见以至隐；（二）诡辞谬称，实与而文不与。

关键词：《史记》；征伐匈奴；《春秋》书法；忌讳叙事；笔削昭义

一、引　言

自夏商周以来，匈奴南下牧马，常为中国祸害。汉兴七年，匈奴围高祖于平城，七日不得食，用陈平奇计，围乃解。其后，汉弱胡强，辄用和亲之策；迨汉强胡弱，则派兵进行征伐。汉武帝穷兵黩武，讨伐匈奴近半世纪，所得实不偿所失。

影响所及，"征伐土功，费用浩烦，不得不兴利鬻爵；利不能即兴，不得不严刑"；具体情事，可参《史记》中的《平准书》《酷吏列传》。明茅坤《史记钞》所谓"穷兵黩武，酷吏兴作，败俗债事，坏法乱纪，俱与兴利相为参伍，相为根柢"①。司马迁《史记》，书写一代之历史，于此不能无感慨。面对触忌犯讳之史事，自《匈奴列传》到《平准书》，无论直书或曲笔，多涉及叙事策略，应当如何斟酌？

汉武帝在位五十四年（前 140—前 87），就《史记》中的《匈奴列传》《大宛列传》，以及《平准书》考之，前后征伐匈奴长达四十四年。前期战争，凡二十八年（前 132—前 105），主将为大将军卫青、骠骑将军霍去病，皆缘宠后而得大将，太史公《卫将军骠骑列传》所谓"以和柔自媚于上""天幸"，从微辞可知。卫青七出匈奴，获首虏六万余级。霍去病四出匈奴，获首虏十二万余级。计二将军斩降匈奴二十二万，汉军损失亦十余万，丧马数十万匹。汉武帝元狩四年（前 119），漠北大战，大将军围单于，斩获匈奴十万级，汉军丧马十一万匹。从此汉马少，竟久不复击匈奴。单于亦"数使使于汉，好辞甘言求请和亲"；匈奴之犯边入寇，基本解除。前人指出："太史公纪武帝征伐事，先之以文景和亲，匈奴信汉；然后序两将军连年出塞，又必随之以匈奴入塞，杀略甚多。"②对比叙事，讽喻自见。观《匈奴列传·太史公曰》："欲兴圣统，唯在择任将相哉！唯在择任将相哉！"③忌讳叙事，往往意在言外，发人深省。

征讨匈奴之战争，后期历时十五年（前 104—前 90）。武帝欲侯宠姬李夫人，竟所用非人，拜其弟李广利为贰师将军，任攻伐大宛之主将。汉匈大宛之役，李广利丧师十余万，丧马三万匹。其后，三次出征匈奴，每战皆败。征和三年（前 90），出大军七万，全军没，李广利投降匈奴。论者称：后期战争，斩获匈奴首虏仅万数千级，而汉军丧师二十余万，为前期战争损失之两倍。匈奴虽残弱，然竟不克臣服。于是武帝于征和四年下《轮台诏》，宣告结束对匈奴之征讨。④ 汉武帝贵为天子，穷兵匈奴，生灵涂炭如此，司马迁如何为尊者讳耻讳过？自是忌讳叙事讨论之课题。

《史记》指归，往往可于篇卷序列中见其指义。清何焯《义门读书记》云："以

① 茅坤《史记钞》，韩兆琦《史记选注·李将军列传》，台北里仁书局 1994 年版，第 274 页。

② 凌稚隆辑校、〔日〕井范平补标：《史记评林》，台北兰台书局 1968 年版，卷一百十《匈奴列传》引凌约言曰，第 20 页。

③ 司马迁撰、〔日〕泷川资言考证：《史记会注考证》，台北万卷楼图书公司 1993 年版，卷一百十《匈奴列传》，第 43—54 页，总第 1194—1197 页。

④ 同上，第 61—68 页，总第 1199—1201 页。又，卷一百二十三《大宛列传》，第 34 页，总第 1313 页。

《李将军》次《匈奴传》前,见北边非将军不可寄管钥。"①《李将军列传》置于《匈奴列传》之前,见唯独李将军可以压胜匈奴。《卫将军骠骑列传》次于《匈奴列传》之后,示二将军缘征伐匈奴而得官爵也。李广才气无双,守御北边,对抗匈奴。文帝曾惜其"不遇时";然武帝之时边功日竞,而天子复以"老数奇"少之。意者文帝以为跅弛之士,多见长于草昧之初;武帝以为数蹶之才,难与共功名之会。② 于是广历事三朝,竟终老难封,人也!天乎?司马迁《史记》究天人之际,如何为贤者讳过?清姚祖恩《史记菁华录》称:"史公甚爱李广,而独不满于卫青。至如广之任情孤往,败处每多于胜处。"③成败得失、荣辱毁誉之际,史家当如何经营《离骚》式之比兴抒情?

汉武帝征伐匈奴四十四年,战备军费十分浩繁,究竟如何筹措?论者理出头绪:战费支出计有六项,汉匈战争引发之相关理财措施共十三项。兴利,皆因征伐而起,刑罚、鬻爵,亦缘兴利、征伐而发。《平准书》深文微辞,唏嘘感慨系之。论者指出:"汉武帝耗尽了汉初七十年休养生息的积蓄,仍感不足;而用桑弘羊、孔仅等人理财,想尽各种办法收聚财赋";"桑弘羊的理财措施,实质上是把全国经济纳入了战时体制,是一场全民的总动员,包括整个统治阶级都为战争出力"。④《平准书》指斥武帝好利,与《封禅书》迷信神仙之妄诞近似,太史公主文而谲谏,以微辞讥讽。当时指为谤书者,自隐义微指中可见。

司马迁(约前145—前86),身处武帝时代,书写当代史、现代史,触忌犯讳必多;犹孔子身当定、哀之际,"为其切当世之文而罔褒",故《春秋》多忌讳之辞。《史记·十二诸侯年表序》称,《春秋》"有所刺讥褒讳挹损之文辞,不可以书见",司马迁书写《匈奴列传》,报汉匈战争之利病得失,苟涉忌讳,如何为尊者讳耻?讨伐匈奴之将军,主要有李广、卫青、霍去病,三人之功过毁誉,彼此之间,与汉武帝之际,存在若干交错瓜葛,《史记》于《李将军列传》《卫将军骠骑列传》,司马迁如何为贤者讳过?《平准书》,直载武帝聚敛、兴利、严刑、鬻爵之实录,《史记》如之何微婉显晦,主文而谲谏?或斥为谤书,或指为谏书,端看忌讳叙事如何耳。

---

① 何焯:《义门读书记》卷十四,台湾"商务印书馆"1983年版,文渊阁《四库全书》本,第178页。

② 姚祖恩评点:《史记菁华录》卷五,《李将军列传》,台北联经事业出版公司1977年版、2016年版,第203页。

③ 同上,第198页。

④ 张大可:《史记研究》,《司马迁写汉武帝征伐匈奴》,商务印书馆2011年版,第402—410页。

二、《史记》叙征伐兴利与《春秋》笔削

司马迁私淑孔子,尊孔子为至圣,称高山仰止,景行行止。著成《史记》,孔子有《世家》,仲尼弟子、孟子、荀子、儒林,皆有《列传》。《史记》比事属辞之方,历史编纂之法,脱胎自《春秋》书法者极多。若谓《史记》典范《春秋》,则亦顺理成章,理有固然。

《史记·太史公自序》,以赋为文,藉假设问对,叙上大夫壶遂问:"孔子何为而作《春秋》哉?"司马迁答以《春秋》,别嫌疑、明是非、定犹豫、善善恶恶,贤贤贱不肖云云;"余所谓述故事,整齐其世传,非所谓作也。而君比之于《春秋》,谬矣!《太史公自序》以侧笔婉述司马迁何为而作《史记》。① 司马迁之衷圣、宗经、尊儒,自《史记》本纪、世家、列传观之,②叙事之史法、义法、文法,多不离《春秋》书法之发用。

司马迁纂修近代,既以比拟《春秋》,以之叙写近代、现当代之《史记》,其处境、语境略似于孔子作《春秋》,书写定、哀之际之人与事。投鼠忌器,顾虑必多。董狐、齐史不畏权贵,秉笔直书,良史之书法不隐,难能可贵如此,宜其流芳百世。不过,明知触忌犯讳,依然直书不隐,冒险犯难,义无反顾,佳则佳矣,奈身家性命何? 触忌犯讳与明哲保身之间,如何取得平衡? 此乃忌讳叙事之大课题。

(一)《春秋》书法与《史记》之笔削见义

唐刘知几《史通·直书》引谚语:"直如弦,死道边;曲如钩,反封侯。"因此,一般史官面对忌讳叙事,往往"宁顺从以保吉,不违忤以受害"。所谓"申以劝诚,树之风声"之使命,③如何实践力行? 在在攸关忌讳叙事,应如何表述? 换言之,在"为尊者讳,为长者讳"(详下)之文化制约下,历史真实与明哲保身之间,如何取得报道之平衡?《诗·大序》论风,所谓"主文而谲谏,言之者无罪,闻之者足以戒",可权作忌讳叙事之圭臬,忌讳书写之指南针。

---

① 司马迁撰、[日]泷川资言考证:《史记会注考证》,卷一百三,《太史公自序》,第21—27页,总第1370—1371页。

② 孙德谦:《太史公书法义法》卷上,开篇即列有《衷圣》《尊儒》《宗经》三篇论述,台湾"中华书局"1969年版,第1—8页。

③ 刘知几著、浦起龙释:《史通通释》卷七,《直书》,上海古籍出版社1978年版,第192页。

书事传人,若如《史通·直书》所云"仗气直书,不避强御,肆情奋笔,无所阿容,宁为兰摧玉折,不作瓦砾长存",则批逆鳞、触忌讳,人之不存,书于何有?史官之天职,在守先以待后,实录一代之信史,故司马迁著《史记》,宗法孔子作《春秋》。①《司马相如列传·太史公曰》称:"《春秋》推见至隐。"②《匈奴列传》亦云:"孔氏著《春秋》,隐、桓之间则章,至定、哀之际则微。为其切当世之文而罔褒,忌讳之辞也。"③叙事传人,若"有所刺讥褒讳挹损之文辞,不可以书见",则往往出以"推见至隐"之曲笔讳书。《春秋》"其事,则齐桓、晋文,其文则史"如是,《史记》成一家之言,书一代之信史,亦复如是。讲究忌讳之叙事或书写,亦不失为良史之风范。

基于伦理亲情,人际交往,儒家思想有所谓隐讳者,盖缘情理所当然,顺理而行。《论语·子路》载孔子之言:"父为子隐,子为父隐,直在其中矣。"盖父子主恩,委曲以全其恩,虽不得正,不失为直也。④《春秋》书法,有所谓三讳,已从修身齐家,推拓至治国平天下。《公羊传》闵公元年云:"《春秋》为尊者讳,为亲者讳,为贤者讳。"闵公尊者,《春秋》为之讳;齐季友亲亲、贤贤,故亦为之讳。《谷梁传》成公九年亦云:"为尊者讳耻,为贤者讳过,为亲者讳疾。"⑤唐陆淳《春秋集传纂例》称:"讳者,非隐其恶,避其名而逊其辞,以示尊敬。"⑥尊尊、贤贤、亲亲,《春秋》之大义,曲笔讳书因之以成文。

《春秋》参考鲁史记以成书,以夫子窃取之义观之,历史编纂时,必有或笔或削存在其中。《史记·孔子世家》称孔子为《春秋》:"笔则笔,削则削,子夏之徒不能赞一辞。"⑦何谓笔削?下笔之前,临文之际,必先存有一指义在胸中,以之作

① 司马迁撰、[日]泷川资言考证:《史记会注考证》卷十四,《十二诸侯年表·序》,第7页,总第235页。

② 司马迁撰、[日]泷川资言考证:《史记会注考证》卷一百十七,《司马相如列传》,第104—105页,总第1264页。

③ 司马迁撰、[日]泷川资言考证:《史记会注考证》卷一百十,《匈奴列传》,第68—69页,总第1201页。

④ 赵顺孙:《四书纂疏》,高雄启圣图书公司1973年版,《论语纂疏》卷七,《子路第十三》,第11页,总第288页。

⑤ 公羊寿传、何休解诂、徐彦疏:《春秋公羊传注疏》,台北艺文印书馆1955年版,阮元《十三经注疏》本,卷九,闵公元年,第14页,总第114页;谷梁赤传、范宁集解、杨士勋疏:《春秋谷梁传注疏》,台北艺文印书馆1955年版,阮元《十三经注疏》本,卷十四,成公九年,第2页,总第137页;参考王熙元:《谷梁范注发微》,台北嘉新水泥公司文化基金会研究论文,1972年,第四章《范注对谷梁义例之发明》,九,讳例,第609—618页。

⑥ 陆淳编:《春秋啖赵集传纂例》,台北大通书局1970年版,钱仪吉:《经苑》本,《讳义例第三十四》,第1页,总第2471页。

⑦ 马迁撰、[日]泷川资言考证:《史记会注考证》卷四十七,《孔子世家》,第84页,总第763页。

为史事去取之准的,辞文从违之指南。然后形之于文,则有书,有不书。"其所书者,则笔之;不书者,则削之。"或书,或不书;或笔,或削,相反相成,彼此互发其蕴,互显其义。取舍依违之际,而史义已寓乎其中。此孔子作《春秋》,假笔削以行权之原委。[①]

探究笔削书法,有助于推求司马迁《史记》之忌讳叙事。其中介法门,则在属辞比事之《春秋》教。属辞比事之《春秋》教,盖孔门研治《春秋》之心法。其法精简易行,清章学诚《文史通义》提示:"夫子因鲁史而作《春秋》,孟子曰:'其事,齐桓、晋文,其文,则史;孔子自谓窃取其义焉耳。'载笔之士,有志《春秋》之业,固将惟义之求。其事与文,所以借为存义之资也。"[②]据其事、凭其文,借形而下之器,即可推求形而上之义。《史记·十二诸侯年表序》提示义法之原始,称"孔子论次《春秋》,'约其辞文,去其烦重,以制义法'"云云[③],已微示事、文、义之脉注绮交,互为体用之关系。

宋黄震《黄氏日钞》曾言:"看《卫霍传》,须合《李广》看。卫霍深入二千里,声振夷夏;今看其传,不值一钱。李广每战辄北,困踬终身;今看其传,英风如在。史在抑扬予夺之妙,岂常手可望耶?"[④]《史记》叙事传人,或详略互见,或名实相参,或抑此扬彼,或文与而实不与,要皆比事属辞《春秋》教之衍化。追本溯源,若准以《春秋》笔削昭义之原理,则《史记》有关忌讳叙事之书法,可借或笔或削,互显其义,而考索得之。司马迁作史,每寓论断于叙事之中,后世或以《平准书》为谤书,职此之故。为问:信史,或谤书,将如何认定?

清章学诚《文史通义·答客问上》,论说"《春秋》之义昭乎笔削",笔削之义,基本体现在"事具始末,文成规矩"层面上;而事具始末,文成规矩,则借由详略、异同、重轻、忽谨之笔削表述之。同时,其事、其文,或笔,或削,又皆脉注绮交于"独断于一心"之义。其言曰:

> 史之大原本乎《春秋》,《春秋》之义昭乎笔削。笔削之义,不仅事具始末,文成规矩已也;以夫子义则窃取之旨观之……必有详人之所略,异人之所同,重人之所轻,而忽人之所谨……而后微茫秒忽之际,有以

① 赵汸:《春秋属辞》卷八,《假笔削以行权》,台北大通书局 1970 年版,第 1 页,总第 14801 页。

② 章学诚著、叶瑛校注:《文史通义校注》,中华书局 1985 年版,内篇四《言公上》,第 171 页。

③ 司马迁撰、[日]泷川资言考证:《史记会注考证》卷十四,《十二诸侯年表·序》,第 6 页,总第 235 页。

④ 黄震:《黄氏日钞》卷四七。杨燕起、陈可青、赖长扬编:《历代名家评〈史记〉》,第 673 页。

独断于一心……此家学之所以可贵也。①

《春秋》指义,出自孔子独断之别出心裁,以之褒贬劝惩,以之赏善罚恶。定、哀之际触忌犯讳既多,于是比事属辞之《春秋》教,因应世变,推见至隐,遂衍化为"详人之所略,异人之所同,重人之所轻,而忽人之所谨"之书法。司马迁纂修《史记》,叙写汉武帝讨伐匈奴,是所谓现代、当代之史,犹《春秋》作于定、哀之际。因触忌犯讳者多,故微辞隐义不少。

(二)征战兴利,或书或不书,笔削以见义

《春秋》书法之发用,往往凸显不著、不书、不言之"削",以见所著、所书、所言之"笔"。换言之,《春秋》笔削之书法,在"以其所书,推见其所不书;以其所不书,推见其所书"。或书或不书,彼此烘托映衬,可以互发其蕴、互显其义。此乃陈傅良、赵汸所提孔子"假笔削以行权"之义法。② 要之,此即历史编纂学笔削详略之道。

《春秋》以笔削示义,因史事取舍有别,而呈现详略、重轻、异同之殊异;自详略、重轻、异同之不同,可以据此考求作者之别裁,一书之指归。司马迁著《史记》,一篇有一篇之史义,叙事传人各有特色,犹相体裁衣,多不犯重。《史记·留侯世家》言:张良从容与汉王谈说者,多攸关"天下所以存亡"之事迹与辞文。③换言之,无关"天下所以存亡"者,《留侯世家》皆在删削不著之列。方苞《史记评语》引述之云:

> 留侯"所与上从容言天下事甚众,非天下所以存亡,故不著"。此三
> 语,著为留侯立传之大指。纪事之文,义法尽于此矣。④

《史记》文献之编比,以《留侯世家》为例,司马迁揭示"非天下所以存亡,故不著"之去取从违准则。历史编纂去取从违之准则,无论比事或属辞,脉注绮交、丝

---

① 章学诚著、叶瑛校注:《文史通义校注》,内篇五《答客问上》,第470页。
② 赵汸:《春秋属辞》卷八,《假笔削以行权第二》,第1—2页,总第14801页。
③ 司马迁撰、[日]泷川资言考证:《史记会注考证》卷五十四,《留侯世家》,第28页,总第810页。
④ 方苞:《方望溪先生全集》,《四部丛刊》初编本,《望溪集外文补遗》,卷二《史记评语·留侯世家》,台湾"商务印书馆"1979年版,第16页,总第435页。

连绳贯者,即是孔子作《春秋》或笔或削之史义。以《留侯世家》言,或书或不书,或著或不著,皆聚焦于"天下所以存亡"之史义。切合此圭臬,即著;否,即不著。著,则笔而书之;不著,则弃而不书。或笔或削,皆视"立传之大指"为定夺。

《史记·萧相国世家》,叙汉初功臣萧何事迹,司马迁强调其取材,非"万世之功"不著,以此作为此篇世家笔削之基准,立传之大旨。《史记·汲郑列传》,传写社稷之臣汲黯,其中云"数谏",则进言必多;既任九卿,则事迹必众,《史记》于《汲黯传》却一概删略不载。① 方苞《史记评语》以为,此示笔削之准则:"非关社稷之计,则不著也。"②司马迁《史记》所示笔削去取,与取义偏向,可悟作史、为文之义法。

司马迁叙汉武帝征伐匈奴,由于触忌犯讳者多,往往借由或笔或削之书法,以遂行忌讳之叙事与书写。《史记·匈奴列传》假赞论以自见,已微示其意:"太史公曰:孔氏著《春秋》,隐、桓之间则章,至定、哀之际则微,为其切当世之文而罔褒,忌讳之辞也。"张大可《史记研究》亦稍作提示,如云:

> 笔削,指史事剪裁,褒贬评议。《李将军列传》《匈奴列传》《卫将军骠骑列传》三传并列,篇末赞语安排,别具匠心。《匈奴列传》叙事至李广利降匈奴止,《将相表》不载贰师征大宛事,《卫将军骠骑列传》不述两将军用兵方略;《平准书》述经济,至元封元年而结,都寄有深意。这些笔削微旨,曲尽其妙地表达了司马迁对汉匈战争利弊的分析,和他忧国忧民的深沉思想,却往往为人们所忽略。③

孔子作《春秋》,固然"假笔削以行权";司马迁著成《史记》,于忌讳叙事,何尝不是"假笔削以行权"? 汉武帝穷兵匈奴,耗财北边,司马迁若欲实录直书之,则触忌犯讳孔多,无异直批龙喉之逆鳞。如此而兰摧玉折,将无助于历史之鉴戒。司马迁转化《春秋》之笔削,致力于史事之剪裁:《李将军列传》《匈奴列传》《卫将军骠骑列传》,就"笔而书之"言,三传并列,篇末赞语安排,《匈奴列传》叙匈奴,至降而止;《平准书》述经济,至元封而结,确实皆寓含深意。至于"《将相表》不载贰师征大宛事,《卫将军骠骑列传》不述两将军用兵方略",所云"不载""不述",即是

---

① 司马迁撰、[日]泷川资言考证:《史记会注考证》卷五十三,《萧相国世家》,第 7 页,总第 795 页。卷一百二十,《汲郑列传》,第 4—12 页,总第 1281—1283 页。
② 方苞:《方望溪先生全集·望溪集外文补遗》,卷二《史记评语·汲郑列传》,第 24 页,总第 439 页。
③ 张大可:《史记研究》,《司马迁写汉武帝征伐匈奴》,第 415 页。

削而不书不言。司马迁运用或笔或削，或详或略之书法，以显现讽谏之微旨，对汉匈战争利弊之表述，确实曲尽其妙。

1.《平准书》

《平准书》，以兴利耗财参互成文。文中叙汉事，直笔书之，明载横征暴敛之罪，如所谓"长国家而务财用者，必自小人矣"。表面讥斥桑弘羊等横敛之臣；其实，乃为尊者讳，微辞讽喻武帝黩武匈奴，坏法毁俗。《春秋》为尊者讳耻，司马迁乃巧用或笔或削以昭指义之法，表述其微辞隐义。明杨慎、清牛运震，民初李景星于此，曾有申说。如云：

> 是书先叙汉事，而赞乃述自古以来，而寓微辞于武帝，叙事之变体也。不平之意，见于言外，可谓曲而有直体矣。《平准书》，讥横敛之臣也；《货殖传》，讥好货之君也。太史公之旨，千载而下，有赵汸知之，懿哉！[1]

> 《平准》，本汉一代之事，非如《封禅》《河渠》，通古今言者。故开端即叙汉事，而留古事附论于后，以志慨焉。所以借古讽今，而寓微辞于武帝。杨慎所谓"叙事之变体"是也。……赞中不叙汉事者，盖借秦事以讽汉事，则不得更及汉事也。于此正见太史公史体之精，文法之妙，诚非好学深思者，不能心知其意也。[2]

> 盖平准之法，乃当时理财尽头之想，最后之著。自此法兴，而闾阎之搜括无遗；亦自此法兴，而朝廷之体统全失。太史公深恶痛绝，故不惮原原本本缕悉言之。赞语，从历代说到秦，更不提汉事。正与篇首"接秦之弊"遥应。其意若曰："务财用至于此极，是乃亡秦之续耳。"[3]

《平准书》通幅，皆书汉事；曲终奏雅，篇末"太史公曰"，乃述夏商周三代以来，至于秦朝之农工商兴利，未尝叙汉事。所谓"是书先叙汉事，而赞乃述自古以来"，"开端即叙汉事，而留古事附论于后"，"从历代说到秦，更不提汉事"云云，司马迁或书或不书之笔削去取，或先或后之比事斟酌，皆有深意存焉。原来篇章如

---

① 杨慎：《升庵合集》卷一〇三。杨燕起、陈可青、赖长扬编：《历代名家评〈史记〉》，第450页。
② 牛运震：《空山堂史记评注》卷四，三秦出版社2011年版，第103页。
③ 李景星：《史记评议》卷二，《平准书》，东北师范大学出版社1985年版，第36页。杨燕起、陈可青、赖长扬编：《历代名家评〈史记〉》，第455—456页。

此经营设计，"正与篇首接秦之弊遥应"。盖欲借秦事以讽汉事，以秦况汉，故"太史公曰"中不叙汉事。清牛运震《史记评注》以为"所以借古讽今，而寓微辞于武帝"；杨慎所谓"叙事之变体"，皆为见道之言，多能微示司马迁《史记》或笔或削之妙谛。

兴利之事，为《平准书》叙事之主轴。兴利，因征伐匈奴，边费耗财而发；峻法酷吏、吏道选举，亦因敛财兴利而或兴或废。要之，皆亡秦之续者。《平准书》"篇以秦始，赞以秦终"之微旨隐义，清高嶷《史记钞》颇有阐说：

> 此书数千言，大约以耗财兴利参互成文。然耗财之事非一，而以边费为最大；兴利之事亦非一，而以平准为尽头。峻法酷吏，因兴利而用也；吏道选举，因兴利而衰也。擅山海之藏，攘商贾之利，用饶于上，财竭于下，其不为亡秦之续者幸耳。篇以秦始，赞以秦终，其旨微矣。①

武帝征伐匈奴，前后四十四年，军费庞大浩繁，举凡击胡之虏级、赏赐、军马、死费、转漕、军甲诸费皆属之。汉武帝之财政，耗财之事非一，不能尽书，以边费为最大。兴利之事亦非一，而以平准为尽头，故详书重叙平准之征敛兴利。峻法酷吏，因征伐耗财兴利而用；吏道选举，因征伐兴利鬻爵而衰，故峻法、酷吏、吏道、选举，亦重提详叙之。均输、盐铁、卖爵、告缗诸弊政，俱于平准法中带收略叙。兴利之议，列举郭咸阳、孔仅、桑弘羊三人，见商贾尊显用事。其中，尤其详叙桑弘羊，"令吏坐市列肆，贩物求利"，以见蠹国害民之罪。又详著输财助边之卜式本末，恰与桑弘羊之兴利敛财做对比叙事，笔削详略之际，可见太史公用笔微意之所在。

2.《李将军列传》

《李将军列传》叙事之体，有《史通·叙事》所谓直纪其才行者。清牛运震《史记评注》，为之拈出，提示李广之才能优长在"射"，故详叙种种射法，作为《李将军列传》一篇之精神。传神写照，尽在阿堵。其言曰：

> 一篇精神，在射法一事，以广所长在射也。开端"广家世世受射"，便挈一传之纲领。以后叙射匈奴射雕者、射白马将、射追骑、射猎南山中、射石、射虎、射阔狭以饮、射猛兽、射裨将，皆叙广善射之事实。"广

---

① 高嶷：《史记钞》卷二，《平准书》。杨燕起、陈可青、赖长扬编：《历代名家评〈史记〉》，第454页。

为人长，猿臂，其善射亦天性也"云云，又"其射，见敌急，或在数十步之内，度不中不发"云云，正写广善射之神骨。末附李陵善射、教射，正与篇首"世世受射"句收应。此以广射法为线索，贯串者也。[①]

公孙昆邪曾谓："李广才气，天下无双"，善射之种种，自是个中之胜场。其中射法十有二，类比叙事，犹重峦叠嶂，美不胜收，自然以复沓见神韵。据事直书，动态形象演示其"射"，诚所谓"状难写之景，如在目前"。苏轼《传神记》所谓"得其意思所在"，能掌握事物之本质特征，犹顾恺之图像，颊加三毫，顿觉精彩殊胜。[②] 司马迁叙写李将军出神入化之射法，李景星《史记评议》，品赏之，以为"或正或侧，或虚或实，直无一笔犯复"。此属辞约文之笔削与斟酌。

司马迁《史记·李将军列传》，叙述李广一生之胜负成败。胜负成败之撰述，详略、重轻往往相反相对。一篇之义，观其或笔或削，或详或略，或重或轻，可以知其然。清姚祖恩《史记菁华录》以为：《李将军列传》"略其败，而详其出奇制胜之勇"，正切中其中叙事之义法：

> 史公甚爱李广，而独不满于卫青。……至如广之任情孤往，败处每多于胜处。然略其败，而详其出奇制胜之勇，令人读之，满腔都是奇特意思，则文字生色不少。如射雕一段，精神更自烁烁可爱。[③]

清姚祖恩《史记菁华录》以为："广之任情孤往，败处每多于胜处。"然《李将军列传》略言其任情败战，而详叙其出奇制胜之勇，忠诚信实之忱。如称"李广才气，天下无双"；叙匈奴畏李广之兵略，士卒亦乐从之，而苦程不识。又称：李广治军简易，人人自便；刁斗不警，文书简约云云。以及前文所叙李广善射，射匈奴射雕者一段，匈奴号曰飞将军，等等。详其奇而略其败，于是文字生色，引人入胜。盖李将军一世奇气，负一腔奇冤，司马迁遭遇适与之相当。于是借他人之酒杯，浇自我胸中之块垒，往往发用为一篇奇文。清牛运震《史记评注》所谓："太史公作《李广传》，一腔悲愤不平之意，已泄露殆尽。正借李广生平，写自己胸臆

---

① 牛运震评点：《空山堂史记评注》卷十，《李将军列传》，第 275 页。李景星：《史记评议·李将军列传》本之，第 113 页。

② 苏轼著、孔凡礼点校：《苏轼文集》卷十二，《传神记》，中华书局 1986 年版，第 400—401 页。

③ 姚祖恩评点：《史记菁华录》卷五，《李将军列传》，第 198 页。

也。"①比兴寄托,经、史与文学不异,由此可见。

就比事属辞而言,义昭笔削之书法,最可于叙事法中体现。平序、直序之外,如闲叙、插叙,《史记·李将军列传》皆有可观。清吴见思《史记论文》特赏其语叙、言叙,以及带叙。其言曰:

> 李将军战功如此,平序直序,固亦可观。乃忽分为千绪万缕,或入议论,或入感慨,或入一二闲事,妙矣。又忽于传外插入一李蔡,一程不识。四面照耀,通体皆灵,可称文章神技。吾尤爱其以李将军行军方略,于程不识口中序出。广之为人,反从射虎带下。而其不侯杀降事,偶在王朔燕语点明。错综变化,纯用天机。有意无意之间,令人莫测。②

《史通·叙事》论叙事之体有四,其三曰因言语而可知,指叙事方式,选择对话谈说,以替代叙事,推进情节、刻画性格、展示场景、交代枝节,③一般谓之对话艺术。《史记·李将军列传》叙事传人,犹无何之树,随刀改味;又似山阴道上,移步换景。如吴见思提示:"李将军行军方略,于程不识口中序出";"而其不侯杀降事,偶在王朔燕语点明",此借乙口叙甲事、之法,最为灵动不板。借同为边将之程不识,论述李广之行军方略,深具说服效力。李广所以终老难封,委由望气者王朔燕语点明,于天人之际代言,不得不令人信服。

清代方苞(1668—1749)研治《春秋》,按所属之辞,核以所比之事,辨析孰为旧文,孰为笔削。影响所及,遂因《春秋》书法之触发,而倡导古文之"义法"。方苞曾云:"'义'以为经,而'法'纬之,然后为成体之文。"④义在先,法居后;法以义起,法随义变。就司马迁《史记》言,一传必有一传之立意,或谓之主宰,或称为主意,皆经由比事与属辞之法带出。明陈仁锡《陈评史记》论之曰:

> 子长作一传,必有一主宰。如《李广传》,以"不遇时"三字为主;《卫

---

① 牛运震评点:《空山堂史记评注》卷十,《李将军列传》,第278页。
② 吴见思:《史记论文》第四册,《李将军列传》,台湾"中华书局"1970年版,第580页。
③ 张高评:《左传之文学价值》,台北五南图书公司2019年版,第261页。
④ 方苞:《望溪先生文集》卷二,《读史·又书〈货殖传〉后》:"《春秋》之制义法,自太史公发之,而后之深于文者亦具焉。"说义法,推《史记》为滥觞,第20页,总第40页。

青传》，以"天幸"二字为主。①

宋陈骙《文则》云："辞以意为主，故辞有缓有急，有轻有重，皆生乎意也。"不惟辞之缓急轻重生乎意，即事之笔削详略，亦取决于义。《孟子》说孔子作《春秋》，有所谓其事、其文、其义。其事、其文，为"如何书"之法，与"何以书"之义互为体用。故方苞论义法，有所谓"'义'以为经，而'法'纬之"之提示。②《李将军列传》，既以"不遇时"为主意，则模拟、对比史事、连属修饰辞文，或笔或削之际，多脉注绮交于此，于是主意之所在，史义之归宿，叙事皆较详、较重。《卫将军骠骑列传》，以"天幸"二字为主，则排比史事聚焦于此为多，属辞约文，亦绳牵丝贯于"天幸"之主意。因此，全篇于主意之关注，亦偏详、偏重。观笔削详略，可以昭示指义，亦由此可见。

三、征战匈奴与《史记》之《春秋》书法、忌讳叙事

汉武帝征战匈奴，前后凡四十四年。有关因征伐耗财而兴利之事，可详《平准书》。涉及征伐北边，抵御匈奴之将帅，前期战争，以大将军卫青、骠骑将军霍去病为主将。后期争战，以贰师将军李广利为主帅。至于李广，才气天下无双，结发即"与匈奴大小七十余战"，匈奴号为"汉之飞将军"，然却不遇数奇，终老难封。汉武帝好大喜功，征战匈奴，耗尽积蓄，然建功不深，外患未除。要之，可谓所托非人，因人废事。

司马迁叙写汉匈战争，为现代、当代之史事，犹孔子作《春秋》，身处定、哀之际，故《史记·匈奴列传》"太史公曰"称："孔氏著《春秋》，隐、桓之间则章，至定、哀之际则微，为其切当世之文而罔褒，忌讳之辞也。"③《史记》号称实录信史，其中却夹杂若干忌讳叙事，鲁迅《汉文学史纲要》以为"无韵之《离骚》"，有以也。其事具详《平准书》《李将军列传》《匈奴列传》《卫将军骠骑列传》。

吴汝纶《点勘史记读本》称："汉武帝黩武穷兵，司马迁著《史记·匈奴列传》，不斥言天子，而刺大臣将相，所谓微辞。"《史记》忌讳书写之层面，微辞一语，只是

---

① 陈仁锡：《陈评史记》卷一百九，《李将军列传》。杨燕起、陈可青、赖长扬编：《历代名家评〈史记〉》，第6页。

② 张高评：《比事属辞与古文义法——方苞"经术兼文章"考论》，台北新文丰出版公司2016年版，第381—395页。

③ 《史记会注考证》卷一百十，《匈奴列传》"太史公曰"，第68—69页，总第1201页。

概括言之。今探讨《史记》忌讳叙事,从《春秋》书法切入,聚焦于笔削昭义,选择《匈奴列传》《平准书》《卫将军骠骑列传》《李将军列传》四篇,作为研究文本,参考宋元以来诸家之《史记》研究成果,断以己意。就《史记》叙说武帝征伐匈奴,除了笔削显义之外,本文拟就三大端探论之:①据事直书,寓论断于叙事之中。②曲笔讳书,微婉显晦,推见以至隐。③诡辞谬称,实与而文不与。分别举证论述如下。

(一)《平准书》据事直书,寓论断于叙事之中

《左传》成公十四年,载所谓《春秋》书法,五例之四曰"尽而不污"。晋杜预《春秋经传集解·序》申之曰:"四曰尽而不污,直书其事,具文见义。"唐孔颖达《疏》云:"直书其事,不为之隐;具为其文,以见讥意。是其事实尽,而不有汙曲也。"①《朱子语类》卷八十三《春秋·纲领》谓:"孔子但据直书,而善恶自著。"②直书与曲笔,相反相成;直书犹文学之有赋法,曲笔则近比兴,同为《春秋》属辞之法。世人深信,据事直书,不隐不讳,乃信史实录之要法。

唐刘知几《史通》,称述司马迁之述汉非,与董狐之书法不隐,齐史之直书弑君,相提并论,皆为直书之典范。故朱子说《春秋》曰:"但据直书,而善恶自著。"盖事外无理,理在事中,事实胜于雄辩。据事直书之前,其编比史事,连属辞文,亦需经由去取从违之笔削,自与肆情奋笔,胸臆直率不同。史事存真,忠于客观,并非即目直截,全无斟酌;辞文征实,亦非质木平白,了无润饰。直书,依据史事真相,如实道出;如赋法,以巧构形似,和盘托出为能事。杜预《春秋序》所谓"直书其事,具文见义";"具文见义"一语,犹言排比史事以观其义,可以经治经,无传而著,最得叙事"尽而不汙"之体要。③

清顾炎武《日知录》卷二十六云:"古人作史,有不待论断,而于序事之中即见其指者,惟太史公能之。"曾举"《平准书》末载卜式语"为例。④《史记》于叙事中寓论断,《平准书》直叙汉事,明载征伐与兴利诸弊政,不徒托空言以论断,最称典

① 左丘明传、杜预注、孔颖达疏:《春秋左传正义》,台北艺文印书馆1955年版,阮元:《十三经注疏》本卷首,《春秋序》,第17页,总第14页。
② 黎靖德编、王星贤点校:《朱子语类》卷八十三,《春秋·纲领》,中华书局1986年版,第2146页。
③ 张高评:《〈春秋〉书法与"义"在言外——比事见义与《春秋》学史研究》,《文与哲》2014年第25期,第77—130页。
④ 顾炎武著,黄汝成集释,栾保群、吕宗力点校:《日知录集释》卷二十六,《史记于叙事中寓论断》,上海古籍出版社2006年版,第1429页。

型代表。① 清牛运震《史记评注》谓:"《平准书》,讥武帝好利也。凡指斥时事处,多据实直书,不为深文微词,而其失自见。"②具文见义,则美恶得失自见于言外。

明凌稚隆《史记纂》,近人李景星《史记评议》,论《平准书》处理触忌犯讳之史事,多以为具文见义,直书不讳。如:

> 胸中不平事,倾泻殆尽。眉批:邓文洁(邓以瓒《史记抄》)曰:"亦是谤书,规格与《封禅书》同。然《封禅》犹多微辞,此则直指其失,精核无剩语,是汉文本色。"③
>
> 《传》曰:"长国家而务财用者,必自小人矣。"又曰:"小人之使为国家,灾害并至。"一篇《平准书》,即是发明此意。其告中叙钱法者六,叙卖爵者七,叙盐铁者五,叙告缗者四,叙养马者四,叙酷吏者六,叙劝分者五,正所谓务财用也。④

司马迁《平准书》,由于据事直书,美恶自见,明邓以瓒《史记抄》评《平准书》"直指其失,精核无剩语",且指为谤书,谓"规格与《封禅书》同"。⑤ 东汉王允、班固,指目《史记》为谤书,以为"但是汉家不善之事,皆为谤";实则罔顾"史官记事,善恶必书"之直书传统。李景星《史记评议》,摘引《平准书》中经典语录,据事直书,作为《平准书》一篇之警策与指归。又叙写平准之设,所以兴利,而兴利之目的在于务财用。于是枚举《平准书》"叙钱法者六,叙卖爵者七,叙盐铁者五,叙告缗者四,叙养马者四,叙酷吏者六,叙劝分者五",要皆所谓"务财用"。宋叶适《习学纪言序目》称:"《平准书》直叙汉事,明载聚敛之罪,比诸书最简直。"⑥据事直书,美恶得失自见于外,无劳词费。

清康熙二十五年(1686),吴见思(齐贤),完成《史记论文》一书,盖以辞章学

---

① 司马迁撰、[日]泷川资言考证:《史记会注考证》卷三十,《平准书》,第1—49页,总第524—536页。

② 牛运震:《空山堂史记评注》卷四,三秦出版社2011年版,第94页。

③ 凌稚隆:《史记纂》卷六,《平准书》,商务印书馆2013年版,第98页;又,凌稚隆辑校、[日]井范平补标:《史记评林》卷三十,《平准书》,第1页。

④ 李景星:《史记评议》卷二,《平准书》,第36页。

⑤ 《后汉书·蔡邕传》载王允言:"昔武帝不杀司马迁,使作谤书,流于后世。"章怀太子《注》:"凡史官记事,善恶必书。谓迁所著《史记》,但是汉家不善之事,皆为谤也。"范晔著、章怀太子李贤注、王先谦集解:《后汉书集解》,台北艺文印书馆1955年版,《二十五史》本卷六十下,《蔡邕传》,第20页,总第712页。

⑥ 叶适:《习学纪言序目》卷十九,《史记》,第271页。杨燕起、陈可青、赖长扬编:《历代名家评〈史记〉》,第448页。

评点《史记》。吴氏评赏《平准书》，称"以序事为主，即以序事为议论"。"以序事为议论"之说，即本顾炎武《日知录》之言，所谓"不待论断，而于序事之中即见其指者"。下列引文，可见其举证论说之大凡：

> 此篇（《平准书》）以序事为主，即以序事为议论，先以盛衰递变，作一论冒关键，而后逐段逐节，层见层出，凡作三十七段，以尽盛衰之变。而中间段段节节，俱有血脉灌输，是大手笔。通篇以铸钱为主，而串入马政、转粟、商贾、卖爵，而后间之以吏治、风俗、刑罚、战争，四面八方，东来西往，如江潮齐涌，如野火乱飞，偏能一手叙来。穿插贯串，绝无一毫费力，所以为难。①

> 通篇看来，似乎杂乱。其实，征伐是一件，如……是也。兴利是一件，如……是也。刑罚是一件，如……是也。鬻爵是一件，如……是也。巡幸工作是一件，如……是也。……追其立言之意，则以征伐土功，费用浩繁，不得不兴利鬻爵；利不能即兴，不得不严刑。事虽错综，意则一串也。②

吴见思《史记论文》，持"以序事为议论"视点，以之评赏《平准书》，模拟前后相近相似之弊政，如马政、转粟、商贾、卖爵诸事案，而后间之以吏治、风俗、刑罚、战争诸相关事端，同时脉注绮交、血脉灌输于"铸钱"之主意上，此之谓比事见义。《平准书》之"败俗偾事，坏法乱纪"（明茅坤《史记钞》语），不必遽下价值判断，如此据事直书叙事，即可"于序事之中即见其指"，堪称具文见义，美恶自著。既足以实录盛衰之变化，亦可收言之者无罪，闻之者足以戒之效用。武帝任用桑弘羊等聚敛之臣，美其名为"兴利"，盖武帝征伐匈奴，大兴土木，费用庞大浩繁，遂"不得不兴利鬻爵；利不能即兴，不得不严刑"。宋黄震《黄氏日钞》称："武帝五十年间，因兵革而财用耗，因财用而刑法酷。"③其说公允持平，颇可信据。

《史记》书写当代、现代之史事，往往触及忌讳叙事之议题。最常见而不可回避者，为中"有所刺讥褒讳挹损之文辞，不可以书见"之困境；以及忌讳之辞，"为其切当世之文而罔褒"之无奈。为求突破，故叙事传人，致力于形式表达之艺术，用心于比事属辞之《春秋》教示，讲究其事、其文"如何书"之方法。耗财兴利参互

---

① 吴见思评点：《史记论文》，《平准书》，第一册，第166页。
② 同上。
③ 黄震：《黄氏日钞》卷四六，《史记》。杨燕起、陈可青、赖长扬编《历代名家评〈史记〉》，第449页。

成文,是其一法;"推见至隐"之曲笔讳书,更是另外一大法(详下节)。清高嵣《史记钞》,李景星《史记评议》,先后论《平准书》,可见其一斑:

> 此书(《平准书》)数千言,大约以耗财兴利参互成文。然耗财之事非一,而以边费为最大;兴利之事亦非一,而以平准为尽头。峻法酷吏,因兴利而用也;吏道选举,因兴利而衰也。擅山海之藏,攘商贾之利,用饶于上,财竭于下,其不为亡秦之续者幸耳。篇以秦始,赞以秦终,其旨微矣。①

> 盖平准之法,乃当时理财尽头之想,最后之著。自此法兴,而间阎之搜括无遗;亦自此法兴,而朝廷之体统全失。太史公深恶痛绝,故不惮原原本本缕悉言之。赞语,从历代说到秦,更不提汉事。正与篇首"接秦之弊"遥应。其意若曰:"务财用至于此极,是乃亡秦之续耳。"②

清高嵣《史记钞》论《平准书》,称此书"耗财兴利参互成文",盖互文见义,为《史记》忌讳叙事之常法。论者称:"互见法正名实,于回护之中,不失历史之真。"③此言甚得理实。事实之真相与症结,在于穷兵匈奴,军费浩繁,理财大臣桑弘羊等不得不奉命以平准兴利。故论者指斥:"耗财之事非一,而以边费为最大;兴利之事亦非一,而以平准为尽头。"再由于兴利、平准,而衍生峻法酷吏之用,吏道选举之衰。凡此,《平准书》多据事直书之,体现于叙事中寓论断之法。李景星《史记评议》称:"平准之法,乃当时理财尽头之想,最后之著",舍此便无计可施。司马迁"原原本本缕悉言之",是即据事直书,具文见义。意若曰"务财用至于此极,是乃亡秦之续耳"云云,亦即顾炎武"有不待论断,而于序事之中即见其指者"。事外无理,理在事中,比事可以见义,无劳辞费,亦由此可见。

(二)《李将军列传》于叙事之中即见其指

除《平准书》之外,攸关征伐匈奴之列传,"不待论断,而于序事之中即见其指

---

① 高嵣:《史记钞》卷二,《平准书》。杨燕起、陈可青、赖长扬编:《历代名家评〈史记〉》,第454页。
② 李景星:《史记评议》卷二,《平准书》,第36页。杨燕起、陈可青、赖长扬编:《历代名家评〈史记〉》,第455—456页。
③ 张大可:《史记研究》,《〈史记〉互见法》,三、"互见法正名实,于回护之中不失历史之真",第293—297页。

者",《李将军列传》之叙事传人、攸关成败、毁誉、盛衰、得失之论断,涉及忌讳叙事者,亦多有之。唯《史记》叙事手法,因事命篇,体圆用神,故多各具面目。唐刘知几《史通·叙事》,理出才性、事迹、言语、赞论四者,称为叙事之四体。其言曰:

> 叙事之体,其别有四:有直纪其才行者,有唯书其事迹者,有因言语而可知者,有假赞论而自见者。……然则才性、事迹、言语、赞论,凡此四者,皆不相须。若兼而毕书,则其费尤广。①

如李广,《史记·太史公自序》述其作意曰:"勇于当敌,仁爱士卒,号令不烦,师徒乡之,作《李将军列传》第四十九。"②由此观之,李将军人品,英勇仁爱,备受司马迁推崇。《史记·李将军列传》据事直书叙事之,或直纪其才行,或唯书其事迹者,或因言语而可知者,或假赞论而自见,太史公穿插兼用之,真传神写韵之妙手。

李广虽才气无双,然一生蹭蹬,饮恨而卒。诚如南宋王十朋咏史诗所云:"李广才名汉世稀,孝文犹自未深知。辍飧长叹无颇牧,翻惜将军不遇时。陇右英豪真有神,将军才气更无双。功高不得封侯赏,只为当时杀已降。"③李广才气超绝,汉之边将无人能出其右者。何以功高不赏,终老难封?后人依据《李将军列传》之文本,推究其"于叙事之中即见其指"之所以然,各自解读其中之论断。如云:

> 何去非曰:"李广之为将军,其才气超绝,汉之边将无出其右者。自汉师之加匈奴,广未尝不任其事;而广每至败衄废罪,无尺寸之功以取封爵,卒以失律自裁,由其治军不用纪律……"④
> 广之胜人处,只是"才气无双"四字尽之。然才气既胜,则未有肯引绳切墨而轨于法之正者。则其一生数奇,亦才气累之也。⑤
> 太史公言匈奴畏李广之略,士卒亦乐从广,而苦程不识。……以武

---

① 刘知几著、浦起龙释:《史通通释》卷六,《叙事》,上海古籍出版社1978年版,第168—169页。
② 司马迁撰、[日]泷川资言考证:《史记会注考证》卷一百三十,《太史公自序》,第55页,总第1378页。
③ 王十朋著、梅溪集重刊委员会编:《王十朋全集》,《诗集》卷十,《李广》,上海古籍出版社1998年版,第164页。
④ 凌稚隆辑校、[日]井范平补标:《史记评林》卷三十,《李将军列传》,第1页。
⑤ 姚祖恩评点:《史记菁华录》卷五,《李将军列传》,第198页。

定天下，有将兵，有将将；为将者有攻有守，有将众，有将寡。……广之简易，人人自便，攻兵之将也。束伍严整，斥堠详密，将众之道也。刁斗不警，文书简约，将寡之道也。……故广与不识，各得其一长，而存乎将将者尔。……太史公之右广而左不识，为汉之出塞击匈奴言也。①

上述论说所自，或就《列传》所书事迹，或因言语与对话，或据"太史公曰"之论赞，以为治军不用纪律者有之，以为一生数奇，乃才气累之者有之；王夫之以为，李广简易自便，乃攻兵之将，将寡之道。更断定："太史公之右广而左不识，为汉之出塞击匈奴言也。"若此之比，要皆持之有故，言之成理，可以并参。

《史记》叙事传人，以互见法示义者不少，宋苏洵《史论》，首发其蒙，提出"本传讳之，而他传发之"之说。②若推本溯源，《史记》互见之叙事法，当得自《春秋》属辞比事书法之衍化。③宋黄震《黄氏日钞》曾云："看《卫霍传》，须合《李广》看。"④司马迁于《卫将军骠骑列传》《李将军列传》二传，由于攸关触忌犯讳，故叙事多采"本传讳之，而他传发之"之互见法。因此，探讨忌讳叙事，必须综观其比事，"合看"其属辞，运以比事属辞之法，方有助于厘清事实之真相。

太史公为发潜德之幽光，推崇李广之边功，于是运化世家之体式，以撰写《李将军列传》；间出称谓修辞、序列见义，对比叙事诸《春秋》书法，以还历史之公道，阐发潜德之幽光。如云：

（广子三人）此下，悉将广子若孙官位、事功、性情、生平，纤悉零碎，一一写出，尽于二百余字之中。又妙在人人负气，往往屈阨，皆影影与李将军吊动，此所谓神情见于笔墨之表者也。⑤

传目不曰李广，而曰李将军，以广为汉名将，匈奴号之曰飞将军，所谓不愧将军之名者也。只一标题，有无限景爱重。⑥

---

① 王夫之：《读通鉴论》卷一。杨燕起、陈可青、赖长扬编：《历代名家评〈史记〉》，第673—674页。

② 苏洵著、曾枣庄等笺注：《嘉祐集笺注》卷九，《史论中》，上海古籍出版社1993年版，第232—233页。

③ 张高评：《春秋书法与左传学史》，台北五南图书公司2002年版，《〈史记〉笔法与〈春秋〉书法》，二、属辞比事，与以互见法开创传记文学，第82—93页。

④ 黄震：《黄氏日钞》卷四七，杨燕起、陈可青、赖长扬编：《历代名家评〈史记〉》，第673页。

⑤ 姚祖恩评点《史记菁华录》卷五，《李将军列传》，第204页。案：鲁实先教授曰：以世家体式书写《李将军列传》，此太史公之微意。

⑥ 牛运震评点《空山堂史记评注》卷十，《李将军列传》，第275页。

不曰韩信,而曰淮阴侯;不曰李广,而曰李将军。只一标题间,已见出无限爱慕景仰。此简用意,尤在"数奇"二字。而叙事精神,更在射法一事。赞其射法,正所以深惜其"数奇"也。[①]

《李将军列传》开篇,叙及先世祖李信,逐得燕太子丹;再提"广家世世受射",作为一传眼目。接叙李广传主一生事迹,篇幅当然最多。"广子三人"以下,"悉将广子若孙官位、事功、性情、生平,纤悉零碎,一一写出,尽于二百余字之中。"《列传》叙及广之孙李陵投降匈奴,"自是之后,李氏名败"。源流始末叙事如此,固《史记》世家之体式,何以见诸《李将军列传》?[②] 此种诡辞谬称,自是《春秋》书法"实与而文不与"之转化,详下节。

至于"传目不曰李广,而曰李将军",犹传目不曰信陵君,而曰魏公子,"不曰韩信,而曰淮阴侯",除李景星《史记评议》所谓"只一标题间,已见出无限爱慕景仰"之外,清何焯《义门读书记》云:"以《李将军》次《匈奴传》前,见北边非将军不可寄管钥。"清牛运震《史记评注》亦以为:"广为汉名将,匈奴号之曰飞将军,所谓不愧将军之名者也。"何、牛二家之说,最得太史公称谓修辞之书法。其他,如《史记》篇章之序列,《李将军列传》冠于《匈奴列传》之前,暗示汉之出塞击匈奴,唯有李将军堪敌善任。凡此言外之意,一切论断多寓于叙事之中。

(三)比事属辞与《匈奴列传》之忌讳叙事

匈奴之盛衰始末,司马迁《匈奴列传》分六时段叙写之:1.本始;2.夏后至周初;3.春秋战国;4.匈奴冒顿之强盛;5.高祖、文帝、景帝时期;6.汉武帝时代之匈奴。排比编次汉匈之相关史事,类聚而群分之,北边匈奴之虚实强弱,原原本本,可得而知之。

《史记·太史公自序》称:"自三代以来,匈奴常为中国患害;欲知强弱之时,设备征讨,作《匈奴列传》第五十。"[③]此司马迁写作《匈奴列传》之作意。排比其

---

① 李景星:《史记评议》,《李将军列传》,第113页。
② 司马迁撰、[日]泷川资言考证:《史记会注考证》卷三十一,《吴太伯世家》,唐司马贞《史记索隐》:"系家者,记诸侯本系也。言其下及子孙,常有国。"唐张守节《史记正义》:"世家者,谓世有禄秩之家,案累世有爵土封国。"第1—2页,总第537页。
③ 司马迁撰、[日]泷川资言考证:《史记会注考证》卷一百三十,《太史公自序》,第55页,总第1378页。

前后之史事,连属其上下之辞文,不难知其用心。汉武帝北伐匈奴,承三世之富厚,而虚耗于一朝,明代何景明论断汉武"好大无厌",但比属以观《平准书》与《匈奴列传》,可以信其然。何景明之言曰:

> 匈奴之盛衰本末,何景明曰:"汉武之才,过方今文、景。承三世之富厚,不易纪而虚耗者,好大无厌也。……汉武以卫青为大将军,李广利为贰师将军,霍去病为骠骑将军,……卫青、李广利、霍去病之功益高,而汉之海内益危也。"①

《史记·外戚世家》:卫子夫为皇后,"乃以卫青为将军,击胡有功,封为长平侯";其姊之子霍去病,"以军功封冠军侯,号骠骑将军,青号大将军"。《大宛列传》称:天子"欲侯宠姬李氏,拜李广利为贰师将军"②。李广利,为武帝宠姿李夫人之弟,亦拜为贰师将军。征伐匈奴,乃国之大事,择将任相居然出于宠后外戚。由此观之,成败利钝,汉武帝难辞其咎。明茅坤曾论之曰:"其传大将军也,所当战功益封,由姊子夫为皇后。骠骑将略,殊无可指点处,特以子夫姊子遂从大将军,勒战而有成功。并附公孙贺篇末,尤可印证。"③《史记》直书其事,存真其人,而是非曲直,意在言外。故曰:"卫青、李广利、霍去病之功益高,而汉之海内益危。"武帝贵为天子,不能直斥其非,史迁为尊者讳,不得不出于曲笔讳饰,既为尊者讳耻,且为贤者讳过。

《史记》叙汉武帝用兵匈奴事,司马迁颇有微词。然发为文章,未出以肆情奋笔,任性意气之直书,却运化比事属辞之书法,排比前后相反相对之史事或人物,借由彼此之反差衬托,造成对比成讽之曲笔效应。司马迁叙写《酷吏列传》,笔法如此,叙记《匈奴列传》之书法,亦有异曲同工之妙。明人提示十分明白:

> 凌约言曰:"太史公纪武帝征伐事,先之以文景和亲,匈奴信汉;然后序两将军连年出塞,又必随之以匈奴入塞,杀略甚多。纪《酷吏传》,先之以吏治蒸蒸,民朴畏罪;然后序十酷吏更迭用事,又必随之以民益

---

① 凌稚隆辑校、[日]井范平补标:《史记评林》卷三十,《匈奴列传》,台北兰台书局 1968 年版,第 20 页。

② 凌稚隆辑校、[日]井范平补标:《史记评林》卷四十九,《外戚世家》,第 21—2 页,总第 778 页。卷一百二十三,《大宛列传》,第 34 页,总第 1313 页。

③ 凌稚隆辑校、[日]井范平补标:《史记评林》卷一百一十一,《卫将军骠骑列传》引茅坤曰,第 1 页。

犯法,盗贼滋起。可见匈奴盗贼之变,皆武帝穷兵酷罚致之,此太史公微意也。"①

　　将"文景和亲,匈奴信汉"史事,先铺陈于前幅,然后接叙"两将军连年出塞,又必随之以匈奴入塞,杀略甚多",此所谓比事可以观义。司马迁《匈奴列传》之叙事经营,篇章布局如此,寓托微意于相反相衬之中,于是"匈奴盗贼之变,皆武帝穷兵酷罚致之"之太史公微意,遂曲曲传出,此忌讳书写之上乘笔法。《史记》书写现当代史事,面对"有所刺讥褒讳挹损之文辞,不可以书见"时,忌讳叙事往往用之。清吴见思评点《史记论文》,亦就"定、哀以后多微词",发表观点。其言曰:

　　　　汉武马邑以后,与匈奴相杀各十余万人,草菅人命,实未能有加于匈奴,是史公作传之旨。然只于武帝即位时,写汉约和亲,匈奴亲汉,极言其盛。先提一案,后逐节逐事据实直书,不作论断,而得失自见。所云"定、哀以后多微词"也。与《平准》《封禅》一样序法。②

　　司马迁叙《匈奴列传》,以马邑之谋为分水岭,"只于武帝即位时,写汉约和亲,匈奴亲汉,极言其盛";接续书写"汉武马邑以后,与匈奴相杀各十余万人",前此和亲,匈奴往来长城下;其后,"与匈奴相杀",征伐不断。和亲往来,转为草菅人命,战争杀伐从此取代和平,绝妙讽刺。清吴见思《史记论文》称:马邑军之后,《匈奴列传》"逐节逐事据实直书,不作论断,而得失自见",此即司马迁《匈奴列传·太史公曰》所云:"定、哀之际多微词"。据实直书,不作论断,而论断自寓存于叙事之中,此史迁忌讳叙事之主要模式。《平准书》《封禅书》之叙法,亦有异曲同工之妙。

四、征伐匈奴与《史记》之曲笔讳书、诡辞谬称

　　《左传》成公十四年载,君子曰:"《春秋》之称,微而显,志而晦,婉而成章,尽而不汙,惩恶而劝善。非圣人谁能修之?""微而显,志而晦,婉而成章"三者,即所

---

①　凌稚隆辑校、[日]井范平补标:《史记评林》卷一百十,《匈奴列传》引凌约言曰,第20页。
②　吴见思评点:《史记论文》(第四册),《匈奴列传》,第592页。

谓曲笔。与尽而不汙之直书，同为《春秋》"如何书"之法。"惩恶而劝善"，则属《春秋》"何以书"之义。

就忌讳叙事而言，书写现代、当代之史事，往往"为其切当世之文而罔褒"，同时"有所刺讥褒讳挹损之文辞，不可以书见"，于是微婉志晦之曲笔，最为此中之常法。微之与显，志之与晦，婉之与成章，尽之与不汙，笔法皆相反以相成，不同而能和。古人论《春秋》者，多美其辞约义隐，钱钟书《管锥编》揣测其初衷，或者欲寡辞远祸，避当时之害乎？① 《左传》《史记》薪传曲笔之书法，于忌讳叙事，颇有用文之地。今以司马迁所叙征伐匈奴史事为例，论证《史记》曲笔讳书、诡辞谬称运用之一斑。

(一)曲笔讳书，微婉显晦，推见以至隐

《后汉书》卷六十下《蔡邕传》载王允言："昔武帝不杀司马迁，使作谤书，流于后世。"章怀太子《注》引班固集云："司马迁著书，成一家之言。至以身陷刑，故微文刺讥，贬损当世，非谊士也。"② 吴汝纶《点勘史记读本》谓："汉武帝黩武穷兵，司马迁著《史记·匈奴列传》，不斥言天子，而刺大臣将相，所谓微辞。"由此观之，以上所云谤书、微辞，微文刺讥，贬损当世，是否为同义词，其范畴是否相当？

《平准书》，《史记·太史公自序》述其作意曰："维币之行，以通农商。其极则玩巧，并兼兹殖，争于机利，去本趋末，作《平准书》，以观事变，第八。"③ 作意明言以观世变，措辞则曰玩巧、兼殖、机利、去本趋末，批判讥讽之意显然。《平准书》是否为谤书？清李晚芳《读史管见》，曾作讨论：

> 八书中，惟此书(《平准书》)出神入化，骤读之无一语径直；细案之，无一事含糊；总括之，无一端遗漏。使当时后世皆奉为信史，而不敢目为谤书，煞是太史公惨淡经营之作。④
> 此(《平准书》)，谤书也。当时弊政甚多，将尽没之，则不足为信史。

---

① 钱钟书：《管锥编》，台北书林出版公司1990年版，《左传正义·杜预序》，第162—163页。

② 范晔著、章怀太子李贤注、王先谦集解：《后汉书集解》，台北艺文印书馆1955年版，《二十五史》本，卷六十下，《蔡邕传》，第20页，总第712页。

③ 司马迁撰、[日]泷川资言考证：《史记会注考证》卷一百三十，《太史公自序》，第37页，总第1374页。

④ 李晚芳：《读史管见》卷二，《平准书》，杨燕起、陈可青、赖长扬编《历代名家评〈史记〉》，第454页。

若直书之，又无以为君相地。太史于是以敏妙之笔，敷绚烂之辞，若吞若吐，运含讥冷刺于有意无意之间，使人赏其绚烂，而不觉其含讥；赞其美妙，而不觉其冷刺。笔未到而意已涵，笔虽煞而神仍浑。①

《平准书》，叙记武帝征伐匈奴，耗损浩繁军费，于是有兴利聚敛之秕政。当时或疑之为谤书，后世则尊奉为信史。或信或疑之间，则以忌讳叙事为其解读之关键。当时弊政如此之多，司马迁《史记》或据事直书之，未尝灭没，当然可视为信史。不过，若一味仗气直书，不避强御，则"无以为君相地"，有失为尊者讳，为君上讳之《春秋》教。于是司马迁"若吞若吐，运含讥冷刺于有意无意之间"，"笔未到而意已涵，笔虽煞而神仍浑"。后人读之，但赏其绚烂，赞其美妙，而"不觉其含讥，不觉其冷刺"。司马迁妙用微婉显晦之曲笔，生发推见至隐之效应有以致之。明焦竑《焦氏笔乘》，亦有论述：

> 太史公《匈奴传·赞》曰："孔氏著《春秋》，隐、桓之间则章，至定、哀之际则微，为其切当世之文而罔褒，忌讳之辞也。"子长深不满武帝，而难于显言，故著此二语，可谓微而章矣。班撰《汉书》，称其……此皆称其所长，而所短不言而自见，最得史臣之体。②

《平准书》于武帝兴利聚敛之秕政，多采"悉书以志实"之书法；再以"太史公曰"以彼例此，提示切当世之文而罔褒者，率皆忌讳之辞。班固所谓"称其所长，而所短不言而自见"者，此元赵汸《春秋属辞》所云"略是以著非"之《春秋》书法。③ 司马迁著《史记·平准书》，叙汉征伐匈奴之相关篇章，多所呈现。

楚辞"乱曰"，卒章以显志；西汉大赋，曲终而奏雅。司马迁亦辞赋名家，叙事传人自多体现。清顾炎武《日知录》卷二十六云："古人作史，有不待论断，而于序事之中即见其指者，惟太史公能之。"举"《平准书》末载卜式语"为说，其实《匈奴列传》"太史公曰"，亦赞两句。诸家品评，多阐发此意，如：

> 武帝五十年间，因兵革而财用耗，因财用而刑法酷。平准之置，阴

<hr />

① 李晚芳：《读史管见》卷二，《平准书》，杨燕起、陈可青、赖长扬编《历代名家评〈史记〉》，第 454 页。
② 焦竑《焦氏笔乘》卷二，《匈奴传赞》。杨燕起、陈可青、赖长扬编《历代名家评〈史记〉》，北京师范大学出版社 1986 年版，第 676 页。
③ 赵汸《春秋属辞》卷八，《假笔削以行权第二》，第 1 页，总第 14801 页。

夺于民，民之祸于斯为极。迁备著始终相应之变，特以《平准》名书。而终之曰："烹弘羊，天乃雨。"呜呼，旨哉！①

迁言："尧虽贤，兴事业不成，得禹而九州岛宁。且欲兴圣统，惟在择任将相哉！"盖叹卫、霍、公孙弘之事，微其词也。汉武帝用妄人，残民不已，几亡天下，其不能兴圣统固宜也。②

《平准书》《匈奴列传》篇末赞语，成为诸家注目焦点，关键似不在于卒章显志，或曲终奏雅，当是聚焦于司马迁"寓论断于叙事之中"之笔法。《平准书》卒章显志，借卜式之言"烹弘羊，天乃雨"，论断桑弘羊之法外剥夺，为兴利而祸国害民。宋黄震《黄氏日抄》指出：武帝征伐匈奴五十年间，"因兵革而财用耗，因财用而刑法酷"。平准之置，祸民如此之甚，司马迁出以微婉显晦之曲笔，吞吐呜咽，运含讥冷刺于有意无意之间，但觉其美妙，而不觉其冷刺。

《匈奴列传》曲终奏雅，太史公曰："且欲兴圣统，唯在择任将相哉！唯在择任将相哉！"宋叶适《习学纪言序目》，就"欲兴圣统"立论，感叹汉武帝滥用妄人，如卫青、霍去病、公孙弘辈，残民以逞，几亡天下。称"欲兴"云云，亦微婉其词。《匈奴列传》"太史公曰"末两语，出以微婉显晦之曲笔发论，诸家多关注于此，如茅坤、牛运震之言：

　　茅坤曰："太史公甚不满武帝穷兵匈奴事，特不敢深论，而托言择将相，其旨微矣。"③

　　赞语，此隐语也。太史公引此两句，寓托最为深远。"唯在择任将相哉！唯在择任将相哉！"责成将相，出脱武帝，立言最妙。重款累叹，感慨无穷。④

《匈奴列传》之卒章显志，司马迁出以复沓之叠句："唯在择任将相哉！唯在择任将相哉！"就《春秋》书法而言，可得而言者有三：其一，《春秋繁露·祭义》云：

①　黄震：《黄氏日钞》卷四六，《史记》，杨燕起、陈可青、赖长扬编：《历代名家评〈史记〉》，第449页。
②　叶适：《习学纪言序目》，《史记》卷二十，第290页。
③　凌稚隆辑校、[日]井范平补标：《史记评林》卷一百十，《匈奴列传》引茅坤曰，第20页。
④　牛运震：《空山堂史记评注》卷十，《匈奴列传》，第285页。

"孔子曰:'书之重,辞之复,呜呼!不可不察也。其中必有大美恶焉。'"①《匈奴列传·太史公曰》,书重辞复如是,值得省思。其二,记是以著非,此赵匡所倡《春秋》损益例,缀叙之意十体之六。② 茅坤称:司马迁不满武帝穷兵匈奴事,而托言择将相;清牛运震所谓"责成将相,出脱武帝",要皆赵氏所示"记是以著非"之书法。其三,《左传》揭示"微而显,志而晦,婉而成章"之曲笔书法,《史记·匈奴列传》有之。

《史记·匈奴列传》"太史公曰",尚记述一段忌讳叙事之经典名句:"孔氏著春秋,隐桓之间则章,至定哀之际则微,为其切当世之文而罔褒,忌讳之辞也。"忌讳叙事之时节,忌讳叙事之困境,一一表出。明焦竑《焦氏笔乘》、明代董份、陈仁子于太史公引此,皆有会心。其言曰:

> 太史公《匈奴列传》曰:"孔氏著春秋,……忌讳之辞也。"子长深不满武帝,而难于显言,故著此二语,可谓微而章矣。班撰《汉书》,称其……此皆称其所长,而所短不言而自见,最得史臣之体。③

> 董份曰:"太史公引此二句,意最深远。微者,言寓其事,而不章显也。故武帝黩武所不斥言。然观其远师屡将,而又不能终服匈奴,则不言而自见矣。又曰罔褒,言无可褒,而不敢斥言,故为忌讳而微也。"④

> 陈仁子曰:"迁之赞此也,以定、哀之时自比;而独责将帅焉。夫岂独责将帅哉?"⑤

汉武帝黩武匈奴四十余年,穷兵北边,远师屡将,因宠妃而侯三将,用非其人,耗费巨财,又终不能降服匈奴,所得可谓不偿所失。司马迁身处汉武时,叙写当代历史,犹孔子作《春秋》,身当定、哀之际。《匈奴列传》"太史公曰"指出,确实有"切当世之文而罔褒"之无奈。明焦竑《焦氏笔乘》以为,太史公不满武帝,而难于显言;故称其所长,而所短不言而自见。如此,则微而章矣。董份称:"罔褒,言无可褒,而不敢斥言,故为忌讳而微也。"言无可褒,却不敢斥言,于是运以"微而

---

① 董仲舒著、苏舆注:《春秋繁露义证》,卷十六《祭义第七十六》,台北河洛出版社 1975 年版,第 16 页,总第 311 页。

② 陆淳:《春秋集传纂例》卷一《赵氏损益义第五》,钱仪吉《经苑》本,台北大通书局 1970 年版,第 9 页,总第 2361 页。

③ 焦竑:《焦氏笔乘》卷二,《匈奴传赞》。杨燕起、陈可青、赖长扬编:《历代名家评〈史记〉》,第676页。

④ 凌稚隆辑校、[日]井范平补标:《史记评林》卷一百十,《匈奴列传》,第 19 页。

⑤ 同上,第 20 页。

显,志而晦,婉而成章"之曲笔书法,而蔚为忌讳之叙事。帝王尊者,若不幸而有过失耻辱,不敢直斥其是非。如汉武黩武穷兵,不可斥言,于是太史公运化"记是以著非"之书法,顾左右而言他,而独责将相之择任,此之谓忌讳叙事。

《史记》忌讳叙事,明清学人持续关注。或以为太史公深于《春秋》,往往寓讥讽于微旨之中。通《匈奴列传》而观察之,司马迁编比史事,往往遥相对比,彼此衬托,造成对比成讽之微旨。明凌稚隆《史记评林》曾举例以明:

> 余有丁曰:"《传》内每言击胡,胡辄入边杀掠;及留胡使,胡亦留汉使,相当。至匈奴远遁,破耗矣;然犹不能臣服之,且不免。浞野李陵、贰师之败没,见武帝虽事穷黩,而未得十分逞志也。篇中大意如此,其微旨实寓讥云。"[1]

《匈奴列传》叙北边征伐之事,往往对比叙事:汉军击胡,与"胡辄入边杀掠"对叙;汉留胡使,"胡亦留汉使相当"对叙;匈奴远遁、破耗矣,又与"犹不能臣服之,且不免"对叙。因此,借由相反相对,烘托陪衬,以见"武帝虽事穷黩,而未得十分逞志"之微旨隐义。史事再三对叙,微旨可寓"不可以书见"之刺讥。

观《匈奴列传》《卫将军骠骑列传》,叙写武帝因女宠卫子夫、李夫人而获三大将,竟不能招择贤者。司马迁但叙其好兵好色相伏倚,为尊者讳,出于微辞寓托,意味最为深远,如:

> 自古文武材类,生于世禄,选于学校,论定于司马。而乃以一女宠获两大将,但其好兵与色之念相与倚伏者耶!而两将军之功,必自天子亲言之,则天子之意也。纪汉之出,必纪匈奴之入,则兵端启自我,而祸延于无既也。纪汉之出所获,必纪匈奴之入所亡,……则获不如亡,而功不足蔽其辜也。……乃太史公不论其殄民困国之罪,只责其区区不能亲附士大夫之小过。盖不能招择贤者,则德业不盛隆,而所建立上非以匡天子,而下不能保其世也。《传》曰:孔子于哀定之朝多微辞;又曰:"微而显,婉而成章",史公其深于《春秋》者哉![2]

---

① 凌稚隆辑校、[日]井范平补标:《史记评林》卷一百十,《匈奴列传》引余有丁曰,第20页。
② 蒋彤:《丹棱文钞》卷二,《书卫将军骠骑列传后》。杨燕起、陈可青、赖长扬编:《历代名家评〈史记〉》,第681页。

人情物态,若交相比较,则反差容易产生;若彼此映照,则意象不难显现。若对列两者,而比例悬殊如天壤,则自有对比成讽之效应。历史编纂或评论明乎此,讨论编比史事,多关注对比叙事以见指义。清蒋彤《丹棱文钞·书卫将军骠骑列传后》,论汉匈之征战,首揭"好兵与好色之念相与倚伏",乃以一女宠获两大将,断定武帝短于择任将相。接叙"汉之出,必纪匈奴之入";"纪汉之出所获,必纪匈奴之入所亡"两两相对叙。于是论断:汉军所获,不如所亡;纵有战功,亦不足蔽其辜。至于《卫将军骠骑列传》中,"史公不论其殄民困国之罪,只责其区区不能亲附士大夫之小过",舍大以论细,避重而就轻,此《谷梁传》所示之《春秋》书法,堪作"为尊者讳耻,为贤者讳过"之忌讳叙事可知。

(二)诡辞谬称,实与而文不与

孔子之作《春秋》,借或笔或削以昭义;指义,则因比事与属辞而体现之。事不比,义不明;辞不属,义不彰。昭公十二年《公羊传》称:"《春秋》之信史也,其序,则齐桓晋文;其会,则主会者为之也;其词,则丘有罪焉尔。"显然,《春秋》书法,属辞约文乃其中要务。比其事而属其辞,义在其中矣。章学诚《文史通义·史德》称:"必通'六义比兴'之旨,而后可以讲'春王正月'之书。"[①]明王世贞称:"太史公于《李广传》《卫青霍去病传》,比兴之义为多。"[②]盖李传、卫传、霍传,多微辞隐义故也。

《公羊传》以义理说《春秋》,于人于事之褒贬、劝惩、进退、予夺,有所谓"实与而文不与"之说。如僖公元年,救邢;僖公二年,城楚丘;僖公十四年,诸侯城缘陵;文公十四年,晋人纳接菑于邾娄;宣公十一年,楚人杀陈夏征舒;定公元年三月,晋人执宋仲几于京师。上述六事,《公羊传》解《经》,皆说之以"实与而文不

---

① 章学诚:《文史通义》卷三,内篇三《史德》,第221、222页。
② 凌稚隆辑校、[日]井范平补标:《史记评林》卷一百十,《卫将军骠骑列传》引王世盖曰,第13页。

与"①。《公羊传注疏》所谓"主书者,起文从实";"经文虽不与,当从其实理而与之"。② 此涉及实际现状之描述,所谓"起文从实"。"虽文不与,其义实与",作者独断别识之表现,所以自成一家之言者,则展示于属辞约文——其文之修辞上。推此言之,劝惩予夺之《春秋》书法,除"实与而文不与"之外,触类隅反之,又有"文与而实不与",自是其中一法门。

1.《李将军列传》与诡辞谬称之叙事

一与,一不与;阳与而阴夺之,阴与而阳夺之;正言若反,反言显正。彼此矛盾逆折,相互冲激,能予人以警策与张力。③ 吴闿生《左传微》称之为诡词谬称,谓《左传》叙事不乏此种笔法;④其实,《史记》亦不遑多让。司马迁身处武帝之世,为避免触忌犯讳,《李将军列传》《匈奴列传》叙事传人,多出以诡词谬称:一与,一不与,阳予而阴夺之笔法不少。如下列诸家所言:

> 茅坤曰:李将军,于汉,为最名将,而卒无功。故太史公极力摹写淋漓,悲咽可涕。⑤
>
> 凌约言曰:广之材,尽出一时之上;广之功,尽出一时之下。或者谓其有恨,而广亦自恨其杀降。然则,岂直不封,陵之赤族群亦宜矣。⑥

茅坤推尊李广:"于汉,最名将",却又言"卒无功"。试问:卒无功,何以称最

---

① 以《公羊传》"僖公二年城楚丘"为例。《传》曰:"上无天子,下无方伯,天下诸侯有相灭亡者,桓公不能救,则桓公耻之也。然则孰城之? 桓公城之。曷为不言桓公城之? 不与诸侯专封也。曷为不与? 实与而文不与。文曷为不与? 诸侯之义,不得专封。诸侯之义不得专封,则其曰实与之何? 上无天子,下无方伯,天下诸侯有相灭亡者,力能救之,则救之可也。"公羊寿传、何休解诂、徐彦疏:《春秋公羊传注疏》,台北艺文印书馆 1955 年版,卷十,第 7 页,总第 123 页。

② 《公羊传》僖公元年"救邢",《疏》:"谓虽文不与,其义实与,故言起文从实。"僖公二年"城楚丘",《注》:"主书者,起文从实也。"《疏》:"谓经文虽不与,当从其实理而与之。"《公羊传》文公十四年"晋人纳接菑于邾娄",《疏》:"僖元年救邢、城楚丘之经,悉是'实与而文不与',文与此同。其《传》皆云:'上无天子,下无方伯,天下诸侯有相灭亡者,力能救之则救之,可也。'"公羊寿传、何休解诂、徐彦疏:《春秋公羊传注疏》,卷十,第 2 页,总第 120 页;卷十,第 7 页,总第 123 页;卷十四,第 10 页,总第 179 页;卷十六,第 4 页,总第 202 页。

③ 黄永武:《中国诗学·设计篇》,巨流图书公司 2009 年版,《谈诗的密度:用矛盾逆折的语法,使诗句警策》,第 93 页。

④ 吴闿生:《左传微》,台湾"中华书局"1970 年版,《左传》庄公八年:君子是以善鲁庄公。吴曰:"此所谓诡词谬称,全书皆一种笔法。"第 39 页。

⑤ 凌稚隆辑校、[日]井范平补标:《史记评林》卷一百十,《李将军列传》,第 1 页。

⑥ 同上,《匈奴列传》,第 4 页。

名将？凌约言既曰"广之才，尽出一时之上"；却又言"广之功，尽出一时之下"。李广才气既称天下无双，何以其功尽出一时之下？怀才，诚引人爱惜；不遇，足令人悲咽。一与，一不与，矛盾逆折之际，发人深思。或文献史实多方嘉许，而司马迁《史记》撰文未尝称誉，如《卫将军骠骑列传》之例，是所谓"实与而文不与"，所谓"起文从实，从其实理而与之"。若《史记》属辞约文称道之，而生平数奇、不遇，如《李将军列传》之类，则是"文与而实不与"。

班固《汉书·司马迁传赞》称："自刘向、扬雄博极群书，皆称迁有良史之才。服其善序事理，辨而不华，质而不俚，其文直，其事核，不虚美，不隐恶，故谓之实录。"①司马迁《史记》于人物之得失短长皆书，褒贬劝惩兼具，所以为良史、为实录。如李广心怀私恨，斩杀灞陵尉，《李将军列传》亦据事直书之，将军之度量可知。清姚祖恩《史记菁华录》亦云：

> 篇中首载公孙昆邪一语，褒贬皆具。史公虽深爱李广，而卒亦未尝不并著其短。所以为良史之才，他人不能及也。②
>
> 广惟有勇略，又能爱人，于《兵法》仁、信、智、勇、严五者，实有其四，惟少一严耳。然其远斥候以防患，法亦未尝不密也。但说到无部伍行阵、省文书籍事，此大乱之道，恐不能一日聚处，疑亦言之过甚。先辈谓载程不识以形击之，愚谓要是文字生色耳，未必简易至此极也。③

司马迁《史记》叙事传人，诚如《礼记·曲礼上》所云："爱而知其恶，憎而知其善。"姚祖恩《史记菁华录》称《李将军列传》："首载公孙昆邪一语，褒贬皆具"；"史公虽深爱李广，而卒亦未尝不并著其短"，称扬其勇略，爱人，而深憾武德缺一严字。批评"无部伍行阵、省文书籍事"，诚大乱之道；才气有余，而纪律不整，恐即李广一生数奇不遇之缘故。司马迁爱而知其恶，故实"与"其才气无双，勇略过人；而文"不与"其数奇、不遇。

"李广才气，天下无双"之誉，得自典属国公孙昆邪之泣诉；"惜乎！子不遇时"之谶，早断自汉文帝之金口；"李广老，数奇"之总结，出于汉武帝之上诫。比事而属辞之，才气之无双，遂不敌一生之数奇。无双与数奇之间，富含若干矛盾

---

① 班固等著、颜师古注、王先谦补注：《汉书补注》，台北艺文印书馆 1962 年版，《二十五史》本，卷六十二，《司马迁传》，第 26 页，总第 1258 页。
② 姚祖恩评点：《史记菁华录》卷五，《李将军列传》，第 198 页。
③ 同上，第 200 页。

与逆折,《李将军列传》之诡辞谬称,亦缘此而发:

> 一篇感慨悲愤,全在李广"数奇""不遇时"一事。篇首"文帝曰:'惜乎,子不遇时'"云云,已伏"数奇"二字,便立一篇之根。后叙广击吴楚,还,赏不行,此一数奇也。马邑诱单于,汉军皆无功,此又一数奇也。为虏生得,当斩,赎为庶人,又一数奇也。出定襄,而广军无功,又一数奇也。出右北平,而广军功自如,无赏,又一数奇也。出东道而失道,后大将军遂引刀自刭,乃以数奇终焉。……"上以为李广老,数奇"云云,则明点数奇眼目。传末叙到李陵生降曰:"李氏陵迟衰微矣";又曰:"李氏名败"云云,总为数奇不遇。余文低回凄感,此又一篇之主宰,而太史公操笔谋篇时,所为激昂不平者也。①

《史记·太史公自序》述其作意云:"勇于当敌,仁爱士卒,号令不烦,师徒乡之,作李将军列传第四十九。"称美推崇李广,可谓至矣。就作意而言,此即太史公之"实与"。然观《李将军列传》文本,叙其平生事迹,却聚焦于"数奇"与"不遇时"("不遇时",亦"数奇"之一)。清牛运震《史记评注》,点评《李将军列传》,于李广"数奇"事,屡叙、再叙、累叙、不一叙,全篇前后多达九事。不但"李广老,数奇",传末叙到子孙李陵生降、李氏陵迟衰微、李氏名败。凸显李广"数奇"事,终始本末凡九,此非《史记》之"文不与"而何?

李广临终之言:"广结发,与匈奴大小七十余战。"堪称劳苦功高矣!可惜材气无双,却数奇、不遇时。《史记》实录汉文帝"惜乎,子不遇时"之言,汉武帝又以广"年老数奇"少之。如此拟言代言,叙事传人,是所谓"因言语而可知者"。清姚祖恩《史记菁华录》曾析论文帝、武帝之裁断,以为"不可谓不知广者"。其言曰:

> 广历事三朝,文帝以为不遇时;武帝之时边功日竞,而天子复以年老数奇少之。要之,二君皆不可谓不知广者。文帝以为跅弛之士,多见长于草昧之初;武帝以为数蹶之才,难与共功名之会也。②

本传皆摹写李将军才气,而赞(太史公曰)又极叹其忠诚,文固有彼

---

① 牛运震:《空山堂史记评注》卷十,《李将军列传》,三秦出版社2011年版,第275页。又,李景星:《史记评议·李将军列传》卷四十九,第113页,论点近似。

② 姚祖恩评点:《史记菁华录》卷五,《李将军列传》,第203页。

此互见之法。盖当于未尽处渲染,不当于精透处画添也。①

文帝曾面谕李广:"惜乎,子不遇时";大将军卫青,亦阴受上诫(实情为假传圣旨),以为"李广老,数奇,毋令当单于"。李广蹭蹬,终老难封,依据《李将军列传》叙事,似乎与文帝、武帝之圣口直断,不无关联。然文帝时,匈奴无岁不扰,岂得不倚重名将?武帝时,边功日竞,李广才气跅弛,有黥布、彭越、樊脍、灌夫之风,奈何又屏弃不用?清姚祖恩《史记菁华录》:"文帝以为跅弛之士,多见长于草昧之初;武帝以为数瞡之才,难与共功名之会。"解读是否合乎情理?恐未必然。

笔者以为:太史公深爱李广,《李将军列传》叙事,落实"为尊者讳""为贤者讳"之《春秋》书法,遂安排文帝武帝之口谕,假托卫青之"阴受上诫",为忌讳叙事作张本,此之谓"实与而文不与"。据《史记·李将军列传》,大将军卫青击匈奴,故徙前将军广。广部行回远,又迷失道,知大将军居中催折,遂不对刀笔吏而自刭。清张裕钊,以属辞比事之《春秋》教,解读《史记·李将军列传》,阐发忌讳叙事之隐微。如:

> 张裕钊曰:"青受上诫,特藉口语。而欲侯公孙敖,乃其实也。太史公连著两'亦'字,最有意。《汉书》删去前'亦'字,失其指矣。"又曰:"广知青欲侯公孙敖,故用为恨。怒青,因是愈摧折广,而广遂以死。史公曲曲绘出,若隐若显,而恨惜之意无穷。"②

《史记·李将军列传》叙李广终老难封,最终告白:"今幸从大军出接单于兵,而大将军又徙广部行回远,而又迷失道,岂非天哉!"其中隐情,细读《李将军列传》,比其事而属其辞,即可破解迷思。清张裕钊断定:"青受上诫,特藉口语。而欲侯公孙敖,乃其实也。"排比前后之史事,连属上下之文辞,即可索得。太史公连著两个"亦"字,最有弦外之音。其一,"大将军青亦阴受上诫,以为李广老,数奇,毋令当单于,恐不得所欲"。其二,"是时公孙敖新失侯,为中将军从大将军,大军亦欲使敖与俱当单于,故徙前军将广"。因此,"广知青欲侯公孙敖,故用为恨。怒青,因是愈摧折广,而广遂以死"。清孔广森《春秋公羊学通义·叙》称"辞

---

① 姚祖恩评点:《史记菁华录》卷五,《李将军列传》,第206页。
② 黄华表:《史记导读》引清张裕钊曰,《李将军列传》,中华文化事业公司1965年版,第14页。

不属不明，事不比不章"①，谓连属前后上下之辞文，排比相近相反之史事，则微辞隐义不难破译。由此观之，属辞比事之《春秋》教，真解读忌讳叙事之法门。

李广才气，天下无双；李广边功，汉之边将无人能出其右。为士卒所苦之程不识，为人在下中之李蔡，才人不及中人之诸部校尉，皆早已出将封侯矣；然而，"自汉击匈奴，而广未尝不在其中"，"而广不为后人，然无尺寸之功以得封邑"，何也？李广终老难封之提问，攸关"天人之际"之课题，司马迁采取诡辞谬称，"实与而文不与"之忌讳叙事回应之。李广尝与望气王朔燕语，说相、谈命、阴祸、报应，作为"将军不得侯"之借口，此所谓"诡辞谬称""实与而文不与"。

2.《匈奴列传》《卫将军骠骑列传》及实与而文不与

宋黄震《黄氏日钞》称："卫霍深入二千里，声振夷夏；今看其传，不值一钱。李广每战辄北，困踬终身；今看其传，英风如在。史在抑扬予夺之妙，岂常手可望耶？"②《史记》叙武帝征讨匈奴，《平准书》《李将军列传》《匈奴列传》《卫将军骠骑列传》四篇，往往详略互见、虚实互藏，必须对读、合观，方可破译微辞隐义，而得其真解。"看《卫霍传》，须合《李广》看"，正可对照出"实与而文不与"，以及"文与而实不与"之书法。诡辞谬称之忌讳叙事，此中有之。

汉武帝在位五十四载，用兵北边长达四十四年。前期战争二十九年，征伐匈奴之主将，为大将军卫青、骠骑将军霍去病。太史公论卫青："于天下无称也！"于霍去病，则曰"有天幸"。《史记》叙两将军连年出塞，又必随之以匈奴入塞，杀掠甚多。论者所谓"每言击胡，胡辄入边杀掠；及留胡使，胡亦留汉使相当"云云。出塞、入塞；击胡、胡入边；留胡使、留汉使，针锋相对，不甘示弱。太史公以对比书法，叙列忌讳事件，讽谕自在言外。太史公叙《匈奴列传》《卫将军骠骑列传》，多推见至隐，为尊者讳耻，为贤者讳过，宋刘辰翁、清何义门特为表出。如：

> 刘辰翁曰："罔褒，谓不得不褒，则有可讳矣。迁亦欲为微隐者，然已著大意不满。当时以为顺从君之欲，所谓'席中国广大、气奋'，深得体要。建功不深，又似惜其志之未尽成者，何前后之异也？则其中有难言者矣！"③

① 孔广森：《孔检讨春秋公羊经传通义·叙》，台北复兴书局1961年、1972年版，《皇清经解》卷六百九十一，第7页，总第9293页。

② 黄震：《黄氏日钞》卷四七。杨燕起、陈可青、赖长扬编：《历代名家评〈史记〉》，第673页。

③ 凌稚隆辑校、［日］井范平补标：《史记评林》卷一百十，《匈奴列传》引刘辰翁曰，第19页。

赞：卫霍将略，太史公不之取也。此论却许其能知时变，以保禄位，非以示讥。①

《匈奴列传·太史公曰》之微辞隐义，刘辰翁从"不得不褒，则有可讳矣"，"建功不深，似惜其志之未尽成者"，"何前后之异？则其中有难言者"三组疑问句，解读司马迁之罔褒与微隐。《春秋公羊传》所谓"实与而文不与"，吴闿生《左传微》所云诡辞谬称，本文所谓忌讳叙事，《匈奴列传》要皆有之。至于《卫将军骠骑列传·太史公曰》，太史公不取卫霍将略，却许其能知时变，善保功名。此《春秋》书法所谓略大以详细，《谷梁传》《公羊传》所谓举轻以明重，而进退、予夺、褒贬、劝惩于是乎在。②《公羊传》所倡"实与而文不与"之书法，《史记·太史公曰》有绝佳之体现。

《卫将军骠骑列传》与《外戚世家》《佞幸列传》，往往互文见义，彼此相发明。试对读二文，则《公羊传》所倡"实与而文不与"之书法，可以检视索得。明代于慎行《读史漫录》，有具体而微之论证：

卫、霍传所叙二将战功，若不容口。及《佞幸传》则曰："卫青、霍去病亦以外戚幸，然颇用才能自效"，此太史本旨也。以此推之，所叙战功，率取募军奏报之词，及玺书所褒属，次第其语，非实予之也。③

卫青、霍去病，因卫子夫贵为武帝宠后，遂与皇室有外戚姻亲关系，而得天子宠幸。故《佞幸列传》称："卫青、霍去病，亦以外戚幸，然颇用才能自效。"虽贵为外戚，"然颇用才能自效"，此太史公阳予阴夺，实与而文不与之笔法。试对读《外戚世家》："卫子夫已立为皇后，乃以卫青为将军。击胡有功，封为长平侯。及卫皇后所谓姊卫少儿，生子霍去病，以军功封冠军侯，号骠骑将军。青号大将军。"④观此，卫青、霍去病之得将军，不可讳言，半来自"以外戚幸"；则因人成事，夤缘富贵可知。《读史漫录》所谓"此太史本旨"，当指此。若观《卫将军骠骑列传》篇末，见"所叙战功，率取募军奏报之词，及玺书所褒属，次第其语"，则明代于

---

① 何焯：《义门读书记》，文渊阁《四库全书》本，卷十四《史记》，第18页，总第179页。
② 张高评：《〈春秋〉书法与修辞学——钱锺书之修辞观》，载张高评《比事属辞与古文义法——方苞"经术兼文章"考论》，附录二，第522—527页。
③ 于慎行：《读史漫录》卷三；杨燕起、陈可青、赖长扬编：《历代名家评〈史记〉》，第678页。
④ 司马迁撰、[日]泷川资言考证：《史记会注考证》，卷四十九，《外戚世家》，第21—22页，总第778页。

慎行所指"非实予之也"之意。要而言之,《公羊传》所谓"实予而文不与"之书法,司马迁已落实转化于叙事传人之中。

清姜辰英《湛园未定稿》,有关《史记》《卫将军骠骑列传》之笔法,曾提出"左霍而右卫"之说,以及"良史'言外褒贬法'"。若覆按《春秋》书法,亦是《公羊传》所谓"实与而文不与",亦即"为贤者讳过"、诡辞谬称之忌讳叙事法:

> 汉良将称卫、霍,论者多左霍而右卫。余熟观太史公传所谓两人点次处,则右卫也;其于霍也,多微辞矣。《传》叙卫战功,摹写唯恐不尽,至骠骑战功,三次皆于天子诏辞见之,而太史公核实。……岂非以天子之诏特据幕府所上功次,其辞多铺张失实,而天子方深信之,则姑存此以为传疑之案乎?观大将军七出击匈奴,斩捕首卤才五万余级;而骠骑三出,诏书所叙已不啻十一万余首级,其虚伪可见,此良史言外褒贬法也。①

据《史记·卫将军骠骑列传》,叙卫青之战功,"摹写唯恐不尽";霍去病之战功,则铺张失实,虚伪可见。因此,论者多"左霍而右卫",太史公叙卫、霍之战功,亦左霍而右卫。《卫将军骠骑列传》叙天子欲教霍《兵法》,为之治第,皆恳辞之,由此上益重爱之。叙霍去病"少而贵,不省士",以叙事为论断,可证"其于霍也,多微辞矣"之意。太史公论断大将军卫青:"为人仁善退让,以和柔自媚于上,然天下未有称也。"②司马迁一扬一抑之际,予夺自见。姜辰英《湛园未定稿》称:"论者多'左霍而右卫',叙卫、霍之战功,亦'右卫而左霍。'"就《公羊春秋》之书法言之,此之谓"实与而文不与"。文不与者,太史公之别裁特识,良史之书法不隐也,故叙事诡辞谬称如是。

(本文原载于香港岭南大学《岭南学报》复刊第 12 期,2019 年 12 月)

---

① 姜辰英:《湛园未定稿》卷五,《书史记卫霍传》;杨燕起、陈可青、赖长扬编:《历代名家评〈史记〉》,第 678 页。

② 《史记·卫将军骠骑列传》载:"骠骑将军为人少言不泄,有气敢任。天子尝欲教之《孙吴兵法》,对曰:'顾方略何如耳,不至学古兵法。'天子为治第,令骠骑视之,对曰:'匈奴未灭,无以家为也。'由此上益重爱之。然少而侍中,贵,不省士。其从军,天子为遣太官赍数十乘,既还,重车余弃粱肉,而士有饥者。其在塞外,卒乏粮,或不能自振,而骠骑尚穿域蹋鞠。事多此类。大将军为人仁善退让,以和柔自媚于上,然天下未有称也。"汉司马迁撰、[日]泷川资言考证:《史记会注考证》卷一百十一,《卫将军骠骑列传》,第 30—31 页,总第 1209 页。

《象箾》《象》《三象》考辨

余　群①

摘　要:在西周礼乐表演中,"象"是一种武舞的总称,西周几代周王对它都有一定的传承和创新。《象箾》、管《象》、《三象》、《象》舞、《象》乐之类的名称并不都代表一个意思。其实,《象箾》《三象》分别是文王和成王之乐,而《象》一般是指武王之乐,偶尔也指其他周王(如懿王)之乐。由于周朝的诗、乐、舞是一体的,所以,"象""象舞""象乐"实质上是指同一个概念。

关键词:《象箾》;《象》;《三象》

一

古籍之中经常看到与"象"乐有关的说法,如"象箾"(《左传·襄公二十九年》)②、"管象"(《礼记·祭统》)③、"三象"(《吕氏春秋·古乐》)④、"象舞"(《诗经·维清》毛序)⑤、"象乐"(《淮南子·齐俗训》高诱注)⑥,等等。由于语焉不详,况且古文中没有标点,再加之千百年来的语境变更,所以让现今的学者产生出种种误解。为此,那些想弄清原委的学者们极尽考证之能事,想方设法论证《象》的内涵。由于缠夹不清,或者主观臆说,反而导致不该有的混乱,更加让人疑窦丛生,一头雾水。其实,只要仔细区分彼此的差异,这些误解是可以消除的。当然,要弄清楚这些问题,不妨先来了解前人存在的种种误解。兹举若干实例如下。

---

① 余群,江西樟树人,浙江越秀外国语学院中国语言文化学院副教授,主要从事文艺学、中国哲学研究。

② 阮元校刻:《十三经注疏》,中华书局1980年版,第2008页。

③ 同上,第1607页。

④ 许维遹著、梁运华整理:《吕氏春秋集释》,中华书局2010年版,第128页。

⑤ 阮元校刻:《十三经注疏》,中华书局1980年版,第584页。

⑥ 刘安著、高诱注:《淮南子》,上海古籍出版社1989年版,第115页。

孔颖达疏《礼记·文王世子》"下管《象》,舞《大武》"曰:"《大武》即《象》也,变文耳。"①这种解释显然有误。其实,《大武》与《象》并不相等。《礼记·明堂位》曰:"升歌《清庙》,下管《象》,朱干玉戚,冕而舞《大武》。皮弁素积,裼而舞《大夏》。"②这里的《象》《大武》,从行文前后顺序,以及整个内容来看,它们不可能是变文。

陈奂《诗毛氏传疏》解释《维清》之序云:"《象》,文王乐,象文王之武功曰《象》,象武王之武功曰《武》。"③这种解释似乎比较周全,但其实是一种折中的说法,其不足之处也是显而易见的。其实,不仅文王、武王都有象舞,而且成王和懿王也有象舞。但是,它们各自的称谓并不相同(具体见下文)。所以,不能以《象》之名来对它们笼统地予以命名。

姚小鸥《论〈周颂·三象〉》:"把《天作》列为《三象》组诗的第一篇,与《维清》和《昊天有成命》正好成为一个序列。将其排列展示,相互之间的内在联系就可以看得更清楚了。"④该文认为《周颂》中存在所谓的《三象》,不知何据,可能是作者自己的假想吧。其实,《周颂》中根本没有《三象》之诗。前提错误,结论当然也是站不住脚的。

张树国、梁爱东《〈大武乐章〉与"三象"考辨》⑤:"《大武乐章》中的'南乐'成分体现在'三象'中,即《赍》《般》《酌》,因为'三象'为褒赏周公之功绩,同时与《礼记·乐记》'三成而南,四成而南国是疆,五成而周公左召公右'的史实相吻合。"该文把《大武》与"三象"进行联系,考证"三象"的具体篇目,混淆了概念,其考证的结果也可想而知。其实,《大武》是武王之乐,而"三象"是成王之乐,两者可谓风马牛不相及。另外,张国安《从〈武〉、〈三象〉至〈大武〉看周公制礼作乐》⑥:"'三象'乐歌三篇为《昊天有成命》《维清》《清庙》可定。"这种观点也是值得商榷的。《三象》是成王之乐,怎么会包括祭祀文王的《清庙》《维清》呢?

① 阮元校刻:《十三经注疏》,中华书局 1980 年版,第 1410 页。

② 同上,第 1489 页。

③ 陈奂:《诗毛氏传疏(下)》卷二十六,商务印书馆 1933 年版,第 6 页。

④ 姚小鸥:《论〈周颂·三象〉》,《中州学刊》1991 年第 5 期,第 95—100 页。

⑤ 张树国、梁爱东:《〈大武乐章〉与"三象"考辨》,《漳州师范学院学报》(哲学社会科学版)2005 年第 1 期,第 47—52 页。

⑥ 张国安:《从〈武〉〈三象〉至〈大武〉看周公制礼作乐》,《学术月刊》2008 年第 10 期,第 86—91 页。

二

明白了上面的种种错误,我们再来分析《象箾》《象》《三象》等概念就比较容易理解了。其实,仔细地琢磨、辨别,我们就会发现,上面几个概念的内涵并不那么复杂,古人也没有混淆这些概念。大致说来,《象》的含义比较笼统,变动不居。不仅周武王有《象》乐,周懿王也有《象》乐。而《象箾》和《三象》的含义却是非常稳定的。《象箾》和《三象》,分别是文王、成王之乐。下面分别叙述。

(一)《象》乐

武王、懿王都有《象》乐,但典籍中出现的《象》乐极少为懿王之乐,而绝大部分是指武王之乐,这样的例子举不胜举。例如:

《礼记·仲尼燕居》:"两君相见,揖让而入门,入门而县兴,揖让而升堂,升堂而乐阕,下管《象》,《武》《夏籥》序兴,陈其荐俎,序其礼乐,备其百官。……升歌《清庙》,示德也。下而管《象》,示事也。"①孔颖达疏曰:"《象》《武》与《清庙》相对。《清庙》是文王之诗,故知《象》《武》是武王之乐。"②又如,《礼记·祭统》云:"内祭则大尝禘,升歌《清庙》,下管《象》。"③此《象》也是武王之乐。

另外,以《象》代指《诗经·周颂·武》的文献还有许多。例如:

《礼记·内则》云:"十有三年,学乐诵《诗》,舞《勺》。成童,舞《象》,学射御。"④《勺》,文舞,与学诗(文艺)在同一时段。《象》,武舞,与学射御(武艺)在同时段。先学《勺》,后学《象》。郑玄注曰:"先学《勺》,后学《象》,文武之次也。"⑤《勺》,即是《酌》,文舞;《象》,是武舞,郑玄《周礼注疏》注曰:"《象舞》,象用兵时刺伐之舞,武王制焉。"

《礼记·文王世子》云:"天子视学,……登歌《清庙》。……下管《象》,舞《大武》,大合众以事,达有神,兴有德也。"⑥孔颖达疏曰:"《大武》即《象》也,变文

---

① 阮元校刻:《十三经注疏》,中华书局1980年版,第1614页。
② 同上。
③ 同上,第1607页。
④ 同上,第1471页。
⑤ 同上。
⑥ 同上,第1410页。

耳。"①孔颖达此处的注释是欠妥的。因为,在《礼记·明堂位》注疏中,他是赞同郑玄把《象》解释为《诗经·周颂·武》的。既然如此,《象》《大武》就是不同的乐舞。所以,两者是"变文"的理论就不能成立。其实,从文中《象》《大武》的前后出现来看,这两者显然是不同的乐舞,否则作者没有必要如此行文。

《荀子·儒效》曰:"武王之诛纣也,……偃五兵,合天下,立声乐,于是《武》《象》起而《韶》《濩》废矣。"②王先谦《荀子集解》曰:"《武》《象》,周武王克殷之后乐名。"③

《墨子·三辩》曰:"武王胜殷杀纣,环天下自立以为王,事成功立,无大后患,因先王之乐,又自作乐,命曰《象》。"④

董仲舒《春秋繁露·三代改制质文》曰:"武王受命,作宫邑于鄗,制爵五等,作《象》乐,继文以奉天。"⑤

懿王之《象》乐在文献中偶尔见之。例如,青铜铭文《匡卣》记:"隹四月初吉甲午,懿王才(在)射庐,乍(作)象舞。匡甫(抚)象乐二。王曰休。匡拜手稽首,对扬天子丕显休,用乍文考日丁宝彝,其子子孙孙永宝用。"⑥此处的《象》舞,当然是懿王之乐。

(二)《象箾》

《象箾》是文王之乐,见于《左传·襄公二十九年》:"(吴公子札)见舞《象箾》《南籥》者,曰:'美哉! 犹有憾。'"⑦杜预注:"《象箾》,舞所执。《南籥》,以籥舞也。皆文王之乐。"⑧

(三)《三象》

《三象》则是成王之乐,见于《吕氏春秋·古乐》:"成王立,殷民反,王命周公

---

① 阮元校刻:《十三经注疏》,中华书局 1980 年版,第 1410 页。
② 王先谦撰,沈啸寰、王星贤点校:《荀子集解》,中华书局 1988 年版,第 134—136 页。
③ 同上,第 136 页。
④ 周才珠撰、齐瑞端译注:《墨子全译》,贵州人民出版社 1995 年版,第 46 页。
⑤ 董仲舒著、阎丽译注:《董子春秋繁露译注》,黑龙江人民出版社 2002 年版,第 110 页。
⑥ 郭沫若:《两周金文辞大系图录考释》,上海书店 1999 年版,第 83 页。
⑦ 阮元校刻:《十三经注疏》,中华书局 1980 年版,第 2008 页。
⑧ 同上。

践伐之。商人服象,为虐于东夷。周公遂以师逐之,至于江南。乃为《三象》,以嘉其德。"①从前面"成王立"云云来看,《三象》属于成王时期的乐舞是毫无疑问的。又,《淮南子·齐俗训》曰:"周人之礼,其社用栗,祀灶,葬树柏,其乐大武、三象、棘下,其服尚赤。"②高诱注曰:"《三象》《棘下》,武象乐也。"③高诱虽然没有指明是哪位周王的乐舞,但从行文来看,《三象》出现在《大武》之后,是无疑的。而《大武》是武王之乐,则我们可以推测《三象》为成王之乐。

从上面的分析可知,《象箾》和《三象》是内涵十分清晰的概念,分别对应文王和成王。而《象》的概念也比较稳定,除偶尔指懿王之乐外,一般是指武王之乐。这就是说,在不同的时代,它们的名称往往并不相同。当然,典籍中《象》的出现频率是最高的,按照郑玄的解释,《象》就是指《诗经·周颂·武》。这种解释见于郑玄对《礼记》的注释。例如:

《礼记·明堂位》曰:"升歌《清庙》,下管《象》,朱干玉戚,冕而舞《大武》。皮弁素积,裼而舞《大夏》。"④郑玄注曰:"《清庙》,《周颂》也。《象》谓《周颂·武》也,以管播之。……《大武》,周舞也。《大夏》,夏舞也。"⑤

《清庙》,是文王之乐。《象》,是武王之乐。文王之乐在前、在堂上,武王之乐在后、在堂下。这表明父诗在前,子诗在后。"文以昭德","武以象功"。文德在上,武功在下,文德重于武功。事实上,把《象》解释为《诗经·周颂·武》也是很有道理的。因为,《诗经·周颂·武》正是反映武王功烈的诗乐。《诗经·周颂·武》云:"於皇武王! 无竞维烈。允文文王,克开厥后。嗣武受之,胜殷遏刘,耆定尔功。"⑥从开头"於皇武王",便可知这是赞美武王的诗乐,它歌颂了武王继承父亲文王之业,克敌制胜,建立了无可比拟的赫赫功烈。

三

历代周王之所以热衷把自己的乐舞冠以"象"之名,主要是取其象形及象征之义。郑玄注《周礼注疏·乐师》"乐师掌国学之政,以教国子小舞"曰:"《象舞》,

---

① 许维遹著、梁运华整理:《吕氏春秋集释》,中华书局 2010 年版,第 128 页。
② 刘安著、高诱注:《淮南子》,上海古籍出版社 1989 年版,第 115 页。
③ 同上。
④ 阮元校刻:《十三经注疏》,中华书局 1980 年版,第 1489 页。
⑤ 同上。
⑥ 同上,第 597 页。

象用兵时刺伐之舞,武王制焉。"①这是说,《象舞》具有用兵刺伐之象形之义,也就是刘师培《原戏》所谓的"舞以象容"。②《白虎通·社稷》曰:"武王曰《象》者,象太平而作乐,示已太平也;合曰《大武》者,天下始乐周之征伐行武,故诗人歌之:'王赫斯怒,爰整其旅。'"③这是说,《象》者,又具有"示已太平"之象征之义。

正因为以"象"命名的乐舞很多,因此出现了像《象箾》《象》《三象》之类的名称。但是,尽管名称很多,仍有章可循,严谨的学者能够从中区分出细微的差别,并做出正确的判断。

例如,《汉书·司马相如列传》中出现了"《象》",但古人的注释却完全准确。《汉书·司马相如列传》曰:"荆、吴、郑、卫之声,《韶》《濩》《武》《象》之乐,阴淫案衍之音,鄢、郢缤纷,《激楚》《结风》,俳优侏儒,狄鞮之倡,所以娱耳目乐心意者,丽靡烂漫于前,靡曼美色于后。"④颜师古注引张辑曰:"《象》,周公乐也。南人服象,为虐于夷,成王命周公以兵追之,至于南海,乃为《三象》乐也。"⑤张辑的注释清楚地说明,文章中的《象》实为《三象》,这也可见注释者扎实的学术功底,以及严谨的治学态度。张辑把文中的《象》解释为《三象》,并不等于这两者之间可以画上等号。这就好像此处的《武》代表《大武》,却并不等同于《诗经·周颂·武》一样。事实上,此《象》出于司马相如的文学作品《上林赋》。出于对仗、行文之需要,司马相如的用语有一定的省略成分。作者对于每篇诗乐都取一字,故《三象》也简称为《象》了,而且前面有武王之乐《武》,则《象》表明是成王之乐就毫无疑问了。其实,据《吕氏春秋·古乐》记载,成王之象乐全称为《三象》。

需要补充的是,《象》何以经常与其他诗篇混为一谈?仔细分析,不外乎以下四点:一是"象"经常出现在各种典籍之中,又没有具体的篇名。二是古籍的标点符号难以统一。例如,《礼记·仲尼燕居》曰:"下管《象》,《武》《夏籥》序兴。"⑥王国维《释乐次》认为,郑玄读"下管《象》《武》"为句是不对的,应当读为"'下管《象》'为句,'《武》《夏籥》序兴'为句"。⑦两位学者的标点方式不同,其产生的含义当然也不同了。三是《象》,即《诗经·周颂》之《武》,而《大武》又经常简称为《武》,致使《诗经·周颂·武》与《大武》难以分辨。四是《象》是《大武》乐舞之二

---

① 阮元校刻:《十三经注疏》,中华书局1980年版,第793页。

② 刘梦溪主编:《中国现代学术经典·黄侃 刘师培卷》,河北教育出版社1996年版,第792页。

③ 班固:《白虎通》,中华书局1985年版,第50页。

④ 班固著、颜师古注:《汉书》,中华书局1964年版,第2569页。

⑤ 同上,第2571页。

⑥ 阮元校刻:《十三经注疏》,中华书局1980年版,第1614页。

⑦ 王国维:《观堂集林》,河北教育出版社2003年版,第45页。

成。《白虎通·礼乐》引《礼记》曰:"周乐曰《大武》,武王之乐曰《象》,周公之乐曰《酌》,合曰《大武》。"①可见,《象》和《酌》都是《大武》的一部分。王国维《周大武乐章考》认为:《大武》六成,其顺序为《昊天有成命》《武》《酌》《桓》《赉》和《般》。②上述种种,使《象》与《象箭》《三象》和《大武》之间的关系变得错综复杂、扑朔迷离。因此,要厘清它们之间的关系颇为不易。历代的著名学者如孔颖达、陈旸等也难免出错。其实,要理解其中的确切含义,除了认清它们之间的区别与联系之外,还要联系上下文及其特定的语境来推断。只有如此,阅读相关的文献才能厘清头绪,迎刃而解,从而领悟其中的真正内涵。

① 陈立:《白虎通疏证》,中华书局 1994 年版,第 100 页。
② 王国维:《观堂集林》,河北教育出版社 2003 年版,第 49 页。

"思，容也"考论

余　群

摘　要："思"的本义为许慎所释之"容"（包容、容纳，即把人事放进心与脑之中），而不是段玉裁所释之"睿"。原因有三：一是许慎的"思，容也"，符合先民的观念，有大量先秦典籍可以为证。二是"思，容也"与《尚书》中的"思曰容"并不矛盾。这两个"容"的词义分别为"包容"（动词）、"宽广"（形容词）。三是《说文》各版本一直都作"容"，只有段注本才作"睿"。段注本以"睿"释"思"，属于以难释易，可谓不合情理。

关键词：思；容

"思"，许慎解释为"容"，而段玉裁解释为"睿"。近年来，随着段注《说文解字》的流行，把"思"释为"睿"似乎成了定论，但认真研究，我们还是能够认定，段氏对许氏的否定不能成立。为了说明问题，有必要先把两者的解释抄录如下。

许慎《说文解字》曰："𢝆，容也。从心囟声。凡思之属皆从思。息兹切。"①

段玉裁所注《说文解字》曰："𢝆，睿也。睿也各本作容也。或以伏生《尚书》'思心曰容'说之。今正。貌曰恭，言曰从，视曰明，听曰聪，思心曰容，谓五者之德。非可以恭释貌，以从释言，以明、聪释视、听也。谷部曰。睿者，深通川也。引睿畎浍距川。引申之，凡深通皆曰睿。思与睿双声。此亦门扪也，户护也，发拔也之例。谓之思者，以其能深通也。至若《尚书》大传：'次五事曰思心。思心之不容，是谓不圣。'刘向、董仲舒、班固皆以宽释容。与古文《尚书》作'五曰思，思曰睿'为异本。详予所述《尚书撰异》。从心、从囟。各本作囟声。今依韵会订。《韵会》曰：'自囟至心如丝相贯不绝也。'然则会意非形声。细以囟为声，固非之咍部字也。息兹切。一部。凡思之属皆从思。"②在这一大段话中，段氏主要表

---

① 许慎：《说文解字》，中华书局 1963 年版，第 216 页。
② 许慎著、段玉裁注：《说文解字》，上海古籍出版社 2011 版，第 501 页。

达了两种观点：一是许慎"思，容也"，应当改为"思，睿也"；二是《尚书》"思曰容"，应当改为"思心曰容"。

从上面的引言来看，我们之所以认为许氏"思，容也"的解释是正确的，而段氏"思，睿也"的解释是错误的，原因有三，具体如下。

一、"思，容也"的解释符合先民的观念，有大量先秦典籍可以为证

许慎认为，"思"，篆文为🄰，由🄱（囟，脑）和🄲（心）构成。其义为"容"，从心囟声。对于"囟声"之"囟"，许慎解释曰："头会脑盖也，象形。"①可见，"囟"，代表人脑。所以说，"思"，从心、从囟，囟亦声，属于形声兼会意字。所谓"从心"，是因为古人认为，心为思维器官。《孟子·告子上》曰："心之官则思，思则得之，不思则不得也。"就说明了这一点。所谓"从囟""囟声"，是因为"囟"代表人脑，而且与"思"为一声之转。徐灏《说文解字笺正》解释曰："人之精髓在脑，脑主记识，故思从囟，兼用为声。囟、思一声之转也。"②

从字义来看，"思"的本义就是"容"，即包容，属于动词。汤可敬《说文解字今释》曰："思，（思想）包容（万物）。从心，囟声。大凡思的部属都从思。"③

从上面的分析可知，古人造"思"字时，已经认识到"思"是人心与人脑共同的作用，它意味着人的思想能够包容世间万事万物。桂馥《说文解字义证》曰："容者，言无不容。"④刘宝楠《论语正义》曰："《说文》：'恖，容也。'言心有所念，能容之也。"⑤他们都认为，思心能"容"，而且无不包容。

可见，自古以来，以"容"释"思"的学说得到了学术界的共识。事实上，"思，容也"的解释也非常准确地把握了作为思维之"思"的本质。因为，"思"与"容"之间的关系，先民也有着深刻的体会。他们还一致认为，"容"是成王成圣的重要品德、先决条件。这样的例子比比皆是，例如，《尚书·泰誓》曰："其心休休焉，其如有容。"心有"休休"之容，也即思有"休休"之容。"休休"，宽大之意。《大学·释文》引郑玄注："休休，宽容貌。"⑥

---

① 许慎著、段玉裁注：《说文解字》，上海古籍出版社 2011 版，第 501 页。

② 徐灏：《续修四库全书·说文解字笺正》（下册），上海古籍出版社 2013 年版，第 352 页。

③ 许慎著、汤可敬撰：《说文解字今释》，岳麓书社 2001 年版，第 1437 页。

④ 桂馥：《说文解字义证》，上海古籍出版社 1987 年版，第 887 页。

⑤ 刘宝楠著、高流水点校：《论语正义》，中华书局 1990 年版，第 40 页。

⑥ 顾颉刚、刘起釪：《尚书校释译论》，中华书局 2005 年版，第 2181 页。

《老子》曰："知常容，容乃公，公乃王，王乃天，天乃道，道乃久，没身不殆。"知常则能容，能容则公平。公平处事，就顺应了天道，这就能够成王，而且长治久安，终身也没有危险。这里也强调"容"作为成王得道的重要条件。其实，如果按照这个思路来解释"容易"，就特别有意思。"容"为通，"易"为变；合而言之，"容易"就是变通，变通当然是非常容易了。

《论语·八佾》曰："居上不宽，为礼不敬，临丧不哀，吾何以观之哉？"居上位者必须要宽容，否则如何值得观赏和称道呢？

《论语·子张》曰："君子尊贤而容众，嘉善而矜不能。我之大贤与，于人何所不容？我之不贤与，人将拒我，如之何其拒人也？"君子应当具有宽容的品格，这样才能得到众人的拥护，不请自来，否则众人只会敬而远之。

《荀子·非相》曰："君子贤而能容众，知而能容愚，博而能容浅，粹而能容杂。"荀子完全继承了孔子的思想，也十分重视君子之"容"。

可见，先贤们普遍认为，君子首先要有"容"的胸怀，而能容物乃是仁者的基本品格。皮锡瑞《今文尚书考证》曰："古之言心者，贵其能容，不贵其能察。"[①]心、思，重在能容，而不重在能察。这就是说，思，贵在"容"，而不贵在"睿"。"睿"，郑玄注曰："通也。"可见，郑玄把《尚书》中"思曰容"为"思曰睿"，[②]义不可通，因为这并不符合先贤的思想观念。另外，就学术观念而言，《尚书》今文经学都写成"思曰容"，而古文经学才写成"思曰睿"。古文经学这种写法也是由于郑玄修改今文经学所致，后人因循郑说，影响至今。例如，顾颉刚、刘起釪《尚书校释译论》曰："可能'容'为'睿'之误。"[③]另外，《尚书·洪范》所说的"貌曰恭，言曰从，视曰明，听曰聪，思曰容"，句中的"恭""从""明""聪"和"容"，不仅词性相同，而且也押韵。所以，此处的"思曰容"改为"思曰睿"并不可取。原因是，"睿"仅仅与它们词性相同，但并不押韵。这正如钱大昕《十驾斋养新录·思曰容》所云："《洪范》一篇，多韵语。'貌曰恭，言曰从，视曰明，听曰聪，思曰容'，五句皆韵。"[④]显然，名中用"容"要比用"睿"更为恰当。

① 皮锡瑞著，盛冬铃、陈抗点校：《今文尚书考证》，中华书局1989年版，第252页。
② 顾颉刚、刘起釪：《尚书校释译论》，中华书局2005年版，第1156页。
③ 同上。
④ 钱大昕：《十驾斋养新录》，上海古籍出版社1983年版，第12页。

二、"思，容也"与"思曰容"并不矛盾

许慎的"思，容也"，是解释"思"的含义，即（思想）包容（万物）；而《洪范》中的"思曰容"，则是说明"思"的特征，即（思想无比）宽广。可见，许慎与《洪范》之说不能混淆，因为"容"既有动词的含义，又具有形容词的意思。从动词的角度来看，"容"为"包容""容纳"；而从形容词的角度来看，"容"为"宽广"。由于思想能够包容万物，所以思想具有无比宽广的特征，这是顺理成章、不言而喻的。所以，后人不能以"思曰容"来否定许慎"思，容也"的解释。事实上，长久以来，一些学者以为，"容"既然是修饰"思"的词，那怎么可以用来解释"思"的本义呢？其实，他们忽视了"容"同时具有动词与形容词的特性。毕竟，"容"与"貌曰恭""听曰聪"之"恭""聪"之词性并不完全相同。因为，"恭""聪"只能作形容词，所以它们只能分别作为貌与听的修饰词，而不能成为它们的释义词，而"思"则可兼而有之。可见，"思，容也"与"思曰容"两种说法并不矛盾。这还可以从古代的典籍中得到说明。

《春秋繁露·五行五事篇》记载："五曰思，何谓也？……思曰容，容者，言无不容。……容作圣，圣者，设也，王者心宽大无不容，则圣能施设，事各得其宜也。"①

《说苑·君道篇》记载："齐宣王谓尹文曰：'人君之事何如？'尹文对曰：'人君之事，无为而能容下。夫事寡易从，法省易因，故民不以政获罪也。大道容众，大德容下，圣人寡为而天下理矣。'"②

上文已经说明，君子用心贵在"容"，而不在"察"。对于这一点，《春秋繁露》之"思曰容"是直接的文字证据。而《说苑》中"人君之事，无为而能容下"之"容"，也从义理上说明"容"是明君圣贤的重要美德。所以，又在后面引用《尚书》曰："容作圣"。其意为：上不宽大不能容下，则无法居圣位。这正如《春秋繁露·五行五事篇》曰："王者心不能容，则稼穑不成。"③

可见，"思，容也"与"思曰容"分别说明了"思"的含义与特征，古人对此有清醒的认识，他们以"容"来贯通两者关系，并非自相矛盾，而是恰如其分，只是后人没有留意，从而产生了误解而已。

---

① 董仲舒著、凌曙注：《春秋繁露》，中华书局 1975 年版，第 491—493 页。
② 刘向著、向宗鲁校证：《说苑校证》，中华书局 1987 年版，第 2 页。
③ 董仲舒著、凌曙注：《春秋繁露》，中华书局 1975 年版，第 490 页。

顺便补充一点，段玉裁《古文尚书撰异》①、皮锡瑞《今文尚书考证》②都认为《尚书·洪范》中的"思曰容"当作"思心曰容"。拙文仍然采用《尚书·洪范》中"思曰容"之说。至于"思曰容"是否当作"思心曰容"，再作考证，在此从略。窃以为，"思心曰容"，可能是"思曰容"传抄中鲁鱼亥豕所致。由于古人是竖排，可能在抄写"思"时，多写了一个"心"，因此变成了"思心"，后世各种书籍因之，所以出现了"思心曰容""思心之不容"等说法。"思"本来就已经含有"心"，再多一个"心"，岂不是叠床架屋、多此一举吗？

三、《说文》各版本一直都作"容"，只有段注本才作"睿"

通过检索文渊阁四库全书得知，段玉裁《说文解字》的解释在其中找不到任何依据。也就是说，文渊阁四库全书没有收入一条"🐘，容也"的解释。四库全书收录《说文解字》仅有一处，其解释"思"为"容也。从心囟声。凡思之属皆从思。息兹切"。"思"的这种解释，在文渊阁四库全书之中也仅有两例。除此之外，就是明代唐顺之《稗编》（卷 79）③中的解释。这两者的解释一模一样，显然，唐顺之完全接受了许慎的观点。除四库全书，目前也没有找到类似段氏的说法。所以说，在段玉裁之前，并没有哪位学者以"睿"来解释"思"的。段氏修改许慎对"思"的解释完全是自作主张。

其实，不仅是段玉裁之前，无人把"思"解释为"睿"；而且，在他之后相当一段时期，也很难找到支持者。学者们往往接受的还是许慎原来的解释。例如，清代刘宝楠《论语正义》、陈昌治刻本《说文解字》都是如此。刘宝楠的解说已如前所叙，而番禺人陈昌治于同治十二年（1873）刻本《说文解字》曰："🐘，容也。从心囟声。凡思之属皆从思。息兹切。"④陈昌治的刻本是在清代孙星衍覆刻宋代徐铉校注本《说文解字》基础上雕版印行的，其内容的可靠性是毫无疑问的。这就是说，段玉裁对"思"的解释，一直到清代末期，也几乎无人问津、无人认可。当然，在现今《说文解字》版本中，有一些采用了段氏之说，如上海古籍出版社于 2011 年出版的版本即是。

---

① 段玉裁：《续修四库全书·古文尚书撰异》，上海古籍出版社 2013 年版，第 172 页。
② 皮锡瑞著，盛冬铃、陈抗点校：《今文尚书考证》，中华书局 1989 年版，第 251 页。
③ 唐顺之：《稗编》，《四库全书·子部·类书类》。
④ 许慎：《说文解字》，中华书局 1963 年版，第 216 页。

从上面的分析来看,段氏对"思"的解释很难成立。而且,段注本以"睿"释"思",属于以难释易,可谓不合情理。首先,段玉裁通过大量的典籍记载证明古书所记"思曰容"应当是"思心曰容";也就是说,既然"思心"为"容",则"思"不训"容"。据此,他认为许慎的"思,容也"的解释不能成立,"思"应当训为"睿",而"容"乃是"睿"字之误。他还认为,小篆"睿",古文作"濬",即"深通川也"。原因是"人之思如睿川,然思与睿双声,故以睿训思。此如发,拔也;尾,微也;门,闻也;户,护也,皆以同音为训。"① 显然,段玉裁把"思"训为"睿",同时又认为《尚书》中"思曰容"应当作"思心曰容"。② 这样,"睿"是训"思"的,而"容"是修饰"思心"的,两者就不会自相矛盾,而其理论也就显得自圆其说了。然而,段玉裁的理论毕竟只是自己个人的猜测而已,既没有前人的说法,也没有相关的文献证据,而且这种解释颇为缠绕。因为,"思"是一个常用字,以"容"来解释,可谓以简驭繁。而如果以"睿"释"思",就是以繁驭简了。其思路是:以"睿"解释为"深通川",引申为"深通",再来形容"思"的"深通"。这是一个什么转弯抹角的过程呢?显然,这是以生僻字解释常用字,然后辗转解释其本义,这符合解释的要求吗?试问,许慎解释文字会如此大费周折吗?实际上,许慎的解释往往是驾轻就熟、简单易懂,而不会故弄玄虚、以难释简。

四、小　结

许慎解释"思,容也"是正确的,而段玉裁把它修改为"思,睿也",则是错误的。所以说,"思","容也。从心、从囟,囟亦声"。思是一个会意兼形声字。其意为:心、脑有所想,能够容纳、包容之。换言之,思,就是把人与事容纳进心与脑之中。当然,段玉裁认为,"思"为会意,也是有道理的。这可能受到前人说法的影响。如,黄宗羲之弟黄宗炎《周易象辞》(卷10)③、清初倪涛《六艺之一录》(卷257)④,都以"从心从囟"之会意法来解释"思"。

---

① 段玉裁:《续修四库全书·古文尚书撰异》,上海古籍出版社2013年版,第173页。
② 同上,第172页。
③ 黄宗炎:《周易象辞》,《四库全书·经部·易类》。
④ 倪涛:《六艺之一录》,《四库全书·子部·艺术类·书画之属》。

士龙朗练，布采鲜净：陆云诗歌审美个性论

丁太勰　刘运好

摘　要：陆云存诗 22 题，共 134 章，在西晋诗人中数量仅次于陆机。内容上，善于从感性的物象出发，升华出抽象之理，将魏晋诗歌的说理性推向新阶段；诗境上，善于营构晶莹的意象，构成澄澈的诗境，拓展了魏晋诗歌的审美境界；风格上，善于模拟《诗经》，且以风入雅颂，典雅灵动，提升了魏晋四言诗的审美品位；文气上，不仅一章之中以线型结构为主，前后连贯，文气骏爽，而且每章之间意脉贯通、承转自然。以上数端，形成了陆云诗歌独特的审美个性，在魏晋诗坛中占有极其重要的地位。

关键词：陆云；诗境；风格；文气

　　陆云虽以"四言五言非所长"（《与兄平原书》）自谦，但其存诗 22 题（包括"失题"），共 134 章，另有残章 2 首，残句 1 首[①]，在西晋诗人中数量仅次于陆机，而多于张华、潘岳。就内容言，善于从感性物象出发，升华出抽象之理，将魏晋诗歌的说理性推向新阶段；就诗境言，其抒情说理往往以晶莹意象出之，构成一种澄澈的诗歌境界；就风格言，其拟《诗》以及应制诗之类，善于风入雅颂，典雅灵动；就文气言，不仅一章之中以线型结构为主，前后连贯，文气骏爽，而且每章之间意脉贯通、承转自然，从而形成了陆云诗独特的审美个性，在西晋诗坛中占有重要地位。

　　学界对陆云诗歌研究涉及者多而深入者少。叶枫宇《西晋作家人格与风格》列专章论述二陆，梅家玲《汉魏六朝文学新论》亦有二陆赠答、拟代诗的专论，姜剑云《太康文学研究》着力论述了陆云人格精神、文学思想。这些研究虽也提出了一些富有启发的观点，但诗歌文本解读明显不足，理论抽象的深刻、系统亦显薄弱。唯日本佐滕利行《西晋文学研究》、林彝芬《陆云及其作品研究》尚属于专

[①]　刘运好：《陆士龙文集校注》，凤凰出版社 2010 年版，第 12 页。

题研究。后者论述粗疏,流于资料梳理;前者对陆云诗艺术研究也缺乏应有深度。故笔者不揣谫陋,论述如下。

一、情动魂魄理警人心

现存陆云诗,体式以四言为主,五言为辅;类型以应制赠答为主,抒情言志为辅。然从诗歌发展史角度来说,其诗既具有魏晋诗歌一般的抒情性,又将魏晋诗歌的说理性推向新阶段。

陆诗抒情,多以生命感性为存在形态,往往由具体的人生经历出发,表达真切的生命体验、独特的家国情怀以及别样的人生境遇,又在普遍人性的意义上触动人的心灵,因此成为其诗中最为动人的内容。

从表达内容看,其言情主要有三类:第一,游子思妇之愁。其《失题》(美哉良友)两首,是士龙赠妇的往返之作。首章拟妇赠诗,思妇自述德行之美质,渴望相见之殷切,不得相见之伤情。次章答妇赠诗,游子梦想美人之光华,梦中相见之欢乐,梦醒现实之苦痛。《为顾彦先赠妇往返》四首,一、三首拟彦先赠妇,写夫妇空间阻隔之遥远,游子思妇之情深,漂泊异乡之苦涩,昔日恩爱之深厚,固如金石之坚贞。二、四首拟妇答,写与君别以后之孤独,年衰色弛之忧虑,承君眷顾之喜悦,及时欢爱之渴望,美人诱惑之隐忧,秋扇见捐之悲叹。士龙写游子思妇之情,既有"何用结中欵,仰指北辰星"的爱情坚贞,"道同契合,体异心并"的同气相求的知音之感,又突出"堂构既崩,过庭莫睹"的覆国亡家之痛,这就大大拓展了《古诗十九首》游子思妇之情的抒情区间。第二,亲友离别之情。陆云赠答诗多写离别之情,其中最让人动容的是兄弟离别。元康六年冬,机由吴王郎中令迁尚书中兵郎,而士龙继任吴王郎中令,二人借机约定同归故里。因局势混乱,机被诏返洛,兄弟饯别于归乡途中,机赠诗,云作《答兄平原》。全诗以"怨"字振领全篇,凸显别情之黯然;然后分写离别场景之难堪,别后悬想之神伤;最后以"衡轨""非服"为喻,感慨兄弟难以割舍的情怀。写离别之悲层层转深,而语尽情遥。陆云少数应制诗间写别情,也别有特色,如《太尉王公以九锡命大将军让公将还京邑祖饯赠此诗》:"飞辔清晖,扶桑移荫。视景只慕,挥袂沾襟。娈彼同栖,悲尔异林。"虽饯别之宴祥和欢乐,然顾视日影,友人又不得不离去,于是诗人心头顿然百感交集,念往日之同栖,悲今日之分飞,不禁涕泪沾襟,故《采菽堂古诗选》曰:

"写别绪有生态"①。第三，家园故国之感。陆云的覆国亡家之痛，虽然没有陆机表现得那么强烈，然而其情感的厚重则又过之。如《答兄平原》在追溯辉煌家世、描述家道衰落，自惭回天乏术中，充满重振家风的渴望；在描述思乡之殷、归乡之切、友于之乐后，反跌出堂构倾颓的满目凄怆，又充满覆国亡家之痛，种种复杂情绪交错缠绕，使此诗情感非常厚重。《答张士然》自叙其自吴适洛的行役之苦，同样渗透着"感念桑梓域，仿佛眼中人"的故国之思。二者互为因果，深化了情感底蕴。其实陆云与友人的赠答诗，心灵的牵挂，深情的期待，殷殷的叮咛，深挚的祝福，情感也令人回肠动心。

陆云兄弟在经历覆国亡家、屏居乡里十年后，不得已而入洛仕晋。这种特殊的人生经历，使其诗写游子思妇、离别之情、家国之感，既带有普遍人性的伤感伤别的忧郁，又镌刻特殊人生的无奈苦楚的阴影。

陆诗说理，以理性智慧为存在形态，往往由具体感性的物象出发，升华出哲理，表达抽象的宇宙认知、特殊的生命感悟以及超越的人生境界，在普遍意义的哲理上警策人心，因此成为其诗中最为深刻的内容。

从中国诗歌发展来说，以议论为诗，以才学为诗，以学问为诗，从某种意义上说，陆云得风气之先。受玄学的影响，正始诗歌"篇体轻澹"。陆诗拓展了嵇康诗的玄学境界，浸透着强烈的玄言色彩，真正拉开了东晋玄言诗的序幕。中国台湾林芬芳直接将陆云这部分诗歌划归于玄言诗范畴。然而，陆云并没有完全走向"略于具体事物而究心抽象之理"②的玄言诗一路。其言理，大多由具体感性的物象出发，升华出抽象之理。如《失题》（悠悠县象）八章，由自然而及天道，由天道而及先哲，由先哲而及社会，由社会而及人生，最后以感慨收束。全诗以"悠悠县象，昭回太素""日征月盈，天道变通"之自然迁变引起，以"思乐万物，观异知同""薄言观物，在堂知化"的由形下而形上的思考为转折，最后升华到哲理的层面："达贵伊何，天爵无荣。浑沦大昧，混其浊清。毁方遁象，遗顽履贞。道实藏器，景以昭形"。阐明以德为先、无用为用的用世之道的抽象哲理。由具象走向抽象，是其基本表达体式。陆云赠答诗亦有纯粹作理语者，然其说理仍然不排斥具体的感性形象，如《答吴王上将军顾处微》其一："邈矣大昧，造化明明。物以曲全，人以直生。类聚百族，群分万形。员渊挺随，方川吐琼。"言天地造化使物以类聚、人以群分，其性也，则物曲而人直。取《易·屯》与《系辞上》以说理，然其结

---

① 陈祚明撰、李金松校点：《采菽堂古诗选》，上海古籍出版社 2008 年版，第 321 页。
② 林芬芳：《陆云及其作品研究》，文津出版社 1997 年版，第 188 页。

语又以圆渊、方川出玉而喻之。

或以感性形象而究心玄理,或究心玄理而以感性形象喻之,使陆云诗说理灵动而不枯淡,得之嵇康,又远迈当代,故《古诗评选》赞叹道:"晋初人说理乃有如许极至,后来却被支、许凋残。"①支遁、许询说理过之,而诗歌意象营构不足,缺少陆云玄理诗的情致。

必须指出的是,陆云尚有大量的应制酬赠,以谀语为尚。其应制之作,或谀君主,或谀王公;其赠答诗,或谀其宾,或谀其友。善作谀语是晋诗一大特点,这种谀语虽源于《诗》"颂",然因为对所颂对象的功业、才德、家世、令名的赞美言过其实,且千人一面,缺乏真情实感,没有《诗》"美盛德之形容"的崇高感。从内容看,既缺少说理诗的深刻警策,也没有抒情诗的动人肺腑。善作谀语,也是西晋"士无特操"的标志之一。世风习染,陆云也无法超脱。然"二陆"四言诗是"西晋'颂美'雅诗的典型。……代表整个西晋四言诗之基本模式"②。

陆云诗歌的价值主要集中于以情动人魂魄和以理警策人心两个方面。然而,善作谀语的内容虽不足取,在艺术上则又取得了西晋其他谀颂诗所难以达到的成就。

二、意象晶莹境界澄澈

陆云四言诗成就最高,其诗汲取了嵇康诗歌的造境艺术,其抒情说理往往以晶莹的诗歌意象出之,构成一种澄澈的诗歌境界。这类诗歌数量不多,但在西晋诗坛中却又别具个性,其诗学史意义不容忽视。

这种诗美的形成源于陆云的审美理想。"清"是陆云的基本审美理想,语之清、气之清,以意象之清为表征;体之清、格之清,则以意象之清为载体。③

以简约雅洁、晶莹悦泽的语言,创造出玲珑剔透而富有质感的意象,是陆诗造境的特点之一。陆云推崇"语省""尚洁","一过上口",达到"清工""清美"(《与兄平原书》)审美要求,正是其四言诗语言、意象特点的理论抽象。如《失题八章》其四:"蓬户惟清,玩物一室。明发有怀,念昔先哲。通梦幽人,仿佛遗烈。清晖在天,孰与永日。"以"蓬户惟清"写其室,"清晖在天"写其光,都突出了一个"清"字。值得注意的是,此诗的前章:"有渰萋萋,甘雨未播。黍稷方华,中田多稼。

---

① 王夫之撰、张国星校点:《古诗评选》,文艺出版社 1997 年版,第 96 页。
② [韩]崔宇锡:《魏晋四言诗研究》,巴蜀书社 2006 年版,第 189 页。
③ 刘运好:《以自然为本:陆云诗学思想论》,《安徽师范大学学报》2014 年第 6 期,第 561—568 页。

庭槐振藻，园桃阿那。薄言观物，在堂知化。"在造境上与此章形成鲜明对比。云兴而行，甘雨将降，田野之黍稷、庭院之果木也抽出轻盈的花穗，自然界是如此绚丽多姿。通过比较可以看出，诗人将日光之清置于甘雨之后描写，蓬户之清又置于雨后万物绚丽的背景下描写，更突出了天之高旷、日之清丽、蓬户之静、心境之闲。特别是《赠郑曼季》，写景状物，布采鲜净；设譬取象，晶莹玲珑，尤其富有鲜明的质感。或写景状物，如"流莹鼓物，清尘拂林""泳此明流，清澜川通"；或设譬取象，如"德耀有穆，如瑶如琼""河鲂登俎，遗答清川"；或写景取譬融合，如"垂翼兰沼，濯清芳池""和璧在山，荆林玉润"等，都具有这样的特点。

以不染尘俗、境界超越的意象，构成超拔空灵而又骏爽流动的文气，是陆诗造境的特点之二。陆云虽未明确提出文气说，然所言"清绝""清利"等概念，均是就文气而言的。文气"清绝""清利"，生于意象的排列组合，如《失题六章》其五："闲居外物，静言乐幽。绳枢增结，瓮牖绸缪。和神当春，清节为秋。天地则尔，户庭已悠。"闲静而心不系于外物，虽绳枢瓮牖，亦不妨调和精神，砥砺操守；道法天地，则户庭自然悠远闲静。前四句写人，境界超拔，以居处之简陋与心境之闲静两组意象构成对比，刻画了一个超然物外、怡然幽静、安贫乐道的隐士形象。后四句写境，以神如春和与节如秋清之意象对比，写其心境和谐，操守高洁；以天地无为而动与户庭宁静悠远之意象对比，写其顺乎自然，与道逍遥。语言雅洁，意象空灵，境界清绝，前后四句皆按由内而外的意象排列，蝉联而下，连贯畅达。《采菽堂古诗选》以"名言，超越"①评价此诗，的确得其神髓。而《失题八章》其一："思乐芳林，言采其菊。衡薄遵途，中原有菽。登彼修峦，在林寑宿。仿佛佳人，清颜如玉。"芳林采菊，其行也洁；中原采菽，其德也馨；寑宿山林，其心也静，同样具有超拔骏爽之气。

这类诗歌在情感上超然世外，消解了现实的压抑和桎梏，因此境界超拔空灵。加之语言简约雅洁，意象疏朗而又前后连贯，所以文气骏爽。需补充说明的是，此二首诗以"清"写境、以"玉"写人，也同样突出其玉洁冰清，创造出玲珑剔透而富有质感的意象。

以清省的语言、简净的文体，创造出象外有余意、篇外有余情的审美韵味，是陆诗造境的特点之三。陆云强调体清，认为"文适多，体便欲不清"。"清省""清约"是体清的主要标志，文体清简省净，切忌冗杂。语省、情省、意省，殆无长语，

---

① 陈祚明撰、李金松校点：《采菽堂古诗选》，上海古籍出版社 2008 年版，第 329 页。

则是文体清简省净的基本前提。所谓情省,即以清省的语言构成篇外的余情。如《大将军出祖王羊二公于城南堂皇被命作此诗》其五:"攸攸昊天,南正兴言。朱明有晔,万叶翠繁。昌云垂天,凯风熙颜。王臣在此,贻宴于欢。"成都王司马颖即将自京归藩,在洛阳城南堂设宴饯别王粹、羊玄之,士龙应制作诗。本来,应制之诗,以谀颂为主,内容并无足观。然此章宕开笔端写饮宴之背景:夏日晴空万里,炎阳高照,万物繁盛,瑞云垂天,南风怡颜,王之盛宴,贻其欢乐。其表层写景,其深层乃赞美司马颖德泽万物,恩及众人,以篇外之余情拓展了诗歌意义的表达空间,增殖了诗歌的余味。这类诗歌抒情说理,一般使用意义包孕的概括式语言,以构成象外之余意。如《答顾秀才》:"芒芒上玄,有物有则。厥初造命,立我艺则。爱兹族类,有觉先识。斯文未丧,诞育明德。"此诗立意乃在赞美天生顾生乃钟天地人伦之美。然而,诗人由阐释天地彝伦的抽象说理引入,同样扩展了诗歌的意义表达空间。上诗情余篇外,此诗意余象外,都构成了袅袅不尽的韵味。

《文心雕龙·才略》曰:"士龙朗练,以识检乱,故能布采鲜净,敏于短篇。"朗练,即"意境爽朗,文辞洗练"[①];检乱,即语言有序;"布采鲜净",即意象清丽。概括言之,陆云的这类诗歌轻绮而不繁缛,以之说理,理不枯淡,用来抒情,神清气爽,且意象晶莹剔透而质感鲜明,从而构成"蓝田玉烟"式的空灵的诗歌意境。这种审美特质,既与乃兄有别,在西晋诗风中独树一帜,也直接影响了东晋兰亭诗风的形成。

三、风入雅颂典雅灵动

由于西晋复古之风盛行,诗坛也弥漫浓烈的拟古习尚,傅咸"拟经诗"、夏侯湛《周诗》、束皙《补亡诗》等,正是这一习尚的直接反映。机、云兄弟也都擅长拟古,然二人也有不同。陆机着眼于流行诗体,故以汉乐府、《古诗十九首》为模拟对象,并以"拟古"名之。在艺术上,既拟其意,亦拟其形。陆云着眼于传世经典,故以《诗经》《楚辞》为模拟对象,并不名之"拟古"。在艺术上,或拟其形意,如《九愍》;或追求神似,如拟《诗》系列。其拟《诗》及应制之作,皆善于以风入之雅颂,构成典雅灵动的风格。

其应制诗,善作冒头,直接继承雅颂"史诗"的叙事、抒情方法,然而在整体上

---

① 詹锳:《文心雕龙义证》,上海古籍出版社 1989 年版,第 1814 页。

又无雅颂平板涩滞之弊。如《太尉王公以九锡命大将军让公将还京邑祖饯赠此诗》前二章之冒头，直接取雅颂之风以入诗："列文辟公，时惟哲王。阐纵绝期，平显幽光。内实慎徽，缉熙有臧。出纠方愿，间督不扬。高山峻极，天造芒芒。""天子念功，大典光备。肃肃王命，宰臣莅事。穆矣渊让，遗功遂志。思我远献，徽音孰嗣。"所谓冒头，本是比喻诗之发端。王世贞《艺苑卮言》曰："古诗四言之有冒头……二陆诸君为之俑也。"①程建虎解释说："冒头指诗歌发端未切诗旨，有大量琐语铺叙，这一现象在应制诗中表现得特别明显。"②细致考察，冒头并非琐语，而是以庄严典重的雅颂之音，美其盛德。此诗首章取《周颂》之《列文》《大雅》之《文王》《崧高》，次章取《大雅》之《烝民》《思齐》之意，赞颂司马颖重开天光，功德峻伟；恭敬王命，莅事谦恭。用语典重，风格板滞。这是西晋应制诗的基本模式，二陆诸君则开风气之先。此诗后四章则取"国风"的情调以入诗："后命既灵，王人反旆。兴言出祖，饮饯于迈。旟旐泱泱，轺轩蔼蔼。和风弭尘，清晖映盖。"（其三）"思乐中陵，言观其川。公王戾止，有车辚辚。伊谁云飨，我有嘉宾。羽觞举酬，酢尔征人。"（其四）"悠悠征人，四牡骓骓。发轸北京，振策紫微。昔乃云来，春林方辉。岁亦暮止，之子言归。道途兴恋，伏载称徽。"（其五）"圣泽既渥，嘉会惜惜。庭旅钟鼓，堂有瑟琴。飞辔清晖，扶桑移荫。视景祗慕，挥袂沾襟。娈彼同栖，悲尔异林。我有旨酒，以歌以吟。"（其六）由设饮饯行，悬想其归去之情境；再由太尉起驾归去，悬想其归途之眷思；最后概括描述饮宴场面之隆重，时间之久长，告别之伤感。打破时空界限，将现实的时空与想象的时空交织，忽此忽彼，腾挪起伏，其结构在士龙诗中乃别具一格。其时空处理的方式显然取《秦风·蒹葭》而加以创新。这种由雅颂冒头，然后以国风笔调叙事、写景、抒情，由庄重典雅转入轻盈灵动，使诗歌在整体上并不给人涩滞平版之感。

其直接模拟《诗经》作品，以《赠郑曼季》《赠顾骠骑》为代表。这类诗歌也多以风入雅。如《赠郑曼季·谷风》（五章），序曰："《谷风》，怀思也。君子在野，爱而不见，故作是诗，言其怀思之也。"诗题取自《小雅·谷风》，每章皆以"习习谷风"起兴，然诗意却取《大雅·隰桑》，表达"小人在位，君子在野"③之主旨。诗之写景，又取《王风·君子于役》手法，将眼前之景与虚拟之景交错并陈。"习习谷风，扇此暮春。玄泽坠润，灵爽烟熅。高山炽景，乔木兴繁。兰波清踊，芳浒增凉。感物兴想，念我怀人。"（其一）"习习谷风，载穆其音。流莹鼓物，清尘拂林。

① 丁福保：《历代诗话续编》，中华书局 2006 年版，第 994 页。
② 程建虎：《应制诗"冒头"现象及其成因》，《大连大学学报》2010 年第 1 期，第 36—39 页。
③ 孔颖达：《毛诗正义》，北京大学出版社 1999 年版，第 924 页。

霖雨嘉播,有潸凄阴。归鸿逝矣,玄鸟来吟。嗟我怀人,其居乐潜。明发有想,如结予心。"(其二)"习习谷风,以温以凉。玄黄交泰,品物含章。潜介渊跃,候鸟云翔。嗟我怀人,在津之梁。明发有思,凌彼褰裳。"(其三)"习习谷风,其集惟高。嗟我怀人,于焉逍遥。鸾栖高冈,耳想云韶。拊翼坠夕,和鸣兴朝。我之思之,言怀其休。"(其四)四章都是抒发浓郁的怀人之情,然而用笔重点不同,描写对象有别。首章由眼前的暮春之景而兴感;二章悬想所怀之人居处环境之美;三章由万物之和而兴感;四章悬想其所怀之人逍遥的人生。可见,首章与三章是写眼前之景,二章与四章是写悬想之景;结构在虚实中显出变化,诗境在推宕中亦显空灵。《赠顾骠骑·思文》(八章),序曰:"《思文》,美祁阳也。祈阳能明其德,刑于寡妻,以至于家邦。无思不服,亦赖贤妃贞女以成其内教,故作是诗焉。"诗乃赞美祁阳身养俊德,内教谨严,由齐家而治天下,题意拟《周颂·思文》以及诗《序》"后稷配天"之意,而其结构反而与《大雅·文王》《大明》相似。此诗二、三章全写悬想之景,第四首先写悬想之景,后写眼前之景,也是虚实相间,质实与空灵交错。

《古诗评选》评曰:"西晋文人,四言繁有……入隐拾秀,神腴而韵远者,清河而已。既不貌取列风,亦不偏资二雅。以风入雅,雅乃不疲;以雅得风,风亦不佻;字里之合有方,而言外之思尤远。"[1]其实,陆云着眼《诗经》的整体艺术,杂取雅颂之典雅,运之以风诗之灵动,又汲取《楚辞》《古诗》抒情方式,言象简约而清莹,典重之中透出灵动,此即"自树宗风,不一循'三百篇'"也。

四、结构缜密文气骏爽

陆云强调文章贵有"经纬",有特别自觉的文体意识。因此,结构缜密、文气骏爽是其诗赋共同的艺术特点。从形式上说,其四言诗,除了《答兄平原》(伊我世族)分章不明或为单篇外,其他都是短章组诗:一首数章,一章数句。不仅一章之中以线型结构为主,前后连贯,文气骏爽;而且每章之间意脉贯通,承转自然。其应制、赠答、抒情诗无不如此。

其应制诗,结构缜密是其特点之一。如《征东大将军京陵王公会射堂皇太子见命作此诗》(六章),虽为宴饮应制之作,然其结构有三点值得注意:第一,开篇境界阔远。"芒芒大极,玄化烟煴。颖形成器,凌象垂文。大钧造物,庶类群分。先识经始,实综彝伦。"诗本为宴饮饯别而作,然首章却叙述天地造化、物从其类、

---

① 王夫之撰、张国星校点:《古诗评选》,文艺出版社1997年版,第93页。

人遵彝伦的人类文明进化，追溯晋源于周、受命于天、顺天安宁的王朝更迭历史，以雅颂典雅庄重的笔法，形成阔远的境界和厚重的历史感。这种结构，即前文所论之"冒头"。第二，线型结构模式。此诗冒头与正题亦构成前后连贯的关系：由天地而及人伦，由历史而及现实，由颂君而及诔宾，构成典型的线型结构模式，这也是西晋应制诗的基本结构模式。第三，转接过渡自然。此诗虽取线型结构模式，但是由历史转入现实，则又是有收束，有承接。如"厥镇伊何，实干心膂。文教内辅，武功外御。淮方未靖，帝曰攸序。公于出征，奄有南浦。"（其三）"南海既宾，爰戢干戈。桃林释驾，天马婆娑。象齿南金，来格皇家。绝音协徽，宇宙告和。"（其四）第二章追溯晋之辉煌历史，以"永言配命，唯晋之镇"作结。第三章开头则以"厥镇伊何"的连珠修辞格自然承接，又以"实干心膂"开启下文。言晋室依赖股肱之臣而文治武功，自然过渡到所颂对象，有结构而不露结构之迹。第四章描绘西晋升平和谐的景象，也始终紧扣南方臣服、四海来朝，将所颂对象的功业巧妙镶嵌其中。而后二章写西晋的繁盛与升平，又始终不离"文武方升，允兹兼弘"的人才济济，颂晋诔人，同样显得结构精巧。

其赠答诗，在结构上与应制诗基本相同，先有冒头，然后切入主题，最后收束。如大将军司马颖的从事中郎张彦明，迁官入朝任中护军，司马颖设宴饯行，士龙作《从事中郎张彦明为中护军》以赠之。诗以宴饮别情为抒写载体，以用才用世为说理核心。前三章先言古代明君广揽人才，再言今之君王崇德爱才，故百官用世而显达。突出明主用才与百官用世之间的因果关系，隐含着诗人欲附凤翼而求显达的期冀。后三章切入宴饮别情，先写王公宴饮之快乐，再写酒阑离别之伤感，后写临别殷殷之劝勉。以抒写别情为主要内容，饮宴之欢之久，反衬出别情依依。而想象离别途中的伤感，强化了别情的浓度；临别的劝勉，又升华了别情的高度。这也是此诗描写、抒情最为成功之处。全诗除冒头之外，以时间流逝为结构线索，前后贯注，一气呵成。亦如应制，其赠答诗的冒头也往往与正题内容逻辑关系紧密，从而使冒头成为全诗结构的有机组成部分。如《赠汲郡太守》（八章）："于穆皇晋，豪彦实蕃。天罔振维，有圣贞观。鸣鸟在林，良骏即闲。萃彼俊义，时亮庶官。"（其一）首章颂美晋君求贤，人得其所。这一冒头，在结构上恰恰笼罩此章之后的四章。二、三章颂美汲郡太守奚生的威仪、道德、识见、令名、际遇；四、五章叙述自己对奚生的期待、劝勉、祝福，六章叙述晋君以行直道而用才，奚生以明德而受禄，将朝廷用才与人才效用合写，在内容上关合首章。诗之主旨至此似已收束，然而后二章却又转入别情之描写，似乎游离主题。但是，从抒情上看，则是由四、五章自然生发而来；从内容上看，诗人抒情又是紧扣奚生盛德、沐浴皇恩而来；而自己与奚生之别，亦只是"职思既殊，亦各有司"而已，与第六章似断而实连，也显现了陆云诗细针密线的功夫。陆云部分酬赠之作，围绕一个主旨推演开去，基本上也属于线型结构，如《赠顾骠骑二首》，按照"明照有吴，入显乎晋"的时间顺序，"秉文之士，骏发其声"的内容主旨，而展开叙事与抒情，层次分明，结构井然。

其抒情诗，以《答兄平原》（伊我世族）为代表。从陆机赠诗十章看，此诗或原为组诗，因为文集散佚，后人辑自类书，未标分章，遂不可考。此诗内容、结构、情感与士衡赠诗近似。从所表达的内容看，诗可分为八章四层：第一，追溯其辉煌家世，歌颂祖考的德化与武功，赞美三兄的道德与事业。第二，自责不能重振先祖基业，表达对兄士衡升岳凌云的殷切期望。第三，抒写其离乡后的故园之思与归乡途中的骏奔之情；叙述途中兄弟欢会之短暂以及由此而引发的人生感慨；再抒写归家之后目睹家道衰落之感怆。第四，回归酬答之旨，称赞兄诗之美，以及自己答诗之目的。由家世、祖考、兄长，到自责无能；由思乡、归乡、欢会，到归家之感怆，或以隐性的时间连贯，或以显性的时间连贯，使原本零乱反复的复杂情感层次井然，结构细针密线。而由自责无能转入抒写吴亡之怆痛与离乡之思念，意脉转接自如。特别是写近乡时"经彼乔木，有鸟嘤鸣。微物识侪，矧伊有情"的亲切，以及见到兄长时"乐兹棠棣，实欢友生；既至既觏，滞思旷年"的欢悦；至家时"华堂倾构，广宅颓塿；高门降衡，修庭树蓬"的悲凉凄怆，前后文气连贯而下。[①] 叙事、描写将眼前与过去、现实与想象交织，写景与抒情、叙事与抒情圆融，顺叙与逆叙、对比与反跌统一，强化了所抒发的情感的浓度，达到了很高的艺术境界，是西晋四言诗的典范之作。其《失题诗》结构也非常缜密，如《失题》（六章），按照怀人—等待—落寞—沉思—守道—总束的结构顺序，由怀人上升到对现实人生的思考，虽其冒头与其他应制、酬赠之作有别，但转接、结构则基本相同。

概括地说，陆诗之作理语，既有浓烈的玄学思辨色彩，又有丰富的感性形象，上嗣嵇康，下开东晋；作情语，既有情真语切之处，又在生命迁逝之感中，浸润着深刻的覆国亡家之痛。其四言诗，抒情、说理往往营构晶莹的意象，形成澄澈的境界；而且语言清省，结构缜密，以风入雅颂，典雅庄重而不失灵动活泼，从而形成了独特的审美个性，在西晋诗坛中占有重要地位。

萧统《文选》以"综辑词采""错比文华"为编撰标准，对陆云诗歌清省简约的

---

① 王夫之撰、张国星校点：《古诗评选》，文艺出版社 1997 年版，第 93 页。

审美个性评估严重不足，所以选入较少。而《文选》的经典地位，桎碍了陆云诗歌的传播。直至王夫之《古诗评选》才发现陆云诗的价值，选目多，评价高，可谓独具慧眼！

（本文原载于《江淮论坛》2016 年第 2 期）

论北朝宫廷乐府

赵宏艳

摘　要：本文以郭茂倩《乐府诗集》中收录的南北朝时期北朝（主要包括十六国时期，北魏、东魏、西魏、北齐、北周五个朝代）创制的乐府歌辞为研究对象，分之以"郊庙""燕射""舞曲"三类，通过历时的耙梳，横向的对比，探究北朝乐府在体制、内容、思想性、用途等方面的演变历程及基本特点，解析中国历史上时间最长的一次民族融合体现于文学、文化层面上的相关信息。

关键词：北朝；宫廷乐府；郊庙歌辞；燕射歌辞；舞曲歌辞

一、引　言

对北朝乐府首先加以整体关照研究的是 20 世纪 30 年代出版的两本乐府文学史，一为罗根泽《乐府文学史》，一为萧涤非《汉魏六朝乐府文学史》，二书皆有专章专节论述北朝之乐府。就内容来说，罗根泽本分为"平民创作乐府"和"文人仿古乐府"；萧涤非本有"北朝民间乐府"和"北朝文人乐府"两类。名目稍有不同，实质并无差别。以时间分之，则北朝乐府都有"虏歌时期"和"汉歌时期"。罗本和萧本对北朝民间乐府的关注不出《梁鼓角横吹曲》，文人乐府的创作者也不过魏收、王褒、邢劭、庾信（入北以后）寥寥几人。20 世纪四五十年代以后，对北朝乐府的研究仅集中在《木兰诗》《敕勒歌》等少数篇章，重在产生时间、地点、艺术特色、思想性的探讨。我们以为，这两个时段的研究只是解决了一些基本问题，研究方法和视角有愈走愈狭的趋势。首先是研究范围过于狭窄，未能涵盖北朝乐府的全部面貌，罗、萧两位先生虽然对北朝乐府加以整体观照，但仍有遗漏，忽视了北朝宫廷乐府①，即郊庙歌辞的考察，不利于对北朝乐府文学发展、嬗变情状的全面描述；其次是方法单一，萧涤非先生认为乐府研究应重在"文学价值"和"历史价值"，"须打破音乐之观念。盖乐府之初，虽以声为主，然时至今日，一切声调，早成死灰陈迹，纵寻根究底，而索解无由，所谓入乐与未入乐者等耳。侈言律吕，转滋淆惑。"②但近年乐府研究现状表明，加强乐府"音乐价值"的探讨是必要的。吴相洲先生提出的建构"乐府学"，"从'文献''音乐''文学'三个层面进行研究"③的思路值得提倡。

北朝乐府中的郊庙、燕射、舞曲歌辞均属为宫廷雅乐配置的歌辞，它与庙堂音乐、舞蹈共同构筑起宫廷雅乐系统。其作用首先是新制度建立的威仪与礼制的象征；其次是作为政治和法律的补充，体现社会等级和社会秩序；第三，具有政治教化的作用。它所承担的文化意义与价值是民间、文人乐府所远不能达到的。对宫廷乐府进行纯文学的探究似乎意义不大，但若考虑音乐因素，那么宫廷乐府则是以乐的形式彰示礼的本质，是礼乐文化的外在表现形态。正是对礼乐文化的认同、共同追求和建筑，消弭了不同种族之间的差异与隔阂，从而为北朝政治、制度由纷乱无绪的状态进入最后的统一，积蓄、铺垫了文化因子，故而极有申说之必要。

二、郊庙歌辞

郊庙歌辞④，即祭祀天地、宗庙、明堂、社稷之乐歌，是用来配合郊庙乐曲的，若俗言之，犹今日歌曲之歌词。一般分为"郊乐""宗庙乐"两类，前者用于祭神，后者用于祭祖。郊庙辞起源很早，甲骨文、金文中均有记载。目的和作用有二：一是"功成作乐，治定制礼"（《乐记》），标志权力和制度的建立、合法与正统；二是"作乐崇德，殷荐之上帝，以配祖考"（《易经·豫》），即告知于天地和祖先，带有祖

---

① 萧涤非《汉魏六朝乐府文学史》据创作主体的不同，分乐府为贵族、民间、文人三类，本文以"宫廷"代"贵族"。20世纪初文学研究，尤其是乐府研究特偏重于平民文学，如徐嘉瑞在其《中古文学概论·绪论》中说："本书对于贵族文学，只是简单的叙述，严重的批评；对于平民文学，做详细的叙述。"堪代表时人厚此薄彼的研究观念。"贵族文学"实已带有褒贬的感情色彩；再者，南北朝的庙堂雅乐本就是文人制作，使用者是皇族宫廷，故以"宫廷乐府"列为一类较好。

② 萧涤非：《汉魏六朝乐府文学史》，人民文学出版社1984年版，第9页。

③ 吴相洲：《关于建构乐府学的思考》，《北京大学学报》2006年第3期。

④ "郊庙"，郊祀与宗庙祀的合称。《说文解字》曰："距国百里为郊。"祀天地、社稷的圆丘一般都建在都城的外面，故言"郊"；宗庙则建在国都之内。无论郊祀还是宗庙祀，都是"国之大事"，是礼乐制度的基本形态。

先崇拜的痕迹。现存最早最完整的郊庙歌辞①是《诗经》中的"三颂"。郭茂倩《郊庙歌辞·题解》说:"《周颂·昊天有成命》,郊祀天地之乐歌也;《清庙》,祀太庙之乐歌也;《我将》,祀明堂之乐歌也;《载芟》《良耜》,籍田社稷之乐歌也。"②他把周颂中的这些篇章看作是郊庙歌辞源头的论断是正确的。

作为功成定制的标志,郊庙歌辞的制作历代有继,汉初有《安世房中歌》十七章,实际是继承周代《房中乐》和秦朝《寿人》,依楚声而创,故梁启超说:"此歌为秦汉以来最古之乐章,格韵高严,规模简古,胎息出于《三百篇》,而词藻稍趋华泽,音节亦加舒曼,周汉诗歌嬗变之迹,最可考见。"③汉武帝时,又递造《郊祀歌》十九首。汉初的郊庙辞在形制上三言、四言、五言、七言皆有,又或一章中诸言长短并用,其模式"开后世作家无限法门"④。翻捡《乐府诗集》所录唐以前各代郊庙歌辞,诚如梁氏所言。

郊庙乐辞在北魏、北齐、北周都有制作。北魏定治郊庙歌辞始于天兴元年(398),魏道武帝拓跋珪"迁都平城,始营宫室,建宗庙,立社稷"⑤,有宗庙社稷就必然要有郊庙歌辞和音乐相配,又《魏书·乐志》言其时"掖庭中歌《真人代歌》,上叙祖宗开基所由,下及君臣废兴之迹,凡一百五十章,昏晨歌之,时与丝竹合奏。郊庙宴飨亦用之",又《魏书》卷十八《临淮王元谭传》附《元彧传》载,元彧"姿制闲裕,吐发流靡,……奏郊庙歌辞,时称其美"。据此可知北魏确有郊庙歌辞。⑥

北魏立国初始,郊庙礼仪制度尚不完备,沾溉汉风亦不深,所以一曲两用,或祭祀,或娱乐,雅俗兼备、汉胡掺杂,与严格意义上的郊庙歌辞还有一定距离。太武帝拓跋焘始光四年(428),攻打赫连昌,"破平统万,得古雅乐一部,正声歌五十曲,工伎相传,间有施用"⑦,这批"雅乐"到了北魏中期孝文帝迁都洛阳以后,便只剩二十三曲。推行汉化政策的孝文帝垂慕中原雅乐正声,试图建立自己的郊庙雅乐体系,发挥礼乐的政治教化功能,下令并访吏民,搜寻能体解古乐者,命其

---

① 言"辞"而不言"乐",因为《诗经》自汉以后完全脱离音乐而独立一体。

② 从中也可对郭茂倩的诗学观窥得一斑。对于"三颂"是乐歌的解释,近人多本之朱熹《诗集传》:"颂者,宗庙之乐歌也。"事实上,郭茂倩对"周颂"为乐歌的定义,要比朱熹早得多。

③ 梁启超:《中国之美文及其历史》,东方出版社1996年版,第36页。

④ 同上,第41页。

⑤ 《魏书》卷二《太祖纪》,中华书局2000年版,第22页。

⑥ 郑宾于《中国文学流变史》说"北魏没有郊庙歌辞",此说不确。参见上海书店(民国丛书第三编)版,第197页。考之《魏书·乐志》,北魏有郊庙乐,只是其辞不传而已。

⑦ 《魏书·乐志》,中华书局2000年版,第1889页。

增广乐器,甄立名品,以谐八音,于是"方乐之制及四夷歌舞,稍增列于太乐。金石羽旄之饰,为壮丽于往时矣"①。又通过战争的方式得到了传入江左的中原旧曲、南朝的吴歌荆楚之声,总谓之"清商",用以郊庙燕飨。于是北魏的朝堂常常"兼奏燕、赵、秦、吴之音,五方殊俗之曲"②,好不热闹。"清商曲"本为俗乐,北魏乐署却雅正不分,以为凡南朝的便尽是高雅,囫囵吞枣地照单接收,实令人啼笑皆非。这也反映了少数民族政权在汉化过程中如何接受、融通本族文化与汉文化关系的历史问题。

北魏的准"郊庙歌辞"数量虽多,但一首也没有保存下来。南北各史有《乐志》者,惟《宋书》《南齐书》与《魏书》。依历代官修史书惯例,郊庙歌辞均完整抄录保存于《乐志》中,而《魏书·乐志》却仅录极少部分曲题,《真人代歌》一百五十首和鼓吹曲辞六十首均无存辞。《魏书》虽修于北齐初年,距534年北魏分裂为东、西魏,不过十余年光景,当为《魏书·乐志》重点收录对象的朝廷郊庙乐辞却失收,无疑是魏收修史之疏漏与败笔。

北齐郊庙歌辞留存见于《乐府诗集》者有《南郊乐歌》十三首、《北郊乐歌》十八首、《五郊乐歌》五首、《明堂乐歌》十一首,共计四十七首,《隋书·乐志二》并有载录。

北齐的政治制度承袭北魏而来,在立国初期的十余年里一直沿用北魏、东魏的郊庙乐,"齐神武霸迹肇创,迁都于邺,犹曰人臣,故咸遵魏典。及文宣初禅,尚未改旧章","武成之时,始定四郊、宗庙、三朝之乐"③。由祖珽、陆卬等人定制歌辞④,曲调仍因袭北魏⑤。新朝立国,每每总以制礼定乐标志与前代的不同,实际上因循的多,发明的少,雅乐尤其如此。北魏的乐声雅俗混杂,北齐高氏本就是鲜卑化了的汉人,接受鲜卑乐对他们并非难事,故北齐一朝的雅乐"仍杂西凉之曲"⑥,"太常雅乐,并用胡声"⑦,依然算不得道地的郊庙雅乐。

---

① 《魏书·乐志》,中华书局2000年版,第1889页。

② 同上。

③ 《隋书》卷十四,中华书局2000年版,第213页。

④ 《隋书·音乐志》"其后将有创革,尚药典御祖珽自言,旧在洛下,晓知旧乐。上书曰……";《北齐书》卷三十五《陆卬列传》:"齐之郊庙诸歌,多卬所制。"

⑤ 《隋书·音乐志》载:"珽因采魏安丰王延明及信都芳等所著《乐说》而定正声。"按,《乐说》,《隋书·经籍志一》作《乐书》,一书前后抵牾,疑有误。《魏书》卷九十一《信都芳传》作《乐书》,《文成五王列传》有《古今乐事》一书,一书而三名。可作为唐人修史不严密之一例证。

⑥ 《旧唐书·音乐志》二:"《西凉乐》者,后魏平沮渠氏所得也。"

⑦ 《隋书·音乐志中》载颜之推上书云:"礼崩乐坏,其来自久。今太常雅乐,并用胡声;请冯梁国旧事,考寻古典。"

因北魏的郊庙歌辞全部亡佚,故考察北朝郊庙乐府之源只能从北齐开始。据《北齐书》云:"(陆卬)博览群书,五经多通大义。善属文","所著文章十四卷,行于世"①,善文者非必善诗,陆卬所制依然秉承着郊庙乐辞佶屈聱牙、粉饰夸张的一贯风格特点,多叙郊祀场景,如"荐色斯纯,呈气斯臭。有涤有濯,惟神其祐"(《昭夏乐》)、"室陈笾豆,庭萝悬俏"(《夏皇乐》)。在庙堂或圜丘和乐配舞的表演,求得祖先保佑,"降福无疆""承祀昌邦国"。形制上除《五郊乐歌》全为五字题外,其他曲题都是三字,以"某某乐"标之,南朝多以"歌某某"标题;五言两首,三言七首,四言二十九首,又有四言与二言、三言、五言分别相杂的体式。

北齐乐胡化现象极甚,其原因陈寅恪先生认为在于"承袭北魏洛阳之遗风","隋之胡乐大半受之北齐,而北齐邺都之胡人胡乐又从北魏洛阳转徙而来,此为隋代胡乐大部分之系统渊源。……至唐初音乐之多承隋旧"②。

北周郊庙歌辞今见存于《乐府诗集》者有《周祀圜丘歌》十二首、《周祀方泽歌》四首,《周祀五帝歌》十二首,《周宗庙歌》十二首,《周大袷歌》二首,共四十二首,为庾信制作。这四十二首郊庙辞得以保存,多赖《隋书·音乐志》的详细记载,此可作为音乐制度上隋承周制之一例证。北周音乐发展,大概经历了以下阶段:

①周太祖迎魏武入关,乐声皆阙;

②太祖辅魏之时,高昌款附,乃得其伎,教习以备飨宴之礼;

③恭帝元年,平荆州,大获梁氏乐器,以属有司;

④明帝(559—560)践阼,虽革魏氏之乐,而未臻雅正;

⑤保定四年(564),改大司乐为乐部;

⑥天和元年(566),武帝初造《山云舞》,以备六代;

⑦天和六年(571),武帝罢掖庭四夷乐。其后帝娉皇后于北狄,得其所获康国、龟兹等乐,更杂以高昌之旧,并于大司乐习焉。采用其声,被于钟石,取《周官》制以陈之。建德二年(573)十月甲辰,六代乐成,奏于崇信殿。群臣咸观。其宫悬,依梁三十六架。朝会则皇帝出入,奏《皇夏》。皇太子出入,奏《肆夏》。王公出入,奏《骜夏》。五等诸侯正日献玉帛,奏《纳夏》。宴族人,奏《族夏》。大会至尊执爵,奏登歌十八曲。食举,奏《深夏》,舞六代《大厦》《大护》《大武》《正德》《武德》《山云之舞》。于是正定雅音,为郊庙乐。创造钟律,颇得其宜。宣帝嗣

---

① 《北齐书》卷三十五《陆卬传》,中华书局 2000 年版,第 325、326 页。

② 陈寅恪:《隋唐制度渊源略论稿》,三联书店 2004 年版,第 136 页

位,郊庙皆循用之,无所改作。(以上均据《隋书·音乐志》)

比之北齐,北周雅乐来源更为复杂多样,有北魏、萧梁、北狄、高昌等四夷乐,从无到有,由少到多,多方吸纳。

为何北周郊庙乐歌均出自庾信之手? 鲁同群认为,这批乐歌"是从 566 年至573 年七八年间陆续写成的,并非一时之作"[①]。此前,庾信只做着品职低下的司水下大夫、弘农郡守,似乎并未被重用。据鲁同群《庾信传论》考证,568 年至 575年,庾信在长安,任职不详。庾信集中有《贺新乐表》作于 573 年。所以,"庾信可能作为文学侍从,在一段时间内专门从事制礼作乐的工作。"[②]也就是说,庾信主要是在周武帝时期撰制仪式乐歌的。之所以由庾信来创制北周庙堂社稷的郊祀歌辞,因为:第一,庾信超拔的文才极受北人重视。庾信和王室贵族如赵王、滕王时有诗歌唱和,并且北周贵族、朝臣的墓碑文多出自庾信之手,足见他在北周文坛受人仰慕的地位。第二,依北周文坛状况,此时恐怕还找不出能承担这一重大任务的诗人。据《先秦汉魏晋南北朝诗》,北周有诗作者,不过周明帝宇文毓、李昶、高琳三人,数量不多,诗艺亦未见佳;宗懔、宗羁、萧撝、王褒、庾信五人来自南朝,其中庾信的诗文成就自是最高。第三,庾信入北前仕于礼乐制度完备的萧梁,在任东宫太子抄撰学士时,"出入禁闼,恩礼莫于比隆"(《周书·庾信传》),自然时时参与朝廷各项礼乐活动,熟悉典章制度。《隋书·音乐志》记北周六代乐成,"其宫悬,依梁三十六架",又"武帝以梁鼓吹熊罴十二案,每元正大会,列于悬间,与正乐合奏"。可见对梁王朝的文化和制度心向往之。北周朝廷虽然标榜"六乐"为制度之本,但显然将萧梁的乐制视为可资借鉴的样板。因此,庾信必然成为北周郊庙乐歌制作者的不二人选。

庾信所作周郊庙歌辞中除了对祭礼程式化的描写之外,屡有盛德、仁义、崇仁和积德之词,如"盛德必有后,仁义终克昌"(《周宗庙歌·皇夏》),"崇仁高涉渭,积德被居原"(《周宗庙歌·皇夏》);尚礼的思想如"国命在礼,君命在天"(《周祀圜丘歌·皇夏》),"治斯百礼,福以千年"(《周祀圜丘歌·皇夏》),"成形依礼,禀色随方"(《周祀五帝歌·皇夏》),"岁礼惟常,威仪抑抑"(《周祀五帝歌·皇夏》)等,儒家的政治思想、道德意识表现较为突出。他的祭歌在必要的歌功颂德中蕴含着个人的评判,如以"终封三尺剑,长卷一戎衣"(《周宗庙歌·皇夏》)叙宇文泰之死,以"六军命西土,甲子陈东邻。戎衣此一定,万里更无尘"(《周宗庙歌

---

① 鲁同群:《庾信传论》,天津人民出版社 1997 年版,第 70 页。

② 同上,第 52 页。

·皇夏》)写周武帝平齐之功,"终""更"二词带有强烈的情感色彩,庾信企慕和平、反对战争的思想了然毕显。庾信为孝闵帝宇文觉所作祭歌曰:"升舆芒刺重,入位据关寒。卷舒云泛滥,游扬日浸微。出郑终无返,居桐竟不归。"(《周宗庙歌·皇夏》)第一句是说因晋公宇文护专权,孝闵帝的皇位坐得战战兢兢;第二句言君弱臣强;第三句谓护幽帝,继而帝以弑崩,故不得归。这实际是对皇家阴事直言不讳的书写,对宇文觉只有同情,哪里又有"颂"的意思?与《毛诗序》所谓"颂者,美盛德之形容,以其成功告于神明者也"的指归相去甚远。庾信的郊庙歌辞里说了许多大实话,故王夫之《古诗评选》云:"天固不可以亵词陈对,然云天听自我民听,又岂可以人所厌闻之腐言假为庄敬以相诞也?从来作郊祀歌者,皆以措大语支应,即此已是不诚,唐山而后,仅见此作。天所不敢知于我民听,为憎憎矣。"①

庾信创作的郊庙乐辞,在形制上依然以四言为主,有二十六首,这是自《诗经》三颂便开创的传统;又三言四首,五言八首,六言二首,四言、三言相杂者两首。

三言是仅次于四言的雅乐体式,初创于汉郊祀歌,如《练时日》《天马》《华烨烨》《五神》《朝陇首》《象载瑜》《赤蛟》诸章皆整篇三言,《天门》杂有三言。三言被用以颂赞、郊祀,首先是继承《诗经》三言诗的传统而来;其次与楚辞三言加"兮"再加三言(×××兮×××)的节奏有关,三言的特点是节奏短促有力,便于重复和记诵,是适合于郊祀歌表达的体式。② 对五言在雅乐中的出现,应予以注意。魏晋南北朝是四言体式逐渐凝固、僵化③,而"五言腾踊""彬彬大盛"的时期,但这种情况仅对文人诗而言,在宫廷雅乐歌辞里,五言并未占据多高位置。虽然魏晋南北朝郊庙歌辞多是当时诗坛高手所作,如傅玄、颜延之、谢庄、谢超宗、谢朓、沈约,他们对五言诗的创作可谓孜孜不倦,亦颇有成就;但是,在创制朝廷郊庙歌辞时却极少运用五言体式。其原因正如挚虞《文章流别论》所云:"古诗率以四言为体,……(五言)于俳偕倡乐多用之。……然则雅音之韵,四言为正;其余虽备曲折之体,而非音之正也。"④

五言第一次出现于郊庙歌辞,是谢庄的《宋明堂歌·歌黄帝》(十二句),继而谢超宗《齐明堂乐歌·黄帝歌》(八句)、谢朓《齐雩祭乐歌·歌黄帝》(十二句)、沈

---

① 王夫之著、张国星校点:《古诗评选》,文化艺术出版社 1997 年版,第 69 页。

② 葛晓音:《论汉魏三言体的发展及其与七言的关系》,《上海大学学报》2006 年第 5 期。

③ 葛晓音:《汉魏两晋四言诗的新变和体式的重构》,《北京大学学报》2006 年第 5 期。

④ 朱东润撰、陈尚君整理:《中国文学批评史大纲》,上海古籍出版社 2016 年版,第 36 页。

约《梁雅乐歌·皇雅三首》(每首六句)、《北齐北郊歌辞·皇夏乐》(十二句)、《五郊乐歌·黄帝高明乐》(八句)都次数极少的使用了五言,庾信创作的北周郊庙乐辞使用五言频率最高(八句、十句、十二句各两首,十六句、十八句各一首)。吴小平《中古五言诗研究》指出,在五言诗体的律化过程中,宫廷乐府是五言八句式实践过程之一。① 我们的统计恰可以说明这一问题。在从《诗经》开始一直由四言盘踞的雅乐歌辞里,到南北朝时期,终于有了五言的一席地位,这是对以四言为雅音正则的传统观念的颠覆;而句式的参差不齐,一方面是由郊庙辞铺叙的书写特点所决定,另一方面也显示出五言律化的艰难摸索过程。

郊庙歌辞以典雅古奥为主,"锻意刻酷,炼字神奇"(《诗谱》),故多生涩难解之言辞,"通一经之士,不能独知其辞,皆集会五经家,相与共讲习读之,乃能同通知其意,多尔雅之文"(《史记·乐书》)。故梁启超以为"朝廷歌颂之作,无真性情可以发抒,本极难工,况郊庙诸歌,越发庄严,亦越发束缚,无论何时何人,当不能有很好的作品"②。但他并未全然否定郊庙歌辞在文体发展史上的意义,认为汉郊庙乐府的"这十九章在韵文史里头所以有特殊价值,因为他总算创作。他的体裁和气格,有点出自《诗经》的三《颂》,却并不袭三《颂》面目;有点出自《楚辞》的《九歌》,也不袭《九歌》面目,最少也是镕铸三《颂》《九歌》,别成自己的生命"③。

历来治诗、治乐府家并不大看得起郊庙辞,以为"非出本性",不过是歌功颂德、粉饰太平的装点门面之作。以纯文学眼光观之,似乎如此(若以此论,则汉大赋也脱不了被排斥的嫌疑)。不过我们若以开放的视野,从文化角度观之,郊庙辞却还蕴涵着许多丰富的有待开垦的信息。④ 至于言语的艰涩,并不是什么难以解决的大问题,"虽语极古奥,倘潜心读之,皆文从字顺,旨趣了然"(王世贞《艺苑卮言》)。

三、燕射歌辞

燕射本来分别指周代的两种礼仪,即燕礼和射礼。燕礼是周代的饮酒礼,有

---

① 吴小平:《中古五言诗研究》,江苏古籍出版社 1998 年版,第 256 页。
② 梁启超:《中国之美文及其历史》,东方出版社 1996 年,第 41 页。
③ 同上。
④ 刘源:《商周祭祖礼研究》,据甲骨文、金文、《诗经》中的郊庙辞发掘梳理出某一时代祭祀制度,对我们如何利用郊庙辞这类材料很有启发。商务印书馆 2004 年版。

乡饮酒礼和燕飨礼两种形式。射礼是一种礼仪射箭①，不同于习武训练。射礼与燕礼联系紧密，是周代一种重要的礼仪活动。其程序是：先燕礼，后射礼，如《礼记·射义》曰："古者诸侯之射也，必先行燕礼。卿大夫士之射也，必先行乡饮酒之礼。"②一方面以助酒兴，制造游戏气氛；另一方面，在敬恭祀事之中亦有提倡尚武精神之义。燕礼、射礼时有隆重的《诗》演唱和乐舞表演。据《毛诗序》："《鹿鸣》，燕群臣嘉宾也"③；"《四牡》，劳使臣之来也。有功而见知则说矣"④；"《伐木》，燕朋友故旧也"⑤；"《出车》，劳还率也"⑥。再如《小雅·楚茨》："为宾为客，献酬交错。礼仪卒度，笑语卒获"；《小雅·宾之初筵》："宾之初筵，左右秩秩。笾豆有楚，殽核维旅。酒既和旨，饮酒孔偕。钟鼓既设，举酬逸逸。大侯既抗，弓矢斯张。射夫既同，献尔发功。发彼有的，以祈尔爵。蘥舞笙鼓，乐既和奏。"描写的是燕礼和射礼上乐舞的情况。举行燕射礼的目的是"以宾射之礼，亲故旧朋友"（《周礼·大宗伯》），融洽上下关系、酬劳臣下、接待外国使节。

燕射礼演变到魏晋南北朝时期已荡然无存。从《乐府诗集》所收"燕射歌辞"内容来看，"燕射"就是"燕飨"，与射礼并无干涉。"燕射歌辞"就是朝廷燕飨群臣时举行乐舞表演所唱的歌词，属于宫廷雅乐。内容多叙写燕飨场景，包括各种酒器、乐器及舞容的描写刻画。通过"饮和无盈，威仪有余"（王韶之《宋四厢乐歌》）的燕饮行为体现礼制法度。与郊庙歌辞不同的是，燕射歌辞的一个重要主题是宣扬勤俭节约的思想，如"丕显宣文，先知稼穑。克恭克俭，足教足食。即教食之，弘济艰难"（傅玄《食举东厢西歌》）。

十六国时期，前秦接受汉文化较深，有燕射之仪。《晋书》载，太和五年（370）："坚自邺如枋头，宴诸父老，改枋头为永昌县，复之终世。坚至自永昌，行饮至之礼，歌劳止之诗，以飨其群臣。"⑦"太元七年（382），坚飨群臣于前殿，乐奏赋诗。"⑧所歌之诗，史传无名，但据此可知前秦在苻坚时便有燕飨礼无疑。

---

① 《礼记·射义》说："射者，进退周还必中礼。内志正，外体直，然后持弓矢审固。持弓矢审固，然后可以言中，此可以观德行矣。"射箭的人，不论前进、后退、左右旋转，一定要符合规矩。内心意志坚定，外表身体挺直，然后能沉稳地拿弓搭箭、瞄准箭靶。能拿稳弓箭瞄准，然后才谈得上射中目标。这可以看出一个人的道德行为。

② 孙希旦：《礼记集解》，中华书局 1989 年版，第 1438 页。

③ 孔颖达：《毛诗正义》，《十三经注疏本》，中华书局 1980 年版，第 405 页。

④ 孙希旦：《礼记集解》，中华书局 1989 年版，第 406 页。

⑤ 孔颖达：《毛诗正义》，《十三经注疏本》，中华书局 1980 年版，第 410 页

⑥ 同上，第 415 页。

⑦ 《晋书》卷一一三《苻坚载记（上）》，中华书局 2000 年版，第 1938 页。

⑧ 同上，第 1949 页。

北魏燕射歌辞即为郊庙歌辞,拓跋邦时所用《真人代歌》即是;孝文帝时自南方引入"清商曲"也被列入燕飨。正月上日飨群臣,备列宫县正乐,奏燕、赵、秦、吴之音,五方殊俗之曲,四时飨会亦用之。由此可见北魏的乐制非常混乱。北齐有《会元大飨歌》十首,陈词因循,无可议说。北周有庾信所作《周五声调曲》二十四首,在造词、形制与内容上颇多创格,独具面貌。

所谓"五声",指宫、商、角、徵、羽五调。在乐调中,以丝多声重者为尊,宫弦最大,故又以"宫"代指君王,商代臣,角代民。《宫调曲》即"歌周之君",《商调曲》"歌其臣",角、徵、羽三调曲"歌其民安物阜庶迹咸熙"。歌颂对象不同,作者之倾向亦有差别。如,《宫调曲》站在国君角度强调要"安民""敷礼",《商调曲》强调臣事君要忠。

如果说庾信的政治思想在北周郊庙歌辞中还有所节制,那么他在燕射歌辞《五声调曲》中表露的政治观念则强烈而鲜明,以训诫说理的形式集中表达了君臣之道、为政之道。这就使得他创制的燕射歌辞与那些面目单一、典正刻板,以称颂赞美为能事的歌辞相区别开来。

庾信在《五声调曲》中表露的思想可总结为以下几个方面:

第一,强调国君应以民为本。要体恤民生疾苦,"蒸民播植重,沟洫劬劳多"(《变宫调》其一);治民则以"恻隐其心,训以慈惠;流宥其过,哀矜典刑"(《角调曲》其一);重视农业生产,使民富足,风调雨顺,"协用五纪,风若从时;农用八政,甘作其穀。……祁寒暑雨,是无胥怨;天覆云油,滋焉渗漉"(《角调曲》其二);明确提出"达人以四海为务,明君以百姓为心"(《徵调曲》其一)的主张,"在宋、齐、梁、陈四朝的《郊庙歌辞》凡一百余首中,含有国君必须以百姓为中心这种意思的句子可以说一句也找不到"[①],庾信之所以将这一思想表述在乐歌里,和周武帝本人的政治作为有关。从正史记载来看,周武帝作风朴素,多次下诏禁止奢靡之风,反对随意征发民力,并且取消了四方非常贡献,这些做法都体现了民生观念。庾信的歌辞正是对武帝统治思想的呼应和政治作为的肯定。

第二,重视人才,这是贯穿于《五声调曲》的主题。如"云雨取施无不洽,廊庙求才多所任"(《徵调曲》其一),"既兴周室之三圣,乃举唐朝之八才"(《徵调曲》其五),"得人则治,何世无奇才"(《商调曲》其三),但奇才往往隐居于高山深谷中,所谓"匡赞之士,或从渔钓;云雨之才,乍叹幽谷。寻芳者追深径之兰,识韵者探穷山之竹"(《角调曲》其二),统治者倘且真有求贤若渴之心,便要放得下威严的

---

① 鲁同群:《庾信传论》,天津人民出版社 1997 年版,第 60 页。

架子，花一番力气去寻找，要像商王武丁、周武王一样“涧途求板筑，溪源取钓纶”（《宫调曲》其四），从而求得真正的贤才治理国家。庾信之所以如此强调求才之重要，与他在北朝的仕途经历有密切关系。前已指出，这批歌辞约制作于566年至573年，从554年被授予官职，先拜抚军将军、右金紫光禄大夫、大都督、车骑大将军、仪同三司，这些官号听起来似乎名头极大，实际上不过是一堆虚衔；561年他第一次做了实职的司水下大夫，品阶甚低，而且是一份不被南人看重的水利工程的差事，其后又短暂任过弘农郡守。据此，庾信在初入北周的近二十年内，所任官职与他在南朝时的东宫太子抄撰学士、右卫将军、御史中丞无疑有天壤之别，悬殊对比在心理上产生的不平、愤懑、委屈，以及自认非凡的那份清高，难免会在诗中留下印迹。

第三，君臣一体的观念。《商调曲一》：

> 君以宫唱，宽大而谟明；臣以商应，闻义则可行。有熊为政，访道于容成；殷汤受命，委任于阿衡。忠其敬事，有罪不逃刑；诵其箴谏，言之无隐情。有刚有断，四方可以宁；既颂既雅，天下乃升平。专精一致，金石为之开；动有两心，妻子恩情乖。苟利社稷，无有不尽怀。

君当宽大，臣应忠义，显然是儒家的政治思想；不过庾信并不是偏执地只强调某一方的权利或义务（如明清时期“君要臣死，臣不得不死”，便只是看重臣应当对君的完全义务，君却只有完全的权利而无对臣以宽的义务），而是彼此信任的君臣一体，通过黄帝受师于荣成公，商汤任用伊尹两个典故增强说服力。“专精一致，金石为之开；动有两心，妻子恩情乖”，以正反对举说明君臣一体产生的效果，以“夫妻”比喻君臣关系确是绝妙。又《商调曲二》云：“百川俱会，大海所以深；群材既聚，故能成邓林。猛虎在山，百兽莫敢侵；忠臣处国，天下无异心。”以形象比喻再次申说君臣一体之重要。

身历战乱之苦，目睹国运的迁转，庾信完成了思想的蜕变，内心充满忧患意识。因此，在为周廷撰写乐辞时，融入了自己的许多思考。他主张“无为”而施政，如“岩廊惟眷顾，钦偖尚无为”（《变宫调曲》其一），“王道荡荡用无为，天下四人谁不足”（《徵调曲》其二），“能亏能缺既无为，虽盈虽满则不危”（《徵调曲》其四），显然是受道家的思想影响。他含蓄表达了自己的社会理想：“黎人耕植于义圃，君子翱翔于礼园”（《徵调曲》其六）。出于长治久安的考虑，委婉表达劝诫讽喻之意，“淳风布政常无欲，至道防人能变俗。求仁义急于水火，用礼让多於菽粟"（《徵调曲》其二），"克宽则昆虫内向，彰信则殊俗宅心"（《徵调曲》其六），"开信义以为苑囿，立道德以为城池"（《徵调曲》其四）。"志在四海而尚恭俭，心包宇宙而无骄盈"（《角调曲》其一），"将欲比德于三皇，未始追踪于五霸"（《徵调曲》其四），则是希望能够以仁义礼制治国，而非霸道。据《周书·武帝纪》云："破齐之后，遂欲穷兵极武，平突厥，定江南一二年间，必使天下一统，此其志也。"故此亦是有感而发。

这些思考也是庾信对梁亡惨痛历史的反思。乐歌所言"虑远防危乃不倾""感物观治乱，心恒防未然"，恐怕是有很深感慨的。"五十年间，江表无事"（《哀江南赋》），文恬武嬉、歌舞升平的局面使梁君臣忘却了居安思危之道，梁政权的覆亡固然主要是由于侯景之乱和北魏武力入侵所致，但梁王室内部相互残杀，甚至勾结外敌，祸起萧墙，加速王朝灭亡也是事实。乐歌中"君臣一体，可以静埃氛""专精一致，金石为之开""苟利社稷，无有不尽怀"这些观念的表述，恐怕正是故国沦亡后痛定思痛的结果。而所谓"群材既聚，故能成邓林""得人则制，何世无其才""闻音能辨俗，听曲乃思贤""廊庙求才多所任"这样一种贤人政治理想，自然也是对北周统治者的期待。

庾信所制燕射歌辞在体式上较之郊庙歌辞更为灵活自由，《宫调曲》《变宫调曲》纯为五言，《商调曲》是四、五对句的形式，《角调曲》四、八杂言，《徵调曲》六首全为整齐的七言，《羽调曲》五首又是六言体。比之两晋、南朝，以及隋代的燕射歌辞更有许多新变。以抒怀、写景、寄情为主的五言体进入雅乐歌辞，说明五言体尝试进入更广阔的诗歌创作领域，而能够与四言体并驾齐驱，也标示着五言体地位的提高。庾信的拟乐府多为七言，写得最好的《燕歌行》被誉为"开唐初七古"（刘熙载《艺概》），《徵调曲》也可看作七言在雅乐歌词中的一次尝试。庾信两首抒写"流离之悲"的乐府《舞媚娘》和《怨歌行》均采用六言诗形式，郊祀歌《黑帝云门舞》亦采用，燕射歌辞《羽调曲》六首集中运用，其特点是，句中"而、于、则、以、之"等虚词使乐句节奏富于变化，形成疏朗活泼的风格。这种句式在整个南北朝时期的庙堂乐歌中显然是一种例外。

此外，燕射歌辞主要用于燕飨皇帝的亲戚故旧、贵族大臣的宴会上演奏，故而不完全同于郊庙祭祀的庄重肃穆，对歌词的内容形式要求不那么严格，撰制者有创作空间，统治者的娱乐审美需求在这里也可得到满足，这大概就是庾信的郊庙歌辞基本同于前代体制，而燕射歌辞却在形式和内容上有很大变化的原因。

四、舞曲歌辞

舞曲歌辞亦名舞歌,指乐舞表演体系中配合舞乐及舞蹈表演的歌辞。舞之有歌,上古已然。《墨子·公孟》言:"诵诗三百,弦诗三百,歌诗三百,舞诗三百。"《毛诗·郑风·子衿》传曰:"古者教以诗乐,诵之歌之,弦之舞之。"上古至唐五代以来的舞歌作品是大量存在的。《乐府诗集》著录舞歌作品五卷一百七十三首(雅舞一卷,二十一首;杂舞四卷,一百五十二首)。有雅舞、杂舞①之分。雅舞用之郊庙、朝飨,杂舞用之宴会。雅舞又有文舞、武舞之分,"古之王者,乐有先后,以揖让得天下;则先奏文舞,以征伐得天下,则先奏武舞,各尚其德也"。② 与舞曲及舞蹈艺术结合是"舞曲歌辞"有别于其他乐府辞的重要特征。

北朝舞曲歌辞,《乐府诗集》所录者仅《北齐文武舞歌》四首,但雅舞有郊庙祭祀之用途,因而在郊庙歌辞中实含有舞曲歌辞,即一部分歌诗既是乐辞,也是舞辞,体现了诗、乐、舞一体的艺术形态。北周郊庙歌辞《圜丘歌·云门舞》两首为舞辞,《五帝歌》十二首中有十首为舞辞;北齐郊庙乐歌《享庙乐辞》中八首亦为舞辞,合之,共二十四首。按照表演场所和功用可分为郊庙舞辞和朝飨舞辞。《北齐文武舞歌》四首为朝飨之用,余二十首均郊庙所用。

郊庙乐舞中的庙堂乐舞是皇帝出行时使用,应为卤簿仪仗一部分,如《圜丘歌·云门舞》;郊祀乐舞则是祭祀太皡、神农、黄帝、少皡、颛顼时的配舞③,如《周祀五帝歌》中的《青帝云门舞》《赤帝云门舞》《黄帝云门舞》《白帝云门舞》《黑帝云门舞》,目的是娱神。以舞娱神源起较早,王逸《楚辞章句·九歌序》云:"昔楚国南郢之邑,沅、湘之间,其俗信鬼而好祠。其祠,必作歌乐鼓舞以娱诸神。"④以此祈求国运昌祚,带有某种宗教信仰之特点。

宫廷举行大型燕飨时所表演的就是朝飨舞,有歌唱,有表演,是一项娱乐活动。北齐是禅代东魏立国,故《乐府诗集》先录《文舞辞》,后录《武舞辞》,乐舞表演时,也是文舞在前、武舞在后,"礼"的威仪就在这些细节处彰显出来。

诗、乐、舞一体的艺术形态始自《诗经》。《诗经》中有不少作品是配合舞乐、

---

① 雅,《玉篇·隹部》解为"正也";《释名·释典艺》曰"言王政事谓之雅"。雅舞即典正规范的宫廷乐舞。杂舞即俗舞,指感性自由的民间乐舞。
② 郭茂倩:《乐府诗集》卷五十二,《雅舞》题解,上海古籍出版社1998年版,第581页。
③ 许逸民点校、倪璠注:《庾子山集注》,《周祀五帝歌》题解,中华书局1980年版,第437页。
④ 洪兴祖撰、白化文等点校:《楚辞补注》,中华书局1983年版,第55页。

舞蹈表演的。如《邶风·简兮》中表演《万舞》的舞师"左手执籥,右手秉翟",《小雅·伐木》云:"坎坎鼓我,蹲蹲舞我。"《鲁颂·有駜》:"鼓咽咽,醉言舞。于胥乐兮!"《商颂·那》:"庸鼓有斁,万舞有奕。"这些都透露出热烈的歌舞表演场景。

五、结 论

北朝宫廷乐府的创制偏什由少到多,基本以四言为主。隋唐以后,在五、七言已经成熟、大盛的境况下,四言依然借助政治的作用在宫廷乐府中残喘。北周文学不如北齐,但北周郊庙、燕射歌辞因由庾信创作的原因,却比北齐的要好,为宫廷乐府发展过程中的一次新变。

郊庙乐、燕射乐,以及郊祀舞曲是礼与乐的统一,是礼乐制度的基本形态。任何制度的建构都需要一定的文化作为依托。在儒家的政治系统里,有无礼乐被视为衡量制度、文化是否合乎正统的唯一标准。《魏书·乐志》载:"汉代以后,舞称歌名,历代改异,服、章亦有不同,斯则不袭之意也。"即汉以后各代的"雅乐",大都不是原始固有的,只在开国之初,可能暂时沿用前代旧习,政权巩固以后,就必须制定本朝"雅乐",这就是"功成作乐,治定制礼"(《礼记·乐记》)。因此,制礼作乐便成为历史上每一个新朝立国的不二法则。如《隋书·音乐志》载:

> 开皇二年,齐黄门侍郎颜之推上言:"礼崩乐坏,其来自久。今太常雅乐,并用胡声,请冯梁国旧事,考寻古典。"高祖不从,曰:"梁乐亡国之音,奈何遣我用邪?"是时尚因周乐,命工人齐树提检校乐府,改换声律,益不能通。俄而柱国、沛公郑译奏上,请更修正。于是诏太常卿牛弘、国子祭酒辛彦之、国子博士何妥等议正乐。然沦谬既久,音律多乖,积年议不定。高祖大怒曰:"我受天命七年,乐府犹歌前代功德邪?"命治书侍御史李谔,引弘等下,将罪之。

这里的"乐府"指的是用以郊祀、庙堂、燕飨之用的宫廷雅乐。隋文帝结束了南北朝长达四百年的分裂,可谓功德无量,这自然需要一番歌功颂德以证明他的文治武功。但受命七年,朝廷雅乐竟然依旧因袭前朝的歌辞,怎能不令其动怒?可见制礼作乐之重要性。

通过对宫廷乐府歌辞的梳理,我们发现,无论北魏,还是北周、北齐,哪怕十六国时期的前秦政权,均自觉接受并融入礼乐文化、礼乐制度的建设,体现出对汉文化的主动迎合与积极应对,说明由先秦始而经历代逐渐形成的礼乐文明(制度)自有其强大生命力与优越性;在它的引导下,纷乱的北朝虽步履蹒跚却终于走向了最后的进步与统一。解析北朝宫廷乐府的郊庙、燕射、舞曲歌辞的意义亦在于此。

〔本文原发表于吴湘洲主编《乐府学》(第六辑),学苑出版社 2010 年版〕

敦煌魏晋镇墓文研究①

储晓军

摘　要：20世纪40—80年代，在敦煌地区出土了一批魏晋时期的镇墓文。这些镇墓文与东汉镇墓文相比，从形式上看，篇幅普遍比较短小；从内容上看，则在继承东汉镇墓文传统的同时融入了佛教和道教的新元素。而在中原地区却仅有少量魏晋时期的镇墓文出土，其原因主要在于战乱、人口的迁移，以及佛教传播的影响。

关键词：魏晋；敦煌；镇墓文

20世纪40—80年代，在敦煌佛爷庙、新店、祁家湾以及三危山等地相继发掘了一批西晋十六国时期的墓葬，出土了相当数量的陶瓶，陶瓶上多有墨书或朱书文字。学术界一般将这些文字称为镇墓文②。据王素、李方编著的《魏晋南北朝敦煌文献编年》，计有六十八篇。从时间上看，这批镇墓文最早的为曹魏高贵乡公甘露二年（257），最晚的为北凉玄始十年（421），横跨魏晋时期；从形式上看，这些镇墓文与出土的东汉镇墓文有一定差异；从内容上看，它们与东汉镇墓文一脉相承。本文拟从形制、与东汉镇墓文以及魏晋时期其他地区镇墓文的关系三方面对这批镇墓文进行研究。

一、形制分析

研究者一般认为敦煌镇墓文在形态上可以分成两类，但至于具体是哪两类

---

①　本文为教育部重点研究基地2004年度重大研究项目"民间信仰与中国文学"之子项目"魏晋南北朝民间信仰与中国文学"（编号：05JJD8400007），亦为安徽师范大学专项基金（编号：2008xzx01）。

②　镇墓文是东汉时期出现的，埋在坟墓之中，起驱鬼、解适作用的应用文体。就载体而言，有陶瓶、铅块、木块、石块、铁块以及瓦片等，多见于陶瓶和铅块。因此，又被称为镇墓券、镇墓砖、镇墓瓶、解注瓶、解注文等。

却有不同意见,较有代表性的是姜伯勤、余欣及刘屹的意见。

姜伯勤认为,第一种类型:建初五年闰月七日辛卯,敦煌郡敦(煌)县都乡里民画虏奴身死,今下斗瓶五,五谷、铅人,用当重复地上生人。青乌子告〔北〕辰诏令,死者自受其罚,(罚)不尔加。如律令。第二种类型:建初五年闰月七日辛卯,敦煌郡敦煌县都乡里民画虏奴之身死,音死具时适值八魁九坎,厌解天注、地注、岁注、月注、日注、时注,生死异路,千秋万岁,不得相注千,便利生人,急急如律令。①

余欣认为,敦煌镇墓文可以分为两类,第一类为:庚子六年正月水(癸)未朔廿七日己酉,敦煌郡敦煌县东乡昌利里张辅,字德政,身死。今下斗瓶,□(铅)人,五谷瓶,当重地上生人。青乌子告北辰,诏令死者自受其殃,罚不加尔,移殃转咎,远与他乡。如律令。第二类为:庚子六年正月水(癸)未朔廿七日己酉,敦煌郡敦煌县东乡昌利里张辅,字德政,薄命早终,莫盖寿穷,时值八魁九坎;今下斗瓶,用当重复。解天注、地注、人注、鬼注、岁注、月注、日注、时注。乐莫相念,□(苦)莫相思。生人前行,死人却步。生死不得相□(注)。俟如律令。②

刘屹认为,敦煌镇墓文依其内容大体可分为两类,一类以太康六年顿霓儿斗瓶为代表:太康六年三月己未朔五日癸亥,顿霓儿之身死。今下斗瓶、五谷、铅人,用当复地上生人。青乌子、北辰,诏令死者自受其央,罚不加尔,移央传咎,远与他乡,如律令。第二类以建兴二年吕轩女斗瓶为代表:建兴二年闰月一日丁卯,女子吕轩女之身死。适治八魁九坎,厌解天注、地注、岁注、月注、日注、时注,生死各异路,千秋万岁,不得相注忤,便利生人。如律令。③

三位先生的意见不尽相同,姜伯勤和余欣所说的第一种类型是相同的,差异在第二种类型上;刘屹所认为的两种类型则与他们两位完全不同。孰是孰非?魏晋南北朝时期的敦煌镇墓文究竟存在哪些类型呢?经过细致分析,我们发现情况并非如上述三位先生描述的那样,而是另有一番景象。通过比较,我们发现至少有三种基本模式存在。

模式一的基本格式为:□年□月□日,□□□身死。今下斗瓶、五谷、铅人,用当复地上生人。青乌子、北辰(或青乌子告北辰),诏令死者自受其央,罚不加尔,移央传咎,远与他乡。如律令。此类型镇墓文数量最多,达 20 例,占总数的29.4%。时间上看,最早的为太康六年(285)顿霓儿斗瓶镇墓文,最晚的为玄始

① 姜伯勤:《敦煌艺术宗教与礼乐文明》,中国社会科学出版社 1996 年版,第 277—278 页。
② 余欣:《神道人心:唐宋之际敦煌民生宗教社会史研究》,中华书局 2006 年版,第 126 页。
③ 刘屹:《敬天与崇道:中古经教道教形成的思想史背景》,中华书局 2005 年版,第 109—110 页。

十年(421)沮渠氏北凉张德政妻法静斗瓶镇墓文之一,整跨两晋时代。空间上看,三地都有出土,祁家湾(十二例)、新店(四例)、佛爷庙(三例),一例出处不明。

模式二的基本格式为:□□□,汝自薄命蚤终,受穷算尽,死见八鬼(或做魁)九坎。太山长阅,汝自往应之。苦莫相念,乐莫相思。从别以后,无令死者注于生人。祠腊社伏,徼于郊外。千年万岁,乃复得会。如律令。此类型镇墓文共九例,占总数的13.2%。时间上看,最早为三百年左右之翟宗盈镇墓文,最晚为建初五年(409)西凉画庈奴斗瓶镇墓文之二。基本跨两晋。空间上看,三地均有出土,祁家湾(两例),新店(三例),佛爷庙(四例)。

模式三的基本格式为:□年□月□日,□□□身死,适直八魁九坎,厌解天注、地注、岁注、月注、日注、时注,生死异路,千秋万岁,不得相注忤,便利生人。如律令。此类型镇墓文共六例,占总数的8.8%。时间上看,最早为永安元年(304)韩治斗瓶镇墓文,最晚为玄始十年(421)沮渠氏北凉张德政妻法静斗瓶镇墓文之二。基本跨两晋。空间上看,三地都有出土,祁家湾(三例),新店(两例),佛爷庙(一例)。

在已著录的六十八篇镇墓文中,有几篇残损得非常厉害,仅剩下只言片语,无法判断其属于哪种模式。根据目前的数字,我们看到这三种类型的镇墓文约占全部数量的一半以上。因此,可以认为它们比较集中地反映了魏晋时期敦煌地区镇墓文的基本形态。

二、敦煌镇墓文与东汉镇墓文之比较

从内容上看,魏晋敦煌镇墓文主要由以下部分组成。首先,强调生死相隔。对生死相隔的强调是敦煌镇墓文的主要内容之一。在三类镇墓文中,都特别强调生死相隔,如模式二中有"千年万岁,乃复得会",模式三中有"生死异路,千秋万岁,不得相注忤"等字样。在其他非典型的敦煌镇墓文中,对生死相隔的强调也是其重要组成部分。如麟加八年(396)佛爷庙镇墓文(一)曰:"生人前行,死人却步,道异不得相撞。"同墓镇墓文(二)说得更加清楚:"生人前行,死人却步。生死道异,不得相撞。"[①]神玺二年(398)富昌镇墓文曰:"生死各异路,不得相注

---

① 王素、李方:《魏晋南北朝敦煌文献编年》,新文丰出版公司1997年版,第70—71页。

伜。"①强调生死相隔是进入 2 世纪后汉代镇墓文的核心内容之一②。如阳嘉二年(133)曹伯鲁镇墓文:"生死异路,相去万里。"③永寿二年(156)成桃椎镇墓文:"死生异簿,千秋万岁,不得复相求索。"④延熹九年(166)韩祓兴镇墓文:"生人自有宅舍,死人自有棺椁,生死异处,无与生人相索。"⑤在强调生死相隔的背后隐藏的其实是对鬼魂出来害人的担忧,进一步说强调生死相隔的目的是希望鬼魂能安心在地下生活,实际上也就是镇鬼与安鬼。其次,解注。解注是镇墓文的重要内容之一。"解注"是指解除死者的邪气对生者的危害,在东汉镇墓文中就已经出现。有学者将镇墓文直接称为解注文;然据我们考索,发现在东汉时期的镇墓材料中,仅一例明确表明是解注瓶,"注"的内容也比较单一,多为"尸注"。到魏晋时期,在敦煌镇墓文中,"注"的内容有了大幅度的增加,有天注、地注、岁注、月注、日注、时注,还有生注、死注、人注、鬼注、汜注,玄注,獦注,风注,火注等等。姜伯勤已经指出"注"数量大幅度上升,与道教在敦煌地区的传播有很大的关系。第三是强调死者自受其殃。在敦煌镇墓文中,数量最多的第一类镇墓文包含"死者自受其殃"的语句。所谓死者自受其殃,应该是指死者自己承受自己生前的过错而带来的惩罚。梁代陶弘景《真诰》指出,人在初死之时,需入罗酆山第一宫接受审判,根据生前的善恶行为决定你将进入哪一宫受苦。同时根据道教的承负理论,人死亡之后,其生前的罪过会转到他的家人身上。从自己的利益出发,死者为了逃避惩罚,可能将自己的罪过转到家人身上;而家人却并不希望承担先人的过失所造成的灾难,便在镇墓文中明确指出希望死者自受其殃,不要出来危害生人。这实际上体现了人们心中矛盾的一面,一方面希望逝去的先人在地下世界中过幸福完美的生活,另一方面又不希望承担他们转嫁而来的罪过。当然我们也有新的猜想,这种自受其殃的观念是否受到了佛教的影响。在佛教的报应观念中,人的善恶行为所造成的结果均由自己承担,他人无力分享。这一点和"自受其殃"比较相似。人们从现实利益出发,很容易接受佛教"自作自受"的观念,这种观念直接反映在镇墓文中也并非不可能。

---

①　王素、李方:《魏晋南北朝敦煌文献编年》,新文丰出版公司 1997 年版,第 104 页。
②　刘屹指出:1 世纪末至 2 世纪前半叶,在今天的陕西、河南(也可包括山东),流行大体相同的一种死后世界观念:人死后要归入地府,向地府官员报到,这是先秦以来的传统观念;但强调生人与死人互不侵扰,尤其是死者不要烦扰生人的镇墓观念,并且镇墓的权威来自天帝,这应是新的信仰(刘屹:《崇天与敬道:中古经教道教形成的思想史背景》,中华书局 2005 年版,第 97 页)。
③　禚振西:《陕西户县的两座汉墓》,《考古与文物》,1980 年创刊号,第 46—47 页。
④　刘昭瑞:《考古发现与早期道教》,文物出版社 2007 年版,第 67 页。
⑤　王泽庆:《东汉延熹九年朱书魂瓶》,《中国文物报》,1993 年 11 月 7 日,第 3 版。

　　与完整的汉代镇墓文相比较,敦煌镇墓文在形制上短小了许多,但在内容上、精神上与汉代镇墓文却一脉相承。一般而言,汉代镇墓文有四个基本要素:①天帝使者向地下神灵通报死者消息。天帝使者在汉代镇墓文中经常出现,如《曹伯鲁镇墓文》:"阳嘉二年八月己巳朔六日甲戌徐。天帝使者谨为曹伯鲁之家移央去咎,远之千里。"①《加氏镇墓文》:"建和元年十一月丁未朔十四日解,天帝使者谨为加氏之家别解。"②《成桃椎镇墓文》:"永寿二年二月己未朔廿七日乙酉,天帝使者告丘丞墓伯、地下二千石。"③在汉代民众的信仰世界中,生活中存在三个世界,即人的世界、神的世界以及人死之后鬼的世界。人的世界和鬼的世界是不能沟通的,它们之间若想沟通,则必须通过神的世界完成。因此,当家中亲属死后,家人便请求神灵向地下机构通报这一讯息,从而让死亡的亲属顺利进入地下世界。鲁西奇在《汉代买地券的实质、渊源与意义》中也认为:"镇墓文虽然表述方式与具体行文各异,但其主旨皆在向地下鬼神通告亡人之殁亡(包括告知亡人居地、死亡时间等),自此之后依归地下。"④②安鬼。汉人普遍认为,人死后的世界和现实的世界并没有区别。死后世界也有和现实世界相同的管理机构,鬼在那个世界中也会承担和现实世界相近似的职责。为了让死去的亲人能继续享受快乐的生活,他们便按照现实世界的情状布置墓穴,在墓穴中放置大量的生活必需品,包括车马衣食及奴婢仆从等。王充《论衡》卷二十三《薄葬》篇描述时人这种观念时说:"是以世俗内持狐疑之议,外闻杜伯之类,又见病且终者,墓中死人来与相见,故遂信是,谓死如生。闵死独葬,魂孤无副,丘墓闭藏,谷物乏匮,故作偶人以侍尸枢,多藏食物以歆精魂。积浸流至,或破家尽业,以充死棺;杀人以殉葬,以快生意。非知其内无益,而奢侈之心外相慕也。"⑤这些生活用品虽能满足死人的生活之需,但却不能解决死后世界中的赋税和徭役等问题。于是便有"黄豆瓜子,死人持给地下赋"等字句,希望这些能帮助死人交足地下世界的赋税,徭役活动则通过"铅人"来完成。"铅人自代死人"且"铅人池池,能春能炊,上车能御,把笔能书"。如是之后,死人便可在地下世界中安稳度日。③解除。解除是巫术的一种,是指通过某种活动巫术仪式除罪去灾。林富士在《汉代

　　① 禚振西:《陕西户县的两座汉墓》,《考古与文物》1980 年创刊号,第 46—47 页。

　　② 陕西省文物管理委员会:《长安县三里村东汉墓葬发掘简报》,《文物参考资料》1958 年第 7 期,第62 页。

　　③ 刘昭瑞:《考古发现与早期道教》,文物出版社 2007 年版,第 67 页。

　　④ 鲁西奇:《汉代买地券的渊源、实质与意义》,《中国史研究》2006 年第 1 期,第 60 页。

　　⑤ 黄晖:《论衡校释》,中华书局 1990 年版,第 961 页。

的巫者》一书中即认为，解除是汉代巫者的重要职事之一。他认为解除有两种：一是祝移，即以咒术将一个人所遭罹的祸害转移到他人身上；二是解土，即解除因动土功而可能触犯"土神"而带来的灾祸。① 而运用在镇墓文中的"解除"之法，实则包含两项重要内容，即"为死人解谪（注）"和"为生人除殃"。"谪"即罪谪、过失，指死人所犯的过失。根据《太平经》的"承负"论，先人的罪与功均将流转给后人；"注"即注病，是指死者的邪气对生人的危害。《释名》："注病，一人死，一人复得，气相灌注也。"② 当时人普遍认为疾病之类均来自鬼的危害。镇墓文的一个作用就在于将这些可能威胁生人的死人之罪过通通解除，使死者不再对生者产生威胁。"为生人除殃"是指解除生人在埋葬死人时因"动土"而犯下的罪过。④护生。护生即是保护生者。镇墓文的最根本目的是保护生者不受鬼魂的侵扰。无论是安鬼还是解除，其最终目的也是在保护生者。如《河南灵宝杨氏镇墓解除瓶》："令后世子子孙孙土宦，位至公侯，富贵，将相不绝。"③《熹平四年胥氏镇墓文》："令胥氏家生人子孙富贵豪强，訾财千亿，子孙番息。"④《永安元年韩治镇墓文》："永安元年八月丙寅朔十一日丙子直□，大男韩治，汝身死，适值八魁九坎，厌解天注、月注、日注、地注、岁注、注□如□□，千秋□（万）岁，不得相忤，便利生人，各如天。如律令。"⑤

通过以上的比较，我们可以看到魏晋敦煌镇墓文对汉代镇墓文的继承与发展，在内容上继承了汉代镇墓文的精髓，强调镇鬼和护生，但在表现上略有区别。在敦煌镇墓文中，道教的色彩更加浓郁，处处能看到道教对镇墓文的影响。

三、魏晋敦煌镇墓文与其他地区镇墓文、买地券之比较

相对于敦煌地区而言，魏晋时期，中原地区的镇墓文数量要少得多。出土东汉镇墓文较多的地区，如陕西、河南、山东、苏皖北部出土魏晋时期镇墓文的数量几乎为零。镇墓文完全转到了敦煌地区，有意思的是在江南的江苏、安徽、湖北、

---

① 林富士：《汉代的巫者》，稻香出版社1999年版，第56—59页。
② 王先谦：《释名疏证补》，商务印书馆1937年版，第393页。
③ 河南省博物馆：《灵宝张湾汉墓》，《文物》1975年第11期，第75—93页。
④ 中村不折：《禹墨出土墨宝书法源流考》，中华书局2003年版，第8页。
⑤ 王素、李方：《魏晋南北朝敦煌文献编年》，新文丰出版公司1997年版，第70—71页。

浙江等地,却有不少数量买地券出现。①

这种奇特现象出现的原因是多方面的。首先,和汉末魏晋时期中原地区长期的混战和饥荒有关。战争和饥荒造成的一个结局是人口的大量死亡。这些人在死后往往得不到及时安葬,形成白骨弃于道路两旁的悲惨场景。如曹操《蒿里行》:"铠甲生虮虱,万姓以死亡。白骨露于野,千里无鸡鸣。生民百遗一,念之断人肠。"②王粲《七哀诗》:"西京乱无象,豺虎方遘患。复弃中国去,远身适荆蛮。亲戚对我悲,朋友相追攀。出门无所见,白骨蔽平原。"③曹丕《令诗》:"丧乱悠悠过纪,白骨从横万里,哀哀下民靡恃,吾将以时整理,复子明辟致仕。"④潘岳《关中诗》:"哀此黎元,无罪无辜。肝脑涂地,白骨交衢。夫行妻寡,父出子孤。俾我晋民,化为狄俘。"⑤梁代乐府《企遇歌》:"男儿可怜虫,出门怀死忧。尸丧狭谷中,白骨无人收。"⑥文章当中也有相当多关于"白骨累累"的记载,如刘琨《为并州刺史到壶关上表》曰:"臣自涉州疆,目睹困乏,流移四散,十不存二,携老扶弱,不绝于路。及其在昔,鬻卖妻子,生相捐弃,死亡委危,白骨横野,哀呼之声,感伤和气。"⑦晋王鉴《劝元帝亲征杜弢疏》曰:"天祸晋室,四海颠覆,丧乱之极,开辟未有。明公遭历运之厄,当阳九之会,圣躬负伊周之重,朝廷延匡合之望。方将振长辔而御八荒,扫河汉而清天涂,所藉之资,江南之地,盖九州之隅角,垂尽之余人耳。而百越鸥视于五岭,蛮蜀狼顾于湘汉,江州萧条,白骨涂地,豫章一郡,十残其八。继以荒年,公私虚匮,仓库无旬月之储,三军有绝乏之色。赋敛搜夺,周而复始,卒散人流,相望于道。残弱之源日深,全胜之势未举。"⑧从汉末至东晋,这种白骨遍地的场景经常出现。之所以白骨遍地,不是因为人们不愿为死者安葬,而是因为战乱不能为死者安葬。既然安葬都成为不可能的事情,那么镇墓文之类自然就无从谈起了。

---

① 买地券一词,文献记录中最早见于南宋周密《癸辛杂识·别集》卷下"买地券"条,谓:"今人造墓,必用买地券,以梓木为之,朱书云:'用钱九万九千九百九十九文,买到某地若干',云云。此村巫风俗如此,殊为可笑。及观元遗山《续夷坚志》载曲阳燕川青阳坝有人起墓,得铁券,刻金字云:'敕葬忠臣王处存,赐钱九万九千九百九十九贯九百九十九文。'此唐哀宗之时,然则此事由来久矣。"(周密:《癸辛杂识》,吴企明点校,中华书局 1988 年版,第 277 页)

② 逯钦立:《先秦汉魏晋南北朝诗》,中华书局 1983 年版,第 347 页。

③ 同上,第 365 页。

④ 同上,第 403 页。

⑤ 同上,第 628 页。

⑥ 同上,第 2152 页。

⑦ 严可均:《全上古三代秦汉三国六朝文》,河北教育出版社 1997 年版,第 1098 页。

⑧ 同上,第 1313 页。

其次，应该和两晋时期中原地区人口的大量外迁有很大关系。西晋八王之乱结束之后，少数民族进入中原地区，原来中原地区的人口大量外迁，一部分南迁至江南地区，另一部分西迁至河西地区。中原地区的统治者变成了少数民族，自匈奴人刘渊建立汉国开始，在中原地区立国的少数民族有鲜卑、羯、氐、羌、丁零、卢水胡等族。这些民族在丧葬习俗方面与中原地区也有很大不同，故在中原地区少出现镇墓文也就比较正常了。在中原文化保持较好的地区，如河西的敦煌地区以及江南一带，镇墓文也得以继续保留。

再次，和佛教的深入传播也有一定的关系。佛教入华以后，在洛阳、长安及彭城等地建立了佛寺。佛寺是佛教得以传播的基地和大本营，在佛寺的周围聚集着相当数量的僧众信徒，他们在成为佛教最虔诚信仰者的同时，也成为佛教观念忠实的传播者。因此，一个地方建寺佛寺的数量和该地区佛教信仰的程度是成正相关的。故我们可以以佛寺的数量与分布为考察的点，来揭示该地区佛教信仰的程度。据颜尚文考证：自东汉至西晋，佛寺的数量在不断增长，从其分布的范围来看，主要集中在洛阳、彭城、下邳、许昌、建业、仓垣、长安、天水（一所）、敦煌、吴县，有文献可征的佛寺数量为二十六座[1]，其中洛阳十二所，占总数的46％，长安四所，占总数的15％。这样的比例与实际寺庙的数量应该是相符的，因为自东汉至两晋，洛阳的地位比长安要高，先后是东汉、曹魏、西晋、北魏等国的都城，而长安则以西京的身份出现。从佛教寺院分布地点来看，则是以洛阳为中心，向东至彭城、下邳、许昌、仓垣，向西至长安、天水、敦煌。赤乌十年（247）康僧会于建业立建初寺。在此寺中，康僧会完成了翻译、注解、弘法等各项工作。永嘉乱后，建初寺更成为南渡僧人最好的安居之所。西晋之后，更向东发展至吴县。也就是说，东汉至西晋这一时期，佛教的主要传播地在黄河中下游的中原地区及南方的建业一带。不同处则在于中原地区的佛寺呈带状分布，有多个中心地点；而建业一带则只以建业为中心，向东南方向辐射。佛寺分布的带状特征反映出信众的普遍与广泛，由此也可以见到佛教传播的深入程度。佛教深入传播的一个结果便是佛教观念的广泛接受，当然包括人死后的处理方式。[2] 在诸多

---

① 这二十六所佛寺是有文献可查的，且大部分是有固定名称的。当然，西晋时期的佛寺总数不止这个数。北魏杨衒之《洛阳伽蓝记》载：西晋永嘉年间（307—312），洛阳有寺四十二所。又据法琳《辨正论》卷十三《十代奉佛篇》载：西晋二京，合寺一百八十所，译经一十三人，七十三部，僧尼三千七百余人。以上均说明，在西晋时代，两京佛寺的数量比现在能考察出来的要多。

② 有关佛教对人死后的处理方式，刘淑芬有详细论述。详情参阅刘淑芬的《林葬：中古佛教露尸葬研究之一》和《石室瘞窟：中古佛教露尸葬研究之二》两文。收入刘淑芬：《中古的佛教与社会》，上海古籍出版社 2008 年版，第 181—290 页。

原因的共同作用下,魏晋南北朝时期中原地区的镇墓文数量大量减少,当是情理之中的事情。而在河西以及江南一带,一方面未曾爆发大规模的战乱;另一方面,大量中原地区民众的入迁,形成相对稳定的局面。在近两百年的时间内,他们保留了自己的丧葬风俗,留下了买地券和镇墓文等相关的材料。至于为什么在敦煌地区出土的绝大部分是镇墓文,而在江南一带出土的则是买地券,由于缺乏足够的材料,原因不得而知,我想还是与宗教信仰有关吧。

(本文原载于《敦煌研究》2009 年第 1 期)

东晋会稽内史政治地位之变化

余晓栋

摘　要：会稽为东晋人口最殷之一郡，任职者地位不在大州刺史之下；尤其是东晋中后期，会稽内史所授军号皆在三品以上，且六人加散骑常侍，九人以都督浙江东五郡身份出任。任职者多为侨姓世族，仅二王、谢、庾、郗等东晋五大世族子弟就占了近一半。会稽内史的职务调动往往在中枢令仆和扬、荆、徐、江等重要军州刺史之间进行。其政治地位提升的主要原因，首先是会稽郡乃朝廷经济命脉，有昔日关中之喻，且任职者收入丰厚；同时又是拱卫京师的东南门户，形成了相对独立的会稽都督区；司马昱等多位会稽王长期主政并入继大统，庾冰、诸葛恢、何充、王述等多名原任者入主中枢，统领朝纲，也是会稽内史地位提升的重要原因。

关键词：东晋；会稽郡；会稽内史；政治地位；会稽都督区

东晋会稽郡与丹阳郡并属扬州，是京畿望郡、财赋重地。在东晋百余年间，其政治影响不断上升，任职者地位不在大州刺史之下，且会稽内史"都督五郡，亦方镇也"①，然而学术界对此并未达成共识。虽然清代历史学家吴廷燮在其《东晋方镇年表》中将会稽内史列为方镇军州，但万斯年的《东晋方镇年表》并未将其列入。后代学者，或偶有论及，但都未能深入。本文拟就会稽内史的任职情况、政治地位提升变化等内容进行考察，并探讨其成因。

一、会稽内史任职者地位显赫

会稽内史职比太守，《晋书·职官志》曰："诸王国以内史掌太守之任"。史籍可考的会稽内史，从诸葛恢起至刘怀敬止，前后共三十三人。清人吴廷燮在其

---

① 吴廷燮：《东晋方镇年表》，载《二十五史补编》（第三册），开明书店1937年版，第3467页。

《东晋方镇年表》中详细列出了三十人及其任职时间,考订详备,颇可鉴阅,但也有错漏。如书中所列刘惔建元元年(343)至建元二年(344)任会稽内史事,《晋书·刘惔传》无载,所凭为《世说新语》:"阮光禄赴山……刘尹时为会稽"。① 实误。"刘尹"当指他任丹阳尹之事,据杨勇《世说新语校笺》,"刘尹时为会稽"中的"为"系"索"之误②。据此,刘惔并未任会稽内史。故《年表》所列正确的为二十九人。此外,《年表》未列但史书可考的尚有许归、王允之、司马道子及王愉等四人③,合计三十三人。

从担任会稽内史的人员分析,多出身于当时的高门大族,且以侨姓士族居多。尤其是从咸和元年(326)始,到义熙八年(412)孔靖(静)再任会稽内史的八十余年中,几乎全是政坛风云人物,兹列表1如下。

表1 会稽内史出身地望表

地望氏族		任职人员
东晋五大家族	琅琊王氏	王舒 王允之 王恬 王羲之 王彪之 王荟 王凝之
	陈郡谢氏	谢玄 谢琰
	颖川庾氏	庾冰 庾羲
	高平郗氏	郗愔
	太原王氏	王述 王蕴 王愉
江南世族	会稽孔氏	孔愉 孔安国 孔靖
	会稽虞氏	虞潭 虞啸父
	会稽谢氏	谢輶
	义兴周氏	周札
司马皇族		司马道子 司马休之

由表1可知,仅东晋五大家族就有十五人充任此职,占了总人数的45%,江南士族则占了21%。除上列二十四人外,尚有诸葛恢、许归、熊远、邓攸、何充、江虨、刘牢之、何无忌、刘怀敬等九人,除刘牢之、何无忌、刘怀敬(刘裕表弟)系以北府将充任外,其他六人亦均出身北方士族,其中诸葛恢、何充、江虨更是当时显

① 吴廷燮:《东晋方镇年表》,载《二十五史补编》(第三册),开明书店1937年版,第3510页。
② 刘义庆著、杨勇校笺:《世说新语校笺》,中华书局2006年版,第304页。
③ 许归任会稽内史事,见许嵩:《建康实录》,中华书局1986年版,第216页。王允之、司马道子、王愉任会稽内史之事《晋书》皆有记载,兹不一一说明。

赫人物。

除出身显赫外,会稽内史任职的情况也非常特殊。三十三人中有半数以上为中枢令仆,历居显职;十五人出任荆、扬、徐、江等军州方镇,其中四人出任扬州刺史;近二十人担任禁卫军首领;十人任侍中,兹列表2如下。

表2 会稽内史历任显职情况表

	所任官职	任职人员
中枢令仆	录尚书事	庾冰 何充 司马道子
	尚书令	诸葛恢 王述 王彪之
	中书令	诸葛恢 何充
	中书监	庾冰
	仆射(含左右)	诸葛恢 王彪之 江彪 王愉 孔靖 邓攸 王舒 孔安国 孔愉 谢琰
	侍中	熊远 诸葛恢 王彪之 江彪 王荟 谢琰 孔安国 虞啸父 司马道子 孔靖
方镇军州	扬州刺史	庾冰 何充 王述 司马道子
	荆州刺史	王舒 司马休之
	徐州刺史	郗愔 王蕴 司马道子 谢琰
	江州刺史	王允之 庾冰 王羲之 王凝之 王愉 何无忌
禁卫武官	领军将军	诸葛恢 庾冰 孔愉 何充 王彪之 谢辅 王荟 孔安国 孔靖
	护军将军	邓攸 孔愉 何充 王羲之 江彪 王彪之 王荟 谢琰 虞啸父 王凝之

据《通典·晋官品》记载,上列官职多为第三品,且属于实权人物,主导中枢,能够左右皇权。而出任刺史的扬、荆、徐、江四州皆系重镇,"扬本畿甸,谷帛所出,领以宰辅;荆居上流,甲兵所萃,号曰分陕;徐曰北府,豫曰西藩,江兖雍梁,亦称雄据"[①],会稽内史能担任这些军州刺史,亦足以说明其重要程度。领军将军和护军将军皆属中央禁卫军首领,身系朝廷安危,职责重大。此外,尚有何充、王述分别进位骠骑将军,庾冰为车骑将军,虞潭、王述、王允之、谢琰等四人曾为卫将军,皆系重号将军,秩属二品,终东晋一朝任此职者亦属寥寥。

能够证明东晋会稽内史地位显赫的例子还有很多,其中最能说明问题的一个现象是:终西晋一朝,《晋书》中出现会稽太守(西晋称太守)的,加上诸葛

---

① 吴廷燮:《东晋方镇年表》,《二十五史补编》第3册,开明书店1937年版,第3467页。

恢总共才三人。一为戴昌,见于《晋书·戴若思传》:"父昌,会稽太守。"一为庾琛,庾亮之父,出现在外戚传中,"琛永嘉初为建威将军,过江,为会稽太守,征为丞相军谘祭酒"。① 司马睿进位丞相在建兴三年(315),"愍帝即位,加左丞相。岁余,进位丞相、大都督中外诸军事。遣诸将分定江东"。② 从引文可知,庾琛应是在"遣诸将分定江东"时任会稽太守,即建兴三年(315)初,不久就"征为丞相军谘祭酒",由诸葛恢接任了。故庾琛、诸葛恢的会稽太守职务也都是由司马睿任命的。因此,终西晋一朝,仅戴昌一人以会稽太守身份出现在史书上,且只是一笔带过。反观东晋时期,凡担任过会稽内史者,除个别《晋书》中无闻(许归)外,几乎都有独立传记;且会稽内史任职时间、平生事迹皆历历可考。

二、会稽内史地位提升的几个变化

会稽内史作为地方军政长官,其地位有一个明显的上升过程,主要表现在军号的提升、会稽都督区的形成、加官的出现、调任情况的变化等几个方面。

(一)会稽内史军号及其变化

会稽内史加军号似滥觞于永昌元年(322)三月。该年正月王敦举兵武昌,为拱卫京师,朝廷下令"丹阳诸郡皆加军号"③,此后会稽内史任职时多带军号。如史书可考的三十三名会稽内史,熊远、许归、邓攸任职在永昌元年以前,不带军号,庾羲、谢辀无传不可考,司马道子以琅邪王、骠骑将军之尊遥领会稽内史,刘怀敬任职已在晋末宋初,未见所授军号,其余二十六人任职时均同时授予军号,兹列表3如下。

① 《晋书》卷九十三《庾琛传》。
② 《晋书》卷六《元帝纪》。
③ 同上。

表 3　会稽内史军号一览表

军号	任职者	军号品阶	备注
卫将军	王允之　谢琰	第二品	军号根据《晋书》《宋书》及《通典》职官志记载、按先后顺序排列。品阶分类根据《通典·卷第三十七·职官十九·晋官品》编定
抚军将军	王舒	第三品	
镇军将军	孔愉　王彪之　郗愔*　王蕴　王荟*		
征东将军	虞啸父		
镇北将军	刘牢之		
左将军	王荟*　谢玄　王凝之		
右将军	周札　何无忌　王羲之　江彪①		
后将军	诸葛恢　王恬*　司马休之		
征虏将军	孔靖		
冠军将军	虞潭　郗愔*		
辅国将军	郗愔*　王愉		
建威将军	何充　王述	第四品	
振威将军	庾冰		
领军将军	孔安国②	第三品	

注：加＊者为在会稽内史任上曾被授予不同军号。

会稽内史地位的提升与军号密切相关。据《宋书·职官志》记载，刺史不领兵者、郡国太守、内史均在第五品，品阶相对较低。而会稽内史所授军号之品阶均在第四品以上。因此，会稽内史地位之提升，所授军号是关键因素之一。东晋军号品阶虽同，但轻重有别，进位有序，授予时颇为严格。如郗愔，在会稽内史任上先后获得过三个军号，即先由辅国将军转冠军将军，再到第二次任会稽内史时的镇军将军；王荟，初任会稽内史时为左将军，后进号镇军将军，"卒于官，赠卫将军"③；司马休之，初为后将军、会稽内史，"御史中丞阮歆之奏休之与尚书虞啸父

---

① 《晋书》中，将王羲之、江彪任会稽内史时的军号作右军将军，实误。右军将军属统领国家中军的领兵将军，与出任地方所授的军号分属两个系统。其中王羲之为"右将军"而非"右军将军"，可参看吴大新：《"王右军"考论——王羲之是"右将军"还是"右军将军"》，载《绍兴文理学院学报》2006 年第 3 期。

② 《晋书·孔安国传》："孔安国……再为会稽内史、领军将军。"领军将军疑误，因为领军将军属禁卫武官，与会稽内史所授军号分属两个系统。事实应为孔安国由领军将军调任会稽内史。安帝隆安中有诏曰："领军将军孔安国贞慎清正，出内播誉，可以本官领东海王师，必能导达津梁，依仁游艺。"该诏应是其就任会稽内史时所发。

③ 《晋书》卷六十五《王荟传》。

犯禁嬉戏,降号征虏将军,寻复为后将军"。①

会稽内史所授军号有一个明显的上升过程。以王羲之[按,永和七年(351)至永和十一年(355)任]为限,此前出任会稽内史者,军号都以四品为主,如何充、庾冰、王述等,任职时间集中在咸和、永和年间。王羲之以前所授军号最高者为王舒,出任会稽内史时为抚军将军,也是事出有因:一是王舒是以尚书仆射之显职调任,且曾任都督荆州、平西将军、假节;二是出任会稽,是王导有意安排,"时将征苏峻,司徒王导欲出舒为外援"②。因此,在军号上着力往上靠,至少需与前任职务相当,而抚军将军与尚书仆射同为第三品③,品阶基本一致。何充、庾冰、王述等出任此职,虽均出身大族,后并历显职,但出任会稽内史时军号均为第四品。王羲之以后,会稽内史所授军号均在三品及以上,王允之、谢琰更是以卫将军之尊出任会稽。

(二)会稽都督区的形成

据前人研究,东晋国家共有九大都督区,即扬州都督区、荆州都督区、江州都督区、徐州都督区、豫州都督区、会稽都督区、沔中都督区、益州都督区、广州都督区。④ 会稽都督区的形成,始于王舒。咸和三年(328),苏峻、祖约叛乱,"会稽内史王舒监浙江东五郡军事"⑤。五郡,即会稽(治今绍兴)、临海(治今临海)、东阳(治今金华)、永嘉(治今温州)、新安(治今淳安)。在王舒以前,浙江东五郡还不是一个军事整体,如王敦之乱时,周筵为"冠军将军、都督会稽、吴兴、义兴、晋陵、东阳军事"⑥,周筵所督包含了浙江东五郡之会稽、东阳。王舒之后,会稽都督区作为一个军事整体一直沿用,凡是东方有事,则会稽内史以居职者资望深浅重轻,分别带都督五郡军事、监五郡军事、督五郡军事衔,证明吴廷燮"会稽内史,都督五郡,亦方镇也"所言非虚。史籍可考的会稽内史带都督五郡者,前后共九人,兹列表4如下。

---

① 《晋书》卷三十七《司马休之传》。
② 《晋书》卷七十六《王舒传》。
③ 杜佑:《通典》(第一册),中华书局1988年版,第1003页。
④ 严耕望:《中国地方行政制度史——魏晋南北朝地方行政制度》(上册),上海古籍出版社2007年版,第36—46页。
⑤ 《晋书》卷七十六《王舒传》。
⑥ 《晋书》卷五十八《周筵传》。

表 4　会稽内史都督浙东五郡情况统计表

姓名	始任年	职务（军职）	资料出处
王舒	咸和三年（328）	监浙江东五郡军事、抚军将军	《晋书·王舒传》
郗愔	咸安元年（376）	都督浙江东五郡军事、镇军将军	《晋书·郗愔传》
王蕴	太元六年（381）	都督浙江东五郡、镇军将军	《晋书·王蕴传》
王荟	太元十年（385）	督浙江东五郡、左将军，镇军将军	《晋书·王荟传》
谢琰	隆安三年（399）	都督五郡军事，卫将军，假节	《晋书·谢琰传》
刘牢之	隆安四年（400）	都督会稽五郡、镇北将军	《晋书·刘牢之》
何无忌	义熙元年（405）	督浙江东五郡军事、右将军，假节	《晋书·何无忌传》
司马休之	义熙六年（410）	督浙江东五郡军事、后将军	《晋书·司马休之传》
孔靖	义熙八年（412）	督五郡诸军、征虏将军	《宋书·孔季恭传》

　　由上表可知，会稽都督区设置的都督诸州军事不是连续的，一般只在扬州一带有战事时会稽内史才加督五郡，如王舒任此职是因为苏峻叛乱，谢琰、刘牢之、何无忌任此职是因为孙恩之乱。郗愔、王蕴、王荟出任此职，并非由于会稽五郡有事，而是出任此职者均以显职调任，旨在提高他们的品阶，是当时执政者采取的权宜措施。而且"郗愔居其职，出于桓温对于他让出镇京口的徐兖二州刺史地盘的酬答；王蕴居其职，出于谢安对于王蕴让出镇京口的徐州刺史地盘的安排；王荟居其职，出于谢安不允许王荟出就江州刺史以壮桓冲声势而采取的一种妥协"①。此外，除东晋末年因镇压孙恩卢循起义由北府主将刘牢之、何无忌担任外，其他都是门阀士族人物，包括琅邪王氏（舒、荟）、高平郗氏（愔）、太原王氏（蕴）、陈郡谢氏（琰）等，资望与居荆扬徐豫者相当。

　　（三）加官散骑常侍的出现

　　散骑常侍是东晋主要加官之一，一般只授予东晋诸王和皇帝近臣，表示受皇帝信任，代表的是一种荣誉和恩宠。如，东晋有六位皇帝在封王时曾授散骑常侍（其余五位因明确继承皇位，故未授），《晋书》所列"元四王""简文三子"等无一例外都曾授此职。朝廷官员中一般只授予文武重臣且备受皇帝宠信者，主要集中在尚书省主官、州郡长官、禁卫武官中，如王导，"俄拜右将军、扬州刺史、监江南诸军事，迁骠骑将军，加散骑常侍、都督中外诸军、领中书监、录尚书事、假节，刺

_____

　　①　田余庆：《东晋门阀政治》，北京大学出版社 2009 年版，第 73 页。

史如故"。① 郗鉴,"俄而迁车骑将军、都督徐兖青三州军事、兖州刺史、假节,镇广陵。寻而帝崩,鉴与王导、卞壶、温峤、庾亮、陆晔等并受遗诏,辅少主,进位车骑大将军、开府仪同三司,加散骑常侍"。② 由此亦足见散骑常侍之尊贵显耀。

据《东晋加官散骑常侍略论》一文统计,东晋官员中加散骑常侍者共六十四人③,其中有十五人曾任会稽内史;州郡长官任此职者十七人,十一人为领兵州刺史所加,六人为会稽内史所加,分别为孔愉、王恬、王彪之、王蕴、王荟、谢玄。除孔愉外,其他五人均出身于东晋五大家族。王蕴情况较特殊,他在丹阳尹任上时便为左将军、散骑常侍,"蕴以姻戚,不欲在内,苦求外出,复以为都督浙江东五郡、镇军将军、会稽内史,常侍如故"。④ 故以郡守加散骑常侍者,仅会稽、丹阳二郡,而且王蕴本是以"都督京口诸军事、左将军、徐州刺史、假节"调任丹阳尹的。这说明一般只有出任藩镇的领兵都督才有资格授此职,而会稽内史中有六人,一方面说明会稽内史系领兵都督,另一方面也说明其地位之重要,且备受皇帝信赖。

从任职时间看,除孔愉外,均在江彪以后,即在升平二年(358)至太元十三年(389)之间。孔愉加官,亦有原因,他本为尚书仆射,因"年在悬车,累乞骸骨,不许,转护军将军,加散骑常侍,复徙领军将军,加金紫光禄大夫,领国子祭酒。顷之,出为镇军将军、会稽内史,加散骑常侍"⑤。

(四)会稽内史调动情况的变化

会稽内史前后调任的情况变化非常明显,大致分三个阶段,可以诸葛恢两次任会稽内史进行时间分段。

第一阶段是诸葛恢初任会稽内史前。诸葛恢出任会稽太守约在建兴三年(315),当时他是司马睿(镇东大将军、督中外诸军事)镇东参军,本欲征召为尚书郎,因司马睿上疏留用,才调任会稽太守。"元帝为安东将军,以恢为主簿,再迁江宁令。讨周馥有功,封博陵亭侯,复为镇东参军……愍帝即位,征用四方贤隽,

---

① 《晋书》卷六十五《王导传》。
② 《晋书》卷六十七《郗鉴传》。
③ 董邵伟:《东晋加官散骑常侍略论》,《殷都学刊》2010 年第 2 期。
④ 《晋书》卷九十三《王蕴传》。
⑤ 《晋书》卷七十八《孔愉传》。

召恢为尚书郎,元帝以经纬须才,上疏留之,承制调为会稽太守。"①由此可知,诸葛恢初任时,会稽太守的职务略高于镇东参军,与尚书郎接近。从《通典·晋官品》可知,尚书郎职为六品,而诸府参军为七品,郡国太守、内史为五品,参军调任,已是显授。由此可知,当时会稽内史(太守)仅是一般郡守而已,尚无变化,更不显赫。

第二阶段是自诸葛恢去职到再任会稽内史之时,时间约为太兴元年(318)到太宁二年(324)间。太兴初,诸葛恢传以母忧去官,又因讨王含有功征拜会稽内史。"明帝征敦,以恢为侍中,加奉车都尉。讨王含有功,进封建安伯……又拜恢后将军、会稽内史。征为侍中,迁左民尚书、武陵王师、吏部尚书。"讨王含时在太宁二年(324),诸葛恢第二次任会稽内史也应是该年或稍后。本次调动他是以侍中出任,后又征召为侍中。说明会稽内史任职者的地位资望已与侍中相当。

在诸葛恢去职到再任的约六年中,曾有许归、熊远、周札、邓攸、虞潭②等五人担任会稽内史一职。考察五人任职调动情况:许归"以琅邪太守随中宗过江,迁会稽内史"。③;熊远以侍中出补会稽内史,后拜太常卿,加散骑常侍;周札以尚书迁右将军、会稽内史,后死于王敦之乱;邓攸以护军将军迁会稽内史,后转为太常;虞潭本已致仕,因乱聚合义军进赴国难而进位冠军将军,会稽内史,之后征拜尚书,寻补右卫将军,加散骑常侍。除许归为平调外,熊远等四人调任情况已与诸葛恢第二次出任会稽内史时十分相似,皆以侍中、尚书、护军将军等显职调任,又以太常卿、尚书等转任,品阶均为三品。

第三阶段是诸葛恢第二次调任以后,接替者为王舒。自王舒于太宁三年(325)任职以来,会稽内史之地位身份更加显赫,职务调动往往在中枢令仆及大州刺史之间进行,试列举如下。

以显职出任会稽内史者:

王舒、王彪之、王蕴、孔靖以尚书仆射出任;

孔愉、郗愔以(紫金)光禄大夫出任;

王允之、王羲之、王凝之以江州刺史出任;

谢玄、何无忌分别以徐州刺史和豫州刺史出任。

以会稽内史调任显职者:

---

① 《晋书》卷七十七《诸葛恢传》。

② 参看吴廷燮《东晋方镇年表》,书中所列熊远、周札、邓攸任职情况基本可信,许归应接任诸葛恢,任职时间约为太兴元年(318)至太兴三年(320),这正与"随中宗过江"年份暗合。

③ 许嵩:《建康实录》,中华书局1986年版,第216页。

王舒、庾冰、王述直接调任扬州刺史,其中庾冰兼中书监,入朝辅政;

江彪、王彪之、谢琰、孔安国调任尚书仆射;

郗愔、何无忌分别调任徐州和江州刺史。

此外,有三个现象特别值得注意:一是以会稽内史调任者中,除王彪之因罪降职,孔愉、王恬、王蕴、王荟等七人死于任所,调任职务最低的是何充,为丹阳尹。二是王彪之在任上因得罪权臣桓温曾短暂去职,后"左降谪为尚书",寻复为仆射①。三是自王舒以后,以侍中出任会稽内史或以会稽内史转任侍中的,一个都没有。因此,咸和以后,会稽内史已进位大州刺史之列,政治地位显赫,较南渡初期以会稽内史征拜尚书(如虞潭)之时已大为不同,其影响远在尚书之上。

三、会稽内史政治地位提升的原因

会稽内史政治地位提升的原因有很多,首先,会稽郡乃"昔之关中",是朝廷经济命脉所在;其次,又是拱卫京师的东南门户,逐渐形成了相对独立的会稽都督区;此外,司马昱等多位会稽王长期主政最终继承大统,庾冰、诸葛恢、何充、王述等多名原任者入主中枢,也是会稽内史地位提升的重要原因。

(一)会稽郡系经济命脉所在,财赋所出皆仰吴会

东晋会稽郡,统有十县,户三万有余,各占了扬州的十分之一有奇,有"昔之关中"之喻。《晋书》卷七七《诸葛恢传》载,恢为会稽太守,晋元帝语恢曰:"今之会稽,昔之关中,足食足兵,在于良守。以君有莅任之方,是以相屈。"②

扬州是东晋朝廷主要的财赋之地,而扬州财赋又主要来自吴会。"扬本畿甸,谷帛所出,领以宰辅。"③"所藉之资,江南之地,盖九州之隅角,垂尽之余人耳。"④"然朝廷赋役繁重,吴会忧甚,羲之每上疏争之。"⑤王羲之任会稽内史时,给主政的会稽王司马昱上书言事时也曾提到赋税问题:"今运无还期,征求日重,

---

① 《晋书》卷七十六《王彪之传》。
② 《晋书》卷七十七《诸葛恢传》。
③ 吴廷燮:《东晋方镇年表》,《二十五史补编》(第三册),开明书店1937年版,第3467页。
④ 《晋书》卷七十一《王鉴传》。
⑤ 《晋书》卷八十《王羲之传》。

以区区吴越经纬天下十分之九,不亡何待!"①"十分之九"的比例或有夸大,但足以说明吴会税赋之重,是东晋朝廷的主要财政来源。

因此,一旦吴会发生战乱或饥荒,朝廷财政就会出现危机。苏峻叛乱,荼毒建康,殃及吴会,"是时朝廷空罄,百官无禄,惟资江州运漕"。② 大兴二年,扬州诸郡闹蝗灾,吴会大饥,元帝诏称:"天下凋敝,加以灾荒,百姓困穷,国用并匮。"③会稽孙霄在疏谏中也说:"今天下至弊,自古所希,宗庙社稷,远托江表半州之地,凋残以甚。加之荒旱,百姓困瘁,非但不足,死亡是惧。"④

作为股肱望郡的会稽,因其重要的经济地位,使作为郡守的会稽内史显得尤为重要,地位亦不断上升。

(二)会稽内史位列军州,都督五郡以军功显

东晋时的会稽郡,在军事上有着特殊作用。司马睿定都建康,会稽郡便成了朝廷的东南门户,对拱卫京师、靖兵勤王具有举足轻重的意义。王舒以来,扬州一旦有战事,会稽内史往往都督浙江东五郡军事,或保境安民,或誓师勤王。在扬州境内发生的几次动乱,如平王敦、苏峻,征孙恩、卢循等,会稽内史厥功甚伟。

永昌元年(322),王敦以讨刘隗、刁协为名举兵武昌,沈充亦于吴兴起兵相应,战乱延及会稽。王敦为策反会稽内史熊远,加封他为宁远将军,但熊远性廉直,不愿附逆,对王敦的封号"拒而不受,不输军资于(沈)充,保境安众为务"⑤。在这次内乱中,会稽虽未参与战争,但充分体现了其战略地位。太宁二年(324)的战乱,则更加体现了会稽郡对于拱卫京师的军事价值。这次战乱与会稽郡关联颇大,一开始王敦首先就向会稽发难。当时会稽内史为周札,周氏一门五侯,宗族强盛,王敦颇为忌惮,也严重影响了沈充在吴兴的权势。在钱凤的怂恿下,王敦萌生剿灭吴兴周氏之意。于是尽杀周札兄弟子侄,并遣沈充进军会稽,周札战死。⑥ 周札的继任者是邓攸,以护军将军之尊迁任会稽内史。明帝本意是让邓攸牵制王敦,但"有恶(邓)攸者,诬攸尚白敦兵数"⑦。虽然明帝并未深信,但

---

① 《晋书》卷八十《王羲之传》。
② 《晋书》卷八十一《刘胤传》。
③ 《晋书》卷六《元帝纪》。
④ 《晋书》卷六十四《司马焕传》。
⑤ 《晋书》卷七十一《熊远传》。
⑥ 《资治通鉴》,中华书局1956年版,第2919—2920页。
⑦ 《晋书》卷九十《邓攸传》。

为安全计,仍调邓攸为太常卿。邓攸的继任者是致仕的宗正卿虞潭,王含、沈充攻逼京都,虞潭招合宗人及会稽郡士族,共起义军万人奔赴国难,明帝手诏征虞潭为冠军将军、会稽内史。虞潭义军到达西陵,沈充等已兵败被擒,虽没有具体参战,但抄其后路,足可动乱军心。虞潭以讨沈充之功,进爵零县侯。王敦之乱,使朝廷当政者看到了会稽郡的重要军事地位,是靖兵勤王的外援屏藩。

苏峻、祖约之乱是王敦之乱的延续。两人并为流民帅,东晋朝廷对率众南来的流民帅一直深怀疑忌,往往都使之滞留于淮河南北,不让过江。为平王敦之乱,才从郗鉴等议,召临淮太守苏峻、豫州刺史祖约入卫京师。内乱平息,苏峻以军功加官晋爵,为历阳太守,屯兵建康上游。祖约所统之众,亦自中原南渡淮河,屯驻寿春。王敦之乱虽平,流民帅却分居要害,威胁建康。早在太宁三年(325)末,朝廷就有征苏之意,司徒王导以王舒为抚军将军、会稽内史,形为外援。咸和二年(327),苏峻联合祖约以诛庾亮为名,起兵谋逆,随即攻陷姑孰、宣城,所向披靡。不久又攻占京师,劫掠宫室,涂炭建康,并自任骠骑将军、录尚书事,挟天子以自重。会稽内史王舒等受太后之诏,聚合义兵,西渡浙江,与敌军交战多次,"是时临海、新安诸山县并反应贼,舒分兵悉讨平之"①,其子王允之更是功勋卓著,歼敌无数。王舒以平苏峻功封彭泽县侯,卒赠车骑大将军、仪同三司。

以上两次战乱都使会稽内史的地位得到了大幅提升,不仅个人晋爵封侯,同时也使这一职位变得更加重要。

孙恩、卢循之乱,也充分体现了会稽内史的重要性。隆安三年(399),司马元显纵暴吴会,孙恩揭竿起义,因袭会稽,杀害内史王凝之,旬日之中即拥众数十万,朝廷震惊。于是遣淝水战役中的北府名将谢琰为会稽内史、都督五郡军事,并对他寄予厚望,"琰以资望镇越土,议者谓无复东顾之忧"。然而谢琰"无绥抚之能,不为武备"②,轻敌冒进,最终被孙恩所害。会稽内史继任者是北府名将刘牢之,孙恩之乱全仗牢之及其手下参军刘裕得以平定。刘裕也因平定孙恩之乱而逐渐掌握兵权,最终代晋自立。

(三)会稽王长期摄政并入承大统,也使会稽内史资望日隆

会稽内史乃"王国之相"③,与会稽王上下隶属,互为唇齿,关系密切。会稽

---

① 《晋书》卷七十六《王允之传》。
② 《晋书》卷七十九《谢琰传》。
③ 《晋书》卷三《武帝纪》:"太康十年(289),改诸王国相为内史。"

王的发达必然同时促进会稽内史政治地位的提升。东晋会稽王是除琅邪王外最尊贵的封号,其中简文帝司马昱和孝武帝司马曜都曾担任会稽王,两人在位时间长达二十五年,占了东晋一朝的四分之一。咸康八年(342)以来,自会稽王司马昱受顾命入朝辅政,先后以录尚书六条事、司徒、丞相之尊,历经三朝,"专总万机",位极人臣,成为司马皇族中实际掌权人,最后更是废帝自立,入统皇极。史家多以为废立之事是桓温专横所致,其实从《晋书·海西公纪》可知,此事全由司马昱主导策划,桓温只是出面主持而已,"太和四年(367)十一月辛丑,桓温自山阳及会稽王昱会于涂中,将谋举事"①。"咸安二年(372)正月,降封帝为海西县公。四月,徙居吴县,敕吴国内史刁彝防卫,又遣御史顾允监察之。"②从密谋、降封、徙居、防卫、监察等一系列动作可以看出,这些都是司马昱主导的。这也从侧面说明司马昱位高权重,已完全凌驾于皇权之上。在他当政的二十余年间,会稽内史频繁调动,且都为显职,这与他以会稽王身份辅政不无关系,兹录于下。

永和十年(354),以前会稽内史王述为扬州刺史。

兴宁三年(365),以会稽内史王彪之为尚书仆射。

太和二年(367),以会稽内史郗愔为都督徐兖青幽四州诸军事、平北将军、徐州刺史。

上引三条分别录自《晋书》卷八《穆帝纪》和《哀帝纪》,会稽内史调任情况在帝纪中出现的并不多见,而这段时间却特别集中,亦足以说明问题。

三人中,王彪之系作为司马昱心腹股肱调任,实是为了压制桓温专权,他是当时与桓温周旋的核心人物。王述虽出身太原王氏,但才资平平,终其一生也无突出事迹。司马昱也知道他的弱点:"简文帝每言王述才既不长,直以真率便敌人耳。"③王述的率真在史书中多有记载,试举一例:"初,述家贫。求试宛陵令。颇受赠遗。而修家具,为州司所检,有一千三百条。王导使谓之曰:'名父之子不患无禄,屈临小县,甚不宜耳。'述答曰:'足自当止。'"④贪财好货之心毫不掩饰,难怪王羲之看不起他,还因王述做了扬州刺史,"耻为之下"而"称病去郡"⑤;但即便如此,仍能"得蒙显授",原因与司马昱为会稽王而王述曾为会稽内史不无关系。

---

① 《晋书》卷八《海西公纪》。
② 同上。
③ 《晋书》卷七十五《王述传》。
④ 同上。
⑤ 《晋书》卷八十《王羲之传》。

还有一个现象也特别值得注意,会稽内史加散骑常侍衔者除孔愉外,王恬、王彪之、王蕴、王荟、谢玄等五人的任职时间(358—389),均集中在会稽王(昱、曜)主政和称制期间,这说明在此期间的会稽内史备受朝廷信赖。

此外,太元十七年(393),骠骑将军、扬州刺史、录尚书事、假节、都督中外诸军事司马道子徙封会稽王,此后一直把持朝政,专权多年,直至晋末去世。由上可知,自咸康以来至东晋末约六十年中,会稽王或摄政总揽朝纲,或承绪临朝称制;也因为这层关系,会稽郡之地位和影响与日俱增,会稽内史也愈见显贵,备受重用,以致皇族中司马道子和司马休之也先后担任过会稽内史。

(四)原任者多人进位宰辅令仆,也是会稽内史地位提升的原因之一

会稽内史任职者中先后有十四人位列宰辅令仆(已排除重复任职者),其中庾冰、何充、司马道子为录尚书事,总揽朝政,位极人臣;诸葛恢、王述、王彪之为尚书令,又有任尚书仆射十人。其中庾冰自东晋开国勋臣王导于咸康五年(339)去世,便以会稽内史身份调任中书监、扬州刺史、都督扬豫兖三州军事、征虏将军、假节,全面接替王导职位。随着庾亮、郗鉴等相继去世,何充、诸葛恢又分别担任中书令和尚书令。咸康八年(342),晋成帝不豫,"引武陵王晞、会稽王昱、中书监庾冰、中书令何充、尚书令诸葛恢并受顾命"。[①] 庾冰、何充、诸葛恢三人同受顾命,这对于会稽内史一职而言也算是莫大的荣耀了。因为三人先后担任会稽内史的时间均超过三年,庾冰更是长达六年之久,而且他还是直接以会稽内史之职调任并入朝辅政,是实际的掌权者。

在他们当政期间,分别由孔愉和王恬担任会稽内史。两人的任职情况非常特殊:孔愉为镇军将军、会稽内史,加散骑常侍;王恬为后将军、会稽内史,加散骑常侍,均位列三品,地位较何充、庾冰任职时提高了一级。三人于永和二年(347)前先后去世,此后担任会稽内史的王述地位又有所下降;永和四年(349)王述任会稽内史时,为建威将军、会稽内史,位列四品。王羲之、江虨继任,为右将军,位列三品,此后所有会稽内史继任者所授军号均在三品及以上,并一直沿袭,至晋末不改。

从上述事实分析,多名会稽内史进位宰辅,主导中枢,进一步促进了这一职位政治地位的提升。

① 《晋书》卷七《成帝纪》。

（五）会稽属富庶之地，会稽内史资给丰厚

东晋一朝，士族专权，属于典型的门阀政治，权力分配体现为主弱臣强、国弊家丰。因为这一格局，往往出现藩镇都督遥制朝廷的现象，如桓温、庾亮、桓玄等皆然。此外，在俸禄待遇方面也是外官高于京官，即使求一县令也远较在朝为官富裕，如太原王述求为宛陵令、新蔡干宝求补山阴令皆因家贫，便可知悉。

据《晋书·职官志》记载，尚书令职为三品，但其秩禄为"千石"，标准是"食俸月五十斛。赐春绢三十匹，秋七十匹，绵七十斤。给菜田六顷，田驺六人"。而郡守向为二千石官，会稽内史更可享受"秩中二千石"之待遇，高于一般郡守，这在《晋书》中诸葛恢、王舒出任会稽内史时均有明确记载。中二千石的标准是："食奉日三斛。给春赐绢五十匹，秋绢百匹，绵一百斤。给菜田六顷，田驺六人。"[1]其食俸是中书令、仆射的近两倍。此外，东晋财政一直处于入不敷出的境地，很多时候连官员的俸禄都要拖欠折减。"是时天下凋敝，国用不足。"[2]"众官廪俸，权可减半。凡诸役费，自非军国事要，皆宜停省，以周时务。"[3]"于时军旅荐兴，国用虚竭，自司徒已下，日廪七升。"[4]类似记载，在《晋书》中比比皆是。因此，京官的俸禄不仅微薄，即使规定标准亦无法保障。反观出任藩镇的州郡长官，其获得俸禄的保障性较好，部分来源于"以禄代耕"，可自行控制。"都督可课佃二十顷，州十顷，郡五顷，县三顷。……然后重居职之俸，使禄足以代耕。"[5]

除朝廷年俸高于同级别京官外，州、郡长官尚有许多灰色收入，远较俸禄为多，尤其是吴会等富裕地区。其中主要一项就是"迎送费"，庾琛为会稽太守时，主簿虞预曾上陈时弊：

> 自顷长吏轻多去来，送故迎新，交错道路。受迎者惟恐船马之不多，见送者惟恨吏卒之常少。穷奢竭费谓之忠义，省烦从简呼为薄俗，转相仿效，流而不反，虽有常防，莫肯遵修。加以王途未夷，所在停滞，送者经年，永失播植。一夫不耕，十夫无食，况转百数，所妨不訾。愚谓

---

① 《晋书》卷十四《职官志》。
② 《晋书》卷六十七《温峤传》。
③ 《晋书》卷九《孝武帝纪》。
④ 《晋书》卷六十四《司马道子传》。
⑤ 《晋书》卷七十《应詹传》。

宜勒属县，若令、尉先去官者，人船吏侍皆具条列，到当依法减省，使公私允当。又今统务多端，动加重制，每有特急，辄立督邮。计今直兼三十余人，人船吏侍皆当出官，益不堪命，宜复减损，严为之防。

——《晋书》卷八十二《虞预传》

由上引材料可知，"送故迎新"已是常态，而且"受迎者惟恐船马之不多，见送者惟恨吏卒之常少"。若是"省烦从简"那便是"薄俗"。不仅州郡长官，即使"令、尉"去官者，"人船吏侍皆具条列"；而且所送者似以田亩为主，"送者经年，永失播植"。田亩之外，似还有房舍可占，"先之室宇，皆为私家，后来新官，复应修立"①。难怪很多士人出任藩镇令守，旨在求田问舍，聚敛财货，任职后便长期定居，尤其是富庶的吴会地区。如"好聚敛，积钱数千万"的郗愔"乐补远郡"②；"性贪财好色"的周札"惟以业产为务"③等。

如果说"迎新"送的是田产房舍，那么"送故"送的便是财资丁壮了。试看两例：

（孔愉）出为镇军将军、会稽内史，加散骑常侍。……在郡三年，乃营山阴湖南侯山下数亩地为宅，草屋数间，便弃官居之。送资数百万，悉无所取。

——《晋书》卷六十七《郗愔传》

时吴郡阙守，人多欲之，帝以授（邓）攸。攸载米之郡，俸禄无所受，唯饮吴水而已。……攸在郡刑政清明，百姓欢悦，为中兴良守。后称疾去职。郡常有送迎钱数百万，攸去郡，不受一钱。

——《晋书》卷九十《邓攸传》

上引两例说明，郡守去官，送迎钱系惯例，而且也有标准，送资均为"数百万"。郗愔"积钱数千万"，就被史家讽刺为"好聚敛"④。由此可知，这"数百万"绝非一个小数目。孔愉、邓攸悉无所取，而被史家赞颂，也正好说明一般官员循

---

① 《晋书》卷七十五《范宁传》。
② 《晋书》卷六十七《郗愔传》。
③ 《晋书》卷五十八《周札传》。
④ 《晋书》卷六十七《郗愔传》。

例获得"送故"财资之事实。

方镇都督去官还有以丁壮器杖为送故者,这可从范宁谏书中窥斑见豹:"又方镇去官,皆割精兵器杖以为送故,米布之属不可称计。监司相容,初无弹纠。其中或有清白,亦复不见甄异。送兵多者至有千余家,少者数十户。既力入私门,复资官廪布。"①在农耕时代,劳动力就是生产力,送一次就"千余家、数十户",这与京官宰辅"给田驺六人"相距实在太大。会稽内史作为方镇都督,获得百十户丁壮自在情理之中。

虽然当政者也认识到问题的严重性,但"送故实为东晋政府与官僚地主之间分割财源的一种形式,是与当时主弱臣强的权力分配格局相适应的一种财力分配形式,因而长期难于得到纠正"②。正因为如此,作为东晋第一望郡的会稽,一直成为士族竞相争夺的焦点,也因此使会稽内史的地位愈加突出。东晋中后期会稽内史之身份地位超越吴国内史,甚至超过丹阳尹,只怕与此有直接关联。

四、余　论

综合以上论述,再做简要小结,并就个别问题做些补充。会稽内史的政治地位,伴随着军号、都督五郡、加散骑常侍衔等而逐渐提升,并因此而凌驾于多数大州刺史之上。至于其他郡守,与会稽内史的地位更是不可同日而语。以并为显郡的吴国内史为例,在任职时加军号的仅十二人,其中荀羡、王谧、王劭、王荟、王廞、荀蕤六人授建威(建武)将军,为四品;王珣、庾希、桓谦授辅国将军,何澄为冠军将军、魏咏之征虏将军、虞潭镇军将军,六人为三品。但除镇军将军外,军号排名都极靠后,而虞潭为镇军,实因其征苏峻之功得以相授,且他在平王敦之乱时又曾任会稽内史、冠军将军。从加军号的十二位吴国内史身份看,虽亦出身大族,但多为家族中二、三流人物,很少进位中枢宰辅或担任重要军州刺史。

浙江东五郡作为一个独立的都督区,后世多有沿袭。如"孝建元年(454),分扬州之会稽、东阳、新安、永嘉、临海五郡为东扬州。大明三年(459)还以东扬州为扬州,丹阳等王畿诸郡以南台侍御史统之"③。刘劭篡位,更是将浙江东五郡置为会州,"元凶弑立,以扬州浙江西属司隶校尉,浙江东五郡立会州"④,会州之

---

①　《晋书》卷七十五《范宁传》。

②　陈光明:《六朝财政史》,中国财政经济出版社1997年版,第123页。

③　《宋书》卷三十五《州郡志一》。

④　《宋书》卷七十九《刘诞传》。

称自然是从会稽演化而来。这也足以说明会稽的政治影响和核心地位。刘宋一朝,凡是诸皇室担任会稽太守,往往兼任浙江东五郡都督,如义阳王刘昶、寻阳王刘子房、江夏王刘跻等。齐梁亦有因袭。到了隋唐,会稽郡升格为越州,完成了形式上的转变,且还是吴州总管府、越州总管府、越州都督府、浙东观察使司及镇东军节度使司的治城所在。其地位的取得,实肇端于东晋,更有赖会稽内史政治地位之提升。

除在政治、经济、军事等方面具有较大影响外,会稽内史对绍兴文化的发展也是功不可没。王羲之兰亭雅集,吸引了众多文人集聚会稽。加上众多会稽内史在此定居,如孔愉"为会稽内史,在郡三年,乃营山阴湖南侯山下为宅居之"[①];郗愔"与姊夫王羲之、高士许询并有迈世之风,俱栖心绝谷,修黄老之术……以年老乞骸骨,因居会稽"[②];王羲之"初渡浙江,便有终焉之志。……孙绰、李充、许询、支遁等皆以文义冠世,并筑室东土,与羲之同好"[③]。道光《会稽县志稿·风俗志》曰:"晋迁江左,中原衣冠之盛,咸萃于越,为六州文物之薮,高士文人,云从景合。"衣冠高聚,使会稽成了名副其实的文化中心,奠定了后世"鉴湖越台名士乡"的基础。

（本文原载于《社会科学战线》2014 年第 2 期）

---

① 孔灵符:《会稽记》,《鲁迅辑录古籍丛编》(第三卷),人民文学出版社 1999 年版,第 311 页。
② 《晋书》卷六十七《郗愔传》。
③ 《晋书》卷八十《王羲之传》。

王舒与会稽

——兼论王敦之乱对琅琊王氏的政治影响

余晓栋①

摘 要:王舒是王敦、王导之从弟,东晋初年主要政治人物之一,曾任职少府、廷尉、尚书仆射等枢要,又历青徐、荆州、湘州等方镇督将,受累于族兄王敦之乱,仕途受挫;其胞弟王邃或亦预乱被戮,故有沉王含父子于江的反常举动,实为保全门户之计。王舒晚年出镇会稽,是琅琊王氏等高门士族任职会稽之始,有奠基之功,使会稽政治地位进一步提升,并形成了独立的会稽都督区,进而促进了南朝东扬州之设立。在随后的几十年中,颍川庾氏、高平郗氏、陈郡谢氏、太原王氏等世家大族之一流人物陆续出镇会稽,进一步推动了会稽经济和社会文化之发展。

关键词:王舒;琅琊王氏;会稽;王敦之乱

陈寅恪先生在《述东晋王导之功业》一文中论述了王导笼络江东士族,统一内部,振兴江左之经历,并分析了北来高门士族移居会稽之原因。他指出,王导及其集团之人逃命江左,寄人国土,喘息稍定,旧习难除,仍以求田问舍为务,选择移居会稽,是因为"新都近旁既无空虚之地,京口晋陵一带又为北来次等士族所占有,至若吴郡、义兴、吴兴等皆是吴人势力强盛之地,不可插入。故唯有渡过钱塘江,至吴人士族力量较弱之会稽郡,转而东进,为经济之发展"②。陈先生之论高屋建瓴,深有见地。东晋初期之会稽名望不彰,地位和影响在吴郡、吴兴、义兴之下。正是北来高门士族的移居与开发,使会稽政治地位迅速提升,经济发展成为"海内巨邑";而琅琊王氏是较早涉足会稽,并对会稽之政治、经济和文化发展产生深远影响的北来士族,奠基者当首推王舒。王舒出镇会稽,不仅推动了会

---

① 余晓栋,浙江越秀外国语学院教授,研究方向为六朝历史与文化、地方文史。本文为基金项目"浙江省哲学社会科学重点研究基地(越文化研究中心)"课题成果(编号:15JDYW03YB)。

② 陈寅恪:《金明馆丛稿初编》,生活·读书·新知三联书店 2009 年版,第 69 页。

稽政治地位之提升,会稽都督区之形成,也直接带动了琅琊王氏等高门士族迁居会稽,促进了会稽经济、社会和文化的发展。本文拟就王舒出镇会稽之成因,及其对会稽发展之影响做些探讨。

一、王舒生卒、出仕及生平履历考

王舒,字处明,为王敦、王导之从弟,是琅琊王氏中的佼佼者,少为从兄王敦所知。据《世说新语》卷八记载,王敦曾与元帝司马睿讨论王舒、王邃兄弟之优劣:"舒风概简正,允作雅人,自多于(王)邃,最是臣少所知拔。"王舒是东晋初年活跃于江左政坛的重要政治人物,从军府僚佐到方面镇将,履历颇丰,多历显职,曾任职少府、廷尉、尚书仆射等枢要,又多次出任领兵将领,先后历青徐、荆州、湘州等方镇督将,最后出镇会稽,任会稽内史、监浙江东五郡军事,历时较长,影响最深远。然而后人对他关注不多,主要原因有二:一是琅琊王氏世代簪缨,兄弟辈中导、敦等光芒太盛,子侄中又人才辈出,以致湮没无闻;二是其人品气节遭人诟病。王敦殂后,王含、王应来投,被王舒沉之于江,其行为受后世所诟病,《世说新语》卷八《赏誉》谓之曰:"处明夙令,声颓暮年。"

王舒出仕时间较晚,其生年不可细考,但根据记载亦可推知大概。据《晋书》卷七十六《王舒传》载:

> 王舒,字处明,丞相导之从弟也。······以天下多故,不营当时名,恒处私门,潜心学植。年四十余,州礼命,太傅辟,皆不就。及敦为青州,舒往依焉。

按,此记载包含了诸多信息,亦可推其生年。王舒"不营当时名,恒处私门,潜心学植",出仕时间较晚,故"茂弘(按,王导)已有令名,处明亲疏无知之者"[1]。"太傅"指东海王司马越,据《晋书》卷四《惠帝纪》,司马越任太傅在永兴元年(304)十二月,永嘉元年(307)转丞相,故太傅辟王舒应在公元305—307年之间。又王敦于永嘉元年(307)三月任青州刺史,同年十二月卸任。[2] 该年王舒应随为军幕,为初仕之年。据此推测,则史书中"年四十余"尚未出仕之记载失实。王舒

---

① 《世说新语》卷八《赏誉》第四十六。
② 万斯同:《晋方镇年表》,《二十五史补编》,开明书店1936年版,第3394页。

为王导(276—339)之从弟,则其生年不早于 276 年。结合王舒 307 年出仕判断,本传中之"年四十余"显然有悖于常理。若据此推算,则其生年在 367 年之前了。同时也不可能为"二十余",因为魏晋士族二十余岁为正常出仕之年,也与本传中"恒处私门,潜心学植""茂弘已有令名,处明亲疏无知之者"之记载有悖。故传记中"四十余"应为"三十余"最合情理。据此,则其生年最大可能应是 276 年,最迟不晚于 277 年。

王舒之卒年在史书中亦颇多抵牾。据《晋书》卷七《成帝纪》载,王舒死于咸和八年(333)六月甲辰。但考诸本传及其他诸记载,王舒之卒年应在咸和四年(329),最迟不会超过咸和五年(330)。兹引相关记载如次:

> 《晋书》卷七十六《王舒传》:贼平,以功封彭泽县侯,寻卒官,赠车骑大将军、仪同三司。
>
> 《晋书》卷七十六《虞潭传》:寻而峻平,潭以母老,辄去官还余姚。诏转镇军将军、吴国内史。复徙会稽内史,未发,还复吴郡。
>
> 《晋书》卷七十七《何充传》:苏峻作乱,……贼平,封都乡侯,拜散骑常侍,出为东阳太守,仍除建威将军、会稽内史。在郡甚有德政,荐征士虞喜,拔郡人谢奉、魏颙等以为佐吏。
>
> 《晋书》卷七十六《王允之传》:及苏峻反,允之讨贼有功,封番禺县侯,邑千六百户,除建武将军、钱唐令,领司盐都尉。舒卒,去职。既葬,除义兴太守,以忧哀不拜。从伯导与其书曰:"太保、安丰侯以孝闻天下,不得辞司隶;和长与海内名士,不免作中书令。吾群从死亡略尽,子弟零落,遇汝如亲,如其不尔,吾复何言!"允之固不肯就。咸和末,除宣城内史、监扬州江西四郡事、建武将军,镇于湖。

按,从《王舒传》之记载,结合虞潭、何充任职会稽之记载看,王舒之卒年当在苏峻之乱平定后不久,即咸和四年(329)。又据《王允之传》,允之因王舒去职到起复,时在"咸和末",即咸和八年至九年之间,按《礼记》"父母之丧,三年不从政"古代丁忧之制,若王舒死于咸和八年(333),则允之尚在艰中,显然不合情理。田余庆先生认为,王允之是夺情起复。① 其实不然,晋代向以孝治天下,丁忧为定制,且琅琊王氏亦以孝友传家,先祖有"卧冰求鲤"之传说,孝为德先;若无非常之

---

① 田余庆:《东晋门阀政治》,北京大学出版社 2009 年版,第 108 页。

机,断无夺情之举。且晋代守制极严,如据《晋书》卷六十七《温峤传》载,温峤遭母亡,因阻乱不获归葬,苦请北归,司马睿极力挽留,"诏三司、八坐议其事",最后不得已才受命江左。但即便如此,也仍遭时人非议,据《晋书》卷七十八《孔愉传》:"愉为司徒长史,以平南将军峤母亡遭乱不葬,乃不过其品。"文中"不葬"显然不能单纯理解为"不安葬",而应包含了不守制之意。故《王允之传》中"既葬,除义兴太守"疑系守丧期满后所加之职。王允之以哀忧不拜,故有王导"不得辞司隶"之劝。据此,允之去职到再任之时间应超过两年半,则上引之记载及推论皆可成立。另,王舒作为东晋初年之重要政治人物之一,自苏峻之乱平后,其事迹再无记载。此亦可为王舒死于咸和四年(329)之佐证。

综上所述,王舒生于咸宁二年(276)或稍后,略小于王导,卒于咸和四年(329),出仕之年为永嘉元年(307)。但王敦为青州刺史时间短暂,故王舒之履职基本在江左,大致可分为四个阶段。

第一阶段为永嘉元年(307)至建武元年(317),军府僚佐到方面镇将。永嘉初,司马睿出镇建康。据《晋书》卷七十六《王舒传》,王舒与诸父兄弟俱渡江委质,是随中宗渡江的"百六掾"之一,先后任(司马睿)镇东参军、溧阳令、东中郎司马等,又辅佐司马裒为咨议参军;建武元年(317),司马裒为使持节、都督青徐兖三州诸军事、车骑将军,并于同年六月领兵三万随祖逖北伐石勒,时司马裒仅十八岁,王舒为车骑司马,"频领望府,咸称明练"。同年十月,司马裒薨,王舒代镇,除北中郎将、监青徐二州军事。

第二阶段为担任北中郎将、监青徐二州军事,任职时间在三年以上。据《资治通鉴》及《蔡豹传》等记载,太兴三年(320),徐龛叛晋归附后赵,晋元帝命羊鉴与蔡豹征讨徐龛。十月,徐龛大败蔡豹,蔡豹连夜逃走,退守下邳,被王舒收斩。《资治通鉴》卷九十一《晋纪十三》:"蔡豹既败,将诣建康归罪,北中郎将王舒止之。帝闻豹退,遣使收之。舒夜以兵围豹,豹以为他寇,帅麾下击之;闻有诏,乃止。舒执豹送建康,冬,十月,丙辰,斩之。"据此可推知,太兴三年(320)王舒尚在北中郎将任上。

第三阶段为从北中郎将任上调任中枢。王舒调任中枢之确切时间颇难确证,然在太兴三年(320)十月之后颇可明确。另,亦在该年,元帝与王氏构隙,引刘隗、刁协等以为腹心,抑损王氏之权,王舒之调任中枢或亦与此有关。据王舒本传"顷之,征国子博士,加散骑常侍"之记载,王舒转任中枢应在该年或稍后。此间,先征为国子博士,主管教育;后又转少府、徙廷尉,皆为九卿之一,然较方伯之任已是位尊而权轻。

第四阶段主要是担任方伯镇将。永昌元年(322)正月,王敦举兵武昌,克建康,自任丞相,改易百官及诸军镇,专擅朝政。太宁元年(323)十一月,使王舒出镇荆州,任荆州刺史、监荆州沔南诸军事。太宁三年(325)五月,因王敦叛乱之累,改安南将军、广州刺史。因不乐越岭,改授相州刺史、持节都督。咸和元年(326)四月,代邓攸又被征为尚书仆射。同年八月,又由王导安排,再次出镇方面,任抚军将军、会稽内史,直至去世。

王舒任职会稽,主要功绩是征伐苏峻。据本传,王舒在郡两年而苏峻作逆,奉庾太后遗诏为假节都督、行扬州刺史事,率领吴国内史庾冰、御史中丞谢藻、前义兴太守顾众等渡江讨逆。咸和三年(328),陶侃立行台为盟主,使王舒任监浙江东五郡(会稽、临海、东阳、永嘉、新安)军事,主持浙东战局,颇有功绩。王舒之镇会稽,对会稽之政治格局、社会发展,及整个琅琊王氏家族均影响深远。

二、王舒出镇会稽前之政治危机

王舒出镇会稽,时在咸和元年(326)八月。[①] 此时,距王敦之乱平定仅两年,但政治格局已发生了重大变化。王敦之乱后,琅琊王氏受到压制。《晋书》卷七十六《王允之传》中,王导谓之曰:"群从死亡略尽,子弟零落",势力受挫,兵权尽失。琅琊王氏中活跃于东晋政坛的为王览一支,据《琅琊王氏宗谱》及史书记载,可考的王敦群从兄弟十二人,至太宁二年(324)王敦之乱平定,活跃于政坛的王氏兄弟仅剩王导、王舒、王彬三人,详见表1。

表1 王敦之乱后琅琊王氏群从兄弟世系及简况表

一世	二世	三世	备　注
王览	王裁	王导	324 年后大权旁落,权归庾氏
		王颖	早卒
		王敞	早卒
	王基	王含	子瑜、应及其本人皆死于战乱
		王敦	病死于太宁二年(324)

---

① 《资治通鉴》卷93《晋纪十五》:"咸和元年(326)八月,……尚书仆射王舒为会稽内史,以广声援。"

续　表

一世	二世	三世	备　注
王览	王会	王舒	324 年卸任荆州刺史
		王邃	（？—324）疑预王敦之乱
	王正	王旷	王羲之父，《晋书》无传，309 年驰援并州，疑为刘聪所虏
		王廙	参与第一次王敦之乱，322 年卒
		王彬	324 年卸任江州刺史，后任光禄勋、度支尚书等
	王琛	王棱	为王敦所杀
		王侃	无后，官至吴国内史，不闻于时

此外，有一人颇可注意，即王舒之胞弟、王敦之从弟王邃。王邃，字处重，历任尚书、中领军、尚书右仆射，由下邳内史转征北将军、都督青徐幽平四州诸军事，历任显职但《晋书》无传，且其后代在《琅琊王氏宗谱》中均无记载，殊为可疑。加上其事迹在《晋书》《资治通鉴》等史书中只记载到 324 年，时间与王敦之乱平息暗合，疑王邃预王敦之乱而死于该年，且嗣后王舒仕途受挫亦与之有关。理由如次：

首先，在王敦之乱中琅琊王氏始终态度暧昧，取舍无恒，首鼠两端。尤其是王敦第一次举兵，得到了大多数群从兄弟、子侄的大力支持。大致言之，主要有三种态度：一是以王含为代表的参与者。王含为王敦胞兄，反应最为激烈。据《晋书》卷九十八《王敦传》，王敦举兵武昌，"敦兄含时为光禄勋，判奔于敦"。第二次更是与其子王应谋划操纵，挂帅出征。王廙为元帝姨弟，《晋书》卷七十六《王廙传》："及王敦构祸，帝遣廙喻敦，既不能谏其悖逆，乃为敦所留，受任助乱。"王廙死于当年十月，故得保全声誉，追赠立传。二是以王导为代表的观望派。王导虽两次都站在朝廷一边，名为"大义灭亲"，还担任假节都督，率兵平叛，但两次都毫无建树，显然是心存观望，出工不出力。又从《王敦传》所载，他致书王含中"昔年佞臣乱朝，人怀不宁，如导之徒，心思外济"可知，其内心是支持王敦的。其他兄弟中，王敦得势后，据其本传，以"从弟舒为荆州，彬为江州，邃为徐州"，其中王舒为鹰扬将军、荆州刺史、领护南蛮校尉、监荆州沔南诸军事；王邃任征北将军、都督青徐幽平四州诸军事，出镇淮阴；王彬为前将军、江州刺史。从王敦委之方伯可知，这些兄弟也应是在支持与观望之间。其中王彬从保全门户角度，也有过责难，据其本传，"兄抗旌犯上，杀戮忠良，图谋不轨，祸及门户"，但"密具船以待"，王含父子的举动又明显站在朝廷的对立面。三是以王棱为代表的反对者。

对待王敦的自负罔上，王氏兄弟中王棱态度最为坚决。据其本传，王棱"日夕谏诤，以为宜自抑损，推崇盟主，且群从一门，并相与服事，应务相崇高，以隆勋业"，最后为王敦所害。王棱的规劝谏诤，实际上也是从维护门户利益出发的。魏晋之世，最重门户，世族门阀之制得以保全，亦有赖于此。故王敦之举得到王氏子弟之支持，皆在情理之中。

其次，也是最有力的证据，王邃曾于324年奉召入卫京师，王敦平后同奉征召者皆有封赏，功臣中独缺王邃。据《晋书》卷六《明帝纪》："太宁二年(324)六月，征平北将军、徐州刺史王邃，平西将军、豫州刺史祖约，北中郎将、兖州刺史刘遐，奋武将军、临淮太守苏峻，奋威将军、广陵太守陶瞻等还卫京师。"与王邃同奉征入卫的祖约、刘遐、苏峻、陶瞻等皆有封赏，其中：祖约封五等侯，进号为镇西将军，受命屯驻寿阳；刘遐则封泉陵县公，并代王邃为淮北诸军事、徐州刺史；苏峻封邵陵县公，陶瞻封都亭侯。同时入卫之人，各有封赏，且《晋书》皆单独立传，独王邃例外。结合《晋书》卷六《明帝纪》中"大赦，惟敦党不原"之记载，只有一种合理的解释，即王邃预乱并死于战乱。因为假如王邃因平叛战死，必会受爵追赠，既显王氏忠诚，又彰皇恩浩荡。此虽系推论，却皆在情理之中。

第三，王邃于《晋书》无传必是另有隐情。官修史书往往体现统治者之价值取向。在《晋书》中应立而不立传者主要有两类人：一为逆臣之副贰从佐，《晋书》之佞臣录中只列首恶，以彰其事，对副贰从佐如王含、钱凤之流皆不单独立传；二为被虏或北投之贰臣，此亦可举琅琊王氏子弟为据。据《晋书》卷五《怀帝纪》，王羲之之父王旷于永嘉三年(309)进讨刘聪，"淮南内史王旷、将军施融、曹超及聪战，又败，超、融死之"，疑亦于当时被俘，故此后史书中王旷事迹无征，《晋书》中《王羲之传》达四千余字，王旷却只"父旷，淮南太守。元帝之过江也，旷首创其议"一笔带过，若元帝过江系王旷首创其议，则自当立传。王旷未予立传，疑系被俘所致。相反，若是忠义之士，即使位卑言轻，事迹大小，亦会入传，如王敦之从弟王棱，官止豫章太守，因谏诤劝诫王敦而见杀，事迹无多却仍然单独立传。反观王邃，少历显职，出任方伯，事多载于帝纪，却仍未予以立传，且其后世皆湮没无闻。若无他故，岂非咄咄怪事！

此外，王舒沉王含父子于江之异常举动，亦颇值玩味。《晋书》卷七十六《王彬传》：

> 及敦死，王含欲投王舒，王应劝含投彬。含曰："大将军平素与江州
> 云何，汝欲归之？"应曰："此乃所以宜往也。江州当人强盛时，能立同

异,此非常人所及。睹衰厄,必兴恻隐。荆州守文,岂能意外行事!"含
不从,遂共投舒,舒果沉含父子于江。彬闻应来,密具船以待之。既不
至,深以为恨。

按,此事不仅在《世说新语·识鉴》中有载,在《王舒传》及《王敦传》中亦有述
及,《晋书》卷七十六还附有《史评》:"王彬舣船而厚其所薄,王舒沉江而薄其所
厚,较之优劣,断乎可知。"在以孝治天下、注重维系门户利益的背景下,王舒此举
实逾常理,更与王彬之举形成鲜明对比。以当时琅琊王氏之势力影响,要保全王
含父子性命,以王导在朝廷之影响亦非难事。况王敦第二次举兵之时,已然病
危,朝廷已将矛头转向了钱凤、沈充。这从《晋书》卷九十八《王敦传》司马绍之
《讨钱凤诏》中可窥一斑:"故大将军敦参处股肱,或内或外,夹辅之勋,与有力焉。
阶缘际会,遂据上宰,杖节专征,委以五州。刁协、刘隗立朝不允,敦抗义致讨,情
希蟊拳,兵虽犯顺,犹嘉乃诚,礼秩优崇,人臣无贰。……钱凤竖子,专为谋主,逞
其凶愍,诬罔忠良。"此诏不仅原谅了王敦第一次犯顺之举,还予以高度肯定。这
一方面是为拉拢王氏,稳定局势;同时也为息止干戈的琅琊王氏子弟预留了一条
活路。同为琅琊王氏,何以"王彬舣船而厚其所薄,王舒沉江而薄其所厚"呢?只
怕不仅仅因为王彬"朴素方直",人品高过王舒。必是另有隐情,急需与叛党划清
界限,以保全门户。结合前述史实,当可推知实系胞弟王邃预乱,为门户利益免
遭覆巢不得已之举耳。

三、王舒出镇会稽之原因

从史书之记载看,王舒本人并不愿意接受这一任命。咸和初年之会稽,虽属
股肱望郡,但在军事上和政治上与荆江徐豫湘等州镇尚无法比拟,王舒以曾经的
荆州、湘州之镇将,尚书仆射之尊位而临一郡,自然心有不甘。因此,据本传,王
舒以避父"王会"之嫌为由拒绝出镇,"舒上疏辞以父名,朝议以字同音异,于礼无
嫌。舒复陈音虽异而字同,求换他郡。于是改'会'字为'邻'。舒不得已而行"。
王舒之出镇会稽,是琅琊王氏内忧外患背景下,王导主动安排及其他几种因素综
合叠加之结果。

首先,王舒出镇会稽,应是由王导策划和安排的,旨在固本强宗。魏晋时代,
最重方镇,据《晋书》卷四十三《王衍传》载,王衍"以弟澄为荆州,族弟敦为青州"
而营"三窟"。王敦之乱中,琅琊王氏能得以保全,王氏子弟多为阃外方伯,致使

朝廷投鼠忌器,只怕也是重要原因之一。王敦之乱后,"王与马,共天下"之格局即遭颠覆,琅琊王氏兵权尽除,权势骤衰。据《晋书》卷六《明帝纪》,太宁三年(325)五月,"以征南大将军陶侃为征西大将军、都督荆湘雍梁四州诸军事、荆州刺史",两年前王敦从陶侃手上夺过来的荆州重地再次回到陶侃手上。王舒对此安排显然并不满意。据本传,"舒疾病,不乐越岭,朝议亦以其有功,不应远出",六月改授都督湘州诸军事、湘州刺史。据《晋书》卷十五《地理志下》载,湘州于永嘉元年(307)分"长沙、衡阳、湘东、零陵、邵陵、桂阳及广州之始安、始兴、临贺九郡置"。东晋初期,历杜弢、汝班、塞抚等流人数年之乱,"蜀寇之余,人物凋尽",《晋书》卷三十七《闵王司马承传》载,"时湘土荒残,公私困弊",湘州刺史远非荆江徐豫可比。即便如此,咸和元年(326)四月,朝廷又以卞敦代王舒出任湘州刺史,王舒则入征中枢代邓攸为尚书仆射。而江州也已于太宁三年(325)十月由应詹代替王彬,王彬被征为光禄勋。至此,除王导兼任扬州刺史外,琅琊王氏子弟中已无阃外方伯之任。又咸和以来,庾亮专权朝政,陶侃占据上流,多欲称兵向阙废黜王导。据《晋书》卷七十三《庾亮传》,"时王导辅政,主幼时艰,务存大纲,不拘细目,委任赵胤、贾宁等诸将,并不奉法,大臣患之。陶侃尝欲起兵废导,而郗鉴不从,乃止。"咸和初年,王导应能在内外交困中感受到来自各方的敌意和压力。在此背景下,武力强宗,"形为外援"当属迫切之举。

其次,"将征苏峻"的时代背景,为王导安排王舒出镇提供了机遇。王敦之乱打破了"王与马,共天下"的格局,明帝司马绍盛年登基,《晋书》卷六《明帝纪》史臣对之赞赏有加,"潜谋独断,廓清大祲"。王敦之乱始平,便以雷霆手段解除琅琊王氏阃外兵权,以陶侃代王舒镇荆州,应詹代王彬镇江州,刘遐代王邃镇徐州,"改授荆、湘等四州,以分上流之势,拨乱反正,强本弱枝。虽享国日浅,而规模宏远",昔天不假年,年二十七而卒,以至又有后来的庾氏乱政,延续司马氏与士族"共天下"的门阀政治格局。咸和初,成帝幼承大统,庾太后临朝称制,庾亮以元舅决事禁中,翦削宗室,裁抑大臣,任法裁物,庾、王之矛盾倾轧趋向公开化。又据《晋书》卷三十二《明穆庾太后传》载,因"后兄中书令亮管诏命",政出舅族,以至咸和元年(326)王舒的湘州之任不满一年即遭掠夺。苏峻之乱实亦起于庾亮,其苛严之政,使曾在平王敦之乱中立功的祖约、苏峻等流民帅心怀怨望。又不顾王导、卞壸之反对,执意征召苏峻为大司农,欲解其兵权,以致逼反苏峻。且防范举措也不充分,温峤欲入卫京师,却让他"无过雷池一步"。树王舒于会稽倒是防范苏峻的重要一步,并起到了积极的作用。

另外,王导选择会稽作为王舒任职之地,也是特殊时期的权宜之选。在明帝司马绍之布局影响下，咸和初年之政治格局以士族互相牵制为主，且镇将多为持重老臣，如陶侃、郗鉴、温峤、刘遐等，庾氏虽专擅朝政，但作为新出门户，其子弟尚无阃外方伯之任，其弟庾冰时任吴国内史，资历尚浅，庾氏尚未形成与司马氏"共天下"之格局，且中枢又受王导掣肘，故江州刺史应詹去世，继任者为庾、王都能接受且同受顾命之温峤，而继温峤丹阳尹的也是阮孚、羊曼等。故当时建康周边已无可镇之地，独会稽尚较符合王导之本意：首先，王导居任扬州，会稽为属郡，王舒之镇会稽，有较大的主动权和建议权。且当时的会稽之任已非显授，较易得到当权者认可。其次，会稽为经济中心，战略后方，有"昔日关中"之喻，可谋求经济发展，作"求田问舍"之计。诚如陈寅恪先生所言，"建业本为孙吴旧都，吴人之潜在势力甚大，又人口繁庶，其经济情势必非京口晋陵一带地广人稀空虚区域可比。此集团固占当日新都政治上之高位，若复殖产兴利，与当地吴人做经济上之竞争，则必招致吴人之仇怨，违反当日笼络吴人之国策，此王导及其集团之人所不欲或不能为者也"①，故唯有渡过钱塘江，至吴人士族力量较薄弱之会稽郡求发展。再次，会稽离建康较近，属东南门户，对拱卫京师、靖兵勤王具有举足轻重的意义。王敦之乱中，会稽内史熊远、虞谭或保境安民，或靖兵勤王，均发挥了重要作用。故"将征苏峻"之时，树王舒于会稽"以为形援"，也是借鉴了王敦之乱的战斗经验。事实证明，在扬州境内发生的几次动乱，如平王敦、苏峻，征孙恩、卢循等，会稽内史厥功甚伟。

四、王舒出镇会稽对后世之影响

王舒出镇会稽，于会稽而言，迎来了跨越式发展，政治地位发生了质的飞跃，奠定了会稽成为独立都督区的基础，并进一步影响到南朝东扬州之设立。于琅琊王氏等高门士族而言，王舒之出镇会稽，有奠基之功。在随后的几十年中，颍川庾氏、高平郗氏、陈郡谢氏、太原王氏等世家大族之一流人物陆续出镇会稽，进一步促进了会稽经济、文化之发展。

东晋会稽政治地位之提升，首先表现为会稽内史政治地位之提升。对此，笔者曾在《东晋会稽内史政治地位之变化》一文有论述。概言之，主要表现为会稽内史所授军号的提升、会稽都督区的形成、加官散骑常侍的出现，以及会稽内史

---

① 陈寅恪：《金明馆丛稿初编》，第69页。

职务调动情况的变化等。① 这些变化多与王舒之任职关系密切。

王舒出镇会稽官阶较高。初任会稽，为"抚军将军、会稽内史，秩中二千石"，根据阎步克先生对魏晋官员品位与职位的分类，权责、资格、薪俸、特权、礼遇构成了"品秩五要素"②，军号"抚军将军"及秩禄"中二千石"属"品位分类"，代表品秩，与会稽内史这一"职位"共同构成官阶。王舒因历授显职，曾任假节都督、平西将军，所授方镇也有青徐、荆湘等，虽因王敦之乱仕途受挫，调任会稽时仍为尚书仆射，其资望甚高，故所授为"抚军将军、中二千石"，其品秩明显高于前代之历任会稽内史。抚军将军为三品重号将军，且排名靠前，"中二千石"之秩禄仅低于三公，俸额较"二千石"高出一半。③ 所授"抚军将军"加上"中二千石"之秩级，其品秩便完全不同，责权、薪俸、特权、礼遇等各方面均有提升，并能开府置佐。据《晋书·职官制》："三品将军秩中二千石者，著武冠，平上黑帻，五时朝服，佩水苍玉，食奉、春秋赐绵绢、菜田、田驺如光禄大夫诸卿制。置长史、司马各一人，秩千石；主簿，功曹，门下都督，录事，兵铠士贼曹，营军、刺奸、帐下都督，功曹书佐门吏，门下书吏各一人。"可见王舒会稽之任，已非寻常郡守可比。

会稽内史军号的提升始于王舒。在他以前，史书可考之会稽内史前后共六人，分别为诸葛恢、许归、熊远、周札、邓攸、虞潭。其中许归、熊远、邓攸三人未授军号。诸葛恢先后两次任会稽内史，初任时在建武元年（317），未授军号，但因"会稽内史诸葛恢莅官三年，政清人和，为诸郡首"，特增秩为"中二千石"。第二次任职约在太宁二年（324），时在王敦之乱平定后，因功封爵建安伯，并授后将军、会稽内史。另有周札、虞潭任职时间也在太宁元年（323）至太宁三年（324）之间，属王敦之乱的特殊时期，故加会稽内史周札为右将军、虞潭为冠军将军。综上可知，在王舒以前，会稽内史所授军号均是特殊时期临时所加，为战争之需，所授军号右将军、后将军、冠军将军虽均列第三品，但位次均低于抚军将军。

自他之后，会稽内史皆授军号，且根据任职者资历之不同，严格品秩、军号。大致言之，是一个逐步提升的过程。以王羲之永和七年（351）任职为限，此前出任会稽内史者，军号以四品为主，如何充、王述为建威将军，庾冰为振威将军，其任职时间都集中在咸和、咸康及永和初年。中间虽有孔愉、王允之等军号较高者，皆系事出有因，资望较重。王羲之以后，会稽内史所授军号均在三品及以上，郗愔、谢琰更是以镇军大将军、卫将军之尊出镇会稽。

---

① 余晓栋：《东晋会稽内史政治地位之变化》，《社会科学战线》2014 年第 2 期，第 123—127 页。
② 阎步克：《中国古代官阶制度引论》，北京大学出版社 2010 年版，第 15—16 页。
③ 同上，第 27—28 页。

会稽内史职务间的调动，亦可证明其政治地位之提升。自王舒任职以来，会稽内史之职务调动多在中枢宰辅或扬荆徐江等重要军州之间进行，并已形成定例。如王舒、王彪之、王蕴、孔靖以尚书仆射出镇会稽，孔愉、郗愔以（紫金）光禄大夫出镇；王允之、王羲之、王凝之以江州刺史出镇会稽，谢玄、何无忌分别以徐州刺史和豫州刺史出镇。以会稽内史调任显职者，如庾冰、王述直接调任扬州刺史，其中庾冰兼中书监，入朝辅政；江彪、王彪之、谢琰、孔安国调任尚书仆射；郗愔、何无忌分别调任徐州和江州刺史，等等。较东晋初期在太常卿、侍中、尚书、护军将军之间调动已大为不同。这里需要指出的是，在魏晋南北朝，侍中侍从皇帝左右，出入宫廷，与闻朝政，有宰辅之实。但侍中之地位与皇权息息相关，东晋皇权不振，政出高门，且皇帝多幼弱，不能主政，故东晋之侍中始终位望不显，权位亦轻，并常作为加官授予权臣和皇族。

会稽都督区的形成亦始于王舒。咸和三年（328），苏峻、祖约叛乱，王舒受太后遗诏，为假节都督，行扬州刺史事。后陶侃为盟主，以会稽内史王舒为"监浙江东五郡军事"，是为会稽都督区设立之始。五郡，即会稽（今绍兴）、临海（今临海）、东阳（今金华）、永嘉（今温州）、新安（今淳安）。在王舒以前，浙江东五郡并非一个军事整体。据《晋书》卷五十八《周莚传》载，如王敦之乱时，周莚为"冠军将军、都督会稽、吴兴、义兴、晋陵、东阳军事"，周莚所督包含了浙江东五郡之会稽、东阳。王舒之后，终东晋一朝，浙江东五郡一直作为一个军事整体而存在，凡是东方有事或有特殊资望者出镇会稽，则会稽内史以居职者资望深浅重轻，分别带都督五郡军事、监五郡军事、督五郡军事衔，从而正式成为方镇军州，证明吴廷燮"会稽内史，都督五郡，亦方镇也"[①]所言非虚。史籍可考的会稽内史带督五郡军事者，前后共九人，除王舒外，另有郗愔、王蕴、王荟、谢琰、刘牢之、何无忌、司马休之、孔靖等，任职时间主要集中在咸安元年（376）以后，即东晋中后期。

会稽都督区是与扬州都督区、荆州都督区、江州都督区、徐州都督区、豫州都督区、沔中都督区、益州都督区、广州都督区等并列的东晋九大都督区之一。[②]魏晋之世，外重内轻，镇将带都督者权位尤重，据《晋书·职官志》："四征镇安平加大将军不开府、持节都督者，品秩第二，置参佐吏卒，幕府兵骑如常都督制，唯朝会禄赐从二品将军之例。"可知王舒任监浙江东五郡军事，较初镇会稽时品秩又提升了一级。此外，都督、监、督及受节也是构成军阶和品秩的重要内容。据

---

① 吴廷燮：《东晋方镇年表》，《二十五史补编》，开明书店 1936 年版，第 3467 页。

② 严耕望：《魏晋南北朝地方行政制度（上）》，上海古籍出版社 2007 年版，第 36—46 页。

《晋书》卷二十四《职官志》:"都督诸军为上,监诸军次之,督诸军为下;使持节为上,持节次之,假节为下。使持节得杀二千石以下;持节杀无官位人,若军事,得与使持节同;假节唯军事得杀犯军令者。"史书可稽之会稽内史,郗愔、王蕴、谢琰、刘牢之带都督,王舒为监,王荟、何无忌、司马休之、孔靖为督,受节者也有两人,分别为谢琰、何无忌,均是为征孙恩、卢循受命于危难,故皆为假节都督,得杀犯军令者。

会稽都督区的设立,不仅在东晋时影响深远,其地位和作用一直延续到南朝乃至隋唐。刘宋一朝,凡是诸皇室担任会稽太守,往往兼任浙江东五郡都督,如义阳王刘昶、寻阳王刘子房、江夏王刘跻等,齐梁亦有因袭。孝建以来,还以会稽都督区为核心设立了东扬州,完成了形式上的转变。据《宋书·地理志》记载:"孝建元年(454),分扬州之会稽、东阳、新安、永嘉、临海五郡为东扬州。大明三年(459)还以东扬州为扬州,丹阳等王畿诸郡以南台侍御史统之。"刘劭篡位,更是将浙江东五郡置为会州,"元凶弑立,以扬州浙江西属司隶校尉,浙江东五郡立会州",会州之称自然是从会稽演化而来,这也足以说明会稽的政治影响和核心地位。刘、宋期间,东扬州设立时间短暂,梁普通五年(524)又分扬州、江州置东扬州,辖区有所扩大,此后基本延续直至陈末,成为一个固定政区,续存五十九年。隋开皇九年(589),改东扬州为吴州,后又改为越州。东晋南朝,会稽一直是浙东地区政治中心,隋唐时期,是吴州总管府、越州总管府、越州都督府、浙东观察使司及镇东军节度使司的治城所在。其地位的取得,实肇端于东晋,始倡于王舒。

王舒出镇会稽,也是东晋高门士族任职与开发会稽之始。自王舒以来,会稽内史多由高门士族充任,其中琅琊王氏七人,颍川庾氏两人,陈郡谢氏两人,太原王氏三人,且多为族中翘楚或领门人物,如王羲之、王彪之、庾冰、谢玄、王述等等。尤其是琅琊王氏与会稽关系最为密切,莅职会稽长达二十六年之久,占了整个东晋时代的四分之一。此外,何充、孔愉、郗愔、司马道子、司马休之等任职者皆地位显赫,位极人臣。

士族专兵、州镇世袭是东晋门阀政治的主要特征之一。如荆州刺史,前后虽有十九人任职,但主要由琅琊王氏、颍川庾氏、谯国桓氏出镇,三族共十三人,累计任职时间达六十三年,尤其是谯国桓氏,仅桓温任职就达二十年,加上桓豁十四年,桓冲七年,桓石民五年,形成"桓氏世莅西土"之局,致有后来桓玄之乱。不仅荆州如此,其他州镇也不例外,表现出士族世袭世领性质,会稽也存在着父子相继、兄弟相承的现象。史书可考的三十三名会稽内史,有四对父子、两对祖孙、一对兄弟,群从兄弟和叔侄关系则更是不计其数。父子关系中,琅琊王氏有两对,分别是王舒与王允之,王羲之与王凝之;会稽孔氏、会稽虞氏各一对,分别是孔愉与孔安国,虞潭与虞啸父。祖孙关系中,太原王氏与会稽孔氏各一对,分别是王述与王愉,孔愉与孔靖。高门士族出镇,特别是世袭世领性质,对会稽经济的开发和社会的发展具有重要的促进作用。

北来高门士族任职会稽,并在此定居与持续开发,不仅带来了大量劳动力,也带来了先进的技术,极大地推动了会稽社会的发展,实现了南北文化的融合。琅琊王氏中,王羲之"初渡浙江,便有终焉之志",辞去会稽内史后,便在剡县(今嵊州)定居,子息繁衍,遍布新嵊,至今仍是大姓。《晋书》卷八十《王羲之传》曰:"会稽有佳山水,名士多居之,谢安未仕时亦居焉。孙绰、李充、许询、支遁等皆以文义冠世,并筑室东土,与羲之同好。尝与同志宴集于会稽山阴之兰亭,羲之自为之序以申其志。"王羲之兰亭集会对绍兴文化之发展至今影响深远。高平郗氏中,据《晋书》卷六十七《郗愔传》,郗愔两度担任会稽内史,在临海太守任上时,"与姊夫王羲之、高士许询并有迈世之风,俱栖心绝谷,修黄老之术",有终焉之志。在第二次担任会稽内史后,"以年老乞骸骨,因居会稽"。即使"征拜司空,诏书优美,敦奖殷勤",也"固辞不起"。再如陈郡谢氏,会稽内史谢玄"葬始宁县,并有故宅及墅"。又据《南史》卷十九《谢灵运传》,其孙谢灵运"移籍会稽,修营旧业",所咏《山居赋》之始宁庄园傍山带江,尽幽居之美,足证北来士族对会稽经济开发及发展之影响。追根溯源,后世高门士族出镇与开发会稽,实肇端于王舒,有奠基之功。

杜甫诗史、叙事传统与《春秋》书法

张高评

摘　要：杜甫三十岁时，曾作《祭远祖当阳君文》，称远祖杜预："《春秋》主解，稿隶躬亲。呜呼笔迹，流宕何人？"当下许诺"不敢忘本，不敢违仁"。晚唐孟启《本事诗》称杜甫逢安禄山之难，"流离陇蜀，毕陈于诗。推见至隐，殆无遗事，故当时号为诗史。"《史记·司马相如列传》称："《春秋》推见至隐"。可见杜甫诗号为诗史者，除了"诗是吾家事"之外，其中自有《春秋》书法之薪传在焉。清章学诚《上大司马论文》称："叙事实出史学，其源本于《春秋》比事属辞。"今选择杜甫诗叙事歌行，关注其善陈时事之特质，持属辞比事之《春秋》教，考察其中推见至隐之书法，就杜甫诗史与属辞比事之叙事传统，分三项考察之：一、属辞比事，笔削显义；二、据事直书，美恶自见；三、微婉显晦，推见至隐。援举杜诗相关作品，参考清人杜诗说解，借以探索杜甫诗之叙事传统。夫然后知抒情传统之外，叙事传统也者，尤为中国文学源远流长之重要特色。

关键词：杜甫诗史；比事属辞；叙事传统；《春秋》书法；抒情传统

　　称杜甫诗为"诗史"，首见于晚唐孟启（启）[①]《本事诗》。至宋代，学习杜诗、宗法杜诗之风盛行；加以《春秋》学复兴，史学空前繁荣，于是诗话、笔记、序跋、文集持"诗史"论述杜甫诗者，十分繁多。宋代诗话笔记所论"诗史"，涉及层面大概有三：曰诗补史阙，曰褒贬资鉴，曰史笔森严。[②]"杜工部似司马迁"之命题，则又

---

　　① 《本事诗》之作者，世俗多作孟启，首见于王定保《唐摭言》、《四库全书总目》、丁福保编《历代诗话续编》等因之。然《新唐书·艺文志》《直斋书录解题》《宋史·艺文志》《郡斋读书志》皆作孟启，毛晋《津逮秘书》从之。陈尚君详列上述文献，佐证《本事诗》作者应作孟启。又援引洛阳出土孟启家族四方墓志，如《唐孟氏家妇陇西李夫人墓志铭并叙》等为证，撰文呼吁，应正名作孟启。像参陈尚君《濠上漫与——陈尚君读书随笔》，中华书局 2019 年版，第 45—47 页。
　　② 张高评：《会通化成与宋代诗学》，台南成功大学出版组 2000 年版，第 160—166 页。

涵盖"于序事中寓论断"之课题。① 要之,多可供参考触发。为辨章学术,考镜源流,当循究其本初,复按孟棨《本事诗》之论述,当有助于推寻"诗史"之原始。

> 杜逢禄山之难,流离陇蜀,毕陈于诗,推见至隐,殆无遗事。故当时号为"诗史"。②

据此看来,遭逢安史之乱,为杜甫诗史之创作背景与时间;流离陇蜀,则为诗史创作之空间与语境;"推见至隐"四字,则为诗史体现世局离乱之表现手法。其中,"推见至隐"四字,最为理解诗史之关键术语。《史记·司马相如列传》"太史公曰":"《春秋》推见至隐,《易》本隐以之显"。③ 可见"推见至隐"为《春秋》书法之一,《史记》早有明示。若推溯原始,实即《左传》成公十四年《春秋》五例所谓"微而显,志而晦,婉而成章"之曲笔讳书。④ 南宋杨万里《诚斋诗话》曾引述《春秋》五例,以论证"《诗》与《春秋》纪事之妙"(详下)。钱锺书《管锥编》,亦据"微婉显晦"之《春秋》书法,阐发"《春秋》书法遂成史家楷模","言史笔几与言诗笔莫辩"。⑤ 由此观之,杜甫"诗史",与《春秋》书法关系之密切可以想见。

杜预《春秋经传集解·序》称:"《传》或先经以始事,或后经以终义,或依经以辩理,或错经以合异,随义而发。"⑥《左传》以先经、后经、依经、错经之历史叙事,诠释孔子《春秋》经。杜甫新乐府之"诗史"叙事,绍述其祖杜预《春秋经传集解》之历史叙事,薪传《左传》揭示之"《春秋》五例",发扬孔子《春秋》借其事、凭其文,以寓寄微辞隐义之书法义法。于是所谓"诗史"者也,既有史法、书法,更寓含比兴寄托之诗法。

---

① 张高评:《会通化成与宋代诗学》,伍、三、(五)《杜工部似司马迁》,第185—194页。参考清顾炎武著、黄汝成集释:《日知录集释》全校本,卷二十六,《史记于序事中寓论断》,上海古籍出版社2006年版,第1429页;白寿彝:《中国史学史论集》,《司马迁寓论断于序事》,中华书局1999年版,第80—107页。

② 孟棨:《本事诗》,《高逸第三》,丁福保辑:《历代诗话续编》,中华书局1983年版,第15页。

③ 司马迁著、[日]泷川资言考证:《史记会注考证》,台北万卷楼图书公司1993年版,第104页,总第1264页。

④ 张高评:《文章修辞与《春秋》书法》,《中国经学》第十九辑(2016年10月),第29—30页。又,张高评:《〈春秋〉曲笔书灭与〈左传〉属辞比事》,《成大中文学报》2014年第45期,第18—19页。

⑤ 钱锺书:《管锥编》,台北书林出版公司1990年版,《左传正义·杜预序》,第164页。

⑥ 杜预注、孔颖达疏:《春秋经传集解·序》,台北艺文印书馆1955年版,卷首《春秋序》,第11页,总第11页。

一、杜甫诗史、《春秋》书法、乐府叙事与中国文学传统

（一）杜甫诗史与《春秋》书法

杜甫所作诗歌，何以称为"诗史"？就"诗"而言，杜甫曾言："诗是吾家事"①，盖薪传自祖父杜审言，作诗乃杜氏之家学渊源，此毋庸置疑。若考察"诗史"之"史"字，如之何与《春秋》书法有所联结？则检阅杜甫三十岁时所作《祭远祖当阳君文》，自可明白。其文曰：

> 维开元二十九年，岁次辛巳月日，十三叶孙甫，谨以寒食之奠，敢昭告于先祖晋驸马都尉镇南大将军当阳成侯之灵。……恭闻渊深，罕得窥测。……《春秋》主解，稿隶躬亲。呜呼笔迹，流宕何人？静思骨肉，悲愤心胸。小子筑室首阳之下，不敢忘本，不敢违仁。②

当阳君、驸马都尉、镇南大将军，即是杜预。以文武全才，无所不有，当时号为杜武库，为杜甫十三世之先祖远祖。杜预自称有《左传》癖，著作《春秋经传集解》，以章句训诂批注《春秋》与《左传》，后世称扬杜预为《左传》之功臣。又著有《春秋释例》，发明《春秋》义例独多。③杜甫身为杜预第十三世孙，于《祭文》中先推崇"《春秋》主解，稿隶躬亲"，复感叹笔迹流宕，悲愤心胸；文末宣言"不敢忘本，不敢违仁"。由此观之，除了"诗是吾家事"之外，《春秋》书法、史家笔法之绍述与发扬，当是杜甫克绍箕裘，报本还始，落实体现，当仁不让之自我期许。清刘凤诰《杜工部诗话》卷一，论证杜甫《祭文》之"《春秋》主解，稿隶躬亲"，举例申明杜诗遣词隶事，多采用《春秋左氏传》，如《怀李白》《兵车行》《前出塞》《投赠哥舒开府》诸什，多运化《左传》事语。杜甫作诗，宗法《春秋左氏传》，肯堂肯构如此，"洵为克承家学者矣！"④此所谓家学，即指《春秋》学、《左传》学而言。

---

① 杜甫撰、仇兆鳌注：《杜诗详注》卷十七，中华书局 1979 年版，第 1477 页。
② 同上，第 2216—2217 页。
③ 《晋书·杜预传》，参考叶政欣：《杜预及其春秋左氏学》，台北文津出版社 1989 年版。方铭：《杜预〈春秋经传集解〉研究》，中国社会科学出版社 2017 年版。
④ 张忠纲：《杜甫诗话六种校注》，齐鲁书社 2002 年版，刘凤诰《杜工部诗话》卷一，第 265 页。

杜甫"诗史"，固然与《左传》之史家叙事笔法有关；夷考其实，尤其与"推见至隐"诸《春秋》书法关系密切。何以言然？左丘明以历史叙事解释孔子《春秋》经，除了杜预《春秋序》所谓先经、后经、依经、错经之外，成公十四年"君子曰"揭示《春秋》五例，前四例涉及曲笔与直书之文章修辞；昭公三十一年"君子曰"提倡"《春秋》之称，微而显，婉而辨；善人劝焉，淫人惧焉"；以及杜预于《春秋经传集解》发明《左传》之凡例义例，多有助于解读《春秋》经。杜甫所作叙事歌行，诗法往往暗合《春秋》书法，观宋、明学者品评杜甫《哀江头》，可以知其然。

> 《哀江头》，即《长恨歌》也。《长恨》费数百言而后成歌，杜公言太真之被宠，则"昭阳殿里第一人"足矣。言富贵，则"辇前才人带弓箭，白马嚼啮黄金勒"足矣。言马嵬之死，则"血污游魂归不得"足矣。[①]
> 善述事者，但举一事，而众端可以包括，使人自得于言外。若纤悉备记，文愈繁而味愈短矣。[②]

举一概余，以偏概全之叙事法，正是《春秋》书法之衍化。《谷梁传》解《春秋》经，有举重、举轻之说，钱锺书《管锥编》阐发之。《春秋》僖公二十三年："陨霜，不杀草"，以为"草轻而菽重，举不杀草"，则霜不杀菽可知。定公元年："陨霜杀菽"，以为举"杀菽"，则霜亦杀草可知。[③]《春秋》书法，或举重以明轻，或举轻以明重，无论《谷梁传》《公羊传》，其例多，不赘。[④] 除外，《春秋》书法又有举大以该细，即细以见大者。[⑤] 如杜诗《冬狩行》，"言杀获之多，举大以该小。言追逐之广，举小以该大"[⑥]，是其例也。《春秋》举重、举轻之书法，衍变为历史叙事，则成唐刘知几《史通·叙事》所倡之"尚简""用晦"书。所谓"能略小存大，举重明轻，一言而

---

① 杜甫著、赵次公注、林继中辑校：《杜诗赵次公先后解辑校》，上海古籍出版社 1994 年版，乙峡卷之二，《哀江头》注九，第 178 页。

② 黄生著、徐定祥点校：《杜诗说》，卷三《哀江头》，第 87 页。杜甫著、仇兆鳌注：《杜诗详注》，卷四《哀江头》，第 332 页。

③ 钱锺书：《管锥编》（第三册），《全上古三代秦汉三国六朝文》，《全后汉文》卷一，第 967 页。

④ 张高评：《比事属辞与古文义法》，台北新文丰出版公司 2016 年版，附录二，《春秋书法与修辞学——钱锺书之修辞观》，第 524—527 页。参考王熙元：《谷梁范注发微》，台北嘉新水泥公司文化基金会 1972 年版，第 578—583 页。段熙仲：《春秋公羊学讲疏》，南京师范大学出版社 2002 年版，第 221—223 页。

⑤ 方苞：《周官析疑序》，参考张高评：《比事属辞与古文义法》第七章，《〈周官析疑〉〈周官集注〉与属辞比事》，第 322—325 页。

⑥ 杜甫著、仇兆鳌注：《杜诗详注》卷十二，《冬狩行》，第 1056 页。

巨细咸该,片语而洪纤靡漏"①,叙事文字而"尚简""用晦",则近乎诗似歌语言矣。《春秋》书法,又有常事不书,非常、违礼乃书者,故隐公四年《春秋》书"卫人立晋",《公羊传》以为"立者,不宜立也";以之观察杜诗《洗兵马》《留花门》诸诗,乐府新题之正言若反,反言显正,诡辞谬称,文与而实不与,亦饶《春秋》书法之风味。

司马迁私淑孔子,典范《春秋》,《史记·十二诸侯年表序》谓:孔子次《春秋》,"约其辞文,去其烦重,以制义法"②;《孟子·离娄下》称孔子作《春秋》,包含其事、其文、其义三元素;《礼记·经解》云:"属辞比事,《春秋》教也。"③就比较而言,约其辞文,即是其文、属辞之功夫;去其烦重,乃其事、比事之安排。统其事、约其文而一之,自是"法"之表现。掌握其事、其文之史法或书法,而言外之义,事外之旨,作者著述之苦心孤诣,别识心裁,可以借形传神,即器求道。清章学诚《上朱大司马论文》云:"古文必推叙事,叙事实出史学,其源本于《春秋》比事属辞";《信撼》亦称:"史家叙述之文,本于《春秋》比事属辞之教"④。可见,叙事艺术、史家笔法、《春秋》书法,多从"比事属辞"之《春秋》教,夺胎衍化而来。杜甫诗史之解读,无论叙事、史学,或《春秋》书法,多与"属辞比事"之《春秋》教息息相关。

(二)乐府叙事歌行与中国文学传统

中国文学有两大传统:一为抒情传统;一为叙事传统。抒情传统,自旅美学人陈世骧提倡以来,⑤中经高友工、王德威诸教授之推拓,⑥沸沸扬扬,已探讨近

---

① 刘知几著、浦起龙释:《史通释评》卷六,《叙事》,上海古籍出版社 1978 年版,第 168—173 页。

② 司马迁著、[日]泷川资言考证:《史记会注考证》卷十四,《十二诸侯年表序》,第 6 页,总第 235 页。

③ 郑玄注、孔颖达疏:《礼记注疏》,《十三经注疏》本,台北艺文印书馆 1955 年版第 1 页,总第 845 页。

④ 章学诚:《文史通义》外篇三,《上朱大司马论文》,台北华世出版社 1980 年版,第 308 页。

⑤ 陈世骧:《陈世骧文存》,台北志文出版社 1972 年版,《中国的抒情传统》结语:"所有的文学传统,'统统是'抒情诗的传统。"第 31—37 页。

⑥ 参考高友工:《美典·中国文学研究论集》,《中国叙述传统中的抒情境界》,生活·读书·新知三联书店 2008 年版。陈国球、王德威:《抒情之现代性:"抒情传统"论述与中国文学研究》,生活·读书·新知三联书店 2014 年版。颜昆阳:《从反思中国文学"抒情传统"之建构以论"诗美典"的多面向变迁与聚状结构》,《东华汉学》2009 年第 9 期,第 1—47 页。龚鹏程:《成体系的戏论:论高友工的抒情传统》,《清华中文学报》2009 年第 3 期,第 155—190 页。张伯伟:《中国文学批评的抒情性传统》,《文学评论》2009 年第 1 期。

五十年。其中是非得失,姑且不论。① 然与抒情传统并驾齐驱之叙事传统,一直未受学界应有之关注。研究热度与深度,一直停滞不前。间有引进西方叙事学观点,以解读中国传统叙事文学者,只可称为比较论述。探讨对象纵然为传统叙事文本,然运用之方法却疏离中国叙事传统。② 果真如此,自不宜称为叙事传统。

所谓"传统",指发生于过去,但却始终作用于现当代。中国叙事传统,发源于《春秋》,拓展于《左传》,成熟于《史记》。《春秋》属辞比事,为传统叙事学之滥觞;《左传》以史传经,为历史叙事之典范;《史记》善序事理,为叙事文学之开山。③《史》《汉》以降之史传文学、乐府叙事、小说、戏剧,要皆脱化于属辞比事之《春秋》书法。杜甫作于安史之乱前后之乐府歌行,大多富含传统叙事学之特质,要皆为史家笔法、《春秋》书法之体现。孟启《本事诗》所谓"推见至隐"之《春秋》书法,宋代诗话笔记所谓"微婉显晦"之《春秋》书法,所谓"杜工部似司马迁"之史家笔法,此中有之。经由《春秋》书法、史家笔法之运化表现,叙事传统与抒情传统已不疑而具。抑有进者,中国文学之两大传统,于世所称杜甫诗史,安史之乱前后所作乐府叙事歌行,多灿然具备,且彼此交融、相互争辉。

汉班固《汉书·艺文志·诗赋略》述乐府诗之缘起,谓"感于哀乐,缘事而发";有叙事、有抒情,交相映发。又称:"可以观风俗,知薄厚"④,则叙事之成败,传人之功过毁誉可知。王运熙以为:乐府诗体,最便于反映现实生活。其中新题乐府,采用乐府体式,自制新题,此即元稹《乐府古题序》所谓"即事名篇,无复倚傍";杜甫、元稹、白居易所作新乐府辞,即是个中代表。宋蔡启《蔡宽夫诗话》称,老杜《兵车行》《悲青阪》《无家别》诸篇,"皆因时事,自出己意立题,略不更蹈前人

---

① 如龚鹏程之说,以为:"高友工是陈世骧之后最重要的抒情论者,其'抒情美典'相关论述影响甚大。但高氏虽反复说抒情,可是对中国文化中'心、性、情、气、志、意、才、理'之间的复杂关系,并无辨析梳理,仅以抒情一辞笼统言之。""是以其所构造的抒情传统论,虽体系俨然,自足自适,但用在中国文学的解释上,却是一套戏论。"龚鹏程:《成体系的戏论:论高友工的抒情传统》,《清华中文学报》2009 年第 3 期,第155—190 页。

② 如王靖宇:《中国早期叙事文论集》,台北"中央研究院中国文哲研究所筹备处"1999 年版,此书影响台湾学界叙事学之论述甚巨,史传、小说之诠释皆得其启发。董乃斌编:《中国文学叙事传统研究》,中华书局 2012 年版;董乃斌:《中国文学叙事传统论稿》,东方出版中心 2017 年版。

③ 张高评:《〈春秋〉〈左传〉〈史记〉与叙事传统》,《国文天地》2017 年第 33 卷第 5 期(总第 389 期),第 16—24 页。

④ 班固著、王先谦补注:《汉书补注》卷三十,《艺文志·诗赋略》,台北艺文印书馆 1955 年版,第 59页,总第 903 页。

陈迹,真豪杰也。"①所谓"自出己意立题",针对杜甫叙事歌行之乐府新题,自是点睛之论。明张綖《杜诗通》称杜甫"别出一格,用古体写今事,大家机杼,不主故常,昔人称诗史者以此"②。不主故常、别出一格,用古体写今事,即是杜甫新题乐府之关键词。清黄生《杜诗说》称杜甫"《新婚别》诸篇,自制诗题,便有千古自命意"③,即指新题乐府叙事歌行而言。汉乐府长于描写下层社会与人民苦痛,杜甫所作新题乐府,多所承继与体现。④

罗宗强则指出:"以时事入诗,是杜甫的一大创造","杜甫无疑开创了写时事的传统";又称:"杜甫把写实与抒情,天衣无缝地结合起来,融为一体。"⑤王运熙、杨明《隋唐五代史批评史》亦以为:杜甫诗"一贯重视运用乐府诗体裁,来反映政治社会现实和人民的痛苦,往往写得形象鲜明生动,感情饱满强烈"⑥。观此可知,乐府歌行,实乃叙事传统之流亚,乃叙事传统与抒情传统之融合争辉。《史记》发愤著述,近似"无韵之《离骚》";⑦杜甫于安史之乱前后所作新题乐府歌行,恰好光大此一文学之叙事传统。

二、杜甫诗史与"属辞比事"之叙事传统

属辞比事,乃诠释《春秋》书法之要领,亦为解读中国传统叙事学之锁钥。宋人所作诗话、笔记,常持《春秋》书法作为准绳,以评骘唐诗作品之优劣,轩轾唐代诗人之高下,尤以歌咏唐明皇杨贵妃爱情、安史之乱始末为然。

蔡绦《西清诗话》,以"《春秋》书正月意",解读杜甫《人日》诗。张戒《岁寒堂诗话》,标榜微婉显晦,以品题《哀江头》,以为"诗与《春秋》相表里"。黄彻《碧溪

---

①　蔡启:《蔡宽夫诗话》,郭绍虞:《宋诗话辑佚》本卷下,《乐府辞》,第3页。
②　杜甫撰、仇兆鳌整注:《杜诗详注》卷二,《前出塞》征引,第126页。
③　黄生著、徐定祥点校:《杜诗说》卷一,《新婚别》评语,黄山书社1984年版第29页。
④　王运熙:《望海楼笔记》,陕西人民出版社2008年版,《唐代乐府诗的三种类型》,第137页;《杜甫诗化用六朝清商曲辞》,第190页。
⑤　罗宗强:《隋唐五代文学思想史》第四章第二节,《追求写实的方法》,中华书局1999年版,第107—109页。
⑥　王运熙、杨明:《隋唐五代史批评史》第二编第二章第四节,《杜甫》,上海古籍出版社1994年版,第263页。
⑦　鲁迅:《汉文学史纲要》,《鲁迅全集》第八卷,《司马迁与司马相如》,人民文学出版社2005年版,第308页。参考吴汝煜:《史记论稿》《史家之绝唱,无韵之离骚》,江苏教育出版社1986年版,第34—42页。张新科:《史记与中国文学》第五章第二节,《司马迁的史诗与杜甫的诗史》,商务印书馆2010年版,第162—170页。

诗话》,考察《北征》诗,以为仿《春秋》"王正月"书法;杜诗涉及里居、名字、补官、迁徙,要皆"凡例森然,诚《春秋》之法"。刘克庄《后村诗话》,以为杜甫叙写陈涛、潼关之败,"直笔不恕"。张表臣《珊瑚钩诗话》品论《北征》诗,以为切合"微而显"之《春秋》书法。洪迈《容斋随笔》,枚举杜甫"直辞咏寄,略无避隐"之诗,如《兵车行》《(前后)出塞》《三吏》《三别》《哀王孙》《丽人行》诸什以为证。方深道《诸家老杜诗评》,录存王深父评杜甫即事命篇之乐府歌行,多以美刺褒贬论断杜甫"诗史"。笔者曾撰《杜甫诗史与〈春秋〉书法》一文,[①]已略言梗概,兹不再赘。

(一)属辞比事,笔削显义

杜诗学之研究,至清代而诸家争鸣,多有所得。清乾隆御纂《唐宋诗醇》,品评杜甫《北征》诗,特提"行属辞比事之法"。此一提示,于诗史研究、乐府叙事歌行之探讨、叙事诗与《春秋》书法之关系,颇有画龙点睛之启示作用。其言曰:

> (杜甫)以排天斡地之力,行属辞比事之法,具备万物,横绝太空。
> 前无古人,后无来者,自有五言以来,不得不以此为大文字也。[②]

《唐宋诗醇》直指杜甫《北征》诗:"行属辞比事之法",无异宣称:《北征》诗,实乃杜甫运化《春秋》书法之杰作。考察"属辞比事"之法,乃孔子笔削鲁史记,做成《春秋》之历史编纂学。其法,以义为主脑、为将帅,进而选择取舍素材,以体现或笔或削,或详或略,或重或轻之书法来。事有主从、大小,故行属辞比事之法,而有详略、重轻、断续、正反、前后之斟酌取舍。[③] 要之,属辞之方,或比事之法,至《左氏》传《春秋》,出以历史叙事,逐渐衍化为增删、详略、重轻、正反、前后、序列之叙事艺术,此皆《春秋》借由或笔或削之取舍,以见微辞隐义之方法。试以《北征》诗为例:

---

① 张高评:《春秋书法与左传史笔》第八章,《杜甫诗史与〈春秋〉书法——以宋代诗话、笔记之诠释为核心》,台北里仁书局 2011 年版,第 322—329、337—344、347—349、356—359 页。

② 乾隆皇帝:《御选唐宋诗醇》,《摛藻堂四库全书荟要》本,卷十,《北征》,天津古籍出版社 1998 年版,第 7 页。参考清郭曾炘:《读杜札记》,上海古籍出版社 1984 年版,第 70 页。

③ 张高评:《比事属辞与古文义法——方苞"经术兼文章"考论》第七章,《比事属辞与方苞论古文义法》,第 332—364 页;第八章,《方苞古文义法与〈史记评语〉》,第 395—438 页。

皇帝二载秋，闰八月初吉。杜子将北征，苍茫问家室。维时遭艰虞，朝野少暇日。顾惭恩私被，诏许归蓬荜。拜辞诣阙下，怵惕久未出。虽乏谏诤姿，恐君有遗失。君诚中兴主，经纬固密勿。东胡反未已，臣甫愤所切。挥涕恋行在，道途犹恍惚。乾坤含疮痍，忧虞何时毕。靡靡逾阡陌，人烟眇萧瑟。所遇多被伤，呻吟更流血。回首凤翔县，旌旗晚明灭。前登寒山重，屡得饮马窟。邠郊入地底，泾水中荡潏。猛虎立我前，苍崖吼时裂。菊垂今秋花，石戴古车辙。青云动高兴，幽事亦可悦。山果多琐细，罗生杂橡栗。或红如丹砂，或黑如点漆。雨露之所濡，甘苦齐结实。缅思桃源内，益叹身世拙。坡陀望鄜畤，岩谷互出没。我行已水滨，我仆犹木末。鸱鸟鸣黄桑，野鼠拱乱穴。夜深经战场，寒月照白骨。潼关百万师，往者散何卒。遂令半秦民，残害为异物。况我堕胡尘，及归尽华发。经年至茅屋，妻子衣百结。恸哭松声回，悲泉共幽咽。平生所娇儿，颜色白胜雪。见耶背面啼，垢腻脚不袜。床前两小女，补绽才过膝。海图坼波涛，旧绣移曲折。天吴及紫凤，颠倒在裋褐。老夫情怀恶，呕泄卧数日。那无囊中帛，救汝寒凛栗。粉黛亦解苞，衾裯稍罗列。瘦妻面复光，痴女头自栉。学母无不为，晓妆随手抹。移时施朱铅，狼藉画眉阔。生还对童稚，似欲忘饥渴。问事竞挽须，谁能即嗔喝？翻思在贼愁，甘受杂乱聒。新归且慰意，生理焉能说。至尊尚蒙尘，几日休练卒？仰观天色改，坐觉妖氛豁。阴风西北来，惨淡随回鹘。其王愿助顺，其俗善驰突。送兵五千人，驱马一万匹。此辈少为贵，四方服勇决。所用皆鹰腾，破敌过箭疾。圣心颇虚伫，时议气欲夺。伊洛指掌收，西京不足拔。官军请深入，蓄锐何俱发。此举开青徐，旋瞻略恒碣。昊天积霜露，正气有肃杀。祸转亡胡岁，势成擒胡月。胡命其能久？皇纲未宜绝。[①]

运行属辞比事之法，作为叙事歌行、杜甫诗史，最少必须经由三道程序：其一，史事经由或笔或削，或取或舍之斟酌。其二，事之编比，体现为主从、我他、详略、重轻、异同之精心安排；辞之连属，表现为增删、断续、显晦、曲直、虚实、繁简、正反、前后之巧妙剪裁。其三，曲终奏雅，卒章显志，点醒叙事之旨趣，凸出诗人之旨义。清沈德潜《说诗晬语》品评杜甫五古长篇："有意本连属，而转似不相连

<hr>

① 杜甫著、仇兆鳌注：《杜诗详注》卷五，《北征》，第395页。

属者；叙事未了，忽然顿断，插入旁议，忽然联续，转接无象，莫测端倪。此运《左》《史》法于韵语中，不以常格拘也。"①断续、旁插、转接法之运用，清方苞论义法，有所谓"义以为经，而法纬之"者，②即此是也。盖意在笔先，以意运法，往往能脉注绮交，转接无象。语虽不接而意脉相接，饶横云断岭之奇，《春秋》如此作成，杜甫叙事歌行，自亦如此运作与表现。

宋范温《潜溪诗眼》，载黄庭坚论杜甫《北征》诗曰："若论工巧，《北征》不及《南山》；若书一代之事，以与《风》《雅》《颂》相表里，则《北征》不可无。"③杜甫叙写安史之乱前后，身经目历，现身说法之历史，是所谓"书一代之事"，是即孟棨《本事诗》所云之诗史。《北征》诗才六百言，而能"书一代之事"；犹孔子作《春秋》，才一万六千余言，却书写二百四十二年之史事。笔削之讲求，史事之选取，辞文之修饰，必期于谨严而有法度。否则，将难以企及。《史记·十二诸侯年表序》称孔子次《春秋》，"约其辞文，去其烦重，以制义法"，今持以视杜甫作《北征》诗，"书一代之事"，何尝不是"约其辞文，去其烦重"，杜诗与《春秋》之书写，自有异曲同工之妙。

历代诗话、杜诗学专著，究竟如何评赏《北征》诗？综合而观，殊途同归，大抵指向属辞与比事之叙事书法体现。如宋叶梦得《石林诗话》，清杨伦《杜诗镜铨》所言：

> 长篇最难，……至杜子美《北征》《述怀》诸篇，穷极笔力，如太史公纪传，此古今绝唱也。④
>
> 首叙辞朝恋主之情，即总伏一篇意。……末复追述初乱，终以开创之大业属望中兴。以今皇帝起，以太宗结，是始末大章法。⑤

宋范温《潜溪诗眼》，称杜甫《北征》诸长篇"如太史公纪传"；清沈德潜《说诗晬语》评论杜甫五古长篇，"运《左》《史》法于韵语中"；先后点出杜甫叙事歌行与

---

① 沈德潜：《说诗晬语》第七五则，丁福保编：《清诗话》，台北明伦出版社 1971 年版，第 534 页。
② 方苞：《方望溪先生文集》，《四部丛刊》初编本，台湾"商务印书馆"1979 年版，第 19 页，总第 40 页。
③ 范温：《潜溪诗眼》，郭绍虞：《宋诗话辑佚》，台北文泉阁出版社 1972 年版，第 402—403 页。
④ 叶梦得：《石林诗话》卷上，何文焕辑：《历代诗话》，人民文学出版社 1982 年版，第 411 页。
⑤ 杜甫撰·杨伦注：《杜诗镜铨》卷四，上海古籍出版社 1962 年、1980 年版，第 5、7 页，总第 164、166 页。

叙事传统之源流关系。"爰始要终,本末悉昭",为古《春秋》纪事之成法;①故《春秋》《左传》《史记》之历史叙事传承之,遂成传统叙事学之重要方法。清杨伦《杜诗镜铨》评《北征》诗,分析"首叙""末述""终以"之结构,且谓"以今皇帝起,以太宗结,是始末大章法"。此固近《史记》"见始终之变,知存亡之机"②;推而上之,更切合《春秋》《左传》叙事张本继末,原始要终之要领。③ 属辞比事之《春秋》教,表现之层面有三:比事见义,属辞示义,以及比属观义。④ 其中,合比事与属辞而观义,乃清代章学诚所谓"事具始末,文成规矩"之叙事法。⑤ 来龙去脉井然,叙事见终始本末,此杜甫《北征》有得于传统叙事学者。

何谓比事见义?大抵指类比、对比相关史事,以见作者之孤怀独断、别识心裁者。就《春秋》学观之,诸家说属辞,多兼含比事而言之,如元赵汸《春秋属辞》,晚清张应昌《春秋属辞辨例编》是。清代孔广森《公羊通义》云:"辞不属不明,事不比不章"⑥;晚清张应昌《春秋属辞辨例编》亦云:"圣经书法,必联属其辞,排比其事,而(其义)乃明。"⑦中唐啖助、赵匡等倡"《春秋》三传束高阁,独抱遗经究终始";既舍传矣,又如何考求经旨?上文所述张本继末,探究终始,自是其中一法;梳理叙事,以排比事迹见义,又是一法。⑧ 清仇兆鳌《杜诗详注》评《北征》诗,可作杜甫诗比事见义之例证:

> 大约"菊垂"以下,皆邠土风物,此属佳景;"坡陀"以下,乃鄜州风物,此属惨景。周甸注:"途中所历,有可伤者,有可畏者,有可喜者,有可痛者。"……"褙褐"以上,乍见而悲,极夫妻儿女至情。"老夫"而下,悲过而喜,尽室家曲折之状。……此章大旨,以前二节为提纲,首节北征问家,乃身上事,伏第三、四段。次节恐君遗失,乃意中事,伏五、六、

① 刘师培:《古春秋记事成法考》,《刘申叔先生遗书》(第三册)、《左盦集》,台北华世出版社1975年版,第1445页。
② 周一平:《司马迁史学批评及其理论》,华东师范大学出版社1989年版,第27—29页。
③ 张高评:《〈左传〉叙事见本末与〈春秋〉书法》,《中山大学学报》2020年第60卷第1期(总283期),第1—13页。
④ 张高评:《属辞比事与〈春秋〉诠释学》,台北新文丰出版公司2019年版,第28—34页。
⑤ 章学诚著、叶瑛校注:《文史通义校注》,中华书局1985年、2008年版,第470页。
⑥ 孔广森:《春秋公羊经传通义·叙》,《孔检讨公羊通义》,学海堂《皇清经解》卷六百九十一,台北复兴书局1961年、1972年版,第7页,总第9293页。
⑦ 张应昌:《春秋属辞辨例编》,《续修四库全书》本,上海古籍出版社2002年版,第1页,总第6页。
⑧ 张高评:《〈春秋〉书法与"义"在言外——比事见义与〈春秋〉学史研究》,《文与哲》2014年第25期,第77—130页。

七段。^①

其事、其文、其义，为传统叙事学的三大顶梁柱。方苞说《左传》《史记》叙事义法，所谓"义以为经，而法纬之"，可以推拓至其他传统叙事。简言之，义为先，法在后，世所谓胸有成竹，所谓未下笔先有意，即此之谓。诗人纂组篇章，叙述事态，与史家排比史事，叙说历史，其中之笔削去取，重轻详略，并无不同。清仇兆鳌《杜诗详注》说杜甫《北征》诗，称"此章大旨，以前二节为提纲"，首节"北征问家"，次节"恐君遗失"，一为身上事，一为意中事。此二义，贯通全诗。此就《左传》之历史叙事而言，长篇多于篇首提挈纲领，可以驾浩瀚而御烦琐，如晋楚城濮之战（僖公二十八年），首揭"报施、救患、取威、定霸"；晋楚邲之战（宣公十二年），篇首亦揭示"德、刑、政、事、典、礼不易"。^②《史记·魏公子列传》特揭魏公子"仁而好士，士无贤不肖皆谦而礼交之，不敢以其富贵骄士"，此之谓"提叙"。杜甫《北征》，叙途中之身经目历，归家之悲喜情怀；场景之选用安排，悲喜苦乐之次第书写，要皆与历史叙事之比事见义暗合。邠土风物之佳景，与鄜州风物之惨景，安排对比映衬，讽喻自在言外。即途中经历言，排比可伤、可畏、可喜、可痛苦诸场景语境，而安史之乱前后之史事，宛在目前。第四段，重叙、详叙收京阙、捣贼巢之殷望；第五段，以颂圣断、卜中兴为主调。^③要之，亦多吻合统一原则，选用相关景象，类比显义，可以考见诗人之胸襟与抱负。要之，多可与比事见义之《春秋》教相发明。

杜甫所作乐府叙事歌行，多"感于哀乐，缘事而发"。论其"即事名篇，无复倚傍"之诗篇，当数作于成都西郊之《草堂》诗，允称"书一代之事，具一代之兴亡"之诗史。《草堂》诗云：

> 昔我去草堂，蛮夷塞成都。今我归草堂，成都适无虞。请陈初乱时，反复乃须史。大将赴朝廷，群小起异图。中宵斩白马，盟歃气已粗。西取邛南兵，北断剑阁隅。布衣数十人，亦拥专城居。其势不两大，始闻蕃汉殊。西卒却倒戈，贼臣互相诛。焉知肘腋祸，自及枭獍徒。义士皆痛愤，纪纲乱相逾。一国实三公，万人欲为鱼。唱和作威福，孰肯辨

① 杜甫著、仇兆鳌注：《杜诗详注》卷五，《北征》段批，第397,400,405页。
② 张高评：修订重版《左传之文学价值·张高评解析经史二》，台北五南图书公司2019年版，第九章《叙事文字之轨范》，列举《左传》之叙事法近四十，其廿五曰"提叙法"，第238—239页。
③ 杜甫著、浦起龙释：《读杜心解》卷一，台北"中央舆地出版社"1970年版，第42页。

无辜。眼前列杻械,背后吹笙竽。谈笑行杀戮,溅血满长衢。到今用钺地,风雨闻号呼。鬼妾与鬼马,色悲充尔娱。国家法令在,此又足惊吁。贼子且奔走,三年望东吴。弧矢暗江海,难为游五湖。不忍竟舍此,复来剃榛芜。入门四松在,步屦万竹疏。旧犬喜我归,低徊入衣裾。邻舍喜我归,酤酒携胡芦。大官喜我来,遣骑问所须。城郭喜我来,宾客隘村墟。天下尚未宁,健儿胜腐儒。飘摇风尘际,何地置老夫。于时见疣赘,骨髓幸未枯。饮啄愧残生,食薇不敢余。①

此诗之创作背景,所谓草堂去来者,清钱谦益注《钱注杜诗》,历史考证极为明白:"宝应元年(762)四月,严武入朝。七月,剑南西川节度使徐知道反。八月,伏诛。公携家避乱往梓州。广德二年(764),武镇剑南,公复还成都草堂。"②清杨伦《杜诗镜铨》评杜甫《草堂》诗:"以成都治乱,为草堂去来,四句领起全意";且称:"以草堂去来为主,而叙西川一时寇乱情形,并带入天下,铺陈终始,畅极淋漓,岂非诗史?"③明黄生《杜诗说》亦以为:"起四句,略叙去来之故,为诗之纲;以后分两段细叙,为诗之目。"④由钱谦益之说,知杜甫草堂去来之本事。自杨伦、黄生之说观之,杜甫《草堂》诗之叙成都治乱,可目为"诗史"者,起首亦采《左传》《史记》惯用之提叙法。起首将一篇大旨提明,而后叙事有法,言之有序。

唐刘知几《史通·载言》称,《左传》叙事之特色,推崇为"言之与事,同在《传》中。然而言事相兼,烦省合理,故使读者寻绎不倦,览讽忘疲"⑤。于是乎叙事记言,同在一传之中;"言事相兼,烦省合理",遂成《左传》以下,包含《史记》等史传文学之叙事策略。《史通·叙事》论叙事之体有四,除了直纪其才行,唯书其事迹之外,叙事中安排对话,即是"因言语而可知"之言叙法、语叙法。⑥《左传》《史记》诸史传叙事之妙者,多出以拟言代言、藉言记事;要皆亹亹有味,令人览讽忘疲。杜甫作诗,薪传十三世祖杜预之《春秋》《左传》家学,故叙写安史之乱前后之史事,叙事中多掺杂记言,或设为问答,如《兵车行》《哀王孙》《新安吏》《潼关吏》《新婚别》诸什。文情活泼,语言生动,诚如诸家评论所言:

① 杜甫著、仇兆鳌注:《杜诗详注》卷十三,《草堂》,第 1112 页。
② 杜甫著、钱谦益注:《钱注杜诗》卷二,《草堂》,上海古籍出版社 1958 年、1979 版,第 162 页。
③ 杜甫著、杨伦注:《杜诗镜铨》卷十一,《草堂》,第 514、516 页。
④ 黄生撰、徐定祥点校:《杜诗说》卷二,《草堂》,第 59 页。
⑤ 刘知几著、浦起龙释:《史通通释》卷二,《载言》,上海古籍出版社 1978 年版,第 34 页。
⑥ 刘知几著、浦起龙释:《史通通释》卷六,《叙事》,上海古籍出版社 1978 年版,第 168 页。

《《兵车行》）首段，叙送别悲楚之状，乃纪事；下二段，述征夫苦役之情，乃记言。次提过者行人，设为问答，而以"君不闻"数语作收应。①

《《哀王孙》）次段叙事，记当时避乱愿身之迹。……"问之"四句，备写痛苦之词，并狼狈之状。……末二语，又反复以致其叮咛，曰慎勿疏，戒之也。②

《《新安吏》）从点兵后，记一时问答之词。③

《《潼关吏》）"修关"一句，公问词。"连云"以下，吏答词。④

《《新婚别》）陈琳《饮马长城窟行》，设为问答，此《三吏》《三别》诸篇所自来也。⑤

叙事文学而穿插对话，不但言事相兼，烦省合理，而且能化场景为真实之舞台，变人物为活生之演员，最能耸动声情，浮现意象。笔者以为，叙事兼含记言，问对之功能有四：一曰刻画个性，表现情怀；二曰推动情节，逆料未来；三曰展示场景，省却解说；四曰交代枝节，统摄琐微。⑥ 钱锺书《管锥编》称：史家追叙真人真事，每须"遥体人情，悬想事势，设身局中，潜心腔内，忖之度之，以揣以摩。"且指出《左传》之记言，"而实乃拟言、代言，谓是小说、院本中对话、宾白之椎轮草创，未遽过也。"⑦《春秋左氏传》于杜甫，因十三世祖杜预之"《左传》癖"而成家

① 杜甫著、仇兆鳌注：《杜诗详注》卷二，《兵车行》："车辚辚，马萧萧，行人弓箭各在腰。耶娘妻子走相送，尘埃不见咸阳桥。牵衣顿足拦道哭，哭声直上干云霄。道旁过者问行人，行人但云点行频。或从十五北防河，便至四十西营田。去时里正与裹头，归来头白还戍边。边庭流血成海水，武皇开边意未已。君不闻汉家山东二百州，千村万落生荆杞。纵有健妇把锄犁，禾生陇亩无东西。况复秦兵耐苦战，被驱不异犬与鸡。长者虽有问，役夫敢申恨？且如今年冬，未休关西卒。县官急索租，租税从何出？信知生男恶，反是生女好。生女犹得嫁比邻，生男埋没随百草。君不见，青海头，古来白骨无人收。新鬼烦冤旧鬼哭，天阴雨湿声啾啾！"第113—114页。

② 杜甫著、仇兆鳌注：《杜诗详注》卷四，《哀王孙》："长安城头头白乌，夜飞延秋门上呼。又向人家啄大屋，屋底达官走避胡。金鞭断折九马死，骨肉不待同驰驱。腰下宝玦青珊瑚，可怜王孙泣路隅。问之不肯道姓名，但道困苦乞为奴。已经百日窜荆棘，身上无有完肌肤。高帝子孙尽隆准，龙种自与常人殊。豺狼在邑龙在野，王孙善保千金躯。不敢长语临交衢，且为王孙立斯须。昨夜东风吹血腥，东来橐驼满旧都。朔方健儿好身手，昔何勇锐今何愚。窃闻天子已传位，圣德北服南单于。花门劗面请雪耻，慎勿出口他人狙。哀哉王孙慎勿疏，五陵佳气无时无。"第310页。

③ 杜甫著、仇兆鳌注：《杜诗详注》卷七，《新安吏》，第523页。

④ 同上，《潼关吏》，第526页。

⑤ 杜甫著、仇兆鳌注：《杜诗详注》卷七，《新婚别》，第533页。

⑥ 张高评：修订重版《左传之文学价值——张高评解析经史二》，台北五南图书公司2019年版，第261页。

⑦ 钱锺书：《管锥编》，《左传正义》《五例——〈左传〉之记言》，第166页。参考张高评：《〈管锥编〉论〈左传〉之叙事与记言——钱锺书之〈左传〉学》，《国学研究》2005年第15卷，第351—384页。

学。故杜甫以叙事歌体,创作《三吏》《三别》,以及《兵车行》《哀王孙》诸新乐府诗,对《左传》家学之传承发扬,果然"肯堂肯构,克绍箕裘"。尤其《三吏》《三别》之问答,《杜诗详注》以为渊源于陈琳《饮马长城窟行》;笔者则以为,若推而上之,当根源于《左传》之语言交际与应对。

全十《石壕吏》《新婚别》《垂老别》《无家别》之拟言代言,仇兆鳌《杜诗详注》已稍作提示,如:

> (《石壕吏》)二段,备述老妇诉吏之词。陆时雍曰:"吏呼"二语,便当数十言。[①]
>
> (《新婚别》)王嗣奭曰:此代为妇人语,而揣摩以发其隐情。
>
> (《垂老别》)通篇皆作老人语,首为垂老从戎而叹也。[②]
>
> (《无家别》)通章代为征人之语。[③]

杜甫叙事短章,完整具足,犹一沙一世界、一花一天堂。亦犹山水画卷,尺幅而有千里之势。《石壕吏》之老妇,《新婚别》之新妇,《垂老别》之老人,《无家别》之征人,杜甫作诗多出于拟言代言,能设身处地,忖度揣摩之,故声情妙肖如此,其苦况惨状遂如闻如见,令读者有实临之感受。诚如明末王嗣奭《杜臆》所云:"一一刻画宛然,同工异曲,随物赋形,真造化手也。"[④]《左传》长于拟言代言,杜甫叙事歌行亦工于此法。妙于问对,前后一揆如此,是杜甫《祭远祖当阳君文》所谓"不敢忘本,不敢违仁"者欤!

《春秋》之义,昭乎笔削;笔削之义,体现为史事之排比,辞文之连属。史事之编比,又因主从、我他、大小,而有详略、重轻、偏全之依违取舍。而辞文之连属,亦由此而有繁约、显晦、曲直、疏密、案断,乃至于拟言、代言诸修辞手法。指义之所在,大凡主体、我者、大者,叙事之笔法多较详、较重、偏曲;若为客体、他者、小焉者,则往往较略、较轻、偏直。主与宾之定位,与详略、重轻之书法多息息相关。而属辞、修辞之讲求,亦与此消息。换言之,或笔或削之书法,即逐渐衍化为详略、重轻、显晦、曲直、终始、本末之义法,以及叙事、记言之书法。杜甫所作诗史,安史之乱前后所作新题乐府叙事歌行有之。

---

① 杜甫著、仇兆鳌注:《杜诗详注》卷七,《石壕吏》,第529页。
② 同上,《垂老别》,第534页。
③ 同上,《无家别》,第537页。
④ 杜甫著、仇兆鳌注:《杜诗详注》卷七,《垂老别》,第539页。

(二)据事直书,美恶自见

晋杜预《春秋经传集解·序》,征引《左传》成公十四年"君子曰",阐发《春秋》书法,有所谓"为例之情有五"者。其四云:

> 直书其事,具文见意。丹楹、刻桷、天王求车、齐侯献捷之类是也。①

直书与曲笔,书法不同。事有曲直,人有是非,叙事传人,如实呈现,所谓不隐不讳,直书其事,此之谓直书。盖事外无理,理在事中。因此,不劳解释,毋庸说明,是非美恶、功过得失,自见于言外。可作信史,堪称实录。杜甫长于叙事,书写安史之乱前后身经目历之时事,年月、地理、情事本末晓然,信而有征,多可据依。故宋陈岩肖《庚溪诗话》、蔡绦《西清诗话》、胡仔《苕溪渔隐丛话》、姚宽《西溪丛话》,率称为"诗史",以为杜诗叙事足补唐史之阙漏。南宋洪迈《容斋随笔·续笔》,《唐诗无避讳》条,援引大量杜甫所作新乐府叙事歌行,以论证"直辞咏寄,略无避隐"之《春秋》书法传统,于杜甫诗史颇有薪传与发扬。如云:

> 唐人歌诗,其于先世及当时事,直辞咏寄,略无避隐。至宫禁嬖昵,非外间所应知者,皆反复极言,而上之人亦不以为罪。……杜子美尤多,如《兵车行》《(前后)出塞》《新安吏》《潼关吏》《石壕吏》《新婚别》《垂老别》《无家别》《哀王孙》《悲陈陶》《哀江头》《丽人行》《悲青坂》《公孙舞剑器行》,终篇皆是。……今之诗人不敢尔也。②

就素材之取舍选用而言,"直书其事,具文见义",杜甫叙事歌行所谓诗史者极多。洪迈《容斋续笔》所列杜甫诗,《三吏》《三别》之外,《前出塞》《后出塞》《兵

---

① 左丘明著、杜预注、孔颖达疏:《春秋左传注疏》,孔颖达《疏》云:"三者皆非礼而动。直书其事,不为之隐;其为其文,以见讥意。是其事实尽,而不有污曲也。"阮元校勘:《十三经注疏》本,艺文印书馆1955年版,第17页,总第14页。

② 洪迈:《容斋随笔·续笔》卷二,上海古籍出版社1995年版,第236—237页。

车行《哀王孙》《哀江头》《丽人行》《悲陈陶》[①]《观公孙大娘弟子舞剑器行》[②]诸什，所谓"直辞咏寄，略无避讳"者，率皆为新题乐府叙事歌行。《朱子语类》卷八十三《春秋·纲领》，载朱熹说《春秋》，如云："《春秋》只是直载当时之事，要见当时治乱兴衰"；又曰："圣人据鲁史以书其事，使人自观之以为鉴戒"；又谓"孔子但据直书，而善恶自著"云云。[③] 朱熹据实直书之《春秋》观，与其征实精神密切相关。[④] 杜甫叙事歌行之"直辞咏寄"，固然为历史叙事书法之一，且为上承杜预《春秋经传集解·序》所谓"尽而不汙"之直书传统，亦由此可见。

宋人所作序跋、诗话、笔记，对于"杜工部似司马迁"之议题颇感兴趣，多所发挥。尝试考之，杜诗与《史记》相似处，在于据事直书，以叙为议为多。[⑤] 试观宋代诗话、笔记，对于杜甫诗歌与直书、实录之关联颇多着墨，可以知之。如云：

> 观甫诗与唐实录，犹概见事迹，比《新(唐)书》列传，彼为踳驳。[⑥]
> (子美)《投赠哥舒翰》诗，盛有称许；然《陈涛斜》《潼关吏》二诗，直笔不少恕，或疑与素论反。余谓：翰未败，非子美所能逆知；至于陈涛斜、潼关之败，直笔不恕，所以为诗史也。何相反之有？[⑦]

宋王洙称，杜甫诗"概见事迹"，可以媲美唐实录，了无《新唐书》踳驳之病。

---

① 杜甫著、仇兆鳌注：《杜诗详注》卷四，《悲陈陶》："孟冬十郡良家子，血作陈陶泽中水。野旷天清无战声，四万义军同日死。群胡归来血洗箭，仍唱胡歌饮都市。都人回面北向啼，日夜更望官军至。"第314页。

② 杜甫著、仇兆鳌注：《杜诗详注》卷二十，《观公孙大娘弟子舞剑器行》："昔有佳人公孙氏，一舞剑器动四方。观者如山色沮丧，天地为之久低昂。霍如羿射九日落，矫如群帝骖龙翔。来如雷霆收震怒，罢如江海凝清光。绛唇珠袖两寂寞，晚有弟子传芬芳。临颍美人在白帝，妙舞此曲神扬扬。与余问答既有以，感时抚事增惋伤。先帝侍女八千人，公孙剑器初第一。五十年间似反掌，风尘鸿洞昏王室。梨园子弟散如烟，女乐余姿映寒日。金粟堆前木已拱，瞿塘石城草萧瑟。玳筵急管曲复终，乐极哀来月东出。老夫不知其所往，足茧荒山转愁疾。"第1815—1818页。

③ 黎靖德编、王星贤点校：《朱子语类》卷八十三，台北文津出版社1986年版，第2144—2146页。

④ 张高评：《朱熹之〈春秋〉观——据实直书与朱子之征实精神》，《第八届中国经学国际学术研讨会论文集》，台北万卷楼图书公司2015年版，第353—390页。

⑤ 张高评：《会通化成与宋代诗学》，伍、三、(五)《杜工部似司马迁·以叙为议》，第191—192页。

⑥ 王洙：《杜工部集序》，杜甫撰、仇兆鳌注：《杜诗详注》，附编，第2240页。

⑦ 刘克庄著、王秀梅点校：《后村诗话》后集卷二，中华书局1983年版，第59页。

杜甫与房管相善,《投赠哥舒开府翰二十韵》诗[1],颇称许哥舒翰。然房管兵败陈陶斜,杜甫作《悲陈陶》诗,伤主帅之轻敌;哥舒翰军败潼关,杜甫作《潼关吏》,嘱咐防关将:"慎勿学哥舒",遂致疑于学者,以为后诗似与杜甫素论相反。刘克庄驳斥之,以为并非相反不一,且推许杜甫所作二诗"直笔不少恕"。唯直笔不恕,是以赢得"诗史"之佳誉。

明清学者解读杜甫叙事歌行,揭示其直书、实录者亦不少。如对《前出塞》《后出塞》《哀王孙》《哀江头》《三吏》《三别》诸诗之品评,可窥一斑。如明黄生《杜诗说》:

> 前后《出塞》,皆讽明皇黩武之事。交河之役以遣戍,故其辞怨;蓟门之役以召募,故其辞夸。然两番虽静,禄山继反,是徒搜狐兔之穴,而不知虎狼之在门内也。诗但具其事,而讽刺之意自见于言外,此真乐府正音,固不在区区字节句比耳。[2]

黄生评杜甫前后《出塞》,以为"但具其事,而讽刺之意自见于言外",此朱熹论《春秋》,所谓"孔子但据直书,而善恶自著";晋杜预《春秋序》所标榜之直书精神,杜甫确定落实"不敢忘本,不敢违仁"之《祭文》承诺。于"诗是吾家事"之外,于《春秋》《左传》果能克绍箕裘矣!又如清仇兆鳌《杜诗详注》品评《哀王孙》《哀江头》:

> 开元之际,几于贞观盛世。及天宝末,不唯生民涂炭,而妻子亦且不免。读《江头》《王孙》二诗,至今犹惨然在目。[3]
>
> 曲江头,乃帝与贵妃平日游幸之所,故有宫殿。公追溯乱根,自贵妃始。故此诗直述其宠幸宴游,而终之以血污游魂,深刺之,以为后

---

① 杜甫著、仇兆鳌注:《杜诗详注》卷三,《投赠哥舒开府翰二十韵》:"今代麒麟阁,何人第一功。君王自神武,驾驭必英雄。开府当朝杰,论兵迈古风。先锋百胜在,略地两隅空。青海无传箭,天山早挂弓。廉颇仍走敌,魏绛已和戎。每惜河湟弃,新兼节制通。智谋垂睿想,出入冠诸公。日月低秦树,乾坤绕汉宫。胡人愁逐北,宛马又从东。受命边沙远,归来御席同。轩墀曾宠鹤,畋猎旧非熊。茅土加名数,山河誓始终。策行遗战伐,契合动昭融。勋业青冥上,交亲气概中。未为珠履客,已见白头翁。壮节初题柱,生涯独转蓬。几年春草歇,今日暮途穷。军事留孙楚,行间识吕蒙。防身一长剑,将欲倚崆峒。"第188—192页。

② 黄生:《杜诗说》卷一,《前出塞九首》《后出塞五首》,第26页。

③ 杜甫著、仇兆鳌注:《杜诗详注》卷四,第314页。

鉴也。①

杜甫于安史之乱,身经目历,体会深刻。故《哀王孙》诗据事直书,多可征信。王室之仓皇逃难、两京之沦陷不复,王孙之颠沛狼狈,明皇之传位肃宗,皆一一叙记之,所谓"书一代之事"也。故读杜诗,可以知世变。《哀江头》诗,首先追叙贵妃游苑事,极言盛时之乐;其次,感慨马嵬西狩事,深致乱后之悲。天宝之乱,杨妃实为祸阶,讽喻自见于言外。清顾炎武《日知录》称:"古人作史,有不待论断,而于序事之中即见其指者,唯太史公能之。"②笔者以为,于叙事中寓论断,不唯司马迁能之,左丘明传《左氏》亦优为之,此自是历史叙事传统中,"比事见义"之法门,晚清皮锡瑞所谓"藉事明义"之法。③ 杜甫叙事歌行,亦唯书事迹,排比真相而已,不作论断与抑扬。虽然,而论断抑扬自见于言外。试与《旧唐书》《唐鉴》《明皇杂录》诸史著对读,乃知杜甫诗史诚然"书一代之事"也。

如《自京赴奉先咏怀五百字》诗,④自"赐浴皆长缨,与宴非短褐。彤庭所分帛,本自寒女出"以下二十句,至"朱门酒肉臭,路有冻死骨",叙事中多寓含议论,如狮子吼,令人发上指冠,其义多不说破,大抵见于文字之外。故仇兆鳌《杜诗详注》评此诗"蚩尤塞寒空"一段,称"上四,见不恤苦寒;下四,讥恣情荒乐";"彤庭所分帛"段:"上四,叙事,下六托讽";"况闻内金盘"段:"前八叙事,

---

① 杜甫著、仇兆鳌注:《杜诗详注》卷四,第 332 页。《哀江头》诗,引文详下文。
② 顾炎武著、黄汝成集释:《日知录集释》卷二十六,上海古籍出版社 2006 年版,第 1429 页。
③ 张高评:《春秋书法与左传史笔》,第三章《于叙事中寓论断》,第 85—118 页。参考皮锡瑞:《经学通论》,中华书局 1995 年版,第 21—22 页。
④ 杜甫著、仇兆鳌注:《杜诗详注》卷四,《自京赴奉先咏怀五百字》:"杜陵有布衣,老大意转拙。许身一何愚,窃比稷与契。居然成濩落,白首甘契阔。盖棺事则已,此志常觊豁。穷年忧黎元,叹息肠内热。取笑同学翁,浩歌弥激烈。非无江海志,潇洒送日月。生逢尧舜君,不忍便永诀。当今廊庙具,构厦岂云缺。葵藿倾太阳,物性固莫夺。顾惟蝼蚁辈,但自求其穴。胡为慕大鲸,辄拟偃溟渤。以兹悟生理,独耻事干谒。兀兀遂至今,忍为尘埃没。终愧巢与由,未能易其节。沈饮聊自适,放歌颇愁绝。岁暮百草零,疾风高冈裂。天衢阴峥嵘,客子中夜发。霜严衣带断,指直不得结。凌晨过骊山,御榻在嵽嵲。蚩尤塞寒空,蹴蹋崖谷滑。瑶池气郁律,羽林相摩戛。君臣留欢娱,乐动殷樛嶱。赐浴皆长缨,与宴非短褐。彤庭所分帛,本自寒女出。鞭挞其夫家,聚敛贡城阙。圣人筐篚恩,实欲邦国活。臣如忽至理,君岂弃此物。多士盈朝廷,仁者宜战栗。况闻内金盘,尽在卫霍室。中堂舞神仙,烟雾散玉质。暖客貂鼠裘,悲管逐清瑟。劝客驼蹄羹,霜橙压香橘。朱门酒肉臭,路有冻死骨。荣枯咫尺异,惆怅难再述。北辕就泾渭,官渡又改辙。群冰从西下,极目高崒兀。疑是崆峒来,恐触天柱折。河梁幸未坼,枝撑声窸窣。行旅相攀援,川广不可越。老妻寄异县,十口隔风雪。谁能久不顾,庶往共饥渴。入门闻号咷,幼子饥已卒。吾宁舍一哀,里巷亦呜咽。所愧为人父,无食致夭折。岂知秋未登,贫窭有苍卒。生常免租税,名不隶征伐。抚迹犹酸辛,平人固骚屑。默思失业徒,因念远戍卒。忧端齐终南,澒洞不可掇。"第 268、269、270 页。

后四托讽",①夹叙夹议,论断自在其中。

再如《三吏》《三别》,于杜甫诗史、叙事歌行中,报道征战不已,天下离乱,家破人亡,民不聊生之实况。杜甫据事直书,征存一代史事,尤其具体而微。诚如诸家所言:

> 师氏曰:从《新安吏》以下,至《无家别》,盖纪当时邺师之败,朝廷调兵益急,虽秦之谪戍,无以加也。②
> 卢元昌曰:先生以六族安万氏,使民有室家之乐。今《新安》无《石壕》遣妪,《新婚》有怨旷之夫妇,《垂老》痛阵亡之子孙,至(《无家》)战败逃难者,又复不免。河北生灵,几于靡有孑遗矣。③

清钱谦益《钱注杜诗》,着重以史证诗;钩稽历史,覆按杜诗,所谓"考旧注以正年谱,仿苏注以立诗谱"。④《新安史》,驱民守东都;《石壕吏》,驱民守河阳;《潼关吏》,筑城以备胡。《新婚别》,暮婚而晨别;《垂老别》,垂老而从戎;《无家别》,征人归乡而无家。要皆安史乱后之实况,杜甫以新题乐府叙记所见所闻、所感所知,足补正史之缺略。

钱谦益注杜诗之《三吏》《三别》,于《新安史》援引《旧唐书》《资治通鉴》《安禄山事迹》;于《潼关吏》笺注,援引《雍录》《元和郡国志》《哥舒翰传》;《石壕吏》则援引《一统志》《元和郡国志》。明王嗣奭《杜臆》称:"上数章诗,非亲见不能作;他人虽亲见,亦不能作。公往来东都,目击成诗,若有神使之,遂下千年之泪。"⑤杜甫身经目击,比其事而属其辞,因而以类相从,叙次"相州师溃败"之史事。排比史事而直书之,而事之是非曲直,人之功过毁誉,自见于言语之外。要之,此即薪传《左传》历史叙事之传统,于叙事中寓论断,所谓比事以见义之《春秋》书法也。

---

① 杜甫著、仇兆鳌注:《杜诗详注》卷四,《自京赴奉先咏怀五百字》,第268、269、270页。
② 同上,卷七,《新安史》,第523页。
③ 同上,《无家别》,第539页。
④ 杜甫著、钱谦益注:《钱注杜诗》卷首,《草堂诗笺元本序》,上海古籍出版社1958年、1979年版,第4页。
⑤ 杜甫著、仇兆鳌注:《杜诗详注》卷七,《三吏》《三别》总评,引"王嗣奭曰",第539页。

（三）微婉显晦，推见至隐

晋杜预《春秋经传集解·序》说《左传》解释《春秋》，其例有五，司马迁以降所谓"义法"说，已胎始于此。《春秋》五例之五，为惩恶而劝善，即"何以书"之"义"。前三者涉及曲笔讳书，笔者称为忌讳叙事；与尽而不污之直书，同属"如何书"之"法"。曲笔与直书，犹二律悖反，皆丝牵绳贯、脉注绮交于其义。曲笔与直书，蔚为中国叙事传统之两大书写手法，源远流长，值得关注。晋杜预《春秋序》说曲笔曰：

> 为例之情有五：一曰微而显，文见于此，而起义在彼。……二曰志而晦，约言示制，推以知例。……三曰婉而成章，曲从义例，以示大顺，诸所讳辟，璧假许田之类是也。①

微而显、志而晦、婉而成章三者，为曲笔讳书之手法，与"尽而不污"之直书，犹鸟之双翼相反相成，皆忌讳叙事之常法。典出《左传》成公十四年"君子曰"，谓《春秋》之书法，措辞简要，而旨趣显豁；明载史实，而意蕴含蓄；婉转曲折，而顺理成章。② 此一曲笔讳书之手法，《左传》于解释《春秋》之微辞隐义时，呈现最多。笔者最近完成《〈春秋〉曲笔、直书与〈左传〉之历史叙事——以书薨、称弑之书法为例》《〈春秋〉曲笔示义与〈左传〉之比事属辞——以书灭之书法为例》《〈春秋〉直书楚灭华夏与〈左传〉以史传经——以属辞比事之书法为例》《〈春秋〉直书灭华与〈左传〉资鉴之史观——以直书华夏相灭、狄吴灭华为例》四文。③ 由此可知，曲笔讳书，无疑为《春秋》"如何书"之重要书法。

孔子作《春秋》，于定、哀之际多微辞；司马迁著《史记》，叙楚汉之争、汉初以来，尤其武帝时期，相当于《春秋》定、哀之际，"为有所刺讥褒讳挹损之文辞，不可

---

① 左丘明著、杜预注、孔颖达疏：《春秋左传注疏》卷一，杜预《春秋序》，第16—17页，总第13—14页。
② 张高评：《〈左传〉之文韬》，《〈左传〉叙事与言外有意——微婉显晦之史笔与诗笔》，高雄丽文文化公司1994年版，第183—201页。
③ 张高评：《属辞比事与〈春秋〉诠释学》，台北新文丰出版公司2019年版，第三章《〈春秋〉曲笔、直书与〈左传〉之历史叙事——以书薨、称弑之书法为例》，第95—161页；第四章《〈春秋〉曲笔示义与〈左传〉之比事属辞——以书灭之书法为例》，第163—237页；第五章《〈春秋〉直书楚灭华夏与〈左传〉以史传经——以属辞比事之书法为例》，第239—285页；第六章《〈春秋〉直书灭华与〈左传〉资鉴之史观——以直书华夏相灭、狄吴灭华为例》，第287—343页。

以书见也",故亦多曲笔讳书。《史记·匈奴列传》"太史公曰"称：

> 孔氏著《春秋》，隐、桓之间则章，至定、哀之际则微。为其切当世之文而罔褒，忌讳之辞也。①

春秋定、哀之际，就孔子作《春秋》言，为近代、现当代之历史书写，其中自多"刺讥褒讳挹损之文辞，不可以书见"，于是史家叙事而有"微婉显晦"之忌讳书写。司马迁身处汉初一统天下之后，情境类似。《史记·司马相如列传》"太史公曰"所云"《春秋》推见至隐"，晚唐孟启《本事诗》所谓"杜逢禄山之难，流离陇蜀，毕陈于诗，推见至隐，殆无遗事，故当时号为'诗史'"，指称之"推见至隐"，要皆指《春秋》书法曲笔讳书之发用。盖杜甫身陷长安沦陷区，身经目历安史之乱，犹孔子身处定、哀之际，司马迁书写楚汉之争以来事迹。举凡近代、现当代之历史，其中有所"刺讥褒讳挹损之文辞，不可以书见"者必多，将如之何着墨，方能"言之者无罪，闻之者足以戒"？发用微婉显晦之《春秋》书法，落实主文谲谏之讽喻传统，讲究忌讳叙事之写作艺术，当不失为明哲保身、两全其美之策略与法门。

杜甫新题乐府之叙事歌行，世所谓"诗史"者，取材"直书其事"，而措词技法，则多运化"推见至隐"以叙事，曲笔讳书或为尊者讳，或为讳国恶，堪称《春秋》书法之绝佳体现。以微婉显晦之书法品评诗人诗歌者，宋代诗话首见司马光评杜甫《春望》诗，所谓"山河在，明无余物矣；草木深，明无人迹矣"②。"国破山河在，城春草木深"两句，诚所谓"微而显，志而晦，婉而成章"矣！刘知几《史通·叙事》所谓"尚简""用晦"，皆曲笔之美学效应。此外，杨万里《诚斋诗话》论《诗》与《春秋》相表里，持"微婉显晦"书法，轩轾刘长卿、陈克、李义山有关唐明皇宫闱之叙事得失。③ 若持微婉显晦之曲笔书法，观照杜甫叙事歌行，论说举例详明者，莫过于南宋张戒（？—1160）《岁寒堂诗话》所述。如云：

> ……至于杜子美，则又不然，气吞曹刘，固无与为敌。如放归鄜州，而云"维时遭艰虞，朝野少暇日。顾惭恩私被，诏许归蓬荜"。新婚戍边，而云"勿为新婚念，努力事戎行。罗襦不复施，对君洗红妆"。《壮

---

① 司马迁著、[日]泷川资言考证：《史记会注考证》卷一百十，第69—69页，总第1201页。

② 司马光：《温公诗话》，何文焕编：《历代诗话》，人民文学出版社1982年版，第278页。

③ 杨万里：《诚斋诗话》，丁福保辑：《历代诗话续编》，人民文学出版社1983年版，第139页。

游》云:"两宫各警跸,万里遥相望。"《洗兵马》云"鹤驾通宵凤辇备,鸡鸣问寝龙楼晓",凡此皆微而婉,正而有礼。孔子所谓"可以兴,可以观,可以群,可以怨。迩之事父,远之事君"者。①

杨太真事,唐人吟咏至多,然类皆无礼。太真配至尊,岂可以儿女语黩之耶?惟杜子美则不然,《哀江头》云:"昭阳殿里第一人,同辇随君侍君侧。"不待云"娇侍夜""醉和春",而太真之专宠可知;不待云"玉容""梨花",而太真之绝美可想也。至于言一时行乐事,不斥言太真,而但言辇前才人,此意尤不可及。如云:"翻身向天仰射云,一笑正坠双飞翼。"不待云"缓歌慢舞凝丝竹,尽日君王看不足",而一时行乐可喜事,笔端画出,宛在目前。"江水江花岂终极",不待云"比翼鸟""连理枝""此恨绵绵无尽期",而无穷之恨,"黍离"麦秀之悲,寄于言外。题云《哀江头》,乃子美在贼中时,潜行曲江,睹江水江花,哀思而作。其词婉而雅,其意微而有礼,真可谓得诗人之旨者。《长恨歌》在乐天诗中为最下,《连昌宫词》在元微之诗中乃最得意者,二诗工拙虽殊,皆不若子美诗微而婉也。元白数十百言,竭力摹写,不若子美一句,人才高下乃如此。②

---

① 张戒:《岁寒堂诗话》,丁福保辑:《历代诗话续编》(卷上),第 453 页。
② 同上,第 457 页。

　　《岁寒堂诗话》，征引杜甫《北征》《壮游》①《洗兵马》②诸新题乐府叙事歌行，称"凡此，皆微而婉，正而有礼"。又品评商榷唐代诗人吟咏杨贵妃之手法，持杜甫《哀江头》诗，与白居易《长恨歌》、元稹《连昌宫词》相比较，以为杜甫所作"词婉而雅，其义微而有礼，真可谓得诗人之旨者"。元、白二人诗"工拙虽殊，皆不若子美诗微而婉也"。文尾更云："元白数十百言，竭力摹写，不若子美一句"云云，文约而事丰，乃"微而显，志而晦"之具体表现。试征引杜甫《哀江头》诗如下，以资比较。

　　　少陵野老吞声哭，春日潜行曲江曲。江头宫殿锁千门，细柳新蒲为谁绿。忆昔霓旌下南苑，苑中万物生颜色。昭阳殿里第一人，同辇随君侍君侧。辇前才人带弓箭，白马嚼啮黄金勒。翻身向天仰射云，一箭正坠双飞翼。明眸皓齿今何在，血污游魂归不得。清渭东流剑阁深，去住

---

①　杜甫著、仇兆鳌注：《杜诗详注》卷十六，《壮游》："往昔十四五，出游翰墨场。斯文崔魏徒，以我似班扬。七龄思即壮，开口咏凤凰。九龄书大字，有作成一囊。性豪业嗜酒，嫉恶怀刚肠。脱略小时辈，结交皆老苍。饮酣视八极，俗物都茫茫。东下姑苏台，已具浮海航。到今有遗恨，不得穷扶桑。王谢风流远，阖庐丘墓荒。剑池石壁仄，长洲荷芰香。嵯峨阊门北，清庙映回塘。每趋吴太伯，抚事泪浪浪。枕戈忆勾践，渡浙想秦皇。蒸鱼闻匕首，除道哂要章。越女天下白，鉴湖五月凉。剡溪蕴秀异，欲罢不能忘。归帆拂天姥，中岁贡旧乡。气劘屈贾垒，目短曹刘墙。忤下考功第，独辞京尹堂。放荡齐赵间，裘马颇清狂。春歌丛台上，冬猎青丘旁。呼鹰皂枥林，逐兽云雪冈。射飞曾纵鞚，引臂落鹙鸧。苏侯据鞍喜，忽如携葛强。快意八九年，西归到咸阳。许与必词伯，赏游实贤王。曳裾置醴地，奏赋入明光。天子废食召，群公会轩裳。脱身无所爱，痛饮信行藏。黑貂不免敝，斑鬓兀称觞。杜曲晚耆旧，四郊多白杨。坐深乡党敬，日觉死生忙。朱门任倾夺，赤族迭罹殃。国马竭粟豆，官鸡输稻粱。举隅见烦费，引古惜兴亡。河朔风尘起，岷山行幸长。两宫各警跸，万里遥相望。崆峒杀气黑，少海旌旗黄。禹功亦命子，涿鹿亲戎行。翠华拥英岳，螭虎啖豺狼。爪牙一不中，胡兵更陆梁。大军载草草，凋瘵满膏肓。备员窃补衮，忧愤心飞扬。上感九庙焚，下悯万民疮。斯时伏青蒲，廷争守御床。君辱敢爱死，赫怒幸无伤。圣哲体仁恕，宇县复小康。哭庙灰烬中，鼻酸朝未央。小臣议论绝，老病客殊方。郁郁苦不展，羽翮困低昂。秋风动哀壑，碧蕙捐微芳。之推避赏从，渔父濯沧浪。荣华敌勋业，岁暮有严霜。吾观鸱夷子，才格出寻常。群凶逆未定，侧伫英俊翔。"第1438—1446页。

②　杜甫著、仇兆鳌注：《杜诗详注》卷六，《洗兵马》："中兴诸将收山东，捷书日报清昼同。河广传闻一苇过，胡危命在破竹中。祗残邺城不日得，独任朔方无限功。京师皆骑汗血马，回纥喂肉葡萄宫。已喜皇威清海岱，常思仙仗过崆峒。三年笛里关山月，万国兵前草木风。成王功大心转小，郭相谋深古来少。司徒清鉴悬明镜，尚书气与秋天杳。二三豪俊为时出，整顿乾坤济时了。东走无复忆鲈鱼，南飞觉有安巢鸟。青春复随冠冕入，紫禁正耐烟花绕。鹤禁通霄凤辇备，鸡鸣问寝龙楼晓。攀龙附凤势莫当，天下尽化为侯王。汝等岂知蒙帝力，时来不得夸身强。关中既留萧丞相，幕下复用张子房。张公一生江海客，身长九尺须眉苍。征起适遇风云会，扶颠始知筹策良。青袍白马更何有，后汉今周喜再昌。寸地尺天皆入贡，奇祥异瑞争来送。不知何国致白环，复道诸山得银瓮。隐士休歌紫芝曲，词人解撰河清颂。田家望望惜雨干，布谷处处催春种。淇上健儿归莫懒，城南思妇愁多梦。安得壮士挽天河，净洗甲兵长不用。"第514—519页。

彼此无消息。人生有情泪沾臆，江水江花岂终极。黄昏胡骑尘满城，欲
往城南忘南北。①

杜甫《哀江头》诗作意，诚如明黄生《杜诗说》所云："诗意本哀贵妃，不敢斥
言，故借江头行幸处标为题目耳。"②杜甫以"昭阳""同辇"两句十四字，形象地体
现出杨贵妃之专宠与绝色。不敢斥言，故曲笔讳言太真，但旁指辇前才人，侧笔
烘托。张戒推崇"此意尤不可及"，此即舍正面而取旁面之烘云托月法，是所谓侧
叙。"翻身""一笑"两句亦形象灵动，活绘出"一时行乐可喜"之事，果然笔端画
出，宛在目前。诚如欧阳修《六一诗话》所云："状难写之景，如在目前；含不尽之
意，见于言外"者。清仇兆鳌《杜诗详注》亦点出："苑中生色，佳丽多也。昭阳第
一，宠特专也。同辇侍君，爱之笃也。射禽供笑，宫人献媚也。"总之，叙贵妃游
苑，极写盛时之乐事。③"明眸""血污""清渭""去住"四句二十八字，叙死别生
离、马嵬西狩之悲情。张戒特赏"江水江花"一句，以为"无穷之恨，《黍离》《麦秀》
之悲，寄于言外"。通全诗观之，遂评为"词婉而意微"。

唐刘知几《史通》《叙事》，标榜尚简、用晦、贵曲之叙事书法，多举《左传》叙事
为例。④ 由此观之，杜甫作《哀江头》诗，张戒所谓词婉，即是刘知几所云《左传》
叙事之贵曲；而《左传》叙事之尚简、用晦，其审美效果即表现在"意微"之特色上。
《岁寒堂诗话》总结："元、白数十百言，竭力摹写，不若子美一句"，诚然有见之言。
唐刘知几《史通·叙事》所谓"叙事之工者，以简要为主。……文约而事丰，此述
作之尤美者也"；"晦也者，省字约文，事溢于句外"；"夫能略小存大，举重明轻，一
言而巨细咸该，词组而洪纤靡漏，此皆用晦之道也。"⑤尚简、用晦之道，杜甫诗史
之叙事有之。

刘知几《史通·叙事》标榜之"尚简、用晦"，即是微、婉、显、晦之《春秋》书法，

① 杜甫著、仇兆鳌注:《杜诗详注》卷四,《哀江头》,第 329 页。
② 同上。
③ 同上,第 330 页。
④ 张高评:《春秋书法与左传史笔》第七章,《刘知几〈史通〉及其〈春秋〉〈左传〉学——兼论诗化之史
学观》,第 284—297 页。
⑤ 刘知几著、浦起龙释:《史通通释》卷六,《叙事》,第 168、173 页。

杜甫薪传此一书法史法,除了《哀江头》之外,尚有《丹青引》①《赠花卿》《戏作花卿歌》诸诗,诸家诗评亦多以为"微而显""语句含蓄"。先说杜甫所作《丹青引》,宋许颉《彦周诗话》称:

> 东坡作《妙善师写御容》诗,美则美矣;然不若《丹青引》云:"将军下笔开生面",又云:"褒公鄂公毛发动,英姿飒爽来酣战"。后说画玉花骢马,而曰"至尊含笑催赐金,圉人太仆皆惆怅"。此语微而显,《春秋》法也。②

许颉《彦周诗话》说诗,以为杜甫《丹青引》超胜苏轼《妙善师写御容》诗,主要在《丹青引》能妙用"微而显"之《春秋》法。若就此言之,则"微而显"之《春秋》书法,止在辞文简约,近乎俗所谓简单而明了而已。辞文之修饰,固是《春秋》书法之形式,然而最可贵者,除了文约事丰之"简要"外,尚有"省字约文,事溢于句外"之用晦之道。③ 杜甫《丹青引》,小中见大,极写丹青手曹霸之荣枯,以见唐朝一世之盛衰。曹霸之荣华与唐明皇开元天宝之盛世共始终;曹霸之清苦潦倒,与安史之乱皇朝由盛而衰相消亡。杜甫《丹青引》之属辞比事,能"略小存大,举重明轻",切合《史通》所强调之叙事要领。而原始要终,见盛观衰,其义多归于资鉴。

黄永武教授发现:杜甫笔下的马,暗示国势的盛衰,如《韦讽录事宅观曹将军画马图歌》是。马,又同时绾连先帝的追思,如《丹青引赠曹将军霸》诗:"全诗是以先帝为核心,一人有庆,兆民是赖。综观这位画家的出身,荣遇及晚年的穷困,一身的盛衰就系于先帝事业的盛衰。"④小我的荣枯,系于大我的盛衰,此自是"举轻以明重",举细小以窥宏大之《春秋》书法体现。作于大历二年之《观公孙大娘弟子舞剑器行》,杜甫叙写相隔五十年,时空错位,先后观看师徒二人之剑器

---

① 杜甫著、仇兆鳌注:《杜诗详注》卷十三,《丹青引赠曹将军霸》:"将军魏武之子孙,于今为庶为清门。英雄割据虽已矣,文采风流今尚存。学书初学卫夫人,但恨无过王右军。丹青不知老将至,富贵于我如浮云。开元之中常引见,承恩数上南熏殿。凌烟功臣少颜色,将军下笔开生面。良相头上进贤冠,猛将腰间大羽箭。褒公鄂公毛发动,英姿飒爽来酣战。先帝天马玉花骢,画工如山貌不同。是日牵来赤墀下,迥立阊阖生长风。诏谓将军拂绢素,意匠惨淡经营中。斯须九重真龙出,一洗万古凡马空。玉花却在御榻上,榻上庭前屹相向。至尊含笑催赐金,圉人太仆皆惆怅。弟子韩干早入室,亦能画马穷殊相。干惟画肉不画骨,忍使骅骝气凋丧。将军画善盖有神,必逢佳士亦写真。即今漂泊干戈际,屡貌寻常行路人。途穷反遭俗眼白,世上未有如公贫。但看古来盛名下,终日坎壈缠其身。"第1147页。
② 许颉:《彦周诗话》,清何文焕编:《历代诗话》本,第381页。
③ 刘知几著、浦起龙释:《史通通释》卷六,《叙事》,第168、173页。
④ 黄永武:《中国诗学·思想篇》,《杜甫笔下的马》,台北巨流图书公司2009年版,第194—197页。

舞，由师徒之沧桑经历，自可窥见开元天宝五十年间之治乱盛衰。《春秋》书法，或举轻以明重，或即细以见大，杜甫叙事歌行有之。

杜甫《赠花卿》①《戏赠花卿歌》②，以及《丽人行》③，诸家诗评，或以为"微而显"，此辞微而义隐；或以为意在言外，可与风雅代兴。如：

> 世人谓杜子美《赠花卿》诗，有"此曲只应天上有，人间能得几回闻"之句，因误认花卿为歌妓者多矣。按：花卿盖西川牙将，尝与西川节度崔光远平段子璋，遂大掠东川。故子美复有《戏作花卿歌》，其卒章云："人道我卿绝代无，天子何不唤取守京都？"当时花卿（金定）跋扈不法，有僭用（天子）礼乐之意。子美所赠，盖微而显者也。不然，岂天上有曲，而人间不得闻乎？④

> 炘案：此《丽人行》诗之妙，在于意在言外。……余尤爱……李安溪之论。……李云：欧阳文忠言："《春秋》之义，痛之深，则词益隐，子般卒是也。刺之切，则旨益微，《君子偕老》是也。"此诗实与"美目巧笑""象揥绉絺"同旨。诗至老杜，乃可与《风》《雅》代兴。⑤

花卿，指花金定，在蜀中虽有一时平贼之功，然骄恣不法，川民苦之；杜甫为作《赠花卿》《戏作花卿歌》。因"切当时之文而罔褒"，"多忌讳之辞"，故书法出于"微而显"，运化了"推见至隐"之《春秋》书法。明杨慎《升庵诗话》称："杜公此诗，

---

① 杜甫著、仇兆鳌注：《杜诗详注》卷十，《戏作花卿歌》："成都猛将有花卿，学语小儿知姓名。用如快鹘风火生，见贼唯多身始轻。绵州副使著柘黄，我卿埽除即日平。子章髑髅血模糊，手提掷还崔大夫。李侯重有此节度，人道我卿绝世无。"第844页。

② 杜甫著、仇兆鳌注：《杜诗详注》卷十，《赠花卿》："锦城丝管日纷纷，半入江风半入云。此曲只应天上有，人间能得几回闻。"第846页。

③ 杜甫著、仇兆鳌注：《杜诗详注》卷二，《丽人行》："三月三日天气新，长安水边多丽人。态浓意远淑且真，肌理细腻骨肉匀。绣罗衣裳照暮春，蹙金孔雀银麒麟。头上何所有，翠微盍叶垂鬓唇。背后何所见，珠压腰衱稳称身。就中云幕椒房亲，赐名大国虢与秦。紫驼之峰出翠釜，水精之盘行素鳞。犀箸厌饫久未下，鸾刀缕切空纷纶。黄门飞鞚不动尘，御厨络绎送八珍。箫鼓哀吟感鬼神，宾从杂遝实要津。后来鞍马何逡巡，当轩下马入锦茵。杨花雪落覆白苹，青鸟飞去衔红巾。炙手可热势绝伦，慎莫近前丞相嗔。"第156页。

④ 陈善：《扪虱新话》，俞鼎孙、俞经编：《儒学警悟》卷三十八，下集卷三，《花卿》，龙门书店1967年版，第7页，总第210页。参考胡仔《苕溪渔隐丛话》前集卷十四，魏庆之《诗人玉屑》卷十，《诗林广记》前集卷二。

⑤ 郭曾炘：《读杜札记》，《丽人行》，第37页。

讥其僭用天子礼乐也，而含蓄不露，有风人'言之者无罪，闻之者足以戒'之旨。"①此谓含蓄不露，有风人之旨，与《春秋》推见至隐之书法同功。至于郭曾炘《读杜札记》品评杜诗《丽人行》，援引欧阳修《论尹师鲁墓志》，所谓"《春秋》之义，痛之益至，则其辞益深"；"诗人之意，责之愈切，则其言愈缓"，②论证《春秋》与诗相表里。郭氏援引，稍变其文，言"痛之深，则词益隐；刺之切，则旨益微"。今考乾隆皇帝御定《唐宋诗醇》，以"微而显"品评《丽人行》，以为"托刺微婉，意指遥深"，可以相互发明。要之，微婉显晦，固《春秋》之教，亦诗歌风雅代兴之法门也。

　　书写近代、现当代史事，容易触忌犯讳。尤其攸关"刺讥、褒讳、挹损之文辞"，临文下笔之际，理当再三斟酌权衡。孔子作《春秋》，何以"至定、哀之际则微"？主要因为"切当世之文而罔褒"，故多出以曲笔讳书。杜甫身当开元、天宝之后，安史之乱之际，叙事传人自然回归主文而谲谏之诗学传统，以期"言之者无罪，闻之者足以戒"。诗主讽谕美刺，史主劝惩褒贬，同归而殊途，此又一证。如诸家品评《北征》《哀江头》，多提倡曲笔，而用讳言讳书：

　　　　唐人咏马嵬之事多矣。世所称者，刘禹锡曰……白居易曰……此乃言官军背叛逼迫；明皇不得已而诛贵妃也。非特不晓文章体裁，而造语蠢拙，亦失事君之礼。老杜则曰："不闻夏商衰，中自诛褒妲。"乃是明皇畏天悔祸，赐妃子以死，无与官军也。立言有体，深得为君讳恶之义。③

　　《春秋》有三讳，成公九年《谷梁传》曰："为尊者讳耻，为贤者讳过，为亲者讳疾。"④唐啖助曰："盖讳，避之也。避其名，而逊其辞，以示尊敬也。"⑤唐人咏马嵬坡事，或直辞咏寄，略无避隐，如宋洪迈《容斋随笔》所云。或曲笔讳书，隐约其辞，如上征引魏泰《临汉隐溪诗话》所言，是所谓"为尊者讳耻"。如杜甫所作《丽人行》《哀江头》《北征》诸什，诚如宋史绳祖《学斋占毕》所言："窃谓前贤歌咏前世

---

① 杨慎：《升庵诗话》，丁福保辑：《历代诗话续编》卷一，《子美赠花卿》，第644页。
② 欧阳修：《论尹师鲁墓志》，《欧阳忠公文集》卷七十三，《全宋文》卷七一八。
③ 魏泰：《临汉隐溪诗话》，何文焕编：《历代诗话》，第324页。杜甫著、杨伦笺注：《杜诗镜诠》卷四，《北征》，引魏道辅（泰）《诗话》，上海古籍出版社1962年、1980年版，第162—163页，文字略有删节。
④ 王熙元：《谷梁范注发微》第四章，九，《讳例》，第609—618页。
⑤ 陆淳：《春秋啖赵集传纂例》，钱仪吉《经苑》本卷九，《讳义例第三十四》，台北大通书局1970年版，第1页，总第2471页。

之事,可以直言;而当代君臣,则宜讳国恶。"①杜甫《北征》诗优为之,能为明皇讳饰,故诸家交相称美:魏泰所谓"为君讳恶";史绳祖所谓"宜讳国恶"也。胡仔《苕溪渔隐丛话》亦援引重说,主张对君后之过恶,皆当曲笔讳书。② 再如宋俞文豹《吹剑录》,由于君君臣臣之政治伦理,故当为君王讳恶。如云:

> 鲁昭公娶于吴,为同姓。孔子答陈司败之问,曰"知礼",盖为君讳也。晋献公惑骊姬之谮,申生曰:"君安骊姬",盖为父隐也。唐天宝之乱,兆于杨贵妃,杜子美身罹其祸,《北征》诗上曰:"不闻夏殷衰,中自诛褒妲";《哀江头》诗虽稍述其事,而恻然有《黍离》闵周之意。至白乐天《长恨歌》、元微之《连昌宫词》,直播其恶于众,略无忌惮。李太白《上皇西巡歌》,及歌永王璘渡江,亦谓之东巡。……全无君臣之别矣。③

《左传》僖公二十三年:"男女同姓,其生不蕃",故娶妻不娶同姓。今鲁昭公娶于同姓,故孔子答问曰"知礼",所以为鲁君讳耻也。犹晋献公惑于骊姬,太子申生声称"君安骊姬",所以为亲者讳疾也。生乎当代,对于当朝君王之过恶耻辱,自当"避其名,而逊其辞",不宜直辞咏寄,略无避隐;否则,将大伤君臣伦理之情谊。俞文豹《吹剑录》肯定杜甫《北征》《哀江头》诸诗之曲笔讳书,批评白居易、元稹之咏杨妃,是"直播其恶于众,略无忌惮";而李白咏上皇,及歌永王璘,"全无君臣"上下之伦理。观宋人论唐代宫闱嬖昵,以为当宗法《春秋》曲笔讳书之书法,为较普遍之共识。一般而言,相较于"直辞咏寄,略无避隐",略胜一筹。诸家品评杜甫乐府新题之叙事歌行,多举《春秋》曲笔讳书以为佐证。

由此观之,杜甫叙事歌行之微婉显晦,曲笔讳书,固为《春秋》书法之体现;亦杜甫兑现《祭当阳君文》之信约,对于十三世远祖杜预"不敢忘本,不敢违仁"之承诺。于是,除"诗是吾家事"之外,结合诗歌、叙事,融铸经学与文学,而蔚为家学之薪传与发用,有如此者。

---

① 史绳祖:《学斋占毕》,《四库笔记小说丛书》本,文渊阁《四库全书》本,上海古籍出版社 1992 年版;台北大通书局 1970 年版,第 854 册,卷一,《诗讳国恶》,第 31 页,总第 18 页。

② 胡仔著、廖德明校点:《苕溪渔隐丛话》前集卷十二,《杜陵七》,人民文学出版社 1962 年、1981 年版,第 77 页。

③ 俞文豹:《吹剑录》,程毅中主编:《宋人诗话外编》(下册),国际文化出版公司 1996 年版,第 1226 页。

三、结　论

自晚唐孟启《本事诗》，提示杜甫"流离陇蜀"诸作，指目为"诗史"之后，杜诗学者纷纷聚焦于"诗史"之阐发，历宋元，经明清，至现当代，仍方兴未艾。至于所谓"推见至隐"四字，却大音希声，未受应有之关注；或视若无睹，或乏人问津，不无遗憾。

"《春秋》推见至隐"，典出《史记·司马相如列传》"太史公曰"。杜甫三十岁时，作《祭远祖当阳君文》，追怀十三世祖杜预"《春秋》主解，稿隶躬亲"之贡献；感慨"呜呼笔迹，流宕何人？"之遗憾。悲愤之余，于是有"不敢忘本，不敢违仁"之信誓。由此观之，杜甫之家学，除"诗是吾家事"以外，杜预之《春秋》书法、《左传》之历史叙事，顺理成章，亦为家学渊源之主体。杜甫必须能克绍箕裘，肯堂肯构，方称"不敢忘本，不敢违仁"。上述研究视角，学界鲜少关注。笔者拟异人之所同，重人之所轻，详人之所略，于是草就本文，以就教于方家学者。

属辞比事，为研究《春秋》书法，探讨历史叙事，以及解读中国传统叙事学之法门与要领。杜甫诗史，及其叙事歌行，蔚为叙事传统与抒情传统之交融与争辉。本文只就杜甫诗史与"属辞比事"之叙事传统，进行论证。属辞比事之《春秋》教，表现于杜甫之叙事歌行，层面有三：

其一，比属观义：即原始要终，张本继末之叙事策略，如《北征》《草堂》诸诗，以及安史之乱前后所作系列叙事歌行。言事相兼，问对成章者，为《左传》之历史叙事方法。杜甫诗，如《兵车行》《哀王孙》《新安吏》《潼关吏》《新婚别》诸什，亦多所运用。《左传》叙事传人，长于拟言代言；杜甫诗如《石壕吏》《新婚别》《垂老别》《无家别》诸诗，堪称异曲同工。由此观之，多薪传《左传》历史叙事之心法。

其二，比事见义：类比、对比相关意象，纂组会通意象以见指义，此孔子《春秋》取义所由之一。杜甫诗史中，身经目历安史之乱，据事直书，自见美恶者多；洪迈所谓"直辞咏寄，略无避隐"者皆是。如《兵车行》《前出塞》《后出塞》《三吏》《三别》《哀王孙》《哀江头》《悲陈陶》《悲青阪》《公孙大娘弟子舞剑器行》诸什，排比场景，铺陈史事，而治乱、兴衰、是非、成败自见于言外，是其例也。

其三，属辞示义：连属辞文，修饰字句，是所谓属辞，亦孔子《春秋》取义所由之一。杜甫诗史据事直书之外，曲笔讳书尤为重要之表现艺术。微婉显晦之书法，曲传推见至隐之指义，如《北征》《丽人行》《哀江头》《壮游》《洗兵马》《新婚别》《哀江头》《丹青引》《赠花卿》《戏作花卿歌》诸诗，多文约事丰，辞婉而意微，旨趣在言语文字之外，可与风雅代兴。

杜甫流离陇蜀，所作叙事歌行，《本事诗》所谓"推见至隐，殆无遗事"之诗史，叙事传人之际，自多《春秋》书法之体现。如：属辞比事，笔削显义；据事直书，美恶自见；微婉显晦，推见至隐，其大者焉。杜甫诗史、叙事歌行，所以富含《春秋》书法者，大抵为落实而立之年所作《祭当阳君文》，承诺"不敢忘本，不敢违仁"；十三世远祖杜预之《春秋》《左传》学，遂得以转化为诗史之书写策略。于是，在"诗是吾家事"之外，杜甫结合诗歌、叙事，融铸经学与文学，而蔚为家学之薪传与发用。

除此之外，杜甫叙事歌行尚涉及"义则窃取"之抒情传统。孔子作《春秋》，称"其义，则丘窃取之矣"。窃取，意谓私为，指作者自我之心、性、情、气、志、意之抒发或表现。叙事歌行之感性者，表现为六义之比兴，义在言外。《文史通义·史德》云："必通六义比兴之旨，而后可以讲春王正月之书"，杜甫叙事歌行有之。理性者，体现其诗史意识，义归于资鉴。《左传》成公十四年载《春秋》五例，其五曰惩恶而劝善。此一部分，攸关杜甫诗史与抒情传统之关系，由于篇幅所限，未尝论证。拟另立新篇，他日再议。

（本文原载于香港浸会大学《人文中国学报》2019年第28期，第91—130页）

论梅尧臣的儒、释、道三教思想

涂序南

摘　要：宋代言路比较宽松，思想亦较自由，自唐以来的三教合流趋势在宋代进一步发展。宋诗"开山祖师"梅尧臣亦受泽三家而又能融会贯通。儒家思想是梅尧臣的主导思想，支配着诗人一生的立身行事，虽时有仕与隐的矛盾，但始终奋身于仕途而不辍，他注重的是儒家思想中忧国忧民的精神内核，诗歌创作则体现为对现实主义题材的高度敏感和关注。梅尧臣与僧人交游广泛，他们彼此诗文唱酬，品诗评艺，这对其山水记游诗的写作有显著影响，有的富于禅趣，这也使诗人时起山林之念，但是他并不佞佛、崇佛，儒家入世情怀终能战胜佛家出尘之念。相比于僧人而言，梅尧臣与道士的交往要少得多，他主要受道家思想的影响，这主要体现在他对老庄、周易哲学的崇奉。道家知足保和、乐天知命、自然无为的思想使诗人能够以超脱、达观的心态面对和思考人生的各种问题，消遣世虑，忘怀得失。

关键词：梅尧臣；儒释道；三教合流

宋代思想活跃，言路较宽，儒学得以复兴，佛道亦得到发展，三教呈进一步合流趋势。张宏生在《宋诗：融通与开拓》中说："北宋立国以后，儒学复兴，文化昌明，但思想却并没有定于一尊，人们可以在一个多元的文化格局中，比较自由地阐述自己的思想，选择自己的宗奉，而不必担心受到粗暴的干涉。因此，社会比较开放，有着一定的自由度。这可以从以下几个方面看出来。首先，从唐代而来的三教合流倾向进一步发展……"①王水照亦言："宋代是中国思想史上继先秦、汉、魏晋、唐之后的又一高潮所在，儒、释、道三家合流是其时的一个基本趋向。"②三教合流亦是宋诗开创者梅尧臣的基本思想倾向。

---

① 张宏生：《宋诗：融通与开拓》，上海古籍出版社 2001 年版，第 131 页。
② 王水照主编：《宋代文学通论》，河南大学出版社 1997 年版，第 18 页。

一、我世本儒术

梅尧臣的人生观兼儒、释、道思想。对于三教的关系,他在《题三教圆通堂》诗中说:"处中最灵智,人与天地参。其间有佛老,曷又推为三。共以圆通出,诚明自包含。排楹压文础,焕采涂朱蓝。而将置吾儒,复欲笼彼聃。二徒不自晓,恬若均笑谈。"①尧臣以一种诙谐的口吻谈到宋代三教融通、合流的情况,并表明自己的儒者立场,他以儒居天地之中,然而对释道,诗人的态度是颇为圆通的。梅尧臣在诗文中多次申明自己的儒家立场。康定元年(1040),《依韵和李君读余注孙子》云:"我世本儒术,所谈圣人篇。圣篇辟乎道,信谓天地根。"②在国难当头之际,尧臣注《孙子兵法》献给朝廷,意欲为国效力,体现了对儒家思想的积极践行。庆历七年(1047),《新息重修孔子庙记》云:"呜呼,孔子之道与天地久,与日月昭,一郡一邑之庙,不足以光显厥德,报厥功也"③,则体现了尧臣对儒家创始人孔子及孔子之道的尊崇。嘉祐元年(1056),《送薛氏妇归绛州》云:"为妇若此能,乃是儒家子。"④薛氏妇,即梅尧臣之女。由此可知,梅尧臣无论早年还是晚年,儒家思想始终都占据其思想的核心位置。梅尧臣以儒者身份自居,然而他反对徒作空言、无实际才能的"俗儒"和欺世盗名的"盗儒",《送张推官洞赴晏相公辟》云:"岂是为俗儒,空言事夸大。"⑤《明经试大义多不通有感依韵和范景仁舍人》云:"明经与进士,皆欲取公卿。自是俗儒陋,非于吾道轻。昔由羔雁聘,今乃草莱并。不措一辞去,缘何禄代耕。"⑥《盗儒》云:"其衣乃儒服,其说乃墨夷。天生物一本,今尔二本为。尔忍不葬亲,委以饱狐狸。吾心则孟子,不听尔矢辞。"⑦梅尧臣注重的是儒家思想中心忧天下、关怀民生的精神,诗歌创作则体现为对现实主义题材的高度敏感和关注。据笔者统计,梅尧臣现实题材的各类诗歌约有一百二十六首,虽占其诗歌总量的比重不高,为百分之四,但是绝对数量亦颇可观,远胜同时流辈,如《田家》《陶者》《田家语》《汝坟贫女》《小村》等皆是忧

---

① 梅尧臣著、朱东润编年校注:《梅尧臣集编年校注》卷二一,上海古籍出版社 2006 年版,第 576 页。(以下只注明卷数和页码)

② 《梅尧臣集编年校注》卷一〇,第 160 页。

③ 《梅尧臣集编年校注》卷一七,第 415 页。

④ 《梅尧臣集编年校注》卷二六,第 889 页。

⑤ 《梅尧臣集编年校注》卷二一,第 565 页。

⑥ 《梅尧臣集编年校注》卷二七,第 935 页。

⑦ 《梅尧臣集编年校注》卷二五,第 799 页。

时悯民的现实主义名作。

儒家思想对梅尧臣的影响还体现在诗人对科举、功名的追求和态度中。儒家讲求社会责任,要求士大夫齐家治国平天下,以积极的入世精神参与社会政治,而科举几乎是宋代士人入仕的唯一途径。宋朝是一个极其重视科举的时代。新科进士尹洙曾如此形容及第时的荣耀:"状元登第,虽将兵数十万,恢复幽蓟,逐强敌于穷漠,凯歌劳还,献捷太庙,其荣亦不可及也。"①梅尧臣在诗中亦屡有述及,如《杂言送王无咎及第后授江都尉先归建昌》云:"白袍来,黄绶回。来跨塞驴回跨马,麻源三谷桂花开。"②及第前后的处境判若两人。《送张山甫秘校归缑氏》云:"去年来折桂,今年来娶妇。得意春风前,还家寒食后。"③及第后衣锦还乡,真所谓"春风得意马蹄疾,一日看尽长安花"。《送林大年殿丞登第倅和州》云:"败亡项籍江边庙,应愧文场战胜来"④,就是昔日英雄盖世的西楚霸王如果面对今日的文场状元也会汗颜。在这样的社会氛围中,梅尧臣自然也与大多数士人一样,企图蟾宫折桂,实践功业抱负。然而不幸的是,他始终没有考取一名进士。梅尧臣参加过多少次科考,史无明载,但景祐元年(1034)他应进士举下第后,就再也没有参加过科考。场屋的失败对梅尧臣影响甚巨,失意之情时有流露。景祐元年下第不久,尧臣作《西宫怨》诗,借美人失宠抒愤懑、哀怨之情:"汉宫中选时,天下谁为校。宠至莫言非,恩移难恃貌。一朝居别馆,悔妒何由效。买赋岂无金,其如君不乐。"⑤同年,《外兄施伯侃下第赴并门叔父招》云:"共是干时者,同为失意人。"⑥科场失意,仕途坎壈,尧臣遂常有壮志难酬之感、岁华虚度之叹。《依韵和陈秘校见寄》云:"郁郁东堂桂,常期接袂攀。羽翰殊不及,蓬荜却空还。江水几经岁,鉴中无壮颜。"⑦《寄汝上》云:"大第未尝身一至,人猜巧宦我应非。弹冠不读《先贤传》,说剑休更短后衣。瘦马青袍三十载,故人朱毂几多违。功名富贵无能取,乱石清泉自忆归。"⑧诗人眼看着故人多取功名富贵,而自己仍然"大第未尝身一至",依然是"瘦马青袍",心中不免感伤,然而所谓"乱石清泉自忆归",实则是诗人生不逢时、无可奈何之言。庆历八年,梅尧臣授国子博

---

① 田况撰:《儒林公议》,文渊阁《四库全书》子部第 1036 册,第 278 页。

② 《梅尧臣集编年校注》卷二七,第 961 页。

③ 《梅尧臣集编年校注》卷二八,第 1002 页。

④ 《梅尧臣集编年校注》卷二九,第 1096 页。

⑤ 《梅尧臣集编年校注》卷四,第 57 页。

⑥ 同上,第 58 页。

⑦ 《依韵和陈秘校见寄》,《梅尧臣集编年校注》卷八,第 126 页。

⑧ 《梅尧臣集编年校注》卷一五,第 274 页。

士,赐绯衣银鱼,有诗《赐绯鱼》表达兴奋激动之情:"蹉跎四十七,腰间始悬鱼。茜袍虽可贵,发短齿已疏。儿女眼未识,竞来牵人裾。不知外朝众,君恩惭有余。"①然而,诗人对自己未能由科举正途出身始终不能释怀。同年,《和淮阳燕秀才》云:"我官忝博士,曾昧通经术。前因辟书来,亦不习文律。循旧临学宫,虎革被羊质。倚席未能讲,占毕聊置日。朴钝既若兹,愧彼噉棘粟。……惭予延荫人,安得结子袜。心虽羡名场,才命甘汩没。禄仕二十年,屡遭龙榜揭。在昔见麻衣,于今尽超越。是以对杯觞,谨严微敢忽。宁唯畏后生,自恨疏节骨。……归应愿生男,生男付纸笔。乃信读书荣,况即服缊韠。"②尧臣虽已列官博士,但由门荫出仕的遗憾始终是诗人难以解开的心结。科举、仕途的不顺,常使诗人陷于仕与隐的矛盾之中,然而隐只是仕而不得的牢骚语,是表象,仕才是内在的真实。终其一生,对仕的追求,不曾间断过。这也体现了儒家思想始终是梅尧臣立身行事的主导。

二、喜与高僧语

梅尧臣生活在佛教日益兴盛的年代。虽然欧阳修曾撰《本论》(《欧阳修全集》卷十七)辟佛,但他后来观点有所转变。宋仁宗嘉祐年间,僧契嵩携专为驳斥《本论》而写的《辅教编》进京,献给皇帝,"大学者若今首揆王相、欧阳诸巨公,皆低簪以礼焉"。南宋释志盘《佛祖统记》卷四十五记载,欧阳修将归庐陵,"舟次九江,因托意游庐山,入东林圆通,谒祖印禅师居讷,与之论道。师出入百家,而折衷于佛法。修肃然心服,耸听忘倦,至夜分不能已。默默首肯,平时排佛为之内销,迟回逾旬不忍去。"③其实欧阳修早年即与释子交游,如其《送昙颖归庐山》诗云:"昙颖十年旧,风尘客京都"④,诗题庆历元年(1041)作,他们已有十年的交往了,时正当天圣末年,欧、梅、尹等人西京唱和期间。宋代僧人多出入三教,思想通达,北宋祖无择《题三教圆通堂》云:"师本佛之徒,潜心老与儒。一堂何所像,三教此焉俱。"⑤实际上,宋代文人和僧徒交游蔚然成风,他们彼此诗文唱酬,评诗论艺,"僧人和士大夫结交,实际上是时代的风气,在双向交流中为宋代的文化

---

① 《梅尧臣集编年校注》卷一八,第 429 页。
② 同上,第 505 页。
③ 以上转引自张宏生:《宋诗:融通与开拓》,上海古籍出版社 2001 年版,第 131—132 页。
④ 欧阳修著、李逸安点校:《欧阳修全集》卷一,中华书局 2001 年版,第 20 页。
⑤ 祖无择:《龙学文集》卷三,文渊阁《四库全书》本。

思潮注入了活力"①。

欧、梅为至交，梅尧臣平生亦喜结交僧人，正如其《访报本简长老》诗所云："比泛苕溪来，初逢卞山雨。雨收精舍出，喜与高僧语。"②元方回《名僧诗话序》云："陶渊明于惠远，韦苏州于皎然，刘禹锡于灵澈，石曼卿于山东演，梅圣俞于达观颖，……极一时斥垩磁铁之契，流风至今。"③据刘守宜统计，"尧臣早年好与方外释子交往，终其生，与僧隐酬游，见录于《宛陵集》者，多达七十人"，其中交往尤密者有达观禅师昙颖、梵才吉上人、怀贤上人、文鉴大士、可真上人、显忠上人。④这些僧人多是诗僧，如《僧可真东归因谒范苏州》："谁爱杼山句，使君应姓韦"⑤，唐诗僧皎然居杼山，有《杼山集》十卷，尧臣将僧可真的诗与其相比。《还文雅师书帙》："编绝不加新，于今十二春。绿窗重展目，静几勿生尘。"⑥《宋史·艺文志》著录《僧文雅集》一卷。《次韵和长吉上人淮甸相遇》："自言东越来，箧中多好诗。文字皆妥帖，业术无倾欹。前辈尝有言，清气散人脾。语妙见情性，说之聊解颐。始推杼山学，得非素所师。此固有深趣，吾心久已知。……复遗三百言，玩味自挽髭。序事尽成故，慨吟良有资。其词何亹亹，宛若对风规。泠然耸心目，不觉整官缕。重以超俗韵，顾予贱职司。是犹猿鸟情，并此驽栎卑。报投仍勉强，实谬匠者为。应哂不量力，短兵兹已疲。"⑦尧臣高度称赞长吉上人的诗歌成就，并自叹不如。《答新长老诗篇》云："江东释子多能诗，窗前树下如蝉嘶。朝风暮月只自老，建安旧体谁攀跻。唯师独慕陶彭泽，奇迹仍收王会稽。此焉趣尚已不浅，更在措意摩云霓。"⑧指出新长老作诗有"措意摩云霓"的抱负。《依韵和守贤上人晚秋书事》云："我居溪之阴，早景诚所慕。开溪吐初阳，独吟神与晤。岂意方袍人，而怀此焉趣。忽枉琼玖章，无惭惠休句。"⑨《览显忠上人诗》云："师来笑贾岛，只解咏嘉陵。"⑩梅尧臣的诗名在庆历年间即已渐著，声闻于僧道，多有僧人向其求诗问诗者，如《送师厚归南阳会天大风遂宿高阳山寺明日同至姜

①　张宏生：《宋诗：融通与开拓》，上海古籍出版社2001年版，第129页。
②　《梅尧臣集编年校注》卷一二，第204页。
③　方回：《桐江集》卷一，《续修四库全书》本，上海古籍出版社2002年版。
④　刘守宜：《梅尧臣诗之研究及其年谱》，台北文史哲出版社1980年版，第232—239页。
⑤　《梅尧臣集编年校注》卷四，第67页。
⑥　《梅尧臣集编年校注》卷八，第132页。
⑦　《梅尧臣集编年校注》卷一一，第193页。
⑧　《梅尧臣集编年校注》卷一三，第216页。
⑨　同上，第225页。
⑩　《梅尧臣集编年校注》卷二七，第990页。

店》云:"老僧扫壁持笔砚,请予强此题岁年。"①《金山寺》诗序云:"薄暮返舟,寺僧乞诗,强为之句以应其请。"②《与用文师》云:"师名学佛者,何乃爱吾诗?"③宋僧除能诗外,亦多其他才艺,尧臣诗中多有记录。有的旁通文史之学,《送良玉上人还昆山》云:"孤舟洞庭夫,落日松江宿。"④龚明之《中吴纪闻》记载道:"昆山慧聚寺良玉,字蕴之,僧行甚高,旁通文史之学,又善书,工琴棋。因游京师,梅圣俞见而喜之,以姓名闻于朝,赐以紫衣。其东归也,梅圣俞以诗送之。载此诗。"⑤有的通晓音律,《赠琴僧知白》云:"上人南方来,手抱伏牺器。颓然造我门,不顾门下吏。上堂弄金徽,深得太古意。清风萧萧生,修竹摇晚翠。声妙非可传,弹罢不复记。明日告以行,徒兴江海思。"⑥有的精于绘画,《传神悦躬上人》云:"子诚丹青妙,巧夺造化深。妍媸必尽得,幻妄恐交侵。"⑦

梅尧臣和僧人诗文酬游甚密,其诗也有受佛教影响的痕迹,富于禅趣。如《补题东都善惠师禅斋》:"心是寒瓶水,明无宝境埃。世人何扰扰,时为一言开"⑧,类似唐代高僧慧能大师的"菩提本无树,明镜亦非台。本来无一物,何处惹尘埃"(《菩提偈》)。其他如"水天闻唳鹤,不复有尘埃"(《送僧在己归秀州》)⑨,"渡江见海月,秋光上遥林。团团冰玉盘,莹然如禅心"(《送祖印大师显忠》)⑩等,遣词用语都受佛家影响,立意构思也充满了佛理禅趣。又如《俨上人粹隐堂》云:"十年不出户,世事皆划锄。时无车马游,焚香坐读书。有堂曰粹隐,唯见安且舒。心远迹非远,岁月速轮舆。寓目暂为实,过者即为虚。譬若开是室,终日于此居。欲问昨日事,已觉今日疏。明朝却视今,复与前何如。聊悟此中乐,犹观濠上鱼。"⑪梅尧臣将佛家的时间观和道家的濠上之辩结合起来,以儒者的贞定之心去看待光阴之易迁,儒释道三者融而为一。张文利说:"梅尧臣的平淡诗风,开了宋诗尚平淡风气之先。而这一风格的形成,与理学思想的萌芽和

---

① 《梅尧臣集编年校注》卷一〇,第 170 页。
② 《梅尧臣集编年校注》卷一一,第 191 页。
③ 《梅尧臣集编年校注》卷一八,第 446 页。
④ 《梅尧臣集编年校注》卷二八,第 1044 页。
⑤ 龚明之:《中吴纪闻》,文渊阁《四库全书》本。
⑥ 《梅尧臣集编年校注》卷九,第 150 页。
⑦ 《梅尧臣集编年校注》卷一三,第 226 页。
⑧ 《梅尧臣集编年校注》卷二五,第 763 页。
⑨ 《梅尧臣集编年校注》卷二八,第 1021 页。
⑩ 同上。
⑪ 《梅尧臣集编年校注》卷一五,第 298 页。

习禅的社会风气有一定的关联。"①她将梅诗平淡风格的形成与习禅的社会风气联系起来,也正是看到了二者之间的联系。

与僧侣交游,梅尧臣时起山林之念。他羡慕僧人的无拘无束,向往他们可以饱览山水名胜。天圣九年,梅尧臣初登诗坛即在《元政上人游终南》诗中说:"若见采芝人,余非恋微禄。"②其他如《金山芷芝二僧携茗见访》:"一游江山上,日日吟不足。……还将尘虑涤,自愧冠缨束。"③《淮南遇梵才吉上人因悼谢南阳畴昔之游》:"久已厌宦旅,故兹归江南。始时遽辞邑,不及事春蚕。……曷不念旧隐,山水唯素耽。我从湖上去,微爵轻子男。"④《次韵和长吉上人淮甸相遇》:"天台况奇胜,日夕劳梦思。尚忝齿缨绶,终年趋路歧。俯愧渊中鱼,游泳水之湄。仰羡云间鸷,凌厉辞絷维。居常起斯念,未去情不怡。"⑤《说上人游庐山》:"夙怀高世趣,固足林壑情。欲游名山遍,遂为庐岳行。……洗荡万古虑,熏蒸千载名。我今滞孤宦,空羡瓶锡轻。"⑥《寄题梵才大士台州安隐堂》:"好鸟时一呼,澄明望寥廓。诗兴犹不忘,禅心讵云著。所以得自然,宁必万缘缚。未能与之游,怀慕徒有作。"⑦僧侣如闲云野鹤云游四方,可以饱览风景名胜,而寺院多在山水清幽之地。梅尧臣素爱山水自然,其诗集中纪游诗达四百八十三首之多,占诗歌总量的百分之十七,性情志趣正与佛徒僧侣相投合,再加上梅尧臣仕途坎壈蹭蹬,时起山林之念就显得自然而然了。但是主观上的向往并不等于客观上的行动,忧济天下的儒者情怀毕竟是诗人思想的主导方面。因此,尧臣的思想时时陷于仕与隐的矛盾之中。

虽然梅尧臣与僧人往还密切,但是他受佛教思想的影响还是有限的。庆历三年,《送梵才吉上人归天台》比较具体地阐明了他对佛教的态度:"顷余游巩洛,值子入天台。当时群卿士,共羡出氛埃。荏苒逾一纪,却向人间来。问子何为尔,言兴般若台。虽将发愚闇,般若安在哉。此教久已炽,增海非一杯。我言亦爝火,岂使万木灰。盖欲守中道,焉能力损裁。子勿疑我言,遂以为嫌猜。忽闻携锡杖,思向石桥回。城霞与琪树,璨璨助诗才。嘉辞遍入口,幸足息岩隈。"⑧

---

① 张文利:《理禅融会与宋诗研究》,中国社会科学出版社 2004 年版,第 226 页。

② 《梅尧臣集编年校注》卷一,第 18 页。

③ 《梅尧臣集编年校注》卷一一,第 192 页。

④ 同上。

⑤ 同上,第 193 页。

⑥ 《梅尧臣集编年校注》卷一三,第 224 页。

⑦ 《梅尧臣集编年校注》卷一二,第 196 页。

⑧ 《梅尧臣集编年校注》卷一三,第 219 页。

"盖欲守中道,焉能力损裁",梅尧臣对佛教持的是中立态度,比较理智。他既羡慕僧人如闲云野鹤般的自由,与其诗文酬游,又能不崇佛、佞佛。如前所述,儒家思想始终是梅尧臣思想的核心,"孔孟久殁言可师,千古布散叶与枝。今来闭户自有趣,世上沄沄非我为。"①他视孔孟为万世师表。儒家思想的核心价值观"仁义",亦时时出现在梅尧臣与僧人交往的诗中,如《答了素上人用其韵》:"尔寻远公去,挈钵庐峰下。我趋仁义急,不解如陶谢。"②《寄金山昙颖师呈永叔内翰》:"江中羿峩山,上有道人住。风涛响殿阁,云雾生席屦。道人如不闻,道人如不顾。谁能识此心,来往只鸥鹭。京洛三十年,尘埃一相遇。我与信都公(按:指欧阳修),已落衣冠故。平生守仁义,齿发忽衰暮。世事不我拘,自有浩然趣。未(朱东润校:疑当作'末')由逢故人,坐石语平素。"③尧臣既仰慕释子如鸥鹭般的浩然逸趣,又旗帜鲜明地表明自己的儒家立场。嘉祐四年,《长歌行》探讨了对待死的态度:"世人何恶死,死必胜于生。劳劳尘土中,役役岁月更。大寒求以燠,大暑求以清。维馁求以�,维渴求以觥。其少欲所惑,其老病所婴。富贵拘法律,贫贱畏笞搒。生既若此苦,死当一切平。释子外形骸,道士完髓精。二皆趋死途,足以见其情。遗形得极乐,升仙上玉京。是乃等为死,安有蜕骨轻。日中不见影,阳魂与鬼并。庄周谓之息,漏泄理甚明。仲尼曰焉知,不使人道倾。此论吾得之,曷要世间行。"④程杰师对此诗分析道:"通过儒、释、道三家比较,否定了释、道两家的出世永生之术,认定庄子不以为意、孔子付诸阙如的态度最为可靠。这是一种典型的理性主义态度。从容的理性讨论中体现出作者面对人生大限平静、淡泊的心境。"⑤儒家的理性主义态度,是尧臣思考世事、人生问题时的角度。

三、老氏吾将师

道教在宋代亦受到统治者极度的推崇,宋真宗曾上演天书的闹剧。然而相比于僧人而言,梅尧臣与道士的交往要少得多,仅见《修真观李道士年老贫饿无所依忽缢死因为诗以悼之》(卷七)一诗。对梅尧臣影响更大的不是道教,而是道

---

① 《依韵和达观禅师山中见寄》,《梅尧臣集编年校注》卷二〇,第 540 页。
② 《梅尧臣集编年校注》卷二五,第 804 页。
③ 《梅尧臣集编年校注》卷二九,第 1130 页。
④ 同上,第 1074—1075 页。
⑤ 程杰:《北宋诗文革新研究》,内蒙古教育出版社 2000 年版,第 142 页。

家的思想,这主要体现在他对老庄、周易哲学的崇奉。景祐元年(1034),梅尧臣应进士举下第,遂作《拟王维偶然作》:"嵇康任天性,傲散喜端居。自云安卑者,窃比老庄欤。……一曲情自寄,一杯欢有余。尚子志所慕,阮生甘不如。黄精可养寿,广泽宜睹鱼。不堪行作吏,章服裹猿狙。"①梅尧臣倾慕嵇康傲散不羁的个性,魏晋时人崇尚玄学、清谈,其源头可溯源到老庄,诗人科场失意,遂从老庄思想中寻求精神慰藉。庆历六年,《睡意》云:"少时好睡常不足,上事亲尊日拘束。夜吟朝诵无暂休,目眵生疮臂消肉。今逾四十无所闻,又况丧妻仍独宿。虚堂净扫焚清香,安寝都忘世间欲。花时啼鸟不妨喧,清暑北窗聊避燠。叶落夜雨声满阶,雪下晓寒低压屋。四时自得兴味佳,岂必锵金与鸣玉。万事易厌此不厌,真可养恬无夭促。且梦庄周化蝴蝶,焉顾仲尼讥朽木。人事几不如梦中,休用区区走荣禄。"②梅尧臣仕途不偶,又兼丧妻之痛,寡居独处,道家超脱达观的思想正可有效地抚平诗人心灵的创伤。同年,《合流河堤上亭子》反映了诗人同样的心理状态:"隔河桑榆晚,蔼蔼明远川。寒渔下滩时,翠鸟飞我前。山药植琐细,野性仍所便。令人思濠上,独咏庄叟篇。"③皇祐四年(1052),《上元雪》云:"春雪如蝴蝶,春灯如百花。漫漫飞不已,愁杀千万家。我今无复梦,拥被读《南华》。"④此时,梅尧臣正监永济仓,任凭窗外雪花飞舞,我自平静自若,体现了道家经典《南华》对诗人心态的显著影响。皇祐五年(1053),《赴刁景纯招作将进酒呈同会》云:"著书欲传道,未必如孔丘。当时及后代,见薄彼聃周。功名信难立,德行徒自修。劳劳于我生,蒂挂如赘疣。不如听邻笛,就其举杯瓯。……计较无以过,试共阮籍谋。"⑤诗人感慨功名之难立,德行之徒修,阮籍的诗酒旷放遂使诗人产生共鸣。梅尧臣晚年对《易经》产生了浓厚兴趣。至和元年,尧臣丁母忧居宣城,作诗《闲居》:"读《易》忘饥倦,东窗尽日开。庭花昏自敛,野蝶昼还来。漫数过篱笋,遥窥隔叶梅。唯愁车马入,门外起尘埃。"⑥此时诗人心境恬淡,终日以庭花、野蝶为伴,读《易》可以怡然忘饥,消遣世虑。嘉祐元年(1056),《依韵和许待制病起偶书》云:"年逾五十惟耽《易》,能格神明莫若诚。"⑦梅尧臣晚年的诗歌充满人生感慨,受道家思想影响更深。嘉祐元年,《依韵和邵不疑以雨止烹茶

---

① 《梅尧臣集编年校注》卷四,第 69 页。
② 《梅尧臣集编年校注》卷一六,第 340—341 页。
③ 同上,第 363 页。
④ 《梅尧臣集编年校注》卷二二,第 591 页。
⑤ 《梅尧臣集编年校注》卷二三,第 693 页。
⑥ 《梅尧臣集编年校注》卷二四,第 727 页。
⑦ 《梅尧臣集编年校注》卷二六,第 841 页。

观画听琴之会》云："淡泊全精神，老氏吾将师。"①嘉祐二年（1057），《依韵和永叔内翰酬寄扬州刘原甫舍人》："忆听谈老庄，达生无恐惧。"②尧臣直言要以老庄为师，老庄齐生死、一万物的思想能使诗人坦然面对人生的困境和死亡，获得精神的超脱。嘉祐五年（1060），《寄题张令阳翟希隐堂》云："每读陶潜诗，令人忘世虑。潜本太尉孙，心远迹亦去。不希五斗粟，自种五株树。旷然箕山情，复起濠上趣。今时有若此，我岂不怀慕。"③陶渊明的远离尘俗和庄子的濠上之趣在精神上有相通之处，梅尧臣心向往之。不过，梅尧臣似乎对庄子轻视孔子一事感到不满。庆历元年，《陪淮南转运魏兵部游濠上庄生台》云："周当战国时，何为守静正。干戈既日寻，仁义固不竞。天下皆跖徒，宁知圣为圣。是将万物齐，不顾千金聘。所以忘形骸，所以保性命。安能小仲尼，岂不识世病。"④尧臣批评道家将战国纷争的"世病"归咎于孔丘，有尊孔抑庄的意味。

综上所述，梅尧臣的主导思想是儒家思想，它支配着诗人一生的立身行事，虽仕宦不彰，时为贫饿所累，但诗人始终仁民爱物、心忧天下。梅尧臣早年与僧人交游广泛，诗文唱酬，这对其山水记游诗的写作有显著影响，但是他不佞佛、崇佛。梅尧臣受老庄思想影响亦较深，它使诗人能够以超脱、达观的心态面对人生的困境和死亡，消遣世虑，忘怀得失。因此，梅尧臣能够出入儒释道三教，有所侧重，而又能融会贯通。

（此文原载于《九歌》2019 年第 8 期）

---

① 《梅尧臣集编年校注》卷二六，第 847 页。
② 《梅尧臣集编年校注》卷二七，第 987 页。
③ 《梅尧臣集编年校注》卷三〇，第 1147 页。
④ 《梅尧臣集编年校注》卷一一，第 188 页。

属辞比事与《春秋》宋学之创造性诠释

张高评

摘　要：宋代治经风尚，以义理阐发为主轴，兼容并治章句训诂之学。宋儒解读《春秋》，实以汉唐注疏之考据学植其基，充分掌握经典之实谓、意谓、蕴谓诸解释学层次，而更上一层楼。历代儒者研治《春秋》之途径，或借笔削以观义，或按比事以显义，或凭属辞以见义，或爱始要终、张本继末以求义。宋、元、明、清《春秋》学四十余大家名家，可作代表。信守属辞比事之《春秋》教，可作为解释学进阶到诠释学之津筏。《春秋》宋学之形成，盖融合解释学与诠释学而一之，于是有经学义理学、经学性理学之开创与独到。属辞比事之教，又派生为书法、史学、叙事、古文辞诸流别。研治中国叙述传统，由此触发，当可寻获另类之学术生长点。

关键词：《春秋》；宋学；属辞比事；创造性诠释；解释学

一、从章句训诂到义理阐发

经典解读之方法，汉唐以来，多重章句名物，采训诂考据，若《十三经注疏》之伦。中唐啖助、赵匡辈，摆落传统注疏，尝试以己意解经，韩愈《赠卢全》诗所谓"《春秋》三传束高阁，独抱遗经究终始"。以为《三传》不足信，即使弃传从经，亦可以"无传而著"。啖、赵之说，影响宋人之疑经疑传，间接促成经典之创造性诠释。

陈寅恪曾称："华夏民族之文化，历数千年之演变，造极于赵宋之世。"邓广铭亦指出：两宋期内的物质文明和精神文明所达到的高度，在中国是空前绝后的。① 赵

---

① 参见王国维：《宋代之金石学》，《王国维遗书·静安文集续编》，上海书店 1983 年版，第 70 页。陈寅恪：《邓广铭〈宋史职官考证·序〉》，《金明馆丛稿》二编，台北里仁书局 1982 年版，第 245—246 页。邓广铭：《宋代文化的高度发展与宋王朝的文化政策》，《邓广铭学术论著自选集》，首都师范大学出版社 1994 年版，第 162—171 页。

宋开国，由于宋型文化之濡染陶铸，儒学之研究亦体现创新开拓之气象。[①] 治经不复以训诂考据为已足，亟思借力使力，乘筏登岸，另辟一立地乾坤，别开一崭新天地。若北宋邢昺之著《论语注疏》《尔雅注疏》，南宋朱熹之《四书集注》《诗集传》者然。[②] 研治经学之风尚，由注重训诂考据，转变为偏向义理、性理之精微阐发。日本京都学派内藤湖南、宫崎市定所倡唐宋变革论、宋代近世说，推衍出所谓宋清千年一脉论，与之相较，可谓百虑而一致、殊途而同归。[③]

时至清代乾隆、嘉庆间，汉唐注疏之学复盛，专重章句名物、训诂考据。于是汉学、宋学渐行渐远，竟成楚河汉界，不能相通，纷纷扰扰，势同水火。[④]《四库全书总目·经部总叙》以为：两千年来之儒者，治学凡六变："要其归宿，则不过汉学、宋学两家，互为胜负。"其实，就汉学、宋学之成就而言，各有其优劣得失："汉学具有根柢，讲学者以浅陋轻之，不足服汉儒也。宋学具有精微，读书者以空疏薄之，亦不足服宋儒也。消融门户之见，而各取所长，则私心祛而公理出，公理出而经义明矣！"[⑤]居今之世，已时移势异，实不必再蹈汉宋意气纷争之陋习。《四库》馆臣主张会通汉宋，考据与义理兼融并济，此固大道之公论。

宋人生于汉唐之后，通儒达人治经，固然以义理阐发、性理诠释为主体，其中亦不乏凭借汉唐注疏之学为根柢，利而用之者。雕版图书在宋代，作为商品经济，最可反映供需求之信息：传世宋刻经书注疏版本一百零八种，《左传》共二十七种，数量居冠。其次为《礼记》十八种，《周礼》十四种，《尚书》十种，《周易》《毛诗》各八种，其余经书二至四种不等。印本图书作为知识传播之媒介，基本反映南宋时期经书传播之现况：经书以《左传》最受青睐，其所刊刻者，实以注疏本为主流，而义理阐发者不与焉。此一信息，与《宋史》中的《儒林志》《艺文志》所载

---

① 陈植锷：《北宋文化史述论》，中国社会科学出版社 1992 年版，第 283—323 页。

② 张高评：《北宋〈春秋〉学之创造性诠释——从章句训诂到义理阐发》，《中国典籍与文化论丛》第十九辑（2018 年 7 月），第 89—104 页。参考钱穆：《钱宾四先生全集》第一册，《朱子新学案·朱子学提纲》，台北联经出版公司 1998 年版，第 30—31 页。

③ ［日］内藤湖南：《概括的唐宋时代观》，《历史与地理》第 9 卷 5 号，第 1—11 页；黄约瑟译：《概括的唐宋时代观》，载刘俊文主编：《日本学者研究中国史论著选译》（第一卷），中华书局 1992 年版，第 10—18 页。内藤又撰：《近代支那的文化生活》，《支那》第 19 卷（1928 年 10 月）。宫崎市定：《内藤湖南与支那学》，《中央公论》第 936 期。收入氏著《亚洲史研究》（第 5 卷）。参考王水照：《重提"内藤命题"》，辑入氏著《鳞爪文辑》，陕西人民出版社 2008 年版，第 173—178 页。

④ 张高评：《北宋〈春秋〉学之创造性诠释——从章句训诂到义理阐发》，第 104—127 页。

⑤ 乾嘉学者对《春秋》经传之研究成就，大体集中在两大方面：一、文字之校勘、训诂和名物、制度等之考证。二、古注之辑存与疏通。至于经义之阐发与驳辨，大多是陈辞老调，鲜有创新发明。说详赵伯雄：《春秋学史》第八章，《宋代〈春秋〉学》（上），山东教育出版社 2004 年版，第 653—682 页。清纪昀等主纂：《四库全书总目》卷一，《经部总叙》，台北艺文印书馆 1974 年版，第 1—2 页，总第 62 页。

并无不同。① 衡以传播、阅读、接受、反应之学理，宋代治经风尚，看似以义理阐发为主轴，实则兼容并治章句训诂之学，利用而厚生之。换言之，研经学风之旗向，仍徘徊于两端，依违于考据与义理之间。此一依违现象显示：在汉学典范成功转移为宋学典范之前，宋人始终尽心于新平衡之寻觅，致力于新模式之建构。因此，有此游移之双重模态。②

二、属辞比事与《春秋》微辞隐义之破译

孔子作《春秋》，笔则笔、削则削，其中之褒贬抑扬，多出于孔子之独断别识，《孟子》所谓"窃取之"（私为之）者，故游、夏之徒不能赞一词。③ 王安石以为：《春秋》比他经为难，《三传》又不足信，故《春秋》不列于学官，且戏称为"断烂朝报"。程颐《春秋传·序》称：《春秋》大义易见，惟其微辞隐义、时措从宜者为难知。以朱熹之博学多能，平生却不敢说《春秋》。《朱子语类》载朱子言，称《春秋》难看、难知、难说、不可晓、自难理会云云，且谦称："《春秋》熹所未学，不敢强为之说。"④《春秋》之难知、难领会，主要在于其叙事"都不说破"，"盖有言外之意"。⑤《四库全书总目》胪举宋学有四弊：一曰杂，各自论说，不相统摄；二曰悍，摆落汉唐，独研义理；三曰党，驱除异己，务定一尊；四曰肆，主持太过，各抒心得。⑥ 王安石目《春秋》为"断烂朝报"，厚诬古书古人最甚。而《四库》馆臣但揭示宋学有杂、悍、党、肆四大缺失，却未开立救病良方，能破而不能立，亦难餍人意。

准的无依，徒乱人耳目，将令研治经学者莫衷一是、无所适从。笔者之学位论文，先后受教于周虎林教授，习得史学方法；师从黄永武教授，学得诗歌鉴赏方法。深知方法学之掌握，为学术探索之工具，"工欲善其事，必先利其器。"得利之工具、适合之方法，有助于寻得登堂之阶梯，进而掌握入室之门径。有鉴于此，为研治《春秋》学，乃出入于汉唐经学之中，优游于宋、元、明、清《春秋》宋学之际，斟

---

① 张丽娟：《宋代经书注疏刊刻研究》，北京大学出版社 2013 年版，《绪论》，第 20—23 页；《结语》，第 410—413 页。

② 张高评：《北宋〈春秋〉学之创造性诠释——从章句训诂到义理阐发》，第 128—129 页。

③ 余英时：《章实斋与柯灵乌的历史思想》，辑入《历史与思想》，台北联经出版事业公司 1977 年版，第 188—199 页。

④ 宋黎靖德编、王星贤校点：《朱子语类》卷八十三，《春秋·纲领》，中华书局 1986 年版，第 2149—2150，2154，2155，2156，2165 页。

⑤ 同上，第 2152，2149 页。

⑥ 纪昀等主纂：《四库全书总目》卷1，《经部总叙》，第 1—2 页，总第 62 页。

酌权衡者再,揣摩推敲者三,于是发现"属辞比事"之书法,可以作为研究《春秋》之津梁与锁匙。由于真积力久,日起有功,乃不揣冒昧,思将一得之愚,就教于学界。

《礼记·经解》称引孔子曰:"属辞比事,《春秋》教也。……《春秋》之失,乱。……属辞比事而不乱,则深于《春秋》者也。"①称《春秋》为"断烂朝报",固乱;研治经学而有杂、悍、党、肆之偏,亦乱。若凭私臆决,穿凿附会,尤乱之大者。欲禁乱、止乱、平乱,其惟运用"属辞比事之《春秋》教"乎!然则,何谓属辞比事?简言之,即连属辞文,排比史事之方法。属辞比事何以为解读《春秋》之不二法门?《春秋》为编年体,相关事迹不连贯,一也。历史之发展,以始、微、积、渐为脉络,二也。《春秋》多褒讳刺讥抑损之文辞,多借或笔或削以见义,非运用系统思维,通全书而观察之,不足以破译解密,三也。换言之,《春秋》微辞隐义之解读诠释,必须连属上下前后之文辞,类比、对比、比兴相近相反之史事,合数十年积渐之时势,而通观考索之,即可求得《春秋》都不说破之言外之意,此之谓属辞比事。②

若扬弃《三传》,独抱遗经,孔子作《春秋》所"窃取"之义,可以考索推求之乎?曰:亦无不可!仲尼笔削鲁史记,而作成《春秋》。《孟子·离娄下》揭示:"其事,则齐桓、晋文,其文则史。孔子曰:'其义,则丘窃取之矣。'"强调其事、其文、其义三者,为《春秋》编纂学之三大要素。《史记·十二诸侯年表序》称,孔子次《春秋》:"约其辞文,去其烦重,以制义法。"③亦提示义法之建构,以辞文之约饰、史事之去取为二大顶梁柱,而指义即隐寓于其事、其文之中。唐啖助、赵匡见孔子制作《春秋》,简易其文,昭著其义,乃提出"若能以直质见之,则可不俟传注而自通矣"之见解。于是梳理类例,提出"上下相应,而见其理"之法,是以终始本末诠解《春秋》。④ 其次,则揭示《春秋》缀叙之意十:悉书、省辞、变文、即辞、示讳,略常、记是、详内、阙略、损益。前五体,主约文属辞;后五体,尚编比史事,⑤开示《春秋》宋学无数法门。

---

① 孙希旦:《礼记集解》卷四十八,《经解》,台北兰台书局1971年版,第1—2页,总第620页。

② 张高评:《比事属辞与古文义法——方苞"经术兼文章"考论》第二章,《属辞比事与〈春秋〉宋学诠释法》,台北新文丰出版公司2016年版,第41—44页。

③ 司马迁著、[日]泷川资言考证:《史记会注考证》卷十四,《十二诸侯年表序》,台北万卷楼图书公司1996年版,第6页,总第235页。

④ 陆淳:《春秋啖赵集传纂例》,台北大通书局1970年版,钱仪吉:《经苑》本卷八,《杂字例第三十三》,第20页,总第2468页。

⑤ 同上,卷一,《赵氏损益义第五》,第9—10页,总第2361页。

宋胡安国《春秋传》，以《春秋》曾经仲尼笔削，乃史外传心之要典。所谓传心，即推求孔子"窃取"之义。通观历代《春秋》学论著，然后知"唯义之求"，乃《春秋》学家治经之志业。然孔子曾云："我欲载诸空言，不如见之于行事之深切著明"；胡安国《春秋传序》亦云："空言独能载其理，行事然后见其用"，故孔子制作《春秋》，乃借其事、凭其文，以寄寓微辞隐义。仲尼《春秋》，固然因事而属辞；儒生读《春秋》、治《春秋》，则往往即辞以观义。由此可以考知，推求指义之方法有二：一、排比史事，足以求义。二、约文属辞，亦可以求义，此显而易见者。由于有门可入，有法可寻，故自孟子、董仲舒、司马迁、杜预、孔颖达以下，解读诠释《春秋》，多运以属辞比事之法，往往事半功倍，成效彰明较著。

刘师培《左盦集》称："爰始要终，本末悉昭，则记事以详为尚"，指此乃古春秋记事之成法。[①] 孔子《春秋》，既笔削鲁史记（即《鲁春秋》，又称《不修春秋》）以成书，于是叙事传人之际，古春秋记事之成法于《春秋》中自有具体而微之体现。《左氏传》以历史叙事解释孔子《春秋》经，为突破编年体事迹不相连贯之缺失，于是左氏以始、微、积、渐为线索，叙述一事之始终、一人之本末，然后丝牵绳贯，脉络潜通，以得其事之是非成败、其人功过毁誉之史义。晋杜预《春秋序》析分《左传》释经之法："或先经以始事，或后经以终义，或依经以辨理，或错经以合义，随义而发。"《四库全书总目·春秋左氏传事类始末》所云："《春秋》一书，《经》则比事属辞，义多互发。"不止《春秋》如此叙事，《左氏传》亦化用比事属辞，原始要终，张本继末而叙事之。南宋吕祖谦《左氏传说》卷首，有《看左氏规模》一文称："看《左传》，须看一代之所以升降，一国之所以盛衰，一君之所以治乱，一人之所以变迁。……然后看一书之所以得失。"[②]代之升降、国之盛衰、君之治乱、人之变迁，乃至于一书之得失，皆有始、微、积、渐之脉络，事态发展自非一朝一夕之故。叙次"所由来久矣"之本末始终，有赖属辞比事《春秋》教之发用。

历史之发展，有始、微、积、渐之脉络，故《春秋》体现前后始末之叙事以因应之。元程端学《春秋本义·通论》称："大凡《春秋》，一事为一事者常少，一事而前后相联者常多。其事自微而至著，自轻而至重；始之不慎，至卒之不可救者往往皆是。"解读《春秋》，必合数十年之通而后能见首尾，故程氏有大属辞比事、小属

---

① 刘师培：《刘申叔先生遗书》，《左盦集》卷二，《古春秋记事成法考》，台北华世出版社1975年版，第1页，总第1445页。

② 吕祖谦：《左氏传说》，《通志堂经解》本卷首，《看左氏规模》，台北大通书局1970年版，第1页，总第12585页。

辞比事之说。① 清顾栋高《读春秋偶笔》有见于此,亦称"《春秋》有只一书以见义者,不必属辞比事而可知也";然而《春秋》书法多"屡书、再书、不一书以见义者,此须合数十年之通,观其积渐之时势",始能洞晓圣人之意于字句之外。因此,顾栋高称引韩愈《赠卢仝》诗:"《春秋》三传束高阁,独抱遗经究终始。"解说之曰:"'究终始'三字最妙,此即比事属辞之法。"② 由此可见,就人与事之始、微、积、渐,排比其史事,连属其辞文,张本继末,探究终始,通全《经》而观察之,自是考求指义之另一要法。

其事、其文、其义,为历史编纂学之三要素,《春秋》之笔削鲁史,《左氏传》之历史叙事,《史记》《汉书》《三国志》之史传文学叙事,乃至于《唐传奇》之叙事模式与架构,杜甫之叙事歌行所行属辞比事之法,欧阳修《新五代史》叙事之显隐偏全、总提分疏,大抵百家腾跃,要皆不越此藩篱。事、文、义三者之中,义尤居关键。义,犹将帅、如指针、似领航,故董仲舒《春秋繁露·精华》篇称:"《春秋》无达辞,从变从义";《竹林》篇亦云:"《春秋》无通辞,从变而移"。盖《春秋》之叙事,以义为指归,其事、其文皆以义为马首是瞻,亦由此可见。桐城方苞倡古文义法,提出"义以为经,而法纬之"之口诀。盖义在先,法居后,法以义起,法随义变;犹作文,未下笔先有意,意在笔先;犹画竹,必先得成竹于胸中。孔子作《春秋》,或笔或削之际,已落实"义以为经,而法纬之"之理念:虽未落笔,早已拿捏或抑或扬之别识于胸中,斟酌或褒或贬之裁断于方寸之内,然后史料之或取或舍乃有准的,辞文之或因或革方有依据,叙事步调方不错乱。若更进一步,如何编比史事? 如何连属辞文? 微茫杪忽之际,所以独断于一心,而见别识心裁者,皆丝牵绳贯于义,脉络潜通于义。总之,比事与属辞,讲究"如何书"之法,在在回龙顾主,万水朝宗,必然归本于"何以书"之义。

章学诚《文史通义·答客问上》称:"《春秋》之义,昭乎笔削。笔削之义,不仅事具始末,文成规矩已也。""事具始末",指比事以显义;"文成规矩",即属辞以观义。若仅持属辞与比事之《春秋》书法,以推求孔子于《春秋》窃取之义,章学诚以为似有未足,故曰"不仅……已也"。因此,如何考索《春秋》之微辞隐义? 层面当然有必要增广推拓。故章学诚续言之:"以夫子'义则窃取'之旨观之,必有详人之所略,异人之所同,重人之所轻,而忽人之所谨,……而后微茫杪忽之际,有以

---

① 程端学:《春秋本义》,文渊阁《四库全书》本卷首,《通论》,台湾"商务印书馆"1983 年版,第 4—6 页,总第 33—34 页。

② 顾栋高著,吴树民、李解民点校:《春秋大事表》卷首,《读春秋偶笔》,中华书局 1993 年版,第 30—31 页,第 47 页。

独断于一心。"①《春秋》或笔或削之义,实为孔子独断于一心之别识心裁。表现于外,初为其事之排比,其文之连属;继则因应历史叙事、文学叙事之现实,遂转化为详略、异同、重轻、忽谨诸叙事书法。详略、异同、重轻、忽谨诸书法,皆相反相对,相衬相映。若持宏观视野,运用系统思维,于或笔或削之书法进行比对较量,当可见进退抑扬之间,可以互发其蕴、互显其义。作者作品之笔削大义,独断于一心之著述旨趣,可以呼之欲出,甚至昭然若揭。

三、属辞比事与宋、元《春秋》诠释学

孔子之论次《春秋》也,先定调于"何以书"之义,再丝牵绳贯、脉络潜通于"如何书"之法:举凡尽心于史事之编比,致力于辞文之连属,无论源流本末,自始至终,百川归海,皆脉注绮交于孔子"窃取"之义。孔子《春秋》如此做成,左丘明博采百二国宝书著为《左氏传》,以历史叙事而解释《春秋》,亦然。司马迁"绌史记石室金匮之书",以之究天人之际,通古今之变,成一家之言,要亦如此。推而至于班固著《汉书》,陈寿作《三国志》,就历史编纂学而言,其事之排比、其文之连属,因笔削以见其义,要不例外。

推而广之,中唐啖助、赵匡辈,摆落《三传》,独尊遗经,所以倡言"无传而著"者,不过持属辞比事之法,以经治经而已!宋代《春秋》学,如孙复《春秋尊王发微》之不惑传注,王皙《春秋皇纲论》之发明夫子笔削之旨,刘敞《春秋权衡》与萧楚《春秋辨疑》之弃传从经,刘敞《春秋传》之集众家说断以己意,孙觉《春秋经解》之所以褒善去恶,程颐《春秋传》之考求微辞隐义,时措从宜。苏辙《春秋集解》说经,主《左氏》,兼取《二传》。本杜预文缓旨远、原始要终之说;复据史为断,驳斥以意说经。张大亨《春秋通训》称《春秋》:文直而义深,事简而理尽。《左传》解《经》,或以义视事,或以事求经,曲而通之,触类而长,堪与《春秋》相表里。②

叶梦得《春秋传》,斟酌《三传》,求史与经:其不得于事者,则考于义;不得于义者,则考于事,事与义更相发明。胡安国《春秋传》,以《春秋》为孔子就加笔削,乃史外传经之要典;仲尼因事属辞,智者即辞可以观义。高闶《春秋集注》,宗法程颐《春秋传》,阐发抑纵、与夺、进退、微显之经世义理。陈傅良《春秋后传》深究经旨,详阅世变;参考经传之或书或不书,以考求孔子如何假笔削以行权。章冲

<hr>

① 章学诚著、叶瑛校注:《文史通义校注》卷五、《答客问上》,中华书局 1985 年、2008 年版,第 470 页。
② 张高评:《比属观义与宋元〈春秋〉诠释学》,上海交通大学《经学文献研究集刊》第十五辑(2016 年 6 月),第 90—108 页。

《春秋左传事类始末》，原始要终，捃摭推迁，各从其类，备事本末，信乎史法与考史法相为表里。其他，如刘朔（一作沈棐）《春秋比事》之类事见义，属辞显义；张洽《春秋集注》之沈潜书法，体认史外传心。李明复《春秋集义》，推崇程颐、朱熹，谓《春秋》见诸行事，乃经世之大法，传心之要典。吕大圭《春秋五论》称：《春秋》有特笔，有达例。《春秋》之义，在明分义，正名实、著几微、观世变。家铉翁《春秋集传详说》，以《春秋》主乎垂法，其或详或略，或书或不书，大率皆予夺、抑扬之所系；宏纲奥旨，绝出语言之外。赵鹏飞《春秋经筌》以为：善学《春秋》者，当以经明经，无惑乎异端；以无传明《春秋》，不可以有传求《春秋》。[①] 凡此，皆宋人经典诠释之可取者，多出于创造性诠释之宋学系统。

　　元代吴澄《春秋纂言》，以为属辞所以合，比事所以析。程端学《春秋本义》发现："《春秋》一事为一事者常少，一事而前后相联者多。其事自微而至著，自轻而至重，始之不慎，至卒之不可救者，往往皆是。"于是楬橥《春秋》有大属辞比事，有小属辞比事。解读之法，在始终绾合而比观之。赵汸《春秋师说》，述其师黄泽推求《春秋》书法之见："须考究前后、异同、详略，以见圣人笔削之旨。"汪克宽《春秋胡传附录纂疏》：宗师胡安国，关注始终未末，融贯旁通，留心于笔削、增损、同异之分际。以为直书而义自见，乃圣人作《经》之大旨。赵汸《春秋属辞》，探索《春秋》之笔削，直指不书之例有五：或略同以显异，或略常以明变，或略彼以见此，或略是以著非，或略轻以明重。或笔或削，以为皆孔子借以行权者。于是发扬南宋陈傅良之说："以其所书，推见其所不书；以其所不书，推见其所书"；以为或笔或书之际，可借以互发其蕴，互显其义。[②] 宋元之《春秋》诠释，看似无所依仿，其实多运化属辞比事之《春秋》教，作为经典诠释之系统，以之金针度人而已。

四、属辞比事与明、清《春秋》诠释学

　　明代石光霁《春秋书法钩元》、湛若水《春秋正传》、熊过《春秋明志录》、姜宝《春秋事义全考》、季本《春秋私考》、高攀龙《春秋孔义》、傅逊《春秋左传属事》诸

---

　　① 张高评：《比属观义与宋元〈春秋〉诠释学》，第90—108页。张高评：《春秋书法与左传史笔》第九章，《苏辙〈春秋集解〉与以史传经》，里仁书局2011年版，第380—415页。
　　② 赵汸：《春秋属辞》，《通志堂经解》本卷八，《假笔削以行权》，台北大通书局1970年版，第1页，总第14801页。

书，要皆持属辞比事之《春秋》教，以破译《春秋》经之微辞隐义者。① 其不假外求，以经治经之诠释方法，即所谓"求圣人之意（义），于圣人所笔之书"。董仲舒《春秋繁露·竹林》称《春秋》"甚幽而明，无传而著"，持此属辞比事之书法，以检验《春秋》之叙事传人，足以破译解读其中之微言隐义。

清代毛奇龄《春秋属辞比事记》称：夫子之《春秋》，仍以属辞比事四字为之解；其《春秋传》，以礼例、事例、文例、义例概括《经》文。事、文、义三者，为属辞比事之三要素，《孟子·离娄下》早已提示。"《春秋》以礼法修辞"，则赵汸《春秋属辞》卷四固已言之矣。万斯大《学春秋随笔》，亦运用比事属辞之法，推求《春秋》之微辞隐义。康熙御定《日讲春秋解义》、惠士奇《春秋说》、顾栋高《春秋大事表》、张自超《春秋宗朱辨义》，皆以"爱始要终，张本继末"作为解经要法。方苞《春秋通论》《春秋直解》，则按其所属之辞，核以所比之事，俾通考全《经》，而始终相贯。庄存与《春秋正辞》以为：《春秋》之义，或不可书、不忍书、不足书、不胜书，故有辟之、隐之、去之、省之诸笔削书例。孔广森《春秋公羊通义》以为：经主义，史主事；辞不属不明，事不比不章。姜炳璋《读左补义》则称：彼此相形，而得失见；前后相絜，而是非昭。（《左传》）触处，皆属辞比事之旨。②

清乾嘉文史学家章学诚《文史通义·言公上》称："载笔之士有志《春秋》之业。固将惟义之求。其事与文，所以借为存义之资也。"《史德》云："史所贵者，义也；而所具者，事也；所凭者，文也。"③章氏出以宏观视野，直指属辞比事之法，可用以诠释书法、史学、叙事、古文。咸丰间，张应昌著《春秋属辞辨例编》，为斯学集大成之著作：综考历代《春秋》学论著，总挈全经比属之义、屡书不一书比属之义、前后一事或事异义同比属之义、前后二事或事同义异比属之义，前后六卷，以阐发其中之书法义蕴。④ 晚清钟文烝《春秋谷梁经传补注》称：《春秋》之义，是是非非，皆于其属合、比次、异同、详略之闲见之。皮锡瑞《经学通论·春秋》谓：借事明义，是一部《春秋》大旨。廖平《公羊何氏解诂三十论》指《春秋》：记事必有终始，纂词尤详本末。⑤ 凡此，皆运用属辞比事之书法，以诠释《春秋》经之微辞隐

---

① 张高评：《比属观义与宋元〈春秋〉诠释学》，第109—113页。张高评：《比事属辞与明清〈春秋〉诠释学》，高雄师大经学研究所《经学研究集刊》第二十辑（2016年5月），第22—30页。

② 张高评：《比事属辞与明清〈春秋〉诠释学》，第30—45页。

③ 章学诚：《文史通义》，台北华世出版社1980年版，内篇四，《言公上》，第107页；内篇五，《史德》，第147页；外篇三，《上朱大司马论文》，第308页。

④ 张应昌编著：《春秋属辞辨例编》，《续修四库全书》本，上海古籍出版社2002年版，第52—57页，第592—688页。

⑤ 张高评：《比事属辞与明清〈春秋〉诠释学》，第30—45页。

义者。

要而言之，历代儒者研治《春秋》，考索《春秋》之微辞隐义，其方法与途径大抵有四：或借笔削以观义，或按比事以显义，或凭属辞以见义，或爰始要终、张本继末以求义。自孔子作《春秋》，左丘明著《左传》，董仲舒说《春秋繁露》，司马迁成《史记》，《三传》解释《春秋》，啖、赵鼓弃传从经，追求无传而著；乃至于孙复、王晢、刘敞、萧楚、孙觉、程颐、苏辙、张大亨、叶梦得、胡安国、高闶、陈傅良、吕祖谦、章冲、刘朔、张洽、李明复、吕大圭、家铉翁、赵鹏飞、汪克宽、程端学、黄泽、赵汸诸家之创造性诠释，继往开来，要皆灵活运用属辞比事之《春秋》教，而蔚为《春秋》宋学之辉煌成就。

其后，明、清《春秋》学者继起，持续发扬光大斯学，如明之石光霁、湛若水、熊过、姜宝、季本、高攀龙、傅逊，清之毛奇龄、万斯大、惠士奇、顾栋高、张自超、方苞、庄存与、孔广森、姜炳璋、章学诚、钟文烝、皮锡瑞、廖平诸家，亦皆运用属辞比事之书法，以之诠释《春秋》之微辞隐义，时措从宜者。由于有门可入，有法可循，故多能深造有得，自成一家，不让宋元学者专美于前。世所谓《春秋》宋学，尽心于义理、性理之精微阐发，较诸汉学之专主章句训诂、名物考据，堪称创造性诠释，另类之经典解读。上述宋、元、明、清《春秋》学四十余大家名家，可作代表。

五、《春秋》宋学与经典之创造性诠释

傅伟勋撰著的《学问的生命与生命的学问》一书，批判性地继承传统考据之学与义理之学，结合西方之诠释理论，提出"创造的诠释学"五大辩证层次：一、实谓：原思想家实际上说了什么？二、意谓：原思想家想要表达什么？三、蕴谓：原思想家所说的可能蕴含什么？四、当谓：原思想家（本来）应当说出什么？五、创谓（必谓）：原思想家必须说出什么（创造性话语）？[①] 刘述先教授指出：实谓、意谓、蕴谓乃解释学范畴，近汉学、注疏体；当谓、创谓（必谓）相当于诠释学层次，近宋学之义理阐发。[②] 由此观之，诠释学自以解释学为阶梯，盈科而后进，方能达到《中庸》所谓"致广大而尽精微，极高明而道中庸"之境界。汉学与宋学之研治

---

① 傅伟勋：《创造的诠释学及其应用》，《从创造的诠释学到大乘佛学》，台北东大图书公司1990年版，第9—44页。傅伟勋：《创造的诠释学与思维方法论》，《学问的生命与生命的学问》，台北正中书局1994年版，第226—240页。

② "中国经典诠释学的特质"学术座谈会记录，刘述先发言。其辑入黄俊杰编：《中国经典诠释传统》，喜玛拉雅研究发展基金会2002年版，第433—436页。

旗向,当如朱熹之《四书集注》《周易本义》《诗集传》《楚辞集注》《韩文考异》,自以章句训诂之考据学为阶梯,进而阐发义理学、性理学之精微,此之谓会通化成,相济为用。

宋儒解读《春秋》,实以汉唐注疏之考据学植其基,充分掌握经典之实谓、意谓、蕴谓诸解释学层次。由于汉唐先贤解释《春秋》或难餍人意,宋元儒者乃思独辟蹊径,另立乾坤。于是以推陈出新为手段,以自成一家为目标,就探究《春秋》之微辞隐义而言,信守属辞比事之《春秋》教,可作为从解释学进阶至诠释学之津筏。迨深造而有得,方能尽心致力于当谓、创谓之创造性诠释,而以独到生新之义理阐发为终极追求。诚如程颐《春秋传·序》所云:"学《春秋》者,必优游涵泳,默识心通,然后能造其微也。"钱穆《朱子新学案·朱子学提纲》曾言:"朱子极重视注疏,其早年为《论语训蒙口义》即曰:'本之注疏以通其训诂,参之释文以正其音读,然后会之于诸老先生之说,以发其精微。'此则自始即以会通汉唐经学,于当时新兴理学家言为帜志。"①朱熹为程朱理学之典型人物,倡导本之注疏,参之释文,期许阐发义理之精微,作为治学之向上一路。于宋学阐发精微之学科特色,已做具体之指陈与勾勒。

钱穆《朱子学提纲》又称:朱熹于经学,虽主以汉唐古注疏为主,亦采及北宋诸儒,又采及理学家言。探究其用意,"实欲融贯古今,汇纳群流,采撷英华,酿制新实。"②以解读《春秋》经为例,朱子推重古注,又兼采啖助、赵匡、陆淳、孙复、刘敞、程颐、胡安国等近当代诸家之说,正可见朱子于经学既传承古学、又开拓新意之精神。宋学相对于传统汉学,其特色正所谓绝出诸家、自出议论,以己意解经,稍尚新奇诸方面。一言以蔽之,曰汲古以生新而已矣。换言之,《春秋》宋学之形成,盖融合解释学与诠释学而一之,于是而有经学义理学,与经学性理学之开创与独到。要之,宋代经学儒学之开物成务,盖植基于前人训诂考据之成果,复百尺竿头更进一步,尽心于义理阐发,致力于性理诠释。历宋、元、明、清,前后近千余年,是所谓宋学。

以研治《春秋》为志业者,何妨以傅伟勋所提创造性诠释之五大辩证层面,检验汉唐《春秋》学家章句训诂之解释学;并以之比较宋元以降之《春秋》学,考察学者如何诠释孔子《春秋》经之微辞隐义,时措从宜,尤其检验《春秋》宋学诸名家大家,其富含当谓、创谓之经学诠释,是否存有《四库全书总目》所指杂、悍、党、肆诸

---

① 钱穆:《钱宾四先生全集》,《朱子新学案》(第一册),《朱子学提纲》,台北联经出版公司1998年版,第30—31页。

② 钱穆:《钱宾四先生全集》,《朱子新学案》(第一册),第34页。

诠释缺失？宋晁公武《郡斋读书志》曾质疑啖、赵以后之学者治经，或"凭私臆决，穿凿尤甚"；①不妨检验上述四十位《春秋》宋学之经典论著，是否有此弊病？辨章学术，考镜源流，是非得失之判准，优劣偏全之权衡，当在属辞比事书法之运用何如而已。

孔子撰作《春秋》，既运以属辞比事之法，后人读《春秋》、治《春秋》，自当宗循其本，以其人之道反诸其人之身，则亦属辞比事而已矣。苟能通达属辞比事之法，则有关《春秋》之创作论、阅读论、批评论，乃至于经典之解释学、诠释学，多可以执简以御繁，日起而有功。

六、古文义法、《春秋》书法、叙事传统与属辞比事

始、微、积、渐，为历史发展之必然进程。"左传之文学研究"，为笔者通过博士学位之论文选题。其中，卷二《左传之文学价值》、卷三《左传属辞与文章义法》，为博士论文之主体论述。二书之阐说，较侧重于"其文则史"之属辞探讨。其后，又完成《左传之文韬》，亦其流亚而已。卷一《左传导读》，则涉及《左传》之作者、时代、解经，以及经学、史学、子学诸学术贡献，堪称历代《左氏》学之成说总案，攸关文献源头之掌握与理解。

为因应经学国际学术研讨会之召开，承蒙台湾"中央研究院"中国文哲研究所林庆彰教授之邀约，始着手探讨历代之《春秋》学、《左传》学。当年之研究，集中于《春秋》书法，关注《左传》以历史叙事解经诸课题。主要考察《史记》《史通》、杜甫诗史、宋代诗话与笔记、苏辙《春秋集解》、赵汸《春秋师说》、高攀龙《春秋孔义》、方苞《左传义法举要》、焦循《春秋左传补疏》、章太炎《春秋左传读叙录》、钱锺书《管锥编》诸典籍。另外，又研讨《左传》之据事直书、预言基型、叙事艺术、于叙事中寓论断、兵法谋略、经营管理，且探索《史记》之《春秋》书法、诗歌语言、叙战义法。于是有《春秋书法与左传学史》《春秋书法与左传史笔》二书之出版，显示以历史叙事为切入视角，以解读诸书之经典阐说。②盖藉《左传》先经、后经、依经、错经诸"如何书"之法，以解读考见《春秋》"何以书"之义。要之，此一时期

---

① 晁公武著、孙复校证：《郡斋读书志校证》，上海古籍出版社 1990 年、2005 年版，卷三："大抵啖、赵以前学者，皆颛门名家。苟有不通，宁言经误，其失也固陋。啖、赵以后学者，喜援经系传，其或未明，则凭私臆决，其失也穿凿。均之失圣人之旨，而穿凿之害尤甚。"第 109 页。

② 张高评：《春秋书法与左传学史》，上海古籍出版社 2005 年版，第 1—377 页。又，五南图书公司 2002 年版，第 1—336 页。张高评：《春秋书法与左传史笔》，第 1—588 页。

之研究思路,大多着墨于排比史事,以案断《春秋》。《推见至隐》之叙事义法,已不疑而具。

因属辞以见义、据比事而观义之外,孔子如何假或笔或削之书法以昭义,亦是研治《春秋》宋学之一大课题。《春秋》既据比事以观义,复因史事而属辞,其微辞隐义,由于都不说破,是以《春秋》所书,多有不可晓者,盖有言外之意故。《史记·司马相如列传》称:"《春秋》推见至隐"①,此之谓也。《春秋》之微辞隐义,时措从宜,由于或笔或削,其义出于圣人之独断别识,所以难知、难理会。六七年来,笔者于《春秋》书法之研究,视角聚焦于孔子《春秋》"窃取之"之义,从或笔或削之书法切入,以属辞比事为锁匙,选择方苞之《春秋通论》《春秋直解》《左传义法举要》《史记评语》《方望溪文集》为研究文本,进行经典之诠释,以考索《春秋》书法、史家笔法、叙事艺术与古文义法。② 以属辞比事之法作为研究视角,以解读诠释《春秋》《左传》《史记》,前贤已留心关注,可惜暧而不明,郁而不发。笔者踵事增华,拓广层面,系统论述,相对于传统经学之研究方法,堪称生面别开,创造性诠释。

章学诚《文史通义·校雠通义》,拈出"辨章学术,考竟源流"八字,以称扬郑樵于艺文著录之贡献。③ 今笔者推求孔圣"窃取之"之义,亦当师法郑樵之作为,探寻其本始,回顾《春秋》三传解经之初衷。《春秋》弑君三十六,弑君之贼,人人得而诛之。考《春秋》书例,大抵内辞曲笔书薨,外辞直书称弑;然其中有不手弑而称弑者,则又出于孔子特笔示义。亲手弑君既另有其人,非手弑其君者,何以独蒙诛君之恶名?《春秋》侯国亡灭者五十二,灭人家国,毁人社稷,乃罪大恶极。故华夏相灭,虽为内辞,《春秋》亦直书之,以示讥贬。至如楚灭华夏、狄吴灭华,夷狄交侵于中国,为夷夏之防,《春秋》于外辞,乃据事直书灭华不讳。又有华夏侯国,或枉道速祸,鱼烂而亡;或豪强侵逼,专命自恃,则虽华夏诸侯恶行,《春秋》亦出于曲笔而讳饰其灭亡,此又何义哉? 若此之伦,其中之微辞隐义,时措从宜,的确难知、难晓。当如何释疑? 笔者于是征引《左传》《公羊传》之历史叙事,诉诸或笔或削之取义,凸出或比事、或属辞、或原始要终之书法,胪举历代《春秋》宋学之论说以诠释之。于是理惑辨疑,多怡然理顺,涣然冰释,可以破译经说,有助于论衡与解经。由此可见,持属辞比事之法,进行以经治经,所谓"无传而著",有望

---

① 司马迁著、[日]泷川资言考证:《史记会注考证》卷一一七,《司马相如列传》,第 104 页,总第 1264 页。

② 详参张高评:《比事属辞与古文义法——方苞经术兼文章考论》,第 1—442 页。

③ 章学诚:《文史通义》,附《校雠通义》内篇二,《焦竑误校汉志第十二》,第 582 页。

成为可能。若辅以《左传》先经、后经、依经、错经之历史叙事,以之解读诠释《春秋》,当然更加持之有故、言之成理。①

《春秋》学家关注或笔或削以昭义,留心于属辞约文以表义、编比史事以见义、始终本末以观义,于是乎构成《春秋》宋学之诠释系统。笔者曾统合上述思路,完成《属辞比事与〈春秋〉诠释学》一书,约三十三万余言。以《书法、史学、叙事、古文与比事属辞——中国传统叙事学之理论基础》一文,篇次位居一书之前列。② 属辞比事之为心法,推见至隐,犹《礼记·中庸》所谓"卷之,则退藏于密"。若论其发用,亦犹《中庸》所谓"放之,则弥六合"。属辞比事之教,往往杂然赋流形,而派生为书法、史学、叙事、古文辞诸流别。章学诚《上朱大司马论文》所谓"古文必推叙事,叙事实出史学,其源本于《春秋》比事属辞"③,此之谓也。大体而言,中国叙事传统之理论与实际,较注重"叙",远胜于关注"事",显然与西方(小说)叙事学殊途异辙,不可同日而语。据此,中国叙事传统之脉络,笔者已初步完成梳理。

此一叙事传统源远流长,滥觞于《春秋》,形成于《左传》,拓展于《史记》,④而流韵为《汉书》《三国志》诸史;衍化为史传文、诗史、小说、戏剧诸叙事文学,堪与中国文学之抒情传统相媲美。⑤《礼记·经解》称:"属辞比事,《春秋》教也",细参此一心法,则知或笔或削多体现于事之比、辞之属,以及本末始终之叙事诸层面。进而发现:笔削取舍,往往衍为详略互见;比事措置,化成为先后位次;约文属辞,则派生为虚实损益。举凡叙事手法,所谓隐显、曲直、虚实、顺逆、详略、重轻、异同、先后、偏全、主从诸要目,要皆从此化出。探讨上述叙事文学,研究视角或可从此切入,作为诠释解读之津筏。就表现手法来看,叙事传统可以兼含抒情

① 张高评:《属辞比事与〈春秋〉诠释学》,新文丰出版公司 2019 年版。
② 同上,第 35—93 页。《书法、史学、叙事、古文与比事属辞——中国传统叙事学之理论基础》,《中国文化研究所学报》第 64 期,第 1—33 页。
③ 章学诚:《文史通义》外篇三,《上朱大司马论文》,第 308 页。
④ 张高评:《〈春秋〉〈左传〉〈史记〉与叙事传统》,《国文天地》2017 年第 33 卷第 5 期(总第 389 期),第 16—24 页。
⑤ 有关这方面之论文,如,张高评:《比事见义与〈左传·晋公子重耳之亡〉》,《古典文学知识》2018 年第 2 期(总 197 期),第 113—122 页。张高评:《〈左传〉叙战征存兵法谋略——〈城濮之战〉之叙战与资鉴》,《古典文学知识》2018 年第 3 期(总第 198 期),第 125—135 页。张高评:《〈左传〉叙战与〈春秋〉笔削——论晋楚城濮之战的叙事义法(上)》,《古典文学知识》2018 年第 4 期(总第 196 期),第 105—112 页。张高评:《〈左传〉叙战与〈春秋〉笔削——论晋楚城濮之战的叙事义法(下)》,《古典文学知识》2018 年第 6 期(总第 201 期),第 104—113 页。张高评:《赵盾弑其君之书法与史笔》,《古典文学知识》2019 年第 2 期(总第 203 期),第 113—123 页。张高评:《〈史记·淮阴侯列传〉与〈春秋〉书法——以比事见义为例》,《岭南学报》复刊第九辑(2018 年 11 月),第 15—38 页。

传统,如《史记》之叙事,既可以为"史家之绝唱",又不妨成"无韵之《离骚》"。其义,则"窃取之"矣,最为此中关键。作为中国文学之两大书写传统,二者往往竞奇争辉,难分轩轾。然而若论传承之层面,以及派生之影响而言,叙事传统当凌驾于抒情传统而上之。

［本文原载于《杭州师范大学学报》(社会科学版)2019 年第 3 期］

略谈苏轼艺术精神中的"反常合道"

费君清

摘　要：苏轼的艺术创作"以奇趣为宗，反常合道为趣"，显示了很强的创新精神。他作文遵从己意，无拘无束，变化莫测；作词雄豪自放，不愿受声律束缚，遇困皆通；作画以意为主，强调创造，追求新意，达到了画入神品、胸有成竹的境界；而书法则龙蛇飞动，翰墨稽天，发乎妙定，雄浑老放。这种精神体现了苏轼的创新意识。

关键词：苏轼；艺术精神；创新意识

苏轼在《书柳子厚渔翁诗》中提出过一个很值得关注的观点，他说"诗以奇趣为宗，反常合道为趣"，意思是说，诗歌创作应当追求"奇趣"，而"反常合道"就是"奇趣"。不难理解，所谓"反常"，是指要冲破常规、摆脱俗套、出人意料；所谓"合道"，是指推陈出新、开拓创造，都要合乎事物发展的客观规律。在此，苏轼非常精辟地道出了文艺活动中创新意识的神髓。综观苏轼一生的艺术创作，可以发现，他追求"反常合道"的"奇趣"，已不单单表现在诗歌上面，而是贯穿在其全部创作活动当中。

一、文随己意，变化莫测

苏轼青少年时酷爱读书，大有所得，从此胸有万卷，道明气昌。发为文字，即如行云流水，驰骋曲折，无不如意。陆游《老学庵笔记》里记载着这么一个故事：

> 东坡先生《省试刑赏忠厚之至论》有云："当尧之时，皋陶为士，将杀人。皋陶曰：'杀之'三，尧曰：'宥之'三。"梅圣俞为小试官，得之，以示欧阳公。公曰："此出何书？"圣俞曰："何须出处。"公以为皆偶忘之，然亦大称叹，初欲以为魁，终以此不果。及揭榜，见东坡姓名，始谓圣俞

曰："此郎必有所据，更恨吾辈不能记耳。"及谒谢，首问之，东坡亦对曰："何必出处。"乃与圣俞语合。公赏其豪迈，太息不已。

对苏轼随自己意之所到，想当然地编造典故，并在主考官欧阳修再三追问之下泰然应答的这一情景，在叶梦得《石林燕语》中也有载录；而杨万里《诚斋诗话》则记得更为详细：

坡来谢，欧公问："皋陶曰：'杀之'三，尧曰：'宥之'三。见何书？"坡曰："事在《三国志·孔融传》注。"欧阅之无有。他日再问坡，坡云："曹操以袁熙妻赐予丕，孔融曰：'昔武王以妲己已赐周公。'操问：'何经见？'融曰：'以今日之事观之，意其如此。'尧、皋陶之事，某亦意其如此。"欧退而大惊曰："此人可谓善读书，善用书，他日文章必独步天下。"

从这个故事中，可知苏轼在参加省试的作文中所引尧、皋陶之事，其实并无历史依据；可是为了在行文过程中加强自己的论点，使文章显得更有说服力，他竟敢用"意其如此"的方法，杜撰出这些古之贤人的事迹，这种"离经背道"的做法肯定是一般人不能想象的，真可谓"反常"！然而，他以《三国志》中曹操与孔融之间的一席话为根据，摆出了自己"想当然"的理由，又不能不让人感到信服。难怪此文一出，欧阳修就"赏其豪迈，太息不已"（陆游《老学庵笔记》），周围人也"已无不服其雄俊"（叶梦得《石林燕语》），罗大经则说他"将无作有，是古今议论之杰然者"。这样看来，它虽属杜撰，却杜撰得"合道"。苏轼在青年时代刚崭露头角时，就能不泥于经传，不囿于旧说，注意挣脱传统框框的束缚，遵循客观事物的发展规律，戛戛独造，使得文字"高下抑扬，如龙蛇捉不住"（苏轼《与二郎侄》），这对于他取得写作上的成功是很有关系的。金代赵秉文曾说，苏轼散文"譬如山水之状，烟云之势，风鼓石激，然后千变万化，不可端倪"（《翰林学士承旨文献党公碑》）。由此看来，苏文一出，天下传名，也就毫不奇怪了！

二、词归豪放，遇困皆通

彭乘《墨客挥犀》卷四记载：

子瞻尝自言："平生有三不如人，谓著棋、吃酒、唱曲也。"然三者亦何用如人？子瞻之词，虽工而多不入腔，正以不能唱曲耳。

这段话借苏轼自己的说法为据，证明苏轼"不能唱曲"，因而所作的词"多不入腔"。"不入腔"，自然就不符合词家的传统，故宋代著名女词人李清照在《词论》中批评苏轼等人"学际无人，作为小歌词，直如酌蠡水于大海，然皆句读不葺之诗尔"！朱弁《曲洧旧闻》卷五也认为，苏轼作《水龙吟》咏杨花，"若豪放不入律吕"。

其实，苏轼并非乐盲，他不仅懂律吕，还有相当高的音乐修养。他在宋哲宗绍圣元年（1094）《书彭城观月诗》中说："余十八年前中秋夜，与子由观月彭城，作此诗，以《阳关》歌之。今复此夜，宿于赣上，方迁岭表，独歌此曲，聊复书之。"这清清楚楚地表明他能自作歌词和自歌此曲。他不但自作自唱，还经常作歌让人传唱。如《哨遍（为米折腰）》词序中说："陶渊明赋《归去来兮辞》，有其词而无其声。余既治东坡，筑雪堂于上，人俱笑其陋。独鄱阳董毅夫过而悦之，有卜邻之意。乃取《归去来兮辞》，稍加隐括，使就声律，以遗毅夫，使家僮歌之。时相从于东坡，释耒而和之，扣牛角而为之节，不亦乐乎？"又如《水调歌头（呢呢儿女语）》词序中说："建安章质夫家善琵琶者，乞为歌词，余久不作，特取退之词，稍加隐括，使就声律，以遗之云。"在这两个例子中都讲到"稍加隐括，使就声律"，说明作者能够根据律吕的要求去修改推敲文字，使之协律合腔。并且有些还作得相当好，晓畅音律的南宋著名词论家张炎在《词论·杂论》曾这样评论苏轼的《哨遍》词："《哨遍》一曲，隐括《归去来兮辞》，更是精妙，周、秦诸人所不能到！"可见这个内行对他的评价非常高。

从苏轼本集中看，他还作过不少其他歌曲。如宋神宗元丰五年（1082）春天，苏轼"躬耕于东坡，筑雪堂居之，南挹四望亭之后丘，西挖北山之微泉，慨然而叹，此亦斜川之游也。乃作长短句，以《江城子》歌之"。又"正月十七日，梦扁舟渡江，中流回望，楼中歌舞杂作，舟中人言，公显方会客也。觉而异之，乃作此曲，盖越调鼓笛慢"（见《水龙吟（小舟横截春江）》词序）。这些创作事实表明，说苏轼"不能唱曲"或不懂音律，显然是没有道理的。剩下的是如何看待他的"不协音律"的问题。

相当一部分人出于传统声律观念对苏词进行挑剔，他们中有的说苏词有"小不谐"，如黄庭坚说"东坡居士曲，世所见者数百首，或谓音律小不谐"（见《侯鲭录》卷八引）；有的升格一步，认为是"多不谐"，如晁补之说苏词"多不谐音律"（见《能改斋漫录》卷十六引）；还有的则干脆全盘否定，如李清照在《词论》中说的，苏词"皆句读不葺之诗尔"！

但也有一部分人则非常赞同苏词的作法,认为是突破陈旧的框框,体现了豪放的风格,如陆游说:"世言东坡不能歌,故所作乐府词,多不协。晁以道云:'绍圣初,与东坡别于汴上,东坡酒酣,自歌《古阳关》。'则公非不能歌,但豪放不喜裁剪以就声律耳!"(《老学庵笔记》)陆游在此特意申明苏轼于音乐声律并非"门外汉",他所作乐府词若有不协音律之处,只是因为他雄豪自放,不愿受声律束缚而已。类似的观点,以后来毛先舒说得最为详尽透彻。他先以具体事例分析了苏词不尽协律的情况:

> 东坡"大江东去"词"故垒西边,人道是、三国周郎赤壁",论调则当于"是"字读断,论意则当于"边"字读断。"小乔初嫁了,雄姿英发",论调则"了"字当属下句,论意则"了"字当属上句。"多情应笑我、早生华发","我"字亦然。
> 又《水龙吟》"细看来、不是杨花,点点是离人泪",调则当是"点"字断句,意则当是"花"字断句。

然后,他对苏轼做出结论:"文自为文,歌自为歌;然歌不碍文,文不碍歌,是坡公雄才自放处。"由此看来,毛先舒对在大体遵守音律的基础上,对词的句法、叶法做些个别变动,是持赞同态度的。故他最后肯定苏轼如此作词,"亦词家一法"!

我们比较赞同后种意见,认为苏轼作词时的"不协音律",恰恰表现了他懂得音律,但决不为传统的律吕观念所束缚的个性特征,说明他作词时以意为主,不拘泥于词调原有的格律,不愿对词硬加剪裁而牺牲了意义的表达。所以,苏词在外表看是"反常"的,而在本质上却是"合道"的。

正是由于苏轼雄才自放,超绝常伦,不汲汲于句读律吕,故遇困皆通,从而在传统的婉约派词风藩篱中突破出来,创立豪放派词风,"新天下耳目",为词的发展开辟了新的天地。

三、画入神品,胸有成竹

与苏轼交往较密的宋代著名书画家米芾曾经说过:"子瞻作墨竹,从地一直起至顶。余问:'何不逐节分?'曰:'竹生时何尝逐节生?'"(《画史》)以此看来,米蒂画竹用的是通常的方法,也就是逐节逐节地画;而苏轼却是手执画毫由下往上一笔勾成。从传统的画技出发,他这样做又是"一反常态",但以他所据的从春天新竹萌芽到剑拔十寻是天然生成这一客观现象出发,他采用一笔勾成这种画法就无可厚非了。换言之,他的画法虽然"反常",却完全符合自然规律。

他在《文与可画篑筜谷偃竹记》中更详细地说明要采取这种画法的理由。他说:

> 竹之始生,一寸之萌耳,而节叶具焉。自蜩腹蛇蚹,以至于剑拔十寻者,生而有之也。今画者乃节节而为之,叶叶而累之,岂复有竹乎?故画竹必先得成竹于胸中,执笔熟视,乃见其所欲画者,急起从之,振笔直遂,以追其所见,如兔起鹘落,稍纵则逝矣。

上述画学观点,本来是著名画家文与可教给苏轼的,但苏轼不仅很深刻地领会了文与可所讲授的道理,并且在实践中对此做了进一步的发挥,因而使这种画法和画论产生了深远的影响。

对苏轼这种异乎寻常的画竹法,自然有人提出批评意见。明末清初名画家石涛认为:"东坡画竹不作节,此达者之解。其实天下不可废者无如节。"(引自《中国画论类编》第 1094 页)清代邹一桂在《小山画谱·画竹》中也专门谈了这一问题。他认为:"竹分竿、节、枝、叶",针对"竿、节、枝、叶"不同的特点,画时应有不同的技法。譬如画竿,"从梢至根,虽一一画下,而意思贯穿。梢头节短,渐渐长,至根又渐短。行笔平直,两边如界。此画竿法也"。如前所述,苏轼画竹有三个特点:一是"从地一直起至顶";二是"不逐节分";三是不大讲究"枝叶"。元代画竹名家柯九思曾看到过苏轼墨竹图,正是"自下一笔而上,然后点缀成节"。苏轼墨竹的这三个特点,对邹一桂来说是都不能接受的。因此他说:"此老不能工画,故以此自文。"还给苏轼下了个不客气的结论:"直谓之门外人也。"(《小山画谱·形似》)

其实对苏轼的绘画,是不能以常规的惟妙惟肖、亦步亦趋的画工标准来衡量的。他作画以意为主,追求神逸,不屑于对枝枝叶叶的精雕细刻。虽然他平时十分重视对客观事物做细致入微的观察,据《六砚斋笔记》记载:"(苏轼)其在黄州,偶途路间,见民家有丛竹老木,即鸡栖豕牢之侧,亦必就而图之。"但当他一旦落笔,就挥洒自如,"所以逸笔草草,动有生气。彼固一时天真发溢,非有求肖之念也"(同上)。在宋代,继承五代西蜀黄筌画风的宫廷画院,重形似超过了重神似。

苏轼淡墨挥扫,追求神似,是不符合传统和时尚要求的,但是他得时代风气之先,不为传统束缚,强调创造,追求新意,因而他成为当时文人画派的闯将和有力的鼓吹者。

苏轼在绘画上的创新,还表现在以朱笔画竹。方薰《山静居论画》曰:"东坡试院时,兴到以朱笔画竹,随造自成妙理。或谓竹色非朱。则竹色亦非墨可代。后世士人,遂以为法。"水墨画到了北宋,已积累了不少经验,逐渐趋向成熟,文人学士纷纷以此"醉笔""墨戏",尤其是以水墨画梅、竹、兰、菊等,成为风尚。苏轼此时别出心裁地以朱笔画竹,在时人眼中又是"反常",但苏轼却自有道理:虽然竹色不是红色,但竹色又何尝是黑色?既然可以用水墨画竹,为何不可用朱笔画竹?于是后人折服,以为定法。

另外,苏轼还尝试用别的画家很少采用的物品来绘画,如《爱日斋丛钞》记载"东坡谪海外,用鸡距笔",王沂《竹亭集》记载"(东坡)曾以蔗滓画石"。这些也均是他力图突破陈规、创新出奇的实际行动。

四、翰墨稽天,发乎妙定

苏轼的书法被人视为宋代"苏黄米蔡"四大家之一,成就很高,但他平时"极不惜书",《豫章集》说他"案上纸不择精粗,书遍乃已""落笔如风雨,虽谑弄皆有义味,真神仙中人!"何薳《春渚纪闻》载录了苏轼书法之精妙,以及受人珍爱的情况:

> 先生翰墨之妙,既经崇宁、大观焚毁之余,人间所藏,盖一二数也。至宣和间,内府复加搜访,一纸定值万钱。……与余世宝东坡先生《无一钱诗》醉草十纸,龙蛇飞动,皆非前后石刻所见者。则德麟赵丈尝跋公书后,有"翰墨稽天,发乎妙定"之妙,为不虚也。

由上可知,苏轼的书法龙蛇飞动,雄浑豪放,向来为人所宝重,所以寸纸尺幅皆以重购。不过,苏轼对自己的书法评价并不是太高,但对所具有的鉴赏能力却颇为自矜。他有这样两句诗"吾虽不善书,晓书莫如我"(《次韵子由论书》),说的是自己字虽不好,却懂得练好书法的窍门。在《评草书》一文中,他点破了这一窍门:"吾书虽不甚佳,然自出新意,不践古人,是一诀也。"可见他认为最要紧的是要翻出新意,不落窠臼。在《石苍舒醉墨堂》诗中他还说:"我书意造本无法,点画信手烦推求。"说明自己的书法是出于意造,并无现成的法则可循。在《小篆般若心经赞》中又说:"心忘其手手忘笔,笔自落纸非我使。"强调对书法要精熟,达到心忘其手、手忘其笔的境地。在评论前辈书法家时,他也非常注意他们"自出新意"之处。如评颜鲁公:"颜公变法出新意,细筋入骨如秋鹰。"(《孙莘老求墨妙亭诗》)评柳公权:"柳少师书,本出于颜,而能自出新意,一字百金,非虚语也。"(《书唐氏六家书后》)总之,无论是自评,还是评人,他都强调匠心独运,天然放逸,反对模仿因袭,墨守成规。

故苏轼虽常常草草弄书,却总能一变古法,雄秀独出,意态自足。苏轼的儿子苏过曾说:"吾先君子岂以书自名哉!特以其至大至刚之气,发于胸中而应之以手,故不见其有刻画妩媚之态,而端于章甫,若有不可犯之色。"曾亲眼见到苏轼书画真迹的葛立方在《韵语阳秋》中说:"观此则知初未尝规规,然出于翰墨积习也!"可知卓绝的独创性对苏轼书法的成功也起了莫大的作用!

由上所述,苏轼尽管没有在其散文、词曲、绘画、书法上明言标举"反常合道"的创作宗旨,但是从许多实际事例中可以看出,他反常合道、创新出奇的艺术精神完全是浑然流转、一脉相承的,以至成为一种鲜明的个性特征。这种创作个性的形成是因为苏轼早就自觉地在创作活动中体现创新意识,正如他本人所说,"幽居默处而观万物之变,尽其自然之理,而断之于中。其所不然者,虽古之所谓贤人之说,亦有所不取",这表明了他对古人和传统不盲从、不苟同,善于思考,敢于"反常",他有一股坚持独立见解的勇气。他的独立见解,不是随心所欲的奇思异想,而是力求符合事物发展的客观规律,也就是"合道"。因此,这恰好与他在评论吴道子画时所表述的"出新意于法度之中,寄妙理于豪放之外"的思想神契冥合,铸成了他艺术精神中"反常合道"的特质。他之所以能在文学艺术的不同方面均取得卓越的成就,成为我国历史上最有创新精神的艺术家,与此是有密切关系的!

(本文原载于《杭州大学学报》1989 年第 19 卷第 3 期)

陆游诗歌的乡土风情

费君清

摘　要:宋代著名大诗人陆游一生中大部分时间是在故乡山阴度过的。他的大部分诗歌也是在山阴创作的,这些诗歌带有浓郁的乡土风情。本文具体分析了陆游诗歌创作中这一前人较少注意到的方面。作者认为,陆游对故乡山水无比热爱,对父老乡亲有着深厚的感情。家乡的田园生活是陆游诗歌创作的源头活水;陆游以饱蘸情感的笔触详尽描绘了家乡的地理和人情风俗之美,尽情抒发了他对家乡无比热爱之情。充满乡土气息自然就成为陆游晚年诗歌的主要特色。

关键词:陆游;诗歌;乡土风情;艺术特征

宋代著名的大诗人陆游(1125—1210)是浙江绍兴人,他活了八十六岁,其中大部分时间是在浙江度过的;尤其是他的晚年,大约有二十年时间住在家乡山阴。俗话说,"一方水土养一方人",家乡的山山水水和人情风俗对陆游的诗歌创作产生了很大影响,也为他的诗歌打下了深刻的乡土烙印。陆游在他人生的最后二十年留下了七千多首诗,内容丰富,取材广阔,往往随手拈来日常生活中的种种见闻和感想放入诗中,诚如前人所说的"凡一草、一木、一鱼、一鸟,无不剪裁入诗",这充分①显示了他极其旺盛的创作能力。

山阴本来就是山明水秀、风景佳胜的地方,它背靠会稽山,美丽的钱塘江、曹娥江一南一北从旁流过,明媚的镜湖与星罗棋布的湖泊河湾纵横交错,组成了一幅江南水乡的优美图景。自古以来,山阴人杰地灵,远古时代为民治水、三过家门而不入的大禹,春秋时期卧薪尝胆的越王勾践,被称为书圣的王羲之等都曾在这里战斗过、生活过,留下了许多永远使后人缅怀的古迹胜地。山阴又物产丰富,素称鱼米之乡,人民勤劳,民风朴实。对陆游来说,故乡是如此美丽,又是如

---

① 赵翼:《瓯北诗话》卷六,郭绍虞编选、富寿荪校点:《清诗话续编》,上海古籍出版社1983年版。

此可爱,他对自己家乡无比热爱的感情,遂凝结成为一首首对家乡的热烈赞歌。如他晚年作于开禧元年(1205)的《稽山行》诗,以"稽山何巍巍,浙江水汤汤"①两句开篇,生动而全方位地描述和赞颂了山阴的山川形势、田园物产及人情风俗,最后以"我老述此诗,妄继古乐章。恨无季札听,大国风泱泱"四句,借季札观乐的典故进一步抒发了对家乡的热爱之情。

正是出于对家乡的无比热爱,陆游于赋闲及晚年居住在山阴期间,游历了家乡的山山水水,不但有城中的沈园、郊外的禹寺龙宫、兰亭墨池等著名古迹胜地,而且一些僻静的山村野渡也都留下了诗人的足迹和赞美的诗句。如乾道三年(1167),他在游山西村时,看到重嶂叠翠的青山、弯曲逶迤的溪流遮断了通往前村的小径,可是转过山脚,在柳树成荫、繁花似锦中又出现了一个美丽的小山村。于是,诗人吟出了"山重水复疑无路,柳暗花明又一村"这一千古绝唱(《游山西村》)。

陆游长期居住在鉴湖边的三山。鉴湖,又名镜湖,据唐杜佑《通典》(卷一八二)载,东汉永和五年(140),太守马臻始筑塘立湖,周一百五十五千米,因王羲之诗"山阴路上行,如在镜中游"②而得名。陆游特别喜爱鉴湖,曾亲手绘制《鉴湖图》给子孙们观看,并撰写了《鉴湖歌》要他们传诵,以从小培养子孙们对故乡的感情。他的《吾庐》一诗在写出自己高洁志趣的同时,又写出所居之地的美景,充满了对自己住处的喜爱之情:"吾庐镜湖上,傍水开云局。秋浅叶未丹,日落山更青。"在《读苏叔党汝州北山杂诗次其韵》之五中写道:"舍北有渔矶,下临清溪流。柳阴出朱桥,莲浦横兰舟。莼丝二三亩,采掇供晨羞。鱼虾虽琐细,亦足赡吾州。人生常如此,安用万户侯?绿蓑幸可买,金印非所求。"

陆游还喜欢把家乡的风光比作画境,并引以为豪。如《鉴湖歌》一开头就说:"千金不须买画图,听我长歌歌鉴湖。"诗人认为他的住处之美,比得上杜牧的诗句和李成的图画:"红树青林带暮烟,并桥常有卖鱼船。樊川诗句营丘画,尽在先生拄杖边。"(《舍北晚眺》)

在诗人眼里,家乡的湖光山色,到处都是美丽的,一草一木都充满着勃勃生机,而在各个季节,又都呈现出不同的景象,这更激发了诗人的深情和诗兴,诗人努力捕捉外界的特点,把奇色美景通通写进自己的诗中。如写春天的有:"雪山万叠看不厌,雪尽山青又一奇。今代江南无画手,矮笺移入放翁诗。"(《春日》之

---

① 文中所引陆游诗,皆据钱仲联:《剑南诗稿校注》,上海古籍出版社1985年版。

② 参见《嘉泰会稽志》卷一,中华书局影印《宋元方志丛刊》,中华书局1990年版。

五)"初见梁间牖户新,衔泥已复哺雏频。只愁去远归来晚,不怕飞低打着人。"(《燕》)写夏天的有:"溪烟一缕起前滩,急雨俄吞四面山。造化等闲成壮观,月明却送钓船还。"(《湖上急雨》)"溪涨清风拂面,月落繁星满天。数只船横浦口,一声笛起山前。"(《夏日六言》之三)写秋天的有:"乌桕微丹菊渐开,天高风送雁声哀。诗情也似并刀快,剪得秋光入卷来。"(《秋思》之一)"桑竹成阴不见门,牛羊分路各归村。前山雨过云无迹,别浦潮回岸有痕。"(《秋思》之七)写冬天的有:"幽谷那堪更北枝,年年自分著花迟。高标逸韵君知否,正在层冰积雪时。"(《梅花绝句》之一)"雪前雪后梅初动,街北街南酒易赊。身健不妨随处醉,有家未必胜无家。"(《村饮》之一)不光山阴的美景使得诗人陶醉,浙江的山水风物都会勾起他的艺术灵感。例如在临安城里,他写下了"小楼一夜听春雨,深巷明朝卖杏花"(《临安春雨初霁》)的见闻;在萧山渔浦,他又有"桐庐处处是新诗,渔浦江山天下稀。安得移家常住此,随潮入县随潮归"(《渔浦》)的感慨。可见,美好的山水激发了陆游的激情,使他诗思如涌,佳作迭出;同时陆游的这些名诗佳作,也使家乡山水更添光彩,名声远扬。所以陆游的诗总能让人突出地感受到浙江尤其是山阴所特有的风光和气质,显得格外古朴淳厚,富有内涵。

如上所述,诗人晚年住在三山故居,用他自己的话说,是"身杂老农间"(《晚秋农家》之五),整天与当地村民接触,交往的有老农、绩女、牧竖、樵夫等,因此他的诗句有"几年羸疾卧家山,牧竖樵夫日往还"(《识愧》)。因为长期与乡亲们在一起,大家相处融洽,感情日益深厚,左邻右舍有什么喜事,诗人总要送上点礼物以表祝贺:"东邻稻上场,劳之以一壶。西邻女受聘,加之以一襦"(《晚秋农家》之四)。而村民对他同样真挚热情,遇到以后就要拉他去做客,并要喝上一杯,"野人知我出门稀,男辍锄耰女下机。掘得花菇炊正熟,一杯苦劝护寒归",使诗人充分感受到了乡情的温暖,"归来早觉人情好,对此弥将世事轻"(《晚秋闲步,邻曲以予近尝卧病,皆欣然迎劳》)。诗人看到山村里求医看病十分困难,就利用自己的医学知识,经常到山村里去施送药物,救活了不少贫苦百姓。他们为了牢记陆游的帮助,就特意用陆游的姓为自己的孩子取名。当诗人到他们那里去的时候,总是受到热烈的欢迎和真诚的接待:"驴背每带药囊行,村巷欢欣夹道迎。共说向来曾活我,生儿多以陆为名。"(《山村经行因施药》之四)"耕佣蚕妇共欣然,得见先生定有年。扫洒门庭拂床几,瓦盆盛酒荐豚肩。"(《山村经行因施药》之二)陆游有时还跟着农民干一些农活,如种瓜、春耕等。他的两首《小园》诗就记录了这样的生活片段:"小园烟草接邻家,桑柘阴阴一径斜。卧读陶诗未终卷,又乘微雨去锄瓜。""村南村北鹁鸪声,水刺新秧漫漫平。行遍天涯千万里,却从邻父学春耕。"因为陆游和家乡人民保持着广泛而密切的联系,他对他们的生活状况和思想感情就有了较为深入的了解和认识,并从心底里热爱和敬重他们,得出"至论本求编简上,忠言乃在里闾间"(《识愧》)的结论。因此,家乡人民成为陆游诗中极为重要的描写和讴歌的对象,并对诗人的思想和创作产生了巨大影响。可以说这也是构成陆游诗歌乡土风情的一个重要方面。

由于长期在故乡生活,又和乡亲们来往密切,所以,陆游对家乡的风俗节物十分熟悉。他平时十分注意记述山阴农村特殊的民情风俗,尤其在晚年,他深入现实生活,了解和观察到许多当地的风俗习惯和乡村风物,并用诗笔将它们绘成一幅幅农村风俗画。就诗歌作品所具有的地方特色而言,他和"书楚语,作楚声,记楚地,名楚物"的屈原极为相似,这在古代诗人中表现得十分突出。

陆游对当地农村过年的风俗有详尽的描写。如《岁首书事》两首,其一曰:"东风入律寒犹剧,多稼占祥雪欲成。郁垒自书夸腕力,屠苏不至叹人情。呼卢院落哗新岁,卖困儿童起五更。白发满头能且健,剩随乡曲乐升平。"其二曰:"扶持又度改年时,耄齿侵寻敢自期。中夕祭余分馎饦,犁明人起换钟馗。春盘未抹青丝菜,寿斝先酬白发儿。闻道城中灯绝好,出门无日叹吾衰。"诗中记述了作为一种乡俗在除夕之夜的一连串活动。如"中夕祭余分馎饦",是指当夜全家人要在一起祭祖,午夜时分祭祖完毕,就将祭品分给大人小孩吃。"馎饦"是一种面食,过年时必用,当地说是"冬馄饨,年馎饦"。又如"呼卢院落哗新岁","呼卢"是一种掷骰子的游戏,人们在守岁时常常聚众玩耍,试试自己在新的一年中的运气如何,乡俗称作"试年庚"。这种活动常常大声喧哗,场面非常热闹,甚至通宵达旦。又"犁明人起换钟馗",民间传说钟馗有辟鬼的作用,于是当地人常将钟馗像贴在家门口。到元旦这一天黎明,新的一年开始了,家家户户都要换上一幅新的钟馗像,以保家人平安。据《新五代史》卷六十七《吴越世家》记载:"岁除,画工献钟馗击鬼图。"可见这种风俗是由来已久的。又"卖困儿童起五更",是指元旦一大早,天还未亮,孩子们因为过年兴奋得睡不着觉,纷纷起床出门玩耍,相呼"卖春困"。这也是当地的一种旧俗。陆游在另一首诗《乙丑元日》中说:"惟思买春困,熟睡过花时"。原注中有:"俗有卖春困者,予老意思睡,故欲买之。"由此可知,儿童贪玩不肯睡觉,所以要把春困卖掉,而诗人年老体衰很想睡觉,因此要买进。

陆游不光是对过年的礼俗很感兴趣,别的一些节日也时常出现在他的笔下。如《初春》写道:"元日人日来联翩,转头又见试灯天。"旧俗以上元节(正月十五)为赏灯之日,在这个时候人们娱乐游赏,极尽姿态,把正月的欢庆气氛推向高潮。

为了预先做好准备工作,宋代时就把正月十三日定为"试灯天"。《百城烟水》也记有"吴俗以十三日为试灯日,十八日为收灯日"。

又如"陌上渐多沽酒舍,岸边初理下湖船"两句,写的是当地人正在迎接另一个地方性的盛大节日。据《嘉泰会稽志》卷十一《节序》载:三月五日,俗传是大禹的生日,大禹庙游人最盛,不分贫富贵贱,倾城而出,士民都乘画舫,准备好酒食。普通百姓也会拿出终年的积蓄,作为下鉴湖游玩的开支。陆游另一首《阿姥》诗可以补充说明下湖节的盛况:"城南倒社下湖忙,阿姥龙钟七十强。犹有尘埃嫁时镜,东涂西抹不成妆。"诗中讲到连年过七十的老妪都有兴致找出多时不用的梳妆物品,把自己给打扮一下后,再去赶"下湖"节。

还有如《十二月八日步至西村》:"今朝佛粥更相馈,更觉江村景物新。"诗中称为"佛粥",是因为这种粥是寺院于佛成道日纪念佛祖而做的,而民间最普遍的叫法是"腊八粥"。食腊八粥的风俗很早就开始了,到宋代此俗已十分流行。生活年代比陆游稍后一些的周密在《武林旧事》卷三中也谈到这种风俗,可以与陆游诗互相印证:"八日,则寺院及人家用胡桃、松子、乳蕈、柿、粟之类作粥,谓之腊八粥。医家亦多合药剂,侑以虎头丹、八神、屠苏,贮以绛囊,馈赠大家,谓之腊药。"由此可见,当时以腊八粥作为馈赠品是比较普遍的。

陆游还常常信手拈来其他一些习俗进行描写。如《戍兵有新婚之明日遂行者,予闻而悲之,为作绝句》:"送女忽忽不择日,彩绕羊身花照席",讲的是山阴嫁女送羊的习俗。早在南北朝,王敬弘把女儿嫁给孔淳之时,也是以乌羊为礼的。又如《秋日郊居》之六谈到农村儿童入冬学读书识字的情况,作者原注解释说:"农家十月乃遣子入学,谓之冬学。"又如在《小舟游近村,舍舟步归》这首著名的诗歌中,作者描写了盲瞽艺人说唱故事的情况,这则历史资料已经引起戏曲研究人士的高度重视,并一再被引用。另外,像《书适》《壬子除夕》和《村饮》等诗中记录了古代乡间所举行的摊祭活动,以驱除想象中的疫鬼;而《赛神曲》《初夏杂兴》等诗中则再现了敬神酬神的场面。以上这些例子,像是一幅幅特写的山阴乡村风俗画,充分体现了陆游诗歌的乡土特点,并成为极其珍贵的地方风俗史料。

长期深入家乡的田园生活,成了陆游诗歌创作的源头活水。巧妙运用方言俗语,则是陆游晚年诗歌中浓厚乡土风情的又一因素。陆游经常和农民群众亲切攀谈,有意识地借鉴和汲取当地的方言俗语,并创造性地运用到自己的诗歌中。如山阴西南有座项里山盛产杨梅,那里人把杨梅称为"梅",把选择杨梅称为"作梅",陆诗就采用了这种俗语,如"年年来及贡梅时""山中户户作梅忙"(《项里观杨梅》);乡老把碾磨茶叶称为"作茶",陆游于是在《秋晚杂兴》中说:"自作蒙山紫笋茶";乡人把桑叶称为"叶",将小把柴称为溪柴,把儿童所读杂家百姓之类的识字课本称为"村书",把小梨称为"梨头",等等,陆诗中都一一采用进去。如"满箔蚕饥待叶归"(《过野人家有感》)、"溪柴旋簇火"(《晨起》)、"授罢村书闭门睡"(《秋日郊居》)、"门前唤梨头"(《东村》)。

其他还有一些特殊的乡语土话,在陆诗中也往往能够见到。如上文提到的"下湖",就是具有特殊意义的一种乡语。又如"妇喜蚕三幼"(《幽居初夏》),土话把蚕眠说成"幼",蚕经过三幼就快吐丝了,蚕妇自然很高兴;再如"弊裤久当脱,短褐竟未送"(《五月十日晓寒甚,闻布谷鸣有感》),土话把典质叫作"送",因为春夏之交,往往乍暖还寒,因此谚语有"未吃端午粽,布袄不可送",这里的"送"也是同样的意思;还有"生意垂欲尽,时间雀翻更"(《病中夜思》),乡语把栖雀鸣称为"翻更",陆游年老多病,夜里睡不着,所以鸟雀一叫他就听到了。

由于陆游善于从山阴当地的生活和语言中汲取营养,诗中"好用越中土物俗语"[①],所以大大丰富了其诗歌创作语言,使得他的诗歌简练自然,明白如话,有一种新鲜朴素的语言美。这不仅有力地增强了陆游诗歌的艺术表现力,而且使人感受到一种浓郁的现实生活气息和乡土风情。

(本文原载于《杭州大学学报》1998 年第 2 期)

---

① 查慎行:《得树楼杂钞》卷一,适园丛书本。

陆游会稽山诗论析

赵宏艳

摘　要：陆游一生爱山。检索其九千余篇存诗，"山"字共出现了三千零七十一次，陆游爱山，且特爱故乡山阴的会稽山。他登山、赏景、挖笋、采药，以细腻的笔触描摹会稽山秀丽风姿；他喜欢采食会稽山的竹笋与蕨菜；他常常去会稽山采药疗救自己，亦施药他人。无论仕途京城，抑或从军剑南，"剡曲稽山是故乡"，会稽山水永远都是令他魂牵梦绕、牵肠挂肚的精神皈依。陆游的会稽山诗也折射出他思想与精神世界的复杂与矛盾。

关键词：陆游；会稽山；饮食；药

　　陆游诗中的会稽山，位于今浙江省绍兴市南面，[①]主要由宛委山、秦望山、石帆山、射的山、刻石山、若耶山、宝山、葛山、兰渚山等十余座山峰组成。陈桥驿先生在《绍兴史话》中说："绍兴的南部和西部，为著名的会稽山所盘踞。会稽山是一片高度在五百米上下的丘陵，范围相当广阔，东、西最宽约一百里，东南到西北延长达二百里。"[②]这一带自古雨水丰沛、林木茂密，造就出独特的自然风貌。在释放心灵于自然的晋人那里，这里"山川自相映发，使人应接不暇"（《世说新语·言语》）、"千岩竞秀，万壑争流，草木蒙笼其上，若云兴霞蔚"（《世说新语·言语》）。陆游一生大部分时间生活在山阴，他比晋人有着更加深切的对山的喜爱、独特的感悟和精神的寄托。在他的诗中，提到或描写会稽山的有四十二首，秦望山有五首，石帆山有五十七首。

---

　　①　"会稽山"的指称有广义和狭义之分，广义"会稽山"指的是会稽山脉，绵亘于今绍兴、诸暨、东阳、嵊州、上虞之间，其地貌是一片经过侏罗纪回春的古老丘陵；狭义的"会稽山"专指盘桓于绍兴南部的一系列山峰，主要由宛委山、秦望山、石帆山、射的山等十余座山峰组成。

　　②　陈桥驿：《绍兴史话》，上海人民出版社1982年版，第3页。

一

他爱会稽山,乃至"爱山入骨髓"(《晨起看山饮酒》),所以连家也要建在它的旁边,①"小筑稽山下,狂歌剡曲傍。乡邻共鸡黍,童稚学农桑。白首余年促,青编后日长。此心谁复许,三叹付书囊。"(《得故人书偶题》)"结茅所幸得佳处,石帆天镜无纤尘。"(《病后往来湖山间戏书》)与山为邻,适意舒畅,他尽享生命的欢愉。试看他以《稽山》为题的这首诗:

> 我识康庐面,亦抚终南背。平生爱山心,于此可无悔。晚归古会稽,开门与山对。奇峰绾髻鬟,横岭扫眉黛。岂亦念孤愁,一日变万态。风月娱朝夕,云烟阅明晦。一洗故乡悲,更益吾庐爱。东偏得山多,寝食鲜不在。宁无度世人,谈笑见英概。御风倘可留,为我倾玉瀣。

此诗嘉定二年(1209)春作于山阴,可以看作是陆游一生爱山情结的总写。前四句写自己有幸登临南北两大名山的经历,此生可以无悔;接下来的十句则转为描写稽山风景,山峰奇异,景色秀丽,姿态万千,变幻无穷,或比喻,或拟人,"更益爱吾庐"则化用陶渊明"众鸟欣有托,吾亦爱吾庐"(《归园田居》)而来,以一"更"字对比衬托出对故乡山水由衷的喜爱之情,笔法则欲扬先抑;末六句言稽山物产丰富,即"寝食鲜不在"之意,结句"御风倘可留,为我倾玉瀣"想象奇特,气势雄健,颇有李白之风。

或许正是因为他与会稽山如此的亲密,所以在他细腻的笔触描摹中,无论春夏秋冬,抑或朝钟暮鼓,还是零雨其濛,会稽山都充满了无尽的魅力。

春天他观稽山之翠:"稽山翠入家家窗,此家清绝无与双。丹葩绿树锦绣谷,清波白石玻璃江。"(《舟过梅坞胡氏居爱其幽邃为赋一诗》)"稽山千载翠依然,著我山前一钓船。瓜蔓水平芳草岸,鱼鳞云亲夕阳天。"(《题斋壁》)"湿翠扑人浓可掬,始知身在石帆西。"(《宿石帆山下》)夏日的天气极其多变,"石帆山下雨冥冥,闲岸纱巾憩草亭。单复篝衣时脱著,甜酸园果半黄青。鲦鱼无队依蒲藻,病鹤长鸣铩翅翎。"(《石帆夏日》)秋日里,"凭高望稽山,秀色溢天宇。"(《晚凉登山亭》)

---

① 陆游在会稽山下确实建有别业,并非诗中的泛言虚指。参看邹志方:《陆游会稽石帆别业小考》,《文学遗产》2006 年第 2 期。

"南山秀色入窗棂"(《小筑》),"稽山秋峨峨"(《远游二十韵》),"石帆山下醉清秋，常伴渔翁弄小舟。"(《秋晚杂兴》)而冬日的稽山则另有一番景致。且看陆游《稽山雪》一诗：

> 高人采药来禹穴，骨瘦巉然鬓眉白。结茅分得野鹿场，一夜北风三尺雪。明朝过午势愈恶，虎兕交迹人声绝。虚窗纵横丛竹入，幽涧荒寂孤松折。冻吟孰窥衰安户，僵卧秃尽苏武节。人生饥寒固亦有，养气不动真豪杰。希名后世吾所耻，姓字宁与身俱灭。班马复生无自书，我作此歌空激烈。

这首七古嘉定元年(1208)冬作于绍兴山阴，此时诗人已八十四岁高龄。"致仕居家。半俸自二月置不复请。贫病交集。"[1]题为"稽山雪"，但诗人并未浓墨重笔地直接描写雪景，而是巧妙地采用侧面烘托的艺术手法，以虎、兕、人之声的销迹写大雪过后天地之间万籁俱寂。虽是一首写景诗，却景中寓情、情景交融。那纵横旁逸的丛竹与幽涧孤独的松树，难道不正是诗人面对穷困时傲然不屈的风骨象征吗？

对于不同时间、不同天气中的稽山，陆游亦极尽摹写之能事。有雨中之景："石帆山下雨空濛，三扇香新翠箬篷。"(《灯下读玄真子渔歌因怀山阴故隐追拟》)有雨后之景："烟收见石帆，雨霁望卧龙，嵯峨宝林塔，迢递天章钟。"(《赠湖上父老十八韵》)"无穷烟海接空濛，秦望稽山醉眼中。虹断已收千嶂雨，鹤归正驾九天风。"(《泛舟泽中夜归》)有月夜之景："放翁夜半酒初解，落月衔山闻杜鹃。"(《宿石帆山下》)"扁舟夜载石帆月，双屦晓穿天柱云。"(《杂兴》)"浩歌暮过石帆下，烂醉夜泊樵风边。茫茫沙月忽侧堕，袅袅山气时孤骞。冥鸿远举谢斯世，白鸥自放全其天。"(《泛湖上云门》)"马行缺月黄昏后，钟下乱山空翠中。"(《夜行玉笥樵风之间宿龙瑞》)有云中之景："稽山出云极奇变"(《泛舟过吉泽》)、"怅望稽山云，飞去无六翮"(《晡后领客仅见烛而罢戏作短歌》)、"云边腰斧入秦望，雨外舞蓑归若耶"(《怀镜中故庐》)。倒影于碧水之上的稽山则别有意趣："会稽山下樵风溪，翠屏倒影青玻璃，尤奇峭壁立千仞，行子欲上无阶梯。"(《新秋往来湖山间》)

---

① 欧小牧:《陆游年谱》,人民文学出版社 1981 年版,第 266 页。

二

陆游爱稽山，爱稽山之景，亦爱稽山之物。山水胜地，物产自然丰富，加之地处江南，物产便有了鲜明的地域特色。陆游特喜食稽山盛产的竹笋、蕨菜。如"老翁愈老欲安归，归卧稽山饱蕨薇"（《倚筇》）、"溪叟旋分菰米滑，山童新采蕨芽肥"（《赠石帆老人》）。蕨菜与竹笋既可分食，也可搭配烹制食用，《会稽志》卷十七载："会稽人以蕨配笋为茹尤珍美"。所以陆游诗里也时时有这样的句子："还家莫道虚怀袖，笋蕨随宜亦满盘"（《自九里平水至云门陶山历龙瑞禹祠而归凡四日》）、"楚庙羔豚初散社，稽山笋蕨正尝新"（《晚春》）、"鱼鼓声中白氎巾，南山笋蕨一番新"（《仗锡平老具舟车迎前天衣印老印悉遣怀策杖访》）。陆游还喜食莼菜，如"石帆山路频回首，箭茁莼丝正满盘"（《行在春晚有怀故隐》）、"石帆山下莼丝长，待我还东泊野航"、（《叹老》）"湘湖莼长涎正滑，秦望蕨生拳未开"（《戏咏乡里食物示邻曲》）。莼菜，亦可称"蓴"，叶片椭圆形，浮水面；茎上和叶的背面有黏液。花暗红色，嫩叶可做汤菜。陆玑《毛诗草木鸟兽虫鱼疏·薄采其茆》："茆与荇叶相似，叶大如手，赤圆有肥者，著手中滑不得停，茎大如匙，柄叶可以生食，又可鬻，滑美，江南人谓之蓴菜或谓之水葵，诸陂泽水中皆有。"可见古人食之久矣。

陆游对饮食有着自己的一番追求。宋代是中国士大夫饮食文化形成的重要时期。"宋代是士大夫数量猛增和士大夫意识转变的时代。宋及以后的士大夫再也没有唐代士大夫的发扬踔厉的外向精神，……他们关注的是自己内心世界的谐调，因此他们的精力往往专注于生活的末节，以此寄托其用舍行藏的政治态度和旷放超脱的人生理想，饮食生活也变成士大夫的'热门话题'而大谈特谈了。"①注重素食是宋代士大夫饮食生活的一个重要特点，这在陆游的饮食习惯上也有着极为明显的体现。在陆游看来，"烧笋炊粳真过足，儿曹不用致鱼餐"（《闲咏》）。苏轼《与参寥师行园中得黄耳蕈》诗也说："萧然放箸东南去，又入春山笋蕨乡。"罗大经《鹤林玉露》（丙篇卷四）载唐子西"既归竹窗下，则山妻稚子作笋蕨，供麦饭，欣然一饱"。他们和陆游一样，对笋蕨野蔬充满喜爱之情。

"中国士大夫阶级的一件重要的资历是他在饮食上的知识与技能。"②宋人对于饮食的追求是平淡自然，往往做法简单，烹煮即可，讲求食物的原汁原味。

---

① 王学泰：《华夏饮食文化考》，中华书局 1993 年版，第 255—256 页。
② 张光直：《中国青铜时代》，生活·读书·新知三联书店 1983 年版，第 222 页。

这在陆游诗里也颇有体现，如："勿言野馔无盐酪，笋蕨何妨淡煮羹。"(《野步至近村》)"数著笋薑甘淡薄，半盂麦饭喜丰穰。"(《孤寂》)"不须沽酒饮陶潜，箭笋蕨芽如蜜甜。"(《陶山遇雪觉林迁庵主见招不果往》)"薏实炊明珠，苦笋馔白玉。轮囷屩区芋，芳辛采山蕨。山深少盐酪，淡薄至味足。"(《野饭》)稍加蒸煮即可，这样的美味甘甜爽口，在陆游看来比鲜美的鱼肉都要好吃，令人知足。

我们在陆游的这些诗里，总能看到自然之味带给他的心满意得与心灵的安顿。"日日思归饱蕨薇，春来荠美忽忘归。"(《食荠》)"粳粒微红愧食珍，蕨芽初白喜尝新。摩挲便腹无忧责，我是人间得计人。"(《雨中夕食戏作》)"今日山翁自治厨，嘉殽不似出贫居。白鹅炙美加椒后，锦雉羹香下豉初。箭苗脆甘欺雪菌，蕨芽珍嫩压春蔬。平生责望天公浅，扪腹便便已有余。"(《饭罢戏示邻曲》)

陆游把对故乡的热爱落实在每一个细节上，那山那水，抑或花草，甚至一道美味，都可能成为他的回味与念想。"剑南山水尽清晖，濯锦江边天下稀。烟柳不遮楼角断，风花时傍马头飞。芼羹笋似稽山美，斫脍鱼如笠泽肥。客报城西有园卖，老夫白首欲忘归。"(《成都书事》)剑南的风景可谓姿妍卓秀，以致令诗人忘情而"忘归"，但在他的心底仍免却不了和故乡的山山水水比较一番："芼羹笋似稽山美"，看似是在夸美剑南的芼羹笋，但一个"似"字却暴露出了诗人的"私心"，他可是把故乡那稽山上的芼羹笋作为主体，作为参照和标准，剑南的芼羹笋不过是一个被比较物而已！在诗人无意流露的思绪与诗情中，孰轻孰重，不言而喻。

三

陆游还常常去会稽山采药。《闲咏》诗云："听猿来剡县，采药上稽山。"《稽山道中》："昨暮钓鱼天镜北，今朝采药石帆东。"《病后往来湖山间戏书》："扪萝峭壁上采药，腰斧长歌行负薪。"又说："春雨负薪兰渚市，秋风采药石帆村。"(《幽居》)会稽山一带是他采药的重要区域。陆游为什么要采药呢？从其诗来看，大概有如下几个原因和目的。

第一，治病。"饮酒以散愁，服药以去病。"(《书意》)"羸病须医药，残年忆辈流。"(《雨夜》)"疾痼方求药，秋高未制衣。"(《寓叹》)"药能扶困惫，酒可沃枯焦。"(《家有两瓢分贮酒药出则使一童负之戏赋五字句》)"尚惧精神衰，药石以自扶。"(《书警》)陆游常常服药的主要原因是身体多病。通过检索发现，陆游诗中提及"病"字竟然达到一千两百四十五次之多，最早出现"病"字的是绍兴二十四年(1155)所作的《和陈鲁山诗》，陆游时年三十岁。三十二岁便说"病起兼旬疏把

223

酒"(《新夏感事》)。绍兴三十一年冬天,三十七岁的陆游大病了一场,以至于"缘瘦重裁帽,因衰学染须"(《谢李平叔郎中问疾》),可见消瘦得非常厉害。因为疾病的折磨,乃至面容"衰如霜后木"(《病起寄曾原伯兄弟》),精气神很差,所以三十多岁的他便称"南山老翁",出行常常需拄杖而行。①

第二,养生。除了因为祛除疾病而服药以外,陆游也刻意服药以达到延年益寿、强身健体的目的。如,"安得黄金成大药,为人千载驻颜颜。"(《雪晴行益昌道中颇有春意》)"少年不知老境恶,意谓长如少年乐,朝歌夜舞狂不休,逢人欲觅长生药。"(《放歌行》)"储药扶持老,收薪准备冬。"(《九月下旬即事》)"药物及时希老健,山家随日了穷忙。"(《自笑》)

第三,售卖。陆游诗中多次提及卖药事宜,"霜橘争棋乐,仙壶卖药归。"(《小室》)"每为采菱浮野艇,时因卖药宿山家。"(《示客》)"茶灶酒垆多识面,少留卖药买渔蓑。"(《闲游》)"自怜远屏犹多事,卖药归来买钓蓑。"(《嬴卧》)"卖药来查浦,听猿到沃洲。"(《秋怀》)"阻风江浦诗成束,卖药山城醉过春。"(《烟波即事》)"卖药句曲秋,沽酒天台春。"(《乙巳秋暮独酌》)"卖药山城携鹤去,看碑野寺策驴归。"(《渔扉》)这些诗大多作于晚年摒居山阴时(最早的作于绍熙四年,六十九岁;最晚的为嘉定二年,八十五岁)。此前虽仕途坎坷,但俸禄足以养家为用。嘉泰三年(1203)致仕后,陆游尚可领取半俸,"残困具薄粥,半俸补残书。"(《自治》)到嘉定元年(1208),他的半俸也没有了,"功名永无期,禄不饱妻子。"(《伏中热不可过中夜起坐作诗寄五郎》)生计顿时成了大问题,加之子孙众多,②一生廉洁为官,晚年生活颇为拮据,所以诗里也常常叹贫,"身病不禁连夜雨,家贫只挂旧年灯。"(《丙辰上元前一日》)故卖药贴补生活便也在情理之中。

第四,食用。陆游在诗中常常说到食用药苗,如:"短褐缝练布,晨餐采药苗。"(《北窗》)"药苗自采盘蔬美,菰米新春钵饭香。"(《即事》)"得饭多菰米,烹蔬半药苗。"(《贫居》)"投床得小憩,炊黍烹药苗。"(《入秋游山赋诗略无阙日戏作五字七首识之以野》)"更劚药苗挑野菜,山家不必远庖厨。"(《山庖》)"山蔬药苗满箸香,超然下视太官羊。"(《舟中作》)食用药苗固然出于其蔬菜价值,但更重要的恐还在于通过食用药苗达到治病、健体、延年的目的。可见陆游非常重视食物的药疗效果,对于养生有着自己的一番心得,这许是陆游虽一生衰弱多疾,却又能

---

① 《剑南诗稿》卷一,《闰二月二十日游西湖》:"南山老翁亦出游,百钱自挂竹杖头。"《病起寄曾原伯兄弟》:"出门还惘惘,倚杖独移时。"《秋阴》:"拄杖扶腰痛,渔舟照眼明。"

② 陆游有子七人,孙十七人,其子并不都尽入仕。参考北山:《陆游年谱·山阴陆氏世系简表》《附录四:有关子虞、子坦、子聿的资料》,上海古籍出版社 2006 年版。

长寿至八十五岁的重要原因。

第五，施药救疾。所谓久病成良医，陆游经常把自己亲自摘采并加工好的药材免费赠送给乡邻使用，"怀药问邻疾，典衣收旧书"（《自贻》），"僧廊偶为题诗入，鱼市常因施药留"（《秋思》），并且乐此不疲。有时候他会走到更远的地方，"行药来村北，观鱼立水边。"（《遇术士饮以卮酒》）每次出游，他都随身带着药囊，"着囊药芨每随身，问病求占日日新。"（《甲子秋八月偶思出游往往累日不能归或远至傍》）远行较为辛苦，"何妨忍挥汗，合药施乡间。"（《日用》）他的善行举止受到人们的尊敬和爱戴，"施药乡邻喜，忘机鸟雀驯。"（《野兴》）"逆旅人家近野桥，偶因秣塞暂消摇。村翁不解读本草，争就先生辨药苗。"（《山村经行因施药》）在乡民中树立了颇高的威信，因此人们看到他来，都争先请他鉴别药材，甚至因为感激而给孩子起名字都用到陆游的名字，"驴肩每带药囊行，村巷欢欣夹道迎。共说向来曾活我，生儿多以陆为名。"（《山村经行因施药》）

陆游一生满腹报国志，但机遇不合，屡遭贬黜。他爱国，关心民生疾苦。不论居官还是罢归，都极富亲和力，与普通人民相处融洽。在抚州任上，因江西水灾，他奏"拨义仓赈济，檄诸郡发粟米以予民"[①]，并把历年搜集的治病验方编辑成《陆氏续集验方》，加以刊印，广为传布。[②] 虽然偶尔也卖药维持生计，但更多的是免费赠送。施药救疾既是他仁民爱物之情怀的体现，也是将爱国、关心民瘼落实在细节之处，落实在平凡的生活中，用他的诗说："我游四方不得意，……聊为疲民起憔悴。"（《楼上醉歌》）他还把自己的书斋命名为"民为心斋"。凡此种种，都体现了他深沉的爱民情怀。

四

陆游的会稽山诗，也反映了他时常纠结于入仕与出世之间的复杂的矛盾心理。一方面，面对山阴的自然山水，他可以尽情地释放自己的意趣与情怀。他赏景、游乐、采药，追求野蔬美味，会稽山给了他愉悦的心情，所以他说"归来稽山下，三食新获麦。草履布裙襦，徒步老阡陌"（《病后作》），饭都比平日里吃得多了些。"归来稽山下，烂漫恣探讨"（《冬夜读书》），读书也更加有趣味。

乾道八年（1172），陆游由夔州通判改任四川宣抚使司干办公事兼检法官职，

---

① 脱脱：《宋史》，中华书局 2000 年版，第 9493 页。
② 陆游著，马亚中、涂小马校注：《渭南文集校注》（三），浙江古籍出版社 2015 年版，第 173 页。

旅途劳顿,不胜其厌,"亭驿驱驰髀肉消,故山归梦愈迢迢。"(《夜抵葭萌惠照寺寓榻小阁》)"家山空怅望,无梦到江南。"(《南沮水道中》)做梦都是故乡山水;淳熙二年(1175)秋到了成都,"客路更逢秋色晚,故山空有梦魂归。"(《书怀》)他怀念家乡,往往多用"故山""家山"指代,"山"就是"家"的代名词。由此我们看到了他对稽山发自肺腑的真诚热爱。如果说行役在外对家乡的思念尚在情理之中,那么,爱山、念山的陆游回到了家乡,身心彻底放松以后,是不是就真的获得了精神世界的自由了呢?淳熙十三年(1186)春作的一首诗说道:"稽山剡曲虽堪乐,终忆祁连古战场。"(《新年》)而同年所作的《书愤》更是将其满腔报国热忱与抱负抒写得淋漓尽致。当他主动陈乞再任,知严州后,又说"强著朝衫弃钓蓑"(《延和殿退朝口号》),一副极不情愿、勉为其难的样子。在四川时,"不如巢燕有归期"(《城北青莲院》)、"何况天涯倦客情"(《早行至江原》)的句子也常常出现。如何理解陆游在面对山水时这种矛盾的心理呢?

第一,和陆游复杂的思想有关。两宋儒释道合流,但在陆游却是不平衡的。在陆游的思想中,主体是儒家,次而道家,最后是佛禅。[①] 余英时先生说:"宋代不但是'士'最能自由舒展的时代,而且也是儒家的理想和价值在历史上发挥了实际影响的时代。"[②]身处这样的时代,陆游幸甚,然而仕途的坎坷,却使他不得不投向佛道,以调和自己的心态。

第二,和宋代文人的人生理想及政治现实有关。"神宗时代的政治文化在南宋的延续是显而易见的。就正面而言,南宋士大夫仍然不放弃'回向三代'的理想,他们的理想主义较之北宋诸儒似乎蒙上了一层忧虑的轻纱,然而并没有褪色。他们对于士为政治主体的原则也持之极坚。"[③]陆游继承了自范仲淹始宋代文人"以天下为己任""先天下之忧而忧,后天下之乐而乐"的人格风范,而偏安于江南一隅的南宋政治现实又赋予他独特的历史使命:为统一而大声疾呼。

要之,陆游是一位非常典型的儒家知识分子。儒家的积极入世精神和社会历史责任感,促使他裨补时缺、忧国忧民;而政治仕途的坎坷与人生的不得意,又迫使他不得不向佛禅与道家寻求精神与灵魂苦痛的解脱,以此达到对现实的消解。他热爱陶渊明,但他终究没有渊明那样飘逸地远离尘世;他追慕苏轼,但终

---

① 伍联群:《论陆游的佛教思想》,《船山学刊》2007 年第 2 期。邱鸣皋:《陆游评传》,南京大学出版社 2002 年版。

② 余英时:《朱熹的历史世界——宋代士大夫政治文化的研究》(上),生活·读书·新知三联书店2003 年版,第 290 页。

③ 余英时:《宋代士大夫的政治文化概论》,《士与中国文化》,上海人民出版社 2003 年版,第 520 页。

究没有苏轼那样洒脱地达到兼具入世与超世的人生境界。他是一位苦难的诗人,他对家国深挚的眷念至"死去元知万事空,但悲不见九州同。王师北定中原日,家祭无忘告乃翁"(《示儿》)而成千古绝叹!

(本文原载于《绍兴文理学院学报》2011 年第 3 期)

陆游诗"老"迹探寻及其成因分析

刘丽萍

摘　要：陆游诗歌中出现大量含"老"迹的诗句，表明了他对"老"的敏感和偏爱。原因有二：一是晚年的诗作数量大，保存较好；二是他的用世之志在遭遇时代和政治的打压而屡屡落空后，挫折感激发了诗人对自己身体衰老的关注。时光流逝，志不能申，心理时间超越现实时空而引起的抒怀印迹。

关键词：陆游；老迹；成因

一

陆游是宋代文坛上作诗最勤最多的一位，现存的诗歌虽然没有他所说的"六十年间万首诗"（《小饮梅花下作》），但是依据《剑南诗稿》[①]《放翁逸稿》《逸稿续添》《逸稿补逸》[②]四本书共存九千二百三十九首诗歌。近些年学者对其诗歌的研究成果很多，角度各异，如论述其爱国主题的、宦游交游主题的、思想和艺术主题的、传播和接受主题的等等；就某一类型的诗歌分类研究的，如研究其爱国诗、农村诗、田园诗、梦诗、爱情诗、论诗诗、教子诗等。

陆游活了八十五岁，这在古代诗人中不多见，而且他的创作至死不止。根据笔者在《四库全书》之《剑南诗稿》中统计，在九千二百三十九首诗歌中，"老"字出现的次数是二千四百七十三次。按照古代格律诗的作诗规律，同一韵字不能重复出现的要求，除了他的五十四首诗歌是题目和内容都各有一个"老"字外，其他的诗歌都是一诗一"老"字，这样可以得出，"老"字在二千三百六十五首诗歌中出现，所占比例是百分之二十六。这么高的频率在其他高产诗人那里是不是也这

---

①　陆游：《剑南诗稿八十五卷》，台湾"商务印书馆"1985年版。

②　《放翁逸稿》毛晋辑、《逸稿续添》(明)毛扆辑、《逸稿补逸》钱仲联辑，见《剑南诗稿校注》卷八六、八七、八八，上海古籍出版社2005年版。

样呢？白居易的诗歌在《白氏长庆集》①中共有二千九百二十九首，"老"字出现了四百八十九处，所占比例是百分之十七；刘禹锡的诗歌见于《刘禹锡全集》②，约八百首，"老"字出现了七十九处，占百分之九点九。在同时代其他诗人的诗歌中也没有这么高频。比如杨万里③的现存诗四千二百余首，其中"老"字出现了六百四十八处，所占的比例是百分之十五点四。这些无不说明陆游对"老"的特殊理解和偏爱。这种偏爱反映了一个诗人在往昔岁月的经历中所呈现出的动机、欲望、气质、性格、情愫、智慧、能力、处世观和生死观等等。某一种现象被多次强调，似乎都在说明诗人的内在心路历程。

二

那么，在陆游的认识中"老"是什么意思呢？经统计，可以发现在陆游的这近四分之一的"老"诗中，根据"老"的不同意思主要分为以下两类。

老：生理年龄上的老。诗歌中主要描写老态、老景、晚景之类的。多出现白发、眼花耳聋、拄杖等明显老年人行动体态的词。

老：代之其他老人。如他在诗歌中经常提到"父老、野老、遗老、老农"之类。

1. 表示生理年龄上的"老"，是他的诗文中最常出现的一类意思。例如，《塞上曲》"老矣犹思万里行，翩然上马始身轻"；《感事六言》"老去转无饱计，醉来暂豁忧端"；《秋晚》"老来懒惰惭丁壮，美睡中闻打稻声"；《松骥行》"闭门高卧身欲老，闻鸡相涕蹴数行"；《霜风》"身老啸歌悲永夜，家贫撑拄过凶年"；《稽山农》"安得天下常年丰收，老死不见传边烽"；《书愤》（两首之一）"壮心未与年俱老，死去犹能作鬼雄"。④

2. 因为陆游的用世思想较深，这也导致他对周围人。尤其是老者特别关注。父老、野老、遗老、老农等。《夜读范至能〈揽辔录〉》"遗老不应知此恨，亦逢汉节解沾衣"；《春日杂兴》"身为野老已无责，路有流民终动心"；《甲申雨》"老农十口传为占，春遇甲申常畏雨"；《观长安城图》"三秦父老应惆怅，不见王师出散关"；

---

① 白居易：《白氏长庆集》影印本，上海商务印书馆1912年版。
② 刘禹锡：《刘禹锡全集》，上海古籍出版社1999年版。
③ 杨万里：《杨万里诗文集》，江西人民出版社2006年版。
④ 钱仲联：《剑南诗稿校注》，上海古籍出版社2005年版。该段七首诗分别见于第三卷第1553页、第八卷第4165页、第四卷第2050页、第二卷第571页、第一卷第113页、第四卷第1862页、第五卷第2313页。

《渔翁》"江烟淡淡雨疏疏,老翁破浪行捕鱼";《三山杜门作歌》"呜呼！人生难料老更穷,麦野桑村白发翁";《山村经行因施药》(五首之一)"闲行偶复到山村,父老遮留共一樽"。① 陆游的忧国忧民之心时时可见。

<h2 style="text-align:center">三</h2>

生理上进入老年期,思想上随之发生变化,所以陆游不光爱说"老",还爱在诗中描写自己的老态,喜欢使用和老年人有关的意象。比如,他直接描写自己老年心态的诗歌,从题目上来说就有三十七首,什么《老态》《叹老》《老叹》《老景》《老境》《老病》等,可见其对"老"的关注。且这类诗歌大多是写于其七十岁之后寓居家乡时。当时陆游写诗大多是为了遣兴,打发时光,不再逞才,所以诗歌显得平淡,记录真实的生活居多。陆游也爱用老年意象,如"愁鬓""白发""拄杖""眼花耳聋"等。如:《书愤》"塞上长城空自许,镜中衰鬓已先斑";《游山西村》"从今若许闲乘月,拄杖无时夜叩门";《春夜读书感怀》"悲哉白发翁,世事已饱更";《醉歌》"如今老且病,鬓秃牙齿落"。②

然而陆游这类反映老态的诗歌,同他的经历紧密相连,不同阶段意思不同。从中年到晚年,也就是说,从四十多岁开始逐渐步入晚年,这段时间陆游居住地经历了镜湖(42—46 岁)——南郑蜀川(46 岁)——福建建州(47—52 岁)——江西抚州(53 岁)——山阴(55—61 岁)——浙江严州(61—63 岁)——山阴(64—85 岁)。这段时间的经历恰恰丰富了诗人的思想和情感,"老"意各不同。中年时期的叹老,是因为有志不获骋造成的;想要收复中原失地,在战马上建立军功愿望的失落而引起的;然而时不我待,青春易老,心理时间超越现实时空引起了叹老。花甲之时仍念念不忘"上马草军书,下马击狂胡",身体的衰老特征明显,却并不能减退爱国热忱,那颗爱国之心依然赤诚造成的叹老。等到古稀之后一直到临终前,他写老境、老景、老态的诗就骤然多起来了。这一方面与他晚年作诗居多,编订诗集时对诗歌删选尺度的放松有关;另一方面,也与他对生命衰老体会渐深有关。

---

① 钱仲联:《剑南诗稿校注》,上海古籍出版社 2005 年版。该段七首诗分别见于第四卷第 1822 页、第八卷第 4357 页、第五卷第 2653 页、第一卷第 449 页、第二卷第 778 页、第五卷第 2455 页、第七卷第 3673 页。

② 同上。该段三首诗分别见于第三卷第 1346 页、第一卷第 102 页、第三卷第 1255 页、第三卷第 1609 页。

什么原因造成他对老态的如此关注呢？是挫折感激发了诗人对自己身体衰老的特别关注。陆游经历的不同，随着年龄的增长，他愈加对于时间的渐渐流逝，志向却不能实现而深感痛心。"将军不战空临边""遗民泪尽胡尘里"和士兵的"三十从军今白发"的鲜明对照，使得陆游很早就已经感觉到时间的残酷，再加上用世主战志向的被打击，对朝廷恢复故土的社会期望屡屡落空，导致他更加关注自身的变化。人们常常把社会期望和生理变化联系起来，当然陆游也不例外，所以诗中才会有很多老年人的意象。

陆游不同于他人咏老之作的地方，也即他的诗歌最可贵的地方，就是那种自强不息的精神品质，以及始终心怀天下，志在收复失地的用世精神。古代的文人、士，其心态变化是由于不同的环境生发出不同的生命状态；而陆游正是由于其能随着时代及其政治的变化，以独特的个体特征与之沉浮和始终挣扎抗争，才显现出卓尔不群的精神品质。

实际上，陆游从未在诗中叹老嗟卑，反倒是夸老颂卑。梁启超曾在《读放翁词》中，对其诗评价说"叹老嗟卑却未曾"，即是中的之论。晚年的陆游生活惬意恬淡，充满乐趣。既有家庭和谐、含饴弄孙的天伦之乐、又有与乡村老翁的话桑麻、与老友的诗酒酬唱；既有对农事和养生的关注和践行之乐，又有动静结合、谈佛论道的休闲生活。

如《老景》云："老死知无日，天公偶见宽。疾行逾百步，健啖每三餐。身瘦短裁褐，发稀低作冠。年来更小黠，不据伏波鞍。"虽发稀身瘦，诗思渐钝，却身体康健，心态平和。《老态》云："齿如强留客，虽住无久理；目如新募兵，临敌乌可使？齿废疏粱肉，目涩屏书史，浮世真几何，老态遽如此！啜粥习安坐，用短亦自喜。作诗记吾衰，聊用调稚子。"对于自己的衰老之态不仅没有悲观厌弃，反而写诗自嘲。《老态自遣》云："似见不见目愈衰，欲堕不堕齿更危。谁令汝年八九十，常欲强健宁非痴！目昏大字亦可读，齿摇犹能决濡肉。若知用短百无忧，此理正如夔一足。蒙胧黾脆俱有味，笑侮莫听傍人喙。但令孙曾能力耕，一饱不妨还美睡。"目衰齿危又何妨，能看书能吃肉能睡足即好；陆游在《书意》一诗中又写道："整书拂几当闲嬉，时取曾孙竹马骑。故做小劳君会否，户枢流水即吾师。"既勤于整理书籍、扫地抹桌权当锻炼身体的活动，又能于闲暇时同曾孙子一道骑竹马玩游戏，乐不自甚。另外，陆游经常"身杂老农间""生涯学灌园""扶衰业耕桑"，还经常从事一些拾粪、割草的体力劳动。后来，他虽然年高体衰，不能再干重活了，还要"拥杖牧鸡豚",做些养鸡、养猪的活计。老有所乐,老有所用,生活真是丰富多彩。①

<h1 style="text-align:center">四</h1>

陆游诗中出现这么多老迹,原因主要有两个方面。

一方面,陆游诗歌老迹众多,与其晚年创作诗歌数量多且保存完好有关。

严修先生曾经在《陆游诗集导读》中提到其原因是"年太老,诗太多"②。陆游大多数留存至今的诗歌大都是在他晚年的时候写的。陆游早年对诗歌集子的删选是十分严格的。绍熙元年(1190)夏,陆游有《跋诗稿》(《文集》卷二七)称:"此予丙戌以前诗二十之一也。及在严州再编,又去十之九。"欧小牧先生《陆游年谱》统计,陆游在三十六岁以前的诗歌,只有四十九首;三十七岁至四十七岁,每年诗作仅几首到几十首,最多也只有六十八首(四十六岁);四十八岁一年才突破百首大关。直至七十四岁,每年诗作也不过几十首至二百余首;七十五岁开始突破三百首大关。八十岁之后,每年的诗产量都在四百首以上,而八十四岁一年竟然写了五百九十九首(似应为六百首),此时的诗人已是衰病缠身,体力精力均大大衰退了。

另一方面,陆游所处时代和制度的局限性,以及其志向屡受打击的挫折感,造成了他对身体衰老的特别关注。

陆游,作为封建社会的文人,有其无法逾越的历史局限性。封建专制主义意味着权力的高度集中,权利的等级分层意味着封建王朝在权利资源分配时的专制和不受监督。又因为这种专制极大程度上依赖于皇帝,这也就意味着文人或"士"的命运与时局的变革,依赖于皇帝一个人的智慧、见识、脾气、性格和情商等。

再加之封建社会重农抑商,商道受限,意识形态上的神话式、宗教式的全民认同接受了四民(士、农、工、商)等级理念。这意味着当时的文人知识分子倘若想谋取生活之资、社会地位、舆论认同,只有一条路可以走——为官。

陆游家族世代为宦,其所受儒家思想教育也使其只认同此一条登天之阶梯,故而在宦海沉浮中痛苦挣扎。陆游"忧国忧民""爱国重农"的思想根植于儒家

---

① 钱仲联:《剑南诗稿校注》,上海古籍出版社 2005 年版。该段四首诗分别见于第七卷第 3866 页、第五卷第 2696 页、第七卷第 3770 页、第八卷第 4140 页。

② 严修:《陆游诗词导读》,中国国际出版社 2009 年版,53 页。

"人本"思想,但在封建社会,他的儒家理想缺乏财富与权利的支持。在两大重要谋生之途"商"与"官"之间,他无可选择地去商从官,意思是只能在专制王权中、在权利资源中稍分一杯羹;而这种受赏分权的来源完全依仗皇帝的性情癖好,可以说古代文人悲剧命运的源头恰在此。

正是因为封建制度的这种主观随意性较大,所以生活在宋代的陆游其理想的实现受到更多的限制;陆游对社会期望越大,受限越多,所受打击越大,便对自身的身体特征关注越多。又陆游受儒家思想影响,对国家和百姓有着高度的责任感,使他在时代的旋涡中难以自拔。

徐渭《天池杂稿》考略及诗文辑佚

余晓栋

摘　要：天津图书馆藏《天池杂稿》（不分卷）是目前仅见的徐渭存世晚年手稿本，既有其艺术价值，亦有其文献价值。《天池杂稿》收存于天津，当与徐渭挚友沈炼之子沈襄有关。沈襄与徐渭为知交好友，情如父子，晚年流寓天津，书稿系沈襄携往保存，时间约在徐渭去世前后。《天池杂稿》内容驳杂，收录其晚年诗四十五首（含抄录五首），文八篇，灯谜、杂记若干，《酒牌》一篇。其中《百千斋诗为某赋》《某御史巡滇，旧台长某偶持节以军与抚滇，徼御史还朝，抚者以诗二首饯，乃次答之代》《书梦》《送沈玉吾再北》等五首诗歌，及《答朱太卿》《寿周太母章氏序》《太倅疏稿序代》《答沈四书》等四篇文章，为中华书局 1983 年版《徐渭集》所不载，是为佚作。

关键词：徐渭；《天池杂稿》；手稿本；《徐渭集》；沈襄

徐渭书诗文画俱擅，为一代大师。其诗文颇为后人所重，曾数度刊刻，屡有增辑。在陶望龄所编《徐文长三集》二十九卷基础上，张岱增补《徐文长逸稿》二十四卷，徐沁编成《徐文长佚草》十卷，中华书局合编为《徐渭集》，再加补编，堪称全璧。然而随着徐渭各类文献的逐渐被发掘面世，其诗文著述仍有颇多遗珠之恨，不惟《徐文长佚草》中有五卷未曾编入，[①]天津图书馆藏《天池杂稿》亦有佚作无数，且该本为徐渭晚年手稿本，弥足珍贵。笔者有幸寓目并得副本，连日辑校钩沉，釐析文义，稽出佚作十余，兹就《天池杂稿》相关情况及其佚诗佚文略述于下，以飨同好。

---

① 宁波天一阁藏息耕堂抄本《徐文长佚草》与中华书局 1983 年版《徐渭集》所录之《徐文长佚草》（抱经堂刊本）内容出入较大，前五卷为抱刊本所不载，剔除与《徐渭集补编》重出部分，尚有佚诗一百七十九首，佚文五十三篇。笔者对此另有专文《息抄本〈徐文长佚草〉之辑佚与证伪》论述，此不赘述。

一、《天池杂稿》为徐渭晚年诗文手稿本

《天池杂稿》(不分卷),共两册,第一册为蓝格稿本,九行,行草,字数不等,四周双边,单黑鱼尾,所收以诗文著述为主;第二册为方格稿纸,收录《酒牌引》全文,前附有《狐裘》诗及《潘成天祭陈封君文》,纸张又不相同,系事后糊裱,故《天池杂稿》诗文主要集中在第一册中。书稿现藏于天津图书馆,扉页有天津图书馆藏印签,正文首页有"善本鉴定"及"直隶检本"[①]残印,《中国古籍善本书目》等著录[②]。从各方面判断,《天池杂稿》为徐渭晚年诗文手稿本,极具收藏和研究价值。

首先,从书稿字迹看,颇似徐渭手迹。书稿为小楷写就,很多诗篇笔法纵横,文字老辣,颇多佳构,极似其书法作品,特别是《此潘承天祭陈封君文》,字迹笔画带有徐渭书法风格,犹如其《花卉图卷题诗》,实为书法精品佳作。该文亦收入《徐文长逸稿》,但无"此"字,说明该文为徐渭抄录稿,故其字笔法流畅,苍劲有力。不唯此文,其他多数诗文篇章字迹均磊落可观。但也存在字体大小不一、笔法亦良莠不齐等问题,或与其精神状态、身体素质等因素有关,据其《与萧先生》曰:"但每于清晨精神生复之时,便执笔构赠别诗文,文成于心而书怯于手,中止十数,战兢便发。……渭素喜书小楷,颇学钟王,凡赠人必亲染墨,今试书奉别等五六字,便手战不能,骨瘠肮弱,又五内余热发为疮毒,指掌反强然也。因命人代书,其后草者则渭强笔,殊不似往日甚。"[③]徐渭因杀张氏入狱后,晚年贫病交加,身体、精神皆不如常,故其部分字迹笔法"殊不似往日甚"也极寻常;且个别诗篇亦不排除"命人代书"之可能,如《送沈玉吾再北》诗,从字迹笔法看,或非其亲笔。

其次,书稿为草稿本,多有涂改。如《太佥疏稿序代》《画鱼既作古诗矣,久之复得七律三首》等涂改较多,且是整块涂黑。《试录前序》文本完整,但未署标题。《狐裘》诗第一册中已见,并有诗题及诗序;第二册中又有该诗,但仅有诗句,无诗题诗序。大幅涂改、有文无题、前后重出,说明书稿非过录本。部分诗篇版首有"此首附抄别本""此首已抄别本"等字样,更是草稿本的又一力证。另外,书稿有

---

① 天津图书馆前身为清光绪三十四年(1908)创建的直隶图书馆,开馆初期累计藏书近 20 万卷(册),其中有直隶督署下发的图书 1 万余卷,为直隶检本之来源,故存世善本古籍较多。天津图书馆研究馆员刘尚恒《天津图书馆藏善本古籍叙录(七)》亦有介绍,见《图书馆工作与研究》,1996 年第 2 期。

② 《中国古籍善本书目》(集部),上海古籍出版社 1996 年版,第 734 页。

③ 《徐渭集》,中华书局 1983 年版,第 1129 页。

拼接裱糊痕迹,如《张子锡尝自题镜容,今死矣,次韵五首,应乃郎之索》诗三首,不仅失其标题和前两首,且有明显接痕,属事后糊裱,册二之《狐裘》诗、《潘承天祭陈封君文》亦属此类,这些或是收藏者所为。

第三,书稿为徐渭晚年作品。据徐朔方先生《徐渭年谱》考证,《天池杂稿》所录之第一首《自岔道走居庸》诗,系徐渭归自宣府途中所作,时在万历五年(1577)春,徐渭时年五十七岁。① 书稿收录的最后一篇文章为《代试录前序》,开篇即曰:"万历辛卯,天下复当大比。"该文系徐渭代浙江提学副使所作之公文,万历辛卯,为万历十九年(1591),徐渭时年七十一岁。据此,则《天池杂稿》所录之诗文当作于万历五年至万历十九年之间。此外,从诗文内容、字迹笔法等亦可判断稿本为徐渭晚年作品之依据。如从《马策之死失挽,一日自作小楷千余,腕几脱,遂感昔日之劳,挽之》诗题可知,徐渭作小楷千余即感乏力脱腕,说明已不胜笔事。因书稿系徐渭晚年手书,故其部分字迹略显乏力松散;再如,书中《陈玉屏以瓦窑头银鱼再饷,索赋长律》诗有"齿牙今稍落,骨鲠不相宜"之句,亦为其晚年状态之写照。

徐渭"晚岁诗文益奇,无刻本,集藏于家"②,袁宏道对此一直念念不忘,先后致书孙司礼、陶望龄,希望能刻板印行。其尺牍《孙司李》曰:"徐文长,今之李、杜也,其集多未入木,乞吾兄化彼中人士,为一板行。"③又《答陶石篑》:"《徐文长传》虽不甚核,然大足为文长吐气。往曾以老年著述托孙司李,久不得报,恨恨。兄幸令侍者录一纸送司李处,渠当留意矣。"④《天池杂稿》作为目前仅见的徐渭存世手稿本,既有其文献价值,亦有其艺术价值。仅就其文献价值而言,除了补辑佚诗佚文外,所录诗文庶可窥徐渭晚年心境与行迹之斑豹,亦可作徐渭诗文编年之参考。更可贵者,手稿本保存了作者创作之真实原貌,为探究徐渭诗文之真谛提供了最为真实和宝贵的依据。

二、《天池杂稿》收录之内容

《天池杂稿》内容驳杂,收有诗、文、杂记、谜语及《酒牌》全文。为真实反映稿本原貌,兹详述其内容如下。

---

① 徐朔方:《徐渭年谱》,《徐朔方集》第三卷,浙江古籍出版社 1993 年版,第 161 页。
② 钱伯诚笺校:《袁宏道集笺校》,上海古籍出版社 1981 年版,第 716 页。
③ 《袁宏道集笺校》,上海古籍出版社 1981 年版,第 746 页。
④ 同上,第 779 页。

　　书稿收录主要以诗歌为主，又以七律居多。所收诗歌计四十五首，与《徐渭集》重出者三十五首，依次为：《自岔道走居庸》（《徐渭集》第 255 页，下同）、《狐裘》（第 255 页）、《白牝蛟二首》（第 257 页）、《岩滩懊》（第 786 页）、《读文信公仙岩词集焚吊二首》（第 258 页）、《马策之死挽之》（第 786 页）、《夜坐有感转忆往事》（第 258 页）、《香烟七首》（第 259 页）、《王鹅亭雁图》（第 154 页）、《磁盂浸樱桃花，不五日落尽，吊之》（第 726 页）、《陈玉屏以瓦窑头银鱼再饷，索赋长律》（第 317 页）、《张子锡尝自题镜容，今死矣，次其韵五首，应乃郎之索》（无标题，据《徐渭集》所加，存三首，第 787—788 页）、《拟寿王生》（《徐渭集》为《寿王生》，第 161 页）、《巾侧玉蝉》（第 726 页）、《代寿黔公三首》（第 256 页）、《钮给事中花园藏陈山人所画水仙花五首，故我如数》（第 858—859 页）、《画鱼既做古诗矣，久之复得七律二首》（第 290 页）、《张海山已死，其子八官持向所寿父者二轴来索题，其一画枫树及月及白头公鸟，谜之曰风月白头；其一画古柏芙蓉莽其根，谜之曰百年荣寿。海山予通家交也，故不追贺其寿而援笔以吊》（标题与《徐渭集》略异，第 160 页）。另有《百千斋诗为某赋》《送沈玉吾再北》等佚诗五首，抄录他人诗作五首，内容详后。

　　《天池杂稿》收文主要为序跋与尺牍，共八篇，其中《试录前序》（《徐渭集》，第 936 页，下同）、《潘承天祭陈封君文》（第 1050 页）及《答张君》（第 1017 页）、《答兄子官人》（第 485 页）与《徐渭集》重出，然异文较多，如《试录前序》无标题，《答张君》标题有异，内容较《徐渭集》之《答张太史》多出四十九个字；另有《寿太母张氏序》《太俟疏稿序》《答朱太卿》《答沈四书》等四篇，皆不见载于《徐渭集》，是为佚文。

　　《徐渭集》按《徐文长三集》《徐文长逸稿》《徐文长佚草》依次合编，《徐文长三集》系陶望龄根据《文长集》《阙编》《樱桃馆集》编订，故有"三集"之称。其中《文长集》和《阙编》系徐渭生前刊印，《樱桃馆集》则为徐渭晚年诗文，无刻本。根据《徐渭集》中编排之特点及所录之诗文，可以推断《天池杂稿》的大部分内容均编入了《樱桃馆集》。陶望龄《与袁六休（袁宏道）》云："天池遗稿甚富。今正构写，已得四五，弟亦稍为校阅。诗存其九，文存其五，校毕当集为善板流行。"[1]《天池杂稿》之佚诗佚文正与其"诗存其九，文存其五"的选编标准相吻合，佚诗较少而佚文较多，但实际选入《徐文长三集》的比例却更低，或是徐渭晚年诗文手稿本校

---

　　① 陶望龄：《歇庵集》，《续修四库全书》（集部）第 1365 册，上海古籍出版社 2001 年版，第 407—408 页。

核不易,故多弃而不用。

杂记方面约二十条,虽条目不多,但涵盖经史及地理音韵等各个方面,属读书笔记,类于徐渭《路史》之篇章,然内容并不与《路史》重复。如《天池杂稿》首页即为杂记一则:

> 《余东冬录》(按,应为何孟春《余冬序录》)载,王伯固曰:"偶考圣像无髯,惟宗庙小影为真。"又引《孔丛子》云:"先君无须髯,而天下王侯不以此少其敬。"郎氏《七修类》云:"吾夫子七十二表形容尽矣,须多如此;而独不言者,得无疑乎? 或黄伯固之言有据也。"

此记载与明郎瑛《七修类稿》卷二十三"圣贤须目"条内容基本一致,仅表述略有不同,疑即抄录此书。又徐渭《路史》中亦多次出现《余冬序录》之内容,如"办舜葬事,详见《路史》及《余冬录》""海州之名,由来远矣,《余冬录》亦称海州海东县"[①],说明杂记内容部分来自时人笔记小说。另有《解经书》笔记一页,所记多为经籍之概念术语,如"五子之歌""王制五服"等。其《自为墓志铭》曰:"志迂阔,务博综,取经史诸家,虽琐至稗小,妄意穷极,每一思废寝食,览则图谱满席间。"[②]可见徐渭博览经史稗小,且有做笔记的习惯,此亦《路史》及《天池杂稿》中读书笔记之来源,而《解经语》则可为其"图谱满席间"之例证。

灯谜方面亦有数页之多,数量可观,然语多俚俗,如有一则曰:"红裙娘子哭新坟,人问坟中是甚人? 他的爹是我的女婿,我的爹是他的爹丈人。"谜底为"娘哭女"。另有一些谜语则仅见谜面未署谜底,且多带有越地方言色彩,如"小老人孙新妇""越戳越痒""大丈夫不可一日弗配刀"等。总体而言,价值不大,兹不赘引。

书末所收《酒牌》,多达十六页,且为蝇头小楷写就,内容与《徐文长逸稿》卷二十四所录《酒牌引》基本一致。酒牌,又称叶子,由释文和绘画两部分组成,起源于唐代之叶子戏,至明清而大盛,是古人饮酒佐酒助兴、活跃气氛之佳品。明中叶以来,文人参与酒牌制作已颇盛行,除徐渭外,存世的有与徐渭同时的汪道昆(1525—1593,字南暝)撰写的《数钱叶谱》,后由陈洪绶(1599—1652)绘画,黄自立刻板行世,称《博古页子》,也叫《博古牌》[③],内容与徐渭之《酒牌》颇为相似。

① 徐渭:《路史》,《四库全书存目丛书》子部第 104 册,齐鲁书社 1997 年版,第 232 页。
② 《徐渭集》,中华书局 1983 年版,第 639 页。
③ 陈洪绶等:《酒牌》,山东画报出版社 2005 年版,第 9—139 页。

徐渭晚年制作酒牌,有诗为证,其《王君送木犀(其五)》诗曰:"近日作酒牌,意与酒徒共。半欲遣愁襟,我自将我美。苦无知心人,只作酒牌哄。窃知作罪过,罪我嘲作讽。"①徐渭所制之酒牌名为《白描钱帖册子》,清代诗人王霖《弇山诗钞》卷十四有《题田水月山人钱帖册子》诗,其序云:"山人自叙云,钱之名号……博徒谱钱帖四十,某增十有八帖,与酒徒共之。其事则焦革、毕卓,其文则谑抹。子曰:其义则某糟粕之矣。"②该酒牌之内容即王霖所见之《白描钱帖册子》,又其诗自注云:"此册为青藤先生墨迹。其帖自半钱递至万万钱止,计帖五十有八,每帖用素纸,宽三寸许,长三之,杂引周秦以来史策,洎唐宋名人诗句涉钱文者。仿李龙眠白描,绘为故实,笔法苍秀,气韵生动,洵称秒品……今不满尺幅之中,复精妙若此,又一奇也。其空白处即书史策语及诗句,字杂真行,疏密欹整,不拘绳墨,虽非先生极意之笔,要不掩其本色。前有序例各一纸,纸雅青色,宽长如右方。讫不著姓氏,间用田水月小印而已。吾乡胡君大山宝而藏之,云其先世得自芜湖……见之不胜朵颐,遂题七言长句四韵,且跋而归之。乾隆四年六月中伏日庚子鱼鸠老人书于顺天大兴县廨寓。"③又平步青《霞外攟屑》卷四"徐天池白描钱帖册子"条曰:"据天池序及王注,似是马吊,今呼纸牌,盖戏具也。"④可见徐渭制作的《白描钱帖册子》至乾隆初年尚存世间,属以钱为主题的纸牌戏具,可赌娱两用,故有"窃知作罪过,罪我嘲作讽"之叹。

灯谜、酒牌等创作,从一个侧面反映了徐渭晚年的生活与兴趣,及其对市井文化与通俗文学之关注。

三、《天池杂稿》佚诗及诗序补录

《天池杂稿》所收诗文虽多见载于《徐文长三集》,但仍有若干佚诗佚文,又有多篇诗序为《徐渭集》所不载,皆可资补校增辑。佚诗方面,有《百千斋诗为某赋》《某御史巡滇,旧台长某偶持节以军与抚滇,徽御史还朝,抚者以诗二首饯,乃次答之代》《书梦》《送沈玉吾再北》等五首,兹录于下。

---

① 《徐文长佚草》,集部第 1355 册,上海古籍出版社 2002 年版,第 474 页。
② 王霖:《弇山诗钞》,《清代诗文集汇编》第 245 册,上海古籍出版社 2010 年版,第 200 页;内容与《天池杂稿》及张岱所录《徐文长逸稿》中《酒牌引》小引相同,见《徐渭集》第 1096 页。
③ 王霖:《弇山诗钞》,《清代诗文集汇编》第 245 册,上海古籍出版社 2010 年版,第 200—201 页。
④ 平步青:《霞外攟屑》,上海古籍出版社 1982 年版,第 231 页。

佚一　百千斋诗为某赋云取人一己百人十己千也

居士曾颜六一馆，后贤今扁千百斋。传心竟唯得以鲁，入道须愚别有柴。莫以乘云干歇脚，且须立雪湿拼鞋。几番彻骨寒须耐，春到梅花鸟亦嗜。

该诗息耕堂抄本《徐文长佚草》亦有辑录[①]，但题名为《百千斋诗》，且无"云取人一己百人十己千也"之诗序。《徐文长佚草》中另辑有《百千斋序》一篇，可知百千斋为上虞钟廷英（字天毓）之斋名，取"人一己百，人十己千"之意，寓人应如跛鳖加倍努力。[②]《天池杂稿》佚诗佚文中，仅该诗与徐沁《徐文长佚草》所录重出，且诗题略异又缺诗序，可推知《徐文长佚草》之编纂者徐沁辑录之渠道与《天池杂稿》无关，《百千斋诗》与《百千斋序》均是录自他处。这也可作为《天池杂稿》流落至天津，且并未在绍兴区域流传之佐证。

佚二、三　某御史巡滇，旧台长某偶持节以军与抚滇，徼御史还朝，抚者以诗二首饯，乃次答之代

其一

昨从台省随骢尾，今按南荒仰豸顽。已为成周生吕甫，何妨大楚有庄蹻。碧鸡怅望烟云外，赤鸟应逢殿陆间。已值圣明榆阃急，三韩一臂伏公援。

其二

从来五岳数嵩高，秀气千秋属本朝。已从名公并申甫，更谁多事觅萧曹。玉门来往仍青龚，铜柱岩峣入紫霄。见说祥鸟相待久，朝朝飞远柏松乔。

该诗题下本有五首诗，这两首为《徐渭集》所不载，后三首在《徐渭集》卷七中题为《代寿黔公》。据盛鸿郎《徐文长先生年谱》，《代寿黔公》三首系徐渭代张元忭贺赵锦寿诞所作[③]。赵锦（1516—1591），字元朴，余姚人，嘉靖二十三年进士。

---

①　《续修四库全书》集部第 1355 册，上海古籍出版社 2001 年版，第 484 页。

②　《徐渭集》，中华书局 1983 年版，第 1089 页。

③　盛鸿郎：《徐文长先生年谱》，《徐渭研究》，浙江人民出版社 2016 年版，第 92 页。

曾历大理寺卿、都御史、工部侍郎、南京刑部尚书等职,因劾严嵩杵张居正,两度遭黜,万历十一年(1583)起复为左都御史,万历十三年(1585)加兵部尚书,与张元忭为儿女亲家。徐渭与赵锦亦早已相识,其《送赵大理(先巡抚贵州,还擢大理)》《送赵大夫掌南台(旧尝为南台御史,论分宜,五六云)》《送御史大夫赵君节镇川贵》①等皆为写给赵锦之诗作,且《张太仆墓志铭》也系徐渭代赵锦所作②。徐渭晚年从张元忭幕,曾代拟不少诗文。这两首带有政治使命之诗作,于张元忭而言极为重要,加上徐渭本身也与赵锦熟识,故由徐渭代笔致意赵锦,也是顺理成章之事。

诗题中"某御史巡滇",当指赵锦以左都御史身份巡视云南,赵锦于"(万历)十一年召拜左都御史"③,则诗作应作于该年或稍后。"旧台长某偶持节以军与抚滇",系指张元忭父张天复任职云南按察司副使之事,据《明史》卷283《张元忭传》:"父天复,官云南副使,击武定贼凤继祖有功。已,贼还袭武定,官军败绩,巡抚吕光洵讨灭之。至隆庆初,议者追理前失亡状,逮天复赴云南对簿,元忭适下第还,万里护行,发尽白。已,复驰诣阙下白冤,当事怜之,天复得削籍归。"张元忭对父亲张天复任职云南副使受冤削籍归里之事一直耿耿于怀,最后郁郁而终:"(张元忭)服阕,起故官,进左谕德,直经筵。先是,元忭以帝登极恩,请复父官,诏许给冠带。至是复申前请,格不从。元忭泣曰:'吾无以下见父母矣。'遂悒悒得疾卒。"

这两首由徐渭代笔之诗作,颇有希望赵锦能帮助自己"复申前请",恢复张天复名位之意,尤其是第一首,应是按照张元忭之意事后修改。原诗初稿为:

> 昨从台省随骢尾,今按南荒仰豸顽。顽禽纵稍窥新略,迁踈复领旧朝班。
>
> 碧鸡西望魂俱越,绣袞东归辖定攀。百海三韩蜂大害,公义大手可辞援?

原诗在书稿中仍然清晰保存,只在诗后写上"拟改云:'已为成周生吕甫,何妨大楚有庄蹻。'庄蹻元是楚大盗,楚亦连滇。又改云:'碧鸡怅望烟云外,赤鸟应逢殿陆间。已值圣明榆阆急,三韩一臂伏公援。'"相对而言,原诗内容更为直白,

---

①　《徐渭集》,中华书局1983年版,第274、766、822页。

②　同上,第1032—1035页。

③　《明史》卷210《赵锦传》。

特别是最后"公义大手可辞援"一句,颇有必须援手帮忙之意。修改后的诗句则相对含蓄,诗中借用吕甫、庄蹻两个历史人物,吕甫是周穆王时期刑法的制订者,内容事迹见载于《尚书·吕刑》中,体现了敬德于刑、以刑德教之思想;庄蹻则本是楚国苗裔,受命攻打滇地,后因道路断绝,遂于当地建立滇国政权并对后世云南之发展产生了深远影响,"西南外徼,庄蹻首通"①。两个人物,一个体现正刑明德思想,一个表达权宜行事主旨,皆是有感而发,言在诗外,又符合赵锦之身份实际。另外,"碧鸡怅望烟云外""三韩一臂伏公援",以及第二首之"更谁多事觅萧曹"等诗句,隐喻之意在诗外,指向性也十分明确,赵锦作为当事人自是一看即明。

佚四　书梦

买绳穿管入科场,逐队呼奴万蚁忙。若个神仙相戏谑,醒来不见熟黄粱。

该诗题下注有日期为"二十年七月十八日",此当为作诗之时间。然结合前后诗文创作之年代推测,"二十"应是"十二"之笔误,因同页中有他写给张元忭的《答张君》尺牍,时间就在万历十二年(1584)冬。此年,徐渭困居绍兴,得张元忭举荐,谋职于知府萧良干(张元忭同榜进士)幕中。萧良干修三江闸,徐渭代作《拟闸记》,并代张元忭拟《闸记》②,然《拟闸记》与《闸记》均颇敷衍,《拟闸记》未见刊用,张元忭改定之《修闸记》对徐文改动较大③。此后不久,徐渭即与张元忭交恶,主要原因便是张氏要修改徐渭诗文而使他不能接受。直到万历十六年(1588),张元忭去世,徐渭白衣径入,"抚棺大恸,道唯公知我,不告姓名而去"④。因此,《书梦》的创作时间当在万历十二年(1584)七月十八日,徐渭时年六十四岁,梦入科场或是与受张元忭、萧良干等进士出身者之刺激和冷遇有关。从该诗内容推断,科考"八不售一"之阴影困扰徐渭一生,无法自拔,诗中又以黄粱美梦之典故叹息梦想之遥远与现实之窘困。

---

① 《史记》卷一一六《西南夷列传》;司马贞《索隐述赞》。

② 《徐渭集》,中华书局 1983 年版,第 600 页,第 599 页。

③ 《万历绍兴府志》卷十七刊载的萧良干《三江闸见行事宜》非徐渭作,张元忭的《修闸记》系在徐渭《闸记》基础上修改增删而成。修三江闸时间在《万历绍兴府志》中有明确记载:"万历十二年知府萧良干增石修之,改其近岸旁四洞为常平闸。"台北成文出版社 1983 年版,第 1319—1326 页。

④ 张汝霖:《刻徐文长佚书序》,《徐渭集》,中华书局 1983 年版,第 1348—1349 页。

佚五　送沈玉吾再北

李酋方授首，关白何已逃。朝廷更警戒，幕府急吴豪。

别袖啼机妇，诗囊挂宝刀。问谁云沈约，燕赵旧游遨。

　　结合徐渭其他诗作，从"吴豪""诗囊挂宝刀""燕赵"等内容推断，沈玉吾应是沈炼之幼子沈襃，字叔子，号继霞（与其兄沈襄之字、号皆呼应）。徐渭有《沈叔子解番刀为赠二首（继霞）》（其二）诗："君如佩此向上谷，而翁之死人共哭。"①明刊本《徐文长三集》题下原注："继霞，沈炼子，名襃。"徐渭《沈生行（继霞）》诗："沈生前年赠我五尺剑，挂在壁间盛尘埃。南倭不来北虏去，太平无用何曾开？今年归自蓟门道，健儿随身紫戗帽。监期已满别我行，南天不雪江梅早。"又其《赠保安稽侯考满序》云："保安，古涿鹿之地，若边患，初往往徙民入居庸，置戍守……沈生某者，为今光禄少卿讳炼者之从子也，少卿与予为故交，而沈生今在保安为州诸生。"②《沈叔子解番刀为赠二首》诗中之"上谷"、《沈生行》诗中之"蓟门"、《赠保安稽侯考满序》中之"保安"，以及本诗之"燕赵"，皆指今河北省张家口一带，明代为宣府镇，秦汉称上谷郡，系边垂重镇，也是沈炼流放之地。综合推断，沈玉吾为沈炼之子沈襃。徐渭与沈继霞的酬唱之作还有《送沈叔子南都迎母》《沈将军诗》③等，可见两人之关系亦非寻常。书稿扉页中之"沈二兄先生"或指沈襄、沈襃兄弟，但无确凿证据，不敢妄断。

　　此外，另有四首诗歌，虽非徐渭所作，但亦录于《天池杂稿》中，内容主题也颇为集中，略可窥徐渭晚年心境之一斑，故不厌其烦，整理于下。

石屋出山佛二首

头发蓬松下翠微，冻云残雪缀伽梨。不须更问山中事，观著容颜便得知。

肘破衣穿骨裹皮，下山回首步迟迟。父王休遣人来问，颜貌不如宫里时。

达　摩

一言不契渡江淮，熊耳峰前去活埋。无限家私狼藉尽，何争一只破皮鞋。

南泉放牧没东西，两岸春风绿草齐。总是国王家水土，不如随分纳些些。

①　《徐渭集》，中华书局1983年版，第149页。

②　同上，第146、560页。

③　同上，第199、161页。

康节先生诗

崔啄复四顾，燕寝有余清。量大福也大，机深祸亦深。

翠鸟因毛死，灵龟为壳亡。不如无用物，安稳过时光。

鹊噪未为喜，鸦鸣岂是凶。世间凶吉事，不在鸟声中。

耕牛无宿食，仓鼠有余粮。万事分已定，人生空自忙。

吴草庐先生诗

典却春衫办早厨，老妻何必更踌躇。瓶中有醋堪烧菜，囊里无钱莫买鱼。

不敢妄为些子事，只因曾读数行书。严霜烈日皆经过，次第春风到草庐。

以上四首诗，置于《天池杂稿》谜语、笔记之间，初读时便觉有异，细考实为辑录之诗。如前三首为元·释清珙诗作，《石屋禅师山居诗》卷六有载①；第四首为邵雍诗；第五首据陶宗仪《南村辍耕录》卷十二"文章政事"条载，为吕思诚所作："吕仲实先生思诚，……先生未显时，一日，晨炊不继，欲布袍贸米于人，室氏有吝色。因戏作一诗曰：'典却春衫办早厨，老妻何必更踌躇？瓶中有醋堪烧菜，囊里无钱莫买鱼。不敢妄为些子事，只因曾读数行书。严霜烈日皆经过，次第春风到草庐。'后果及第。"②此诗徐渭或即摘录于该书。若陶氏所记为实，则徐渭"吴草庐"当为"吕草庐"之误。抄录之诗歌，亦可作为徐渭晚年心境之写照，不能等闲视之。

诗序方面，也有较多出入，有些更为《徐渭集》所不载。出入方面，如《白牝蛟》第一首诗序较《徐渭集》中多"博物志：'龙嗜燕，人食燕者不可以度海'"等十二字，与诗中"顿顿涡涎垂燕子"相呼应。《狐裘》诗序《徐渭集》中相对简略："裘被赊，雪夜苦寒，取信国文公集读之，赋此。"《天池杂稿》本则云：

　　裘被赊，直不尽至，雪夜苦寒，取信国文公集读之，赋此。人云，赊者特上也，贵介着以猎，翻若熟裘，直八金。亦贵者赠我。

诗序中"信国文公"系指文天祥，《天池杂稿》中的《读文信公仙岩词集焚吊二首》亦当作于此时。从两首诗的字迹看，所书字体偏大，笔墨不均，颇与寻常行草

---

①　释清珙：《石屋禅师山居诗》，《续修四库全书》集部 1324 册，上海古籍出版社 2001 年版，第 406 页。

②　陶宗仪：《南村辍耕录》，中华书局 1959 年版，第 149 页。

不同,当是与其贫病交加、年老体衰、饥寒交迫有关。又诗中所咏狐裘当是张元忭所赠,其《答张太史》曰:"仆领赐至矣,晨雪,酒与裘,对症药也。"①前已述及,《天池杂稿》也收有该尺牍,题为《答张君》,且后文较《答张太史》多出四十九字,虽字迹潦草,但事迹了然:"后赘,壶间草字,产多像芜,品不足传。其归裘也然,必为陈三纫事,然必归。倘素娅,赤狐白不及,则田父不得逃函谷矣。又一笑。"

《天池杂稿》中另有《白牝蛟》其二,及《读文信公仙岩祠集焚吊二首》之诗序,为《徐渭集》所不载。

《白牝蛟其二》诗序

石夫人嫁张路斯,斯斯乃龙也,出颍上。各志及欧苏记又志称,刘洞微善画龙,一日有夫妇来谒云:"龙雌雄在尾,雄者尾粗,雌者尾细。"刘曰:"尔何自知之?"曰:"我二人龙也。"遂化龙飞去。海人云,龙久居醎淡之水,并苦风则缩形以逃于井洞间,蓁虬死,父之又苦淡风生,则又放形之海以醎杀淡。盖龙腥,易风也。神丛出《战国策》,盖草莽之神,地水滨多祠龙,独定海则不。掘龙骨者云:"初尚软,风而硬。"

《读文信公仙岩祠集焚吊二首》诗序

公从北使正至临海,一宿,张和孙家已奉义将赴公,而公被执矣。临海仙岩百花洞,公经之而投宿于张地也,今盛祠公于此。按公传,公生则某龙神庙不灵,死则复灵。公跳入江水,随公义旗所指涨而流。公败于梅岭,吞子二两不死,饥八日不死。

诗序是理解诗意之锁钥,特别是带有神话色彩的咏史诗。本诗序就是对徐渭《白牝蛟》诗"侬应坐视槁三农,不尔祠何各一丛?早使嫁夫封石氏,肯教将尾示刘翁。寸鳞缩虬腥逃井,蜕骨专车雪硬风,莫倚蓁龙终蓁尔,史臣亲记醎雌龙"②最好的注解。《读文信公仙岩祠集焚吊二首》诗序也是一样,均是对诗歌的补充和解释,若无诗序作引,又对诗中典故不甚了然,则读者对诗意的正确把握和理解是非常困难的。

以上为徐渭佚诗及诗序,颇可补其万一,略窥斑豹。

---

① 《徐渭集》,中华书局 1983 年版,第 1017 页。
② 同上,第 258 页。

四、《天池杂稿》佚文稽考

佚文方面，相对于诗歌比例更高，仅八篇就有四篇为《徐渭集》所失收，正应了陶望龄"诗存其九，文存其五"之选编标准，然收入《徐文长三集》中的仅有一篇，其他三篇为张岱补辑，编在《徐文长逸稿》中。以此观之，虽有张岱、徐沁之辑补，徐渭晚年未曾刊刻的《樱桃馆集》中所散佚之文章当不在少数。四篇佚文辑录于下，并作简要说明。

其一 答朱太卿

尊公老先生是一古人，习问久矣，独不知其诗亦古人诗也。昨以襄江持过，偶读之，亦譬如今人读古人诗，不免美叹耳。何遂问于古人之大家君公耶！赐三本，敬领谢！

本篇为徐渭答谢朱太卿以其父诗文集相赠所作之尺牍。从书信内容看，徐渭与朱太卿及其父并不熟悉，往来亦不多，然仍以出版之书籍三本相赠，说明当时徐渭在文坛之影响甚大，亦可窥当时赠书之风尚。

其二 寿周太母章氏序

山阴后马之周，若会稽章（道墟之章），并越之显族也。而居不在城市，是以其家往往多朴厚长者，两闾阎不时以德称父兄矣，则子弟鲜不肖。女教笃则姬媛多幽閟，姬媛幽閟以教其女，其职也。虽于其子之职多属父师伯仲间，而男子多外事父师伯仲。偶妨以外事，则母与妻不嫌于兼奉以揽，以辅其夫与子。后马周先生之应者，道墟章太君其母也。之应之子某者，章太君其祖母也。之应以明经科荐于岁，宰通城，为良吏。之应之子某以明经科荐于乡，守春闱，称隽异才。而周固大家，其父师伯仲或妨于外事，束必旦，旦而课之夕，夕而量之而子为良吏，孙为隽异才，人皆曰母预有勤焉。夫宫调而商不应，乐能龠如乎？雄唱而雌不随嘤，嘤者有缺响矣。二姓皆世野处，风气之醇厚，钟于性情者深矣。而内外不失其养，无寒燠之间，有夙夜之勤，辟之瑾瑜璞美矣。而稻楠材良矣，而郅者工倕，欲不为良吏不登隽科，不可得也。太母今九十，某月某日其生辰也，挨孙某等乞某文以祝。夫良吏宰通城，百里之民受其福,隽才守春甲者,他日拜馆阁。则凝望其福之及天下不可穷,然皆成于太母。太母之福施于世,若彼蒙福于太母者,宁不以无穷之爱答祝于太母乎?此报施之常也。语曰"人有善念,天必从之",其斯之谓与!

从《徐渭集》观之,徐渭所作寿序颇多,然《徐文长三集》中所录却又极少。类似篇章仅于卷十九末录《寿史母序》《张母八十序》《赠沈母序》三篇。而张岱辑录之《徐文长逸稿》,寿序尤多,故作为一种文体类型专门编录于卷十五中,达三十七篇。《徐文长佚草》亦辑录《寿王翁六十序》《寿叶太封人六十序代》等数篇。寿序为叙议结合之文体,多为应酬之作,本属应用文范畴。细观徐渭四十余篇寿序,在章法谋篇议论等各方面绝少雷同。可见其作寿序态度之认真,及对文字的负责,并非如当代对应用应酬之作往往千篇一律如出一辙。

其三 太佺疏稿序代

今给事中于南科,为山阴龙寰徐君,旧知丹徒。余叨恩赴命过丹徒,与语,日侧忘倦。古所云倾盖如故者非耶!无何,君从丹徒给事于南,而予亦迁于南部,长历刑与吏,复与君朝夕论时事。君出疏以示,则胆益张,气益劲,非复曩昔刍物元元。知丹徒,远其父母矣,君真通才,美哉!而近疏南北之警者尤切。且悉世宗朝当东夷北虏时,武进唐都御讳顺之者,始从家以兵郎起职方郎,经纪南北。凡疏以简且朴,无一冗语,几汉之赵充国然。汉时疏体,无首之冒,若今时所幺朱语,若尾之结,云如蒙乞敕幺幺者。盖即唐汉三代时,君臣相告戒于一堂,事竟则语亦竟,故简可也,朴亦可也。后世百事冗繁,疏之首语,不得不提纲以备案,尾之语,不得不丁宁恳慭觊其必行。属书生辈为之,多祖其故,生时所守括帖,及缴结语,览之渐厌晕,下大臣拟可否上之,即多可,而下之者,亦善几矣。惟唐之陆贽之疏也,事少而文简,或事冗而文繁,人主未尝厌,而下诸海内,事所未尝不济,盖几于充国若顺之矣。君诗谏若干,疏表若干,往论及昔备幸边之札,近论南北戎夷,尔雅不出生格,而亦不尽废其格,通融今昔,以故圣明多可之,即下大臣拟,大臣亦未尝不可。其彬彬于汉之充国唐之赞大明之顺之欤。君门人王生私刻之,乞予序之。噫,其在他日《续皇明经济录》者采之欤。

本篇系徐渭为其侄徐桓疏稿所作的序言①。徐桓为徐渭叔父徐镒之孙,万历四年(1576)中举,八年(1580)进士,知丹徒六年,于万历十四年(1586)内召,任给事中(给谏大人),职类御史。《徐渭集》中有《答兄子官人》及《改草》两章,皆是就作序之事而书之尺牍,其中《答兄子官人》云:"父弟田水月拜覆兄子给谏大人,信来具见远念,并惠廿字("廿字"二字据《天池杂稿》本补,指银两),正逼岁除,真雪里炭也。疏稿虽未尽读,然譬之流水,才观丈澜,便知其源与委,不万里不止也。相委云云,恐刻者自擅此技,或嫌于倩人,又老朽向来只做倒包,观田水月三个字可知已。倘许倒包,幸另定一官人,或擅技者名氏,如此则不苦辞也。"②本文与《答兄子官人》参照阅读,颇能给人诸多启发。作为又一篇"倒包"之作,徐渭对此早已习以为常。当时名人作序,托伪成风,于此皆可管窥一二,且此风与时下并无二致。徐渭早年即关注奏疏写作,其《胡公文集序》曰:"往渭冠时,得见今右布政使胡公边事疏于季长沙公所,盖读之累日夜,即仰而叹曰,是古晁错、赵充国之流欤?"③本文作为一篇疏稿序文,提出了诸多理念及历朝范本,如奏疏需"以简且朴,无一冗语""尔雅不出生格,而亦不尽废格""通融今昔"等,历代范本名家则有汉之赵充国、唐之陆贽、明代则为唐顺之。这些理念和信息,对我们更好地理解疏体文和把握徐渭之应用时文不无裨益。

其四　答沈四书

曩承寄寿诗及《涨阻》,将凡比圣,某与四丈好似王方平与麻姑叙渊,云不见者已五百年矣。寿诗及《以雨涨阻访》诗,某次答书扇头,不知丈亦凄切,不书尾颂。《四声猿》惜《女状元》一出,夫昔欲改,今亦没气力也。《□醉歌》一曲,《借尾犯序》《赵娘与伯啃序》众曲云我和你无限别离情,歌罢作书幸答。谅知□,见访诗托一人奉寄,乃狡者也,竟不行。□□□□生虑兄名,亦每以□□超□铿,亦宫商外摆脱悠然,鼎镬宽万嘉,幸与同进也。

沈四应,指沈明臣(1518—1596),字嘉则,父文桢,鄞县(今浙江宁波)人。徐

①　据徐渭:《二兄配冯太儒人生日序》"丙子举于乡,庚辰举于会,第于甲",及《康熙会稽县志》卷二十《选举志》丙子科乡举有徐桓,故可确定徐渭侄子为徐桓。
②　《徐渭集》,中华书局1983年版,第485页。
③　同上,第518—519页。

渭有《答嘉则二首次韵（一七十见寿，一沮雨废访）》①，与尺牍中"曩承寄寿诗及《涨阻》"相暗合，则文中提到的"次答书扇头"之诗即为《答嘉则二首次韵》。从徐渭"七十见寿"推算，本文当作于万历十八年（1590），时沈明臣七十三岁。明臣"沈四"之称，或与其晚年易事词赋有关，据汪道昆《沈文桢传》载："明臣数奇，卒业博士，易事词赋。时诸沈毕事词赋显者四人，……而明臣老布衣，名籍籍出三人上。知明臣者皆谓文桢有子云。"②《沈文桢传》中未见其子息之记载，"知明臣者皆谓文桢有子云"则暗示文桢子息不旺，又徐渭早年与沈明臣诗文酬唱中未见有以"沈四"相称者，故沈明臣晚年"沈四"之称，当与"诸沈毕事词赋显者四人"有关，他应在四人中排行最小。沈明臣之经历与徐渭颇为相似，早年为诸生，累赴乡试不中，嘉靖间与徐渭同为浙江总督胡宗宪幕府记室，其事迹亦附列于《明史》卷288《徐渭传》中，故两人关系极为密切。沈明臣以诗才得宠于胡宗宪，"宠礼与渭埒"③。胡宗宪系死狱中，幕客星散，独明臣走哭墓下。徐渭《嘉则衷绯而西二绝（沈往吊少保公，故有后绝）》诗二首，即是沈明臣往吊胡宗宪时徐渭的送行之作。沈明臣有《徐记室新居记事》《从大司马胡公过睦州道中即事呈徐文长记室》《狱中访徐文长》④等诗，均是两人友情之见证。惜文中提到的寿诗及《以雨涨阻访诗》在沈明臣《丰对楼诗选》中均未见著录，颇有遗珠之恨。但徐渭之《答嘉则二首次韵》（其一）诗表达的情感与上引尺牍亦颇合符契，参照阅读，庶可补文末缺字之憾："十年才一问平安，只尺浑如对面看。旧日诗评虽有价，近来公论孰登坛。百年忽已崦嵫暮，一齿时崩首蓿盘。腊雪秋潮同马日，何人不道是金兰。"有着共同经历的两位同僚十年未见，抚今追昔，有"无限别离情"，生出几多感慨。而另一首诗中"桃花大水滨，茅屋老畸人"⑤，则更是徐渭一生之写照，其《畸谱》之称，当由此诗而来。尺牍中还提到了曾欲修改《四声猿》中《女状元》之事。据此推之，则徐渭之杂剧《女状元》当为其晚年作品。

（本文原载于《文献》2017年第4期）

---

① 《徐渭集》，中华书局1983年版，第292页。《徐文长逸稿》中辑录的《答沈嘉则次韵》与《答嘉则二首次韵（一七十见寿，一沮雨废访）》中第二首内容相同，为《徐渭集》重出诗，第724页。

② 《明文觽》，《四库禁毁书丛刊》集部第094册，北京出版社1997年版，第62页。

③ 《明史》卷二八八《徐渭传》。

④ 沈明臣：《丰对楼诗选》，《四库全书存目丛书》集部第144册，齐鲁书社1997年版，第186、517、492页。

⑤ 《答嘉则二首次韵》，《徐渭集》，中华书局1983年版，第292页。

刘宗周"慎独"与"诚意"之辨①

余　群

摘　要：对于刘宗周的学术宗旨，大致有三种观点，即刘汋的"诚意"说，黄宗羲的"慎独"说，还有今人东方朔等人的"诚意即慎独"说。三者各有所据，都有道理。但是，"慎独"与"诚意"毕竟不能完全等同。因此，为了避免概念混淆，有必要区分两者辩证统一关系。其实，从辩证方面来看，它们分别是性与心，本体与工夫的关系。从统一方面来看，从"慎独"转向"诚意"，是下手的工夫；从"诚意"升至"慎独"，则是"下学上达"的路径。刘宗周同提两个概念，原因有三：对往圣绝学折衷归一；纠正当时学术上的偏颇；理论创新。

关键词：刘宗周；"慎独"；"诚意"；辩证统一

　　刘宗周作为晚明儒学殿军，开创了蕺山学派，在学术上意义重大。然而，要理解他的哲学思想颇为不易，主要原因之一，就是其理论上"慎独"与"诚意"两大范畴，相互缠绕，颇难分辨。也正因为如此，对于刘宗周的学术主旨，学术界存在着不同的见解，大约有三种：一是刘汋认为，父亲刘宗周的学术宗旨为"诚意"。刘汋《年谱》曰："先君子学圣人之诚者也。始致力于主敬，中操功于慎独，而晚归本于诚意。"②二是黄宗羲认为是"慎独"。黄宗羲《子刘子行状》认为："先生宗旨为'慎独'。"③三是东方朔采用折衷的方法，把"诚意"与"慎独"相提并论。东方朔《刘宗周评传》主张"诚意即慎独"④的观点，即是此意。

　　总体来看，上述三家观点都有理有据、言之有物。因为，刘宗周并没有严格

---

　　①　本文系浙江省重点研究基地社科规划立项课题"刘宗周理学美学思想研究"（编号：16JDGH053），以及浙江越秀外国语学院 2016 年度校级重点课题"心学视域下的刘宗周文学理论探讨"（课题号：D2016003）的成果之一。

　　②　刘宗周著、刘光主编《刘宗周全集（第六册）》，浙江古籍出版社 2007 年版，第 173 页。

　　③　同上，第 39 页。

　　④　东方朔：《刘宗周评传》，南京大学出版社 1998 年版，第 202 页。

区分"慎独"与"诚意"的含义,反而经常相提并论。刘宗周《读大学》说:"《大学》之道,诚意而已矣。诚意之功,慎独而已矣。意也者,至善归宿之地,其为物不二,故曰独。"①在此,刘宗周把"意"与"独"等同视之,而且也把"诚意"与"慎独"视为一体。可见,这两者确实关系密切,互为表里。尽管如此,"慎独"与"诚意"还是存在着不同的内涵。而且,视角的不同容易造成概念上的混淆,这就给后人的阐释造成了一定的麻烦。因此,有必要对此做一些细致的区分,以期在运用这一对概念时更加具体明确、恰如其分。下面分别论述之。

一、"慎独"与"诚意"的辩证关系

"慎独"与"诚意"的辩证关系,是指两者之间存在着性与心、本体与工夫的对立关系。

(一)"慎独"与"诚意"是性与心之关系

对于"慎独"与"诚意",刘宗周经常是等量齐观,让人难以捉摸;但仔细分析,还是能够厘清头绪的。"慎独"是针对"性"而言,而"诚意"是针对"心"而言。作为"心性"之学的核心范畴,"性"出自《中庸》,而"心"出自《大学》。对此,以下的引文可以说明。

《中庸》曰:"天命之谓性,率性之谓道,修道之谓教。道也者,不可须臾离也,可离非道也。是故君子戒慎乎其所不睹,恐惧乎其所不闻。莫见乎隐,莫显乎微。故君子慎其独也。"②

《大学》曰:"大学之道,在明明德,在亲民,在止于至善。知止而后有定,定而后能静,静而后能安,安而后能虑,虑而后能得。物有本末,事有终始。知所先后,则近道矣。古之欲明明德于天下者,先治其国;欲治其国者,先齐其家;欲齐其家者,先修其身;欲修其身者,先正其心;欲正其心者,先诚其意;欲诚其意者,先致其知。致知在格物。"③

《中庸》认为,人性是天命赋予的,显微无间、不睹不闻,而君子们都应当率性修道,因此就必须要在容貌辞气之间谨凛"慎独"。可见,"慎独"是为了使人性归

---

① 刘宗周著、刘光主编:《刘宗周全集(第四册)》,浙江古籍出版社 2007 年版,第 417 页。

② 朱熹:《四书章句集注》,中华书局 1983 年版,第 17 页。

③ 同上,第 3 页。

于正道,使喜怒哀乐处于中正之位。《大学》则重在修齐治平理想之实现,而格物致知、正心诚意就成为实现这种理想的不二法门。所以说,《中庸》言"慎独",而《大学》言"诚意"。《中庸》言"性",而《大学》言"心"。这两部著作分别把言"性"与言"心"推向了极致。这正如刘宗周《学言上》所说:"《大学》言心到极至处,便是尽性之功,故其要归之慎独。《中庸》言性到极至处,只是尽心之功,故其要亦归之慎独。"①《大学》《中庸》是孔门圣学的嫡传,而"心"与"性"不可分离,所以,"慎独"与"诚意"乃是一而二、二而一的关系。

当然,《大学》《中庸》毕竟不能完全等同,而"心"与"性"也不是同一个概念。刘宗周认为,心既表示具体的肉体之心,也包括抽象的本体之心;而性则完全是抽象的,它是依附于心而存在的。刘宗周《原性》曰:"性者,心之性也。"②性是天生之理,是心的规范和准则,无处无之,浑然无迹,但又可以通过父子有亲、君臣有义、夫妇有别、兄弟有序、朋友有信等伦理纲常体现出来。人生于世上,便与这些伦理纲常不离干系,这就是天命之性,也就是人心之独体。这就是孔门相传心法。刘宗周《答沈石臣》:"性者心之理也,心以气言,而性其条理也。"③可见,"心"与"性"虽然相互包含,但也彼此独立,有着细微的差异。所以,与之对应的"诚意"与"慎独"也是如此。

(二)"慎独"与"诚意"是本体与工夫之关系

刘宗周非常重视本体与工夫之间的密切联系,从无断然分割之理。大致说来,"慎独"与"诚意"就是本体与工夫的关系。

刘宗周一直视"慎独"为一个本体的概念。他说:"无极而太极,独之体也。"④此"独"之体,统摄天、地、人三才而言,谓之极,分人极而言,则称之为"善"。立"独",就是立"善"、立本,"本立而道生"。刘宗周《证人要旨》曰:"自昔孔门相传心法,一则曰慎独,再则曰慎独。夫人心有独体焉,即天命之性。而率性之道所从出也。慎独而中和位育,天下之能事毕矣。"刘宗周认为,"独"之体是天命之性所在之处,就其时位而言,是有动静的;而就其性体而言,则无动亦无静,不与时位相变迁。所以,君子应当"慎独"。慎"独"则为率性之道,此时一念

---

① 刘宗周著、刘光主编:《刘宗周全集(第二册)》,浙江古籍出版社 2007 年版,第 389—390 页。
② 同上,第 280 页。
③ 刘宗周著、刘光主编:《刘宗周全集(第三册)》,浙江古籍出版社 2007 年版,第 363 页。
④ 刘宗周著、刘光主编:《刘宗周全集(第六册)》,浙江古籍出版社 2007 年版,第 395 页。

未起,无善无著,而也无不善可生。正是这种一善不立之中,已经具有浑然至善之"极",从而中和位育,万事必成。据此,他反复强调说,孔门相传心法就是"慎独"。刘宗周《中庸首章说》:"极天下之至妙者矣,而约其旨不过曰'慎独',独之外,别无本体;慎独之外,别无工夫,此所以为《中庸》之道也。"[1]可见,"慎独"是本体,是《中庸》之道。

当然,要证得"独"之本体,就必须落实在日常生活之中。换言之,既然有"本体",则必然要有"工夫"。刘宗周总是把本体与工夫合二为一,认为它们是同一问题的两个方面。刘宗周曰:"《大学》之教,只要人知本。天下国家之本在身,身之本在心,心之本在意。意者至善之所止也。而工夫则从格致始。……功夫结在主意中,方为真功夫。如离却意根一步,亦更无格致可言。故格致与诚意,二而一,一而二者也。"[2]《大学》之教的根本就是要立"心"之本体,致其知止之知,而格其物有本末之物。这个本,就是"意"根,也就是《中庸》之道"慎独"。因为,"离'独'一步,便是人伪"[3],不"慎独"也就无所谓"诚意"。而"独"则为太极,是虚位,落实到饮食起居、视听言动之处,那就是意根。因为,按《大学》所说,工夫从"格致"开始,而"格致"即为"诚意"。所以,立"心"之本乃在于一个"意"字。而立"心"之本体与"诚意"之工夫,就是王阳明《传习录上》中所说的"知行合一"[4]。也就是说,"慎独"与"诚意"作为本体与工夫之关系不能有任何支离,而只能互为表里、水乳交融。

二、"慎独"与"诚意"的统一关系

"慎独"与"诚意"虽然有着对立的关系,但两者又相互依存、相互转化,构成了统一的关系。

(一)从"慎独"转向"诚意"是学问下手的工夫

刘宗周的学问,早年喜欢谈论"慎独",而晚年却常常探讨"诚意"之说。他之所以如此,是因为他想构建一个自足而圆融的哲学体系。当他把"慎独"视为一

---

① 刘宗周著、刘光主编:《刘宗周全集(第二册)》,浙江古籍出版社 2007 年版,第 300 页。
② 刘宗周著、刘光主编:《刘宗周全集(第六册)》,浙江古籍出版社 2007 年版,第 394 页。
③ 刘宗周著、刘光主编:《刘宗周全集(第二册)》,浙江古籍出版社 2007 年版,第 398 页。
④ 王阳明:《王阳明全集》,上海古籍出版社 1992 年版,第 3 页。

种本体后,就必然要寻找一个与之匹配的工夫,而这就是他晚年经常提到的"诚意""诚意工夫"。为此,他对传统的"诚意"概念进行了解读,并赋予了许多创新的内涵,使之成为一个具体而实在的践履。刘宗周《证学杂解》:"古人慎独之学,固向意根上讨分晓,然其工夫必用到切实处,见之躬行。"①"慎独"之学,要向"意"根上讨分晓,也就是要求有"诚意"的行为。所以,"诚意"作为一个入门下手的工夫,自然是本体之后付诸躬行的一个必然选择。

对此,刘宗周也身体力行,这不仅表现在撰写大量的著作传承道统,以求挽救君心、臣心,以致世道人心,而且还表现在他为人处世诸多方面。作为朝廷命官,刘宗周操守清介、光风霁月。为官一任,造福一方。1630年,刘宗周守京兆,洁己率物,振风饬纪,士民呼为"刘顺天"②。同年九月二十八日甲辰,刘宗周辞阙出都门,都人罢市而哭。阍人守门者见行李萧然,相顾叹曰:"真清官也,吾辈死且服矣。"③士民拦道相送者多达一千多人,到十多里仍不肯回去。刘宗周下车安慰他们,众人都泪流满面。相送者之中,有的送到了潞河,等刘宗周船行了才恋恋不舍地返回。刘宗周在南京任职之际,生活清贫,出门不是高头大马,不是八抬大桥,而是徒步而行,行李则用一根扁担肩挑,所以人称"刘一担"④;平日伙食总是蔬菜豆腐,所以人称"刘豆腐"⑤。如此品德,总让人肃然起敬。其子刘汋这样评价父亲:"先君子学圣人之诚者也。……其修于身也,目不视邪色,耳不听淫声,口不出戏言,四体不设怠惰之仪,威仪容止一范于礼,非其仪一介不取,非其道一人不苟同也。其刑于家也,事亲极其孝,抚下极其庄,闺门之内肃若朝庙,妻孥之对有同大宾。以至接朋友,虚而能受;驭臧获,严而有恩。入其门,翼翼如登其堂,雍雍如也。"⑥

刘宗周力行"诚意",不仅表现在情操节守方面,还表现在大义凛然、临危不惧等气节之中。例如,刘宗周寓居潞河时,传警已经逼境,而他却丝毫不为所动,曰:"也少不得有个结局。"而当时,同来的学者听闻警报,竟然整夜无法入眠。刘宗周对此评论曰:"古人说安土敦仁,吾辈平日学力在何处?"⑦这就是刘宗周平日学力所在,这种学力还体现在他念念不忘报效君父的决心和信念。刘宗周《与

---

① 刘宗周著、刘光主编:《刘宗周全集(第二册)》,浙江古籍出版社2007年版,第264页。
② 刘宗周著、刘光主编:《刘宗周全集(第六册)》,浙江古籍出版社2007年版,第347页。
③ 同上。
④ 同上,第495页。
⑤ 同上,第495页。
⑥ 同上,第173页。
⑦ 刘宗周著、刘光主编:《刘宗周全集(第二册)》,浙江古籍出版社2007年版,第526页。

周生》："仆少而读书,即耻为凡夫。既通籍,每抱耿耿,思一报君父,毕致身之义。"①如此气节,严严泰山。后人评其为"在有明末叶,可称皎皎完人"②。

可见,从"慎独"思想开始,再转向"诚意"理论,刘宗周是希望学者在认识本体之际同时有一个切实可行的下手工夫,并使之"见之躬行"。他常常强调"即本体即工夫的理念",如说"独即意也"③就是此意。但为了扭转学问空疏的弊病,有时甚至提出工夫比本体更为重要的观点。刘宗周《会录》:"后儒议论尽明备,往往发前人所未发,至践履远不如前辈。可见学问吃紧全不在议论好看。"④仅有议论好看是不够的,学问的关键在于践而履之。

(二)从"诚意"升至"慎独"是"下学上达"的路径

刘宗周以传承孔门圣学为自己的治学目的,并多次把自己视为儒学发展中承上启下的人物,曾曰:"吾舍仲尼奚适乎?"⑤因此,他必然要采取孔子"下学而上达"的路径。其中,下学是人道,而上达则是天道。人道与天道不分,人道最终上升至天道,这是君子修齐治平的本分。刘宗周曾撰书斋联以明志:"每于独觉还真觉,敢谓凡心即圣心。"又曰:"道证形而下,心求良以前。"⑥可见,求圣心、求良以前之直觉,是他一贯的追求。当然,求直觉要从人道开始,人道重在"诚意",而天道重在"慎独"。所以,孔子"下学而上达"的路径就是从"诚意"走向"慎独"。

之所以说人道重在"诚意",因为"诚者,天之道也;诚之者,人之道也"(《孟子·离娄上》)。"诚"是天地之大道,而思"诚"者则是人之道,这就要求人道体现出"诚意"。

天道重在"慎独"。刘宗周曰:"无极而太极,独之体也。"⑦又说:"独体即天体。"⑧可见,"独"是太极,即天道。因此,要推行天道,就必须要"慎独"。刘宗周《〈宋儒五子合编〉序》曰:"夫天即吾心,而天之托命即吾心之独体也。率此之谓率性,修此之谓修道。故君子慎独而曰戒慎乎其所不闻,所以事天也。此圣学之

---

① 刘宗周著、刘光主编:《刘宗周全集(第三册)》,浙江古籍出版社 2007 年版,第 394 页。
② 刘宗周著、刘光主编:《刘宗周全集(第六册)》,浙江古籍出版社 2007 年版,第 711 页。
③ 刘宗周著、刘光主编:《刘宗周全集(第三册)》,浙江古籍出版社 2007 年版,第 380 页。
④ 刘宗周著、刘光主编:《刘宗周全集(第二册)》,浙江古籍出版社 2007 年版,第 527 页。
⑤ 刘宗周著、刘光主编:《刘宗周全集(第六册)》,浙江古籍出版社 2007 年版,第 465 页。
⑥ 同上,第 496 页。
⑦ 同上,第 395 页。
⑧ 同上,第 408 页。

宗也。"①天道把天命托付于人心之独体,顺着"独"体行事就叫"率性",按着"独"体修养则称为"修道"。道心惟微,它无声无臭、不睹不闻,一切都体现在显微之处。"独体只是个微字,慎独之功,亦只在于微处下一著字。故曰道心惟微。"②所以,"慎独"就在于这个"慎",以谨凛的工夫来参证天道。

从人道上升到天道,这就是"下学而上达"的要求。如上所述,"诚意"与"慎独"是分别对应"心"与"性"的范畴。在刘宗周看来,"心"为形而下者,而"性"则为形而上者。刘宗周《学言上》曰:"形而上者谓之性,形而下者谓之心。"③可见,刘宗周的学问是要从形而下者之"心",提升到形而上者之"性"。因为,"心"如果不受"性"的统辖,则没有主使,往往为物所化。刘宗周曰:"学不本之慎独,则心无所主,滋为物化。"④可见,"慎独"是学问的最终归宿,而心则以此为主,否则就失去了定盘针。事实上,这也是当时社会上普遍存在的弊端。刘宗周《与以建》曰:"道,形而上者。虽上而不离乎形,形下即形上也。故曰'下学而上达'。……是故君子即形色以求天性,而致吾戒惧之功焉。……今世俗之弊,正在言复而不言克,言藏密而不言洗心,言中和而不言慎独,……何怪异学之纷纷也!"⑤世俗往往言致知而不言格物,言中和而不言慎独,离相求心,指空为道,异端邪说纷纷而起。因此,刘宗周想以"慎独"之学挽救时弊,使之归于正道。

总之,圣人千言万语,说本体、说工夫,总归就是"慎独"两个字。刘宗周《阳明王子》:"孔门之学,其精者见于《中庸》一书,而'慎独'二字最为居要。"⑥

三、"慎独"与"诚意"相提并论的原因

明白了刘宗周"慎独"与"诚意"的区别之后,还有必要探讨其不得不同提这两个概念的原因。这主要是因为他有崇高的学术理想,远大的学术追求,具体包括三个方面:

---

① 刘宗周著、刘光主编:《刘宗周全集(第六册)》,浙江古籍出版社 2007 年版,第 391 页。
② 同上,第 393 页。
③ 刘宗周著、刘光主编:《刘宗周全集(第二册)》,浙江古籍出版社 2007 年版,第 390 页。
④ 同上,第 6 页。
⑤ 刘宗周著、刘光主编:《刘宗周全集(第三册)》,浙江古籍出版社 2007 年版,第 299 页。
⑥ 刘宗周著、刘光主编:《刘宗周全集(第二册)》,浙江古籍出版社 2007 年版,第 258 页。

（一）对往圣绝学折衷归一

刘宗周把从《周易》、孔子、曾子、子思、孟子、宋代诸儒、王阳明等历代儒学思想进行全面总结，并折衷归一。刘宗周曰："夫道，一而已矣。"①道，一而已矣，不容支离。刘汋曰："先儒言道分析者，至先生悉统而一之。"②

刘宗周对往圣的总结分为两个方面，既有形而上的思路，也有形而下的路径。

从形而上学来看，刘宗周把以往儒家涉及心、性之学的核心思想进行串联，并梳理出一以贯之的内涵，这就是《中庸》开篇所言的"天命之谓性"。心与性是相通的，刘宗周《原性》曰："性者，心之性也。"③所以"天命之谓性"，即"天命之谓心"。心之性具有同然之理，盈天地之间只此一心耳。因此，心外求理便是歧路。换言之，天命之性就是要在人心上求一个"理"。孔门圣学一直沿着这根主线，不断延伸和拓展。刘宗周《阳明王子》："夫诸儒说极，说仁，说静，说敬，本是一条血脉。"④从《中庸》之说性，周敦颐之说极、说静，程颢、程颐之说敬，张载之说仁，朱熹之说理，再到王阳明之说良知，都是一以贯之、一脉相承的。例如，王阳明良知之说，就是即心即理之说，也就是《中庸》"天命之谓性"之说的合理延伸。王阳明《答顾东桥》曰："心虽主乎一身，而实管乎天下之理；理虽散在万事，而实不外乎一人之心。"⑤王阳明以心统天下之理。刘宗周对此评论曰："良知之说，只说得个即心即理、即知即行，更无别法。"⑥

从形而下学来看，刘宗周又把圣学心传归宗于"仁"学。孔子的学术宗旨是"仁"学，这是下学而上达的功夫，而孟子又指明仁学的具体路径是"求放心"，即寻回失去的善心。刘宗周《孔孟合璧》曰："孔子之道大矣，然其要旨不外乎求仁。求仁之功，只是下学而上达，其所以告门弟子都是此理。至孟子又推明下学之所自始，要在识其端而推广之，故谆谆道性善，言必称尧、舜，可谓善发圣人之蕴。"⑦孔、孟之后，周敦颐、程颢、程颐、张载、朱熹等五子之思想宗旨也仍然是求仁而已。刘宗周《五子连珠》曰："然以学乎求仁，则五子如一辙。"（第二册，190）

① 刘宗周著、刘光主编：《刘宗周全集（第六册）》，浙江古籍出版社 2007 年版，第 464 页。
② 同上，第 148 页。
③ 刘宗周著、刘光主编：《刘宗周全集（第二册）》，浙江古籍出版社 2007 年版，第 280 页。
④ 同上，第 253 页。
⑤ 刘宗周著、刘光主编：《刘宗周全集（第五册）》，浙江古籍出版社 2007 年版，第 14 页。
⑥ 同上，第 16 页。
⑦ 刘宗周著、刘光主编：《刘宗周全集（第二册）》，浙江古籍出版社 2007 年版，第 173 页。

至明代,王阳明之学,其核心思想是"致良知",也仍然是求"仁"的工夫。刘宗周《阳明王子》:"'致良知'三字,直将上下千古一齐穿贯,言本体,……只此是仁,仁不驰于博爱。"①

在总结历代儒学心性之学与仁学之后,刘宗周又统而一之,即归之于"诚意"与"慎独"之说。而诚意即慎独。刘宗周《答史子复书》:"'独'即'意'也。"(第六册,462)"诚意"与"慎独"是二而一、一而二的关系。"诚意"是心中本体工夫合并之处,此处著不得丝毫人力,而只有谨凛戒惧,即不睹不闻之慎独一法。刘宗周《学言中》:"'诚者,天之道也',独之体也。'诚之者,人之道也',慎独之功也。"②可见,"诚意"就是"慎独"之功。

(二)纠正当时学术上的偏颇

刘宗周身处明代末季,社会各种矛盾异常尖锐,整个国家内忧外患、危机四伏。因此,盛行于明代中期的王学在当时日渐显示出其空疏的弊端。面对这种社会现状,刘宗周忧心忡忡,他怀着力挽狂澜之勇气,直颜抗疏,坚信救国先要挽救人心。刘宗周《学言上》:"格君心,定国是。"③而人心并不仅仅是知止而已,还要有切实的行动。只有真正做到知行合一,才是救国图存的根本路径。王学后学陶奭龄主张,识得本心便是工夫。而刘宗周认为,认定本体用功夫,工夫之处便是本体。陶奭龄曰:"学者须识认本体,识得本体,则工夫在其中。若不识本体,说甚工夫?"刘宗周曰:"不识本体,果如何下功夫?但既识本体,即须认定本体用功夫。工夫愈精密,则本体愈昭荧。今谓既识后遂一无事事,可以纵横自如,六通无碍,势必至猖狂纵恣,流为无忌惮之归而后已。"④正因为刘宗周反对王学末流只重本体,忽视工夫的做法,所以非常注重工夫的意义。刘宗周对弟子反复叮咛"坐下"云云,又主张"知之至,才能行之至;行之至,方是知之至",便是此意。《四库提要》曰:"讲学之风,至明季而极盛,亦至明季而极弊。姚江一派,自王畿传周汝登,汝登传陶望龄、陶奭龄,无不提唱禅机,恣为高论。奭龄至以因果立说,全失儒家之本旨。宗周虽源出良知,而能以慎独为宗,以敦行为本,临没犹以诚敬诲弟子,其学问特为笃实。"有明学术,既是极盛之际,也是极衰之时。

---

① 刘宗周著、刘光主编:《刘宗周全集(第二册)》,浙江古籍出版社 2007 年版,第 253 页。
② 同上,第 420 页。
③ 同上,第 379 页。
④ 同上,第 507 页。

王阳明之学,传之明末,流为禅机、高论,而不笃实,所以刘宗周既提"慎独"之知,又倡"诚意"之行。

刘宗周之所以在"慎独"理论提出之后要加上一个"诚意"理论,这与"慎独"理论过于笼统有关,也与其所受教育的经历有关。事实上,"慎独"确实存在着过于抽象、难以操作的问题。因为,"独"是什么、如何施行,对于一般学者而言,颇难捉摸与落实。再者,刘宗周早年受许孚远的教诲,从"敬"入门,这与"诚意"之论颇为关切。而且"诚意"渊源有自,来自《大学》,且与"敬"同义。因此,特于本体"慎独"之外,再拈出一个"诚意"之工夫。这样,《大学》之"诚意"与《中庸》之"慎独"彼此勾连、首尾相应。所谓"即工夫即本体,即上即下,无之不一"(刘汋《蕺山刘子年谱》)。于此,即本体即工夫的理论圆融无间,自足圆满了。

正因为刘宗周的身体力行、极力倡导,有明学术,流弊救正殆尽,而且其学术加惠于浙东。黄宗羲《移史馆论不宜立理学传书》曰:"有明学术,白沙开其端,至姚江而始大明。……逮及先师蕺山,学术流弊,救正殆尽。向无姚江,则学脉中绝;向无蕺山,则流弊充塞。凡海内之知学者,要皆东浙之所衣被也。"①

(三)理论创新的必然

刘宗周学术宗旨是"学穷本原,行追先哲"(第三册,308)。因此,创新是必然的。万历四十五年(1617),刘宗周在三十九之际,有感于宋代杨时《此日不再得示同学》,及明代陈白沙《和杨龟山此日不再得韵》之作,喟然太息者良久。因此,命门人歌杨时之诗,并属而和之,名曰《和杨龟山先生此日不再得吟者》,其序曰:"予岂其人乎?乃千秋旧案,拈起重新,龟山宁仅私一白沙哉?将有为者亦若是矣。"②之后,命门人歌之,并以杨时之诗收尾,油然而兴,洒然自得,流露出"复道"自认的自信和喜悦。诗中"道丧复千载,吾与点也狂"③,不正是这种情怀的写照吗?当然,传道岂易言哉?对此,刘宗周有关复杂的情感,既有同道的喜悦,如《寄怀姜养冲》中"天涯自昔存知己,吾道惟君渐羽逸"④,又有孤单的失意,如《山居即事》中"吾道只今输陋巷,息肩应指白云端"⑤。

---

① 黄宗羲:《黄宗羲全集(第十册)》,浙江古籍出版社1992年版,第213页。
② 刘宗周著、刘光主编:《刘宗周全集(第四册)》,浙江古籍出版社2007年版,第503页。
③ 同上,第504页。
④ 同上,第503页。
⑤ 同上,第501页。

传道,必然要有创新,才能更具生命力。刘宗周清醒地意识到这一点,因此多方面着力创新,这不仅表现在方法上,更表现在理论内涵上。在方法上,刘宗周归纳出历代圣贤之核心思想,梳理出一条清晰的发展线索,便于后人学习和理解,还对司马迁历史进行转型,使之转向为道德人格立传。在理论内涵上,主要是对"慎独"和"诚意"赋予了全新的内容,把"独"与"意"同时上升到一个本体的高度。

黄宗羲《刘子全书序》:"先师之学在'慎独'。从来以'慎独'为宗旨者多矣,或识认本体,而堕于恍惚;或依傍独知,而力于动念。唯先师体当喜怒哀乐一气之通,复不假品节限制,而中和之德,自然流行于日用动静之间。独体如是,犹天以一气进退平分四时,温凉寒燠不爽其则,一岁如此,万古如此。"①从来以"慎独"为宗旨的学者很多,但往往只把"慎独"视为本体,却忽视其工夫,从而堕于恍惚,如陶奭龄等人;也常常把"独"看得太浅,仅把它视为一种起心动念,如宋儒及王阳明等人。所以,刘宗周认为,"独"是本体,是无极而太极,是喜怒哀乐未发之"中"。值此之"中",喜怒哀乐之一气,具有中和之德,自然流行,无处无之,无时无之,一岁如此,万古如此。所以,"慎独"就是慎此之"独"。刘汋曰:"先儒以慎独为省察之功,先生以慎独为存养之功。"②可见,刘宗周不仅注意致知省察之功,更重视其存养敦笃之实。而存养之"独"既然显微无间、寂然无形。因此,"慎独"就不仅是一种本体的认识而已,还要落实到起居动静之间,这就必须要时时以"诚意"为工夫。

当然,"诚意"就是要在动念之际定贞邪,而不是待思虑已发之后,再想方设法来存善去恶。"意"不是心之所发,而是心之所存。刘宗周说:"意者心之所存,非所发也。朱子以所发训意,非是。"③朱熹视意为心之所发,刘宗周并不赞同。同样,王阳明视"意"为心之所发,所以求"良"于知,可谓叠床架屋,多此一举。其实,"意"为心之主、为知之主,具有喜怒哀乐未发之象,"诚意"即可,致知即可,何必于"意"与"知"之外,更求个"良"字,以至说个"致良知"? 刘宗周《良知说》:"只因阳明将意字认坏,故不得不进而求良于知。仍将知字认粗,又不得不退而求精于心,种种矛盾,固已不待龙溪驳正,而知其非《大学》之本旨矣。《大学》开口言明德,因明起照,良知自不待言。而又曰'良知即至善,即未发之中',亦既恍然有

① 刘宗周著、刘光主编:《刘宗周全集(第六册)》,浙江古籍出版社 2007 年版,第 652 页。
② 同上,第 82 页。
③ 同上,第 394 页。

见于知之消息,惜转多此良字耳。"①

其实,"意"如同"独"一样,具有本体的性质。刘宗周《学言下》曰:"心之主宰曰意,故意为心本,不是以意生心,故曰'本'。犹身里言心,心为身本也。邓定宇曰:'心是天,意是帝。'"②心为身之主,而意为心之主。心为天,则意为帝。原因在于,人心有孔,孔则中空,空则生灵,灵则有觉,觉而有主,此主就是"意"。刘宗周曰:"人心径寸耳,而空中四达,有太虚之象。虚故生灵,灵生觉。觉有主,是曰意。此天命之体,而性道教所从出也。"自注曰:"觉有主,是蒙创见。"③刘宗周对此虽然谦虚,但也流露出颇为自得的喜悦之情。

正因为意为心之主,所以,诚其意者,可以去除杂念、妄想、欲望。而去念、去妄、去欲,是成为圣人的法门。刘宗周《治念说》曰:"夫学所以治念也,与思以权,而不干之以浮气,则化念归思矣。化念归思,化念归虚,学之至也……此为善去恶之真法门也。"④圣人之所以成为圣人,就因为他们没有杂念,否则便堕入了虚妄之地。刘宗周《学言下》曰:"圣人无念,才有念,便是妄也。"⑤可见,圣人与凡夫也没有必然的界线,成圣也并不是遥不可及。只要去除杂念,不就是圣人吗?刘宗周耳提面命,只希望"满街都是圣人",他说:"须信我辈人人是个人,人便是圣人之人,圣人人人可做。"⑥

四、小　结

总而言之,"慎独"与"诚意"就像是太极之阴、阳两仪,又像孪生姐妹。这即是儒家发展的客观要求,也是刘宗周即本体即工夫以救学术支离之弊端的必然结果。"慎独"侧重于本体,而"诚意"侧重于工夫,但又彼此包容,"慎独"之中有"诚意","诚意"之中含"慎独"。在理论上,刘宗周对这两者的提法虽然有先后之分,但并无轻重之别。实际上,两者阴阳互化,构成你中有我、我中有你的关系。

（此文原载于《船山学刊》2016 年第 3 期）

---

① 刘宗周著、刘光主编:《刘宗周全集(第二册)》,浙江古籍出版社 2007 年版,第 318 页。
② 同上,第 447 页。
③ 刘宗周著、刘光主编:《刘宗周全集(第六册)》,浙江古籍出版社 2007 年版,第 410 页。
④ 刘宗周著、刘光主编:《刘宗周全集(第二册)》,浙江古籍出版社 2007 年版,第 317 页。
⑤ 同上,第 433 页。
⑥ 刘宗周著、刘光主编:《刘宗周全集(第六册)》,浙江古籍出版社 2007 年版,第 101 页。

刘宗周与王阳明"四句教"异同比较①

余 群

摘 要：刘宗周在王阳明"四句教"的基础上，提出了新的"四句教"。两者有明显的传承关系，异同点值得比较。就相同点而言，都建立在"性善论"基础上，都主张"知善知恶是良知"。就不同点而言，在本体论方面，王阳明主张"无善无恶"，而刘宗周主张"好善恶恶"。在工夫论方面，王阳明倡导"为善去恶"，而刘宗周倡导"迁善改过"。通过比较，可以得知：刘宗周把王阳明视"意"为"已发"，改为"未发"，从而确定了"意"的主宰性；刘宗周还把王阳明"知行合一"改为"即知即行"，使理论更圆融更完美。

关键词："四句教"；异同；性善；知行合一；即知即行

一、选题的缘起和意义

当前，对王阳明的研究毫无疑问已成为一门显学，有关的研究可谓层出不穷。但是，在王阳明研究如火如荼之际，学者们似乎缺少了对其他某些非常重要的相关理学家的关注。例如，王阳明之后的刘宗周，国内的研究明显欠缺。相比之下，台湾学者对于刘宗周的研究显得更加热情，涌现了牟宗三的《从陆象山到刘蕺山》《心体与性体》等代表著作。其实，王阳明、刘宗周有许多相通之处，值得我们深入研究。因此，加强他们的比较研究，就显然理所当然。这其中，对于他们两者"四句教"的异同比较颇有价值，这对了解他们的学说，以及两者之间的传承，都大有裨益。在进行本课题之前，我们不妨先来看看两位哲学家的生平、传承关系，以及这方面的研究，以便更好地进行本课题的分析论证。

---

① 本文系浙江省重点研究基地社科规划立项课题"刘宗周理学美学思想研究"（编号：16JDGH053），以及国家社会科学基金项目"王阳明心学美学思想研究"（课题号：19BZW032）成果之一。

(一)王阳明与刘宗周生平及传承关系

在明代,绍兴府有两位非常有名的哲学家,他们就是中期的王阳明和晚期的刘宗周。

王阳明(1472—1529),幼名云,后经道士点拨,家人遂改其名守仁。浙江绍兴府余姚县(今为宁波余姚)人,青年时随父迁居于绍兴,后在会稽山阳明洞结庐,自号阳明子,学者称之为阳明先生。他是明代最有影响的哲学家,也是明代"心学"的代表人物。

刘宗周(1578—1645),本名刘宪章,字宗周。后因考官误以字为名,遂改名为宗周。由于对父亲秦台公的无限思念,别号为念台。浙江绍兴府山阴县(今绍兴市)人,因迁居并讲学于山阴城北蕺山之麓,学者称之为蕺山先生。他是蕺山学派的开山鼻祖,成为晚明最后一位杰出的理学(心学)大师,可谓是明清之际承上启下式的核心人物。

显然,两者有许多关联,因为他们都是越中文化熏陶出来的杰出代表,而且两者时间相隔仅一百多年,其间的传承关系是显而易见的。彭启丰《刘蕺山先生文集又序》曰:"越中故讲学之林也。自阳明先生倡学龙山,一传为钱绪山、王龙溪,再传为陶石篑、石梁兄弟。石梁沿流扬波,讲学白马山,创为因果说,直趋禅寂。念台刘先生起而正之,社署'证人',游其门者如升阙里之堂,登龙门之坂也。先生之学,切磋于东林而别启津梁,瓣香在阳明而柱其流失。故阳明教人致良知,而先生教人证独体。"①王阳明的学说经过三传而至越中的陶望龄、陶奭龄两兄弟,他们的理论掺杂了许多禅学思想,主张单提直入,重本体、轻工夫。与此同时,刘宗周的理学却与之颇为不同。当然,作为越中名士,刘宗周不可避免要受到王阳明的影响。总的来说,刘宗周对阳明之学经历过三次转变。其子刘汋《蕺山刘子年谱》曰:"先生于阳明之学凡三变,始疑之,中信之,终而辨难不遗余力。始疑之,疑其近禅也。中信之,信其为圣学也。终而辨难不遗余力,谓其言良知,以《孟子》合《大学》,专在念起念灭用工夫,而于知止一关全未勘入,失之粗且浅也。"②可见,刘宗周在继承王阳明学说的同时,又对其进行了批评和创新,以扭转王学末流之弊。于是,成立证人书院,以"慎独"与"诚意"的态度,开辟即本体

---

① 刘宗周:《刘宗周全集(第二册)》,浙江古籍出版社 2007 年版,第 724—725 页。
② 刘宗周:《刘宗周全集(第六册)》,浙江古籍出版社 2007 年版,第 147 页。

即工夫的路径,形成了声势浩大的蕺山学派,开创了学术新天地。

(二)王阳明与刘宗周关系之研究简述

目前,学界对王阳明与刘宗周关系的研究,既取得了可喜的成绩,也存在着不足。就成绩而言,以下两个方面研究得比较深入:一是他们各自学术归属的问题;二是刘宗周对王阳明学术的传承问题。不足之处是,学者们对他们之间的比较分析往往有所忽视。

先看两人学术的归属。严格来讲,刘宗周与王阳明的学术并不是一个派系。黄宗羲《明儒学案》对于王门学派分得很细,但没有把刘宗周纳入其中,而是在最后部分另立蕺山学派,依此可见一斑。牟宗三先生《心体与性体》认为,宋明理学可以分为三系,即程颐、朱熹一系,陆九渊、王阳明一系,胡宏、刘宗周一系。[①] 刘宗周与王阳明并不在一个系。这正如姚名达《刘宗周年谱》所说:"刘宗周之学,推本于周敦颐及二程,而与朱、陆皆有龃龉。得源于王守仁,而为说又异。"[②]刘宗周既受益于程、朱,又受益于陆、王,但与他们又并不完全相同。

再看两人学术的传承。刘宗周学术以慎独为宗旨,可谓默契王阳明"良知"之血脉。黄宗羲《董吴仲墓志铭》曰:"余谓先师之'意',即阳明之'良知';先师之'诚意',即阳明之'致良知'。阳明不曰'良知是未发之中'乎?又何疑于先师之言意非已发乎?"[③]刘宗周与王阳明的理论范畴常常是若合符契。正因为如此,牟宗三先生虽然认为刘宗周与王阳明分别处于三系之一,但又认为他们可以归于一个大系。那就是,胡宏、刘宗周一系,上接周敦颐、张载、程颢,都是以"心"著"性"。因此,又"可与陆、王合而为一大系也"。[④]

可见,刘宗周与王阳明既有差异,也有许多相同之处。所以说,刘宗周属于王阳明的修正派。当然,修正王学,并不是要抛弃程朱理学。事实上,刘宗周尽量要弥合各派的差异,使之合而为一,复归孔孟之学。刘汋曰:"道统之传,自孔、孟以来,晦蚀者千五百年。有宋诸儒起而承之,濂溪、明道独契圣真,其言道也,合内外动静而一致之。至晦庵、象山而始分,阳明子言良知,谓即心即理,两收

---

① 牟宗三:《心体与性体》,联经出版社 2003 年版,第 52—53 页。
② 刘宗周:《刘宗周全集(第六册)》,浙江古籍出版社 2007 年版,第 212 页。
③ 黄宗羲:《黄宗羲全集(第十册)》,浙江古籍出版社 1985 年版,第 454 页。
④ 牟宗三:《从陆象山到刘蕺山》,联经出版社 2007 年版,第 371 页。

朱、陆,毕竟偏内而遗外,其分弥甚。至先君子复合。"①孔孟之学,赖周敦颐、程颢而复振,王阳明欲纠偏朱熹与陆九渊之弊,又矫枉过正,走向了偏内而遗外的路子,所以刘宗周要使之复合,做到两不偏废。李振纲说:"蕺山立教,既不似朱子心外言理,也不似阳明已心说理,而是时时将主体之心与客体超越之性双向展开,然后再打合为一,这样心之与性便成为一表里、一显微之有机整体。"②打合为一,就是"归而一之",使学术更圆融更完美。

以上是研究所取得的成绩,接下来说说研究的不足。那就是,王阳明与刘宗周单个的研究比较充分,但比较研究还很欠缺。因为,研究王阳明者一般不涉及刘宗周,而研究刘宗周者虽不可避免地要涉及王阳明,但主要是用王阳明的理论来解释刘宗周的思想。例如,东方朔《刘宗周评传》认为,刘宗周虽然在理论上崇信良知之教,但并不附和王阳明的教法。因此,在王阳明"良知即是独知时"的理论基础上,刘宗周"通过'独知'这一概念找到了阳明良知教和他自己的慎独说之间的结合点",从而提出了慎独之说。③ 又如,陈永革认为,刘宗周不同意王阳明"以意为心"的理论,而是把"意"视为"心"的主宰。所以说,"对于阳明'四句教',宗周认为其根本错误在于对'意'的理解上。"④陈永革在此虽然把王阳明与刘宗周的"四句教"相提并论,但其目的不是比较,而是为了分析刘宗周的理论。

总之,刘宗周与王阳明的比较研究还没有引起足够的重视,所以相关的研究相对较少。

(三)选题的意义和创新之处

时至今日,王阳明"四句教"与刘宗周"四句教"的比较研究还没有见之于著作或论文。造成这个的原因,主要是学界对刘宗周的关注不够,而对刘宗周"四句教"的关注者则更少。其实,两者的"四句教"同中有异、异中有同,都是各自学说的核心思想所在。我们通过比较研究,可以加深对他们哲学内涵的理解,而且也可以梳理前后的传承与发展关系。所以,本课题的研究是很有意义的。

为了凸现其意义,本文力求创新。这主要包括以下几点:一是运用两人哲学思想渊源,分别说明王阳明核心思想"无善无恶"与刘宗周核心思想"有善有恶"

---

① 刘宗周:《刘宗周全集(第六册)》,浙江古籍出版社 2007 年版,第 174 页。
② 李振纲:《证人之境——刘宗周哲学的宗旨》,人民出版社 2000 年版,第 32 页。
③ 东方朔:《刘宗周评传》,南京大学出版社 1998 年版,第 288 页。
④ 陈永革:《儒学名臣——刘宗周传》,浙江人民出版社 2005 年版,第 229 页。

的含义,以及其产生的原因。二是细致地分析了两人"四句教"的深刻内涵,以及前后之关联。三是不就事论事,而是拓展到两者哲学思想的其他方面。例如,王阳明的"知行合一",以及刘宗周的"迁善改过",都是如此。

按照上述思路,笔者不揣浅陋,想就此谈谈自己的浅见,以就教于大方之家。

二、刘宗周与王阳明"四句教"异同之比较

要进行比较研究,我们不妨先把他们各自的"四句教"抄录如下。

王阳明"四句教"曰:

"无善无恶是心之体,有善有恶是意之动,知善知恶是良知,为善去恶是格物。"①

刘宗周"四句教"曰:

"有善有恶者心之动,好善恶恶者意之静,知善知恶者是良知,有善有恶者是物则。"②

王阳明"四句教"的内涵大致是:心体(本体之心)无善无恶,但意念一产生,则善恶就随之而来。对于善恶,能够区分,就是"良知"。而良知还在于付诸行动,所以要为善去恶,这就是"格物"。概言之,人人都具有圣人的天性,只要能够在意念未萌之前加以提防,或已萌之后去欲除弊,复归本性,就能成为圣人。

刘宗周"四句教"的内涵大致是:心体好善恶恶,它处于未发之际,不是具体的好与恶,而是一种流行之机,即为"独"体与"意"根。但气质之心则有善有恶,这与事物有善有恶的本来面目是相应的。当然,人人都具有知善知恶之知,这就是良知。概言之,人人都具有圣人的天性,只要能够慎独、诚意,迁善改过,就能成为圣人。

显然,刘宗周是为了纠正王阳明学说中的矛盾而提出新的"四句教"的。刘宗周认为,既然王阳明把心体视为无善无恶,则知善知恶就无从谈起。而且,王

---

① 王阳明:《王阳明全集》,上海古籍出版社 1992 年版,第 1307 页。
② 刘宗周:《刘宗周全集(第六册)》,浙江古籍出版社 2007 年版,第 395 页。

阳明把"意"看得太浅,使心性缺少必要的主宰性。于是,刘宗周则把"意"上升为一种"独"体,它不是已发而是未发,它非动非静、即动即静,天然具有好善之性,而好善即是恶恶。所以,好善恶恶是意之静,静中见动。但个体之心是气质之心,它有善恶之分,容易受到外物的影响和干扰从而产生变化。

两相比较可知,王阳明更注重"良知",而刘宗周更看重"慎独",即"意之静"。王阳明的"良知"具有直觉的特性,属于道德之知;而刘宗周的"慎独"不仅具有直觉的特点,还具有理性的因素,它既是道德之知,也是闻见之知。

总之,两者异同点非常明显,现论述如下。

(一)相同点

1.性相近,习相远:性善论

无论是王阳明,还是刘宗周,都属于坚定的性善论者。性善论是儒家的重要思想,在历代都占据着思想的主流。孔子曰:"性相近也,习相远也。"(《论语·阳货》)人性天生就是善的,只是由于后天的习染,才使人性各不相同、差距变大。

《孟子·告子上》曰:"恻隐之心,人皆有之;羞恶之心,人皆有之;恭敬之心,人皆有之;是非之心,人皆有之。恻隐之心,仁也;羞恶之心,义也;恭敬之心,礼也;是非之心,智也。仁义礼智非由外铄我也,我固有之也。"仁义礼智都是天生的、本原的,不是由外因造成的。《中庸》曰:"天命之谓性,率性之谓道,修道之谓教。"性,是上天赋予的。换言之,性,本来就是善的。

对于前辈的性善理论,王阳明在继承的基础上,又有了更大的发扬。王阳明《传习录中》对性善理论做了进一步的解释:"孟子性善,是从本原上说。然性善之端须在气上始见得,若无气亦无可见矣。恻隐羞恶辞让是非即是气,程子谓'论性不论气不备,论气不论性不明',亦是为学者各认一边,只得如此说。若如得自性明白时,气即是性,性即是气,原无性气之可分也。"[①]王阳明认为,性是通过恻隐羞恶辞让是非之气表现出来的,这表明性善具有客观性。这种善性可以通过"知"来把握。王阳明《传习录中》曰:"性无不善,故知无不良。"[②]性是人人相同的,但难免受到外物的昏蔽。但"知"能够体良知之用,于昏蔽之中扫除人欲,露出本来之善性。而且,良知恰如稻田里的禾苗,具有生生不息之机。对此,

---

① 王阳明:《王阳明全集》,上海古籍出版社 1992 年版,第 61 页。
② 同上,第 62 页。

王阳明曾经对弟子进行了现场点拨。王阳明有一天到绍兴的禹穴游玩。路上，王阳明回头看着田间里的禾苗曰："能几何时，又如此长了。"此时，身旁的范兆期回答曰："此只是有根。学问能自植根，亦不患无长。"王阳明进一步申说道："人孰无根？良知即是天植灵根，自生生不息；但着了私累，把此根戕贼蔽塞，不得发生耳。"①所以，人人都要葆有这个善根，不让私累蔽塞了它。

王阳明之后，刘宗周又进一步发挥和拓展了"性善"理论。刘宗周《人谱·人极图说》曰："无善而至善，心之体也。即周子所谓太极，'太极本无极也'。统三才而言，谓之极。分人极而言，谓之善。其义一也。"②刘宗周把"至善"之性上升到"人极"之高度，具有与太极相同的生生之机，那就是，它成为万物产生之本原。刘宗周曰："万性，一性也。性，一至善也。至善，本无善也。无善之真，分为二五，散为万善。"③性，是至善的，从根源来说，是阴阳五行，而散开来说，则是万事万物之善。刘宗周《答右仲州刺》曰："性无不善，而心则可以为善，可以为不善。即心亦本无不善，而习则有善有不善，种种对待之名，总从后天而起。诸子不察，而概坐之以性，不已冤乎？"④性本善，但心则可能为善，也可能为不善。对此，不能混淆。

正是由于王阳明与刘宗周都主张"性善"理论，所以，他们一致认为，人人都具有尧舜之性、孔子之心。孟子曰："人皆可以为尧、舜。"（《孟子·告子下》）这就表明，满街都是圣人，人人可以为尧、舜。王阳明曰："人胸中各有个圣人。"⑤这是因为人人心中都有一个良知，这一点并没有圣愚之别。致此良知，就是圣人，所以，良知之外没有学问了。王阳明《书魏师孟卷》曰："心之良知是谓圣，圣人之学，惟是致此良知而已。"⑥致此良知，以成尧、舜，并非无稽之谈。每个人都具备这个天理，六经是成贤至圣的阶梯，只要努力，即可一日千里达到理想之目标。王阳明有诗为证，其《林汝桓以二诗寄次韵为别》之二曰："尧舜人人学可齐，昔贤斯语岂无稽？君今一日真千里，我亦当年苦旧迷。万理由来吾具足，《六经》原只是阶梯。山中仅有闲风月，何日扁舟更越溪？"⑦尧、舜人人可学可至，具体方法是为善去恶，即"格不正以归于正也。如此，则吾心良知无私欲蔽了，得以致其极

---

① 王阳明：《王阳明全集》，上海古籍出版社 1992 年版，第 101 页。
② 刘宗周：《刘宗周全集（第二册）》，浙江古籍出版社 2007 年版，第 3 页。
③ 同上。
④ 刘宗周：《刘宗周全集（第三册）》，浙江古籍出版社 2007 年版，第 3 页。
⑤ 王阳明：《王阳明全集》，上海古籍出版社 1992 年版，第 3 页。
⑥ 同上，第 280 页。
⑦ 同上，第 786 页。

……若如此格物,人人便做得,'人皆可以为尧、舜',正在此也。"①

王阳明的这种理论得到了刘宗周的充分肯定。刘宗周《会录》曰:"文成指出'良知'二字,直为后人拔去自暴自弃病根。今日开口第一义,须信我辈人人是个人,人便是圣人之人,圣人却人人可做。于此信得及,方是良知眼孔。"②刘宗周认为,人人都具有相同之天理,可以为成圣人,这就是王阳明"良知"的要义所在。可见,良知就是善性。所以,率性就是率此至善之性。刘宗周《答李生明初》曰:"性既善,则率性仍是率此善之性,而率亦无不善可知。"③学者千差万错,不是不懂得如何率性,而是对"性"并不理解。刘宗周曰:"学者千差万错,只是不识性,不是不识率性。"④

2."知善知恶是良知"

王阳明与刘宗周都认为,"良知"是人性本善的证明。因为人性本善,后天的各种恶习恶念,都是因为良知受到了人欲的熏染或遮蔽所致。所以,要复归本性,就是要让良知保持其明净即可。这就是说,良知本来就存在于心中的,只要内心常惺惺,就可以使之时时呈现;而这个任务是由"知"来完成的。因为,只要在起心动念或面对各种善恶时,能够对善恶有清醒的辨别能力,这就是"知"。对此,我们可为他们各举一例来给予说明。

有人问王阳明曰:"身之主为心,心之灵明是知,知之发动是意,意之所着为物,是如此否?"王阳明回答曰:"亦是。"(《传习录上》)⑤

刘宗周曰:"心无善恶,而一点独知,知善知恶。知善知恶之知,即是好善恶恶之意。好善恶恶之意,即是无善无恶之体。此之谓'无极而太极'。"⑥

王阳明认为,"知"是"心之灵明",即"知无不良",说明了"知"本身的道德指向。这一点,刘宗周也是完全赞同的。刘宗周曰:"阳明先生言良知,即物以言知也。若早知有格物义在,即止言致知亦得。"⑦王阳明即物言知,而含有格物致知之义。因此,言致知就是致良知。此"知"就是"良知",具有天然的道德意向性。但王阳明并没有把这种理论贯彻到底,否则他的理论将是另外一种局面。这就

---

① 王阳明:《王阳明全集》,上海古籍出版社 1992 年版,第 786 页。
② 刘宗周:《刘宗周全集(第二册)》,浙江古籍出版社 2007 年版,第 501 页。
③ 同上,306 页。
④ 同上。
⑤ 王阳明:《王阳明全集》,上海古籍出版社 1992 年版,第 102 页。
⑥ 刘宗周:《刘宗周全集(第六册)》,浙江古籍出版社 2007 年版,第 411 页。
⑦ 同上,第 398 页。

说明了他为什么把学术宗旨定为"致良知"而不是"致知"了。所以,他把"知"分为三个层次:生知、学知、困知。王阳明《答聂文蔚》曰:"尽心三节,区区曾有生知、学知、困知之说,颇已明白,无可疑者。盖尽心、知性、知天者,不必说存心、养性、事天,不必说夭寿不贰、修身以俟,而存心养性与修身以俟之功已在其中矣。"①这显然是对孔子理论的拓展。孔子曰:"生而知之者,上也;学而知之者,次也;困而学之,又其次也;困而不学,民斯为下矣。"(《论语·季氏》)王阳明把"知"分为三个层次,则"知"不可能时时具有"良知"的本能。正因为如此,所以王阳明要以"行"来配合"知",提倡"知行合一",以促使"知"的道德理性得到升华,在实践中证得本心之善。

与此并不相同的是,刘宗周把"知"从道德理性往前推进一步,成为集道德理性与道德情感的统一体。刘宗周曰:"《大学》之言心也,曰'忿懥,恐惧,好乐,忧患'而已。此四者心之体也。其言意也,则曰'好好色,恶恶臭'。好恶者,此心最初之机,即四者之所自来。故意蕴于心,非心所发也。又就意中指出最初之机,则仅有知善知恶之知而已,此即意之不可欺者也。故知藏于意,非意之所起也。又就知中指出最初之机,则仅有体物不遗之物而已,此所谓独也。故物即是知,非知之所照也。"②刘宗周认为,"心"之中蕴含着"意",即"忿懥,恐惧,好乐,忧患"。此四者,当然是情感的,但也是理性的。因为,"意"之中蕴含着理性的"知",而"知"中蕴含着"独"。它们之前相互包容,相蕴而生。如果把"心"比作一个果实的话,则"意"为果皮,"知"为果肉,而"独"则是果仁。此果仁天然具有生根发芽的机能。这就是独体。此独体具有生生之机,则"知"也具有生生之机,是一种"精神"。刘宗周《会录》曰:"心是已发,意是未发。意之精神曰'知',意之本体曰'物'。"③"心"是"意"之外显,"意"是"知"之施行,"知"是"物"之细则,"心""意""知"是"物"之"至善"的体思与推演。

(二)不同点

1.**本体论**:王阳明主张"无善无恶",而刘宗周主张"好善恶恶"

从王阳明"四句教"来看,王阳明"有无"观念深受传统易学和道教思想的影

---

① 王阳明:《王阳明全集》,上海古籍出版社 1992 年版,第 24 页。
② 刘宗周:《刘宗周全集(第二册)》,浙江古籍出版社 2007 年版,第 389 页。
③ 同上,第 517 页。

响。因为，王阳明对易学和道教都有深入的研究。对易学，他深有领悟，写过《读易》的诗歌，诗中说："囚居亦何事？省愆惧安饱。瞑坐玩《义易》，洗心见微奥。乃知先天翁，画画有至教。"①他还经常与弟子谈论易理。他认为，良知即是易学，能够对易理捉摸透彻，就是圣人。他说："良知即是易，其为道也屡迁，变动不居，周流六虚，上下无常，刚柔相易，不可为典要，惟变所适。此知如何捉摸得？见得透时便是圣人。"②另外，王阳明对道教也有自己的心得。据记载，王阳明于"合卺之日，偶闲行入铁柱宫，遇道士跌坐一榻，即而叩之，因闻养生之说，遂相与对坐忘归。"③

理解了王阳明与《周易》及道教的关系，就很容易理解他的"有无"思想了。《周易·系辞上传》曰："易有太极，是生两仪，两仪生四象，四象生八卦，八卦定吉凶，吉凶生大业。"王弼在《周易注》中曰："夫有必始于无，故太极生两仪也。"④王弼的解释是，太极生两仪，是从无到有的生成过程。当然，王弼的思想是受到了老子的影响。《老子》曰："天下万物生于有，有生于无"，以及"道生一，一生二，二生三，三生万物"。老子明确表示，世界的生成是从"无"到"有"的。

可见，"有"生于"无"，是古代一个普遍的观念，王阳明显然也接受了这种思想。在他看来，性善具有派生性的特点。正如《易传》所谓"继之者善"一样。而在此之前，还有一个"无善无恶"的性存在着。但是，刘宗周却与前辈提出了并不相同的理论。刘宗周认为，太极、两极、四象、八卦、万物，不是一个从无到有的次第而生的过程，而是一种"一齐俱到"⑤的生生机制。所以，世界并不是从"无"到"有"的生成过程，而是即有即无、即动即静的状态。刘宗周解说《周易·系辞下传》中"是故易有太极，是生两仪，两仪生四象，四象生八卦，八卦定吉凶，吉凶生大业"的一段话，曰："于是圣人分明指示道体，曰'易有太极'，盖曰道无道，即乾坤之生生而不息者是，是以乾坤列而四象与八卦相蕴而生。此易道之所以为至也。强名之曰'太极'，而实非另有一物立于两仪、四象之前也。"⑥刘宗周认为，太极、两仪、四象、八卦，以及万物的生成，都是"相蕴而生"，呈现着共时性而非历时性的特点。其原因在于，太极就是无极，此"无"并不是有无之"无"，它只是一

①　王阳明：《王阳明全集》，上海古籍出版社1992年版，第86页。
②　同上，第675页。
③　同上，第125页。
④　王弼注、孔颖达疏：《周易正义》，北京大学出版社1999年版，第289页。
⑤　刘宗周：《刘宗周全集（第二册）》，浙江古籍出版社2007年版，第409页。
⑥　牟宗三：《从陆象山到刘蕺山》，联经出版社2003年版，第234—235页。

种转语。刘宗周曰:"子曰:'易有太极。'周子则云:'无极而太极。''无极'则'有极'之转语,故曰:'太极本无极。'盖恐人执极于'有'也。而后之人又执'无'于'有'之上,而'有'是'无'矣。转云'无'是'无',语愈玄而道愈晦矣。"① 显然,刘宗周并不执着于有无之辨。在他看来,既然太极、两仪、四象、八卦,以及万物是"一齐俱到""相蕴而生",所以,世界并不是从"无"到"有"的生成结果。因此,刘宗周反对王阳明把"无善无恶"视为心体,而又把"有善有恶"视为意动的理论。刘宗周《会录》曰:"无善无恶,语虽双提,而意实寄于无善。宗杲曰:'宁可破戒如须弥山,不可染恶知、恶识如芥子大。'破戒谓贪、嗔、痴,恶知、识谓分别心也。"② 这就是说,"无善无恶",虽然是善恶两头都提摄,但实际上落入"无善"(没有善)的境地。

其实,就本体而言,刘宗周不是把善恶当作具体某物,而是认为,人心中有一种好恶之机,即好善而恶恶。这种生机,如太极生成万物一样,生生不息。刘宗周《人谱·人极图说》曰:"无善而至善,心之体也。即周子所谓太极,'太极本无极也'。统三才而言,谓之极。分人极而言,谓之善。其义一也。"③ 天道是"无极而太极",人道则是"无善而至善"。无极是太极的转语,则无善就是至善的转语。换言之,世界的本体是至善,至善就是有善而无恶。

2. 工夫论:王阳明倡导"为善去恶",而刘宗周倡导"迁善改过"

在探讨了本体论之后,就该谈论其工夫论了。因为,本体问题与工夫问题这两个方面,一直是宋明理学的核心问题。牟宗三先生说:"自宋、明儒观之,就道德论道德,其中心问题首在讨论道德实践所以可能之先验根据(或超越的根据),此即心性问题是也。由此进而复讨论实践之下手问题,此即工夫入路问题是也。前者是道德实践所以可能之客观根据,后者是道德实践所以可能之主观根据。宋、明儒心性之学之全部即是此两问题。以宋、明儒词语说,前者是本体问题,后者是工夫问题。"④ 对于本体与工夫的关系问题,毫无疑问也是王阳明与刘宗周共同关注的重点。虽然他们的观点并不完全相同,但主张本体与工夫合一,则是不谋而合的。当然,对于具体的实践工夫,则又见仁见智。

从两者的"四句教"来看,王阳明既明确了本体,也确定了工夫。其工夫是

---

① 刘宗周:《刘宗周全集(第六册)》,浙江古籍出版社 2007 年版,第 410 页。

② 刘宗周:《刘宗周全集(第二册)》,浙江古籍出版社 2007 年版,第 544 页。

③ 同上,第 3 页。

④ 牟宗三:《心体与性体》,联经出版社 2003 年版,第 7 页。

"为善去恶是格物"。此句的重心当然是"格物"。由于为善去恶是一种道德理性,所以"格物"就是道德实践。而"格物"就是"致知",所以,致知也是道德实践。王阳明曰:"物者,事也,几意之所发,必有其事,意所在之事谓之物。格者,正也,正其不正以归于正之谓也。正其不正者,去恶之谓也;归于正者,为善之谓也,夫是之谓格。"①这一句表明,格物就是诚意,而诚意就是致知。王阳明曰:"意未有悬空的,必著事物。故欲诚意,则随意所在某事而格之,去其人欲而归于天理,则良知之在此事者,无蔽而得致矣。此便是诚意的功夫。"②所以,格物就是致知,而致知在止于至善。王阳明《大学古本序》曰:"至善也者,心之本体也;动而后有不善,而本体之知,未尝不知也。意者,其动也;物者,其事也,致其本体之知,而动无不善。然非就其事而格之,则亦无以致其知。故致知者,诚意之本也;格物者,致知之实也。物格则知致,意诚而有以复其本体,是之谓止至善。"③格物就是致知,以止于至善,这是知行合一的目的所在。

相比之下,刘宗周此"四句教"则仅明确了本体,但没有直接确定工夫。所以,我们只能依据他的其他著作来给予补充。综合他的全部著作来看,他"四句教"中最后一句,就是工夫理论。如果参照其本人学术宗旨,这一句改为"迁善改过是格物",或许更为恰当。因为,他前面已经说过"有善有恶者心之动",最后又来一个"有善有恶"云云,颇有重复之嫌。尽管如此,我们还是得按照他的原话来分析。

"有善有恶者是物则"之"物则",是指事物的法则。该词出自《诗经·大雅·文王》中的"天生蒸民,有物有则"。从这一点看,刘宗周对于世界的认识更具客观性。物则是事物本来的面貌,可以不依赖于人心而存在,但往往也离不开人心的判断。因此,这个物则在具备客观性的同时,也具有了主观性。善与恶都是这样。刘宗周当然很清楚这个道理。他在第一句所说的"有善有恶者心之动",与这一句的结合,就是这个意思。当然,刘宗周非常强调人的主观能动性。因此,"恶"一般也就可以视为"过"而已。这与程颢的观点颇为相同。程颢《河南程氏遗书》曰:"天下善恶皆天理,谓之恶者非本恶,但或过或不及便如此,如杨、墨之类。"④所以,从工夫来看,"迁善改过"就是题中之义了。正因为如此,我们认为,最后一句改为"迁善改过是格物",是相当妥当的。当然,刘宗周把"恶"改为

① 王阳明:《王阳明全集》,上海古籍出版社1992年版,第972页。
② 同上,第91页。
③ 同上,第243页。
④ 程颢、程颐撰,潘富恩导读:《二程遗书》,上海古籍出版社2000年版,第64页。

"过",是有根据的。因为,"恶"可以转化为"善",这就好像"欲"可以转化为"天理"一样。刘宗周《学言上》曰:"周子说无欲,有甚奇特? 欲原是人本无的物,无欲是圣,无欲便是学。……欲与天理,只是一个。从凝处看,是欲;从化处看,是理。"①刘宗周没有把"欲"视为洪水猛兽,则"恶"也不必过于畏惧,只要处理得当,只是一种可以革除的"过"而已。

基于这种思想,刘宗周撰写《人谱》,构建了一个完整的人之谱系。其目的就是要迁善改过、入于圣域。从整个理论结构来看,《人谱》分正篇、续篇和杂记三大部分。正篇确定一个本体:"无善而至善,心之体也。"②续篇则说明了成为圣贤的整个过程,以及迁善改过的具体做法。杂篇则通过大量历代圣贤的嘉言懿行,来证明迁善改过的实际可行。总之,正篇立本体,续篇定工夫,杂篇则通过历史人物来树立入圣域的榜样。

(三)两者比较的意义

通过比较,我们可以感知从王阳明到刘宗周理论之间的发展和变迁,具体包括以下两个方面。

1. 从王阳明"意之动"到刘宗周"意之静"

王阳明认为"意"属于"动",刘宗周则认为"意"属于"静",但心可以"动"。之所以产生这个差异,是因为,王阳明认为"意"为已发,而刘宗周认为"意"为未发。所以,刘宗周改王阳明"有善有恶意之动"为"好善恶恶者意之静"。

王阳明认为,"意"产生于应物起念之处,有是非观念,而能够对"意"进行规范的就是"良知"。王阳明《答魏师说》曰:"意与良知当分别明白。凡应物起念处,皆谓之意。意则有是有非,能知得意之是与非者,则谓之良知。"③所以,良知就是要在未萌之先进行提防,或在方萌之际进行克制,不使欲望得以产生,从而使意念从不正归之于正。王阳明《答陆原静书》曰:"必欲此心纯乎天理,而无一毫人欲之私,非防于未萌之先,而克于方萌之际不能也。防于未萌之先,而克于方萌之际,此正《中庸》'戒慎恐惧'、《大学》'致知格物'之功,舍此之外,无别功

---

① 刘宗周:《刘宗周全集(第二册)》,浙江古籍出版社 2007 年版,第 517—518 页。
② 同上。
③ 王阳明:《王阳明全集》,上海古籍出版社 1992 年版,第 217 页。

矣。"①这就是说,致良知就是在起念之前,防止不良意念的产生。如果不良意念产生之后,就应当去除。所谓"为善去恶",虽然要求做到知行合一,但由于在"意"上下工夫,所以致良知的内涵主要是指道德理性的自觉。对此,刘宗周《良知说》评价曰:"只因阳明将意字认坏,故不得不进而求良于知。仍将知字认粗,又不得不退而求精于心,种种矛盾,固已不待龙溪驳正,而知其非《大学》之本旨矣。《大学》开口言明德,因明起照,良知自不待言。而又曰:'良知即至善,即未发之中',亦既恍然有见于知之消息,惜转多此良字耳。"②刘宗周批评王阳明把良知分为两截,即已发与未发。而这并不符合《大学》"致知格物"的本旨。刘宗周认为,"致知格物"是一齐俱到的一件事,就是"慎独",也即是"诚意"。

刘宗周的学术宗旨是"慎独"与"诚意"的结合,前者侧重于本体,而后者侧重于工夫,但两者的结合就是本体与工夫的统一。当然,为了确立"慎独"与"诚意"的学术地位,刘宗周把"独"和"意"都上升到一种本体的地位,"独"体就是"意"根。刘宗周《读大学》曰:"《大学》之道,诚意而已矣。诚意之功,慎独而已矣。意也者,至善归宿之地,其为物不二,故曰'独'。"③在此,刘宗周把"诚意"与"慎独"视为一体,也把"意"与"独"等同视之。刘宗周曰:"《大学》之教,只要人知本。天下国家之本在身,身之本在心,心之本在意。意者至善之所止也。而工夫则从格致始。……功夫结在主意中,方为真功夫。如离却意根一步,亦更无格致可言。故格致与诚意,二而一,一而二者也。"④《大学》之教就是要立"心"之本,而这个本,就是"意"根。因为,"意"为心的主宰,"心意如指南车。"⑤而心与意的关系好比舟与舵的关系,所谓"心如舟,意如舵"⑥,即为此意。刘宗周还说:"以虚灵而言谓之心,以虚灵之主宰而言谓之意。"⑦正因为"意"为心的主宰,所以意不是已发,而是未发。刘宗周曰:"意为心之所存,非所发。"⑧当然,刘宗周除了把"意"定为未发以外,还把已发未发视为一体,动静视为一机,使以往的支离之学统而一之。清代史学家邵廷采《明儒刘子蕺山先生传》曰:"先生笃实类朱文公,而言诚意慎独与朱不合,曰:'意者心之存主,所谓'道心惟微',即未发之中,天下之大

---

① 王阳明:《王阳明全集》,上海古籍出版社 1992 年版,第 66 页。
② 刘宗周:《刘宗周全集(第二册)》,浙江古籍出版社 2007 年版,第 517 页。
③ 刘宗周:《刘宗周全集(第四册)》,浙江古籍出版社 2007 年版,第 417 页。
④ 刘宗周:《刘宗周全集(第六册)》,浙江古籍出版社 2007 年版,第 394 页。
⑤ 刘宗周:《刘宗周全集(第二册)》,浙江古籍出版社 2007 年版,第 511 页。
⑥ 同上,第 362 页。
⑦ 同上。
⑧ 同上,第 40 页。

本也。独体在是,慎者慎此而已。'……先生曰:'论本体,有善无恶;论工夫,则先事后得,直无善有恶耳。'于是作《人谱》,专纪过。始独知,次七情、九容、五伦、百行,曰:'行此,知道不远人矣。'"①刘宗周把"意"视为心之存主,处于未发之中。因此,讲"慎独",即慎此之"独";讲"诚意",即诚此之"意"。论本体,此"意"有善无恶;论工夫,此"心"无善有恶,或者有善有恶。于是,创作《人谱》一书,指出过恶之所,引人迁善改过,从而进入圣域。

2. 从王阳明"知行合一"到刘宗周"即知即行"

王阳明"四句教"阐释了他自己一贯主张的"知行合一"理论。前三句主要说明"知",而最后一句说明"行",两者结合,就是知行合一。从思维特点来看,王阳明知行合一理论尽管已经有从二元思维走向圆融思维的倾向,但还没有完全脱离这个二元对立的模式。所谓二元思维,就是把本体与工夫等各种范畴进行二分,进而区别对待。所谓圆融思维,就是消除各种事物间的对立,形成合二为一的境界。王阳明多次把知与行相提并论,融为一体,体现了他具有圆融思维的特点。对此,他有过多次的论述。例如,王阳明曰:"合着本体的,是工夫;做得工夫的,方识本体。"②本体与工夫不可分离、不可偏废。换言之,知与行必须合一。行之真切就是知,知之明觉就是行。行中有知,知中有行。王阳明《答顾东桥书》曰:"知之真切笃实处,即是行;行之明觉精察处,即是知,知行工夫本不可离。只为后世学者分作两截用功,失却知行本体,故有合一并进之说。"③知行工夫不可分离,如果把两者截然分开,就失去了其中的根本内涵。正因为如此,起心动念之处,就是行动。王阳明曰:"一念发动处,便即是行了。"④

可见,王阳明对知行合一的理论念念不忘。尽管如此,王阳明理论与实践中的知与行毕竟是分开的两段。因为,王阳明的"知",是由心来统摄的。这种理论当然张扬了个体的主观能动性,具有反对权威、解放思想的好处,但这个"知"是道德之知,缺少闻见之知的补充,难免陷入以自我为中心的窠臼。这就意味着"知"本身与"行"不是合一的,两者存在着人为的结合过程。具体就是,个体在"知"善"知"恶之后,才能为善去恶,归于本心。这就是知之而后为,使知行合一难以摆脱支离分析之弊。

---

① 刘宗周:《刘宗周全集(第六册)》,浙江古籍出版社 2007 年版,第 538 页。
② 王阳明:《王阳明全集》,上海古籍出版社 1992 年版,第 1167 页。
③ 同上,第 42 页。
④ 同上,第 96 页。

但刘宗周与此不同。刘宗周"四句教"并没有具体讨论"知"与"行"的合一，但他的理论具有"即知即行"的内涵。之所以如此，是因为刘宗周把王阳明"知"的内涵进行了拓展。王阳明的"知"主要是德性之"知"，而刘宗周的"知"不仅是德性之"知"，而且还是闻见之"知"。刘宗周《答右仲三》曰："至于德性、闻见本无二知，心一而已，聪明、睿智出焉，岂可以睿智者为心，而委聪明于耳目乎？今欲废闻见而言德性，非德性也；转欲合闻见而全德性，尤未足以语德性之真也。世疑朱子支离，亦为其将尊德性、道问学分两事耳。夫道一而已矣，学亦一而已矣。故无内外、无精粗。与其是内而非外，终不若两忘而化于道之为得也。"①德性之知与闻见之知，并非是两个知。这就意味着即知即行。因为，德性之知往往是理性的，而闻见之知则必须付诸行动与实践。两者相辅相成、相得益彰，否则，如果分德性与问学（闻见）为两事，使之有内外之分，精粗之别，则与孔门一体之学相距甚远。毕竟，道为一，心为一，则知也为一。

德性之知与闻见之知相提并论，体现了刘宗周学术的一贯宗旨。刘宗周《会录》曰："问：'知了，毕竟要去行？'曰：'知得彻，定得得彻。行得彻，只是知得彻耳。'"②知之彻，就是行之彻；反之，亦然。但知行合一之说，不是说知等于行，而是知之至处者是行。刘宗周《学言上》曰："知行合一之说，不是知即是行，乃是知之至处即是行也。"③当然，知行之间有次第，应当是先知而后行。但两者不能有间断，而应当是一体的。刘宗周《学言上》曰："知行自有次第。但知先而行即从之，无间可截，故云合一。后儒喜以觉言性，谓一觉无余事，即知即行，其要归于无知。知既不立，一亦难言。噫！是率天下而禅也。"④如果以为先知而后行，而过度强调知、觉，而忽视行，则知也不成其为知了。因为，真正的知，是知善知恶。刘宗周《学言上》曰："有不善未尝不知，是谓良知。知之未尝复行也，是谓致知。"⑤所以，知善知恶之知，就是良知。致知，就是孟子所说的良能，也就是王阳明的致良知。刘宗周《学言上》曰："《大学》之知，即《孟子》之良知。《大学》之致知，即《孟子》之良能。"⑥

---

① 刘宗周：《刘宗周全集（第三册）》，浙江古籍出版社 2007 年版，第 336 页。
② 刘宗周：《刘宗周全集（第二册）》，浙江古籍出版社 2007 年版，第 363 页。
③ 同上。
④ 同上，第 60 页。
⑤ 同上，第 49 页。
⑥ 刘宗周：《刘宗周全集（第六册）》，浙江古籍出版社 2007 年版，第 36 页。

三、小　结

总之，刘宗周的"四句教"是对王阳明"四句教"的继承和拓展，两者各有得失，各有千秋。王阳明"四句教"存在一定的前后矛盾，因为，前面既然讲"无善无恶"，则后面的"有善有恶"就缺少依据，显得突然。但其"四句教"之间的逻辑性也还是比较强的。从本体，到意念，再到良知，最后到工夫，四个阶段循环往复，构成了本体与工夫的统一，具备了知行合一的理论内涵。而知行合一，就是致良知，就是成为圣人的阶梯。当然，刘宗周"四句教"也存在着一定的不足之处，那就是对工夫之论的忽略。但在整体上，理论性还是相当自洽和圆融的。从心动，到本体，再到良知，最后到物则，构成了一个合形上与形下于一体的"心"。此心本体上好善恶恶，而气质上则有善有恶，这是由于受物则之影响而造成的。言下之意是，要用好善恶恶之心，迁善而改过，入圣域。

所以说，尽管他们在善与至善、未发已发功夫等问题上存在不少分歧，但在根本上却有一致之处，即都反对以体认本体为功夫，而认为只能在本体上做功夫，即"知善知恶是良知"，从而做到知行合一、即知即行。

需要补充的是，如果把王阳明、刘宗周放在宋明理学的发展史之中，则他们与朱熹共同构成了理学的一个发展趋势。因为，朱熹讲"格物"，王阳明讲"致知"，刘宗周讲"诚意"和"慎独"，他们三者一个比一个更向人心的纵深方向探究、追寻。《大学》曰："古之欲明明德于天下者，先治其国。……物格而后知至，知至而后意诚，意诚而后心正，心正而后身修，身修而后家齐，家齐而后国治，国治而后天下平。"其中，"物格而后知至，知至而后意诚"是一个循序渐进的修齐治平过程，"物格""知至""意诚"，不正是与朱熹、王阳明和刘宗周三位哲学家所关注的核心范畴一一对应了吗？三者之间的递进关系不是也不言而喻了吗？

（此文原载于《社会科学论坛》2018 年第 2 期）

黄宗羲"守先待后"以任道

王　英

摘　要："守先待后"是儒者在"内圣""外王"之外的又一任道方式。黄宗羲生活于明清丧乱之际,特殊的历史政治环境及其自身的出处持守,使得他在当时不可能直接以"外王"为志,然而儒家道统包含的历史观念使他相信必有"治世"到来,所以他著书为将来写下"为治大法"。黄氏"守先待后"还表现在表彰先贤、记录历史、保留文献以不致使先人埋没等方面。

关键词："守先待后";道统;三代;黄宗羲

"守先待后"语出《孟子·滕文公下》中"守先王之道,以待后之学者"这一表述,指儒者在不能与当时政权合作的情况下,选择通过绍述往圣、培养后学等方式,守护先王之道,以期在一个将来的政治环境中实践他们的政治理想。这一任道方式很难完全归并到内圣、外王的任何一个里面去,是儒家在内圣、外王之外的又一重要任道方式。国内外讨论到儒家"守先待后"这一面向的已有郭齐勇近年出的《守先待后——文化与人生随笔》一书,此书受随笔性质的局限,对儒家"守先待后"这一面向所包含的政治、历史、哲学并没有展开讨论。在儒者的任道方式方面,目前的讨论主要还在内圣外王的循环圈内展开,其中当代港台新儒家主要在"内圣"的视角讨论儒学,围绕心性学,对儒学既超越又内在的层面做了有高度的讨论;与此立异,余英时《朱熹的历史世界》《宋明理学与政治文化》两书主要把握住儒者"外王"的视角,就儒者与政治生态环境之间的互动关系做出了典范式的考察。而自余英时《朱熹的历史世界》一书出版后,2003 年到 2004 年在史学界与哲学界之间围绕儒家主流重内圣还是重外王等展开了激烈的争论。[①]
这些争论分别从各自的学术背景出发,展示了特定历史世界中儒者或重内圣,或
重外王的任道方式,但都没有跳出内圣外王的循环圈,跳出自身的学科范围,把
握到历史与哲学本身的张力,从而来讨论儒者受制于历史世界又能超越于历史
的一种重要任道方式——"守先待后"。

总体来说,"守先待后"是孔子、张载、朱子、陈确、黄宗羲、戴震等在特殊的政
治环境中,不能与当时政权合作后的一条重要人生退路,有一些儒者甚至认为它
比在当世建功立业更为重要。本文以黄宗羲为个案,考察儒者选择以"守先待
后"作为主要任道方式的政治原因、表现及历史影响,客观评价这一任道方式在
继述文化传统、社会批判方面的作用及内在包含的矛盾。

一、黄宗羲本来的心志

黄宗羲(1610—1695),字太冲,海内称梨洲先生,浙江余姚人,在明代有万
历、崇祯、弘光几朝的生活经历,在清代有顺治、康熙两朝的生活经历。他所处的
明代,皇朝腐朽至极,宦官专政和特务统治等使各种矛盾激烈冲突,已如"忽刺刺
大厦之将倾"。而他的父亲黄尊素曾是东林党的代表人物,在万历朝东林党与魏
忠贤阉党的斗争中被害。崇祯帝即位后,阉党暂失势,黄宗羲曾进京为父颂冤报
仇,上疏亲诛逆阉余党,袖长锥,于刑堂击之。归后受学于刘宗周(1578—1645,
字起东,学者称蕺山先生)。甲申难作,刘宗周死节,同门多人殉难。黄宗羲于颠
沛中多次组织士众救难,但都以失败告终。复国无望后他退而讲学著述。康熙
时诏征博学鸿儒,黄宗羲拒绝应诏。[②]

---

① 相关讨论主要有:刘述先《评余英时〈朱熹的历史世界——宋代士大夫政治文化研究〉》,《九州学
林》2003 年第 2 期;陈来《从"思想世界"到"历史世界"——余英时〈朱熹的历史世界〉述评》,《二十一世纪》
2003 年第 10 期;杨儒宾《如果再回转一次"哥白尼的回转"——读余英时先生的〈朱熹的历史世界——宋
代士大夫政治文化研究〉》,《当代》2003 年第 11 期;金春峰《内圣外王的一体两面——读余英时〈朱熹的历
史世界——宋代士大夫政治文化研究〉》,《九州学林》2004 年第 4 期;包弼德《对余英时宋代道学研究方法
的一点反思》,程钢译,《世界哲学》2004 年第 4 期;田浩《评余英时的〈朱熹的历史世界〉》,程钢译,《世界哲
学》2004 年第 4 期;王汎森《历史方法与历史想象:余英时的〈朱熹的历史世界〉》,《中国学术》2004 年夏;
葛兆光《拆了门槛便无内无外:在政治、思想与社会史之间——读〈朱熹的历史世界〉及相关评论》,《当代》
2004 年第 2 期;余英时《"抽离""回转"与"内圣外王"——答刘述先先生》,《试说儒家的整体规划——刘述
先先生〈回应〉读后》,收入氏著《宋明理学与政治文化》,广西师范大学出版社 2006 年版,第 299—307 页。

② 全祖望:《梨洲先生神道碑文》,《黄宗羲全集》(以下简称《全集》)第十二册,浙江古籍出版社 2012
年版,第 8—9 页。

与一般把黄宗羲的人生按明、清朝代更替的时间界分为两个主要阶段不同，吴光把黄宗羲的两个主要人生阶段以顺治十年（1653）为界来划分，理由是这一年是"浙东抗清斗争彻底失败之时，也是黄宗羲写下第一部重要著作，可称为《明夷待访录》之前身的《留书》之年"①。这种划分清楚地显示出黄宗羲前后两大阶段生存、任道方式的不同，前一阶段主要是直接围绕内圣外王以道自任的，后一阶段则主要通过著书立说、表彰先贤、交游切磋、培养后学等方式在任道。当然，前一阶段还可以明亡前后为界再细分，明亡前主要是内圣方面做功夫，明亡后则是踏天柱地，责无旁贷地担荷起了救亡的重任，惜天不助人，几次组织军力抗争皆以失败告终。

从他的经历来说，无论是在明朝还是清朝，他都没机会真正实现"外王"的功业，从而达到"开物成务"的目的。然而这应该是他本来的抱负所在。在他写的《匡庐游录》中，谈到阮大铖之死，有这样一段话：

> 雁山，桐城阮氏，言阮大铖因潘应奎以降，应奎故靳之，大铖不觉屈膝。其死也，至青草岭，见雷介公索命堕马。碎颅亡国之事，岂宜向清泉白石道之，然驱我辈于清泉白石者，不谓大铖无其力也。②

这篇游记写于顺治十七年（1660），时年黄宗羲五十一岁，当时光复明室大势已去，这年八月游庐山时写下许多诗文，从"然驱我辈于清泉白石者，不谓大铖无其力也"看来，流连于"清泉白石"间的生活。并非他的初衷，他本来有更大的志向在。这时反映他本来心志的诗文还见：

泊五老峰下

半月寻山七日夜，今朝才得豁双眸。寒云洗出天工意，石笋高擎世外秋。定内金轮移别国，耶舍从西域见此峰。劫余晋室尚浮沤。平生湖海难平气，尽向孤猿声里收。

别郑贞一

寒厓踏断草鞋绳，怜我行人所不行。万仞题名无岁月，一条蜡烛话生平。只今湖海方多难，聊尔浮沉过此生。霜叶离株且莫问，草堂有约

---

① 吴光：《清初启蒙思想家黄宗羲传》，收入《全集》第十二册，页121。
② 黄宗羲：《匡庐游录》，《全集》第二册，第495页。

更丁宁。①

以上两首也都是顺治十七年游庐山时所写。结合第一首中"平生湖海难平气,尽向孤猿声里收"和第二首中"只今湖海方多难,聊尔浮沉过此生"等句隐秘写出作者本来治国平天下的心志。

二、黄宗羲"守先待后"的表现

综上所说,特殊的历史环境使得黄宗羲退而以守道的方式任道。这个特殊的历史环境,笔者在《顺治年间浙江嘉兴一带士人的生存方式》中以陈确、张履祥为中心做过论述,②黄宗羲和他们生活时代接近,并且和他们一样都是刘蕺山的门人,时代环境,以及其带给他们的心理感受大致可以类比。在那个时代,一方面不能与王权合作来实现治国平天下,另一方面又不像在明代,士人可以通过自主兴办书院讲学从而"觉民行道",明代后期东林党人的讲学本身还包括政治诉求在内,黄宗羲的父亲黄尊素也曾经是东林党人,但在清代,书院官办,顺治康熙时在讲学中议政都在禁止之列。③ 黄宗羲终生以"遗民"自居,在不愿与王权合作,又不存在他父辈时代讲学议政的环境下,"守道"在他人生中的重要性就突显出来。全祖望《梨洲先生神道碑文》记载,大概顺治末年时,"其后海氛渐灭,公无复望,乃奉太夫人返里门,于是始毕力于著述,四方请业之士渐至矣。"④其后开始讲学、著述。

就黄宗羲自己的表述来看,《留书》序言写道:

> 古之君子著书,不惟其言之,惟其行之也。仆生尘溷之中,治乱之故,观之也熟;农琐余隙,条其大者,为书八篇。仰瞻宇宙,抱策焉往?则亦留之空言而已。自有宇宙以来,著书者何限,或以私意搀入其间,其留亦为无用。吾之言非一人之私言也,后之人苟有因吾之言而行之

① 两首均见黄宗羲:《匡庐游录附诗》,《全集》第十一册,第 355、366 页。

② 参考王英:《顺治年间浙江嘉兴一带士人的生存方式》,《理论界》2013 年第 6 期,第 118—122 页。

③ 参考钱穆:《国史大纲》,商务印书馆 1996 年版,第 841—842 页,"顺治九年,立卧碑于各直省儒学之明伦堂。凡军民一切利病,不许生员上书陈言……至清人始对士人言论、结社、出版三大自由,皆切实严禁。"

④ 全祖望:《梨洲先生神道碑文》,收入《全集》第十二册,第 8 页。

者,又何异乎吾之自行其言乎？是故其书不可不留也。①

文中说的"仰瞻宇宙,抱策焉往"和"后之人苟有因吾之言而行之者,又何异乎吾之自行其言乎?"说明他是期待《留书》中的言论有朝一日能行之天下的。《留书》写于顺治十年,此时他和同人组织的一些光复行动皆告失败,前此两三年他自己和同人都在被搜捕之列,他和家人这时还居无定所、颠沛流离,他留书是为后人能行其言。康熙元年,清王朝政权顺利交接,光复明朝已完全无望,黄宗羲始著《明夷待访录》,次年削笔。其中的《题辞》写道：

> 余尝疑孟子"一治一乱"之言,何三代而下之有乱无治也？乃观胡翰所谓"十二运"者,起周敬王甲子以至于今,皆在"一乱"之运,向后二十年交入"大壮",始得"一治",则三代之盛犹未绝望也。前年壬寅夏,条具为治大法,未卒数章,遇火而止。今年自蓝水返于故居,整理残帙,此卷犹未失落于担头舱底。
>
> 儿子某某请完之。冬十月,雨窗削笔,喟然而叹曰：昔王冕仿《周礼》著书一卷,自谓"吾未即死,持此以遇明主,伊吕事业不难致也",终不得少试以死。冕之书未得见,其可致治与否,固未可知,然乱运未终,亦何能为？"大壮"之交,吾虽老矣,如箕子之见访,或庶几焉,岂因夷之初旦,明而未融,遂秘其言也。癸卯梨洲老人识。②

这段题辞写出了黄宗羲的历史信念,即大乱以后将有大治,虽在他看来三代以下皆有乱无治,但按照胡翰"十二运"的说法,再过二十年是"大壮"之运,将迎来"治世"。所以他所写的"为治大法"是等待"治世"到来,到时或可行之于世。关于"明夷"的含义,因《周易》各家注释不同,今天解释黄宗羲这里的"明夷"也有一些差异;不过,黄宗羲自己在这段文字中写的"夷之初旦,明而未融"已为"明夷"做出解释,比较接近"一阳来复"的意思。其实当时陈确、张履祥等与友人信件中常见的"长夜宁不复旦耶""长夜漫漫终将复旦""乱久必治"等说法,也反映出对"夷之初旦,明而未融"的信心。他们对这个"长夜复旦"未必能给出一个铁板钉钉的具体时间表,但至少是一种"宁可信其有"的历史信念。正是因为这种

---

① 黄宗羲:《留书自序》,《全集》第十一册,第1页。
② 黄宗羲:《明夷待访录》,《全集》第一册,第1页。

历史信念,黄宗羲相信他的书日后会有遇到圣王来访的可能。

再看:

> 道在天地间,人人同具,於穆不已,不以一人之存亡为增损。故象山云:"且道天地间有个朱元晦、陆子静,便添得些子,无了后便灭得些子。"然无添减而却有明晦,贞元之会,必有出而主张斯道者以大明于天下,积久而后气聚,五百岁不为远也。尧舜以来,其期不爽,至孟子而后,又一变局,五百岁之期,杳不可问。"然而无有乎尔",孟子不敢以"见知"自居也。"则亦无有乎尔",言五百岁之后,未必有"闻知"也。盖孟子已自前知,不待韩子言"轲死不得其传"而后信也。说者谓孟子殁千五百年而周子出,河南两程子为得其传。虽然,大醇而小疵,终不及于三代,岂世运之递降乎?吴草庐曰:"尧舜而上,道之元也,尧舜而下其亨也,洙泗鲁邹其利也,濂洛关闽其贞也。"余以为不然。尧舜其元也,汤其亨也,文王其利也,孔孟其贞也。若以后贤论,周程其元也,朱陆其亨也,姚江其利也,蕺山其贞也,孰为贞下之元乎?①

这段话需与前引《明夷待访录》的《题辞》参照着看,《题辞》中把所处时代判断为"大壮"之交,即一个"夷之初旦,明而未融"的时代,相信大乱之后将有类似"三代之盛"的治平之世,是承接着道统话语的语脉对历史的诉求。这里也一样,只不过把"大壮之交"改成了"贞元之会",且相信到时"必有出而主张斯道者以大明于天下",这是"守先王之道,以待后之学者"的又一种表述。而且,在这里,有意思的是,黄宗羲修正了吴草庐(澄)以"元亨利贞"所做的历史阶段划分,认为先贤、后贤各有其元亨利贞,而他的老师刘蕺山为后贤之贞,如此,则黄宗羲自己正处于新的贞元之交,对下一阶段的"元"做出期待。而且,"孰为贞下之元乎"的表述是不是可以理解成黄宗羲的自期?其中的"孰"其实指他自己?下面这段文字可以证明他是有类似的自期的。见:

> 今余编次于庚戌,遂题曰庚戌集。又余生于庚戌,其支干为再遇也。念六十年来所成何事,区区无用之空言,即能得千古之所不变者已非始愿。吾闻先圣以庚戌生,其后朱子亦以庚戌生,论者因谓朱子发明

---

① 黄宗羲:《孟子师说》,《全集》第一册,第165—166页。

先圣之道,似非偶然。余独何人,以此名集,所以志吾愧也。①

虽说黄宗羲自己直接说编《庚戌集》的目的在于"志愧",但他把孔子、朱子都于庚戌出生与他自己也于庚戌出生这一点放在一起,并且又提到已有论者认为朱子与孔子同于庚戌出生似非偶然,如此,则似也暗示他自己生于这一天也非偶然。这里大致还是可以看出作者以"孔子""朱子"这样的圣贤做出自我期待的端倪的。需注意一下,道统思想脉络中的孔子、朱子。从黄宗羲对朱子与陈亮的辩论所持的态度中,可知黄宗羲是站在朱子道统论一边的,他区分了三代以上之事功与汉唐之事功,针对陈傅良对朱子道统论的批评为朱子做了辩护。②《明夷待访录》中,他同样坚持了道统论思想脉络中的"三代"理想。而在这个道统论的叙述传统中,孔子于周衰之际"不得君师之位以行其政教,于是独取先王之法,诵而传之以诏后世";③朱子则被视为"道统的当然传人"④。而从黄宗羲以孔子、朱子自期看来,他也是视自己为道统的继承人的。守护先王之道,对他来说责无旁贷。

以上谈的是黄宗羲在著述方面的自我期待,在他的思想中,有一个明显的"俟后""待后"的维度。他也在儒家的规矩之内解释道统论中的"先王之道",即以"仁""生生"为基础来述说先王之法。除了通过对先王之道的解释整理可以作为后世的"治法"以外,对他来说,"守先待后"还表现在与其他学说辩驳从而守护师说(刘蕺山),如写《与友人论学书》《与陈乾初论学书》等;又表现为表彰先贤,如写《思旧录》及记录先人的行状、撰写墓铭等;另外,还表现在他对先人问学之迹、文献的保存,《明儒学案》《宋元学案》《明文案》的编辑就是;同时还表现在他对史本身的直接记录,如写《海外恸哭记》《弘光实录钞》等。他说:"夫道一而已,修于身则为道德,形于言则为艺文,见于用则为事功名节。"⑤看起来,他对立德、立言和立功都很重视,只是,对他来说,特殊的时代,使得他更为偏重于立言;但从前面《留书自序》《明夷待访录》的题辞看来,对他来说,立言直接是为了在一个将来的历史时代作"治平之法",这样,言即行,现在立言是为了后人能行,立言与立功之间未必有截然的界限。所以,在他这里,三者统一的一面是更

① 黄宗羲《〈庚戌集〉自序》,《全集》第十册,第 10 页。
② 黄宗羲:《宋元学案》,《全集》第五册,第 225 页。
③ 朱熹:《大学章句序》,《四书章句集注》,中华书局 1983 年版,第 2 页。
④ 董平:《陈亮评传》,南京大学出版社 2011 年版,第 161 页。
⑤ 黄宗羲:《余姚县重修儒学记》,《全集》第十册,第 134 页。

为显豁的。

三、"守先待后"这一任道方式的问题

不过,"守先王之道,以待后之学者"这一任道方式不是没有问题的,对儒者来说,这个"后之学者"的到来有时并不是明确的即将到来的历史现实,毋宁说它是一个历史信念。既然它之到来与否,这个治世的等待可以以千五百年甚至更长的时间间隔来算,则它对当世的人来说基本上可以说那是一个类似于基督教的"天堂许诺",这个许诺使得当世的人的真实生活意义始终在别处,在将来,某种意义上,儒者也在一定程度上成为历史现实中的"陌生人",对它,不必负太多责任,不必有太多耐心,人生对道的责任"俟后"好了。

另外,对孔子、孟子、张载、朱子、黄宗羲、陈确、张履祥等来说,他们所理解到的对儒家"先王之道"的冲击,主要还是两个方面:一是庸人俗学对功利的追求;二是异族文明以及自身文化体系中异端的冲击。① 庸人俗学大致是每一种哲学所努力抵制的诱惑,与它的斗争主要是观念与现世权势的斗争,即道与势之争,实际上要表现在具体的政治生活领域。就观念之间的斗争来看,维护先王之道主要还在于与异族文化及异端做斗争。这一点上,对孟子来说是杨墨,对张载、朱子来说是佛老;对黄宗羲、陈确、张履祥来说,除了佛老还有耶教,而当时掌握政权的满族,它的文明反而并不真正形成对华族文明方面的冲击。事实上,在历史上形成占领之势的异族文明在当时士人看来都是低于中华文明的,不存在文明方面的优势。而佛、老、耶既然未作为科举考试、选拔人才的内容,所以它们虽然通过丧葬等渗入当时士人及普通民众的日常生活,但并未形成实际上超出儒学的势力。耶教代表的文明所存在的真正优势,一直要到清代中后期的郭嵩焘、曾纪泽出使以后才意识到。这样,至少直到黄宗羲、陈确、张履祥所在的时代,对儒家道统形成冲击的因素,从文明优势及实际力量来说,都不形成真正的冲击。也许正是这样,所以即使在异族统治之下,他们仍有充分的自信可以认为"长夜终将复旦""一阳来复",从而以"岁寒然后知松柏之后凋""疾风知劲草"对自己提出修身方面的期许,又从而要通过著书立说、绍述往圣,表章先贤、培养后学以道自任,以期在一个不久的将来有"后来者"出现。

---

① 参考王英:《气与感——张载哲学研究》,复旦大学哲学学院博士学位论文,2010年,第27页。

今日的世界格局、文明格局已非黄宗羲等人所处的时代可比，我们还有足够的自信“守先待后”吗？

（本文原载于《船山学刊》2015 年第 1 期）

《古今振雅云笺》伪书考

——兼谈明清尺牍文选之商业化特征

余晓栋

摘　要:《古今振雅云笺》是兼具文学性与实用性的应用借鉴类尺牍选本的典范,其优点是辑录历代名人尺牍较全,具有尺牍小品文选的文学性,且主题突出、编目详尽、检索便利,也有尺牍活套的实用性。该书成书于天启四年(1624)前后,托伪徐渭纂辑,真正编辑者或为长洲书贾张嘉和,曾几经改易、多次刊印。该书系参考当时所流行的各类尺牍选本而编订,明以前之尺牍选文所据底本以王世贞的《尺牍清裁》为主。所辑明代尺牍,作者较全,多不见载于专著,具有文献辑佚价值。明清以来尺牍选本商业化特征明显,且伪书颇盛,除商人炫俗射利外,也与明中叶以来盛行尺牍的社会习俗及印刷技术的进步有关。

关键词:《古今振雅云笺》;尺牍;徐渭;伪书;张嘉和

　　《古今振雅云笺》是存世不多的历代名人尺牍选本之一,兼具文学性和实用性,是应用借鉴类尺牍选本的典型代表,《中国古籍善本书目》著录①,具有较高的文学与文献价值,且作为托名徐渭的存世文献之一,有必要对其进行正确认识和重新解读。本文拟就《古今振雅云笺》之内容性质、价值意义、编纂者、成书之年代与过程等问题做些探讨与梳理,以期抛砖引玉。

一、明清尺牍选本类型及《古今振雅云笺》之性质

　　尺牍肇兴,迨自上古,秦汉以降,代不绝书。然作为一代之文风,广受士儒追捧,则是在明代中叶以后。明清诸文学大家之专著,尺牍均占不少之篇幅比例,

---

　　① 中国古籍善本书目编辑委员会编:《中国古籍善本书目》(集部),上海古籍出版社 1996 年版,第1642 页。

俨然成为一种风行之文学样式,也成了明清时期标志性文学成果之一,颇可列于唐诗、宋词、元曲之后,成为一种典型。嘉、隆以来,尺牍选本盛行,作品蔚为大观,有名目可考者不下百种①,存世之选本亦有数十种之多,散见于《四库全书存目丛书》与《四库全书禁毁书丛刊》中。

大致言之,明清尺牍选本按内容性质可分为三种类型:一为文学鉴赏类,突出文学性,所选注重清新隽永,系供文人清赏而编,如王世贞之《尺牍清裁》、沈佳胤之《翰海》、梅鼎祚之《书记洞诠》、周亮工之《尺牍新钞》等可为代表;二为应用借鉴类,兼具文学性与实用性,虽有活套性质,但实际都是搜集前人尺牍而成的,如李国祥之《古今濡削选章》、李渔之《尺牍初徵》及本文所探讨之《古今振雅云笺》等可为代表;三为书函活套类,按尺牍性质分门别类,书信有来有往,内容可供"照搬借用",属应用性之尺牍范文,以钟惺之《如面谭》、冯梦龙之《折梅笺》为代表。

《古今振雅云笺》十卷②,明末天禄阁藏版刊本,九行十八字,题为"武林徐渭文长纂辑,茂林张嘉和起祯参订",前有夷陵文安之序,各卷分类编次,单独成册,每卷收录历代尺牍53—148篇不等,全书共1195篇,多为短小隽永之作,是一部精编精校的兼具文学性与实用性的应用借鉴类尺牍选辑善本,故其书虽屡遭禁毁,仍得以流传后世。

文学性方面,该书选辑之尺牍数量可观、内容丰富,多为清新隽永之作,可视为中国尺牍文学之历代名人作品选集,从中可窥中国尺牍文学发展之脉络,具有文学史料价值。其文学性特征还体现在眉批和夹注上,书中正文部分有眉批、有夹注,其中眉批或评论或笺注,夹注多列于篇末,内容以注释为主。编撰者精心校笺,去芜存菁,"虽曹公之秉笔,亦增损之为难"③。此外,所选明代尺牍,作者较全,且多不见载于时人专著,具有较高的文献辑佚价值。

实用性方面,该书属名人尺牍范文选本,具有借鉴参考价值。该书不仅选文类目丰富,注重实用,且目录详尽,检索便利。全书按尺牍之性质,分门别类,每

---

① 据《选入翰苑琼琚书目》,天启年间已有"书启之类约百种",所列如《尺牍类选》《古今尺牍玉函》《古今名公尺牍》等达62种之多。四库全书存目丛书补编纂委员会编:《四库全书存目丛书补编》第四册,齐鲁书社2001年版,第360—361页。

② 《四库禁毁书丛刊·集部》第18册收入拼版影印《古今振雅云笺》,北京出版社1997年版,第1—292页。本文所据之版本与此本同,文中相关引文均可以该本为据。后文所引《古今振雅云笺》原文只标卷数,不再一一出注,特此说明。

③ 文安之:《振雅云笺序》,四库禁毁书丛刊编纂委员会编:《四库禁毁书丛刊·集部》第18册,北京出版社1997年版,第3页。

篇先列主题,便于读者把握尺牍内容,次列标题,小字号靠右排列,顺次是作者姓名,其下右侧小号字标作者之年代,左侧再示以尺牍之类目,计有帝王、学问、经史、考试、仕途、用人等50类,搜罗备至,涵盖广泛,确如序言所说,"菁华搜群言之隐赜,芟烦夷乱,事以群分;剪漫削浮,义缘类聚",可以"骋千载而通情,悬百金而定字"①。

二、《古今振雅云笺》系托名徐渭之伪书

《古今振雅云笺》署徐渭纂辑,殊为可疑。其最有力之证,是书中辑录之"公安三袁"尺牍多成文于徐渭过世之后。全书共辑录袁宗道尺牍3篇、袁宏道15篇、袁中道14篇,累计32篇,占了总量的2.7%。尤其是袁宏道、袁中道两人,均是辑录作品较多之作者。由此可见选辑者对"公安三袁"之肯定,亦可推知该书纂辑之时代对"三袁"之推崇。然徐渭是嘉隆间人,生于正德十六年(1521),卒于万历二十一年(1593),"公安三袁"则为隆万间人,其中袁宗道(1560—1600)、袁宏道(1568—1610)、袁中道(1570—1630),两者虽有重叠,却难有交集。尤其是袁宏道与袁中道,年龄与徐渭更是相差悬殊,且历徐渭之世,"公安三袁"也影响有限,难以获得社会之推崇与肯定。

为更清楚地说明问题,兹以袁宏道之尺牍为例证之。袁宏道,字中郎,号石公,湖广公安人。万历二十年(1592)进士,历任吴县知县、礼部主事、吏部验封司主事、国子博士等职,与兄袁宗道、弟袁中道并有才名,合称"公安三袁"。袁宏道一生著述宏丰,生前即有刊本行世,其《敝箧集》《锦帆集》《解脱集》《瓶花斋集》《广庄》《瓶史》《潇碧堂集》,合称"袁中郎七种",均系其生前所编订刊刻,故"所分种数及集名,悉合作者原意"②。袁宏道著作中尺牍占比较多,据钱伯诚笺校之《袁宏道集笺校》,其《锦帆集》《瓶花斋集》《潇碧堂集》各辑录尺牍2卷,其《解脱集》辑录尺牍1卷,加上未编稿、佚稿及选本中散见之遗佚,其存世尺牍约300篇。徐渭去世时袁宏道25岁,袁氏少敏慧,善诗文,"年方十五六,即结文社于城南,自为社长"③,成名较早,万历十六年(1588)中举人,万历二十年中进士,徐渭

① 文安之:《振雅云笺序》,四库禁毁书丛刊编纂委员会编:《四库禁毁书丛刊·集部》第18册,北京出版社1997年版,第4页。

② 钱伯诚:《袁宏道集笺校》凡例,上海古籍出版社1981年版,第1页。

③ 袁中道:《吏部验封司郎中中郎先生行状》,《袁宏道集笺注》附录二,上海古籍出版社1981年版,第1650页。

生前袁宏道确已成名于世,且也取得了一定的社会地位,故不能完全排除其作品
被徐渭辑录之可能。

然《古今振雅云笺》辑录之袁宏道尺牍15篇,有4篇年代可考,且均录自袁
氏之《锦帆集》,另外11篇则未见载于袁宏道诸集中,是为中郎之佚文。《锦帆
集》收袁宏道万历二十三年(1595)乙未至万历二十五年(1597)丁酉之作,均成文
于徐渭谢世之后,其中年代可考之4篇,辑录情况如下:

> 《古今振雅云笺》卷二《与江近之》,万历二十五年(1597)丁酉在无
> 锡作;
> 《古今振雅云笺》卷二《与皇甫二泉》,万历二十四年(1596)丙申在
> 吴县作;
> 《古今振雅云笺》卷六《寄伯修》,万历二十四年(1596)丙申在吴
> 县作;
> 《古今振雅云笺》卷九《答刘子威》,万历二十四年(1596)丙申在吴
> 县作。①

梁任公曰,"世代错迕则事必伪,此反证之最有力者也"②。上引数例,确凿
了《古今振雅云笺》非徐渭纂辑。

不仅反证法可证该书系托伪,书中其他记载亦颇可明其踪迹。其一,徐渭自
编之《畸谱》、陶望龄所撰之《徐文长传》等传记资料中均未提及有纂辑尺牍一事。
其二,文安之《振雅云笺序》中曰"客有传徐文长所删尺牍者",作者虽未明言托
伪,却也没有完全认可这一事实,一"传"字便可传递作者之诸多疑虑。其三,书
中题作"武林徐渭文长纂辑"亦属大谬,徐渭籍贯山阴,世所共知,陶望龄所刻《徐
文长集》虽有署之会稽者,亦在情理之中。然武林乃杭州之别称,徐渭虽曾短暂
入赘妇家,亦曾随幕在杭,却断无将籍贯移向杭州之理。此疑托伪者故意移花接
木、惑乱视听,抑或果不知就里而张冠李戴乎?

徐渭生前并未知名于世,去世若干年后,其作品才由门人商维濬于万历二十
八年(1600)刊刻行世,此后又经钟人杰、张岱、王思任等编印校辑③,又得袁宏道
推崇宣扬,才得以名扬后世,故其身后多有托名伪作行世。如明冯时化所撰《酒

---

① 钱伯诚:《袁宏道集笺校》,上海古籍出版社1981年版,第308、262、232—233、243—244页。
② 梁启超:《中国历史研究法(外二种)》,河北教育出版社2000年版,第120页。
③ 徐渭:《徐渭集》,中华书局1983年版,第3页。

史》，浙江鲍士恭家别本改题曰徐渭撰①，《天池秘集》亦系孙一观托名徐渭之伪书②，以上两种《四库全书总目提要》中均有定论。编入《续修四库全书》之《南词叙录》，据骆玉明等先生之考证，亦非徐渭所作③。可见，托伪徐渭并非偶然，《古今振雅云笺》只是其中之一。

三、《古今振雅云笺》编者及成书过程之考察

《古今振雅云笺》非徐渭纂辑业已明了，究系何人所编亦颇值玩味。细考之，或与书中所列参订者张嘉和有关。张嘉和其人，史志难觅其踪，然从与之有关的书籍可略窥门径。就笔者所见，流存于世并与之有关的作品有三部：一为《古今振雅云笺》，署为参订者；一为《(皇明)通鉴直解》(十六卷)④，为撰写者；一为《篇海类编》(二十卷)⑤，署张嘉和辑。

首先，应明确三个"张嘉和"是否同指一人。《古今振雅云笺》署为"茂林张嘉和起祯参订"；《通鉴直解》序末署"古吴荠溪野史张嘉和辑"；《篇海类编附录条目》后有"长洲张嘉和起祯纂辑"⑥。同名同字自不必言，同名同籍者当也无可怀疑。三者所列籍贯，名称虽异，地方实一。"茂林"为苏州之代称，长洲系武则天万岁通天元年(696)析吴县东部分置，据《通典》，长洲因"有吴之长洲苑，因以为名"⑦，直到宣统三年(1910)才撤并，入苏州，故长洲亦可雅称"古吴"。据此判定，以上三书所涉均为同一"张嘉和"无疑。

三本书同出一人，故共同点较多。一是编排手法相似，都是目次清晰、便于检阅。二是排版格式相似，《通鉴直解》与《古今振雅云笺》均有眉批，内有双行夹

---

① 《四库全书总目提要》卷116"酒史"条："《酒史》六卷，内府藏本，明冯时化撰。……又浙江鲍士恭家别本，其文并同，而改题曰徐渭撰。案中所载有袁宏道《觞政》《酒评》。渭集虽宏道所编，然宏道实不及见渭，渭何由收宏道作乎？其为坊贾伪题，明矣。"中华书局1965年版，第1001页。

② 《四库全书总目提要》卷131"天池秘集"条："《天池秘集》十二卷，直隶总督采进本，旧本题明徐渭编，武林孙一观校。案渭，嘉靖中人，有《笔元要旨》，已著录。是编所载如叶向高、陈继儒之类皆在其后，渭安得见其诗文，盖即一观所辑，伪托于渭也。"中华书局1960年版，第1121页。

③ 骆玉明、董如龙：《〈南词叙录〉非徐渭作》，《复旦学报》1987年第6期，第71—78页。据该文考证，《南词叙录》之作者或为号"天池"之陆采，若该推论成立，则该书或并非有意托伪徐渭，而是后人误传误解所致。

④ 《通鉴直解》参看《四库禁毁书丛刊》(史部)第055册，北京出版社1997年版，第371—733页。

⑤ 《篇海类编》参看《续修四库全书》(经部)第0229、0230册，上海古籍出版社2002年版，第537—680页、第1—322页。

⑥ 《篇海类编》，《续修四库全书》(经部)第0229册，上海古籍出版社2002年版，第555页。

⑦ 杜佑：《通典》，中华书局1988年版，第4827页。

注。《古今振雅云笺》与《篇海类编》正文均是九行十八字,所用纸张相同。三是刊印字符相同,不论是正文、夹注还是眉批,三书所用字体、字号均一致。以上特点亦可从不同侧面说明三书出自同一人之手。

内容方面,《通鉴直解》系参照张居正等所编之《资治通鉴直解》体例,记载明朝历代帝王及名臣史事,从首卷"明太祖朱元璋"起到卷末"甲申殉主忠臣"止,为明代纪传简史,故亦称《皇明通鉴直解》。该书有序"有凡例"有目次,序言系张嘉和本人自撰,故著作版权清晰,不存在托名之争议。由此可推知:张嘉和具有文字处理和编辑能力,生活之年代则在明末清初。

《篇海类编》是我国古文献中的一部辞书,本书之编辑刊刻与《古今振雅云笺》极其相似,也是一部托伪之作。对此,前人多有论及,如《四库全书总目提要》指出:"旧本题'明宋濂撰,屠隆订正'。……其书取韩道昭《五音篇海》以部首之字分类编次,舛陋万状。无论宋濂本无此书,即以所引之书而论,如田汝籽、都俞、李登、汤显祖、赵铭、章黼、杨时乔、刘孔当、赵宧光,皆明正德至万历时人,濂何从见之?……屠隆虽不甚读书,亦不至此,殆谬妄坊贾所托名也。"①《篇海类编》虽是托伪之作,也有较多舛误,但其价值却不能因此而抹杀。该书不仅入编《续修四库全书》,且多为《康熙字典》《中华大字典》《汉语大字典》等古今大型辞书所引用,即是其价值之体现。

关于《篇海类编》的编纂依据,大致有以下三种说法:《四库全书总目提要》及刘叶秋先生认为该书取韩孝彦、韩道昭父子之《四声篇海》(亦作《五音篇海》)分类编次②;王重民先生认为"大抵《篇海类编》本之于《洪武正韵》,故托诸宋濂"③;杨载武先生则认为其本之于《详校篇海》④。以上争论之焦点,并非讨论是否参考了哪部辞书,而是争论哪部辞书是《篇海类编》所据之底本。本文不拟深究《篇海类编》之所本,以上诸说之提出,必有一定依据。按情理言之,一部辞书之辑纂,必会选择以一本辞书为底本,并参考诸多相关书籍,以期取长补短,青出于蓝。可以肯定,《篇海类编》之编纂,必然参考了《四声篇海》《洪武正韵》《详校篇海》或与之内容相似之辞书,而且其所参阅之书亦必不限于此。

同样,《古今振雅云笺》之纂辑,也必然是以一本或几本为底本,并参校其他诸书之长而成的。细考《古今振雅云笺》之篇目,明以前之尺牍似多出自《尺牍清

① 永瑢:《四库全书总目提要》卷四三,中华书局 1965 年版,第 372—373 页。
② 刘叶秋:《中国字典史略》,中华书局 1983 年版,第 211 页。
③ 王重民:《中国善本书提要》,上海古籍出版社 1983 年版,第 62 页。
④ 杨载武:《〈篇海类编〉真伪考》,《西华师范大学学报》2007 年第 1 期,第 31—34 页。

裁》。如《古今振雅云笺》卷一所录,明以前尺牍116篇,均可于《尺牍清裁》中找到,且连文中之夹注亦一并照搬,只字未易。当然并不能据此而判定《古今振雅云笺》所据之底本必是《尺牍清裁》①,也存在二次传抄之可能。即《古今振雅云笺》以某本为底本,而某本又是以《尺牍清裁》为底本选编的。如托伪杨慎之《古今翰苑琼琚》②(十二卷),内容亦多出自《尺牍清裁》。

王世贞之《尺牍清裁》,是文学鉴赏类尺牍选本之典范,影响深远。尺牍作为一代之文风,广受士林关注,始于明代中叶嘉靖、隆庆之间,其推动者尤以杨慎、王世贞用力最勤。杨慎所编之《赤牍清裁》,为明代最早之尺牍选本。王世贞之《尺牍清裁》,则是在《赤牍清裁》的基础上增修而成的,"是书盖因杨慎原本而增修之。慎所录自《左》《史》,迄于六朝,共为八卷。世贞益为二十八卷,复采唐代至明之作通为六十卷。又旁搜稗史,得梁、隋以前佚作四十余条,为《补遗》一卷"③。从《中国古籍善本书目》辑录之情况看,王世贞增辑本初刻于嘉靖三十七年(1558),共二十八卷,书名仍为《赤牍清裁》,署杨慎辑、王世贞增辑。隆庆五年(1571)增编为目前所传之六十一卷《尺牍清裁》,为自刻本,此后有多种刻本行世④。《尺牍清裁》为明代中叶尺牍文选之集大成者,系后世选本之典范,影响深远。卢恭甫《国朝名公翰藻序》云:"明之书记至嘉隆、万历之岁而愈娴郁可餐,盖自杨用修、王元美两先生勒成之,其书纵横,光烛士林,具载□两集中。"⑤由《尺牍清裁》之一再刊刻与后世之深远影响,当可推知《古今振雅云笺》之编辑,以《尺牍清裁》为底本之可能性最大。

《古今振雅云笺》中所选辑之明人尺牍,似非本自《尺牍清裁》。首先,《尺牍清裁》辑录明人作品较少,仅4卷录49人,而《古今振雅云笺》所录明人作家作品较多;其次,即使《尺牍清裁》辑录之明人作者,《古今振雅云笺》所选也与《尺牍清

---

① 王世贞编:《尺牍清裁》(六十卷补遗一卷),明隆庆刻本,《四库全书存目丛书》(集部)第309册,齐鲁书社1997年版,第162—421页。

② 《古今翰苑琼琚》,明天启刻本,《四库全书存目丛书补编》第四册,齐鲁书社2001年版,第355—696页。《古今翰苑琼琚序》系托伪之书,知之甚明。如《四库全书总目提要》卷192曰:"古今翰苑琼琚,旧本题杨慎编,其书饾饤补缀,类乡塾兔子园册子,中间割裂尚书,尤为庸妄,疑非慎之所编也。"该书《选入翰苑琼琚书目》所列之参考书,多成书于杨慎(1488—1559)去世之后,如《尺牍清裁》便是杨慎去世之后王世贞在其所编之《赤牍清裁》的基础上增编而成的。

③ 永瑢:《四库全书总目提要》卷192,中华书局1965年版,第1749—1750页。

④ 可参看《中国古籍善本书目》,现存王世贞增辑之二十八卷本《赤牍清裁》有两种刻本,六十卷本《尺牍清裁》有三种刻本,上海古籍出版社1996年版,第1642页。

⑤ 凌迪知编:《国朝名公翰藻》,《四库全书存目丛书》(集部)第313册,齐鲁书社1997年版,第120页。

裁》之辑文颇不相同。故《古今振雅云笺》所选之明人尺牍,应是另有所本。明末之世,单录明人尺牍之选本亦颇多,如《选入翰苑琼琚书目》所列,就有《国朝名公尺牍》《当朝书启》《国朝名公书启》《国朝名公翰藻》《国朝名公小简抄》等,从书名均可判断系明人尺牍之专辑。因明人之尺牍选本没有像《尺牍清裁》一样的权威版本,故很难考究《古今振雅云笺》所选明人尺牍所据之底本。但大致是从各选本中二次选辑而来的,是颇可确凿的。前文所述袁宏道所录之尺牍,有 11 篇未见载于其专著,即是明证。为免骈枝之累,此不赘述。

综上分析,《篇海类编》及《古今振雅云笺》两书之编撰、排印、托伪及性质(均偏重实用性)等均存在诸多相似之处,加上两书分别有"长洲张嘉和起祯纂辑""茂林张嘉和起祯参订"等签署,再参考《皇明通鉴直解》之撰,证明张嘉和具有较强的文字编撰能力。种种迹象表明,张嘉和即使不是《篇海类编》及《古今振雅云笺》之真正纂辑者,至少也是组织编撰者(类似今之主编)。又从诸书编撰之总体质量看,正如《四库全书总目提要》所推测的,张嘉和之身份为"书贾"似更准确。据《苏州市志》记载,苏州是明代全国知名的刻印书中心,明代中叶正德、嘉靖年间,出现的翻刻、仿刻宋版书热,即发端于苏州私刻、坊刻,其精刻、精印者几可乱真。尤其是万历至崇祯数十年间,湖州、歙县的刻工移居苏州,进一步推动了苏州刻书业的发展。坊刻、私刻有名实可考者均超过 300 家。[①] 故胡应麟在《少室山房笔丛》云:"凡刻书之地有三,吴也,越也,闽也。……其精吴为最,其多闽为最,越皆次之。"[②]"凡姑苏书肆,多在阊门内外及吴县前。书多精整,率其地梓也。"[③]此记载之"姑苏书肆"地点正与张嘉和所署之"茂林""古吴""长洲""菏溪"暗合,此亦可为上述推论之佐证。

兹略述《古今振雅云笺》纂辑者张嘉和之简况如下,以备考稽补正:

张嘉和,苏州长洲人,字起祯,号菏溪野史,明末清初书贾,有文才,撰《通鉴直解》十六卷,编纂《古今振雅云笺》(十卷)、《篇海类编》(二十卷)等,颇为后世所重。

---

① 陈晖主编:《苏州市志》第三册,江苏人民出版社 1996 年版,第 807—825 页。
② 胡应麟:《少室山房笔丛》,中华书局 1958 年版,第 56—57 页。
③ 同上,第 56 页。

四、《古今振雅云笺》成书年代及刊印情况之推测

  《古今振雅云笺》之编纂者及其成书过程业已明了,兹就其成书年代及其刊印情况做些探讨。从序言推断,该书编订时间当不晚于崇祯四年(1631)。文安之作序之时,书稿当已大致编辑完成,这从序文"客有传徐文长所删尺牍者,余受而披之"即可明了。序末文安之落款为"赐进士第出身国史检讨夷陵铁庵文安之书于玉堂之署",此落款给我们传递了一个重要信息,即文安之撰写序言时官职为国史检讨,并且写序之地点也是在翰林院(翰林院亦称玉堂)。据《明史》卷二九七《文安之传》记载:"文安之,夷陵人。天启二年进士。改庶吉士,授检讨,除南京司业。崇祯中,就迁祭酒,为薛国观所构,削藉归。"据此可推知,文安之天启二年(1622)中进士,并由庶吉士而授检讨。明代之选官制度不像清代那么严格,没有规定必须三年散馆授官。从明史诸官履历情况看,明代庶吉士担任时间一般为一到三年不等,按照最短一年计算,其授检讨之职应是在 1624 年以后。又据《明史》卷二六六《申佳胤传》记载:"申佳胤,字孔嘉,永年人。崇祯四年进士。……大学士薛国观倾少詹事文安之。安之,佳胤座主也,事连佳胤,左迁南京国子博士。"据此可知,崇祯四年文安之曾担任主考,则迟至该年,文安之必然已卸职检讨,左迁为国子监司业或祭酒了,因明代主考例由国子监主官担任。因此可断定,文安之作《古今振雅云笺》之序时间为天启四年(1624)至崇祯四年之间,故该书成书之年代必不晚于 1631 年。

  然现存《古今振雅云笺》刊印之日期,则又不会早于崇祯十年(1637)。因书中卷十所辑录之钱谦益《缄刺史胡孝辕》及胡震亨之《缄宫詹钱受之》两文,成文于崇祯十年之后。孝辕系胡震亨之字,受之则是钱谦益字。从两份尺牍内容看,《缄刺史胡孝辕》当是回复《缄宫詹钱受之》之作品,为明辨之,兹录于下:

谈苑序缄宫詹钱受之
胡震亨

  太公《谈苑》一编,汇史部诸家而撮其长,洵千古奇撰,必传无疑。一序心许久之,今始得脱稿,则吏之日夺于冗,家之日更夺于懒也。然六朝文,敲琢亦大不易。茂生兄坐迫,见不肖腐毫状,想能道之。政不欲草草相塞,呕出一点血谢数年稽诺愆。且便索润华物,分玉堂草麻之半耳,咲笑。刻成祈赐全帙三,分儿辈藏架为幸。

谈苑缄刺史胡孝辕
钱谦益

《谈苑》之序,虚首简以待者,数年于此矣。邮筒远来,忽得惠赐,长跽捧读,回环再三。譬诸卿云下垂,河汉倒流,耳目骇掉,心神眩惑。已乃披寻经纬,分擘肌理,则见其镕冶经典,劳笼子史,日光玉洁,云诡波涌。疏其淹通,既虑周而藻密;叩以沉寂,亦味深而志隐。信可谓后劲潘、陆,并驱徐、庾者矣。先人有幸,当默举于九京;小于(子)何知,有衔感于没世耳。后有子云,岂曰玄之尚白,定诸子政,亦云皆以杀青。聊裁短章,敬谢明德。伏惟亮察,不尽愿言。

上引两文,显系套函,这在书中并不多见。《谈苑序》与《谈苑》系指尺牍涉及之主题,均为编者所加。《缄宫詹钱受之》应是《谈苑序》(指胡震亨所作之《谈苑序》文章,与编者所加之《谈苑序》无关)之随函。《缄刺史胡孝辕》一文,《牧斋初学集》《牧斋有学集》《牧斋杂著》中均未见著录。然从尺牍内容看,两封书函内容翔实、文字老练,尤其是《缄宫詹钱受之》,脉络分明、事迹清晰,断非书贾之活套伪作。且尺牍标题均标明对方任职官衔,所标职务又均有履历可寻,更增其真实性。如钱谦益之"宫詹",即其任职詹事府之省称。据《钱牧斋先生年谱》,天启四年(1624),钱谦益"以太子谕德兼翰林院编修,充经筵日讲官,历詹事府少詹事",又于崇祯元年(1628)"荐擢詹事,转礼部右侍郎,兼翰林院侍讲学士,协理詹事府事",年底即因阁讼削职,直到明亡均未起复。南明初立,起为礼部尚书,时在崇祯十七年(1644)。[①] 故自天启四年(1624)起至崇祯十七年履新任礼部尚书止,钱谦益官职名皆可称"宫詹"。因此,胡震亨之《缄宫詹钱受之》当作于1624—1644年之间。

再从胡震亨任职"刺史"之年推断,文章创作之年可更趋精确。胡震亨明史无传,其履历简要记之于相关方志。据《光绪嘉兴府志》记载:"胡震亨(1569—1645),字孝辕,为诸生,即以经济自负,万历丁丑举于乡。知合肥县,吏治之余,留意韬钤,尝与刘綖论兵,綖心折。时议举边才,不果。崇祯季年,荐补定州知州。擢员外郎,乞归。"[②]孝辕一生仕宦无多,钱氏尺牍中"刺史"当指胡震亨出任

---

① 金鹤冲:《钱牧斋先生年谱》,《牧斋杂著》,上海古籍出版社2007年版,第930—952页。
② 《中国方志丛书·浙江嘉兴府志》卷五十六,成文出版社1970年版,第1575页。

定州知州之事。据《定州志》记载，胡震亨知定州，时在崇祯十年（1637），并于崇祯十二年卸任定州知州，由陆文衡接替。① 故可推知《缄刺史胡孝辕》必作于1637年之后。再从尺牍中"则吏之日夺于冗，家之日更夺于懒"可知，其《谈苑》序文并非作于知州任上，即便乞归之后也应是拖了一段时间才完工的，故《缄宫詹钱受之》的创作时间当不早于1639年。综上，胡震亨与钱谦益之尺牍创作时间在1639—1644年之间，则可知《古今振雅云笺》刊印之年当不早于1639年。

然而并不能据此就判定该书编于崇祯末年，只能说明目前所见之《古今振雅云笺》刻本刊印时间在1639年之后。最大的可能，钱谦益与胡震亨之尺牍应是在《古今振雅云笺》编好之后刊印或重印时所追加或挖改的，不能排除曾有不含胡、钱两文的早期《古今振雅云笺》刊本行世。另有一个现象颇可关注，《古今振雅云笺》卷九、卷十均属通用类，除卷九前4篇为明以前作品，其他都为明代尺牍，且篇幅均较长，故卷九收文仅81篇，卷十仅53篇，与前八卷收文均超过120篇大不相同。前已述及，《古今振雅云笺》从大致编辑完成到目前流传之刻本，经过了一个较长的持续翻印和编辑修改的时间跨度，故存在类似《缄宫詹钱受之》的其他尺牍在此期间被编入之可能。如卷九收入之张明弼尺牍2篇，目录中排在一起，但正文中两篇之间却夹入王焞之短简《缄王父母》，目录与正文错乱。且张明弼之《答黄石斋太史》各段之下均有大段夹注，与其他尺牍文末笺注不同。张明弼（1584—1652），为明末清初文学家，崇祯六年（1633）举人，成名较钱谦益为迟，故张氏之尺牍也必为事后追加，且从编排之错乱混杂看，挖改之可能性更大。

明清刻书，以梓后补编补刻补辑为常事，如《尺牍清裁》（六十卷）有补辑一卷，《古今濡削选章》有数百篇增补之尺牍附刻于各卷末。为求全璧，许多选本在《凡例》中也会说明大意，征集稿件，如《古今濡削选章凡例》："不佞贫乏藏书，椎少交好，故不免有遗珠之恨也。梓后海内肯以藻语相遗，不佞仍当编入，愿高雅共为玉成焉。"② 而《古今振雅云笺》因托名徐渭，故只能挖改补编。挖改补编之原因主要是作为商业性较重的尺牍选本，希望尽可能多地收录时人名作，以期提高身价，扩大影响。如所增之胡震亨、钱谦益、张明弼等皆系当世硕儒，影响颇大，尤其是钱谦益，为东林党魁、诗坛盟主，从者云集，俨然文坛执牛耳者，故辑录一二以添声色。且明代之活字印刷术，一旦制成木板，就可以长期保存并随时改

---

① 《中国方志丛书·河北省定州志》卷九，成文出版社1969年版，第912页。
② 李国祥：《古今濡削选章》，《四库全书存目丛书补编》第29册，齐鲁书社2001年版，第4页。

易正文,故流行之书刊,往往一印再印,内容也常视情况挖改增删。这也可以解释何以胡震亨、钱谦益等后加之尺牍仅见于卷九、卷十,且各仅收录一二则而已,主要是考虑成本因素及挖改方便。

五、从《古今振雅云笺》看明清尺牍文选的商业化特征

明清托伪之尺牍选本颇多,主要集中在应用借鉴类中。除《古今振雅云笺》外,如前文已涉及的《古今翰苑琼琚》托伪杨慎,《历朝翰墨选注》托伪屠隆[①]等,均属此类。凡此类选本,所署为知名大家者,均需特别留意,尤其是署名明代中叶以前的作家作品,则必为托伪无疑。此外,亦不乏托伪名人、张冠李戴、向壁虚构之专门活套伪书,较著名的如《六如居士尺牍》《唐伯虎尺牍》《唐六如先生笺启》,据考证,除《唐伯虎尺牍》真伪掺杂外,其他均是向壁虚构的活套范文,如《六如居士尺牍》以史事为据虚拟尺牍,《唐六如先生笺启》则以陆昭容、秋香、谢天香、罗秀英等《八美图》《三笑姻缘》小说中人物为托捏造书函。[②]

凡是托伪之书,多因书贾竞利,其书商业化特征明显,大致言之,主要有以下几个特点。一是剽窃古籍,古人版权意识不强,所编商业化之书刊往往抄袭前人作品,如《古今振雅云笺》《古今翰苑琼琚》等均多依据《尺牍清裁》而编订,省时省力又不乏书籍质量和档次。二是增加眉批,商业性书刊所针对的消费群体普遍文化水平不高,需以眉批对文中个别内容予以提示、说明和注解,此外,书眉留白亦可增加版面之美观度。故《古今振雅云笺》《篇海类编》等伪书均有眉批。且从《古今振雅云笺》之眉批看,总体质量不高。三是名人作序,为提升书籍之身价和"真实性",伪书往往由名人作序,甚至托名作序,此风与当下之习俗略同。四是便于检索,书贾作伪,实为射利,故书刊多注重实用性。因此《古今振雅云笺》《历朝翰墨选注》等尺牍选本均编目详尽、便于检索,以利随查随用。相反,注重文学性之《尺牍清裁》则未予编目。以上是托伪制伪的典型套路,但并非所有伪书兼具以上特征。这些特征虽不能作为判定真伪之标准,却也可以作为检伪之参考。

尺牍类伪书盛行,除书贾竞利外,与明清时期社会习俗及印刷技术的发展不无关系。

---

① 《四库全书总目提要》卷193"翰墨选注十二卷"条下云:"旧本题明屠隆撰。是书皆历代尺牍,谬妄不可殚述。……隆虽纵诞之士,不以学问名,然其陋不应至是,必出肆伪托也。"

② 买艳霞:《几种署名唐寅著作真伪考辨》,《东南大学学报》2010年第6期,第89—92页。

　　首先,明清时期盛行尺牍之风。受杨慎、王世贞等推动,"不能言而言之、不得言而言之、不可以言而言之"①者往往付诸尺牍。"甚至是住在同一城市而且离得很近的朋友,也是书信往返,而不见面谈话。"②因此,尺牍选本广受追捧。市场需求催生产品商业化,以致"啖名俗子,褒然千金享之"③。

　　其次,商人群体对尺牍有需求。明代中叶以来,社会思潮发生了巨大变化,大批士人弃儒就贾,导致士商互动与合流,商人地位提升,并成为继士族阶层之后最有文化的一个社会群体④。书商则是商人群体中最有文化的一类,往往兼具商人与知识分子的双重身份,不仅刻书印书,还会编书撰书。商人对书仪活套之类的应用型书籍需求强烈,不仅热衷购置,而且还自己编印,"这些书可以说是商人为自己的实际需要而编写的,并且也是由商人刊行的。明、清商业书是从商人观点所编写的日用百科全书,从天文、地理、朝代、职官、全国通商所经的里程道路、风俗、语言、物产、公文书信、契约、商业算术,以至商业伦理等无所不包。从这类书的大量出版和一再刊刻,我们可以看到商人必须对他们所生活的客观世界具有可靠的知识"⑤。事实上,《古今振雅云笺》等书籍的消费群体主要也是面向商人的。

　　第三,印刷术的进步也促进了伪书的发展。明清伪书盛行,与明代木活字印刷术的应用有较大关系。对此,《利玛窦中国札记》里的描述颇为真切:"他们的印刷方法有一个明确的优点,即一旦制成木板,就可以保存起来并可以用于随时随意改动正文。也可以增删,因为木版很容易修补。而且用这种方法,印刷者和文章作者都无须此时此地一版印出极大量的书,而能够视当时的需要决定印量的多少。……正是中文印刷的简便,说明了为什么这里发行那么大量的书籍,而售价又是那么出奇的低廉。没有亲身目睹的人是很难相信这类事实的。"⑥正是因为技术的进步与生产成本的低廉,晚明书贾基于牟利的需求,几乎无书不刻,

　　①　王思任:《陈学士尺牍引》,《谑庵文饭小品》,《续修四库全书》(集部)第1368册,上海古籍出版社2013年版,第36页。

　　②　利玛窦、金尼阁著,何高济等译:《利玛窦中国札记》,中华书局1983年版,第29页。

　　③　谢肇淛:《五杂组》,中华书局1959年版,第408页。

　　④　余英时:《士商互动与儒学转向》,《士与中国文化》,上海人民出版社2003年版,第527—576页。

　　⑤　余英时:《中国近世宗教伦理与商业精神》,《士与中国文化》,上海人民出版社2003年版,第468页。

　　⑥　利玛窦、金尼阁著,何高济等译:《利玛窦中国札记》,中华书局1983年版,第21—22页。

而且随意改易,以致"明人刻书而书亡"①。隆万以来,渐受文人重视之尺牍文学,自然也是坊间追捧之对象,以致托名伪造、张冠李戴、向壁虚构,无所不用其极,《四库全书》拒收尺牍,只怕与此不无关系。

　　(本文原发于《浙江学刊》2016 年第 2 期,人大复印资料《中国古代、近代文学研究》2016 年 9 月全文转载)

---

　　① 陆心源在《仪顾堂题跋》卷一《六经雅言图辨跋》中对明人妄改乱刻古籍有所批判,曰:"明人书帕本大抵如是,所谓刻书而书亡者也。"《国家图书馆藏古籍题跋丛刊》第 17 册,北京图书出版社 2002 年版,第 266 页。

清朝入关之前的儒学风气

李贵连①

摘　要：儒家经典是中国古代治国安邦的神圣准则和重要依据。早在清军入关之前，努尔哈赤就在战争的残酷教训中，树立了爱惜民命与积贤为道的政治理念。其与汉人文士的交往，加深了其对儒学的理解和向往。对天道的服膺与努力践求，日益内化为努尔哈赤所遵循的价值规范。皇太极从精神气质上亲近汉文化，倾心委任汉人文士，力图在政治气象上与帝王之业相侔。虽然皇太极始终保持着不可盲目全盘照搬汉文化的警惕意识，但成为"天下共主"的理想，总是激励着他崇儒兴学，吸取中原文化。儒学礼乐文明的精神内核，在清人入关之前，就已经日益取代萨满巫教，成为女真文化的主要祈向。

关键词：清代；入关之前；儒学风气

金天兴亡国之后，皇族完颜氏几于族灭，居住汉地的女真人因通婚，或为躲避战乱而隐姓埋名，与汉人融为一体。居近内蒙古地区的女真人因受蒙古文化影响较深，在元代"若女真、契丹生西北不通汉语者，同蒙古人"②的政策之下，加入蒙古族群。而金代未迁入内地的东北女真人，遂成为明代女真人的主体及清代满族的先世。

一、服膺天道与勤勉国政——努尔哈赤时期的儒学渊源

明嘉靖三十八年（1559），努尔哈赤生于苏克苏浒河畔的赫图阿拉。《清史稿·太祖本纪》称努尔哈赤："其先盖金遗部。始祖布库里雍顺，母曰佛库伦，相传感朱果而孕。稍长，定三姓之乱，众奉为贝勒，居长白山东俄漠惠之野俄朵里

---

① 李贵连（1978—），江苏连云港人，浙江越秀外国语学院副教授，文学博士，研究方向：明清文学。本文为国家社会科学基金项目"清代满人经学研究"阶段性成果（项目编号：16BZW090）。

② 宋濂等：《世祖十》，《元史》，中华书局1976年版，第268页。

城,号其部族曰满洲。满洲自此始。元于其地置军民万户府,明初置建州卫。"[1]努尔哈赤出生的时代,嘉靖皇帝迷信神仙道教,荒怠国政,大明王朝锦绣繁华的背后,已是一片西山晚照。而遍布东北大地的女真各部,却在蒙昧朴野的时空中迎来皎月初升。努尔哈赤时期的辽东女真,主要分为建州、海西和野人女真三部。每一分支之下,又有许多部落。建州女真主要聚居于抚顺关以东、鸭绿江以北及长白山南麓;海西女真主要居住在东辽河流域及乌拉河、辉发河一带;野人女真则大致散居在长白山北坡、乌苏里江靠海处以及黑龙江中下游一带。由于地处荒远且生产条件落后,女真人长期处于以渔猎为主的奴隶社会状态,在中原王朝的心目中,自然是蛮夷之鄙人。

明代从永乐皇帝朱棣开始,就在东北设置卫所,采取"以夷治夷"的策略,通过分封有势力的部落酋长,以达到对女真人的实际统治。努尔哈赤的六世祖猛哥帖木儿,就曾经在永乐三年(1405)进京接受了朱棣的敕谕,被授予建州卫指挥使的爵位。努尔哈赤的祖父觉昌安,父塔克世虽属女真贵族阶层,但是他们并没继承明朝的任何官方职位,财力权势均非显赫。在部落的权力争斗和仇怨纷争中,只能环卫而居以求保御。觉昌安出于对振兴祖业及族人生存的考虑,与当时建州女真势力最大的部落酋长王杲结为亲家。据《清史稿》记载,是为"阿太,王杲之子,礼敦之女夫也"[2]。礼敦即为觉昌安之长子。此外,还有谓《清史稿》所言之"显祖宣皇后,喜塔腊氏,都督阿古女"[3]中的阿古即为王杲,也就是说王杲同时可能还是努尔哈赤的外祖父。[4] 应该是在李成梁讨伐王杲古勒山寨的战役中,年少的努尔哈赤被明军俘虏并成为李成梁账下的亲兵。《山中闻见录》记载:"太祖既长,身长八尺,智力过人,隶成梁标下。每战必先登,屡立功,成梁厚待之。"[5]历史的机缘促使努尔哈赤和李成梁之间建立了谊同父子的关系,否则就无法解释李成梁任辽东总兵官的几十年间,对其他部落都是采取打压政策,而对努尔哈赤则是优容倍至。努尔哈赤自幼与汉人的密切交往及其所受汉文化的熏陶,促使其视野开阔,识度宏远。

---

① 赵尔巽等:《清史稿》,中华书局1998年版,第58页。

② 同上。

③ 同上,第2298页。

④ 比如孟森《清朝前纪·显祖纪第九》中所言:"阿古都督为何等人,又不明言。今可断言阿古即王杲之转音,不明言者,讳之也。"见汉史氏述《清朝兴亡史·外八种》,北京出版社1999年版,第79页。当然也有根据《永陵喜塔腊谱书》记载,言"阿古并非王杲"者,见李林《满族宗谱研究》中编之《宗谱分析》,辽宁民族出版社2006年版,第127页。关于王杲与努尔哈赤之真实关系,迄无定论。

⑤ 彭孙贻:《山中闻见录》卷一,《丛书集成续编》第24册,上海书店1994年版,第184页。

努尔哈赤青年时期的辽东地区,民族矛盾紧张,明朝边将趾高气扬,女真各部之间也往往为了粮食、人口和牛羊而自相残杀,甚至骨肉相残。万历十一年(1583),努尔哈赤以父祖遗甲十三副起兵,征讨在觉昌安、塔克世被明兵误杀事件中负重要责任的尼堪外兰。努尔哈赤起兵初期,就颇具王者之风。在夺取诺米纳的本部萨尔浒城时,于城破之时安顿降民,不使夫妻离散。努尔哈赤不仅每战身先士卒,而且能够不计前怨,廓然大度。万历十二年(1584),在攻打翁克洛城时,鄂尔果尼和罗科射伤努尔哈赤。二人被俘后,努尔哈赤赞其为"壮士",授职佐领并户三百。万历十五年(1587),努尔哈赤终于杀死宿敌尼堪外兰,建城佛阿拉,自称淑勒贝勒。努尔哈赤布教令于部中,"禁暴乱,戢盗窃,立法制"①,对建州女真的秩序维护及文明进程起到了重要推动作用。自此,努尔哈赤凭借惊人的勇力和狡黠的智慧,征抚并用,逐步实施其统一女真的谋划。

努尔哈赤用表面上的谦卑恭顺迷惑明王朝,用厚赂取得李成梁的宽容甚至是放纵,实力日益壮大。万历十七年(1589),努尔哈赤被明廷任命为建州卫都督金事,此时的努尔哈赤已经充分认识到了汉族知识分子的重要性。浙江绍兴府会稽县人龚正陆(又写作龚正六)客于辽东,遭女真扣留,即约在此年前后归顺努尔哈赤。努尔哈赤尊龚正陆为"师傅",对之"极其厚待"②。龚正陆为努尔哈赤润色文字,教授其子侄。虽然在朝鲜人看来,龚正陆或许"文理未尽通"③,但他对努尔哈赤治国理政的谋划和儒家思想的启迪,具有难掩之功。虽然清朝的官方文献人为抹去了这位后来涉嫌向朝鲜透露女真信息之人,但是《李朝实录·宣祖实录》等文献,却记载了当时为女真文化进步做出杰出贡献的龚正陆等人。龚正陆之外,努尔哈赤时期生活于辽东的汉人文士,还有见于《李朝实录·宣祖实录》的"唐人教师方孝忠、陈国用、陈忠等"④,以及载于《满洲实录》的"秀才郭肇基"⑤等。虽然这些汉人文士并没有留下翔实的历史史料,但他们在满汉民族文化的交流和女真汉化过程中所起的作用,是不可抹杀的。

文字作为人类高度文明的重要表征,是凝聚族人和承载民族文化的特定载体。西夏元昊令野利仁荣仿照汉字创制西夏文字,完颜阿骨打也曾令完颜希尹

---

① 赵尔巽等:《清史稿》,中华书局 1998 年版,第 58 页。
② 《宣祖实录》卷七十,《李朝实录》第 28 册,日本学习院东洋文化研究所 1961 年影印本,第 415 页。
③ 同上。
④ 《宣祖实录》卷七十三,《李朝实录》第 28 册,日本学习院东洋文化研究所 1961 年影印本,第 469 页。
⑤ 《满洲实录》卷七,《清实录》第一册,中华书局 1986 年影印本,第 343 页。

和叶鲁二人参照契丹大字和汉字创制女真大字,完颜亶又依照契丹小字创制女真小字。朝鲜世宗大王也在重重压力之下,颁行新创制的朝鲜文字"训民正音"。满洲初起时,使用蒙古文字,由于蒙古文字和女真语言不同,所以在实际使用中要进行迻译,显然会带来种种不便。万历二十七年(1599),努尔哈赤命额尔德尼、噶盖以蒙古字协女真语言,联属成句,因文见义,是为无圈点满文。其后皇太极时期,又令达海对满文酌加圈点,以区别人姓名及山川、土地之称。又以满文与汉字对音,补所未备,满文的文字语音体系自是更加完善。满文的创制让政令法规的颁行更加便捷畅通,也对普及提高满族民众的文化教育厥功至伟。因为无论是学习汉字还是蒙古字,都局限于精英文化圈的范畴。满文依女真语音制成,显然更易于为普通民族所理解和掌握。努尔哈赤及其继任者皇太极,命令达海等人用满文翻译了《大明会典》《素书》《三略》《万宝全书》《资治通鉴》《六韬》及《孟子》等著作,甚至还翻译了明太祖朱元璋的《大诰》作为治国指导。虽然有清一代官方皆三令五申维护承载本民族文化的"国语骑射",但是满文的创制颁行,却对满族民众学习汉文化起到了中间媒介的作用。

万历二十九年(1601),努尔哈赤定立以旗统民、以旗治民的黄、红、白、黑四旗制度,以后又逐渐扩充至四镶旗,并易黑为蓝。努尔哈赤的八旗制度日益完善、军民日渐增多的同时,最基本意义上的民本思想也在其头脑中不断加强。告子曰:"性无善无不善也。"[①]或曰:"性可以为善,可以为不善;是故文武兴,则民好善;幽厉兴,则民好暴。"[②]虽然战争总不可避免有血腥和残杀,但自古未有嗜杀而可得天下者。如果一味以屠戮为策,只会激起更多更持久的反抗。无论是努尔哈赤所接触的儒家仁政思想,抑或是现实的残酷教训,无疑都会让"天锡智勇"的努尔哈赤学会爱惜民命。万历四十年(1612),努尔哈赤在率兵讨伐乌拉时,莽古尔泰请示渡河屠城,努尔哈赤就明确提及:"无仆何以为主?无民何以为君?"[③]此外,"治国者以积贤为道"(《通国身》)[④],国家族群的兴旺,除有民众的人心所向,还需要贤能之士的倾心匡助。随着国事日繁,努尔哈赤也多次申谕臣下举荐人才,流露其"多得贤人,各任之以事"[⑤]的渴求。

万历四十三年(1615),努尔哈赤为建立后金政权做准备的最后一年,令人在

---

① 杨伯峻译注:《孟子译注》,中华书局 1960 年版,2008 年重印本,第 258 页。
② 同上。
③ 赵尔巽等:《清史稿》,中华书局 1998 年,第 2323 页。
④ 董天工笺注、黄江军整理:《春秋繁露笺注》卷七,华东师范大学出版社 2017 年版,第 102 页。
⑤ 《满洲实录》卷四,《清实录》第一册,中华书局 1986 年影印本,第 180 页。

赫图阿拉兴建孔庙、佛寺、玉皇庙等建筑。虽然同时兴建的依然包括承载满族人萨满信仰的祭天堂子,建造其他庙宇的信仰实用主义也比较明显,但是中原文明的精神内核,已经日益取代萨满巫教,成为女真文化的主要面向。努尔哈赤建元天命,定国号为金之后,即已着手开始与明廷逐鹿中原的作战准备。在懈怠荒淫的万历皇帝统治之下,努尔哈赤于萨尔浒一战,扭转了此前女真处于弱势的战略局势。随着抚顺、辽阳、沈阳、广宁等大片土地的获得,如何统治和治理汉人,平息紧张的民族矛盾,整顿社会秩序,成为困扰努尔哈赤的紧要问题。天命五年即明万历四十八年(1620),努尔哈赤树二木于门,谕令"凡有下情不得上达者,可书诉词悬于木上"①。努尔哈赤根据诉词颠末,以便审问。在天命六年即天启元年(1621)迁都辽阳时,还专门派其子德格类及侄斋桑古安抚人民,传令军士"不许扰害居民,劫夺财物,可登城而宿,勿入民室"②。

有志于取明朝皇帝而代之的努尔哈赤,致力于建立有效的政治管理,维护社会秩序的和谐稳定。除政治、法律等强权工具之外,还需要风俗、信仰的人文教化和思想羁络。天命七年即明天启二年(1622),在蒙古兀鲁特部等十七贝勒并喀尔喀部来归附时,努尔哈赤谕之曰:"吾国之风俗,主忠信,持法度。贤能者举之不遗,横逆者惩治不贷,无盗贼诈伪,无凶顽暴乱,是以道不拾遗,拾物必还其主,皇天所以眷顾,盖因吾国风俗如此。尔蒙古人持素珠念佛,而盗贼欺伪之行不息,是以上天不祐。使汝诸贝勒之心变乱为害,而殃及于国矣。今既归我,俱有来降之功。有才德者固优待之,无才能者亦抚育之,切毋萌不善之念。若旧恶不悛,即以国法治之。"③

虽然蒙古、女真人宗教信仰及风俗习惯不尽相同,但对"上天"的敬畏,却对各族民众均有较为普遍的约束作用。诗云:"畏天之威,于时保之。"(《周颂·我将》)④所以努尔哈赤在告诫蒙古各部时,抬出"上天"这一足以警戒世人的恒常规范。天命八年即明天启三年(1623),努尔哈赤在八角殿召阿吉格福晋及众公主,训之曰:"天作之君,凡制礼作乐,岂可不体天心。然天心何以体之?莫若举善以感发其善者,诛恶以惩创其恶者。"⑤天命十年即明天启五年(1625),努尔哈赤在回复科尔沁鄂巴洪台吉的书信中,言及:"盖兵不在众寡,惟在乎天,凡国皆

① 《满洲实录》卷六,《清实录》第一册,中华书局1986年影印本,第296页。
② 《满洲实录》卷七,《清实录》第一册,中华书局1986年影印本,第332页。
③ 同上,第347—348页。
④ 程俊英译注:《诗经译注》,上海古籍出版社2014年版,第463页。
⑤ 《满洲实录》卷七,《清实录》第一册,中华书局1986年影印本,第358页。

天所立者也,以众害寡,天岂容之。"①中国先秦时期兴起的儒学"敬天法古"的核心信念,除是努尔哈赤治国理政的意识形态工具,也已经内化为努尔哈赤的价值追求。"乐天者保天下,畏天者保其国"(《孟子·梁惠王章句下》)②,无论是从"外王"层面的"保天下",还是从安邦角度的"保其国","天道""天命"都已经成为努尔哈赤的内心敬畏。李民寏《建州闻见录》中记载努尔哈赤:"虽其妻子及素亲爱者,少有所忤,即加杀害,是以人莫不畏惧。"③虽然从李民寏的角度看来,努尔哈赤未免"猜厉威暴",但是也能够从侧面看出,努尔哈赤的奖善惩恶和上体天心并非虚言,而是雷厉风行的。

在努尔哈赤人生的后期,还时常自如地运用儒家"遵道""才德"等观念。天命七年即明天启二年(1622),当八固山额真等问努尔哈赤"上天所予之规模何以底定,所锡之福祉何以永承"④时,努尔哈赤曰:

> 继我而为君者,毋令强梁之人为之,此等人一为国君,恐倚强自恣,获罪于天也。且一人之识见,能及众人之智虑耶? 尔八人可为八固山之王,庶几同心干国,可无失矣。尔等八固山王中,有才德能受谏者,可继我之位。若不纳谏,不遵道,可更择有德者立之。⑤

努尔哈赤在盛京建造了大政殿和十王亭,国政由八旗旗主共商,征战所得也皆由八家均分。这种贵族集权制,将汗王置于和硕贝勒的监督之下。虽然当时中原王朝的帝制也设有约束皇权的制度保障,但是努尔哈赤领导下的"八王共治",却从政治组织形式上赋予女真贵族更多的权利。在政治权力的传承人问题上,努尔哈赤所倾向的推举制,也与中原宗法结构下所优先的"立嫡立长"不同。而努尔哈赤将汗位继承人的标准纳入天道、德行的衡量体系,又体现了对儒家"天命靡常,惟德是辅"(《尚书·君奭》)⑥天道观的服膺。

天命十一年即明天启六年(1626),努尔哈赤在宁远卫遇到了誓死不退的袁崇焕。努尔哈赤自二十五岁起兵以来,攻无不克,战无不胜,惟宁远一城不下,不

---

① 《满洲实录》卷七,《清实录》第一册,中华书局 1986 年影印本,第 384 页。
② 杨伯峻译注:《孟子译注》,中华书局 1960 年版,2008 年重印本,第 30 页。
③ 李民寏著、徐恒晋校释:《栅中日录校释 建州闻见录校释》,《清初史料丛刊》第八、九种,辽宁大学历史系 1978 年版,第 45 页。
④ 《满洲实录》卷七,《清实录》第一册,中华书局 1986 年影印本,第 349 页。
⑤ 同上。
⑥ 库勒纳等撰、平之标点注释:《日讲书经解义》卷十,海南出版社 2012 年版,第 390 页。

怿而归。努尔哈赤自省曰：

> 吾筹虑之事甚多，意者朕或倦勤而不留心于治道欤？国势安危，民情甘苦而不省察欤？功勋正直之人有所颠倒欤？再思吾子嗣中，果有效吾尽心为国者否？大臣等果俱勤谨于政事否？[1]

同年六月二十四日，自感时日无多的努尔哈赤训斥诸王曰：

> 昔我宁古塔诸贝勒及栋鄂、完颜、哈达、叶赫、乌拉、辉发、蒙古，俱贪财货，尚私曲，不尚公直，昆弟中自相争夺戕害，以至于败亡。不待我言，汝等岂无耳目？亦尝见闻之矣。吾以彼为前鉴，预定八家，但得一物，令八家均分之，毋得私有……昔卫鞅云："貌言华也，至言实也，苦言药也，甘言疾也。"又《忠经》云："谏于未形者，上也；谏于既形者，下也。违而不谏，则非忠臣。"
>
> ……
>
> 昔宋刘裕谓群臣曰："自古明君贤相，皆由困而亨。舜发畎亩，傅说举版筑，膠鬲举鱼盐，百里奚食牛，天意何居？"群臣对曰："君相之任，大任也。故天将降大任于是人也，必先苦心志，使之遍虑事物而内不得安，劳筋骨使外不得逸，饿体肤使食不得充，所以动心忍性，增益其所不能。是人而为君，必能达国事，是人而为相，必能悉民隐，天意如此而已。"
>
> 若人之言，诚为善识天意者也。以历艰苦者为君，致令国受其福；以享安逸者为君，致令国受其苦。天见我国之民甚苦，故降吾，身历艰辛，使之推己以及民。吾艰苦所聚之民，恐尔诸王多享安逸，未知艰苦，致劳吾民也。不知有德政方可为君为王，否则君王何以称也？[2]
>
> ……

这段颇长的文字，是处于人生晚期的努尔哈赤对自己一生的总结，也是对后生晚辈的殷切嘱托。努尔哈赤引用了《史记·商君列传》、马融的《忠经》等经典，

---

[1] 《满洲实录》卷八，《清实录》第一册，中华书局 1986 年影印本，第 397—398 页。

[2] 同上，第 411—414 页。

虽然刘裕与群臣的对话不知出自何典,但是其中所讨论的,其实是《孟子》中的传世之论。努尔哈赤能够如此熟稔在汉文化中影响深远的书籍和典故,不难体见其对儒家经世之学的关注和效仿。尽管官方记载中往往一边充斥着"仁爱德政"的假面,而一边又在粉饰文字中渗透出暴力铁拳之下的汩汩鲜血。虽然《满洲实录》之类记载中的语句也或有当时的文人集团的润色和后世加工,但对于经国治世的核心精神,努尔哈赤当是深悉并尽力践行的。努尔哈赤作为"蒙难坚贞,明夷用晦"(《清史稿·太祖本纪》)①的开国之君,在政治、军事、外交上均有不凡建树。虽然与元代的成吉思汗类似,努尔哈赤也往往有"仇之以仇,恨之以恨,恩之以恩,德之以德"②的恣意恩仇,在其执政期间也不止一次发生对汉族民众的野蛮残杀,但努尔哈赤注重任用贤才,不拘亲疏门第,赏罚分明,善于学习,服膺儒家文化,勤于国家的理政治平,亦可谓瑕不掩瑜,对推动女真民族的文明进步做出了卓越贡献。

二、倾心相近与择己所利——皇太极时期的崇儒风尚

也许是由于努尔哈赤在继任者问题上倾向于八旗旗主共同推举制,所以其临终时并未指定汗位继承人。皇太极最终因文武双全、德行优异而胜出。皇太极誓告天地,以"行正道、循礼义、敦友爱、尽公忠"③敦勉诸大贝勒等。《商书·汤誓》有云:"予畏上帝,不敢不正。"④这里的"上帝",不必然要做神格化的理解,看作是对"上天""天道"理性自然的敬畏,是周代以后阐释的主流倾向。努尔哈赤已经把对"天道"的畏惧和"德行"的持守看作君王的内在职责。但是,如何展现自身对"天道""德行"的践履与追求?努尔哈赤所提供的答案是勤勉与德政。但是勤勉与德政有时难免会局限于"施予者"的主观和高高在上,而皇太极将敦行"天道"的落脚点放在"行正道"上,大致包含对"受予者"声音的聆听与对民意的吸纳考量。因为"正道"与否,不在于统治者的自我宣称,而是沉淀于世道人心的考评。《周易·说卦》有云:"圣人南面而听天下,向明而治。"⑤《周易上经·离

---

① 赵尔巽等:《清史稿》,中华书局 1998 年版,第 62 页。
② 特·官布扎布、阿斯钢译:《蒙古秘史》,新华出版社 2005 年版,第 172 页。
③ 赵尔巽等:《清史稿》,中华书局 1998 年版,第 62 页。
④ 库勒纳等撰、平之标点注释:《日讲书经解义》卷十,海南出版社 2012 年版,第 127 页。
⑤ 王弼、韩康伯注,孔颖达疏,陆德明音义:《周易注疏》卷十三,中央编译出版社 2013 年版,第411 页。

卦》言及："重明以丽乎正,乃化成天下。"①何以遵循民意而敦行"正道"?皇太极的履行之道是"循礼义、敦友爱、尽公忠"。"礼义"是《礼记》中认为"人之所以为人"的礼法道义②;"友爱"是敦勉宗族血亲乃至世人之间和谐团结,不至仇怨相杀的普遍信仰;而"公忠"是《庄子·天地》中拔擢贤才以"公正忠诚、尽忠为公"的用人精神和人格向往。③

皇太极自幼受教于龚正陆等汉人文士,从内心倾慕儒家文化,在当时就已"识字"即粗通汉文,这在朝鲜人李民寏的《建州闻见录》中有专意记载。④ 皇太极即位以后,一改努尔哈赤对待汉人的高压政策,推行民族和解策略。皇太极谕令:"满洲、汉人,毋或异视,狱讼差徭,务使均一。"⑤虽然在当时的满洲统治区域,离真正意义上的满、汉平等还很遥远,但皇太极毕竟从法令的层面给予了政策支持。而且,从实际行政的角度,皇太极大幅减少了汉人隶于奴籍的人丁,将之编户为民,并对汉官廉正者进行治理。皇太极即位的天聪元年即明天启七年(1627),满洲大饥荒,民不聊生,以致百姓铤而走险。如果按照努尔哈赤时期的严刑峻法,定会有大批百姓性命不保,皇太极恻然曰:"民饥为盗,可尽杀乎!"⑥令人鞭而释之,仍发国帑赈济灾民。皇太极能从百姓的角度出发,哀悯民生之多艰,而并非一概斥之为暴民乱众,近乎孟子所言的"恻隐之心,仁之端也"⑦。

天聪三年即明崇祯二年(1629),皇太极为儒臣设置"文馆",亦曰"书房",命达海及刚林等翻译汉字书籍。为选拔更多的文人秀士,皇太极谕令:"自古及今,文武并用,以文治世,以武克敌。今欲振兴文教,试录生员。诸贝勒府及满、汉、蒙古所有生员,俱令赴试。中式者以他丁偿之。"⑧皇太极对文人儒士甚为尊重,厢红旗牛录章京柯汝极乘马,途遇正白旗秀才,嗔怪其不躲避威仪,掌掴其面。皇太极训斥曰:"柯汝极既系礼部参政,如何打秀才的脸,问以应得之罪。"(《清太

---

① 王弼、韩康伯注,孔颖达疏,陆德明音义:《周易注疏》卷五,中央编译出版社2013年版,第181页。
② 《礼记·冠义》:"凡人之所以为人者,礼义也。"见郑玄注、孔颖达等正义、黄侃经文句读《礼记正义》,上海古籍出版社1990年版,第996页。
③ 《庄子集释》卷五上《天地第十二》云:"吾谓鲁君曰:'必服恭俭,拔出公忠之属而无阿私,民孰敢不辑!'"见郭庆藩辑,王孝鱼整理《庄子集释》第二册,中华书局1961年版,1978年重印本,第430页。
④ 李民寏著、徐恒晋校释:《栅中日录校释 建州闻见录校释》,《清初史料丛刊》第八、九种,辽宁大学历史系1978年版,第44页。
⑤ 赵尔巽等:《清史稿》,中华书局1998年版,第62页。
⑥ 同上,第63页。
⑦ 杨伯峻译注:《孟子译注》,中华书局1960年版,2008年重印本,第80页。
⑧ 赵尔巽等:《清史稿》,中华书局1998年版,第64页。

宗实录稿本》）①当时有些富于才华的汉人文士比如宁完我，为保全性命，屈从于满洲贵族人家为奴。宁完我入直文馆之后，又推荐鲍承先等人，凡此诸人，均为皇太极政权的恢廓壮大建殊大功勋。努尔哈赤也曾对龚正陆、范文程等人优礼有加，但是真正从精神气质上亲近汉文化，倾心委任汉人文士，却要从皇太极开始。《清史稿·范文程传》记云："文程所典皆机密事，每入对，必漏下数十刻始出；或未及食息，复召入。"②不管是由于身边文人士子的极力推荐，还是皇太极自己对科试选拔贤才、抚慰凝聚人心的重要作用有深刻认识，总之，皇太极的这次考试既拔擢了二百余名各族生员，也对缓解民族矛盾起到了重要作用。努尔哈赤曾经敦勉执政诸人推荐贤才，而皇太极所做的则是从制度层面而非以人情方式去选贤任能，有效避免了干谒奔竞和市恩贾义。

当然，皇太极对汉人文士的亲近，是源于其经国治世的杰出才华，而非如金熙宗完颜亶一样，似乎更痴迷于汉人的雅歌儒服、琴棋书画。范文程等汉人文士向皇太极所献谋的，也是如何统一区夏、安定百姓，而非进以"宫室、服御、妃嫔、禁卫之盛"③。皇太极在亲近文士的同时，也清楚地知道文武各有其用，不可单赖其一。以皇太极写给朝鲜国王李倧的书信为例，当需要以儒家大义进行劝服之时，儒者之言即为不易之真理，书云：

> 尔国每以南朝为天子，君也父也；其余皆属夷，小民也。殊不知明朝朱姓之祖宗，果系皇帝苗裔乎？古云："天下者，非一人之天下；乃天下人之天下。"诚哉是言也。匹夫有大德即为天子，天子若无德，即为独夫……是故大辽，乃东北之夷，而为天子；大金以东夷，灭辽举宋，而有天下；大元以北夷，混一金宋，而有天下；明朝洪武乃黄觉寺僧，而有元之天下。考此诸国主天下时，尔朝鲜世修职贡。由此推之，则天下惟有德者主之耳，奚在继世者始有天下乎？④

当朝鲜文臣阻抑两国达成结盟，反对降顺满洲之时，则宣谕曰：

> 彼书生既败两国之好，大兴争战之端，将令此书生搁管前驱乎？抑

---

① 《清初史料丛刊第三种——清太宗实录稿本》，辽宁大学历史系 1978 年版，第 54 页。
② 赵尔巽等：《清史稿》，中华书局 1998 年，第 2412 页。
③ 宇文懋昭撰、崔文印校证：《大金国志校证》，中华书局 1986 年版，第 151 页。
④ 《清初史料丛刊第三种——清太宗实录稿本》，辽宁大学历史系 1978 年版，第 20 页。

令诸军荷戈以战乎？设军民罹祸，此书生讵能操儒者之言以相救乎？①

朝鲜作为明朝的藩属国，一直视明帝如君如父，虽然惮于满洲的军事实力，但其实很难从心底真正跨越胡虏视之的障碍，与清朝结成统一战线。皇太极恩威并用，一边不断赏赐恩徕，一边又加以威胁利诱。皇太极既重视文士以求聚拢人心，对儒家王政之德推崇备至并积极致用，同时又秉持兵革之利对威天下的不可或缺，的确称得上深谙允文允武之精髓。

皇太极承努尔哈赤之志，或谓代表当时满洲贵族整体利益，继续着手实施征明大业。此时皇太极的出师理由，已与努尔哈赤时要报"七大恨"的口吻不同，而是升级为"朕承天命，兴师伐明"②。曾经蕞尔小邦的报仇雪恨，在儒家文化战争观的影响下，通过彰显道德使命意识，为己方争取战争道义的合理性。因为"兵出无名，事故不成"，"明其为贼，敌乃可服"（《汉书·高帝纪》）③。与顺承天命的口吻相承，皇太极也要尽力体现"仁者无敌"的气象和识度。皇太极谕令："拒者戮，降者勿扰。俘获之人，父母妻子勿使离散。勿淫人妇女，勿褫人衣服，勿毁庐舍器皿，勿伐果木，勿酗酒。违者罪无赦。固山额真等不禁，罪加之。"④在攻打遵化过程中，蒙古兵扰害罗文峪民众，皇太极严令，掠夺归降城堡财物者斩，擅自杀害降民者抵罪，强取民物，加倍偿还。然而由于满洲"衣服极贵，部落男女殆无以掩体……战场僵尸，无不赤脱，其贵衣服可知"（《建州闻见录校释》）⑤，不久仍复有蒙古兵杀人褫夺其衣，皇太极令人射杀之。当然，由于战争的残酷性及其难以完全掌控，满洲军队所过之处，其实也很难完全做到令行禁止。而且从皇太极的心态上来说，他有时候也默许军队能够"有所收获"，所以其带给汉地普通百姓的痛苦，也是毋庸讳言的。

随着与明兵接连作战得胜及大片土地的获得，皇太极对待汉人的心态渐渐发生了实质性的改变。天聪四年即崇祯三年（1630），皇太极谕令："天以明土地人民予我，其民即吾民，宜饬军士勿加侵害，违者治罪。"⑥长期以来，北方游牧游猎民族诸如东胡、匈奴、鲜卑、突厥、回纥、契丹等等，常常在物资匮乏之时越过长

---

① 《清初史料丛刊第三种——清太宗实录稿本》，辽宁大学历史系1978年版，第93页。

② 赵尔巽等：《清史稿》，中华书局1998年版，第64页。

③ 班固撰、颜师古注：《汉书》卷一上，中华书局1962年版，1964年重印本，第34页。

④ 赵尔巽等：《清史稿》，中华书局1998年版，第64页。

⑤ 李民寏著、徐恒晋校释：《栅中日录校释 建州闻见录校释》，《清初史料丛刊》第八、九种，辽宁大学历史系1978年版，第44页。

⑥ 赵尔巽等：《清史稿》，中华书局1998年版，第65页。

城,深入农牧交集区域甚至是中原内地恣纵抢掠。其视农耕文化下的居民,往往如待宰之肥羊。金代女真人虽以中国之主自许,但是其统治区域局限于北方,而且金代虽然也算人文蔚兴,但在尽伦尽制的内圣外王冀求中,表现出一定程度上的知易行难。蒙古统治者始终在精神气质上亲近蒙古文化,明确将百姓划分为"蒙古、色目、汉人、南人"四等,自然不能寄希望于他们对四等民众一视同仁。"诸蒙古人与汉人争,殴汉人,汉人勿还报,许诉于有司"(《志第五十三·刑法四·斗殴》)①,"诸蒙古人因争及乘醉殴死汉人者,断罚出征,并全征烧埋银"(《志第五十三·刑法四·杀伤》)②,这样触目惊心的民族压迫政策,赫然出现在元代的国家法典之中。

当然,终清一代,满族人在社会地位、仕途机遇以及福利保障上也优厚于汉人,但是这些都是相对隐形层面的选择性看待,而非专意赋予满人明确的高于汉人的法律特权。相反,"满蒙一体""满汉一家",倒是清朝官方着意宣扬的政治主张。以努尔哈赤论,也许是因为他并未真正看到即将取代明朝皇帝、入主中原的希望,所以其对待甚至是辽西地区的汉人,都难以称得上是"近者悦,远者来"(《论语·子路》)③。但到皇太极时,由于崇祯皇帝的刚愎猜疑和大臣们的各图自保,大明王朝已经犹如盲马所驾之敝车,日益驰向万劫不复之深渊。满洲定鼎中原的梦想虽然尚未实现,但黎明前的曙光已经照耀着皇太极和矢志团结的满洲贵族。所以皇太极对待已经或者即将成为满洲政权统治下的汉人百姓,有"其民即吾民"的珍惜。也才会认为:"财帛不足喜,惟多得人为可喜耳。"④也只有内心有了依靠汉人,在汉地建立长远统治的追求和打算,才能真正从心态上贴近以儒家文化为重要表征之一的汉文化。

中国有历史悠久的史学传统,历代政权都比较注重以史为鉴。从南北朝开始,把皇帝的政令、言行编为实录,已逐渐成为定制。但由于儒家文化亲疏等差的分别,坦白直率的标准往往是"父为子隐,子为父隐——直在其中矣"(《论语·子路》)⑤。所以本来就颇有"史氏有事涉君亲,必言多隐讳"(《史通·曲笔第二十五》)⑥的痼疾,倘使君主再如北魏世宗元恪一般"尝私敕肇,有所降恕"⑦,未必

---

① 宋濂等:《元史》卷一百五,中华书局 1976 年版,第 2673 页。
② 同上,第 2675 页。
③ 杨伯峻译注:《论语译注》,中华书局 2009 年版,2011 年重印本,第 137 页。
④ 赵尔巽等:《清史稿》,中华书局 1998 年版,第 65 页。
⑤ 杨伯峻译注:《论语译注》,中华书局 2009 年版,2011 年重印本,第 137 页。
⑥ 刘知幾撰、浦起龙通释:《史通》,上海古籍出版社 2015 年版,第 183 页。
⑦ 魏收撰:《魏书》,中华书局 1974 年版,第 1218 页。

史官皆能如游肇一般坚执不从,秉笔直书。唐太宗李世民曾因为好奇,向褚遂良索要自己的《起居注》观看,所幸被褚遂良严词拒绝。虽然贤如唐太宗,不会像北魏太武帝拓跋焘一样,因崔浩秉笔直书而冤杀之,相反唐太宗在之后反而要求史官不加隐讳,如实记载玄武门之变。但是若非贤良中正如褚遂良,也难保会有人曲笔阿世,谀词媚主。

天聪五年即明崇祯四年(1631),皇太极幸文馆,入库尔缠直房,问其所修何书。库尔缠答为"记注所行政事"之书。皇太极曰:"如此,朕不宜观。"(《清史稿·太宗本纪》)[①]皇太极对史职的尊重和自觉回避,是对儒家济古维来文化传统的顺承,也是对民心公论和历史道义的敬畏。皇太极又览达海所译《武诠》(《东华录》作《武经》),见其中"投醪饮河"故事,叹曰:"古良将体恤士卒,三军之士乐为致死。若额附顾三台对敌时,见战士殁者,以绳曳之归,安能得人死力乎!"(《清史稿·太宗本纪》)[②]历代统治者,皆重视"善可为法,恶可为戒"(司马光《进〈资治通鉴〉表》)[③]的史鉴传统,皇太极对嘉善矜恶的追求,不单单是出于取是舍非的道德追求,更多的是出于治国之源层面的积极思考。

也许是皇太极对儒家维护君权的特殊作用有深刻认识,抑或说他对儒家文化有真正心灵上的亲近,所以总会利用机会甚至创造借口以推行儒学。祖大寿据守大凌河,之所以一开始拒不投降,是因为其担心重蹈白养粹等降顺之后被阿敏、硕讬所杀,城中士民尽被屠戮的覆辙。因为满洲兵"先年克辽东、广宁,诛汉人拒命者,后复屠永平、滦州,以是人怀疑惧,纵极力晓谕,人亦不信"[④]。但是皇太极利用此次机会,宣谕:"我兵之弃永平四城,皆贝勒等不学无术所致。顷大凌河之役,城中人相食,明人犹死守,及援尽城降,而锦州、松、杏犹不下,岂非其人读书明理尽忠其主乎?自今凡子弟年十五岁以下、八岁以上,皆令读书。"[⑤]

皇太极之外,当时的满洲贵族统治阶层比如阿敏、硕讬等,颇多信奉弱肉强食的赳赳武夫,不乏对儒家文化及文人士子谈不上好感之人。而皇太极对儒学及官学教育的崇弘,则对满洲教化氛围的文蔚起到了重要推动作用。不仅是满洲的政治国策日益趋近儒家文化,在社会风俗及民间信仰的世俗层面,也发生了明显变化。皇太极禁止私立庙寺,喇嘛僧人违律者勒令还俗,原本深受满洲百姓

---

① 赵尔巽等:《清史稿》,中华书局 1998 年版,第 66 页。
② 同上。
③ 司马光著、李之亮笺注:《司马温公集编年笺注》第 6 册,巴蜀书社 2009 年版,第 87 页。
④ 蒋良骐撰,鲍思陶、西原点校:《东华录》,齐鲁书社 2005 年版,第 29 页。
⑤ 赵尔巽等:《清史稿》,中华书局 1998 年版,第 67 页。

崇信的萨满也越来越受到上至官方、下至民众的理性质疑。皇太极下令："满洲、蒙古、汉人端公道士，永不许与人家跳神拿邪、妄言祸福，蛊惑人心。若不遵者杀之，用端公道士之家，出人赔偿。"①这里虽然没有明言萨满之名，但是连类而及，对萨满的贬斥不言而喻。

天聪八年即明崇祯七年（1634），初命礼部考试满洲、汉人通满、汉、蒙古语者，擢取刚林等十六人为举人。次年，命文馆翻译宋、辽、金、元四史。因为此年八月偶然获得元顺帝传国玉玺，被认为是皇权天授，满洲各旗主贝勒遂积极向皇太极劝进。明崇祯九年（1636），皇太极称帝，改元崇德，改后金为大清。各行政机构或从无到有，或加以改善。不仅设置了旨在纠弹缺失的都察院，还遣官祭拜孔子，力图在政治气象上与帝王之业相侔。当然，在吸取中原文化优胜因素的同时，皇太极也始终保持着不可盲目全盘照搬汉文化的警惕意识。比如在读到《金史》中的金世宗时，皇太极感叹道：

> 朕读史，知金世宗真贤君也。当熙宗及完颜亮时，尽废太祖、太宗旧制，盘乐无度。世宗即位，恐子孙效法汉人，谕以无忘祖法，练习骑射。后世一不遵守，以讫于亡。我国娴骑射，以战则克，以攻则取。往者巴克什达海等屡劝朕易满洲衣服以从汉制。朕惟宽衣博袖，必废骑射，当朕之身，岂有变更。恐后世子孙忘之，废骑射而效汉人，滋足虑焉。尔等谨识之。②

因为金人是满洲的先世，所以格外为皇太极所效法借鉴。在金戈铁马的冷兵器时代，胡服骑射一直是制敌的有利因素，战国时期的赵武灵王也曾经力排众议效法模仿。金代女真人多有效仿汉人装束者，致使骑射技艺渐疏，吸收这一前车之鉴，皇太极谕令礼部，若"有效他国衣冠束发裹足者，重治其罪"③。而终清一代，国语骑射也一直是不可移易的国策。

皇太极称帝之后，清一直胶着于与明廷的战事，凭借精娴骑射和勠力同心，逐渐在对峙中将明朝的元气消耗殆尽。洪承畴、祖大寿等，终因势尽而于崇德七年即崇祯十五年（1642）实意降清。关于洪承畴投降时的情形，《清史稿·太宗本纪》记云：

---

① 《清初史料丛刊第三种——清太宗实录稿本》，辽宁大学历史系1978年版，第13—14页。
② 赵尔巽等：《清史稿》卷三《太宗本纪》，中华书局1998年版，第72页。
③ 蒋良骐撰，鲍思陶、西原点校：《东华录》，齐鲁书社2005年版，第37页。

上问承畴曰:"明帝视宗室被俘,置若罔闻。阵亡将帅及穷蹙降我者,皆奴戮之。旧规乎?抑新例乎?"承畴对曰:"昔无此例,近因文臣妄奏,故然。"上曰:"君暗臣蔽,枉杀至此。夫将士被擒乞降,使其可赎,犹当赎之,奈何戮其妻子!"承畴曰:"皇上真仁主也。"①

汉武帝时,李陵被匈奴所虏,本不欲真心投降,后因父母妻子皆被屠戮,反迫其真意降顺。明末中国苦于战乱,崇祯皇帝自顾尚且不能,无暇顾及被俘宗室,倒也情非得已。与崇祯的务虚名而处实祸相承,明末士夫亦多躁竞气矜,"噍杀恚怒之音多,顺成啴缓之音寡"(钱谦益《施愚山诗集序》)②。政治暴虐所致的戾气,在明末充斥一众士人学子的腹心。关于当时的社会氛围,赵园在《说"戾气"——明清之际士人对一种文化现象的批判》中描述为:"平居贫,临难死,且是可不贫之贫,非必死之死——似与生命有仇,非自戕其生即不足以成贤成圣。"③这种对己对人都很苛酷的生命态度,致使明廷上至帝王,下至官员百姓,对被俘投降之人及其家人亲属难以宽容。王夫之曾在《宋论》中,盛赞赵匡胤"以宽大养士人之正气"④。赵匡胤虽出身武职,但是却定下了有宋一代崇尚文治和优待士人的传统。皇太极的崇儒右文虽或不及赵匡胤之敬惧勤谨,但是值明代朝堂"上积疑其臣而蓄以奴隶,下积畏其君而视同秦越"(《子刘子学言》卷一)⑤的离心之际,其宽厚仁和还是颇为人所称赏的。所谓"王道本乎人情。又曰'人情即天理'"(《子刘子学言》卷一)⑥,如能善养民心士气,自然万姓归之如流水。

皇太极于崇德八年即崇祯十六年(1643),无疾而终。虽然当时清朝尚未实现入关定鼎中原的宏图大业,但是清世祖顺治皇帝即位翌年,中外即归于统一,这不能不归功于皇太极时期的励精图治,从而奠定王政之始基。清前期的八旗王公贵族,骄纵不法之事时有,皇太极总是着意弹压,不甚以其为满洲勋戚、有开国之功而刻意庇护开脱。相反,成为"天下共主"的理想总是激励皇太极敦本务农桑,戒谕诸王贝勒以"治生者务在节用,治国者重在土地人民"⑦。

---

① 赵尔巽等:《清史稿》,中华书局 1998 年版,第 76 页。
② 施闰章撰、何庆善、杨应芹点校:《施愚山集》第四册,黄山书社 1993 年版,第 246 页。
③ 赵园:《赵园自选集》,广西师范大学出版社 1999 年版,第 248 页。
④ 王夫之著、舒士彦点校:《宋论》,中华书局 1964 年版,第 5 页。
⑤ 黄宗羲著、沈善洪主编:《黄宗羲全集》第一册,浙江古籍出版社 1985 年版,第 276—277 页。
⑥ 同上,第 276 页。
⑦ 赵尔巽等:《清史稿》,中华书局 1998 年版,第 77 页。

自然，皇太极之善行，有些是缘自兄弟子侄、大臣之谏诤，不能掠众人之美而尽归其一人。有时其所行也不能尽如其所自我标榜，但他继努尔哈赤之后，从其父"草创之武夫，有秋霜烈日之威"，一变而为"颇具开阔之胸度，饶春风和畅之情"。① 保存国俗的同时，优待汉人，崇儒兴学，大大加快了满洲汉化的脚步，由是才能进一步奄有中原，文教蔚兴。

① 萧一山：《清代通史》上册，商务印书馆民国二十一年(1932)版，第205—206页。

"谁解绘其真"：端恩的题红诗与清宗室文人社会心理[①]

李贵连

摘　要：文学是生活的间接反映，一个群体的文化特质往往和其所面对的问题及处境息息相关。清宗室文人既是封建君主集权体系中专制政体的延伸，又在天潢贵胄闲适优裕生活的另一面承载着皇权的势压和政治倾轧所带来的焦虑紧张。娴熟笔墨的学植修养使他们习惯了用文字呈现志趣、交心友朋的生活方式，自然也常用诗歌的咏叹抒散内心的惶惑和隐忧。曹雪芹作为汉军旗人的特定身份及其在宗室文人交际圈的辗转声名传播，给端恩等宗室文人以族群身份认同感和斯人宛在的亲切，《红楼梦》在预示封建体制没落和崩塌的同时也给他们无可奈何的命运代入感。宗室文人关于《红楼梦》的题咏在表现他们闲适雅致情趣的同时更体现了这一群体所濡染的儒家事功观念和多发性的投闲置散两者之间所激发出的人生如梦的惶惑。

关键词：端恩；宗室文人；题红诗；社会心理

曹雪芹作为旗人，其所交往的也大多是敦敏、敦诚这样的满族文人。这些宗室贵族的相关记载与题咏一直是学界赖以考索曹雪芹及《红楼梦》史实的重要线索。《红楼梦》早期以抄本的形式在旗人文化圈中流传，敦诚、敦敏、永忠、奕绘、明义等宗室贵族诗人或为记述与曹雪芹的交往，或为题咏评论《红楼梦》的成书及文本，尽管其中有所矛盾，但始终是我们借以了解曹雪芹及《红楼梦》的珍贵文献。从敦诚的《四松堂集》及敦敏的《懋斋诗钞》可知，敦敏、敦诚的堂兄敏诚、堂弟宜兴等人也应是曹雪芹交际圈中的重要人物，宜兴还是敦诚的《四松堂集》的编辑刊刻者。但敏诚、宜兴等人的文集目前已是难以寻见。红学作为一门显学，新材料的发现已经殊非易事。其实除了与曹雪芹有直接交往的宗室及贵族文人以外，还有与曹雪芹有各种间接联系的宗室文人，比如端恩、廷奭、载滢等人，出

---

①　本文系国家社会科学基金项目"清代满人经学研究"（项目编号：16BZW090）。

于对曹雪芹族群身份的认同以及对《红楼梦》的喜爱，均有与《红楼梦》相关的题咏。如何对现有的文献进行详尽细致的分析，从而更加深入地、多角度地揭示出《红楼梦》的历史文化影响，从中考索出题咏者的境遇及体悟，是颇费寻思但又富于意味的事情。

一、传奇与小说：细节参详下的雅致持矜

与西方学术传统重视通过小说的间接反映来体察真实的历史不同，中国传统学界对小说体式的看法是轻视甚至抵触的。从庄子的"饰小说以干县令，其于大达亦远矣"①到有清一代三番五次的官方明文查禁"淫词小说"，总之，在经学笼罩、优先一切学术领域的中国古典文化域场，小说从来不是我们追求真理所要选择的首要道路。这一方面是由于小说直抵世道人心的巨大影响力所带来的"违碍"恐惧，另一方面是因为部分小说"秽亵淫词"有乖风化的自身短板。直到晚清"小说界革命"，小说这一文体才稍稍摆脱了"荒忽不经"的舆论尴尬。

今天看来蕴蓄深广且情趣高雅的《红楼梦》，在清代却被《劝戒四录》之类的文章称为"启人淫窦，导人邪机"②或者是"邪说诐行之尤，无非糟蹋旗人"③，甚至被附会出所谓曹雪芹在地狱受苦，以及断绝子嗣之类的报应故事。当然相比之下，喜爱叹赏《红楼梦》的读者还在多数。但既然存在贬斥的声浪，且《红楼梦》属于体式上被等而下之的小说，一些宗室文人在提及《红楼梦》时就会表现出对其文体的变易称谓。

爱新觉罗·端恩，生于乾隆五十三年（1788），卒于道光六年（1826），第九代睿勤亲王，爱新觉罗·淳颖第四子，嘉庆七年（1802）袭睿亲王爵。工诗善画，有《睿亲王端恩诗稿》传世。谈到睿亲王，我们最熟悉的当属第一代睿亲王多尔衮。多尔衮戎马一生，为清朝定鼎中原建莫大功勋。然权倾朝野，难免树敌颇多，又兼多尔衮本人对权力的热衷及由之而带来的政治斗争，最终导致其死后被削爵掘墓、黜出宗室、抄没家产。至乾隆四十三年（1778）正月，清高宗以当年多尔衮被小人诬蔑，及于开国有功，复任多尔衮为睿亲王，追封谥号为"忠"，配享太庙，其爵位世袭罔替。下诏多尔博还为多尔衮后嗣，命令淳颖袭爵为睿亲王。淳颖（1761—1800），豫通亲王多铎五子多尔博后裔、豫恪亲王如松第三子。据路工、

---

① 陈鼓应注译：《庄子今注今译》，中华书局1983年版，2011年重印本，第753页。
② 鲁迅：《小说旧闻钞》，《鲁迅全集》，人民文学出版社1973年版，第115页。
③ 同上，第116页。

胡小伟考证，淳颖写有《读〈石头记〉偶成》一诗，诗云："满纸喁喁语不休，英雄血泪几难收。痴情尽处灰同冷，幻境传本石也愁。怕见春归人易老，岂知花落水仍流。红颜黄土梦凄切，麦饭啼鹃认故邱。"①

关于淳颖的这首题红诗，嘉庆十年（1805）英和序，淳颖子端恩、禧恩刊校的淳颖的《虚白亭诗钞》中未有收录。但在端恩自己的《睿亲王端恩诗稿》中，却明确收录了端恩的《戏题红楼梦传奇四首》②：

> 谁撰红楼梦，通灵石点头。户应称锦绣，乡自引温柔。
> 天意有缘聚，人心无厌谋。大观园内景，真幻问原由。
>
> 缘怨浮生结，繁华聚一家。美人闲斗草，公子坐看花。
> 漫说炎凉态，休同梦醒夸。有情原不老，何处问根芽。
>
> 顽石温如玉，灵台何处寻。潇湘晴待月，芍药醉眠阴。
> 碧落中天镜，红颜一片心。痴情多少事，相聚即知音。
>
> 世态形容易，痴情儿女多。吟诗秋赏菊，持钓夏观荷。
> 老媪俗无赖，佳人酸奈何。梦回云警幻，试问醒来么？

《红楼梦》问世后，曾有仲振奎、石韫玉、陈钟麟等人据以改编为《红楼梦传奇》，其中又以仲振奎的《红楼梦传奇》尤为著名。仲振奎的《红楼梦传奇》作于嘉庆二年（1797）底，成于嘉庆三年（1798）初。石韫玉的《红楼梦传奇》成书于嘉庆二十四年（1819）。陈钟麟的《红楼梦传奇》成书于道光十五年（1835）。③ 从生活的年代来推测，端恩有可能是看了仲振奎或是石韫玉的《红楼梦传奇》之后，有感而作《戏题红楼梦传奇四首》。杨懋建的《长安看花记》载："红豆村樵'红楼梦传奇'盛行于世……故歌楼惟仲云涧本传习最多。"④端恩有诗名《李笠翁赋荔枝福

---

① 路工、胡小伟：《一首新发现的早期题红诗》，《红楼梦研究集刊》（第十四辑），上海古籍出版社1989年版。

② 爱新觉罗·端恩：《睿亲王端恩诗稿》，《四库未收书辑刊》第十辑第29册，北京出版社2000年版，第371页。

③ 孔令彬：《陈钟麟〈红楼梦传奇〉略考》，《宁夏大学学报》（人文社会科学版）2014年第2期。

④ 一粟：《红楼梦书录》，古典文学出版社1958年版，第315页。

橘杨梅葡萄苹婆梨六种荔枝称极品福橘等列五等封颇有意致因各戏题一诗以续貂》，其中的李笠翁即戏曲家李渔，这说明端恩还是颇喜欢戏曲并关注戏曲家的相关创作的。虽说清初禁戏甚严，尤其旗人更是严禁出入戏馆，至于市卖一应小说淫辞，亦严查禁绝，但"自乾隆中叶以后，托于海宇承平，禁例稍宽，《红楼》《绿野》《儒林》《镜花》诸著，遂盛行一时"①。吴克歧《忏玉楼丛书提要》亦云："当时贵族豪门，每于灯红酒绿之余，令二八女郎歌舞于红氍毹上，以娱宾客，而葬花一出，尤为人所倾倒。"②

当然，虽说传奇在明清多用来指戏曲，但依旧用来指称"唐传奇"意义上的"传奇"意即小说的也仍然不乏其例。比如张问陶的《赠高兰墅鹗同年》就注云："传奇红楼梦八十回以后俱兰墅所补。"③在《红楼梦》第一回《甄士隐梦幻识通灵贾雨村风尘怀闺秀》中也写道："空空道人遂向石头说道：'石兄，你这一段故事，据你自己说有些趣味，故编写在此，意欲问世传奇。'"④这其中的"传奇"就是传述奇闻异事之意。是以，端恩的《戏题红楼梦传奇》中的"传奇"也有可能是指小说。

端恩有《红楼梦围棋》诗云："谁识传奇本道书，大观警幻问真如。纵横试步竿头进，不退存心悟太虚。"⑤细览仲振奎的《红楼梦传奇》，未有提到有关围棋的情节。所以端恩诗中所说的"传奇"就不应该是指仲振奎的《红楼梦传奇》。再者，仲著虽然在红楼梦戏曲史上具有里程碑式的意义，但其吸收了逍遥子的《后红楼梦》中宝、黛终成眷属的大团圆式结局，未免有失曹雪芹《红楼梦》的主旨，陷入对原书思想意蕴的庸俗理解，似乎也较难让端恩生发出"谁识传奇本道书"的感慨。历来评点仲振奎的《红楼梦传奇》的人颇多，比如题"都转宾谷夫子题辞"的诗句云："梦中死去梦中生，生固茫然死不醒。试看还魂人样子，古今何独《牡丹亭》。"⑥这就和端恩的《戏题红楼梦传奇四首》中的旨趣完全不同了。

或许也有人会说，也有可能是端恩看了石韫玉的《红楼梦传奇》之后写作了《戏题红楼梦传奇四首》。因为石韫玉生于乾隆二十一年（1756），卒于道光十七年（1837），不仅其生活的年代与端恩相近，且石韫玉与爱新觉罗家族的成亲王永

---

① 邓之诚校注、栾保群校点：《古董琐记全编》（新校本），人民出版社 2012 年版，第 245 页。

② 一粟：《红楼梦书录》，古典文学出版社 1958 年版，第 315—316 页。

③ 张问陶：《船山诗草》，《清代诗文集汇编》第 476 册，上海古籍出版社 2010 年版，第 205 页。

④ 曹雪芹、高鹗：《红楼梦》，人民文学出版社 2005 年版，第 4—5 页。

⑤ 爱新觉罗·端恩：《睿亲王端恩诗稿》，《四库未收书辑刊》第十辑第 29 册，北京出版社 2000 年版，第 427 页。

⑥ 阿英：《红楼梦戏曲集》，中华书局 1978 年版，第 113 页。

理以及定亲王绵恩均甚友善。但是石韫玉的《红楼梦传奇》从第一出宝玉"太虚真境"的《梦游》到最后一出黛玉魂归"太虚真境"的《幻圆》，包括中间的《游园》《省亲》《葬花》《折梅》《庭训》《婢间》《定姻》《黛殇》，并无端恩的《戏题红楼梦传奇四首》中的"美人闲斗草""芍药醉眠阴"以及"吟诗秋赏菊，持钓夏观荷"等情节，也未有哪一出谈到围棋，是以端恩的《戏题红楼梦传奇四首》所题咏的也不可能是石韫玉的《红楼梦传奇》。而且石韫玉把宝、黛的爱情悲剧归之于元妃赐婚宝玉、宝钗，这也和端恩四首诗中的言辞意蕴不符。我们再来看题名为"谥箫"的人为石韫玉《红楼梦传奇》所写的《红楼梦乐府题辞》："箫谱新从月底修，三生绮梦旧红楼，临川乐府先生续，别有梧宫一段愁。"①这也明显和端恩的《戏题红楼梦传奇四首》的语气意旨不相契合。

当然，除了仲振奎、石韫玉的《红楼梦传奇》，其他据《红楼梦》所改编的戏曲及续书尚多，但是这些连仲著及石著都比不上的"或续或改，非借尸还魂，即冥中另配，必令'生旦当场团圆'，才肯放手者，乃是自欺欺人的瘾太大，所以看了小小骗局，还不甘心，定须闭眼胡说一通而后快"（《论睁了眼看》）②的作品想来也是不大可能触发端恩深而远的哲理思索的。

综上，我们应该可以肯定让端恩有感而发的是《红楼梦》小说本身，《戏题红楼梦传奇四首》的撰写是源于曹雪芹的《红楼梦》的思想和艺术的巨大魅力。至于端恩为何没有将所作诗题为《戏题红楼梦小说四首》，一方面应该是由于朝廷屡次颁行的明文查禁。作为天潢贵胄的端恩即便不为《钦定大清会典则例》卷二十《文禁》所言的"一应小说淫辞，严行禁绝……买者，系官罚俸一年"③中的金钱过分忧心，但前辈帝王比如康熙的《圣祖仁皇帝庭训格言》中"幼学断不可令看小说……彼焉知作小说者譬喻指点之本心哉"④的深言痛切肯定会给端恩等后世宗室子弟以沉浸心底的敬畏。另一方面应该是缘于当时主流舆论对小说文体的轻哂。小说作为体证"小道"的存在，始终处于知识系统的边缘，甚至像凌濛初这样的作家自己都存有鄙薄小说家的某种自卑，适时需要一定程度的对其他小说

---

① 阿英：《红楼梦戏曲集》，中华书局 1978 年版，第 522 页。
② 鲁迅：《鲁迅自编文集·坟》，译林出版社 2014 年版，第 188—189 页。
③ 程嘉谟等编修：《钦定大清会典则例》，《四库全书》第 620 册，台湾"商务印书馆"1983 年版，第 414 页。
④ 清世宗纂：《圣祖仁皇帝庭训格言》，《四库全书》第 717 册，台湾"商务印书馆"1983 年版，第 628 页。

家的"讨伐"以表自身的高度与态度清醒。① 相对而言，尽管在清代帝王谕旨及官箴家训中有时候也会出现"传奇小说"或者是"传奇"这样的字眼，但"传奇"的声誉似乎要远好于"小说"。这其中自然也与"传奇"多用文言写成而"小说"基本关联白话导致的"雅俗"之分有关。在工诗善画、情趣高雅的端恩心目中，"小说"这一词语所关联的多为"侧艳不庄"之辞，而"传奇"则不失为"叙述婉转，文辞华艳"②。而且"唐人多工诗，虽小说戏剧，鬼物假托，莫不宛转有思致，不必颛门名家而后可称也"③，出于崇古的心绪，也宁愿称呼《红楼梦》为传奇而非小说。

　　不同于永忠的《因墨香得观红楼梦小说吊雪芹三绝》，更多的男性文人倾向于称呼《红楼梦》为传奇，比如前此提到的张问陶《赠高兰墅鹗同年》中的"传奇红楼梦"，方玉润《星烈日记》中的"阅《红楼梦》传奇"④以及吴文治的《读红楼梦传奇感赋二律》，等等。相对而言更容易具有文化优越感的闺秀诗人在关于《红楼梦》的咏叹中也大多直呼其为《红楼梦》，或谓之为"红楼梦传奇"。比如孙荪意《题红楼梦传奇》、潘庆澜的《戏题红楼梦传奇三律》、金逸的《寒夜待竹士不归读红楼梦传奇有作》、莫惟贤的《读红楼梦传奇偶感》、范淑的《题直侯所评红楼梦传奇》、王猗琴的《读红楼梦传奇口占》、王素琴的《读友兰姊题红楼梦传奇诗偶成》、姜云裳的《偶读红楼梦传奇并孟徽叔芳仲嘉季英四小姑题词率成四绝以博一笑》、谢桐仙的《读红楼梦传奇漫成七绝六首并柬呈猗琴姊妹霞裳寿萱两女史》，直至民国三年(1914)《香艳杂志》第 3 期所刊载徐蕙的题红诗也写作《读红楼梦传奇感而有作》。总之，面对《红楼梦》的"小说"体式，经常出现刻意的回避和称谓上的稍稍变易。中国的智识阶层除了具有立德、立言、立功的正统价值追求，还往往伴随着晕染于诗书温文的风雅氛围从而产生的对细节的讲求。王子猷"何可一日无此君"的爱竹甚或谈得上拘执，但恰是通过这样的自矜表征其作为文人的品性高洁。嘉靖大礼议时皇帝与群臣之间旷日持久，鲜血淋漓的一字之争，正彰显了他们心目中关乎世道人心的礼制正名。久而久之，集体意识的沉积和个人向往的定位构成了文人心底的不苟和对于细节的小心。

---

　　① 署名"即空观主人"即凌濛初的作者在《拍案惊奇序》中说道："宋、元时有小说家一种，多采闾巷新事，为宫闱应承谈资，语多俚近，意存劝讽。虽非博雅之派，要亦小道可观。近世承平日久，民佚志淫，一二轻薄恶少，初学拈笔，便思污蔑世界，广摭诬造，非荒诞不足信，则亵秽不忍闻，得罪名教，种业来生，莫此为甚。而且纸为之贵，无翼飞，不胫走，有识者为世道忧之，以功令厉禁，宜其然也。"见凌濛初原著、即空观主人评点、韩欣整理《即空观主人批点二拍》(上)，天津古籍出版社 2010 年版，第 2 页。
　　② 鲁迅：《中国小说史略》，上海古籍出版社 2006 年版，第 41 页。
　　③ 洪迈撰、孔凡礼点校：《容斋随笔》，中华书局 2005 年版，第 194 页。
　　④ 朱一玄编：《红楼梦资料汇编》，南开大学出版社 2012 年版，第 828 页。

其实端恩对待小说的这种轻视心理在清代宗室文人中也非属仅见。爱新觉罗·奕询有《余院隔墙有唱小说者心颇厌之一日九弟见访闻之戏谓余曰隔墙闻俗韵平仄恰成诗句因足成之》云：

> 雨后暑气除，入户凉飔嫩。虚窗引兴孤，喜逢弟相问。对话坐移时，欢笑恣谈论。谓余此院中，幽景颇秀润。好值晚晴初，树影绿云晕。三径净无尘，得趣皆清僬。一事独哓情，隔墙闻俗韵。听之忽鞿然，斯言岂不信。余弟真善言，五字意已尽。笑我赋质愚，才华本驽钝。那堪凡鄙声，嘈嘈日相近。但恐岁月深，致我诗情困。幸有古人书，展读悦方寸。开编心每倾，玩义志每奋。常惜驹隙阴，争此年华迅。区区市井词，琐屑何足恩。①

不知奕询和其弟隔墙所闻的是什么小说，总之他们觉得这种时常能听到的演唱不辍的市井之词凡鄙不堪，有碍诗情。再来看历来被认为是充满诗情画意、境界高雅的《红楼梦》，爱新觉罗·廷奭有《红楼梦八咏》诗，分别歌咏了"林黛玉""薛宝钗""史湘云""贾探春""李纨""王熙凤""邢岫烟"及"妙玉"八人。诗前有"并序"云：

> 自古艳女名姝，曷可胜数，惜皆被前人题咏殆尽，如百美诸诗，是其明证，遂使后之吟者不能出色翻新，而余又耻拾剩唾，故不为也。因闲阅红楼小说，择其可咏者，得八人焉，固虽属子虚乌有，抑且侧艳不庄，弗犹胜随人脚后，自云捷足者哉！然除八人之外，不无遗美，再俟续咏可也，是为序。②

廷奭云自己所咏的这八个《红楼梦》人物"侧艳不庄"，这与王国维所推崇的"宝琴、岫烟、李纹、李绮等，若藐姑射神人，复乎不可及矣"③截然不同。可见，对于《红楼梦》这样的作品，也是"经学家看见《易》，道学家看见淫，才子看见缠绵，

---

① 爱新觉罗·奕询：《偲月轩诗集》，《清代诗文集汇编》第 771 册，上海古籍出版社 2010 年版，第 35 页。

② 爱新觉罗·廷奭：《未弱冠集》，《清代诗文集汇编》第 757 册，上海古籍出版社 2010 年版，第 706 页。

③ 王国维：《红楼梦评论》，《王国维文学论著三种》，安徽师范大学出版社 2014 年版，第 13 页。

革命家看见排满，流言家看见宫闱秘事"(《绛洞花主》小引)①的。

二、进退局促中的剖露心音

王国维曾经说："《红楼梦》，哲学的也，宇宙的也，文学的也。"②《红楼梦》"大旨亦黄粱梦之义"③的意蕴本就容易产生人生共通的触动，何况对于处境具有民族和社会背景相似性的宗室文人。《红楼梦》的精微深妙对于端恩来说是极富吸引力的。来看《戏题红楼梦传奇四首》的第一首，"谁撰红楼梦，通灵石点头"，端恩与曹雪芹并无直接交往，但曹雪芹的《红楼梦》的思想艺术成就却让端恩大为折服，进而好奇于这部伟大作品的作者到底是谁。"户应称锦绣，乡自引温柔"，曹雪芹红楼一梦的"梦境"是曾经无比真实的锦绣门户、温柔乡里。黛玉在《红楼梦》中是西方灵河岸上三生石畔的一株绛珠仙草，宝玉则是赤瑕宫的神瑛侍者。只因黛玉要偿还宝玉的灌溉之恩，是以随同神瑛侍者下凡造历幻缘。语似不经，但并非着意造奇之语，曹雪芹"满纸荒唐言"中所要表达的是"乱烘烘你方唱罢我登场，反认他乡是故乡"的"一把辛酸泪"。④ 宝玉、黛玉曾经的心有灵犀只剩下"赌书消得泼茶香，当时只道是寻常"⑤。至于《红楼梦》中承载了无数忆念与美好的大观园，到底是确有其处还是来自艺术化的虚构，也许只有明了《红楼梦》的创作缘由之后才能知晓吧。

《红楼梦》中的繁华一梦、浮生聚散始终是让人感慨唏嘘的，豆官、香菱斗草的闺阁情趣以及宝玉赏花的雅致缠绵也曾让我们沉迷于曹雪芹对小说的诗意化塑造。但天若有情，既为不老，又何须对作者着意要隐去的人与事究根追底。爱新觉罗·奕绘(1799—1838)有《戏题曹雪芹石头记》云："梦里因缘那得真，名花簇影玉楼春。形容般若无明漏，示现毗卢有色身。离恨可怜承露草，遗才谁识补天人。九重斡运何年阙，拟向娲皇一问津。"⑥端恩的《戏题红楼梦传奇四首》之三中也谈到了"顽石温如玉，灵台何处寻"。对于那块随同神瑛侍者下凡历劫的石头，奕绘既说"梦里因缘那得真"，但又好奇地说"拟向娲皇一问津"。端恩似乎

① 鲁迅：《集外集拾遗补编》，人民文学出版社 2006 年版，第 177 页。

② 王国维：《红楼梦评论》，《王国维文学论著三种》，安徽师范大学出版社 2014 年版，第 13 页。

③ 朱一玄编：《红楼梦资料汇编》，南开大学出版社 2012 年版，第 828 页。

④ 曹雪芹、高鹗：《红楼梦》，人民文学出版社 2005 年版，第 18 页。

⑤ 纳兰性德撰，赵秀亭、冯统一笺校：《饮水词笺校》(修订本)，中华书局 2013 年版，第 86 页。

⑥ 爱新觉罗·奕绘：《观古斋妙莲集》，《清代诗文集汇编》第 600 册，上海古籍出版社 2010 年版，第 381 页。

更津津乐道于这块温润顽石所经见的痴情儿女事,并对《红楼梦》中的悲欢离合发抒以通脱之"相聚即知音"。不管是"吟诗秋赏菊,持钓夏观荷",还是"老妪俗无赖,佳人酸奈何",不过人生一梦,何必执着于到底是庄周之梦为蝴蝶,还是蝴蝶之梦为庄周呢?

端恩对《红楼梦》的鉴赏所体见的灵悟与超脱似乎也离不开现实生活中的感因。清代皇室宗族,看似风光无限,但其实无所事事的迷惘与宦海沉浮的变迁让他们的人生充满着莫名的隐忧与惶惑。以端恩的先祖多尔衮而言,虽权倾一时,但转眼就因政治斗争而落得削爵掘墓的下场。生前风光无限、权势煊赫的睿亲王俨然成了大清帝国的罪人。直至乾隆四十三年(1778),乾隆皇帝才下谕旨为其昭雪,恢复多尔衮睿忠亲王爵位,并命多尔博后裔还宗于多尔衮宗室系统。多尔衮的人生起伏固然有其权威自专的原因,但世事无常、人生如梦的感慨还是给多尔衮的后代留下了深刻的印象。即以端恩自己而言,其曾在嘉庆十七年(1812)因早朝误班而遭到嘉庆皇帝的训斥。嘉庆二十年(1815),又因为管理蒙古围场不善,导致嘉庆皇帝震怒,斥其"人本庸碌无能",予其"著拔去花翎,逐出乾清门,并著革退领蘦大臣都统、署理总理行营事务大臣,仍罚职任俸一年"的处罚。[①] 端恩的受罚或许看起来也有其自身的"荒忽"因素,但历史的悠久也往往让我们难以了解事件背后真正的缘由和当事人的苦衷。总之,"伴君如伴虎"是历史上众多臣子血的经验和教训。身为皇族宗室所带来的不仅是身为天潢贵胄的荣耀,也有政治斗争无情所致的动荡起伏。"不论是在中国的汉、唐、明、清,还是在罗马、奥斯曼等前近代帝国,以骨肉相残的血腥斗争来决定继承权的归属,都是司空见惯的事"[②],对处于继承与权力分配外围的宗室来说,政治的波谲云诡和尔虞我诈都不能不影响到端恩看待《红楼梦》这样一部描绘了四大家族由盛转衰历程的伟大作品。

也许是因为睿亲王一系的兴衰荣辱与《红楼梦》里的荣、宁二府有太多的可比附性或者说相似性,所以历来说多尔衮影射《红楼梦》中贾赦、贾政的说法屡见不鲜。比如"小说中的贾赦、贾政,不正是'摄政'二字的索隐吗?"[③] 再比如"贾琮与贾环都隐射多尔衮的义子多尔博"[④]。诸如此类的例子尚多,此不一一

---

① 《仁宗睿皇帝实录》,《清实录》第 32 册,中华书局 1986 年版,第 110 页。
② [美]贾志扬著、赵冬梅译:《天潢贵胄:宋代宗室史》,江苏人民出版社 2005 年版,第 205 页。
③ 王兰顺:《两座睿王府一部〈红楼梦〉》,《北京档案》2014 年第 4 期。
④ 隋邦森、隋海鹰:《大观园里的替身——〈红楼梦〉索隐之二》,中央编译出版社 2013 年版,第 321 页。

赘述。

如果说将《红楼梦》中的人物形象与历史上真实存在过的人加以一一对应的举措失之穿凿的话，那么其实我们可以止步于睿亲王府与贾府之间的比附，而去看看他们所共通的对人世悲欢离合的慨叹和浮生如梦的感伤。爱新觉罗·奕绘于庚辰年即嘉庆二十五年(1820)作有《游睿邸梦园八首》，诗题后注明梦园"即会心园更名"①。前此，戊寅年即嘉庆二十三年(1818)，奕绘还写有《送睿邸会心园》。② 可见，把会心园改成梦园，即在嘉庆二十年(1815)端恩被嘉庆皇帝斥为"庸碌无能"之后不长时间。把"会心处不必在远。翳然林水，便自有濠、濮间想"③中的"会心"改成"如梦幻泡影"的"梦园"，不难想见端恩心态的变化。又根据《中国陶瓷艺术大典》④所言的"睿邸退思堂制"瓷器属睿亲王端恩及其子仁寿，可知端恩有堂名"退思堂"，这也是取自《左传》"进思尽忠，退思补过"之意。⑤

嘉庆二十五年(1820)上元节，奕绘到淳颖第六子、端恩之弟裕恩的镜春园过节，当时奕绘正在病中，而裕恩亦因失察而被革职家居，沉闷抑郁中，奕绘写成《上元夜宿镜春园感旧作十六韵》：

> 别墅春如镜，春来景寂寥。入门惊燕雀，穿径碍礁硗。败苇填荒渚，层苔泥画桡。避人藏驯鹿，接客识狸猫。斜照翻鸦背，余寒怯柳腰。残山通短棹，剩雪惬危桥。草长根为药，松枯叶当樵。厨空鼷鼠瘦，书散蠹鱼骄。几案梁尘护，床茵屋漏浇。蝶稀花有恨，池涸月无聊。蛛网欺云幔，蜂窝上绮寮。旧诗吟木客，深院锁花妖。曲欲衷情诉，游难故侣邀。迹寻今昔梦，对验短长条。灯隐邻家树，声来隔院箫。长廊闲绕遍，清咏答良宵。⑥

诗歌作为泄导人情的凝练语言，特定历史时期的时代背景、社会环境总会具体影响到个体的感知和体验，从而在诗歌中形成一种有意识或者无意识的类型

---

① 爱新觉罗·奕绘：《观古斋妙莲集》，《清代诗文集汇编》第 600 册，上海古籍出版社 2010 年版，第 390 页。

② 同上，第 371 页。

③ 刘义庆著，黄征、柳军晔注释：《世说新语》，浙江古籍出版社 1998 年版，第 45 年。

④ 马冀良、马冀武编著：《中国陶瓷艺术大典》，天津教育出版社 2009 年版，第 335 页。

⑤ 刘沅著，谭继和、祁和晖笺解：《春秋恒解》，巴蜀书社 2016 年版，第 190 页。

⑥ 爱新觉罗·奕绘：《观古斋妙莲集》，《清代诗文集汇编》第 600 册，上海古籍出版社 2010 年版，第 386 页。

化、同质化形象。奕绘诗中的"驯鹿""狸猫""鼹鼠""蠹鱼""蛛网""蜂窝"这类荒寒冷怪的意象无不表征了宗室文人忧虑于尊荣身份与没落清凄之间的社会心理。犹疑不安、祸福难料已经成了宗室文人群体性的阴影。昔日之梦的绮丽繁华和今日梦醒的冷寂感伤正与《红楼梦》的幻灭不谋而合,不过是彼此表现的方式不同,蕴蓄的感情有或浅或深的差别而已。

端恩在《戏题红楼梦传奇四首》中谈到"通灵石点头"以及"顽石温如玉",这块由女娲娘娘炼就的补天之石正是《红楼梦》中阴晴圆缺的见证人和记录者。在现实生活中,也有奇异灵透之石陪同端恩及其子孙经历了人世的离合聚散。奕绘有一首《睿邸太湖石赞》云:

> 石来吾语汝:玲珑尔身,空洞尔腹。精卫难衔,苍天难补。尔虽无材,殊胜女娲之辛苦。不入匠石之门,而入于贤王之府。以不材而全其天,石哉! 吾深有取于汝。[①]

《庄子·山木》记载:"庄子行于山中,见大木,枝叶盛茂,伐木者止其旁而不取也。问其故,曰:'无所可用。'庄子曰:'此木以不材得终其天年夫!'"[②]无论是大木以不材得终其天年,还是后文中主人之雁因不能鸣叫而见杀,都充满了人世多患的局促不安。奕绘对端恩府中太湖石"玲珑尔身,空洞尔腹"的戏谑之言,"吾深有取于汝"的表面圆融实则愤激,都体现了宗室文人徘徊于儒家立身修德意识沉积和道家思想全身远害心态超脱之间的矛盾和犹疑。

爱新觉罗·奕誌(1827—1850)的《乐循理斋诗稿》有《永通丈人歌》(并序)[③]写得更淋漓尽致。序文言:"乾隆间和相大启园亭,穷极壮丽。其富春楼前有石二,一立一卧,自房山辇置者也。和相籍没后,园归先伯祖成哲亲王,曾题此石为'永通丈人',命工镌于背,常与名流宴赏其下。王薨,园亦荒废。自是内府有工筑瓦木,辄取资焉。园后再归睿邸,亭榭所存无几,而楼与石岿然无恙。余尝数诣睿邸,留连竟日,池台树木,较之成邸当日,已仅百分之一,而其窈曲缭深之势,约略可想,何啻季伦金谷也。一日,与睿邸宴楼下,忆及伯祖时宾从之盛,不禁慨

---

① 爱新觉罗·奕绘:《观古斋妙莲集》,《清代诗文集汇编》第 600 册,上海古籍出版社 2010 年版,第 366 页。

② 陈鼓应注译:《庄子今注今译》,中华书局 1983 年版,2011 年重印本,第 534 页。

③ 爱新觉罗·奕誌:《乐循理斋诗稿》,《清代诗文集汇编》第 703 册,上海古籍出版社 2010 年版,第 479—480 页。

然今昔之感,因言物之传不传信有数存。使和相得常居此,园不过朝歌暮舞,固不以此石为重也,亦惟其如此,是以不得常居此园也。夫石之为物,体坚质巨,非若珠玉玩好,为奴辈所利,固有足以自永者。然值此园之废,不遭颠踬之厄,亦将埋没于榛莽之间,人无过而问者矣。及为伯祖所有,始邀名王点笔之荣,增其声价,是此石托吾伯祖以永也,非数使然与？余于伯祖,无能为役,其将托此石以永乎？爰请睿邸命工写图,以尺度之,得丈有三尺,并为诗以记之。"其诗曰：

> 我梦不到香炉峰,那知万丈烟云重。一甄坐破不出户,虽有奇迹无由逢。画工生面竞传写,颇疑转失山真容。春明何处泉石好,睿邸园林著名早。主人好客情至殷,约我频来事幽讨。高楼虚敞开琼筵,坐客风骨如神仙。主人欲醉客倾倒,共邀石丈当阶前。日光射入窗户紫,谽谺僵立苍龙子。森然爪牙摩锋铦,深谷千年炼精髓。无乃巨灵手劈太华开,一片余此先天胎。不然娲皇检取五色备,天风吹落洪炉灰。九华顿入壶中隘,谁识壶中胜尘界。不美奇章甲乙评,折腰却受南宫拜。南山白额留皮毛,英雄应与龙城遭。或学黄公化老父,圯桥一卷遗兵韬。高人羽化英雄死,姓字辉煌照青史。沉沦莫厌随清流,千年埋没空山里。素璞凿破难全真,置身遽与繁华邻。一旦东门欺黄犬,凄凉台榭生荆榛。摩挲细玩淋漓墨,题字纵横胆笔力。嘉名幸荷丈人称,独立岂能常不泐。主人叹息难为留,停杯相对情悠悠。吟成掷笔一长啸,石若有灵应点头。

清人习惯以"某邸"尊称某王爷,比如爱新觉罗·永瑆的诗题所示:《季秋与睿邸郑邸小集先月楼》(肃邸楼也)。奕詥生于道光七年(1827),卒于道光三十年(1850),得年仅二十有四,是以其诗中所言的"睿邸"应为第十代睿僖亲王仁寿,也就是端恩之子。虽然宗室皇族往往俸禄优厚,但"一旦东门欺黄犬,凄凉台榭生荆榛",历史上曾经发生的血腥史实还是让他们不时感到犹疑与惧怕。秦代李斯曾经劳苦功高、权倾一时,但转眼就"吾欲与若复牵黄犬俱出上蔡东门逐狡兔,岂可得乎"[①],为官遭祸,抽身悔迟,这怎能不让处身权力旋涡的皇室宗族感到惧怕呢？

不难发现,端恩等宗室文人的人生经历以及生活境遇与《红楼梦》中的情节

---

① 司马迁:《史记》,中华书局1959年版,第2562页。

旨蕴甚至是细微场景都存在许多共通之处。这既是因为曹雪芹对社会生活的广泛思考所致的小说思想境界的哲理提升，也可以看出《红楼梦》在艺术构思过程中对现实人生的广阔取径。而宗室文人对《红楼梦》的相关题咏，也让我们得以体见他们虽宠遇优渥但祸福旦夕的生活和心境。端恩《兰亭轴》诗中有云："谁解绘其真，景不在林丘。"[①]这里说的虽然不是《红楼梦》，却贴切形容了宗室文人与这部伟大作品的微妙关系。

（本文原载于《南京师范大学学报》2018 年第 6 期）

---

① 爱新觉罗·端恩:《睿亲王端恩诗稿》,《四库未收书辑刊》第十辑第 29 册,北京出版社 2000 年版,第 341 页。

毛晋与僧侣之交游及刻经考

毛文鳌

摘　要：毛晋是明末清初著名藏书家和刻书家，与僧侣交游密契，既借以纾解亡国之恨，寄寓家国之思，又平添生活之情趣与品位。缘此，汲古阁兼刻佛典梵册，而尤以襄助梓行《嘉兴藏》为力，从而扩展刻书之品类，充实图书之内涵，提升版刻之价值。明于此，则毛晋于出版史上之地位尚需重新考量。

关键词：毛晋；僧侣；交游；刻经

毛晋是明末清初著名藏书家和刻书家，尝引昔人语自况云："平生有三大愿：一愿读尽世间好书；二愿交尽世间好人；三愿看尽世间好山水。"[1]缘此，毛晋毕生广交同好，"吾之友，而其人自达官高流至闲客野衲，有显晦；其地自滇蜀关陇至闽楚吴越，有远近"[2]。而毛晋藏、刻书多赖师友襄助，方以长盛不衰。前人说之备矣，兹不赘述。拙文试图再现毛晋与僧侣交游及刻经生活，一则通过考察毛晋与僧侣交游，以展现晚明清初江南士子与僧侣交织的生活场景、旨趣心态，并探究明清易代的社会影响；一则疏理毛晋刊刻经藏的史实，以呈现释友对其刻经的意义，并重新考量其在出版史上之地位。

一

毛晋笃奉佛教，堪称虔诚的浮屠。毛晋(1599—1659)，原名凤苞，字子九，后易名晋，字子晋，别号、室名夥够，其中室名曰"笃素居"、曰"曹溪一滴庵"(又名一滴庵)、曰"双莲阁"，或为毛晋焚修处，或为释友校书处，虞山华严阁为其刊经作坊，而"在在处处有神物护持"为汲古阁藏书印文，"笃素居士"乃毛晋自号，则毛

氏何等佞佛,诚不难想见也。毛晋崇信三宝,对于僧侣慷慨施济,对于佛藏刊刻亦热心资助,以是许多方外人士成为汲古阁座上常客。毛褒等撰《先府君行状》云:"(府君)交游遍四海,淄素高人在门者,日常数十人。"①毛晋友孙朝让诗云:"缥囊玉轴互陈列,高僧词客时盈堂。"②皆可见一斑。为招徕、延聘儒、释、道三家名流共事丹铅,毛晋分别构筑汲古阁、双莲阁、又一阁。清钱泳《履园丛话·梦幻》曰:"汲古阁在七星桥载德堂后,以延文士;又有双莲阁在问鱼庄,以延淄流;又一阁在曹溪口,以延道流。"③又,清江熙《扫轨闲谈》描绘汲古阁周边环境曰:

> 四围有绿君、二如等亭,招延天下名士校书其中,风流文雅,江左首推焉……许吟亭云:"毛氏有三阁:汲古阁在载德堂西,以延文士;其双莲阁在问鱼庄,以延淄流;一失名,俗呼关王阁,以延道流者。今俱废。又有一滴庵,为潜在父子焚修处。"④

可见,"又一阁"即"关王阁","一滴庵"又名"曹溪一滴庵",绿君亭、二如亭等环抱汲古阁,端的为理想之校书处。据笔者统计,毛氏僧友不下三十位,其名氏如下:智林释道源(石林),华山释汰如(明河),释读彻(苍雪),释照宇(立庵),释照渠(含光),释米(堆山),凫溪释自扃(无门),兴福释通门(牧云),释鹤如(契德),三峰释豁堂(正岩),秀峰释岫云(行玮),荆溪释谷音(慧超),湘东释大惺(以明),雪窦释通云(石琪,琪一作琦),白椎释寂觉(闻照,闻一作文),释照行(一义),半塘释雪邻(照琼),松陵释指月(照影),松陵释佛生(照觉),笠泽释竺兰(行荃),吴江释声谷(显闻),金幢释印持(博闻),虞山释通晓(柏岩),释上授,释玄弼,释行洁,释正止,释印初,释照萍,释道开,庆慧寺释照霁(清旭)。就中不乏熟谙内典、名扬法界之大德高僧,若密藏道开、石林道源、牧云通门、明河汰如、苍雪读彻等。下面笔者依据毛晋诗文集,旁及题跋、年谱、语录,逐年绍介毛氏与释家交游之概貌⑤。

崇祯六年癸酉(1633)左右,释正止替毛晋《隐湖题跋》撰作序文。

① 毛褒等:《先府君行实》,《国立中央图书馆季刊》一卷四号,第21—24页。
② 张宗芝等编纂:《以介编·虞山孙朝让诗》,《虞山丛刻》本。
③ 钱泳:《履园丛话·梦幻》,中华书局1979年版,第579页。
④ 江熙:《扫轨闲谈》,顾沅辑《赐砚堂丛书新编》,清道光10年(1830)长洲顾氏刻本。
⑤ 曹之:《毛晋身世考略》,《图书与情报》2001年第3期,第67页。谈迁:《北游录》,中华书局2012年版,第4页。[日]三浦理一郎:《毛晋交游研究——以毛晋诗文集为中心》,复旦大学博士学位论文,2002年。

崇祯十二年己卯(1639)谷雨前一日,释自扃与毛晋、林云凤、李谷、沈璜、释衍门、王咸、王人鉴等送萧士玮归乡,各赋诗赠别。同年夏,毛晋赴吴门,入华山寺谒见释汰如。汰如将"新得圆至《牧潜集》抄本、残破元版各一册,即以畀先生,遂付梓",并亲为作序一篇。

崇祯十三年庚辰(1640)四月八日,毛晋至吴门华山寺,聆听释汰如讲《华严解制》,与释读彻偕坐莲华洞。偶遇一异僧,称有一经为历代《大藏经》所无,兹奉木增之命,欲请毛晋为其付刻;毛晋遂从其愿。此事详后。

崇祯十四年辛巳(1641),释道开弘法于嘉兴大胜寺,毛晋驾舟兴诗送别,诗题注云:"道开法师应武塘相国衍门禅伯之请,敷讲嘉善之大胜寺,余于腊月廿五放舟荨江送之,和陶与殷晋安别韵,兼柬衍门。"疑毛晋有参刻《嘉兴藏》之请。

崇祯十五年壬午(1642)秋,毛晋为刊刻《河汾诸老诗集》,曾至智林寺谒石林寻求抄本,称心而归。

崇祯十七年甲申(1644,清顺治元年)花朝日,毛晋赴超过寺,为涅槃讲坛设供,与释自扃酬唱相和。是年三月十六日,毛晋偕释道源、马弘道、徐波、雷起剑、叶仑、孙房诸人,放舟吴门横塘,探知唐寅墓冢荒颓,遂商定修墓建祠,同时各自赋诗纪事。

顺治二年乙酉(1645),毛晋与释道源、冯武、顾梦麟、顾德基、黄冀圣、吴拭、叶裕等各赋《和范石湖田园杂兴》诗,宣泄亡国之痛。同年五月,毛晋与释道源结香社于智林寺。

顺治三年丙戌(1646)元宵节,毛晋与十二位友朋创办"尚齿"诗社,内有大惺等释友。春间,毛晋曾收到释读彻来函。三月十七日,毛晋、马弘道、雷琯、袁默等棹舟拜访释道源,当晚乘月入破山寺,礼拜大悲忏坛。次日,众人乘篮舆游剑门、龙斗涧等处。又明日为春尽日,复野游而返。释自扃与王揆同游。九、十月间,毛晋在陆瑞徵颐志堂举行"尚齿会",释道源等僧友出席。

顺治四年丁亥(1647),毛晋招聚淄素释通门、杨补、戈汕、呼谷、陆铣、陆瑞徵、葛云芝、钱皲等"共涉前踪",各赋五言律一首。

顺治五年戊子(1648)二月六日后,毛晋与释大惺、马弘道相约赏梅,各有赋诗记之。寒食节,毛晋与马弘道、袁默、殷时衡等拜访释道源,有放生之举,并赋诗。同年,毛晋于常熟先墓水东结矮屋数椽,颜曰"小西林",延引释道源休老。戈汕、殷时衡等赠诗以贺。另,顺治四年或五年,毛晋似应与释自扃同游苏州虎丘,各咏诗达十首,兹姑附此,待考。

顺治六年己丑(1649)寒食前,释通门来访,流连有日,毛晋多次赋诗,宾朋应者不绝。寒食前二日，释通门访毛晋于宝月堂，适见毛晋补刻《大藏经》将竣，赋诗以赠，毛晋、顾梦麟各有次韵。后通门登清风亭，作诗留赠。后又泊舟溪口，等候毛晋外游归棹，互有赠答诗。后通门将返，因雨阻泊舟，赋诗二首以赠毛晋。是年释照渠赴钱谦益之芙蓉庄讲演《华严玄谈》，毛晋与钱氏、释道源、汤鸿等分韵赋诗。九月，陈瑚移家隐湖，赋有《湖村晚兴》诗，毛晋、释道源、顾梦麟、陆世仪、马弘道等十八人先后有和诗。九月十日(闰九月九日)，毛晋访自扃所主持之寺庙，用陶渊明《九日闲居》韵酬唱。

顺治七年庚寅(1650)正月七日后，毛晋与陈瑚、顾梦麟、释读彻、徐遵汤、文祖尧、曹周宪、费参等同赋《咏瓶中落梅》组诗，毛晋序之。八月，毛晋曾建造一座庵堂，请释印初来主持，为庵中供奉之如来像唱经。

顺治九年壬辰(1652)冬杪，释读彻将续起《华严经》讲期，自苏州来候毛晋，并过娄东访王时敏、吴伟业。

顺治十年癸巳(1653)正月十五日，毛晋偕同徐波赴苏州中峰寺听释读彻《华严大钞》。二月，毛晋邀前朝相国高弘图、云间太仆朱国盛、徐波、僧石林于虎丘，横舟对月契谈。立春后，毛晋与顾梦麟、陈瑚、费参、钱嘏、释道源及子毛褒、毛衮等赴苏州访梅并唱和。四月，毛晋偕陈瑚、释道源、严陵秋、顾梦麟等游虞山诸泉。秋，毛晋与释通门互有唱和，毛晋诗题作《秋月次韵酬牧云上人》。

顺治十三年丙申(1656)春，释照影从三峰泛舟隐湖，访问毛晋，毛晋赋诗以赠。五月，毛晋友释读彻圆寂，遗命以山茧袍、诗文集属毛晋。八月十日前，毛晋与冯武、杨补游华山，晚宿释汰如影堂，各赋诗以呈照渠。九月十日，释寂觉与同寺释照琼坐船访毛晋，舟中有阳羡、新安所产菊花百本及秋茗藤盘朱壶。两僧于舟中对菊赋诗相赠，毛晋和之。

顺治十四年丁酉(1657)正月五日，正逢毛晋花甲寿诞，子侄辈为奉觞称庆，海内名人硕儒，高僧道流悉有介寿之文，总数百首。其中，毛晋释友约有道源、通门、闻照、照渠、寂觉、通门、大惺、照影等。如释闻照移善财尊像于毛氏庵堂，倡建华严大会。此后，释照影收集吴江诸君子之诗文与画，编为"寿册"，并撰作跋文。壬寅月，白椎寺举行法会，赴会者除毛晋外，尚有徐学孟、马弘道、陆贻燕、释寂觉、释照霁、释照琼、释照行、释行洁、释照萍等十人。徐氏首唱，各人和之。中元节后不久，毛晋访鹤林寺，与释通门有唱和之作。九月十日，毛晋再赴鹤林寺，释通门赋诗相赠，毛晋、释通云各次韵。

顺治十五年戊戌(1658)冬，毛晋过钱谦益红豆村，为之备述亲闻明河讲席之事。

顺治十六年己亥(1659)四月以前,毛晋为访释通门留宿云半居,始知通门已赴苏州秀峰寺,遂先后赋诗以寄通门与释岫云,通门和之。

纵观毛晋与僧侣交游,有如下几个特点。其一,交游方式或结诗社、赴法会,或赏春探梅,或于寿诞佳期联席酬赋,集珠攒玉,兴笔序跋,举而刻之。陈瑚与毛晋交厚,尝传契友曰:

> 变革以后,杜门却扫,著书自娱,无矫矫之迹,而有渊明、乐天之风。与耆儒故者、黄冠缁衲十数辈为佳日社,又为尚齿社,烹葵剪菊,朝夕唱和以为乐。间或临眺山水,当其得意处,则留连竟日。遇古碑文、碣志,急呼童子摩榻数纸,然后去。①

可见,毛晋与僧侣周游流连之际,并非单纯联谊言欢,歌呼啸咏,而格外留心庙宇梵刹处罕见之函册。譬如,《筠溪牧潜集》《河汾诸老诗集》及孤本《大藏经》零种之能刻成,端赖僧朋之助,从而使所刻书之内涵得以扩充、种类增多,版本价值亦随之提升。

其二,毛晋与僧友游访空间囿于明末清初之“江南”,前揭诸僧开堂讲法之所,三峰、兴福两寺坐落于常熟虞山,余如白椎庵、秀峰禅院、金幢庵、智林寺等则多隶苏州一境。此地不唯风景绝胜,寺庙林立,梵音袅袅,更是文风蔚然,版刻图书走俏,良为寄托情思之佳处。我们颇疑毛晋与僧友频繁往来,或别有深意在焉。何以说?明清鼎革之际,江南士大夫多沦为遗民,或遁迹山林,变身遗民僧,却依然心系故国,与抗清义军暗通声气,谋划复国——此在今日早非秘闻。国变前,毛晋既绝意场屋,不求仕进,又于“崇祯壬午、癸未间(1642—1643),遍搜宋遗民忠义二录、《西台恸哭记》与月泉吟社、《河汾》《谷音》诸诗,刻而广之。未几,遂有甲申、乙酉(1643—1644)南北之事。每自叹曰:‘人之精神意思所在,便有鬼物凭依其间’”②。及闻崇祯十七年(1644)三月十九日崇祯帝自缢煤山,悲痛欲绝,和泪赋《题崇祯历》一诗,题注曰“泪书十七年三月十九日下”,以抒亡国之痛。诗云:

> 西北天崩度几旬,犹呼万岁荐茶新(原注:江南立夏,望阙荐新茶,

---

① 陈瑚:《为毛潜在隐居乞言小传》,《确庵文稿》卷十六,清康熙毛晋汲古阁刻本。
② 同上。

尚未闻变)。雨肠引咎辜明主,日月交微罪党人。告急军储忘向岁,殷
忧割土望颁春。微臣洗砚浑无事,书得今年是甲申。①

读之,则毛晋缱绻故国之情不可谓不深矣。纵观毛晋方外之交,每有一二遗
民厕身其间,如陈瑚、钱毂、顾梦麟、陆世仪等,此四人并皆复社遗英,则不能不令
人有所遐想耳。何况毛晋为钱谦益白衣弟子,与钱曾俨然左右护法;钱牧斋假言
佞佛而暗地抗清复明之事,早经陈援庵发覆矣,毋庸辞费。合此以观,我们纵不
便断言毛晋必然投身抗清大业,但其眷顾河山,凭吊明帝之迹则可见一斑。

其三,毛晋所交僧侣多为高僧,或宏通佛经,或品藻特立,或才艺卓然。每有
集会,彼此或弘道释法,砥砺品节;或赋诗品茗,陶冶情怀;或丹黄甲乙,谋刻坟
籍。今试举法会一事以概其余,华山释明河、读彻先后频举华严大会,弘法布道,
毛晋曾多次赴会,前已述之。(同治)《苏州府志》记曰:

> 明河字汰如,扬之通州人,姓陈氏。十余岁剃度,究心大乘方等诸
> 经,兼工词翰。年十九,依一雨润公住铁山,继住中峰。既而说法于杭
> 之皋亭、吴之花山、白门之长干寺,尝于讲期见群鹤绕空飞鸣围绕,未几
> 示寂。
>
> 读彻字苍雪,滇南呈贡赵氏子。幼从鸡足水月道人为沙弥,年十
> 九,远游受戒云栖,参雪浪于望亭。浪殁,依一雨润于铁山,与明河并为
> 入室弟子。博涉内外典,赋诗亦多警句。以《华严经》为法海,非精研疏
> 抄,不能涉其津涯,穷其奥窔,遂与河订分讲之约。河卒,遂独力荷担,
> 虽病弗辍。顺治丙申,应宝华山见月请讲《楞严》,至山中病剧,作解嘲
> 诗《辞世偈》而逝。②

钱谦益《汰如法师塔铭》亦曰:

> 贤首之宗,弘于雪浪,其后为巢、雨,为苍、汰,皆于吴中次补说法。
> 瓶锡所至,在花山、中峰两山,云岚交接,梵呗相闻,四公法门家嫡,如两
> 鼻孔同出一气,但有左右耳。巢、雨迁谢,苍、汰与余法乳之契益深。③

---

① 毛晋:《野外诗·题崇祯历》,《虞山丛刻》本。
② 冯桂芬:(同治)《苏州府志》卷一百三十四,清光绪九年(1883)刻本。
③ 钱谦益:《汰如法师塔铭》,《牧斋初学集》卷六九,《四部丛刊》本。

事实上,明河(1588—1640)、读彻(1588—1656)师兄弟广交明末遗老志士,阴助其人匡复明室。而他们之所以对《华严经》情有独钟,并大力宣讲之,正是看中此经饱含抗敌复国的精神。若尔,"我们颇疑毛晋与僧友频繁往来,或别有深意在焉"又得一证也。

综之,毛晋所交僧侣众多,遍布江南,远及边徼,往来亦频仍,所为远出吟风啸月、声娱之欢外,而含有淬厉民族气节、精神寄寓乃至文化生产与传播之良苦用意。

二

前揭毛晋与僧侣往还之间每有钞刻佛典之举,详情且容言之。毛晋付诸梨枣之佛经,除《嘉兴藏》零册外,尚有十数种之多。其要者如汉释安世高译《本相猗致经》,晋释竺法护译《尊上经》、竺昙无兰译《寂志果经》及法显《佛国记》,姚秦释鸠摩罗什译《禅法要解经》,刘宋释沮渠京声译《末罗王经》与《摩达国王经》,梁释僧佑撰《出三藏记集》,陈释真谛译《涅槃经本有今无偈论》和《遗教经论》,北魏释菩提流支译《百子论》、杨衒之《洛阳伽蓝记》,唐释义净译《佛为海龙王说法印经》、宋释法天译《外道向圣大乘法无我义经》、释守遂注《佛说四十二章经》、李龏《唐僧弘秀集》,元释圆至《筠溪牧潜集》,明释明河撰《续补高僧传》、通门撰《牧云和尚懒斋别集》《牧云和尚病游草》《牧云和尚宗本投机颂》《牧云和尚病游游刃》与《牧云和尚七会余录》等。其中《佛国记》《洛阳伽蓝记》皆收入毛氏汲古阁绣梓之《津逮秘书》内,且前者非毛氏新镌,而是据崇祯三年(1630)购自胡震亨之版片重印而成的,即胡氏《秘册汇函》之焚余者。后者部分内容为汲古阁早期刻本,故版式独特:四周单边,无行界,半页 8 行 18 字,书口上有书名、卷页数,下题"绿君亭"三字。明河、通门皆为毛晋并世挚友,已如前述。毛晋刻经始于何年呢?据《国家图书馆善本书志·子部(三)》、杜信孚等《明代版刻综录》著录知,明天启元年(1621)毛晋 23 岁,谋刻僧友明河之《续补高僧传》,则为已知汲古阁最早刻经之年。通门为海虞名僧,著作也多承汲古阁刷印,《四库提要》录其《懒斋别集》曰:

> 国朝僧通门撰。通门,字牧云,姓张氏,常熟人。明季祝发于兴福禅林,寻主古南、鹤林、天童等寺,颇与士大夫游,故文士往往称之。其

集为其同里毛晋所刊,凡杂文三卷、书启三卷、颂赞偈语二卷、诗六卷。①

毛晋刊刻之梵册,以《嘉兴藏》零种卷帙最大、版本价值最高、学术贡献最多。事实上,在我国传世大藏中,《嘉兴藏》堪称最具特色,其收录典籍之多、刊刻递修时间之长及倡缘募刻私人之众,均首屈一指。职是之故,《嘉兴藏》早为国内外学界所重视,研究成果迭出②,然而因该藏过于庞大,刻时弥久,又因"在历次刊刻过程中都有变化",存者各具"身世",以致论者各执一词。以下我们将抛开陈见,着力考察毛晋与《嘉兴藏》之关系。

首先,毛晋何时夤缘参刻《嘉兴藏》? 这至为关键,不可不明。明万历七年(1579),尊宿紫柏真可会同憨山、幻予、幻居、如奇等和尚,发愿重刊大藏经。至万历十七年(1589),《嘉兴藏》正式开雕于五台山妙德庵。越四载,卷帙已达数百,然苦于冰雪、刻资匮乏,兼之北地时局动荡,遂南迁于浙江径山寂照庵。我们认为,只有此时,毛晋方有与刻经主事者接洽之可能,至于其模勒佛典,则出于常熟众多亲朋师友,如瞿汝稷、缪希雍、释密藏道开、钱谦益、萧士玮等人之感召与推助。何谓? 因此数人或为常熟之缘首兼捐刻大户,或为董理《嘉兴藏》刊务之中坚,毛晋既与之结契,则易受其劝导而萌发佛缘。台湾地区的中华佛学研究所范佳玲的博士论文《紫柏大师生平及其思想研究》附录三《〈嘉兴大藏经刻经年表〉补正》记载,常熟耆旧瞿汝稷于万历十七年作《刻藏缘起》,缪希雍于万历二十九年撰《念云勤上人接管寂照刻场缘起实纪》③,则倡刻大藏伊始,瞿汝稷、缪希雍即为文导诸众信,破除异说。又《嘉兴藏》"续藏"十八函内有《略释新华严经修订次第决疑论》一种,捐刻人适为瞿、缪二人,时在万历十八年。可见,瞿氏、缪氏非惟倡刻佛典,而且动员各界广大佛徒信众施资认刻。瞿汝稷(1548—1610),字元立,号洞观,常熟人。瞿氏精于禅理,著有《指月录》,"释子奉之如紫阳之集注也"。难能可贵的是,紫柏大师初发愿剞劂大藏时,瞿氏即闻风响应。钱谦益记其事曰:"(真可)念大藏卷帙重多,遐方僻陬

---

① 永瑢等:《懒斋别集》,《四库全书总目提要》卷一百八十一集部三十四,清武英殿刻本。

② 目前至少有李孝友《也谈明代刊刻的〈径山藏〉》、杨玉良等的《〈嘉兴藏〉整理记》《故宫博物院藏〈嘉兴藏〉初探》、华东师大孔毅硕士论文《汲古阁刻书考》、复旦大学三浦理一郎博士论文《毛晋交游研究——以毛晋诗文集为中心》、台湾东海大学周彦文硕士论文《毛晋汲古阁刻书考》等著作论及《嘉兴藏》,对于其卷帙版式、行款装帧、刊刻经过、资金来源、牌记内容、目录及文献价值等都有所揭示。

③ 范佳玲:《紫柏大师生平及其思想研究》,中华佛学研究所博士论文,2001年。

有终不闻佛法名字者,欲刻方册,易为流通,普使见闻作金刚种子,即有谤者,罪当自代,遂与太宰公及司成冯公梦祯、廷尉曾公同亨、冏卿瞿公汝稷等定议,命开公董其事。"①憨山大师法嗣福徵尝题其师自著年谱万历三十一年条后,亦称"紫柏倡缘刻藏时,陆光祖与冯梦祯、曾同亨、瞿汝稷鸠工于径山寂照,密藏道开、幻予法本、澹然铠公迭董其事"。② 所指似是一事。继万历十七年草《刻藏缘起》之后,历历二十二年,瞿氏又撰《募刻大藏唱导文》,以赞密藏、幻予二师倡缘刻藏之举,广泛动员善士檀樾捐资襄刻。密藏禅师尝致书顾襟宇曰:"同瞿元立辈商确(榷)刻藏缘事,始定长缘四十分,分岁百金,自一人至多人,惟信心坚久者许与之。"③毛晋与瞿氏因乡谊而过从,瞿氏尝慨然赐序毛氏《野外诗》。缪希雍(1566—1627),字仲淳,号慕台,常熟人。缪氏精于医道,乐善好义,倾心佛陀。钱谦益尝曰:"大藏之改梵夹为方册,自紫柏尊者上首弟子密藏开公始也。海内巨公长者主议倡导者,则有若陆庄简公光祖、陈庄靖公瓒、东溟先生管公志道、祭酒冯公梦祯、紫柏法眷,誓愿佽助者常熟缪布衣希雍、金坛于比部玉立暨丹阳贺氏、吴江周氏、沈氏。刻场初卜清凉,后移双径,既而恢复化城。"④缪氏之所以推助刻藏,与其皈依紫柏门下恐大有干系。钱谦益《紫柏尊者别集序》曰:"金坛刻《紫柏尊者全集》,已行丛林……白衣弟子缪仲淳执侍左右,手自缮写者。"⑤毛晋《野外诗·舟中读〈本草经疏〉》题下注曰:"缪仲醇先生授余梓行海内二十余年矣。"而钱大成《毛晋年谱稿》"天启五年乙丑(1625)二十七岁"条记载:"是年三月,舅祖缪希雍以所撰《本草经疏》授先生,……六月遂付梓人。"⑥缪氏既为毛晋外舅,又尝授梓己作《本草经疏》,则两人交情笃厚。综之,缪氏、瞿氏皆为《嘉兴藏》之大檀樾,毛晋既与之相熟,必受其浸濡劝导,遂萌意领刻藏册。密藏道开者,紫柏大师首座高弟也,于资帑之筹集,刻场之勘择,例规之订定无不亲躬其役。职是之故,有"藏主"之尊称。道开与常熟颇有因缘,早于万历十七年,即来驻锡虞山东塔,深受善信尊礼。毛晋后亲聆其教席,有《和古人诗》赠之,自注题曰:"道开法师应武塘相国衍门禅伯之请,敷讲嘉善之大胜寺。余于腊月廿五放舟葑江送之,和陶与

① 释德清:《径山达观可禅师塔铭》,《憨山老人梦游集》卷十四,清顺治十七年(1660)毛褒等刻本。

② 转引自杨玉良、邢顺领:《〈嘉兴藏〉整理记》,《文献》第十九辑,书目文献出版社,1985年版,第205页。

③ 转引自杨玉良:《故宫博物院藏〈嘉兴藏〉初探》,《故宫博物院院刊》,1997年第3期,第18页。

④ 钱谦益:《募刻大藏方册圆满疏》,《牧斋有学集》卷四十一,《四部丛刊》本。

⑤ 钱谦益:《紫柏尊者别集序》,《牧斋有学集》卷二十一,《四部丛刊》本。

⑥ 钱大成:《毛晋年谱稿》,《国立中央图书馆季刊》一卷四号,第9—21页。

殷晋安别韵,兼束衍门。"诗作于崇祯十四年(1641),即汲古阁正式雕造《嘉兴藏》之前一年,我们虽不必说毛、道此晤必有刻经之约,然与之关联密切,则无可疑也。前揭之钱谦益乃毛晋业师,萧士玮则系密友。钱谦益与憨山大师交契,而后者则是道开业师兼顾问,于法理、刻藏、复寺诸端多所谕示。钱氏尝捐刻姚广孝《道余录》一卷,后纂编之《紫柏尊者别集》《梦游全集》及《宋文宪公护法录》多由毛氏汲古阁刻入《嘉兴藏》。萧士玮(1635—1711),字伯玉,别号三藏,泰和人。萧氏《毛母戈孺人墓志铭》曰:"凤苞(按,毛晋字)以状来请……余尝数游虞山,固稔。"①则萧、毛交情亦非浅。而萧氏"妙契佛旨,精通祖心",富而好施,尝资助汲古阁刻经达百余种,详后。综之,毛晋参刻《嘉兴藏》良有以矣。

<h2 style="text-align:center">三</h2>

毛晋当日写刻《嘉兴藏》详情已难周知,所幸现存经卷卷末大都附有牌记,载明施主、雠校、手民、刻工名姓,以及刻板年月、刻场、刻资等,便于稽考。如《佛说海龙王经》卷末即有施刻识语,分上下二栏,上栏题:"泰和信官萧士玮捐俸刻《海龙王经》。东塔寺释道源、东湖信士戈汕同对。崇祯壬午孟冬虞山华严阁识。"下栏则题:"经四卷,共字三万五千六百四十一个,计写银一两四钱二分六厘,计刻银十二两四钱七分四厘。板四十七块,工价银一两八钱八分。上元罗章书,句容李焕刻。"②因此,可借以钩稽毛晋与《嘉兴藏》之关系。该藏牌记显示,毛晋参刻年代集中于崇祯十五至十七年间,经坊则是虞山华严阁。拙文《汲古阁刻经考略》曾误以为华严阁为毛氏所舍建,附属于汲古阁,以专供写刻经藏,今谬承故宫博物院章宏伟指正,不胜感荷。然而,《嘉兴藏》内确收有汲古阁刻经若干种,如《大方广佛华严经海印道场十重行愿常编礼忏仪》《憨山老人年谱自叙实录》《牧云和尚语录》等,其中《华严经海印忏仪》早于崇祯十三年(1641)业已写板,翌年毕役。汲古阁何以前于华严阁雕刻《嘉兴藏》? 实际上,毛晋是时尚未参与《嘉兴藏》刻务,只是受云南丽江土司木增之请而为之代刻,且刻就后,经版方被送至嘉兴楞严寺,以供刷印流通而已。钱大成《毛子晋年谱稿》"崇祯十三年(1640)庚辰,四十二岁"条述之甚悉,今节录如下:

---

① 萧士玮:《春浮园集》,清光绪十八年(1892)萧氏闲馀轩刻本。
② 故宫博物院藏《嘉兴藏》第56函,《佛说海龙王经》卷四第22页,转引自章宏伟:《〈汲古阁刻经考略〉指误》,《图书馆杂志》2010年第10期,第77页。

四月八日，先生至吴门华山寺……出山，独有一僧缘绀泉鸟道而上，前异经一簏，状貌缀饰迥别吴装，目睹而异焉。弹指间，直至座下，擎一锦函，长跪而请曰："弟子从云南悉檀寺而来，奉丽江土司木增之命也。木公从鸡足山叶榆崇圣寺觏《大方广佛华严经忏法四十二章响》，相传一行依经录者。兵燹之余，普瑞藏诸寺中，自唐迄今未入藏。故特此发愿刊布，敬授执事，度岭涉江，就正法眼。"言毕，随出兼金异香为供，作礼而退。读彻合掌谓先生曰："……寿梓以传，非子而谁？"先生欣然应诺。即于本年鸠工庀材，经始其事。①

木增之所以不远千里以佛经请托，固慕于汲古阁之令名，"启、祯年间，汲古之书走天下"。次年"丽江土司木增又遣使寄先生书，致兼金、琥珀、薰陆诸异品，购汲古阁所刻书，捆载越海而去。自来书行之远，乃为夷裔所慕，未有如是者也"。② 木增后跋《华严经海印忏仪》云：

> 钦襃忠义忠芚、四川左布政、云南丽阳佛弟子木增、同丽江府知府授参政男木懿、应袭孙木靖暨诸子孙太学生木乔、木参，生员木宿、木檞、木枟、木□、木极、悟乐等各捐净捧（俸），延僧命役，敬奉《大方广佛华严经三昧忏仪》，一部，共四十二卷、六十一册，直达南直隶苏州府尝（常）熟县隐湖南村笃素居士毛凤苞汲古阁中鸠良工雕造。起于崇祯庚辰孟夏，终于辛巳暮春，凡一载功成。今置此版于浙江嘉兴府楞严寺藏经阁，祈流通诸四众，历劫熏（重）修，见闻此法，永持不舍，所愿一乘顿教遍布人寰，三有群生俱明性海者耳。③

不过，庇护《华严经海印忏仪》之鸡足山叶榆崇圣寺久与《嘉兴藏》结缘，却是不争事实。万历二十一年（1593），刻场甫南迁径山寂照庵。"当时姚安进士姚珽与其弟姚琪寓居浙江，和冯梦祯、陆光祖、袁黄等人均有往来，当紫柏、憨山和尚等发愿刊刻《大藏经》时，上述人曾大力支持倡导，姚氏兄弟不仅在经济上做了大

---

① 钱大成：《毛晋年谱稿》，《国立中央图书馆季刊》一卷四号，第9～21页。
② 同上。
③ 故宫博物院藏《嘉兴藏》续藏第15函，《大方广佛华严经海印忏仪》，第29页。转引自章宏伟：《〈汲古阁刻经考略〉指误》，《图书馆杂志》2010年第10期，第77页。

量的支援,而且在刊刻过程中,还以《北藏》为底本,校对《南藏》,进行了一些校勘工作,得以竣事,进行开雕……当'正藏'付梓印出,陶氏兄弟即运送《径山藏》来宾川的鸡足山存放……"①由此观之,木增或为毛晋与大藏之间又一牵线人,而黔僧利根则更似引路人,崇祯十五年(1642),"突有利根上座,贵竹赤水人也……由于利根高僧的辛勤奔走,争取到了著名的刻书家常熟汲古阁毛晋父子,以及泰和萧士瑌、萧士玮、杨仁愿、常熟郭承昊、杨彝等人的资助,这才基本完成了《径山藏》正藏部分的刊刻"②。

崇祯十五年仲夏,毛晋始刻大藏,其时多任校对之役。几乎同时,毛晋又以施资者身份参与《嘉兴藏》事务。自崇祯十五年开雕迄顺治八年(1669)刻竟,毛晋共捐资、校刻《嘉兴藏》约 198 部,其中,毛晋捐资者为 62 部,校对者为 102 部以上,而毛晋身为施主兼任校对的《嘉兴藏》则屈指可数,笔者惟见《圣教渡佛母二十一种礼赞经》《出三藏记集》两种③。有趣的是,似乎专为别白毛晋究竟是捐资抑或校对,大凡为其捐刻者皆署"毛凤苞"而不署"毛晋",而大凡其任校对者则署"毛晋"而不署"毛凤苞"。其他出资者按领取函部数量,依次为萧士玮、杨仁愿、萧祚胤、张玮、郭承昊、范景文、李伦、詹兆恒与木增以及杨彝同室吴氏、毛凤苞与贺氏及毛晋子裔毛褒、毛表、毛扆;领经者庶几悉为普罗信众,而毛氏一门出力最勤最巨。另据牌记,毛晋刻藏集中于壬午夏秋冬、癸未秋冬、辛巳、甲申春秋冬、庚子、丙寅孟冬诸年月,而下及顺治八年《曼殊室利菩萨吉祥伽陀》之刻,该经牌记曰:"东湖信士郁慈明、毛晋对,顺治辛卯仲冬虞山华严阁识,共字九百五十。"④

民国扬州刻经院《刻藏缘起·凡例》曰:"是刻以南北宋元四藏始对其文,次校其义,次抽对,次覆校,又次则出众见裁夺,乃书样。又对,乃就梓。梓已,复加校对。"⑤可谓谨严慎肃。翻检《嘉兴藏目录》可知,华严阁校雠大藏中,毛晋或合

---

① 李孝友:《浅谈明代刊刻的〈径山藏〉》,《文献》1980 年第 2 期,第 206—207 页。

② 刘汉忠:《贵州高僧利根与〈径山藏〉》,《贵州文史丛刊》1980 年第 4 期,第 124 页。

③ 毛晋捐资施刻与参与校对《嘉兴藏》的种数因整理者、研究者所见底本不同,故各有出入,甚至连故宫博物院所藏的同一部《嘉兴藏》,杨玉良前曰:"据大藏牌记所载,他校刻的藏经至少有二百七十余种。"而章宏伟后云:"毛晋捐资刻 63 种藏经……参加了 180 种经文的校对。"令人费解而无所适从。本文则综合参考《故宫博物院藏〈嘉兴藏〉目录》、台湾《"国立中央图书馆"善本书目·嘉兴藏》部分、苏州西园寺藏经目《嘉兴藏》部分、孔毅硕士论文《汲古阁刻书考·〈汲古阁刻书目录〉补正》(《嘉兴藏》部分)等诸家成果,力图能全面地反映毛晋与《嘉兴藏》的关系。

④ 故宫博物院藏《嘉兴藏》第 141 函《曼殊室利菩萨吉祥伽陀》,第 18 页。转引自章宏伟:《〈汲古阁刻经考略〉指误》,《图书馆杂志》2010 年第 10 期,第 70 页。

⑤ 佚名纂辑:《刻藏缘起》,扬州藏经院民国 9 年(1920)刻本。

校，如曾分别与僧道源、郁慈明、殷时衡、孙房、戈汕等人共校一部佛经，或独校，种数约计 29 种。毛扆《影宋精抄本五经文字九经字样》跋云："吾家当日有印书作，聚印匠二十人刷印经籍。"①而经坊之刻工，学界向所罕言，今亦依牌记，知有句容潘守诚，长洲李如科，溧水杨可浍、李焕，江宁徐应鹏、濮承烈、范应时等人，其中李如科先后与潘守诚、濮承烈有合刻之举。显然，刻工籍贯以苏南为主，工价每百字三分五厘左右。清人徐康曰：

> 汲古阁在虞山郭外十余里，藏书、刊书皆于是，今析隶昭邑界。剞厥工陶洪、湖孰、方山、溧水人居多，开工于万历中叶。至启、祯时，留都鞠凶，毛氏广招刻工，以《十三经》《十七史》为主，其时银串每两不及七百文，三分银刻一百字，所刻经史子集、道经释典，品类甚繁。②

揆诸刻工爵里与百字工价银，我们颇疑华严阁刻工曾供职于汲古阁，甚且从汲古阁借调而来。常熟推官雷起剑尝赠汲古阁诗云："行野渔樵皆谢贶，入门僮仆尽抄书。"③仍依牌记，华严阁书手约有江宁黄铭，上元罗章、王莒、于起龙、陈兆熊、于从龙，长洲徐大任，吴县章流，中山魏邦泰、黄某某等等。毛晋捐刻或校雠的《嘉兴藏》零种，尤其崇祯末年虞山华严阁所刻者字体扁方丰满，具有楷书宋体意味，行格疏朗，写刻精良，近于同期汲古阁镌刻的《十三经》《十七史》，而迥异于早期"绿君亭"刻本。此或可证华严阁书手亦出于汲古阁。

郑德懋《汲古阁校刻书目》及其《补遗》记载，汲古阁刻书总数约 602 种、110879 页版片（不含本篇述及数十种佛经）④，姚名达《〈大藏〉刊版所知表》举《径山藏》共 1654 部、6956 卷⑤。可见，毛晋经板理应占汲古阁版刻一席之地，但不知何故，竟未引起学界足够重视。毛晋承刻诸经兼具佛教与文献双重价值，前揭之《大方广佛华严经海印道场十重行愿常编礼忏仪》"自唐迄今未入藏"，则是本乃毛晋首度入藏，史料价值不言而喻。类似地，其他珍罕文献亦得以化身千百，如《憨山大师梦游全集》《宋文宪公护法录》《道余录》保存明清禅宗丰富史料，可

① 毛晋撰、潘景郑校订：《汲古阁书跋》，《中国历代书目题跋丛书》本，上海古籍出版社 2006 年版，第 128 页。
② 徐康：《前尘梦影录》卷下，清光绪二十三年（1897）江标刻《灵鹣阁丛书》本。
③ 雷起剑：《和子晋湖庄即事》，附见毛晋《和友人诗》《虞山丛刻》本。
④ 郑德懋：《汲古阁校刻书目、补遗、刻版存亡考》，《丛书集成续编·总类》第 5 册，台湾新文丰出版公司 1989 年版，第 423—446 页。
⑤ 姚名达：《中国目录学史》，上海古籍出版社 2007 年版，第 247 页。

资研经考史,且对于解读明清文学、佛教文学别具意义。质言之,汲古阁刻经与华严阁所刻《嘉兴藏》零册是毛晋刻书史中的重要一环,析明毛晋与其关系,亦可补毛氏校刻书目之缺。

（本文原刊于《宗教学研究》2011 年第 4 期）

《梅村诗集》"钱笺"抄本三种述略

毛文鳌

摘　要:清初常熟文人钱陆灿于吴伟业为南雍司业时入监读书,故自称肄业弟子,遂学且笺其诗,因耳目相接,故所言可信,而为学者宝视,世称"钱笺"。长久以来,学术界未得见其真容,以为"久佚"了,现在我们根据清初曹炎、翁同龢、王振声三种"钱笺"抄本庶可恢复其原文,并据此揭橥"钱笺"之特色、价值,进而考察其对于现行三种吴诗注本——靳荣藩《吴诗集览》、程穆衡《吴梅村诗集笺注》与吴翌凤《吴梅村诗集笺注》的前导、孳乳之功。

关键词:《梅村诗集》;"钱笺";曹炎;翁同龢;王振声;抄本

吴伟业的诗典丽绮馥,允推明清之际诗坛一射雕手。诗歌接收史上,注某人诗而习之者本不少见;有清一代,注梅村诗而追步者亦不乏其人。论者向推靳荣藩为清初注梅村诗第一人[①],并称"其所自作,亦与之相近"[②]。殊不知前此近百年,常熟诗人钱陆灿尝亦效法、笺注梅村诗(程穆衡《吴梅村诗集笺注》称之"钱笺",今本文袭用之),惜乎从来治清诗者悉指其"久佚不传"[③]。其实,"钱笺"犹存霄壤间。笔者曾幸睹清人曹炎、翁同龢、王振声三家抄本,兹不揣浅陋,草撰拙文予以揭橥。

---

① 黄永年《吴梅村诗集笺注序》曰:"至乾隆时遂有就康熙原本诗及诗余作笺注者,其事盖始于吴氏里人程穆衡。"上海古籍出版社 1983 年版,第 2 页。徐江《吴梅村研究》亦曰:"最早为梅村作注的靳荣藩……"首都师范大学出版社 2001 年版,第 133 页。

② 徐世昌《晚晴簃诗汇》,民国退耕堂刻本。

③ 民国间太仓人俞庆恩编辑《太昆先哲遗书》,其跋程穆衡《吴梅村先生编年诗笺》曰:"其为之笺注者,旧有钱湘灵本,久佚不传。"转引自钱仲联《梦苕盦专著二种》,中国社会科学出版社 1984 年版,第 67 页。显然,钱先生持此亦同。又,潘景郑先生《著砚楼书跋·吴梅村诗集程笺稿本》亦曰:"钱著久佚不传。"上海古籍出版社 2007 年版,第 284—285 页。

一

钱陆灿(1612—1698),字尔弢,一字湘灵,号圆沙,学者称"圆沙先生",江南常熟人。顺治十四年(1657)举人,因奏销案被褫革,遂教授扬州、金陵、常州间,受其陶成者甚夥,晚岁终老虞山。著有《调运斋集》《圆沙和陶诗》等,编纂《常熟县志》《凤凰山永庆寺志》等,"补苴是正"族祖钱谦益《列朝诗集小传》而别行之,并批点《周易本义》《汉书评林》《庄子南华真经》《文选》《杜工部集》等数十种。钱陆灿"年甫逾冠,际新天子有拔贡之诏,遂膺主者特简,声名鹊起,新进誊髦之士群然推以为锋"①。明崇祯十二年(1639),钱陆灿贡入南雍,读书鸡鸣寺中。同年,吴伟业升任南国子监司业,循例两人有师生之谊。关于这一点,钱陆灿尝披露云:"仆以文章出其门,读其书韵在下风,如梅村先生,旧为国子司业,录仆冠军六馆数次。"②可见,钱陆灿时已汲梅村诗文菁华,而探其法乳了;今其集中尚有"梅村体"诗数首,如《琵琶行》《卢舍庵放生鱼歌》《佛头藤杖庵歌》等,然则钱陆灿为明末清初学梅村诗又一人。基于此,邓之诚先生曾说钱陆灿诗学渊源是"诗则吴伟业"③,又说曾披览过"钱笺"《梅村诗集》。那么,"钱笺"今安在哉?

潘景郑先生热心吴地文献,稔熟梅村诗注始末,尝综述云:"各家笺注本之传世者,有钱陆灿之《笺注》、靳荣藩之《集览》、吴翌凤之《笺注》……同时太仓程穆衡穷数十年之精力,成《诗笺》十二卷,《诗余附笺》一卷,稿成,未得刊传。"④此四家惟钱陆灿笺注于康熙朝,余皆著成于乾嘉之际,然则钱陆灿乃有清注梅村诗第一人。降及乾隆时,太仓人程穆衡笺释梅村诗(以下简称程笺本),采录钱批若干则而命曰"钱笺"⑤。其实,早于康熙五十三年(1714),常熟人曹炎已收得钱陆灿阅本一部,遂喜而临于康熙九年(1670)刻本之上(以下简称曹临本)⑥。此曹临本后流入邓之诚先生五石斋,邓先生视若秘籍,为之抄补词二首,即《贺新郎》之《送杜将军弢武》与《病中有感》。并临得曹氏旧识一则:"康熙甲午夏日,得钱湘灵先生阅本,殊有开益,故临是本。曹炎识。"又余兴未了,自题册端曰:

---

① 顾大韶:《钱尔弢〈籀读斋稿〉序》,《炳烛斋文集》,清宣统元年(1909)国学扶轮社刻本。

② 钱陆灿:《陈士衡诗序》,《圆沙文集》卷三,稿本,今藏于首都图书馆。

③ 邓之诚:《清诗纪事初编》,上海古籍出版社1983年版,第310页。

④ 潘景郑:《著砚楼书跋》,上海古籍出版社2006年版,第284页。引文标点略有改动。

⑤ 程穆衡:《吴梅村诗集笺注·凡例》,上海古籍出版社1984年版。

⑥ 鳌按,与初刻本相较,该《梅村集》诗少《赠张以韬来鹤》一首,文却增《灵隐具德禅师塔铭》一篇,且首页"男暤元朗较"一行,改为"男暤元朗、暄少融较",故疑是梅村重订本。

此《梅村集》，康熙原刻本，有曹炎过录钱陆灿批语。炎字彬侯，号鹤溪主人，常熟人，客洞庭席氏。嗜手钞书，有乡先辈陆敕先、冯定远之风。孙淇《市肆藏书歌》："一厨连屋当屏风，一匮遮门充阁庋。"即为炎作，详见叶昌炽《藏书纪事诗》。此本目录后有炎手题一行云（见前引）。按批语有朱笔、蓝笔二种，朱笔当出陆灿，蓝笔不知何人，自谓北闱丁酉副榜。于陆灿所举"潦倒"二字，谓出《晋书》，颇有是正。程穆衡笺吴诗，引陆灿之说，目为"钱笺"，乃所引有出于蓝笔者，不加别白，殊误。《芦洲行》引"钱笺"："此诗多文移案牍语，盖自为一体。"此本所录，无此二语，但云："几于张静轩矣。"或所见传本不同邪？黄丕烈欲求一见钱批而不可得，此虽曹炎过录，亦下真迹一等矣。惜批语多纠弹诗之累句，间有能证旧事者甚罕（按，"间有""甚罕"语义重复，必去其一，方可。下引《清诗纪事初编》可参），且不免微误。同时人尚如此，况百年后之靳、吴乎？穆衡极费搜讨，所得亦仅十之四五耳。庚辰六月，文如居士识于成府村居。①

是书今藏于国家科学院图书馆，内钤"武昌柯逢时收藏图记""邓之诚文如印""文如居士"等藏书印。邓先生题识谓蓝笔者非钱陆灿，而系"北闱丁酉副榜"之另一人，其依据是曹临本《赠陆生》一诗的批语："陆庆曾子玄，为余丁酉北榜同年。"不过，邓先生似乎误读了"钱笺"。与之相反，我们认为，蓝笔正出自钱陆灿之手。理由如下：其一，依据前揭批语，批者当是丁酉南闱举人。查检《乾隆江南通志》卷一百三十一"选举志·顺治十四年丁酉科"，陆庆曾为北榜解元，钱陆灿（榜名陆灿）为南闱亚元，则钱陆灿适可称陆氏"为余丁酉北榜同年"，因其时南北榜举人可互称同年。事实上，程穆衡即目蓝笔为"钱笺"。其二，钱陆灿笺注、批点古籍多非草草一阅，更多的是数阅，故批本往往朱、黄、蓝各色杂然。如其前后两批的《韩非子节钞》，丁日昌谓之"朱蓝泫然"②；该书现藏于上海图书馆，我们目验可知，蓝笔批于康熙庚申（1680），而朱笔批于康熙乙丑（1685）。也就是说，钱陆灿素有以朱、蓝两色先后批点同一册书的阅读习惯。其三，最为直接的证据是，曹炎当日是临摹"钱笺"，故保存了原貌，当然包括其墨迹，而邓先生所举朱、

---

① 吴伟业：《梅村集》，清康熙七年（1668）顾湄等刻本。
② 丁日昌：《丁日昌集下·持静斋书目》，上海古籍出版社2010年版，第1450页。

蓝两笔正是钱陆灿一人所书。何以知之？因为我们曾寓目钱批经史子集达数十种之多，对其仿黄山谷的"纵横笔法"了然于胸。矧就"钱笺"而言，尚有《赠辽左故人》"半子"、《茄牛》"泥车瓦狗"两词是以朱、蓝两色笺释的，而邓先生犹未提及，盖失之于检耳。

其实，清代获睹"钱笺"者尚不止曹、程两家，道光二十四年（1843），常熟人翁同龢（1830—1904）年方十四，据家藏"钱笺"以朱笔临校一过（以下简称翁临本）。翁氏所用底本版式为半页九行二十一字，小字双行同，白口，四周双边，今藏于国家图书馆，钤有"叔平""白云水史""叔平手校"等藏书印。翁氏当日过录钱陆灿批点于乃兄翁同书评本上，又亲笔笺注，又识目录页尾曰：

> 余家藏有钱湘灵手批《吴梅村诗集》，龢年十四时，以朱笔临校一过。癸丑四月，犹子曾源自黔还京，携吾兄手批《吴诗集览》本，援证赅博，因复录于上方，以补靳注之阙。时吾兄被命赴扬州军营，由潼关循河而南，未获入京省觐，即龢岂能无陟岵瞻望之思哉！①

又过十数年，约当咸丰三年（1853），常熟王振声又从同邑李芝绶处觅得"钱笺"临本，见有朱、墨二色，遂假归，以丹笔誊于已录沈德潜、赵翼两家评点的《吴诗集览》本上（以下简称王临本）。王临本今藏于常熟市图书馆，钤有"振声""宝止"两枚朱方印，前有墨书吴伟业、王振声、赵翼、钱陆灿四人小传，后接乾隆八年（1743）梅村曾孙吴枋恭记《御题吴梅村集》及王振声题记两则，卷末有王氏题跋两则，其一曰：

> 予既录沈归愚、赵瓯北两家评，又于李升兰孝廉所假得钱圆沙先生阅本，有丹、墨两笔。细审之，皆圆沙语。盖两次所阅，今俱用丹，不复用墨以别于沈、赵。观圆沙《南厢园叟诗序》评，盖梅村为司业时，圆沙曾为肄业弟子，故多称梅村为师。是圆沙与梅村犹耳目相接，故所言多可据。若以《临江参军》之尚书讹为孙传庭，而以圆圆为本（按，应作奔）牛里人，与诸家俱异，又不言所据，今亦录以备参考。至其指摘綦严，正足为学梅村者防具流弊，非好为操戈也。②

---

① 靳荣藩：《吴诗集览》二十卷，《补注》二十卷，《谈薮》二卷，清乾隆三十五年（1770）凌云亭刻本。
② 靳荣藩：《吴诗集览》，版本同前，王振声临钱陆灿、沈德潜、赵翼三家批稿本。

看上可知,钱笺出炉之后,颇为士人所重,先后有曹炎、程穆衡、翁同龢、吴翌凤、王振声、李芝绶、邓之诚诸人或临之,或藏之,但因偏于东南一隅,且都秘不示人,以致博学如黄丕烈、俞庆恩、潘景郑、钱仲联、黄永年诸人都未得一瞥,而误以为"久佚"了。

二

通观钱笺,具有如下几个特色。其一,主于笺证本事,辅以覈稽故实。吴伟业身遭乱离,喜吟咏时事,然慑于情势,辞多隐微,又好用典,援古貌今,以致颇费解读。以是,欲解梅村诗旨,非明其所咏何人何事而不办。钱陆灿一眼觑定,遂用全力笺注本事。钱陆灿与梅村年辈差近,耳目相接,于彼行履心路多能了然,故所注往往可信,足资论世知人,非止笺诗耳。兹举一例为说。顺治十四年(1657),江南科场案发,此乃场闱从未有之惨案与痛史,梅村集中即有数篇"纪念之作",所咏悉案中人。但是,诗初出时颇不易读。钱陆灿尝亦涉案,谙于其中关节,遂渐次注而出之。如注《赠陆生》曰:"必为陆庆曾子玄戍辽而作。"又曰:"陆庆曾子玄,为余丁酉北榜同年。"批《悲歌赠吴季子》曰:"吴兆骞以丁酉试事戍关外。"注《吾谷行》"兄在长安弟玉关"曰:"孙扶桑、孙赤崖。"解《送安庆朱司李之任》曰:"朱建寅,字夏朔,死于丁酉闱事。"此数注"皆当时所言,必可信也"。他如注《送何容庵出守赣州》《题鸳湖闺咏》分别为何应璜、黄媛介而作,也都精确。另外,梅村诗咏既有"大人物""大事件",也有名不见经传的"小人物","钱笺"颇留意于后者。如注《过锦树林玉京道人墓》一诗"玉京道人"句曰:"卞赛字玉京。"注"归于东中一诸侯"句曰:"谓郑建德,名应皋,号慈卫。"注"主于海虞一故人"句曰:"谓陆廷保。"注"依良医保御氏于吴中"句曰:"郑钦谕字三山,号初晓道人。"(按,王临本作"郑三山,医叟也。")注"柔柔生一子而嫁"句曰:"柔柔生一子,托三山,已而归慈卫家,所寄箱箧衣装悉为三山诸郎肱之一空矣。慈卫之婿季圣犹为余详言之。圣犹,余丁酉副榜同年,今成进士。"又注"所嫁家遇祸,莫知所终"句曰:"柔柔所嫁袁大受,袁受祸,柔柔入官为婢。按,大受字亦文,金坛人。顺治己丑进士,顺治十六年海寇破镇江、金坛,缙绅罹祸至酷,大受亦与焉。"全诗经此一番疏通,人物分明,语意显豁。"钱笺"又指出《送彦远南还河渚》《白燕庵》《送友人出塞》分别为胡介、单恂、季天中而作云云。要之,此类"笺注"用墨极省,却颇便阅览。然则梅村真诗史,"钱笺"真"郑笺"也。

使事用典是梅村诗的一大特色,"钱笺"或引申阙疑,或质疑商榷。梅村《雁门尚书行》为抗清将领孙传庭而作,钱陆灿论曰:"哥舒翰之守潼关也,亦以杨国忠促战而败,正与此同……吴师此诗,足为尚书吐气鸣不平!"诚有识之见。钱笺又批《下相怀古》"所以哭鲁兄,仍具威仪葬"句曰:"以鲁公礼葬,不闻称兄也。"批《茸城行》"此亦当今马伏波"句曰:"因其姓马而以伏波况之,伏波何罪?"批《王烟客招往西田同黄二摄六王大子彦及家舅氏朱昭芑李尔公宾侯兄弟赏菊》"欲借餐英问首阳"句曰:"菊与首阳何与?"批《行路难》之十二"生来不识官家贵"句曰:"虽用细柳营事,未妥。"这都是对梅村用典失当的异议,确也挠着其痒处。钱笺尚有数则非成于一时,如《送旧总宪龚孝升以上林苑监出使广东》一诗,钱陆灿先朱批云:"潦倒,《晋书》言蕴藉也。今承老杜'潦倒新亭浊酒杯',俱误用。"后觉不当,遂蓝笔加批道:"非老杜之潦倒,出嵇康《绝交书》'浊酒一杯,潦倒粗疏'。杜诗无一字无来处,此注杜所未及也。"又如注《赠辽左故人》"半子"一词,钱陆灿前施朱批曰:"婿为半子,谚则有之,未详何出。"后蓝笔批云:"《旧唐书》回纥可汗上书,言昔为兄弟,今婿半子。"这些批语后出转精,显示钱陆灿的勤学日进与审慎态度。

其二,钱陆灿熟于诗歌流变,既探究梅村诗学的源头,又裁判诗体的长短优劣。梅村诗本转益多师,非出一途。对此,"钱笺"多所揭示。如批《松鼠》"舞应京房占,礋按张汤律"句曰:"出入韩、杜之间。"批《行路难》"斜晖有恨家何在"句曰:"袭唐。"按,唐诗中李白、韩愈皆用"家何在"语,韩诗"云横秦岭家何在,雪拥蓝关马不前"更是名句。这些都指出唐诗是吴诗的源头活水。钱笺又批"轻舟掠过破山寺"句曰:"似放翁。"批"即今钱塘潮,莫救厓山麓"句曰:"入宋末。"则又指出吴诗实渐入宋诗畋域。梅村各体诗中,钱陆灿最喜七古与七律,有批语曰:"公诗以七古、七律为最。"而最恶五言,至谓:"五字诗最难,要五字内有转折,公诗乃直头布袋耳。"后来诗论家多所继承、发挥,如林昌彝云:"近代七言律诗最为沉雄者,首推吴梅村,盖能以西昆面子运老杜骨头者,自义山、遗山后,殆无其匹。"[1]而梅村五言又广被问难,如朱庭珍曰:"五律处处求工,如翦彩为花,终少生韵。"[2]邓之诚亦据"钱笺"说:"(梅村)五古学杜,有率尔者。"[3]

其三,批评与鉴赏双管齐下。钱陆灿身为诗文作手,于梅村诗有所品藻,而尤以指陈其弊为务,认为其有俚俗、凑泊处。本来古诗为梅村擅场,但时杂俚语俗调,钱陆灿批"寄人篱下受人怜""错认微之共牧之"诸句曰:"俗"或"俗调"。批

---

① 林昌彝:《射鹰楼诗话》,上海古籍出版社 1988 年版,第 370 页。

② 朱庭珍:《筱园诗话》卷二,清光绪十年(1884)刻本。

③ 邓之诚:《清诗纪事初编》,上海古籍出版社 1983 年版,第 393 页。

"荏苒分飞十八年"曰:"非古诗中语"等皆是此类。《后东皋草堂歌》为梅村名作,"钱笺"不人云亦云,批曰:"公诗长歌第一,每到结处有落场俚语。"《萧史青门曲》亦为诗家所美,邓临本"钱笺"评"自家兄妹话辛酸"句曰:"可付瞎姬弹唱矣。"又批梅村另一名篇《圆圆曲》曰:"虽初唐人有此声调,而不免于俳熟乎,晋、魏诸诗绝无此矣,此元轻白俗亦不可避而避无法,只求之古诗及初、盛唐而可委思《庐江小吏妻》等诗及杜叙事何以不俗处。"可谓斧钺森森,不假宽贷。钱陆灿又谓吴诗有凑泊之病,如批"自比管与乐""子孙为皂隶""京国才名识杜钦"诸句云:"凑"或"凑韵"。客观地说,"钱笺"此类评语虽严苛,但也是敏锐犀利的,不无可取之处。沈德潜尝云:"梅村七言古专仿元白,世传诵之,然时有嫩句、累句。"[1]沈其光亦曰:"余谓梅村熟而兼俗,读者尤须审辨,毋徒震其盛名,为所误也。"[2]这都可视为"钱笺"之知音。当然,梅村古诗更多古雅秾丽,"钱笺"也不吝赞美之词。如评《退谷歌》"君不见抱石沉,焚山死"一段曰:"要用此等散句,必须有笔力,字字入古。"又评《海户曲》曰:"字字典雅,无一俚句,第一作也。"又曰:"才情烂漫,学问凑泊,此先生必传之作也。"

<h2 style="text-align:center">三</h2>

"钱笺"是清代梅村诗笺注各本之祖,后出的程穆衡、靳荣藩、吴翌凤诸家无不深沾其溉。以下我们来探看一下三家笺注本与"钱笺"的渊源关系。

程穆衡(1702—1794),字惟淳,号迂亭,太仓人。事迹略具《镇洋县志》《鹤市志略》诸方志人物传。程氏笺注《吴梅村诗集》草创于乾隆三年(1738),至乾隆三十年(1765)重定后付梓。据程氏"凡例"知,其笺释吴诗时参考过"钱笺",并"择可采者悉登之"。今检程笺本,其采录"钱笺"近二十条,尚不及原笺十之一。程氏自言之所以如此取舍,那是因为"梅村诗集向有钱湘灵评本,但摘索过酷,鲜所发明"。可是,比照钱、程笺本,程笺中除舆地、旧典为新创外,本事诸条阴袭、剽窃"钱笺"者不下于十之六七,却一不之及,以致邓之诚先生乃谓:"钱批不传,世遂以贵钱者贵程。"兹举两例以概其余,钱笺《赠吴锦雯兼示同社诸子》"自言里中有三陆"句曰:"陆鲲庭兄弟。"程笺则阐衍曰:"谓鲲庭、丽京、梯霞也。"钱笺《茸城行》"不知何处一将军"句曰:"马进宝。"程笺又曰:"刺松江提督马进宝,降后改

① 沈德潜:《清诗别裁集》卷一,清乾隆二十五年(1760)教忠堂刻本。
② 沈其光:《瓶粟斋诗话》,上海大东书局民国三十七年(1948)铅印本。

名逢知"。

靳荣藩(1726—1784),字介人,一字朴园,号绿溪,黎城县人。乾隆十三年进士,官至大名府知府。靳氏"酷嗜吴诗,遂为注之",后眼摹手书,集十年之功,终成《吴诗集览》完帙。乾隆四十年(1775)由凌云亭刊行,一时纸贵,王鸣盛、赵翼皆为之击节叫好,赵氏犹极称之:

> 介人则因诗以考史,援史以证诗,一一疏通证明,使作者本指显然呈露。如《临江参军》之为扬廷麟条卢象升军事也,《永和宫词》之为田贵妃薨逝也,《雒阳行》之为福王被难也,《后东皋草堂歌》之为瞿式耜也,《鸳湖曲》之为吴昌时也……此等体玩诗词,推见至隐,非好学深思,心知其意而能若是乎?梅村诗一日不灭,则靳注亦一日并传无疑也。[1]

不过,为赵氏所称誉的靳注,"钱笺"几悉先已得其心而发其端矣。举其要而言,"钱笺"《永和宫》曰:"此为田妃事作。"笺《后东皋草堂歌》曰:"此处(瞿式耜,笔者加注)粤西开府嫌太略。"笺《鸳湖曲》曰:"吴昌时。"他如《茸城行》之写马进宝,《临淮老妓行》之写刘泽清,《拙政园山茶》之写陈之遴,《吾谷行》之写孙旸,等等,皆是其例,恕不赘述。而后之人皆不明就里,正见"钱笺"埋没日久。可以想见,若靳氏生时一读"钱笺",恐要发"眼前有景题不得,崔颢题诗在前头"之慨罢。

吴翌凤(1742—1819),字伊仲,号枚庵,吴县人。嗜书工诗,有《吴梅村诗集笺注》问世。前揭王临本原第十七册有按语一则:

> 升兰所藏评本吴诗,并无题识,考其语意,意其出自圆沙。及观吴枚庵笺注所引圆沙语,与此悉合,其为圆沙无疑矣。但亦是临本,颇有缺讹,而自卷十七以下全未动笔,恐是未经临毕,未知异日得见圆沙原本否。戊申九月中旬雨窗临毕,复识,文村居士。

观此,则吴氏笺注时,亦尝借鉴"钱笺"。稍后的王振声、翁同龢、邓之诚等人对"钱笺"或采纳,或补苴,也都收效可观,获益匪浅。

当然,"钱笺"也有瑕疵不足之处。由于属筚路蓝缕之作,钱陆灿未能预订凡例,笺注略显随机,且"间有能证旧事者甚罕,且不免微误"。"钱笺"于故实既不

---

① 赵翼:《瓯北诗话》卷十,清嘉庆湛贻堂刻本。

甚留意,即偶一触笔,却露出破绽。如吴诗《楚云》其六"骑鹤吹笙是六郎"与《通元老人龙腹竹歌》"此龙僵卧难扶策""手中竹杖插成林"数句,钱陆灿皆未明典实,而径标作"未详"。而误认《临江参军》"桓桓尚书公"的卢象升为孙传庭,最为论者诟病。至于程穆衡谓钱笺"摘索过酷",不如其后王振声、邓之诚所见允当,王氏说:"至其指摘綦严,正足为学梅村者防具流弊,非好为操戈也。"[①]邓先生则说:"予藏康熙中曹炎过录本,于梅村诗鄙俚处,及用事失当者,纠弹不为师讳,盖直、谅、多闻人也。"[②]

（本文原刊于《文献》2013 年第 6 期）

---

① 靳荣藩:《吴诗集览》,版本同前,王振声临钱陆灿、沈德潜、赵翼三家批稿本。
② 邓之诚:《清诗纪事初编》,第 311 页。

钱陆灿与康熙本《列朝诗集小传》成书考论

毛文鳌

摘　要:清初顺治年间,钱谦益汇纂故明二千余诗人之诗,总曰《列朝诗集》,泽惠诗坛士林殊巨,而诗前所撰之诗人小传颇助于知人论世,尤为学界争相传抄。为厌士林之望,甫脱稿一纸,牧斋即交与弟子毛晋汲古阁梓行,是为诗集初刊本。康熙初年,鉴于《小传》不敷为用,黄氏诵芬堂敦聘牧斋族孙钱陆灿董理文字,多所改进。然而由于陆灿名微不彰,学术界长期以来未曾关注康熙本《小传》的成书过程及其功劳。为此,本文着力考察钱陆灿与钱谦益之关系、康熙本《小传》的成书经过,以及钱陆灿的"补苴是正"之功,并附带探讨两种汲古阁顺治刻本之异同、优劣,重新论定了程嘉燧对于诗集、小传的功绩。

关键词:《列朝诗集小传》;钱陆灿;康熙本;汲古阁刻本;程嘉燧

明清之际,钱谦益选录有明一代二百余年间近二千家诗人之代表作,编成《列朝诗集》(以下简称《诗集》),并几乎为每个诗人撰写了小传。康熙三十七年(1698),其族孙钱陆灿汇辑诗人小传别为一编,单独刊行,是为《列朝诗集小传》(以下简称《小传》)。这大致反映了《小传》的成书经过,也是当今学术界的成说。不过,从文献学的角度考察,这一概述恐失之于笼统了,诸如:《小传》辑录、刊刻的动机与过程及其影响;汇辑者钱陆灿为何许人,其与钱谦益关系若何;为何说钱陆灿之于《诗集》是"补苴是正,为功不少";上海三联书店影印本《诗集》与中国古籍基本库收录的《诗集》同题为顺治九年(1652)毛氏汲古阁初刻本,但两家的诗人小传缘何出入綦大,又孰优孰劣呢?程嘉燧对于《列朝诗集》的作用究竟几何;订补上古本《小传》阙字、讹误;等等。这些议题就有待进一步考察而方能明晰。而且弄清这些疑惑,非惟裨益于研读《小传》,亦可为晚明文史研究之一小助。基于此,笔者草撰小文,请正于方家,商榷于同道。

一、《小传》的纂辑与成书

《小传》孕育于《诗集》，并长期附丽于《诗集》，因此要弄清《小传》如何纂辑与成书，第一步就得了解《诗集》的编纂过程。钱谦益尝详述编选《诗集》的缘起、体例和经过：

> 录诗何始乎？自孟阳之读《中州集》始也。孟阳之言曰："元氏之集诗也，以诗系人，以人系传，《中州》之诗，亦金源之史也。吾将仿而为之，吾以采诗，子以庀史，不亦可乎？"山居多暇，撰次《国朝诗集》几三十家，未几罢去。此天启初年事也。越二十余年而丁开、宝之难，海宇板荡，载籍放失，濒死讼系，复有事于斯集。托始于丙戌，彻简于己丑。①

由此可见，选辑《诗集》的倡始者乃钱谦益的好友程嘉燧（1565—1643，字孟阳，号松圆），且《诗集》是经由前后两次编纂方告藏事的。第一次是在天启初年，彼时钱氏撰次近三十家便告中辍；此稿本今藏于北京大学图书馆（以下简称北大稿本）②。第二次则始于顺治三年（1646），成于顺治六年。《诗集》甫杀青，钱氏即交付门弟毛晋（1599—1659，字子久，号潜在）汲古阁剞劂，又三年后始问世；今藏于国家图书馆、著录为钱氏手稿本的《明诗选》（以下简称国图稿本）当是距离刊刻较近的一次修改稿③。学术界通常以钱氏作序的顺治九年作为《诗集》刻竣之时，不过严格说来，至顺治十一年《诗集》方全部刻成而流通于世④。

---

① 钱谦益：《列朝诗集序》，《有学集》卷十四，上海古籍出版社 2009 年版，第 678 页。

② 孟飞据北大稿本推定钱谦益"初次选编《列朝诗集》的时间或当在天启五年（1625）"，进而主张"稿本纂写时间或始于天启五年以后"。（孟飞：《〈列朝诗集〉稿本考略》，《文献》2012 年第 1 期，第 19—20 页。）无独有偶，蒋寅先生亦说："天启五年削籍归田，开始涉笔明史，同时草创《列朝诗集》。"[《清代诗学史（第一卷）》，中国社会科学出版社 2012 年版，第 168 页。]然而对读北大稿本与汲古阁顺治九年初刻本及下言之国图稿本，我们发现北大稿本并非是《诗集》的初稿本，而是修改稿，甚至也非第二次修改稿。关于这一点，孟文即称："依据笔迹先后判断，当为稿本初录诗人，其他当为后来所增补"。至于《清代诗学史》据何考定，因其未言，无从知晓。在此情况下，我们宁愿粗略地认为《诗集》始纂于钱氏天启二年（1622）年底移疾返乡至四年六月被召复赴京之前。参见金鹤冲《钱牧斋先生年谱》、王新歌《〈列朝诗集〉两次编纂略考》（《文学与艺术》2010 年第 4 期）。

③ 都轶伦《〈列朝诗集〉编纂再探：以两种稿本为中心》曰："此本应是钱氏在入清后再次编纂《列朝诗集》的过程中产生的稿本。"《文学遗产》2014 年第 3 期，第 107 页。

④ 孙之梅：《钱谦益与明末清初文学》，山东大学出版社 2010 年版，第 317 页。

翻检《诗集》北大稿本、国图稿本,可见其中小传部分笔墨淋漓参差,圈点、涂抹、勾乙、增补之迹赫然。及与汲古阁初刻本校读,则知《诗集》付梓前,钱谦益对小传多所增改。其实,通读钱氏与友朋往来尺牍,也不难知悉他是一边校改文稿,一边交付毛晋刊刻的,因之小传篇什是随时有增入的。兹摘录两通信笺于下以示之:

> 《诗集》之役,得暇日校定付去,所谓"因病得闲浑不恶"也。丁集已缮写。近日如丘长孺等流,欲存其人,卒未可得,姑置之可耳。①
> 甲集前编"方参政行"小传后又考得数行,即附入之,庶见入此人于此卷,非臆见耳。②

不过,限于时日,有些小传钱氏终未能增补全备,而是"俟考"、阙疑而已。譬如高逊志"革除之后,不署建文职官,故称洪武吏部侍郎太史,而《逊国记》未之详也,俟更考之"③。又如赵迪"俞宪《百家诗》云:'山人,国初与林鸿齐名。'……《皇明风雅》云:'宜阳人,官礼部侍郎。'未详孰是,然景哲非山人则明矣。"④此外,从《诗集·目录》也可窥知增补的概况,除了直接"补诗"89 首之外,《目录》尚于十一处"补人"23 名⑤。另据钱氏记述,《诗集》尚未刻成,四方已纷沓来索观。

> 《诗集》来索者多人,竣业后当备纸刷几部应之,亦苦事也。⑥
> 《诗集》索者甚众,只得那赀刷印以应其求,幸为料理,勿令奴子冒破为望。⑦

及至问世以后,文人学士好评如潮,争相宝爱。季振宜"购得此集,翻阅再

---

① 钱谦益:《与毛子晋》,《牧斋杂著·钱牧斋先生尺牍》卷二,上海古籍出版社 2009 年版,第 301 页。
② 《钱谦益与明末清初文学》第 304 页。謹按,汲古阁初刻本最终并未增录丘长孺条,而"方参政行"自"余之初考如此"以下数句确为钱氏来来"又考得数行"而得。
③ 钱谦益:《列朝诗集小传》,上海古籍出版社 2008 年版,第 97 页。
④ 同上,第 144 页。
⑤ 除直接"补诗"外,"补人"后亦增录其诗,共计 111 首;《小传》于甲集前编第六、甲集前编第八之上、甲集第十一、甲集第十三、甲集第十四、甲集第十七、甲集第十八、甲集第二十、甲集第二十二、丙集第十三、丙集第十五等处"补人",合有舒頔、王畛、胡深、章溢、刘三吾、吴琳、郑枋、郑桭、郑干、金涓、曹孔章、汪时中、吴履、黄希吕、郑迪、郭濬、林温、绵竹山人、万州老僧、叶泰、施侃、程启克、彭纲等 23 人。
⑥ 钱谦益:《钱牧斋先生尺牍》卷二,第 305 页。
⑦ 同上,第 310 页。

三,手自采撷,成大掌簿十帙。虽书生攻兔园册,专勤无如也"①。归园居士朱之臣则回忆道:"犹记前时见虞山先生《列朝诗集》,目不辍者月余,洵是千秋杰构。余即不敏,每遇其微意钟处,为之骨惊。"②《诗集》甚至还远播东国,"今《诗集》已行世,鸿儒巨公,交口传诵。鸡林每使人从燕市购取"③。相对于《诗集》而言,由于独特的史学与文学文献价值,小传更显弥足珍贵。首先,小传通常记述传主爵里、科第、行履、交游、著述与志节等,内容丰赡,并且纠正传主生卒、生平之讹误,分辨人物姓名、身份及关系等,考定精审,故可视为有明一代的文苑传。其次,小传也品评诗家、诗作之是非得失,是研究明代诗歌史、文学批评史的渊薮。因此,早在刻版之时,小传已为艺林所渴求。钱氏尝谓:

> 鞠楼半载,采诗之役,所得不赀,大率万历间名流,篇什可传而人间不知其氏名者不下二十余人,可谓富矣。此间望此集者真如渴饥,踵求者苦无以应。④

职是之故,《诗集》印行后,小传遂亦不胫而走,广为士林传抄。萧伯升(1620—1684,字研邻,号孟昉),周容(1619—1679,字茂兰,号鄮山)等索性把小传抄录单行。萧氏"所抄当与今传世之钱陆灿本相同,皆不加删削,悉存牧斋之旧文者"⑤。周容对小传称赏有加,手录时倒是稍加删节的,其《春酒堂诗话》记载:"(钱谦益)作《历朝传》,随意写生,可诵者十之七。余尝于晋中,将列传稍为删节,手录一过,信非近代人所办。"⑥此外,叶襄(1610?—1655,字圣野),戚右

---

① 钱谦益:《季沧苇诗序》,《有学集》卷十七,第758页。

② 朱之臣:《诗慰序》,谢正光、佘汝丰编著:《清初人选清初诗汇考》,南京大学出版社1998年版,第83页。

③ 钱谦益:《题丁菡生藏余尺牍小册》,《有学集》卷五十,第1638页。

④ 《钱牧斋先生尺牍》,第313页。

⑤ 陈寅恪:《复明运动》,《柳如是别传》第五章,上海古籍出版社1980年版,第988页。鳌按,疑陈书结论下得轻率了,参见正文。

⑥ 周容:《春酒堂诗话》,《丛书集成续编》第149册,上海书店1994年版,第1139页。

朱也"手自缮写,勒成一集"①。在此背景下,康熙五、六年间(1666—1667),钱谦益族孙钱陆灿设帐金陵。八年冬,陆灿与文友周亮工(1612—1672,字符亮,号减斋),方文(1612—1669,字尔止,号嵞山)论文谈艺于汪琬(1624—1691,字苕文,号钝庵)户部署,众人建议其把小传辑出梓行,"合之诗,则钱氏之诗序也而可;离之诗,则续《初学》《有学集》之后而可。否则,孤行其书,为青箱之本、枕中之秘,无不可"。陆灿也认为这本是族祖作传的题中之义,"案其姓氏爵里平生,与其诗之得失,为小序以发其端,如子夏之序、毛公之注其例也。郑康成之笺出,尊毛氏注曰传,其后直名之曰《毛诗》,则今称《钱氏列朝诗》,名之曰传,不为僭矣"②。但世事纷扰,又播迁谋食,直到康熙三十七年(1698),钱陆灿才应亲家黄锡绂约请而编次、董理小传,并承黄氏诵芬堂刊行发布。这就是《小传》祖本诞生的巅末。

二、康熙本《小传》纂辑者钱陆灿与钱谦益之关系

《小传》自问世以来深得明清文史研究者垂青,可令人诧异的是,纂辑者钱陆灿却鲜为人知。那么,钱陆灿何许人也? 他与原作者钱谦益是何关系? 钱陆灿(1612—1698),字湘灵,一字尔弢,号圆沙,学者称"圆沙先生",江苏常熟人。考察钱陆灿与钱谦益的关系,便于明了何以说陆灿实是纂辑《小传》的不二人选;两人的亲族关系本来明朗,可自来误会者大有人在。如陆灿方外友纪荫就误称其"为红豆宗伯犹子",后来沈德潜(1673—1769)尚模糊其辞,"湘灵为牧斋族子",徐世昌(1855—1939)亦然③。为纠正误解,我们今据钱谦益《牧斋晚年家乘文》《钱氏家乘》与钱陆灿《河阳钱氏家谱略》绘制两人关系简表,如表1所示:

---

① 钱谦益:《爱琴馆评选〈诗慰〉序》,《有学集》卷十五,第713页。叶襄,陈田《明诗纪事》辛签卷二十二、《同治苏州府志》有传。牧斋《有学集》卷十九《叶圣野诗序》称:"叶子圣野,吴才士之魁也。"第819页。戚右朱生平似无可寻踪,惟熊开元《鱼山剩稿》卷六《为戚右朱书紫阳读书乐》曰:"戚右朱氏,予所拔高士也。……大索明兴以来先民手泽,散在木石间者,急取环封四座,类先圣壁经。又谓予:'亦本朝人数素在所阿不得与,于斯文终阙事。'"《牧斋杂著·与周安石五首》其三曰:"弟以明年八旬……戚右朱附去小笺一纸,恐其爱我,不免依样葫芦,做子路乘肥马对联也。"第238页。钱氏既以子路拟戚氏,则其或为虞山门下弟子。

② 《汇刻列朝诗集小传序》,《列朝诗集小传》卷首,第1页。

③ 参见沈德潜《清诗别裁集》卷五,清乾隆二十五年(1760)教忠堂刻本;徐世昌《晚晴簃诗汇》卷二十八,民国八年(1919)退耕堂刻本。

表1 常熟钱氏奚浦、禄园世系简表

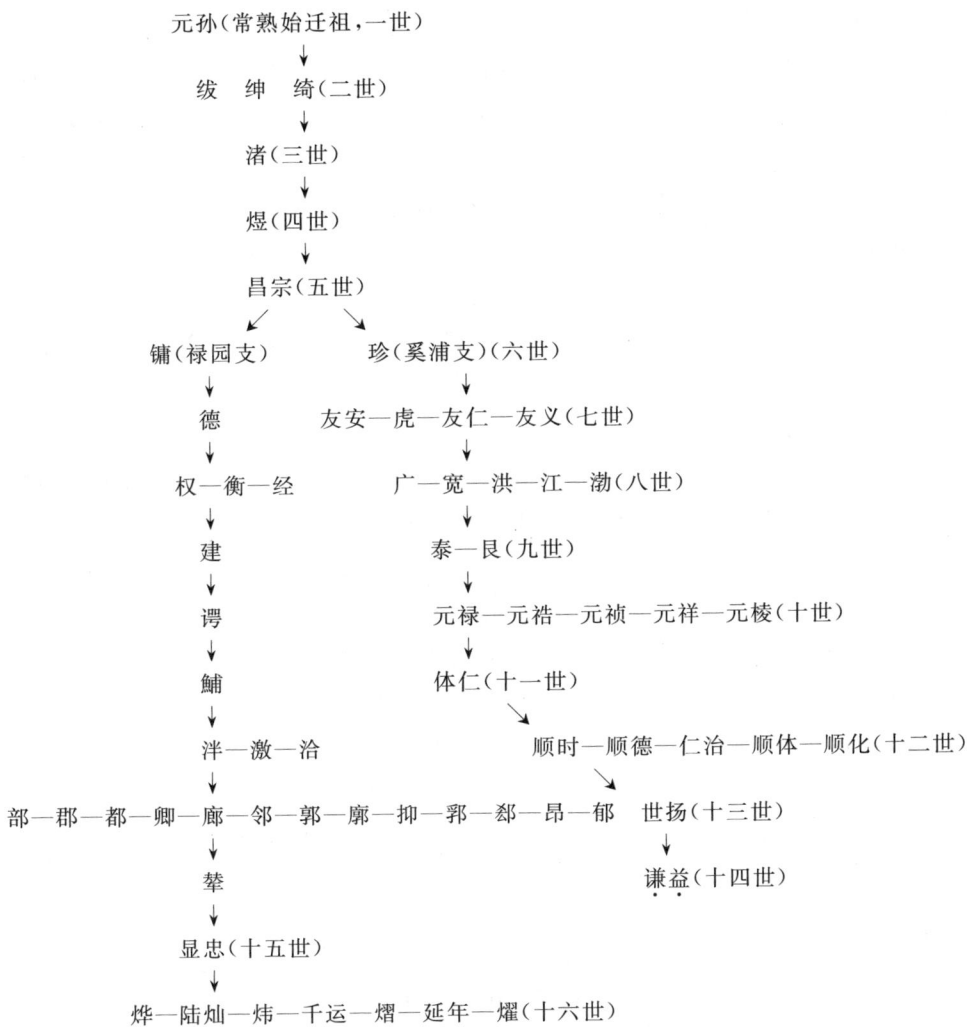

```
          元孙(常熟始迁祖,一世)
                  ↓
        绂    绅    绮(二世)
                ↓
              渚(三世)
                ↓
              煜(四世)
                ↓
            昌宗(五世)
             ↙        ↘
     镛(禄园支)        珍(奚浦支)(六世)
          ↓
         德          友安—虎—友仁—友义(七世)
          ↓                    ↓
      权—衡—经        广—宽—洪—江—渤(八世)
          ↓                    ↓
          建                 泰—艮(九世)
          ↓                    ↓
          谔          元禄—元裕—元祯—元祥—元棱(十世)
          ↓                    ↓
          鲋                 体仁(十一世)
          ↓                    ↓
       泮—激—洽          顺时—顺德—仁治—顺体—顺化(十二世)
          ↓                         ↘
部—郡—都—卿—廊—邻—郭—廓—抑—郢—郄—昂—郁  世扬(十三世)
          ↓                         ↓
          辇                      谦益(十四世)
          ↓
       显忠(十五世)
          ↓
烨—陆灿—炜—千运—熠—延年—燿(十六世)
```

钱谦益是常熟钱氏第十四世,钱陆灿是第十六世,钱谦益又为奚浦支第九世,而陆灿为禄园支第十一世,显然陆灿是钱谦益族孙,陆灿就尝自称“若仆牧斋公族孙”。总的说来,祖孙二人的交往关涉族务、科业与文章三个层面。首先,作为族内名高爵厚的长辈,钱谦益对陆灿家庭庇护有加。崇祯年间,常熟县赋繁役重,陆灿又新遭父亡,而几要破家。在这危急关头,钱谦益出面斡旋,卒“致当事

以孤贫豁免,絜为令"①。崇祯七年(1634),陆灿奉母遗命,央请钱谦益为其曾王母墓上碑文,谦益慨然允之。② 其次,二人时相商讨科考事宜。钱陆灿少年高第,蜚声科场,钱谦益则时相策励,寄以厚望。崇祯中,陆灿乡试落榜,钱谦益邮函慰勉道:"今岁以解首相期,而竟有中眉之叹。闻报,不怿者累日。要是家门之衰,非文战之罪也。"③嗣后陆灿读书南雍,钱谦益嘱其教诲即将入雍的爱子孙爱,并托请问候南都旧识。④ 岁在甲申,清兵进逼金陵,陆灿偕同抗清义士吴应箕拜会身为礼部尚书的钱谦益,原欲辅佐之而有所为。孰料钱谦益进退失据,变节投清,两人只得失望而退。⑤ 此后或出于"为尊者讳",陆灿避而不论钱谦益"迎降"一事,甚至所为盖棺论定之语里也讳言其一生的政治德操。不过,内心实隐然不满,尝偶一表露曰:"锦城(按,牧斋嫡孙)何足道,恐宫保亦为九京之不肖孙矣。"⑥最后,钱谦益博学能文,号称"汉苑文章首"⑦,于明清之际"四海宗盟五十年"⑧。钱陆灿也称赏不置:"至其所自为文,于班马未敢雁行,概下拟蔚宗,而极于《三国》《南北史》、六朝、唐宋之作,不名一家,不拘一体。盖学问则地负海涵,文章则班香范艳。"⑨又曾专门为钱谦益立传,对其学问诗文更是赞不绝口:

> 谦益自及第后,在朝廷,退食里居,杜门读书,寒暑无间。于书无不读,而尤熟于有明一代之文献。国是史末,史册凡例,州次部居,汗青头白。绛云一炬,皈心苦空,次第钞注《金刚》二严,暗烛晕笔,残膏泼纸,细书饮格,夹注差行,目轮火爆,肩髀石厌,气息绵慑,懂而就寝,其勤如此。其论文大旨则曰:六经之祖,班马祢也,韩、柳、欧、曾、苏,别之宗子也。精神血脉,授受贯通,皆其家事也。有宋淳熙以后,以腐烂为理学,

① 钱陆灿:《族叔祖惠迪先生六十初度寿序》,国图钞本《调运斋集》卷一。
② 钱陆灿:《河阳钱氏家谱略·先节母徐太安人行状》曰:"因出先府君纂次曾王母状,畀不肖兄弟哀恳于家宫保先生志墓,今所载《初学集》五十八卷徐孺人墓志铭者,是其文也。"参见钱谦益《初学集》卷五十八《徐孺人墓志铭》,第1430—1431页。
③ 钱谦益:《钱牧斋先生尺牍·致湘灵》,丁祖荫:《淑照堂丛书·海虞文苑》钞本,今藏于上海图书馆。
④ 同上。
⑤ 钱陆灿:《调运斋集·重答孙蔗庵年兄芥阁十诗》其一曰:"横波馆筑刘郎死,骨董箱空九一行。"陆灿自注第二句曰:"甲申年,吴次尾同余会某尚书,坐定止谈古董,不及时事。次尾归途谓余:'吾与若未可以去乎?'明日遂行。九一,其小字也。明年,九一战死。"
⑥ 钱陆灿:《答李左君书》曰:"锦城(按,牧斋嫡孙)何足道,恐宫保亦为九京之不肖孙矣。"国图钞本《调运斋集》卷八。
⑦ 陈子龙:《赠钱牧斋少宗伯》,《陈子龙诗集》卷八,上海古籍出版社1983年版,第552页。
⑧ 黄宗羲:《八哀诗·钱宗伯牧斋》,《南雷诗历》卷二,清郑大节刻本。
⑨ 钱陆灿:《汇刻列朝诗集小传序》,第4页。

其失也陋。有明弘正以后,以剿贼为古学,其失也倍。扬挖古今,别裁
伪体。其为文也,才气雄浑,宗昌黎而出入于柳州、庐陵、眉山之间。其
为诗也,格法精严,宗少陵而出入于香山、眉山、剑南之间,体无所不综,用
无所不化。孟坚云:纬六经,缀道统,总百氏,赞篇章,函雅故,通古今,正
文字,惟学林。谦益足以当之。有明三百年以来,集大成者一人而已。①

因此钱陆灿临文习诗之初,常常暗自揣摩《初学》《有学》诸集,默相师法。陆
灿在《哭桑锦如》诗中自注曰:"余见牧祖底本自注"云云。又题桐城方文(1612—
1669)《嵞山集》曰:"白氏《长庆集》有格诗、半格诗,余曾问之先宫保。"②不过,陆
灿自视颇高,自称"文字亦吾病",而不愿假借其光。"当公在日,岁时进见,不以
诗文一事求题拂,以为此事各自有本领门户,非可依傍而得之,故公之前后集中
曾不挂一贱姓名于其文字间。"③反而后来还襄助钱谦益编纂《列朝诗集》,"近世
有陈白云先生昂者……曩得其五言律七百余首,因上家宫保公,采其佳者百余首
入《列朝诗集》中"④。康熙初年,吴乔(1611—1695)出于报复而撰写《正钱录》攻
摘钱谦益后,鉴于吴氏求疵索瘢,"疑误弘多",又激于义愤,陆灿奋起批驳,"一时
走笔,代宾戏、客难,驳正如干条"⑤,以维护《小传》的声誉与钱谦益的文坛地位。
关于《正钱录》公案,笔者拟别撰一文专予考论,兹姑从略⑥。

钱谦益晚年纂有《钱氏谱图》,但陆灿病其"前有紊焉,后有阙焉",故三十余
年后作有续谱,以"补先宫保牧斋叔祖所着族谱也"⑦。其后,钱陆灿文名渐起,
士林至以牧斋第二人视之,江南士族竞相执币请为碑版寿辞、诗文序跋;陆灿的
多篇文辞就是继踵牧斋之作。陆灿族嫂戴太君五十、七十初度时,其子尝先后乞
得两人寿文:"先是顺治十一年甲午秋,为族嫂节母戴太君五十之初度,其子韫元
请宫保牧斋家公为其序。又十年而为康熙之甲辰,韫元则又乞余诠次太君之苦
节。"⑧族叔宗之六十庆诞日,陆灿为作寿辞,犹忆及、吟诵钱谦益所作《石田翁画

① 钱陆灿:《钱谦益传》,国图钞本《调运斋集》卷七。
② 钱陆灿:《题乙巳丙午诗》,方文:《嵞山续集》,上海古籍出版社1979年版,第1037页。
③ 钱陆灿:《答许青屿侍御书》,《调运斋诗文随刻》,清乾隆十五年(1750)刻本。
④ 钱陆灿:《吴仁趾诗序》,《圆沙文集稿》卷三。
⑤ 钱陆灿:《汇刻列朝诗集小传序》,第2页。
⑥ 毛文鳌:《吴乔〈正钱录〉本文与其公案及钱陆灿驳正考述》,《刘永翔教授、严佐之教授荣休纪念文
集》,上海古籍出版社2019年版,第1261—1273页。
⑦ 钱陆灿:《续补族谱序》,国图钞本《调运斋集》卷四。
⑧ 钱陆灿:《族母戴太君七十寿序》,《圆沙文集稿》卷一。

奚川八景图歌》中语道贺①。太仓宗亲钱龈(1625—1694)幼年以《远游诗》驰名，钱谦益作有《题梅仙书舫小像二绝句》，为之张势鼓舞。康熙二十六年(1687)，钱龈发妻何氏卒，梅仙从京门寄函请陆灿撰铭。至三十三年，梅仙子暨陆灿门人宸翰初度之辰，又从官署书请陆灿为序。孰料数月后，梅仙即卒于归舟，宸翰又以墓志来请②。此是陆灿笔墨见重于族亲之证。钱谦益尝为乡人张浩墓志铭，又过数十载，张氏玄孙乃请业师陆灿为其祖父名履端者墓铭③。常熟钱氏与顾氏属世交情深，天启中，身为东林六君子之一的顾大章(1576—1625)在与阉党抗争中殉难，钱谦益时创作《陕西按察司副使赠太仆寺卿顾公墓志铭》一文记录、歌赞顾氏忠肝义胆的壮举；大章同胞弟大韶系陆灿业师，而"先宫保为立传"。入清后，顾氏后人又敦请陆灿"序其家谱"④。虞山孙祚诗集既两承谦益赐序，后又向陆灿请序，"孙子长兄前后刻《雪屋集》，先宫保牧斋先生再为之序。子长又以及仆，仆许之而未果也"⑤。又，白茆人王番锡六十寿序出自钱谦益之手，及其亡，陆灿又受请作悼墓词⑥。此是牧斋身后陆灿文字为邑人宝视之证。陆灿友陈韫生父"照邻公弃代最早……晚而请宫保表公之墓文，载《有学集》。"而陈氏七十寿词又嘱以陆灿濡笔。⑦ 明遗民阎再彭七十初度，力请陆灿为寿辞，陆灿赠诗小序有云，"先宫保牧翁《眷西草堂》为淮上再彭阎征君作也……盖宫保题诗甲午岁，去今三十三年矣"，遂"因用宫保韵而稍广其词焉"。⑧ 此是陆灿文辞为朋辈推重之证。众所周知，论者多云王士禛继钱谦益之后主持风雅，故称"钱王代兴"，而昆山叶方蔼却主"娄水虞山相代兴"之说⑨；我们认为，在古文创作上，钱陆灿亦可称与钱谦益前后代兴。其实，陆灿友人纪荫即称之是"蠕白从疑蒙曳胎"，许之渐则谓："窃比彭籛专述古，学从宗伯有初终。"今人邓之诚也谓："自谦益长东南文坛数十年，陆灿以一穷老书生继之，巍然领袖一方。"⑩可见，在相当程度上陆灿是清初编纂《小传》的最佳人选。

① 钱陆灿：《宗之叔六十寿序》，《圆沙文集稿》卷三。
② 《调运斋集》(钞本)卷八《征士梅仙府君墓志铭》。
③ 《圆沙文集稿》卷三《前故明承德郎南京兵马指挥张府君云翎公墓志铭》。
④ 钱陆灿：《清故文学顾任伯墓志铭》，《调运斋诗文随刻》。
⑤ 钱陆灿：《陈士衡诗序》，《圆沙文集稿》卷三。
⑥ 《圆沙文集稿》卷五《乡饮宾海宇王公墓志铭》。
⑦ 《圆沙文集稿》卷一《孙韫生七十寿序》。
⑧ 钱陆灿：《淮上阎再彭七十寿并序》，《调运斋诗集》卷十一。
⑨ 叶方蔼：《余抄〈独赏集〉竟，自题卷首十四绝句》之三，《叶文敏公集》，清钞本。
⑩ 邓之诚：《清诗纪事初编》，上海古籍出版社1984年版，第310—311页。

三、从《诗集》到《小传》——钱陆灿"补苴是正，为功不少"

邓之诚曾论断道："陆灿尝辑《列朝诗集小传》别行，补苴是正，为功不少。试以两本对勘，即可辨之。"[①]虽非虚言谀词，但他并未详述《诗集》与《小传》的比勘结果。下面我们将对勘两本，以探究陆灿是如何补苴勘正的以及其得失。

（一）《小传》调整传主目次、简化称谓，使之纲举目张：1.《诗集》的体例原是每集分卷，每卷卷首有诗人目录，卷中偶有单列"附见"诗人。《小传》则不再每集分卷，同时取消卷中诗人分目，而统一总汇于前。但仍然保留原有的"附见"诗人，只是不再别行单列，而是将之与传主连称，小字注曰"附见某某"。例如席帽山人王逢"附见子掖、摄"，丁高士鹤年"附见吉雅谟、爱理沙、吴惟善"，等等。陆灿如此编排，自然避免了把父子兄弟、师弟同人远相"隔离"，从而有助于直观考察明代诗歌与家族、结社及地域之间的网络关系。2.《诗集》原题《国朝诗集》或《历朝诗集》，乾集内有明十帝皆系以庙号、谥号，而编辑《小传》时已入满清，于是陆灿一律省去谥号而径题庙号，既无碍于审查，又便于检索。3.钱谦益选诗立传原是随得随人，前后历时二十余年，因而《诗集》有"补人""补诗"之目。而《小传》后出，故能从容排次，统筹布置。例如，《小传》删除《诗集》甲集前编的"补人"条，而将舒岫、王畛两人置于该编末尾。又如，《小传》划去"金陵社集诸诗人"中两见于《诗集》的王野、吴兆、潘之恒、程可中、陈邦瞻、曹学佺诸人的重名。总之，《小传》的目次调整既符合编辑学原理，便于省览，又缩短了辑录、出版的周期，从而促进其传播，扩大其影响。

（二）《小传》补写或变更若干诗人的官衔爵署，以与传主的生平、仕履更相契合。兹将《诗集》《小传》同一传主更改前后之不同署名如表2所示[②]：

表2　《诗集》《小传》同一传主更改前后之不同署名表

诗集	小传	诗集	小传
马建昌治	马同知治	谢布政少南	谢副使少南
玉笥生张宪	张都事宪	朱监事正初	朱录事正初

---

① 邓之诚：《清诗纪事初编》，上海古籍出版社1984年版，第311页。
② 其实关于诗人署衔与称谓，《诗集》稿本与刻本前后亦有调整，如"王阳明先生"改称"王新建守仁"，"李勉"改作"李懋"等，只是浅尝辄止，改而未尽罢了。

诗集	小传	诗集	小传
孟御史昉	孟待制昉	丘柳城云霄	丘知县云霄
董佐才	董征士佐才	汪山人钺	汪钺
刘睿	刘处士睿	沈经历炼	沈经理练
程煜	程县丞煜	费秀才元禄	费公子元禄
余左司尧臣	余司马尧臣	吴布衣兆	吴处士兆
万白	万镇抚白	张举人民表	张先辈民表
李王相质	李尚书质	谢布政肇淛	谢肇淛
环谷先生黄克宽	汪征士克宽	程德兴国儒	程洪都国儒
邵贞溪亨贞	邵处士亨贞	易恒	易征士恒
刘知州秩	刘崇明秩	沈右	沈处士右
申屠修撰衡	申屠翰林衡	许观	许布衣观
阮孝思	阮布衣孝思	盛彧	盛公文彧
卞同	卞布衣同	杨少师荣	杨少傅荣
黄学官玄	黄广文玄	王宫师直	王太保直
金少保幼孜	金少保善	王读学达	王学士达
刘主事韶	刘侍郎韶	牟御史伦	牟御史纶
袁寺丞廷玉	袁太常珙	聂教谕大年	聂广文大年
桂奉祠衡	桂奉祀衡	史隐士鉴	史处士鉴
贺大理言	贺评事言	都少卿穆	都太仆穆
童琥	童主事琥	许给事天锡	许黄门天锡
顾训导辰	顾辰	胡州判侍	胡判官侍
黎教授扩	黎广文扩	吕少卿高	吕提学高
唐纪善子仪	唐纪善文风	蔡左都经	蔡总督经
周台州矩	周同知矩	张山人本	张布衣本
杭御史淮	杭副都淮	陆征士弼	陆山人弼
姚学究咨	姚山人咨	龙门元璞公	完璞琦公

据表可知,针对《诗集》诗人称谓随意驳杂的状况,《小传》予以整饬划一:

1.更正传主姓名。例如《诗集》将江晖误写成江辉,茅溱讹为茅榛,江瓘错认作张瓘,对于此类错误,《小传》悉加以纠正。又如《诗集》不列名而以字号指称张宪、袁琪、金善、汪克宽、邵亨贞诸人,与全书编例不符,于是《小传》恢复各人称名。

2.补录表明传主德行或职衔的称谓。例如《小传》增补刘睿、董佐才、阮孝思、卞同、易恒、沈右、许观等人或处士,或征士,或布衣的身份,以及程煜县丞、万白镇抚、盛彧公子、童琥主事等官爵,皆是有理有据,而使传主身份愈发明确。譬如刘睿"隐于好溪,有紫芝玄鹤",足见其翛然出世之丰神;又如董佐才,据王逢《题董良用征士释耕所诗》知董氏原系征士。故《小传》分别加称二人处士、征士,实在各有攸当。

3.更改传主的职衔。包括以下三类情形:①改而相宜。比如王直累官太子太保、吏部尚书,《诗集》却称其宫师(按,东宫师傅省称),不如《小传》直称"太保"准确。又如,永乐时袁廷玉召拜太常寺丞,《诗集》题作"寺丞",而太常寺、大理寺、太仆寺、尚宝司皆有寺丞属官,于是《小传》乃据实改称"太常寺丞"。②不必改而改。例如,《小传》径改余尧臣左司为司马,据钱谦益考证,"(余尧臣)曰司马,又曰左司,必东越镇将版授之职衔,而今不可考矣"。然则余氏称司马或左司本在两可之间,不必刻意取舍。又如,金幼孜名善,向以字行,而《小传》却改题"金少保善",反致人迷糊。③改而反误或不如不改。例如,《诗集》中任官经历的共有陈汝言等八人,而《小传》唯独误改锦衣卫经历沈炼为"经理",而明代并无经理一职。又如,明清时代士人喜以广文一词泛称教官,以是《小传》就将训导黄玄、教谕聂大年、教授黎扩统称为"广文",反而使得各人身份模糊,不如不改。

(三)《小传》对于《诗集》的文字有订讹考补之功。钱谦益选编《诗集》旨在"备典故,采风谣,汰冗长,访幽仄,铺陈明朝,发挥才调"[1],"用为正史发端",故于人物小传用力尤深,举凡传主里籍、仕履、诗文主张与著述悉欲拢于笔端。虽其"搜摭考订,颇有次第"[2],但毕竟工程浩大,旷日持久,加之书手粗率,刻工大意,《诗集》初刻本还是留下不少错讹阙脱之处,于是钱陆灿辑录时,针对不同的错误,分别加以订正增补:

1.改正形似音近而讹之字词。比如烛与触、千与十、取与敢、诰与诰、阻与隋、九与丸、潢与演、没与殁、橡与橡、西与内、乃与亦、色与厄、璋与嶂、借与侨、畣与答、鞠与鞠、后与复、誉与谕、睡与瑞等等皆是如此,其显例如明神宗酷爱王献

---

① 钱谦益:《列朝诗集序》,《有学集》卷十四,第679页。
② 《列朝诗集小传》第158页。

之《鸭头丸帖》，而《诗集》讹“丸”作“九”，遂令人不知何物，以是《小传》悉予改正。

2.纠正《诗集》传主张冠李戴之讹。如陈翇作陈聚，武伯衡作武伯英，沈侗作祝侗，顾东江作顾东山，李汎作李汛，邵青邱作邵青丘，方棠陵作方堂陵[①]，沐西平作沭西平，赵善瑛字廷嶂而非廷璋，于立字彦威而非彦成，等等，以上错谬在《小传》中均得到订正。

3.删除衍字，增补脱字。例如，《小传》铲去李存“洪武中年卒”之“年”字。又如，“莆阳徐氏”条谓徐氏父“字澄渚，俞氏”云云，令人费解，而《小传》在“字”前加一“一”字，在“氏”后加一“子”字，语句便通顺可读，语意也显豁了。

4.根据见闻，参照书目，钱陆灿改正《诗集》误称的诗文集名。比如，储巏文集是《柴墟集》而非《柴虚集》，圆复的是《三友集》而非《三集》，邢慈静有《芝室集》而非《之室集》等。

5.除了前揭的职官外，历史地理、年代对知人论世也很重要，可是《诗集》多有错讹，《小传》也逐一是正。例如，《小传》改祈门为祁门、楞枷山为楞伽山、昌门为阊门、浒市关为浒墅关等。又如，《诗集》称孙炎曾“在处时，以上命招致刘诚意”，《小传》结合孙氏的行实，更正为“在处州”云云[②]。此外，《诗集》误将乐正进士及第之年宣德十三年误为正德十三年，又将许天锡“以查盘内库，发逆瑾奸状”时间提前两年，都属严重失误，而《小传》都予以更正。

（四）顺治三年，钱谦益重理《诗集》时文网犹宽松，故笔端常流泻出故国之思、兴亡之感，偶亦鞭挞满清新贵[③]，孰料明年即以黄毓祺案被逮系江宁，身陷囹圄，逾年方脱身。又明年，常熟门生冯舒因《怀旧集》案被清吏曲杀。经此一番惊吓，谦益慨叹道：“圣朝宽大垂三百年，语言文字，一无忌讳，于乎休矣！”[④]但仍心存侥幸，叮嘱毛晋“乾集阅过附去，本朝诗无此集不成模样，彼中禁忌殊亦疏阔，不妨即付剞劂，少待而出之也”[⑤]。乾隆年间《诗集》之所以遭禁，正因有此触犯

① 参见《列朝诗集小传》“冬谿泽公”条，原文曰：“一时名士，唐荆川、张王屋、方棠陵、陆五台，皆敬礼之。”第697页。

② 《列朝诗集小传》，第79页。

③ 钱谦益《临淮田舍题壁》末句曰：“生取努尔哈赤归。”何其胆大！ 鳌按诗中努尔哈赤四字，瞿式耜刻本直接剜去，凌凤翔笺注本则删除全诗，学友卿朝晖据潘重规所见王烟客钞本补足。《初学集》卷一，《牧斋初学集诗注汇校》，上海古籍出版社2012年版，第24页。

④ 《列朝诗集小传》第39—40页。

⑤ 钱谦益：《与毛子晋》，《钱牧斋先生尺牍》卷二，第305页。容庚评述道：“钱氏以集名国朝，殊有推敲，易以列朝，则干集圣制、睿制之称，本当改易。在钱氏初意既以为集名必须改定，亦非不知禁忌之当避免。乃又以彼中禁忌疏阔，冀能漏网，其卒遭禁毁也固宜。”容庚：《论〈列朝诗集〉与〈明诗综〉》，《岭南学报》1950年第1期，第138页。

忌讳处。康熙中叶,钱陆灿纂辑《小传》时已饱尝清统治者发动的科场案、奏销案诸案之刻毒残酷,心有忌惮,遂对《诗集》里的"违碍"字句进行修饰加工。据我们统计,凡《诗集》内牵涉胡、虏、夷、羯、酋等字,《小传》多剜去而代以墨钉,约计几十处。如"乃肆虏掠吾",(王参军冕)"尚胡服",(吕道士敏)"虏拥上皇至城下",(郭定襄登)"景泰元年,虏大入",(郭定襄登)"虏大酋脱脱不花"、"所著《平胡论虏酋语》"、"丁亥八月虏大掠子女"、"邀虏于境上"、"公让以丑虏",(汤参军胤勋)"大破虏于威宁海"、"弘治七年虏犯西塞"、"复大破虏于贺兰"、"虏情羯夷将士情伪"、"侦虏事者"、"半夜袭虏以逆风往返虏不为备",(王威宁越)"建州酋董山入寇,充征虏将军总兵左都御史",(赵武靖辅)"庚戌虏警"、"北虏",(许副都宗鲁)"边防虏势"、"虏数入犯"、"国家急急虏拊"、"以备虏急",(尹金事耕)"虏犯京师",(乔按察世宁)"庚戌虏警"、"虏薄城下",(皇甫举人冲)"虏大入滦州",(王尚书世贞)"禽虏酋""虏遂慑伏",(张宫保佳胤)"虏大入"、"虏疑",(顾戎政养谦)"虏薄城下"、"拒贡却虏"、"虏数入塞"、"虏大破"、"颇虏,虏入"、"坐以通虏",(沈经历炼)"老虏",(鹅池生宋登春)"虏薄都城"、"虏必入城"、"虏可一鼓"、"万虏中",(赵宫保贞吉)"东西虏不敢"、"庚戌虏"、"北虏",(戚少保继光)"破虏"、"北虏",(万都督表)"宋虏"、"夷虏",(董侍郎应举)"诸虏"、"虏营",(徐记室渭)"虏千余骑"、"虏遂遁去",(虞稽勋淳熙)"胡影"、"钱虏"、"胡骑",(郑布衣琰)"谈夷汉情形"(何侠士璧),等等皆是。①

《小传》成书于钱陆灿病逝之年,斯时他已精力不济,加之时间仓促,因而《小传》难免留有缺憾。1.《小传》沿袭了《诗集》原有的错误。比如《诗集》《小传》均谓邾经字仲谊,然而《小传》本条内引有王原吉《谢邾仲义进士诗》一诗②,则邾经字仲义明,可据改。又如周睦㮲之子,《诗集》《小传》都书勤羹,而《四库全书总目》卷八十三曰:"明朱勤羹撰。勤羹,字伯荣,开封人,镇国中尉睦㮲子,为周藩宗正,以文学世其家。"③亦当据改。2.陆灿尚有率意误改之处,或者前后标准不

---

① 陈垣《旧五代史辑本发覆》一文以乾隆四十九年武英殿所刊《旧五代史辑本》与《册府元龟》、欧阳修《新五代史》及《资治通鉴》相校,发觉清人纂辑时对"胡虏夷狄等字,莫不改易或删除也",并进一步揭示出清人的忌字十例,即忌虏第一,忌戎第二,忌胡第三,忌夷狄第四,忌犬戎第五,忌蕃忌酋第六,忌伪忌贼第七,忌剧阙第八,忌汉第九,杂忌第十。可资参看。《中国现代学术经典·陈垣卷》,河北教育出版社1996年版,第445—490页。鳌按,正文括号内为该词句所从出的《小传》传主名。

② 《列朝诗集小传》,第129页。

③ 永瑢等:《四库全书总目》卷八十三"王国典礼"条,清乾隆武英殿刻本,第1393页。

一,自乱体例。比如王泽号青霞,《诗集》不误,而《小传》则误作清霞。① 又如《小传》止列顾辰、汪钺之名而删除《诗集》原署名,不称沈遇"征士"而仅取其号,致使三人身份不明。再如,王达官至侍读学士,《诗集》却省称曰"读学",殊无谓,于是《小传》改题"学士",甚合理。但是,对于刘俨、华察二人,《小传》却不再更正,仍沿袭"读学"的旧称。

四、余 论

(一)两种顺治九年毛氏汲古阁刻本《诗集》小传异同献疑

在《诗集》的众多版本中,据顺治九年毛氏汲古阁刻本影印成书的通行本有两种:一是中国基本古籍库本(以下简称库本)。虽然由于遵依统一的制作体例,库本芟除了序跋,但是"下载编辑·出处"项明确注明是顺治九年汲古阁刻本;一是上海三联书店缩版影印本(以下简称缩印本),采用的底本是上海图书馆馆藏顺治九年汲古阁刻本。雠校两家小传文字,我们发现相异字词竟多达百余处。与《小传》诵芬堂单行本、上海古籍出版社标点排印本(2008 年第 2 版)、中华书局点校本(1959 年版)参校可知,凡库本与缩印本相异处,庶几后者多讹而库本少谬②。约言之,缩印本的错误类型有以下数端:

1. 误书传主与相关人物的姓名、乡贯与著作。举例而言,如"仁宗昭皇帝"条误书曾棨作曾綮,"陈裒"条误作陈聚,"孟御史昉"原字天暐而作天炜,"王县丞泽"本号清霞而作青霞,"刘佥事珏"条沈佟写作祝佟,"李举人承祺"条改陈宪章为陈献章,"张都督可大"条萧宗伯云峰误作云举,"松圆诗老程嘉燧"条误以高启号青丘(子)而作青田(子),"龙门元璞琦公"字完璞误作元璞,"雪江秀公"条方棠

---

① 刘绩:《霏雪录》曰:"洪武初,王青霞叔润、谢密庵元功,一日在上虞柳仲几家,露坐谈咏……"明弘治刻本,第 29 页。

② 也有缩印本不误而库本讹者,例如"赀"误作"资"(丁高士鹤年),误"曰"为"四"(铁崖先生杨维桢),误"曲儿"作"曲几"(顾钱塘德辉),误"新淦人"为"新金人"(练通判高),误"盐运"作"盘运"(刘主事韶),误"文尤"为"文龙",误"急病"为"隐病"(先竹深府君),等等。还有一种情形是,缩印本与库本皆误的。例举如下:于立字彦威,而皆误作彦成(玉山草堂钱别寄,赠诸诗人),误"之目"为"之句"(顾县尉观),误"停稳"为"亭稳"(杨少师奇),误"宣德十三年"为"正德十三年"(岳阁老正),误"致仕"为"致事"(李布政祯),误"居三载"作"居二载"(刘佥事珏),误"德重"为"叔重"(蒋淮南忠),误"读史笔记"为"汉史笔记"(胡右史粹中),等等。

陵误作方堂陵，"濮孺人邹氏"名赛真而作赛贞，"环谷先生汪克宽"条"祁门人"误书"祈门人"，"练通判高"条新淦人作新金人，"储侍郎峙"条《柴墟集》误书《柴虚集》，"圆复"条《三友集》作三支集，"邢氏慈静"条《支室集》作《芝室集》，等等。

2. 误记年月、地理与职官等。"李征士存"条洪武中卒误作洪武中年卒，"白黄州范"条洪武中误记作洪武间，"铁崖先生杨维桢"条一十日记作二十日，"王教读行"条闻门作昌门，"程佥都本立"条"左佥都御史"简称"左佥都史"不当，"张汀州宁"条礼部给事中误记礼科给事中，"许给事天锡"条嘉靖十九年误作十七年，"李太仆舜臣"条尚宝卿作尚宝司，等等。

3. 字形相近而致误。如赀与资、遒丽与道丽、杂（雜）列与离（離）列、鷹与荐（薦）、徐与稌、琢臂与琢肾、后（後）与授、督与察、奉使与奏使、丸与九、儿（兒）与几、尤与龙、其与具、台（臺）行与一（壹）行、乃与亦、较与校、破与被、雠与谁、雅与鸦、奕与弈、上与土、峰（峯）与举（舉）、动（動）与勤、四与因、不与小、通与过（過）、乡（鄉）与卿、肯与普等。

据此，我们可以推断，虽然同著录为顺治九年汲古阁初刻本，但是缩印本成书或许更早，而库本的底本则略晚，故后出转精，而且这一状况也与《诗集》随改随刻的编纂史合契。因此，从版本上来说，库本比缩印本更为可靠。

（二）再议程嘉燧的作用

论及程嘉燧、钱谦益二人与《诗集》及小传的关系，学术界普遍认为，程氏仅有倡议嚆矢之功，而未亲与其役，自始至终实任其事的都是谦益一人而已[1]。与之相对极端的看法是，《诗集》原出自嘉燧之手，谦益只是草创小传，却在其殁后攘夺窃取其成果占为己有。松江人宋征舆（1617—1667，字直方，又字辕文，号佩月主人）即言之凿凿："钱意犹未已，乃取嘉定笔佣程孟阳所撰《列朝诗集》一书，于人名爵里下各立小传，就其烬余所有及其记忆所得，差次成之。"[2]可是又全无事实佐证，盖是污蔑之词。而持折衷之见的也大有其人。清人程封即谓："吾家孟阳诗句好，鬌发称诗到衰老。虞山前朝旧史才，鲁殿灵光真异宝。耦耕堂中苦

---

① 孟飞即说："程嘉燧或许有此提议，但实际上并没有参与其事。今所见稿本中小传与诗选笔迹纯出钱谦益一人之手，并非如序中程氏所言'吾以采诗，子以庀史'。"《〈列朝诗集〉稿本考略》，第29页。

② 宋征舆：《林屋诗文稿》卷一五《书钱牧斋〈列朝诗选〉后》，《四库全书存目丛书》集部第215册，齐鲁书社1997年版，第421页。

校雠,甲乙丙丁非草草。如何列朝诗人千万家,一人一传传小影。"①容庚也说:
"二人山居多暇,撰次国朝诗集几三十家,未几罢去。"②前引都轶伦论文亦认为:
"从刻本所保留的一些材料来看,程嘉燧一定程度上协助钱谦益,参与采诗评诗,
似也是可信的。"并举"王尚书世贞""居布衣节"两则小传作为"程嘉燧参与选诗
的印证"。但这几家并未揭示出钱、程二人究竟如何各司其职、分工合作的,因而
未能准确评定程氏之于《诗集》的实际贡献。

前揭钱谦益《诗集序》称,天启初年钱、程二人计划由程嘉燧采诗,谦益庀史
来选辑明诗。可是,谦益后来却追忆说:"万历丁巳,余邀程孟阳结夏拂水,孟阳
为余言菰芦中有张公路先生……余心识其言,访其遗诗,得五十余篇。乱后辑
《列朝诗集》,援据唐叟叔达之序,次而存之。"那么,早在万历四十五年(1617)夏,
程氏来至常熟,与谦益"流连旬月",谈诗论史,并对谦益日后选录《诗集》有所助
益。譬如,北大稿本"李少师东阳"条表明,天启初年谦益已援引程氏见解以评骘
李东阳③。还有一种意见认为,程嘉燧卒于崇祯十四年(1641),而谦益重理《诗
集》已在顺治初年,故而第二阶段谦益实集采诗庀史于一身,而程氏则毫无贡献
可言。④ 事实果真如此吗?谦益尝言:"崇祯中(按,指崇祯三年),余罢官里居,
构耦耕堂于拂水,要与偕隐,晨夕游处,修鹿门、南村之乐。后先十年,辛巳春,孟
阳将归新安,余先游黄山……明年,癸未十二月,孟阳卒于新安,年七十有九。"⑤
十年之间,二人晨夕相处,考古论诗,自会商榷斟酌《诗集》、小传。譬如,崇祯十
七年(1644),瞿式耜(1590—1650,字起田,号稼轩)刊刻沈周诗集,以序请于钱谦
益,谦益赐序曰:"石田先生诗集凡十余本,余与孟阳居耦耕堂,互为评定,差择其
优佳者若干卷……遂刻诗钞,藏之斋中,并汇其古文若干篇,及余所辑事略附焉。
刻成,嘱余序之。"⑥足见二人评点沈周诗集是在崇祯年间,而要点后来即为《诗
集》承袭。《小传》"石田先生沈周"条也说"余与孟阳居耦耕堂,尝评定其诗"云
云⑦。除此之外,我们发现《小传》中"刘诚意基""袁御史凯""张司丞羽""邵尚书

---

① 程封:《戊戌秋喜晤心甫于长安邸中放笔作歌》,汪世清:《明清黄山学人诗选》,上海古籍出版社
2009年版,第87页。

② 容庚:《论〈列朝诗集〉与〈明诗综〉》,第135页。

③ 《列朝诗集小传》丙集卷一"李少师东阳"条曰:"吾友程孟阳读怀麓之诗,为之擿发其指意,洗刷其
眉宇,百五十年之后,西涯一派焕然复开生面,而空同之云雾渐次解驳,孟阳之力也。"第246页。

④ 孙之梅认为"顺治三年六月,钱谦益以降臣引疾南归,重操旧业,采诗庀史集于一身"。《钱谦益与
明末清初文学》,第317页。

⑤ 《列朝诗集小传》,第577页。

⑥ 钱谦益:《石田诗钞序》,《牧斋初学集》卷四十,第1076页。

⑦ 《列朝诗集小传》,第290页。

宝""李副使梦阳""王尚书世贞""郭布衣天中""谭解元元春""李先辈流芳""归待诏子慕""郑秀才胤骥""于秀才鉴之""吴处士兆""钱秀才谦贞""吴山人旸""曹南宫学佺""一雨法师润公""等慈润公""居布衣节""王布衣人鉴""崔嫣然"等条,谦益无不或多或少地采用了程嘉燧的意见(标以"程孟阳曰""程孟阳云"等语),甚至于宋珏是"因孟阳以交余(按,钱谦益自称)"的;程氏的"绪言"即诗论或揭示诗人诗作的风格特色,或指出其诗学源流,或专就某一诗体立论,或仅品评一首诗歌。兹举两例以概其余。①《小传》甲集卷二"袁御史凯"条引程嘉燧语谓:"海叟诗气骨高妙,天然去雕饰,天容道貌,即之泠然。《古意》二十首,高古激越,雄视一代。七言古诗,笔力豪宕,鲜不如意。七言律诗,自宋元来学杜,未有如叟之自然者;野逸玄淡,疏荡傲兀,往往得老杜兴会。空同诸公,全不悟此。七言绝句,似乎率易似古乐府,亦是老杜法脉。"①又录其鉴赏语曰:"直学李杜,天机豪放,他人不能及。"②②丁集卷十四"曹南宫学佺"条曰:"为诗以清丽为宗,程孟阳苦爱其送梅子庚'明月自佳色,秋锺多远声'之句。"③值得注意的是,上举二十余人中无一人见收于稍早于国图稿本的北大稿本,二十余人中仅有"等慈润公""于秀才鉴之"两则诗论见于程嘉燧的《松圆浪淘沙集》中。综上所述,程嘉燧对《诗集》与小传贡献诚非浅鲜。

---

① 《列朝诗集小传》,第 73 页。
② 袁凯:《南京口号五首》,钱谦益:《列朝诗集》甲集卷三,顺治九年(1652)毛氏汲古阁刻本,第463 页。
③ 《列朝诗集小传》,第 607 页。

魏晋南北朝西王母信仰的三个系统

储晓军

摘　要：魏晋南北朝时期西王母信仰与汉代相比呈减弱的趋势，但并没有完全消失。在文人创作的小说中，在道教的仙传中以及墓葬出土的铜镜与壁画中都还能见到西王母信仰的存在形式。不同的存在形式实际是不同信仰体系的外在表现，文人创作和墓葬出土实物承续了汉代以来民众对西王母长生特质的追求，而道教的仙传系统则进行了较大规模的改造。

关键词：魏晋南北朝；小说；道教仙传；墓葬实物；西王母

西王母是中国古代民间信仰中的重要神祇，在民众中享有崇高威望，西汉末年更一度被赋予救世主的角色。然至魏晋南北朝时期，西王母地位急剧下滑，在民间的影响也呈减弱趋势。因此，现有的研究成果多关注汉代的西王母信仰，对魏晋南北朝西王母信仰的关注则比较少见。事实上，我们在梳理相关材料后，发现西王母信仰在魏晋南北朝时期虽有所减弱，但并未消失。本文以魏晋南北朝为时间界限，探讨这一时期西王母信仰的相关情况，以丰富对西王母的研究。

我们认为魏晋南北朝西王母信仰有三个系统。一是以《汉武故事》《博物志》以及《汉武帝内传》为代表的小说作品中的西王母系统，她是一位雍容华贵、慈祥可亲的女神形象。二是以《列仙传》《枕中书》为代表的道教仙传中的西王母系统，她成为道教神谱体系中的重要神仙。三是见于出土铜镜、墓券以及墓室壁画中的西王母系统，这一部分西王母依然继承了西王母的长生性质，人们希望通过崇拜西王母以获得长生的机会。以下逐一论述。

一、小说作品的西王母崇拜

早在战国时期的《穆天子传》中，作家就虚构了西王母和周穆王相会的场景。卷三曰：

　　吉日甲子，天子宾于西王母。乃执白圭玄璧，以见西王母。好献锦组百纯，□组三百纯。西王母再拜受之。□。乙丑，天子觞西王母于瑶池之上。西王母为天子谣，曰："白云在天，山陵自出。道里悠远，山川间之。将子无死，尚能复来？"天子答之，曰："予归东土，和治诸夏。万民平均，吾顾见汝。比及三年，将复而野。"西王母又为天子吟，曰："徂彼西土，爰居其野。虎豹为群，于鹊与处。嘉命不迁，我惟帝女。彼何世民，又将去子？吹笙鼓簧，中心翔翔。世民之子，惟天之望。"天子遂驱升于弇山，乃纪名迹于弇山之石，而树之槐。眉曰：西王母之山。[①]

　　《穆天子传》现在一般认为是小说类作品。作者之所以虚构周穆王与西王母相会的故事，其原因可能是为了突出西王母的长生性及她具有使人长生的本领。自此，西王母在汉文小说文本中就保持着长生这一固定不变的特征。随着小说篇幅的不断增长，西王母的形象不断丰富，这一特征就一直保持下来。

　　魏晋南北朝时期，西王母与帝王相会故事的男主角变成了汉武帝。《汉武故事》在内容上要比《穆天子传》更加丰富，情节也更加具体。《汉武故事》中最精彩的部分便是西王母、汉武帝与东方朔之间的故事。

　　王母遣使谓帝曰："七月七日我当暂来。"帝至日，扫宫内，然九华灯。七月七日，上于承华殿斋，日正中，忽见有青鸟从西方来集殿前。上问东方朔，朔对曰："西王母暮必降尊像上，宜洒扫以待之。"上乃施帷帐，烧兜末香，香，兜渠国所献也，香如大豆，涂宫门，闻数百里。关中尝大疫，死者相系，烧此香，死者止。是夜漏七刻，穴中无云，隐如雷声，竟天紫色。有顷，王母至：乘紫车，玉女夹驭，载七胜履玄琼凤文之舄，青气如云，有二青鸟如乌，夹侍母旁。下车，上迎拜，延母坐，请不死之药。母曰："太上之药，有中华紫蜜云山朱蜜玉液金浆，其次药有五云之浆风实云子玄霜绛雪，上握兰园之金精，下摘圆丘之紫柰，帝滞情不遣，欲心尚多，不死之药，未可致也。"因出桃七枚，母自啖二枚，与帝五枚。帝留核着前。王母问曰："用此何为？"上曰："此桃美，欲种之。"母笑曰："此桃三千年一着子，非下土所植也。"留至五更，谈语世事，而不肯言鬼神，

肃然便去。东方朔于朱鸟牖中窥母,母谓帝曰:"此儿好作罪过,疏妄无赖,久被斥退,不得还天;然原心无恶,寻当得还。帝善遇之。"母既去,上惆怅良久。①

与《穆天子传》相比,《汉武故事》中的西王母形象更加生动,也更加完整。在《穆天子传》中,只有西王母与周穆王的简单对话,对西王母的外在形象未着一词。《汉武故事》中,首先就写西王母到来前以及到来时的气势和排场。她首先派遣使者来通知汉武帝自己将至,接下来便写汉武帝为迎接西王母所做的细致准备。通过汉武帝亲自做的精心准备,反衬出即将到来的西王母尊贵非凡的地位。气氛的渲染与烘托不但增加了西王母的神秘性,也使人感到西王母难以接近、高不可攀。再看她到来之时的场面,"是夜漏七刻,穴中无云,隐如雷声,竟天紫色。有顷,王母至:乘紫车,玉女夹驭,载七胜履玄琼凤文之舄,青气如云,有二青鸟如乌,夹侍母旁"。写到的西王母的车骑、陪同、穿戴,凡此种种,无不让人觉到眼前这个人的高贵与难以亲近。最后写的是西王母与汉武帝之间的对话。在对话中,我们看到西王母性格中柔软的一面,她充满温情地与汉武帝对话,尤其是最后对东方朔的态度,更展示了她慈爱的一面。换句话说就是在《汉武故事》中,西王母展示出的是一位未见时显得非常神秘,见面后顿觉可敬可亲又充满慈爱的神仙形象。这实际上表明西王母从天上走到了人间。

到两晋时期,以《汉武故事》为蓝本的西王母与汉武帝相会的故事又出现在《博物志》和《汉武帝内传》中。《博物志》作者是西晋的张华(232—300)。其中,西王母和汉武帝相会的场景实际上可以看作是《汉武故事》中相同情节的缩写。

> 汉武帝好仙道,祭祀名山大泽以求神仙之道。时西王母遣使乘白鹿告帝当来,乃供帐九华殿以待之。七月七日夜漏七刻,王母乘紫云车而至于殿西,南面东向,头上戴七种,青气郁郁如云。有三青鸟,如乌大,使侍母旁。时设九微灯。帝东面西向,王母索七桃,大如弹丸,以五枚与帝,母食二枚。帝食桃辄以核着膝前,母曰:"取此核将何为?"帝曰:"此桃甘美,欲种之。"母笑曰:"此桃三千年一生实。"唯帝与母对坐,其从者皆不得进。时东方朔窃从殿南厢朱鸟牖中窥母,母顾之谓帝曰:

---

① 鲁迅:《古小说钩沉》,齐鲁书社 1997 年版,第 222—223 页。

"此窥牖小儿,尝三来盗吾此桃。"帝乃大怪之。由此世人谓方朔神
仙也。[①]

与《汉武故事》对照,就能发现两处的情节几乎完全相同,不同之处只是描写
的详略而已。《汉武故事》的描写要繁缛、丰富、具体得多,而《博物志》中的描写
则显得质朴无华、干净利落。

《汉武帝内传》的描写与《汉武故事》相比较,显得更加繁复,内容上也有了大
幅度的增加,增加的部分表现在:(1)西王母的穿着服饰更加具体,且提到了西王
母的年龄。"王母上殿,东向坐,着黄锦袷襦,文采鲜明,光仪淑穆。带灵飞大绶,
腰分头之剑。头上大华结,戴太真晨婴之冠,履元琼凤文之舄。视之可年卅许,
修短得中,天姿掩蔼,容颜绝世,真灵人也。"[②]西王母的年龄在此之前的作品中
都没有提到,这是首次出现。(2)西王母的随从人员有了大幅度的增加。在《汉
武故事》中,仅提到"玉女夹驭",而在《汉武帝内传》中,人数达到五十,且都身长
一丈、气势非凡。"唯见王母乘紫云之辇,驾九色斑龙,别有五十天仙,侧近鸾舆,
皆身长一丈,同执彩毛之节,佩金刚灵玺,戴天策,咸往殿前。"[③]并且其中有许多
人有了姓名,如王子登、董双成、石公子、许飞琼、阮凌华、范成君、段安香、安法婴
等。(3)增加了西王母向汉武帝传经授法的段落。这一部分占《汉武帝内传》的
绝大部分篇幅,从内容来看,有着相当强的道教色彩。这就说明西王母故事发展
到了晋代,完全被道教吸收了。

从《汉武故事》到《汉武帝内传》,西王母的形象一步步丰富,也一步步完善。
给人的印象既高贵典雅,又充满温情与慈爱。可以说西王母从高高在上的神仙
走向了人间。

二、道教仙传中的西王母系统

仙传即神仙传记,是道教经典的重要组成部分。道教在其经教化的过程中,
不断丰富与完善神仙体系,渐渐形成了自己的神谱体系。在其神谱体系的构建
过程中,道教吸收了原本属于民间信仰的神祇,如将盘古吸收改造为道教的元始
天尊。西王母也是道教吸收与改造的重要神祇之一。道教仙传类文献较早出现

---

① 范宁:《博物志校证》,中华书局 1980 年版,第 97 页。
② 《汉武帝内传》,《中华道藏》(第 46 册),华夏出版社 2004 年版,第 160 页。
③ 同上。

西王母形象的是在托名刘向所著《列仙传》中。《列仙传·赤松子》条曰："赤松子者，神农时雨师也。服水玉，以教神农。能入火自烧。往往至昆仑山上，常止西王母石室中，随风雨上下。"①只是说西王母住在昆仑山，未见有其他特征。《太平经》卷三十八曰："乐莫乐乎长安市，使人寿若西王母，比若四时周反始，九十字策传方士。"②则表明此时长寿也是西王母的特征。综合来看，这一时期西王母的形象还比较单一。

在道教系统中，真正确立西王母地位的时间是在西晋时期。葛洪在《枕中书》中将西王母的神格与东王父并列，位处元始天王之下，负生育万物之责。这是西王母在道教地位正式确立的标志。《枕中书》（一作《元始上真众仙记》）曰："元始天王，在天中心之上，名曰玉京山，经二劫，忽生太元玉女在石涧积血之中，号曰太元圣母，元始君下游见之，乃与通气结精，招还上宫。当此之时，二气氤氲，覆载气息，阴阳调和，无热无寒，天得一以清，地得一以宁，并不复呼吸，宣气合会，相成自然饱满，大道之兴，莫过于此。结积坚固，是以不朽。金玉珠者，天地之精也，服之与天地相毕。元始君经一劫，乃一施太元母，生天皇十三头，治三万六千岁，书为扶桑大帝东王公，号曰元阳父；又生九天玄女，号曰太真西王母，是西汉夫人。……西汉九光夫人，始阴之气，治西方。故曰木公、金母，天地之尊神，元气炼精，生育万物，调和阴阳，光明日月，莫不由之。"③《老子中经》中更是将西王母当作第四位神仙来看待。"第四神仙：西王母者，太阴之元气也，姓自然，字君思。下治昆仑之山，金城九重，云气五色，万丈之巅。上治北斗，华盖紫房，北辰之下。人亦有之，在人右目之中，姓太阴，名玄光，字偃玉。人须得王父王母护之，两目乃能行步，瞻视聪明，别知好丑，下流诸神，如母念子，子亦念母也。精气相得，万世长存。夫人两乳者，万神之精气，阴阳之津泻也。左乳下有日，右乳下有月，王父王母之宅也。上治目中，戏于头上，止于乳下，宿于绛宫、紫房，此阴阳之气也。"④此后西王母在道教的地位一直很高，唐杜光庭《墉城集仙录》专为西王母立传，然过于玄虚。倒是明代托名王世贞编《列仙全传》中的内容比较符合实际。

① 王叔岷：《列仙传校笺》，中华书局 2007 年版，第 1 页。
② 王明：《太平经合校》，中华书局 1960 年版，第 62 页。
③ 葛洪：《枕中书》，《中华道藏》第 2 册，华夏出版社 2004 年版，第 630—631 页。
④ 《太上老君中经》，《道藏》第 27 册，文物出版社、上海书店、天津古籍出版社 1988 年版，第 142—143 页。

西王母，即龟台金母也，得西华至妙之气，化生于伊川。姓缑，讳回，字婉妗，一字太虚。配位西方，与东王公共理二气。调成天地，陶钧万品。凡上天下地，女子之登仙者，咸所隶焉。居昆仑之圃，阆风之苑。玉楼玄台九层，左带瑶池，右环翠水。女五：华林、媚兰、青娥、瑶姬、玉卮。周穆王八骏西巡，乃执白圭玄璧，谒见西王母。复觞母于瑶池之上。母为王谣曰："白云在天，山陵自出。道里悠远，山川间之。降子无死，尚能复来。"后汉元封元年，降武帝殿，母进蟠桃七枚于帝，自食二枚。帝欲留核。母曰："此桃非世间所有，三千年一实耳。"偶东方朔于牖间窥之，母指曰："此儿已三偷吾桃矣。"是日命侍女董双成吹云和之笛，王子登弹八琅云璈，许飞琼鼓灵虚之簧，安法兴歌玄灵之曲，为武帝寿焉。[①]

可以看到，《列仙全传》中关于西王母的记载糅合了《山海经》《穆天子传》《汉武故事》《汉武帝内传》等作品中的内容，真是做到了"无一处无来历"，可以当作西王母形象的标准照了，也可以借此了解西王母神话终究属于民间信仰的内容。经过历史的涤荡，西王母形象中被掺入的大量道教的内容渐次褪去，留下的依然是民间的智慧。

三、出土实物中的西王母系统

王国维《古史新证》中提出的"纸上之材料与地下之新材料"互补的"二重证据法"极大地促进了二十世纪的学术研究，地下材料既能作为地上文献的补充，又能单独作为证据弥补地上材料的不足。在出土的魏晋南北朝时期相关实物中，我们也发现了反映民众西王母信仰的材料，这些材料多见于铜镜、买地券以及壁画中。从内容上看，它们揭示的多与西王母的长生相关。

在出土的魏晋南北朝时期的铜镜中有西王母的形象。如西晋泰始九年（273）半月方形带神人神兽镜："泰始九年三月七日，张氏作竟（镜），安方工青且明。泰九年作，明如日月光。上有东王父，泰元，西王母，于宜命天，生如金石；士至三公，出世公侯王。"[②]（标点依文意有所改动）再如西晋太康四年（283）半圆方

---

①　王世贞编：《列仙全传》，郑振铎编：《中国古代版画丛刊》第 3 册，上海古籍出版社 1988 年版，第 12 页。

②　刘永明：《汉唐纪年镜图录》，江苏古籍出版社 1999 年版，第 107 页。

形带神人神兽镜:"太康四年正月二十八日,造作青竟(镜)。幽涷(炼)三商,青龙白虎,东王之公,西王之母,富贵世世吉利太平。"①在这些铜镜画像以及铭文中,和西王母同时出现的为东王公,另外从铜镜的铭文看,基本上是和长生相关的主题。

在出土的魏晋南北朝的壁画中,也有和西王母相关的内容,如甘肃酒泉丁家闸墓室壁画。该壁画位于墓前室顶部的西侧。在墓前室的顶部绘有复瓣莲花,四壁上部各画一倒悬龙首,龙首两侧为祥云。东(前)壁画为东王公。有红日、金乌相伴,东王公则盘膝坐在树上,树下则为起伏重迭的山峦。后(西)壁画为西王母。上侧有盈月,月中间为蟾蜍,下为盘膝坐树上的西王母,西王母下亦为连绵不断的群山,在西王母的旁边是一手持曲柄华盖的侍女。西王母的座下有九尾狐(左侧)、三足乌(右侧),在群山之上则有三青鸟和一匹奔跑着的神马。从西王母的发式看,并没有戴胜,肩部有飘带状物体。从整幅画的内容看,反映的还是传统的升天主题。日月代表的是天堂,龙是当年黄帝升天的坐骑,借此来引导墓主人上天堂。

宁夏固原北魏墓漆棺顶盖画中也有西王母图像。发掘报告称"正中上方左右有两座悬垂帷幔的房屋,均为单层庑殿顶,鸱尾翘起,二层阑额间有一斗三升和人字斗拱,红线勾勒,柱呈黄色,其上均有帷幔下垂。左边屋内榻上坐一中年男子盘腿袖手,头戴黑色高冠,角巾披肩,身着红色长袍,左右各有一无冠女侍立,右边屋内为一中年女子,面目清秀,屋内设置、人物服饰及姿态同前。只是右边侍从已残毁无存。右屋之外左右还各立一着高冠、长衣袖手侍从。左屋左侧有黄底墨字榜题'东王父'三字;右屋左侧上方也有一黄底榜题已残缺,屋顶正中各有一正面的金翅鸟,昂首张翅作欲飞状。左右两侧也画有两侧身站立的鸟。左屋宇的上方,左侧画红色太阳,中有一三足乌。右侧画一白色月亮,月亮中也有墨线图形,但已漫漶不清"②。根据以上描述中的东王父、三足乌、太阳等内容,我们大体可以判断该漆棺顶盖画的右侧图像中的人物应该是西王母。事实上,考古工作者最初见到该漆棺画时,还能依稀看见上面写有"王母"二字。

敦煌249窟是敦煌莫高窟西魏时期石窟的代表,平面方形,覆斗型天井。西坡中央绘须弥山,东坡绘摩尼宝珠,北坡绘东王公,南坡绘西王母。西王母位于南坡的中央,乘坐由三凤引导的车。凤车上飘扬着由细长饰带组成的蓝色旗帜,

---

① 刘永明:《汉唐纪年镜图录》,江苏古籍出版社1999年版,第120页。
② 宁夏固原博物馆编:《固原北魏墓漆棺画》,宁夏人民出版社1988年版,第8—9页。

向着画面的右侧即向西前进。凤车前方有天人和乘凤仙人导引,后方也尾随天人与乘凤仙人。凤车中坐一位身着黑色衣服的人,这就是西王母。此人前方站一人,着红袍,应该是御者。在凤车前后的天人旁边,浮游着生命体。凤车下方的是四神之一的白虎,与凤车向同一方向奔驰。白虎躯体与墙壁的白地色区别不明显,不过,黑翼与张大的嘴的轮廓线看得很清楚。南坡上部被以凤车为中心的图像所占,在其周围画着飞云、回旋的莲花。天井下部右侧画绿翼兽头人身乌获,左侧画兽身黑翼十一首"开明"。右下角画上半身裸体的长耳仙人,但又着天人般的天衣,是中国仙人与佛教天人的混合图像。天井下部边沿的山岳上方,画六只褐色鹿,靠右还有线描野牛。敦煌 249 窟顶部壁画是佛教思想和中国本土神仙思想交融的最好体现,传达了极为丰富的意义。

在以上三组壁画中,我们发现西王母形象多与东王公形象成对出现,这是对汉代画像石墓西王母形象的继承。在中国民间信仰的神祇系统中,原本并不存在东王公的形象。到了汉代,出于阴阳搭配的需要,民众塑造出了东王公这一神祇以与西王母相对应。这种模式也延续到了魏晋南北朝时期的壁画中。无论是单独出现在铜镜中的西王母形象,还是壁画艺术中西王母与东王公配对的形象,其表达的主题应该都是飞升成仙,以实现生命的永恒。

四、三个系统西王母形象的比较

我们之所以将魏晋南北朝的西王母信仰分成三个系统,是因为记录与描绘西王母的人来自不同的系统。传世小说中西王母信仰的记录者来自知识阶层。虽然它们的材料来源可能是民间,但在记录中进行相应的文学化处理应该是必不可少的环节。所以我们看到,时间越往后,西王母的形象也越丰富、越立体。道教仙传中的西王母形象则来自道教的信徒或者职业的道士。道教在从民间信仰走向经教化的过程中,既需要吸收原民间信仰的神祇,又必须进行改造,使得这些神祇更加神秘。因此,道教仙传中的西王母与小说中的西王母相比,人性褪去,神性增强。出土的铜镜和壁画中的西王母形象是民众内心的想象,是绘画者与制作者观念的体现。这些人身份不详,但应该不是职业的道教徒,很可能就是普通的民众。因此,这些西王母形象基本上承袭了汉代墓葬图像中西王母的特征,单纯体现为对长生的追求。从这个意义上说,传世小说和铜镜壁画中的西王母形象属于同一个体系,即民间信仰的体系。这个体系中的西王母保持了自汉代以来的西王母形象的特征,即长生的象征。这也符合民间信仰的稳定性特征。

道教仙传中的西王母形象之所以呈现出神秘化的特征,是因为这和道教经教化的过程是相一致的。道教在魏晋南北朝时期,面临的最大问题就是如何从民间信仰走向经教化。经教化宗教的一个重要特征就是经典与神谱体系的定型。在其神谱体系的定型过程中,一方面要吸收民间信仰的神祇,另一方面又必须改造这些神祇。吸收的目的是稳定信众的来源,改造的目的则是有意识地与民间信仰相区别。因此,我们看到民间信仰中的盘古被吸收改造为元始天尊,老子被吸收改造为太上老君等。西王母在被道教吸收以后,也被改造成高不可攀、难以接近、充满神秘色彩的道教太真西王母,与民间信仰的西王母有了很大的区别。

通过对以上材料的分析,我们发现西王母虽然在魏晋南北朝时期影响力有所减弱,但依然活跃在人们的日常生活中。由于地域的不同,西王母信仰呈现的形式也不尽相同。但总的一点没有变,那就是西王母是“长生”的代表,承续了自战国以来西王母信仰的主要内容。至于汉代出现的西王母“救世神”的角色,在魏晋南北朝时期并没有得到承传,那是因为新的神祇出现替代了这一神职。

[本文原载于《淮海工学院学报(人文社会科学版)》2017 年第 12 期]

从本真性视阈看甘肃西和乞巧节的传承与展演

韩　雷

摘　要:传统乞巧节是作为甘肃西和民众生活的此在而被传承或展演的,是以织女神为崇拜对象的女性节日。乞巧节的本真性要素获得了应有的尊重和保护。而成功申遗后的乞巧节,其本真性要素却被有意无意地忽略了,在乞巧节期间以有悖自然传承和民众意愿的"精致化""碎片化"的官方操控方式进行展演;其存在本身亦渐趋碎片化。本真性要素无疑是非物质文化遗产的灵魂。

关键词:非物质文化遗产;西和乞巧节;本真性;视阈

"本真性"①(Authenticity)原本是西方哲学中的一个重要概念,德国学者瑞吉娜·本迪克丝(ReginaBendix)在《本真性(Authenticity)》②一文中就曾对其来龙去脉做过一番梳理。2006年,李扬先生把这篇文章译成中文刊发后,"本真性"逐渐成为中国民俗学界的热词;不少学者也开始从本真性或属性等视角来探究反思非遗的保护问题。比如宋俊华先生认为,非物质文化遗产具有本生态和衍生态两种属性。本生态是指构成文化事象的相对稳定的东西,"这种东西从内看是本质,从外看是属性";而衍生态则是传承人对非物质文化遗产丰富和创新的结果,应该在保护本生态的基础上允许其适当地衍生变化。③ 刘魁立先生从文化本真性的视角出发,认为在保护工作中应努力做到保持其原有属性,避免非物质文化遗产基本属性的模糊化和空洞化。④ 刘晓春先生则从民俗学学科发展史的视阈切入,考察了曾经作为普通民众生活存在的文化是如何被非物质文化遗产化的;进而揭示出非物质文化遗产之"原生态""本真性"等保护标准被建构

---

① 从哲学视角对本真性问题做最新研究的当属加拿大著名学者查尔斯·泰勒的《本真性的伦理》,程炼译,上海三联书店2012年3月出版。

② 〔德〕瑞吉娜·本迪克丝著、李扬译:《本真性(Authenticity)》,《民间文化论坛》2006年第4期。

③ 宋俊华:《论非物质文化遗产的本生态与衍生态》,《民俗研究》2008年第4期,第8页。

④ 刘魁立:《非物质文化遗产的共享性本真性与人类文化多样性发展》,《山东社会科学》2010年第3期。

的复杂历史动因。[①]

概言之,非物质文化遗产的本真性是固有的还是被建构出来的,对此问题的不同理解肯定会影响到非物质文化遗产保护的操作层面。以上三位学者颇具代表性的研究,为我们进一步思考非物质文化遗产的本真性保护等问题构筑了坚实的平台。本文欲从本真性视阈探究考量甘肃西和乞巧节的传承与展演。

一、传统乞巧节:作为西和民众生活的此在

坐落于甘肃陇南地区的西和县,至今犹存规模盛大、持续时间长的乞巧活动。传统西和乞巧节的活动范围主要分布在漾水河流域主干。作为全县最重要的地方标志性文化,乞巧活动"覆盖全县 12 个乡镇,279 个村,30.172 万人,占全县总人口的 70.6%"[②]。

虽然正式乞巧时间是从农历六月三十持续到七月初七,历时七天八夜,但当地姑娘从农历六月初就开始着手准备。所以从整体上看,西和乞巧节应该分为节前准备阶段和乞巧阶段。

(一)节前准备阶段

1.选址

选址即确定坐巧人家。为了能够让乞巧节顺利进行,当地最热心乞巧且富有权威的女性,都会主动承担选定是年坐巧人家的义务。确定坐巧人家的标准有:首先是家中是否有姑娘乞巧;其次是家庭条件,家里是否有足够大的院落,房屋是否宽敞,因为姑娘们乞巧需要足够的空间;再次是坐巧人家是否位于交通便利地带;最后也即最重要的一点就是主人是否好客,怕不怕麻烦。

过去,当地民众认为,如果在自己家坐巧,可以让家里长期不孕的妇女怀胎生子。所以还是有人家自愿申请坐巧的。如果一直没有人家愿意坐巧,那些热心肠的姑娘们总会通过各种方法最终选定乞巧场所。一旦坐巧人家选定后,这些姑娘中间就会有一位被推举为整个乞巧活动的领导者和负责人,这个人被当

---

① 刘晓春:《谁的原生态?为何本真性——非物质文化遗产下的原生态现象分析》,《学术研究》2008年第 2 期。

② 雷海峰主编:《西和乞巧风俗志》,内部资料,甘新字 2006 第 333 号,第 4 页。

地人称作"巧头"。

2.生巧芽、做巧馍

乞巧节作为一种周期性的岁时节日,和其他节日一样拥有象征其内涵的节令食品和植物。巧芽和巧馍就是西和乞巧节中独具特色的岁时植物和食品。一方面精致美观的巧芽和巧馍可作为贡品敬奉给织女神,另一方面当地民众认为这些植物和食品一旦供奉给神灵,也就沾染了灵气,因此会在七月初七晚上用来卜巧。

生巧芽所用的食材不一,由于深受地方自然环境和农作物生产的影响,西和姑娘们一般选用小麦、玉米、小豌豆或是扁豆生巧芽。过去凡是要参加乞巧的年轻姑娘至少必须自备一束巧芽,如果没有,会被大家认为对"巧娘娘"即织女不虔诚,而且也没有资格在初七那天迎水、卜巧。由此可见,在整个乞巧活动中巧芽一方面作为一种乞巧工具而发挥着不可替代的功用,另一方面则被看作是沟通神灵的特殊媒介。

当坐巧人家确定之后,这户人家就开始忙于置办巧馍。将揉好的面团煎制成各色花样,也就是当地民众所说的巧馍。这些花样有象征多子的石榴花,象征财富的核桃,以及象征长寿的菊花,等等。乞巧活动结束后,巧馍一般会被当地姑娘们分享。

图1 巧芽

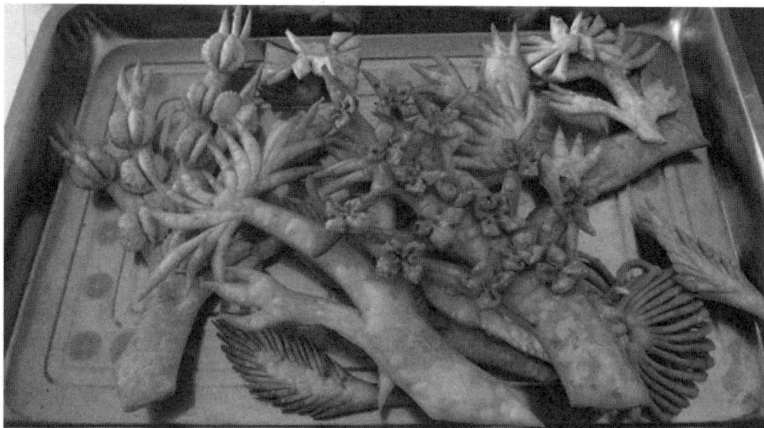

图 2　巧馍

3.练歌和备装

甘肃西和传统乞巧节除了仪式活动之外,大部分环节都以唱巧为主。为了确保在乞巧节中的唱巧环节不输给外村姑娘,早在六月下旬,当地姑娘就会对所唱巧歌进行统一排练。根据赵子贤先生 20 世纪编订的《西和乞巧歌》所记载的内容,传统西和乞巧歌涉及范围十分广泛,有反映家庭生活、生产劳动、社会习俗、地方时事政治和传说故事的,还有专门在仪式活动中传唱的仪式歌。

乞巧节同时也是展现姑娘们魅力风采的绝佳时机。每当节日来临之前,参加乞巧的姑娘们就忙着准备自己的乞巧服饰。过去,当地民众由于生活条件所限,根本买不起衣服,只能自己手工缝制;抑或有的家庭为了能让姑娘参加乞巧,父母会向邻里或亲戚借一套衣服。现在,由于整体生活条件改善,村里人有能力到县城商铺购买自己喜欢的服饰了。2012 年乞巧节,笔者在姜窑村进行田野调查时就发现,当地姑娘们的乞巧服装很时尚,上衣是雪纺的蓝色短袖,下衣是牛仔短裤,一些更时尚的姑娘还穿着黑丝袜。姑娘们将在颇具动感的流行音乐中尽情狂欢。

4.请巧

乞巧节信奉的神灵自然是织女神,当地方言把所有女性神灵都称为"娘娘",所以,织女神也叫"巧娘娘"。巧娘娘无疑是整个乞巧活动中最重要的角色,但当地并没有专供民众祭祀或乞巧的固定空间即巧娘娘庙,所以才会有上文所述及的选址,即确定坐巧人家的环节。西和姑娘们把在纸活铺定做、购买巧娘娘像的整个过程称为"请巧",用"请"字以示对巧娘娘的敬重。而用纸扎制巧娘娘像在当地有一个约定俗成的说法,即"造巧"。诚然,"造巧"之后才能"请巧"。

以上四个环节就是在为乞巧做准备。从确定场所、召集人员、筹集物资再到请巧,整个过程都是由当地民众自发组织实施完成的。

(二)乞巧阶段

从农历六月三十晚到七月初七半夜,是乞巧正式展演的时间。在这漫长的七天八夜里,整个活动包括迎巧、祭巧、拜巧、娱巧、卜巧和送巧等六大环节,而且每个环节都围绕着一定的仪式活动来展演。

1.迎巧

为了能让织女顺利来到人间接受当地民众的祭拜,在农历六月三十晚上,姑娘们会进行迎巧仪式。而在此之前会举行"手襻搭桥"仪式。当地民众认为织女与代表人间的牛郎被一河相隔,为了能够让织女顺利返回人间,姑娘们会把端午节所系的红手襻(用红头绳编成各种花样,系在手腕上,谓之"手襻")相互联结在一起,由两位姑娘各持一端分别站在河两岸,将绾成的红绳投入河里,与此同时,其他姑娘点蜡,燃香,焚表,集体跪拜并唱《搭桥歌》。这样织女就可借助手襻所搭之桥顺利来到人间,并担任整个乞巧活动中的主判官。

迎巧即将织女像迎到坐巧人家之意。迎巧地点一般是村里十字路口或河边。在农历元月三十晚上乞巧姑娘们一同来到迎巧地点,其中一人专门负责端香盘(里面盛放巧芽、香、蜡、纸、表),而巧头负责手捧织女像,其他人则一起跪拜在迎巧点,边跪边唱迎巧歌,祭拜完后伴着迎巧歌随同织女像回到坐巧人家。从织女像被迎请至坐巧人家那刻起,直至七月初七送巧仪式结束前,这户人家就成了织女临时"驻扎"场所,家门全天开放,随时迎接村内外其他姑娘前来祭拜织女。

2.祭巧

祭巧分个体和集体两种祭拜形式。其中最为隆重的祭拜是七月初七举行的集体供馔祭巧仪式。这天姑娘们会在坐巧人家的庭院中央摆放一张八仙桌,将所有供品陈列在桌上,并由两位姑娘站立两旁,其他姑娘们则列队跪拜在供有织女神像的桌子前。跪拜结束后,正式开始馔饭仪式。"其中一人手端盛水大瓷碟,上面放有棉花制作的鸳鸯数对,另一人手端小木盘,盘内盛放供织女梳头的梳子和篦子。"①大家列队从正庭出发走向庭院,边走边唱《转饭歌》。当到八仙桌时,旁边两位姑娘会虔诚地将供品递给前来转饭的姑娘。这样依次传递,直到所有供品都被放在供桌上,整个仪式才算结束。过去在举行这一盛大的仪式活动时,都会吸引村内外许多民众前来观看。但2012年乞巧节,笔者前去调查的村庄根本就没有举行转饭仪式。

3. 拜巧

西和地处西北偏远地区,过去由于受"三从四德"观念的影响,当地女性的地位一直很低下。"四岁五岁穿耳环,七岁八岁把脚缠。十一岁上不出门,媒人登门问行情。六尺画布一瓶醋,打发女儿跟着走。伺候阿家②把花扎,挨打受骂养娃娃。只让喝汤不给饭,一点不对让滚蛋"③,是西和女性一生命运的缩影。只有在乞巧的这七天八夜里,年轻未婚女性才被允许走出家门,接触外面的世界;其中拜巧环节就是她们进一步拓展自己生活空间的主要途径。所谓拜巧就是指相邻乞巧点的姑娘们互相拜访,除了彼此之间相互切磋针线技艺和唱巧外,还要赠送一种特殊的礼物——巧芽。当地民众把这种礼物的流动称为"行情"。顾名思义,"行情"完全基于一种互惠原则,如果一方乞巧点的姑娘们没有如约拜巧,那么第二年另一方就会取消双方的拜巧关系,并认为对方太不近人情而怪罪对方。

由于要到外村拜巧,所以姑娘们都会穿上此前精心准备的新衣服,认真打扮一番。当姑娘们唱着巧歌列队经过本村的时候,往往会吸引很多父母围观,也为将要结婚的青年男子选择伴侣提供了绝佳机会。

4. 娱巧

乞巧活动大部分时间是用来唱巧的。姑娘们相聚在坐巧人家,通过唱乞巧歌表达对织女的祈望,抒发自己内心郁结的情绪。乞巧者在娱神的同时也在娱己,有时情到深处还会伴有简单的肢体语言。现在由于深受大众媒体和网络的影响,年轻姑娘们的唱巧退居其次,跳现代舞反倒成为重头戏。2012年暑假,笔者在姜窑村调查时就发现,当地姑娘所跳的舞蹈虽系自编自导,但是所伴奏的音乐皆为近几年的流行音乐。这些音乐有《最炫民族风》《眉飞色舞》《爱的供养》《踏浪》《兔子舞》《请你恰恰》《火花》《菊花台》等,不一而足。当笔者问她们为什么不唱乞巧歌时,那些深受当下大众文化影响的年轻女孩则直截了当地回答道:

---

① 雷海峰主编:《西和乞巧风俗志》,内部资料,甘新字2006第333号,第48页。
② 阿家:指丈夫的婆婆。
③ 赵子贤:《西和乞巧歌》,香港银河出版社2010年版,第11页。

"(唱巧歌)很土。"

在整个娱巧环节中,还会不定期地穿插请神占卜的项目,当地民众称之为"跳麻姐姐"。至于"麻姐姐"是何许人也,他们也不清楚,只是将她看作可以预卜福祸和未来的女巫,通过不停地起跳请神附体。由于整个活动带有一定危险性,除特殊原因如自己当年运气不是很好,想破除身上厄运自愿跳"麻姐姐"外,一般来说,跳神姑娘是由大家公认推举出来的。由此可知,即使在娱巧这一环节也存在着原始巫术的遗迹。

七月初七是整个乞巧节最为热闹的一天。在乞巧最后一天将举行迎水、吃巧饭、照花瓣卜巧以及送巧仪式。

为了能够在初七晚上用供奉给巧娘娘的巧芽卜巧,姑娘们会在这天早上来到村子附近的泉边或井边汲水,当地人称之为"迎水"。迎水点的选定完全取决于水质清澈和水源充沛与否,以及平时在这里打水人数的多寡。为了确保水的灵性,姑娘们会早早来到迎水点,伴着鞭炮声,手拿香盘,集体跪拜并唱《迎水歌》;等打满所带碗罐后,姑娘们才回到坐巧人家。传统的迎水时间一般都是在早晨,不同村落的乞巧队伍常常会到同一个迎水点迎水。为了能够早些取得有灵性的水,大家竞相起早,因此也就有了抢"头水"的说法。不过,笔者2012年暑假在姜窑村看到的实际情况却是,姜窑村的姑娘们为了在初七早晨给各级领导表演传统西和乞巧,只好把迎水仪式推迟到当天晚上举行。

乞巧活动期间,乞巧姑娘一般都会回家吃饭,而只有在初七这天下午,按照习俗大家会在坐巧人家吃饭,当地民众称作吃"巧饭"。"巧饭"并非美味佳肴,而是一顿很普通的家常饭。由于是巧娘娘所赐,当地民众认为很神圣,意义绝非一般。乞巧姑娘常常会留一些带给家人分享,这样他们也可以得到巧娘娘的庇佑。

一般而言,坐巧人家会主动提供灶具和柴米油盐,而乞巧姑娘们则根据自己的实际情况,有钱的出钱,没钱的出力。该过程也是展现姑娘们厨艺的好机会。2012年乞巧节,笔者所调查的村子的乞巧活动并没有在坐巧人家举行,而是在村子里早已被废弃的旧村委会院落里举行,因此也就没有吃巧饭这一环节了——大家各自回到家里吃晚饭,或是在附近商店里买点东西果腹。

5.卜巧

乞巧的目的自然是为了求得心灵手巧,其方法是借助那些既普通又神圣的自然物来验证乞巧成功与否。初七晚上举行的照花瓣卜巧就属于这类活动。当天深夜乞巧姑娘们集体跪拜在织女神像前,虔诚地唱着《照花瓣歌》,焚香燃表之后占卜就开始了。姑娘们将之前供奉给织女的巧芽放在早上迎来的圣水中,过了一段时间后,再看巧芽在水中的倒影,以卜祸福、巧拙。由于投影如同花瓣般大小,当地民众将这种占卜方式称为"照花瓣"。过去当地民众认为这种活动本身即神谕,因此对其占卜结果也十分重视。但是,现在更多的乞巧姑娘们只是以一种娱乐和游戏的态度对待之,卜巧过程中不时传来阵阵笑语。

6. 送巧

照花瓣仪式结束后,乞巧时间也就所剩不多。过去当地未婚姑娘大部分时间是在家中学习各种劳动技能,为以后为人妇做准备;而婚后则完全受制于男方家庭,几乎没有自己可支配的时间。赵子贤先生于 20 世纪 30 年代搜集的一首乞巧歌就真实描述了当时女性的生活境遇:"七岁八岁把脚缠,九岁十岁学纺线,十一二岁学茶饭,都说针线最要紧,十三四岁上用了心,数九寒天不歇手,冬夏做活点油灯⋯⋯十五岁上媒人来,十六岁给人成在外⋯⋯"①而短暂珍贵的乞巧节无疑给姑娘们创造了一个"时空以外的时空",姑娘们可以不用做农活,还能走出家门去做自己想做的事。她们在这七天八夜中可以尽情地狂欢,父母在这个时候也不会指责她们这种有悖日常的行为。

过去,传统送巧时间一般是在深夜凌晨。一方面,凌晨过后即是初八,当地民众认为送神太迟会耽误织女回天庭;另一方面,尽量为姑娘们延长最后的乞巧时间。按照当地在哪里迎巧也要在哪里送巧的惯例,姑娘们在悲伤的送巧歌声中,抬着织女像缓缓地来到迎巧点。大家齐跪,焚香,燃蜡,点鞭炮,整个过程显得很伤感,尤其是当焚烧织女像时,有的姑娘竟当场流下眼泪。过去由于女性很少有自由,一年一度的乞巧节日就成了她们最大的慰藉。但是节日终归是要结束的,姑娘们又要各奔东西;有的姑娘明年还有可能因出嫁而不能再一起乞巧,想到这些,她们自然对即将结束的乞巧节留恋不已。

我们通过文献梳理并以田野调查资料作参照,对传统西和乞巧节整个过程做了呈现。这也是西和乞巧节在申请国家级非物质文化遗产名录之前的生存情况。大体言之,西和乞巧节是一种以民间信仰为核心的复合型岁时节日。围绕乞巧这一核心环节催生了做巧芽、做巧馍、造巧等传统手工技艺,以唱巧为主要内容的口头艺术,以及以仪式展演为活动结构的民间信仰;对巧娘娘的民间信仰渗透到乞巧节的各个环节。而传统西和乞巧主体的年龄一般是在 13 至 16 之间。年龄太小或已婚女性都被排除在外,只有该区间年龄的姑娘才有资格参加乞巧。对于西和姑娘们来说,传统乞巧节是她们青春期必须经历的人生仪礼。

---

① 赵子贤:《西和乞巧歌》,香港银河出版社 2010 年版,第 23—24 页。

在这两三年的乞巧活动中,姑娘们既可以互相切磋劳动技艺,又可以借此机会尽情狂欢。除此之外,乞巧节还为未婚青年男女相互认识乃至缔结姻缘创造条件。

在这短暂的七天八夜里,西和姑娘们的存在感获致凸显,传统乞巧节是作为她们的"此在"而隆重出场的。这种"此在"也是当地其他民众生活中不可或缺的部分。姑娘们乞巧是为以后的婚姻生活做准备,既包括物质方面的,又把关涉传宗接代的求子和难得的精神释放乃至狂欢囊括其中。虽然这一颇具特色的风俗在过去是为上层阶级所看不起的,就像赵兰馥女士在《〈乞巧歌〉与我所经历的乞巧节》一文中所回忆的那样,乞巧在 20 世纪被"一些官僚看来不只是属于'乡里巴人',干脆是毫无价值的"[①],但它是西和民众的此在生活,是对日常生活的超越,积淀着或喜或悲的精神底色。

二、申遗后:展演被官方操控而渐趋碎片化的乞巧节

古人云:"三十年河东,三十年河西。"这句古话同样印证了西和乞巧节前世今生的命运。曾经被一些上层官僚视为"乡里巴人"的西和乞巧节,却于 2008 年实现华丽转身,升级为国家级非物质文化遗产。西和乞巧节身份地位的巨大转变到底对其生存现状带来了哪些影响? 笔者于 2012 年 8 月对西和县姜席镇姜窑村做了为期 8 天的田野调查,试图透视乞巧节成功申遗后的生存情境。

姜窑村地处县城著名旅游景点晚霞湖附近,是西和县新农村建设的示范点,每年都有领导前来指导工作。当西和乞巧节申请国家级非物质文化遗产名录成功后,姜窑村又因作为乞巧节展演的示范点而被经常指导。2012 年乞巧节,姜窑村的姑娘们为之准备的日期开始得比往年更早。因巧头 2011 年外出打工了,那一年的乞巧活动未能如期正常举行。而 2012 年巧头恰好还在村子里,再次成为乞巧负责人。乞巧姑娘们除了要筹备过自己的节日外,还被要求为省市各级领导做传统乞巧仪式表演。

其实,自 2006 年开始,西和县政府已经连续举办了三届"中国·西和乞巧文化旅游节",这些都是为了乞巧节申遗而宣传造势。2008 年,西和乞巧节如愿以偿地被列入国家非遗名录,由县级上升为市级地方标志性文化;而作为西和县新农村建设示范点的姜窑村,也因此成为陇南市对外展示自己标志性文化的重要窗口。陇南市政府为了打造文化大市品牌,将西和乞巧节纳入市政府的整体规

---

① 赵子贤:《西和乞巧歌》,香港银河出版社 2010 年版,第 156 页。

划中,决定在2012年8月22日至25日(农历七月初六至初九)举办第四届"中国·陇南(西和)乞巧文化旅游节",主办单位自然是陇南市政府,而承办单位则以西和县为主。为了密切配合这次活动,姜窑村和附近的谢庄村都要为与会领导表演当地的乞巧仪式。整个活动的分会场恰好是在笔者田野调查地姜席镇晚霞湖岸边。

为了借此"文化东风"以提高西和的知名度,县政府还特别请来了陇南市电视台到晚霞湖录制乞巧活动。由于给领导表演的时间恰好与整个乞巧节中最为隆重的日子即七月初七相重叠,有些乞巧姑娘们很不情愿为此而放弃属于自己的节日时间,但最终还是不得不服从了村委会的决定。为了能在初七顺利完成表演,从七月初二到初六,姜窑村乞巧姑娘们把大部分时间都花在乞巧节期间要演出节目的排练上。由于所剩余的时间不多,姑娘们为未能够给邻近村庄麻庄村拜巧而愧疚不已。

在文化他者看来,西和乞巧节也许就是迎巧、拜巧、迎水、卜巧和送巧这些"常规动作"。然而,诚如上文所述,"常规动作"背后有着不常规的文化意蕴和神圣,若缺少相应的理解和尊重,乞巧节就会蜕变为仅有能指的符号,民众生活的"此在"亦将演变为生活在别处的"彼在"表演。沦落为文化展演的乞巧节,其碎片化趋势也就在所难免了。所谓"三十年河东,三十年河西"实则是自然的变迁过程,是内力与外力自然联手作用的结果,而非主观意志的强势"指导"。众所周知,文化是长时期积淀的结果,绝非"三十年河东,三十年河西"的政绩大跃进。而西和县乃至陇南市政府相关领导在没有深入了解乞巧节日渊源和文化内涵的情况下,仅仅基于自己的主观理解就贸然指导当地姑娘的"乞巧"。比如说,本应该是在七天八夜这一时段里展演的西和乞巧仪式,他们却要求乞巧姑娘们在不到半天的时间里完成。又比如迎水环节,按照乞巧节传统,应该是在初七早上在井边或泉边燃香、跪拜、唱迎水歌后才能进行,可是市电视台录制组却想当然地认为只要是在水边就可以了;甚至为了拍摄方便,摄制组竟然"指导"乞巧姑娘到晚霞湖边迎水。类似这样的"指导"在2012年的乞巧节上轮番上演。

按照政府指挥,初七早上八点整,姑娘们就要到谢庄的坐巧人家集合,等待各级领导莅临观摩指导。在此之前所有乞巧者必须化好妆,穿上县政府统一订制并免费发放的服装。这种服装是参照乞巧节传统服饰式样设计的,但整体看上去却像过去西和民众所穿的棉袄。为了更好地体现乡土纯朴气息,政府给每位姑娘分发了一束黑毛线,以充当辫子。由于初七凌晨两点就要开始化妆穿衣,很多参加乞巧的姑娘只好提前一天到旧村委会准备,晚上在那里过夜。

图 3　在晚霞湖"迎水"

图 4　县政府发放的乞巧服

从早上 8 点到中午 12 点，乞巧姑娘们总共接待了三批来宾。每来一批，姑娘们都要按照之前统一彩排的队形，整齐划一地跪拜在坐巧人家的庭院中，反复表演所谓传统意义上的迎巧、拜巧、娱巧、卜巧和送巧等环节。姑娘们跪拜在院落两边，领导则从中间走过曾是迎织女的专用神道，以猎奇的眼光观摩整个仪式活动。有时前一个仪式环节还未结束，有的领导就主动要求切换到下一个"频道"，姑娘们不得不匆忙调整队形，改唱相应的仪式歌。又如"跳麻姐姐"，本来是一种请神附体的巫术活动，根据传统，表演者要在神桌前虔诚祈祷后才能开始表演,遗憾的是,负责彩排的小学老师却视之为普通的娱乐活动,使神圣的"跳麻姐姐"变成类似街舞或跳绳的游戏。最后,当所有领导参观完毕后,姑娘们才领着政府发的 20 块钱去吃午饭。整个表演活动就此宣告结束。

笔者田野调查点姜窑村地理位置特殊,全村大部分人家靠经营农家乐谋生。2012 年虽然有乞巧活动,但村里却没有坐巧人家。一位大叔向笔者透露说:"现在家家都讲卫生,怕人多混乱,所以没人想坐巧。"直到六月二十九迎巧那天,村委会才临时决定在废弃的旧村委会院落里乞巧。房子虽破落了些,但毕竟迎来的织女神暂时有了"住处"。初七那一天,领导们到谢庄村参观指导的乞巧活动却是在坐巧人家里举行的。笔者后来访谈这家主人后得知,由于该户人家距村委会很近,考虑到方便领导"视察",村委会才决定把织女请到这里来,所有贡品和其他所需物资都由村委会负责提供。因为领导和电视台要来参观指导或摄像,谢庄村所请织女像自然比姜窑村姑娘们请的花费更高。姜窑村的织女像 50元,而谢庄的却高达 1000 多元。

图 5　姜窑村乞巧姑娘们请的巧娘娘

图 6　谢庄村政府出资请的巧娘娘

综上所述,申遗后的乞巧仪式几乎是在一种伪情境下进行的名副其实的"展演",从生活世界中被活生生地剥离出来,成为展示地方文化和政府政绩的做戏,与西和乞巧姑娘们的节日生活和神圣体验已渐行渐远。因此,这样的乞巧才会给包括笔者在内的参与者以今夕何夕、似是而非的感觉。与其他非物质文化遗产的生存情境相似,当下的西和乞巧节也已今非昔比,所乞之"巧"大都为机器之"巧"所取代,对巧娘娘的虔诚信仰也移情到对娱乐明星的崇拜,"跳麻姐姐"终究没有跳街舞或蹦迪来得刺激。申遗成功后各种删节版仪式的反复展演,更是加速了乞巧节的碎片化。

是故,作为非遗的西和乞巧节,其生存境遇堪忧。首先,由于种种原因,传承主体参与的积极性逐年降低,能否乞巧完全取决于巧头的自身情况,而愿意做巧头的人却越来越少。其次,与传统西和乞巧节相比,如前所述,当下乞巧节已渐趋碎片化,例如集体供馔仪式(乞巧者集体贡饭给巧娘娘)和吃巧饭(乞巧者最后一天即初七聚在一起吃饭)已有名无实,甚至知道"名"的人亦愈来愈少。第三,深受现代教育和大众媒体影响的年轻姑娘,在心理上抵触传统乞巧歌,更喜欢流行歌曲,使得乞巧仪式歌在不远的将来有消失的可能。最后,作为已经成为非物质文化遗产化的西和乞巧节,由于多方力量介入,以及多种利益的诱惑,其文化内涵有被掏空或被遮蔽的危险,其存在亦渐趋被边缘化。由于相关政府部门有意无意地忽视乞巧节的本真性和传承困境,仅仅把西和乞巧节视为助推当地经济发展的文化名片,将作为民众生活方式的乞巧节,置换为官方主导官民娱乐至死的视觉盛宴。毋庸置疑,这些"保护"实际上并没有起到应有的保护作用,非物质文化遗产的本真性保护问题在此获得凸显。

三、本真性是非物质文化遗产的灵魂

作为农耕文化产物的乞巧节在现代或后现代语境下发生或多或少的变化，实在是情理之中的事，因为乞巧节生存的情境发生了变迁。不管是主动的还是被动的，其实更多的是乞巧主体即人在进行调整，包括对乞巧节日本身的调适。文化被创造出来之后并非一成不变，作为此在生活的乞巧节也是如此。乞巧主体即人该如何应对变动的历史情境？该如何调适作为此在的生活文化——乞巧本身？这些都在拷问着当下乞巧文化的传承者和非遗保护者。

乞巧节无疑是西和民众的身体记忆，通过身体参与的乞巧能强化地方文化认同感。若这种认同感到此断裂了，那么，西和民众的历史文化记忆该如何重构？一个地方的文化记忆该如何呈现或延续？这些都是研究者所无法回避的问题，绝非眼球文化经济所能包蕴的。如果说文化变迁是注定的，乃历史宿命，那么，作为西和地方标志性文化的乞巧节之变迁，也会是一种宿命。我们的问题是，这种文化变迁有没有一个度或底线，这个"度"或"底线"恰好就是本文开头所讨论的本真性问题。文化本身就是一种建构物，这是为人类学所证明了的。即使如此，我们该不该追问本真性的问题？追问本真性就是还原建构本真性的历史；换言之，非物质文化遗产的本真性其实会变异。但是，这种变异是有"度"或"底线"的。我们也正是从这个意义上来理解反思非物质文化遗产的本真性的。

因此，我们认为成功申遗前的乞巧节，其本身虽已与早期的乞巧节有一定的差别，但作为民众生活的此在却没有太大的变化。赋予民众此在以生活感或存在感的因素，不外乎是乞巧节本身的民间信仰，以及富有身体感的精神释放或狂欢。传统节日既神圣又娱乐，既有对生存之重的体验，也有对生命之轻的适度狂欢；二者构成一枚硬币的两面，互为依存。不论机械文明发达到何种地步，心灵手巧终究是人类证明自身的重要指标——机器之巧原本就是人类心灵手巧的作品。科学技术越是发达的时代，人类之巧的存在价值就越大，因为它能警醒人类别被机械文明异化。另外，乞巧节本身即是通过仪式或物质媒介来展演的。

一种文化的本真性就是指区别于其他文化的内在属性。"构成本真性的基本要素是指该事象的基本性质、基本结构、基本功能、基本形态和作为主体的个

人、社区对该事象的价值评估。"①有鉴于此,笔者在此把西和乞巧节的本真性要素列表1如下:

表1　西和乞巧节的本真性要素

基本性质	以织女神为崇拜对象的女性节日
基本结构一(贡品)	巧芽、巧馃、香蜡纸表、新鲜瓜果、鲜花
基本结构二(仪式)	坐巧、迎巧、祭巧、拜巧、娱巧、卜巧、送巧
基本结构三(内容)	唱巧、"跳麻姐姐"、转饭、吃巧饭
基本功能一	未婚女性相互切磋劳动技能,抒发内心情感
基本功能二	为青年男女选择配偶提供交往平台
基本功能三	丰富民众生活,强化社区凝聚力
基本形态一	复合型岁时节日
基本形态二	纯粹的民间活动

该表中"基本性质"和"基本形态"实属乞巧节变迁的"度"或"底线",是恒量。三个基本结构属于物质或身体媒介,是可变量——一定范围内的变量;"贡品"可以被替代或精细化,"仪式"的神圣性和世俗性可以此长彼消或此消彼长,"内容"可以增删。三个基本功能也属于可变量,有的功能被弱化,如基本功能一,有的功能却被强化,如基本功能三。

西和乞巧节成功申报成为国家级非物质文化遗产后,地方政府欲将其打造成为地方标志性文化,进而助推当地经济的快速发展。西和县政府将其主办的西和乞巧文化旅游节嵌入到传统乞巧节展演的时空中,试图实现地方旅游景观建构与传统节日保护的无缝对接。应该说,这种主观愿望是好的。在无缝对接的过程中,往往为了"对接"而牺牲乞巧节的本真性要素,客观上却使原本系民众生活此在的乞巧展演,演变为政府相关领导唱主角的传统文化秀;复合型的岁时节日也随之被提炼改造成,可供游客凝视的县级乃至更高级别的文化景观。总之,西和乞巧节的本真性要素没有得到应有的尊重和保护,使乞巧节有逐渐沦落为旅游消费文化的一道风味小菜之可能。

西和乞巧节在被列入国家级非物质文化遗产名录之前,传承主体是当地民众;作为一种生活此在的方式,它体现了当地民众的信仰和核心价值观。乞巧节

---

① 刘魁立:《非物质文化遗产的共享性本真性与人类文化多样性发展》,《山东社会科学》2010年第3期,第27页。

在成为非遗后,其信仰、生活以及民间维度都不能被忽略。当然,在日渐祛魅的当代社会,传统乞巧节不可能被原汁原味地传承下去,肯定要有适当的调整或自我更新换代,以适应自己的生存。比如十多年前在大众媒体的影响下,当地民众就已经开始在乞巧节期间跳现代舞,现在这种趋势更加明显。有些年轻姑娘就是为跳现代舞才参加乞巧的。但是,我们不应该因为乞巧的姑娘们喜欢跳现代舞,就忽视甚至抛弃传统的唱巧环节。一言以蔽之,本真性元素是非物质文化遗产的灵魂。

[本文原载于《温州大学学报(社会科学版)》2014 年第 2 期]

居住空间认同与古村落保护

——以温州永嘉苍坡村为例

韩　雷

摘　要：古村落保护必然牵涉到居住空间的认同，若村落主体对居住空间不能形成某种认同，古村落保护注定无功而返。旧房子与新房子并存的现实逼迫着保护者或研究者要正视其背后的情感认同错位，以及错位产生的历史情境。传统民居文化遗产保护与现代化的生活方式是可以相携而行的。对古村落历史感的创造性重构，若能尊重村落历史文化和村落主体，所谓旅游式开发不失为一种保护思路。

关键词：居住空间；认同；古村落保护；苍坡村

居住空间认同与传统民居文化遗产保护等问题在当下历史情境中逐渐获得凸显，用人类学家纳尔逊·格雷本的话说，"传统文化极有可能在旅游、现世主义与消费主义的重压之下被吞噬掉"[①]。除去这些因素外，新农村建设和城市化也在加速编排着中国传统乡村的居住空间景观。这些源自传统乡村内部升级换代的心理诉求和城市化的外力推动，抑或二者暗送秋波、私下里联手，都不仅仅是对村落空间和民众居住空间进行简单的外科式手术整容乃至改头换面，还牵扯到村落空间认同和居住空间认同等重要问题。村落空间是众多居住空间的合集。相对说来，村落空间认同是大认同，居住空间认同则是小认同；这两种认同存在交集。居住空间认同发生问题，必然牵涉到村落空间的重构。在居住空间升级换代的心理诉求过程中，中国乡村生活主体往往忽略了村落空间和居住空间的历史感延传或重构等重要问题。居住空间主体若认同了这样的历史感，古村落保护才会落到实处。浙江永嘉楠溪江流域还保存着较为完整的古村落群，

---

① ［美］Nelson Graburn 著、赵红梅等译：《人类学与旅游时代》，广西师范大学出版社 2009 年版，第311 页。

笔者曾对其中的苍坡村做过多次田野调查。本文试图以苍坡村为例,对居住空间认同与古村落保护等相关问题进行论述。

一、新房子与旧房子的冲突

浙江永嘉楠溪江流域的古村落苍坡村原名苍墩,南宋时为避光宗赵惇字讳而改名苍坡。该村落为李姓聚居村。苍坡村位于永嘉县岩头镇最北面,背靠笔架山,面朝楠溪江,东面毗邻仙清公路,交通便捷。苍坡村布局别具匠心,村落四周环境优美,是楠溪江中下游著名的古村落,已有一千多年的历史。苍坡村是一座典型的"宋庄",也是中国目前比较罕见的宋代耕读社会的遗址。村落四周用大块的鹅卵石砌成约一人多高的围墙即寨墙。①

我们最近几年连续跟踪调查发现,苍坡村的面貌已经发生了较大的变化。因村寨墙被拆除与新建楼房的醒目点缀,昔日的古村落已不再自成一体。村寨墙之所以能被蚕食般地拆掉,在笔者看来,该村李姓支书的说法较为合理。他说谁家门前或权力范围内的寨墙谁家有权利处置,村级政府无权阻止或干涉,因为这是村民自己家的事,他们想拆去寨墙腾出地方盖房;现在看来这是很可惜的事,也说明村民只看眼前的利益,没有长远的目光。② 不过,这也说明村民的居住空间确实太狭小,之所以要利用这一点地方以拓展自己的生存空间,也是不得已而为之的事。村寨墙原本为集体所有,但随着村里人丁的繁衍,原来的居住空间难以满足村民的需要,所以总会有村民想方设法竭力突破寨墙的限制,试图建造新的楼房。中国农村只要有第一个吃螃蟹的人,随后就会有很多跟风者。按照曹锦清先生对河南农村的调查和研究,他认为中国农民善分不善合,公家集体的东西分得很彻底。③ 对于产权不明晰的村寨墙,苍坡村的村民在不到半年的时间里就把它分掉并拆除殆尽。现在即使想恢复原状也很难了,因为寨墙外面就是平整的水泥路,直通古村落外面的世界。

苍坡村村民传统居住空间与村落整体尤其是寨墙的命运很相似。我们2012年7月再去该村调查的时候,其整体布局大致是这样的:东门、大宗祠、仁

① 李盛仙、李盛献编著:《楠溪江古村落——苍坡》,天马图书有限公司2002年版,第1—5页。
② 访谈对象:李姓书记,50多岁。访谈时间:2012年7月4日下午。访谈地点:在从村西边庙里出来回到村里大宗祠的路上。同时参加访谈的还有黄涛教授。
③ 曹锦清:《黄河边的中国——一个学者对乡村社会的观察与思考》,上海文艺出版社2000年版,764页。

济寺以及女织馆这些标志性建筑基本上保持原貌。女织馆后面有白墙,系砖体建筑的新建房。其后有厕所和猪圈,但猪圈已被闲置,厕所也不再经常使用。这些都是当代农村生活被机械化改造升级后的必然结果;因为古村落要保护,即使被闲置而不再承担已有功能的建筑也不能随意拆除,但弥漫着不可名状的荒凉。岩头镇苍峰社区服务中心设置在村委会,其旁边是蓄满历史故事的东池,东池边有公共厕所,厕所北有一废弃的新房,现今仅用来放置杂物。村落东南角的望兄亭也显得寂寞衰败,已经没有人在这里守望邻近村落的灯火。

旧房子基本上是石砌墙根,或者是石头墙夹杂青砖的老房,有的墙上还遗留下用毛笔书写的"战无不胜"等字样——显然是 20 世纪"文革"时期所留下的印迹。苍坡村四合院居多,在老屋旧址上新建房屋的墙上大都嵌有刻上"泰山在此"四个字的石板,风格相似;也有看似随意刻在墙根处的,据村民说系房子建成后小孩子刻上去的,是故字迹不是很工整,但也说明传统就是这样被一代代传承下去的。在水月堂的西北方向有三层新楼房,其北是新盖简易房,其东也有一排新建房,已被拆除,显然不是房屋主人自愿所为。新盖简易房后有一排三层钢筋水泥楼房,共九间,主体呈白色,已入住七户人家。靠近村落东面新铺筑水泥路有两幢三层红墙在建楼房,后面那幢已有八户人家住进去了。那里人多,热闹;两幢楼之间距离太近,采光性差。我们调查时适逢夏天,乘凉的村民很多。因为寨墙拆除了,这两幢楼房之间狭小的地带恰好朝向村外的水泥路,通风效果好,村民在此拉家常或嬉戏就很凉快。

村落新建楼房,每户村民的住房有一间房子的宽度,一般三层,共六个房间。据一位回娘家省亲的年轻母亲说,邻村的姑娘还是愿意嫁到这个古村落来的,用她的话说,"这个村有名气,生活很方便"。这些新盖楼房上边都接有半层楼房,系三角形的阁楼。村民说上面——比村政府地位高的单位,如镇级或县级以上的单位——不允许盖超出三层的新式建筑;这种阁楼是村民发挥民间智慧,迫使政府妥协的结果,或者说是村民充分利用了当地政策的空隙,为了拓展改善居住空间,而打政策的擦边球——民间智慧就是这样被逼迫出来的。这样的拓展肯定不是政府所鼓励、允许的,但是政府对此也无可奈何,甚至睁一只眼闭一只眼。毕竟村落是熟人社会,就像苍坡村支书所说的那样,"抬头不见低头见的,总得给自己留条后路,别把事情给做绝了"。村民对待古村落和传统居住空间的情感显然是暧昧的,与上面即政府的保护意愿存在着某种错位,甚至与之发生了冲突,以致每年都有村民越级上访。我们在苍坡村调查时,就有村民告诉我们,村民李某为了拓展居住空间,多次在宅基地旧址上盖新楼房,也多次被上面派人强行拆掉,李某为此多次上访告状。我们这次调查的时候,他又在盖新房——不知道这是他第几次在原址上重盖了。

苍坡古村落的热闹氛围是不同家庭共同营造的结果。相对说来,旧的民居比较封闭,一是居住在里面的人大都是老弱病残,二是旧宅子大都有院落,居住空间相对昏暗闭塞。在笔者看来,传统居住空间昔日充满活力的生活场域很难重现了。而新建楼房虽然前后幢间距很小,但生活感浓郁。如村落东边新建楼房每间宽 3.2 米,长 14.5 米,两幢楼之间距离仅 2 米;其一层楼外间是客厅,中间是厕所和楼梯,采光性很差;里间是厨房,灶台上方贴着灶王爷的画像,建有地锅和存放干树枝和木材下脚料的空间,干树枝等专供烧地锅做饭用;厨房内也有煤气灶和抽油烟机等现代化设施,是传统与现代的奇妙"联姻"。我们调查时恰好有一位三十岁左右的年轻母亲,正抱着孩子坐在门口;不远处还有好几个小孩子在玩耍。这幢楼房的后面还有一幢七间的三层新楼,每间是三层白色墙体的楼房。最北面一幢系三层白楼,与前一幢相距还不到一米。白楼西边是文明东街 2 号,第 29 号住户有一废弃的院子,最后面一幢是较窄的平房,仅有 2.5 米宽。

在古村落东部是李氏两兄弟新盖的二层楼房,对过也是新楼房,但外表是仿古的;仿古可能是一种改造传统居住空间的策略。靠近古村落寨墙的水月堂旁边有两处系对老房子进行局部手术的半新房,而邻近村东边水泥路建的却是新房。古村落寨墙于 2008 年前后被拆掉。苍坡村的村落空间原本自成一体,寨墙是村落空间与外面世界的文化分界线。原本象征着封闭的寨墙被拆除后,是否就意味着古村落的对外开放?我们若进一步追问,古村落将对谁开放?谁促使或更愿意古村落开放?答案如果是游客的话,没有寨墙的古村落还能继续吸引游客的凝视吗?这里的"谁"是政府如旅游局之类的,抑或是村落的主体即村民?从古村落旧房与新房并存的现状看,任何一种简单化的答案都不能真正化解古村落生存之痛的难题。诚然,建在古村落外围公路内侧的三层楼,毋庸置疑破坏了古村落的景观线。而古村落内部的新建筑和残败的旧房子也在解构着游客的审美凝视。令人感到吊诡的是,与古村落民居保护较为完好的相比,新建楼房的内外空间更显得热闹,而老房子却显得落寞冷清。不过,前者的热闹已不似过去传统家族或宗族的同质热闹,而是不同家族所营造的异质热闹。这种热闹是村落开放的结果,在一定程度上表征着时代的变迁。

新房子与旧房子在苍坡村并存共生,前者在时时刻刻挤压着后者的存续空间;这种境况并非为苍坡村所独有,中国其他地方的古村落也面临着类似的生存压力。苍坡古村落新旧房屋并存的局面实则隐含着这样的认同：一是村民对现代化生活设施和居住形式的认同，二是村民对传统居住空间所饱含的历史文化价值观的认同。第二个认同背后是村民与生俱来的自豪感；在古村落日益凋敝的当下，这样的自豪感显得弥足珍贵。平心而论，在全球化和现代化背景下，村民们追求现代化的生活方式是可以理解的；而他们对古村落居住空间的认同也是真诚的，有不少村民就曾对笔者表达过这样的感慨："房子毕竟是祖先留下来的，是吧？当然珍贵。"

调查后我们发现以上两种认同却未能和谐兼容，而是相互对立的。换言之，若追求现代化生活方式，村民就要抛弃祖先留下来的旧房子；若认同祖先的荣耀或居住空间所积淀的历史感，村民就需忍痛割爱，放弃传统居住空间的现代化。究其原因，一是村民主动与这两种认同和谐共处的思想意识很弱。从新中国成立一直到现在，顶层所设计的城乡二元格局，在农民心底烙下根深蒂固的观念：城市生活优越于农村——实际情况也大都如此，农民把城市生活视为现代化生活的样板。在城乡这两个选择项上，你只能做二选一，二者之间很难实现真正的流动或互动；中国当代文学也有对这方面的深刻反映，如路遥的《人生》、叶辛的《蹉跎岁月》等小说。基于这样的历史情境，我们就能理解甚至同情，当代中国农民为何对都市生活如此一往情深了。进而言之，这样的二难选择其实是身份地位的选择，更是一种没有选择的选择，或者说是一种历史宿命——谁让你出生在农村家庭呢。所以，苍坡村的村民把老房子——学者一般称之为古建筑——视为通向现代化生活的沉重负担或一时难以逾越的障碍，因为上面即政府要保护。笔者调查时，很多村民得知我们是来做调查研究的，一脸的暧昧；当确证我们的调查是为古村落保护献计献策时，暧昧中所夹杂的一点尊重和好奇瞬间消失，剩下满脸的不屑和不以为然："古村落还要保护干啥，还不如开发好呢！"有一位20岁左右的村民还说："你们说这里好，什么要保护啊，我们换换，你们来这，我们到城里，行不行？"

二是政府管理层面没有做过深入调查，不了解村民的真实想法，更谈不上对村民心理诉求的理解和尊重，仅从政府美好的意愿或政绩观出发，想当然地去保护古村落，以致把村民对城市现代化生活的渴求与当下古村落保护对立起来，无法真正理解村民们潜在的消极对抗心理。实际上，当地政府目前并没有这样雄厚的财力去保护；退一步说，即使有丰盈的财力，政府出面主导的保护大都搞一些面子工程，未能切实改善村民的日常生活。换句话说，面子工程丝毫不能满足村民对居住空间升级换代的心理需要。所以村民大都采取消极的态度，想方设法寻找盖新房的机会,根本不考虑旧房子的死活,任其自生自灭。我们2012年7月再次去调查时,恰逢县政府有关部门正在改造苍坡村大门前的空地。伴随着挖掘机的轰鸣声,青砖和石头铺就的历史记忆又被翻了起来,坐在苍坡大门口乘凉的村民,依然拉着家常,偶尔投去好奇的眼光,俨然是古村落保护的旁观者。

二、传统民居与民众现代生活

在古村落整体保护得相对完整的前提下,其中的传统民居不像点缀在钢筋水泥建筑汪洋中的老屋一样一枝独秀,老房子终有一天会被吞没掉;而依托较大生存空间即村落的老房子,毕竟多了一道脆弱的防火墙,虽然村落也可能被现代化建筑所包围所蚕食。防火墙内传统民居的主体能不能享受现代化生活?传统民居若与现代化生活绝缘,那么这道防火墙终有一天会被拆除。作为温州楠溪江流域著名的古村落之一,苍坡村里的民居最近几年被破坏得尤为严重。如前所述,使古村落显得更为完整的石砌寨墙已被拆除,村落四周尤其是东北和西北面,新建楼房很抢眼地穿插在传统民居中间,亦越来越有规模。

为了研究的方便,我们在此把苍坡村民居粗略分为四类。第一类属于新建的房屋,原则上不超过三层楼高,但有村民在楼顶又搭建了一阁楼,相当于半层楼高,即三层半新楼房,共有80间。第二类是名副其实的老房子,基本保持原样,共有34间。第三类是在老房子已残损部分续建的新房子,亦即老房子被部分拆除,而后在此基础上建造新的楼房,或直接在老房子的残垣断壁处建新房子,也有特意延长旧房子两头接建新房的,这样的房子共有14间。最后一种属于半旧茅舍,并非传统旧房子,是用石头砌墙的,总共有6间。苍坡村所规划的新民居共有6幢三层仿古式楼房,有的新民居已经有村民入住,有的尚在建设中。

村民中有钱的都在村后靠马路的地方,即原先村寨墙所在的位置盖起了三层到三层半的新楼房。村东北处新建楼房最为集中,楼房与楼房间距太近,影响到采光。但村民说这样热闹,有人气,住着也舒服亮敞。古村落西边是新农村建设的杰作,有六排整齐划一风格统一的新楼房,但也没有超过四层。这样的房子外观很漂亮,生活设施也一应俱全,但由于地皮太贵,大多数村民买不起;即使能买得起盖房子的地皮,却没有钱建房了。在苍坡古村落内,通向老屋的小路显得越来越窄,也越来越脏,但村落外围通向新建楼房的马路却很宽。这些都是现代化生活节奏突然加速所带来的影响。

由此可见,没有被破坏的旧房子最多占古村落房屋总数的四分之一,新建的房屋明显多于旧房子,旧房子有被新房子逐渐分割包围的态势。传统民居若还不能被有效保护,任其自生自灭的老房子很快就会被新房子所取代。再加上天灾人祸——所谓天灾是指不可抗拒的自然损毁;所谓人祸是指有村民为了能名正言顺建新房子,而故意把自己老房子烧掉。调查时就有村民给我们指认哪家是这样曲线建新房子的,政府相关部门由于没有确凿的证据,对这样的村民也无可奈何。

传统民居与新建房屋并存的现实确实表征着民众的矛盾心理,以致我们不禁要追问,生活在古村落的民众到底认同传统民居的什么?是对现代化生活方式的认同还是对传统民居所积淀的历史感认同?如果认同的是前者,村民理想中的现代化生活是什么?根据我们的调查和相关学者的研究,农民思想中的现代化其实就是居住房屋的现代化,居住空间竞相模仿城市里的火柴盒建筑,过上与城市市民相似的生活。在曹锦清先生看来,中国传统村落从来都是一个充满内部竞比的社会,村落内部血缘关系的亲疏从来不足以定贵贱,相反,尊卑才关涉贵贱,而尊卑的外在量化呈现却是财富,因此贫富差异大小决定着各户在村落社会内的地位高低。在土地家庭私有制的条件下,农户间竞比之物,主要集中在土地,而在土地承包制条件下,新一轮的地位竞争主要集中在住房。住房庭院已成为乡村社会内部衡量财富与地位的外显标志。[1] 早在20世纪40年代,著名美籍华裔人类学家许烺光先生在云南调查喜洲镇时就发现过类似的情况,喜洲镇居民,"在传统的墙壁上绘上带有欧洲文化色彩的图画,而并没有在其他方面欧洲化的现象说明了住宅主人仅仅是想利用这一点对欧洲的喜爱来加强他自己的声望,而并非要改变传统的东西。这就是为什么人们的每一幢新住宅都要完全按照前人的模式建造;也就是为什么镇上的富裕人家,尽管他们已在湖边建造了西式的洋楼,却仍然忘不了在镇内额外地修建一幢传统风格的大住宅。从这一点来看,住宅本身是激烈竞争的代表物。房屋住宅与其说是众家庭成员用以栖身的舒适之地,还不如说是整个家庭——包括死去的、活着的、未来的家庭成员——社会威望的象征"[2]。

总体上看,传统村落内部一直存在着竞争关系,内在的丰富不易被看到,主

---

[1] 曹锦清:《黄河边的中国——一个学者对乡村社会的观察与思考》,上海文艺出版社2000年版,第377页。

[2] 许烺光著,王芃、徐隆德译:《祖荫下:中国乡村的亲属,人格与社会流动》,台湾南天书局有限公司2001年版,第31—33页。

要通过外在的如民居等来彰显身份或地位。我们可以说,这是一种推动村落变迁的重要动力,也是改变重构传统居住空间格局的潜在力量;甚至有的村民终其一生就是为了通过居住空间的升级换代而提升自己或家族在村落共同体的地位或威望。据我们调查,苍坡村外出闯荡打工中的成功者,成功之后首先考虑的是在村落盖上或买上体面的楼房,哪怕在城市里已经拥有了商品房。虽然每年他们在古村落的房子里住不了几天,但心里感觉踏实而有成就感。

苍坡村李氏兄弟老四所口述的就很有代表性:

> 老百姓住老房子住了几百年了,想住点洋房享受一下,有什么错啊!老房子你漏雨就漏吧,塌了政府会给你盖的,还会拨钱给你。用一把火把老房子烧了,民政局还有钱给你,这样多爽!我们村里好几间老房子就是这样烧掉了嘛!没办法,老百姓给逼得无路可走,只有这样。我们现在老百姓跟那个永嘉县打游击战,就像以前跟日本鬼子打游击战——真是一模一样的;我就天天跟他们打仗。我造房子,就造半间房子,我还不苦啊?三年我找了那么多部门,说给你发个图纸才能盖。但图纸就是发不下来,有什么用?不让盖,我没办法。我三十二岁讨的老婆,之前没房子,没人嫁给你的。我盖了那两层楼,然后娶了老婆,生了一个女儿。我们村里有好多小伙子,三十多岁了,都还没找到老婆,就是给房子害的!我娶的老婆是外地的,若是本地的还不给你盖。①

生活在苍坡村的民众最希望对古村落进行开发式保护,对城市现代化的生活很向往;向往是如此强烈,以致不惜一把火烧掉老房子,以满足自己对居住空间升级换代的世俗欲望。所以,当下村民处在观望状态,心里充满着怨气和渴望。我们从以上李氏兄弟的口述中就能深切感受到这种爱怨交集的复杂心态。专家学者对村民的意愿未必真正理解或尊重,他们之间也意见不一。主导古村落保护的政府又没有足够的财力去落实自己的保护计划。但是村民对现代化生活孜孜以求的迫切愿望没有变。

根据我们调查,有一部分村民抱怨住在古村落的空间太小,孩子长大后要成家立业,原有的居住空间根本满足不了他们追求私密空间的心理诉求,所以就时常出现所谓钉子户见缝插针造新房子的违规操作;而更能赚钱的人则到城里买

---

① 访谈对象:李氏兄弟老四,农民,35 岁。访谈时间:2012 年 7 月 5 日。

商品房。我们访谈的一位李姓媳妇可证之。她说：

> 一般都愿意住新房子。我有一个女孩现在住在宁波奉化溪口，我叫她来这住几天，她还有两三个月就生小孩了。她说，妈啊，我就不想去啦，去了不方便。去年还是前年？我们做了个洗澡间。她说洗澡间做了，但上厕所不方便。我去呢，也只能住一两天。我说你就过来吧，因为你（刚开始）怀孕要保胎，现在都七八个月了。她觉得洗澡还是不方便，上厕所呢就根本没办法上。农村里的事就是这个风俗。现在什么都要搞新式的。你看这房子，去年重修过但全部塌掉了；旁边也是老房子，但不能住人。[①]

李氏兄弟老二说得更直接：

> 我要求不高，让里面舒服一点，瓦房搞起来，你说是吧！他（政府）如果不同意的话，我也没办法。到时候给我拆了，也没办法。老房子本身它破掉了，是危房。他说你这个房子是老房子，要保护，旅游局说这是古村落，可以开发旅游。但我人住在这里，塌下来怎么办？那你就把保护标准拿出来，哪怕你说我这个房子是古董，你要把它保护起来，可以啊。或者说你就让我搬迁走。搬迁又不给搬，保护又没做到，你说让我怎么办？人住在里面总要生存吧。[②]

当下古村落的民众还无暇追求精致的文化品位，实际上其将来会发展到什么程度，现在还无法预测。当社会发展到一定阶段，民众肯定会追求居住空间的诸如舒适、自然和谐等内在的精神享受。现在的苍坡村显然还没有发展到这个阶段。中国传统民居确实很讲究生活情调的，所谓"宁可食无肉，不可居无竹"即是强调这样的品位；理想的居住空间不仅要有华美舒适的卧室客厅，还要有深深深几许的庭院。这些都是文化发展精致到比较高峰阶段的表现。但是这种精致是传统农耕社会的精致。当中国传统居住空间突然遭遇以机械化、电气化为表征的现代化技术的升级改造时，传统的生活节奏或方式，对这种并非渐至的现代

---

① 访谈对象：李氏媳妇，农民，50 多岁。访谈时间：2012 年 7 月 4 日。
② 访谈对象：李氏兄弟老二，农民，42 岁。访谈时间：2012 年 7 月 5 日。

化所表现出来的高原反应就在情理之中了,虽然生活其中的民众也被现代化生活所诱惑。相比较而言,西方发达国家的现代化是积累到一定阶段而逐步实现的;而中国近代社会历史发展与西方形成某种错位,其现代化升级是被迫的,其现代性也因此是被压抑的现代性。所以,传统古村落中,有的民居就因为无法适应现代生活而被拆除。但是,那些新盖的楼房又没有达到与现代化生活相匹配的精致阶段——它们至多属于过渡期的纷乱表现。令人担心的是,此过渡期尚未结束,传统民居可能就被拆解殆尽了;曾经的精致和品味还未来得及被充分吸纳以至重构就成了"此情可待成追忆"的文化碎片,届时再奢谈传统民居文化遗产保护等问题就会显得不合时宜了。

现在的苍坡村由于没有规划好,给古树和新栽的树留存的生长空间太小。这也是其他古村落所面临的一个重要问题,因为古村落里没有古老的大树实在不可思议,古树本身即附着村落的历史和传说,见证着白云苍狗和村民悲欢离合的生活史。村落里若没有了故事和传说,其衰落几乎是注定的。古村落现有的空间相对狭小,而规划保护者又没有很好地解决村民追求居住空间的舒适和品位等紧迫性问题,古村落原来的生存空间就日益遭到致命的挤兑,树木的生存空间以及其他公共空间也就越来越狭小。居住空间毕竟是首要问题,至于有没有绿树成荫的公共空间或故事传说就退居其次了。

诚如法国著名社会学家布迪厄所言,"住宅是一个按照组织宇宙的同一些对立组织的微观世界,它同宇宙的其余部分保持了一种对等关系;但是,从另一个角度看,住宅世界整体上与世界的其余部分保持一种对立关系,其原则不是别的,就是住宅内部空间和世界其余部分的组织原则,从更广泛的意义上说,是所有生存领域的组织原则"[①]。同样,我们也无法忽略古村落居住空间事关生存领域的组织原则,生活其中的民众对其内部空间组织原则的认同就显得极为重要,因为其事关每个生存主体的实践感和生活感等问题域。当下村民认同现代化设施所带来的便利舒适,但并非天然地拒斥传统民居的生活空间。若保护仅止于供游客凝视的空间展示,而忽略了村落和民居的生活维度,那么,这样的保护注定无功而返。其结果可能就是:政府对古村落保护做得愈多,对其破坏亦就愈甚。或许,从作为对接现代与传统的生活空间去切入相关问题域,一些保护上的难题可能就会迎刃而解。传统民居文化遗产保护与民众的现代化生活渴求还是可以相携而行的。

---

① [法]皮埃尔·布迪厄著、蒋梓骅译:《实践感》,译林出版社 2012 年版,第 389 页。

宋代词人晏殊在《浣溪沙》一词中写道:"无可奈何花落去,似曾相识燕归来。小园香径独徘徊。"第一句可能写实,是一种现实逼迫的无奈,但仅仅徘徊在传统的香径上怀旧是不够的,被成功保护好的古村落或传统民居应该是"似曾相识燕归来"的感觉;有时代变迁的症候,也有强大厚重的历史传统立在那里——我们甚至可以触摸得到。

三、对古村落历史感的认同

旧房子里飘出苍凉刚健的旋律。之所以说其苍凉是因为老屋年久失修,像是被这个后现代世界遗忘一样,任凭风吹雨打,任凭蜘蛛在编织自己的八阵图;说其刚健,是因为飘出来的旋律是温州鼓词,是与温州人传统日常生活密切相关的艺术形式。老人们带着孩子守候在这历史积淀较为丰厚的老屋,时间仿佛停滞了,亦如小孩的岁月是没有褶皱的,老人的岁月却是怀旧的。有本事能折腾的年轻人都走出去打工或做买卖去了;他们寻找谋生的新途径,有的留在了大城市,有的又回到古村落,用辛苦赚来的钱建造像城市住房一样的新房子。

美国学者玛丽·赫福德(Mary Hufford)曾提及诺拉·鲁宾斯坦(Nora Rubinstein)在其最后形成的报告中所观察到的案例,即当邻居街坊和他们的名字发生了很大变化时,人们很难维持一种历史感。斯蒂夫·苏维茨基(Steve Soviczki)的祖先生活地现在是一开发区,他对靠近阿特卡(Atco)地区变化程度之大感到很懊恼:"这是进入我曾祖父出生地旧的入口。这块被称为霍纳的地方,系我高祖母的父亲给高祖母的财产。她生活在一间小木屋的家里,生下过七个孩子。我曾祖父以赛亚(Isaiah)就出生在这个地方,也就是这个小木屋里。他祖父叫伊萨克(Isaac)。他们在此筚路蓝缕……这是所有新的开发蓝图。是啊,它跟过去完全不同……你也许认为他们会把这块地方命名为霍纳,或其他名字。"[①]对于生于斯长于斯的祖祖辈辈来说,旧房子及其所依托的村落或区域之所以如此重要,是因为那里浸透了一代代人的情感和记忆,是历史感积淀丰厚且已被情感化的空间。我们回忆故乡童年,总会想到大树,大树背后的游戏,流过汗水和眼泪的土地,我们童年的伙伴,我们的亲人,以及我们出生的房间,等等——这些都是见证我们成长历程的情感固化物。其实,我们之所以要保护古村落,也即是

①　Mary Hufford: *One Space, many places*, American Folklife Center Library of Congress-Washington, 1986 年版,第 50 页。

保护我们进入历史场域的入口,以期与祖先或曾经的自己时时保持某种联系。

遗憾的是,民众对古村落历史感的认同在城市化背景下已经发生了磁暴现象;古村落的历史感弥散在已渐趋碎片化的传统居住空间景观之中。毋庸讳言,古村落突然遭遇现代化和城市化,就像苍坡村的旧房接新房,总显得那么不适应。村民原先引以为傲的村落历史记忆如今竟成为文化负担。古村落的视觉景观已经被马赛克化,历史感虽然还可以感受得到,但其中所蕴含的生命已经支离破碎。村落传统也像千年老屋,再也无法抵御城市化推土机的摇撼。苍坡村就有村民希望老房子快点倒下,否则还要守在拥挤的老房子里。他们却很少顾及古村落是积淀着历史感的情感化空间。村落文化无疑是农耕社会的产物,随着农村的城市化或城镇化,传统意义上的农民可能就此终结。按照李培林①对广州羊城村的研究,他认为传统意义上的村落也会就此终结。不过他研究的对象是城中村,而不是本文所论及的古村落。但是,古村落的生存现状确实堪忧,其原本的宁静、从容变得越来越焦躁、自卑。村民的这些情绪在调查者面前丝毫不加掩饰。笔者访谈过的三轮车夫即是留守村落的年轻人,他说自己尚未结婚,至少三十岁了。

在通往温州市区的高速公路两旁张挂着这样的标语:城市化让生活更美好!温州市下辖的文成县正在搞美丽乡村建设,我们还没调查过,不知道其美丽乡村之"美丽"是如何打造建构的? 有没有尊重当地的历史文化记忆? 后现代最显著的一个特征就是:世界是平的,所有的深度被抹平。若我们的乡村包括古村落都变成千村一面的平面世界,那么,我们的生活世界就太单调沉闷了。在笔者看来,古村落的历史感却能消除民众生活世界的平面化特征。古村落的地方感是无法与历史感相分离的。人类学学者凯文·林奇(Kevin Lynch)就曾洞察到,地方感能"强化发生在那里的人类行为,并激活历史的沉淀物"②。作为视觉景观的古村落建筑,"使景观保持活力的不是对历史的严格保护,而是把过去不断重构到现在中去"③。生活在古村落里的民众,在感知世界时要发挥主观能动性,并创造性地使自身形象能呈现出来。他们应该有力量改变这种形象,以适应不断变化的需求,而不是仅仅听从专家学者或政府的指导;他们对古村落历史感的认同程度关涉到古村落保护的成败。

---

① 李培林:《村落的终结:羊城村的故事》,商务印书馆 2010 年版。

② Kevin Lynch: *The Image of the City*, MIT Press 1960 年版,第 84 页。

③ Hufford: *One Space*, Mary *many places*, American Folklife Center Library of Congress-Washington, 1986 年版,第 74 页。

苍坡村西边的寺庙已有 1000 多年的历史,其规模原本很宏大,清代遭火灾后重建,原有地盘被其他公益设施侵占大半。就在我们调查的前一天晚上,该寺庙走廊支柱下的础石被偷走两个。据村支书说,这两个础石系唐代传下来的镇寺之宝,也是苍坡村的镇村之宝,但村政府仅派一个年老的五保户看守寺庙。村支书推测,这桩盗窃极有可能是里外勾结。盗窃础石的案子一直到是年年底都没有告破。苍坡村民也就街谈巷议几天,就该做什么就做什么了。那些础石是元代的,雕工精湛,以前在灵山寺,具有很高的历史价值。可谓古村落活化石的国宝级文物就这样从村落民众的生活中消失了。苍坡村被偷走的何止这两个础石,李氏宗谱早就被人偷走卖掉了。1997 年之前,李氏祠堂里摆得满满的,现在都空了。大宗祠大厅里面以前有很多名人字画,也全被人偷走了。村民李氏兄弟老四对此痛惜不已:"值钱的都被偷走了。他们(指村里的干部)很贼呢!他们现在都是这样,我们村里那些东西被偷了,他们就说偷了就偷了。那些国宝级的东西被偷了,我们都心疼,他们却说偷了就偷了。我们村里那么值钱的好东西被偷了,真可惜!被偷的真的很多啊!村里好多村民保护意识还是很强的,否则,房子传到现在,每家都该拆得精光了。"①

苍坡村的"历史沉淀物"若消失殆尽,其历史坐标就很难呈现出来了,剩下的也就难以支撑所谓的眼球经济了。换言之,古村落的历史感对村民的认同极为重要,对古村落的旅游开发也很重要。众所周知,长久以来,各种历史遗迹一直都是日本国内旅游的支柱部分。除了通常分布于城市或已城市化的农村地区的著名神殿、寺庙和城堡外,独具特色的乡村景点正受到人们的欢迎,其中大多数是快过时或已经废弃的建筑物,包括考古遗迹、农场老屋,像民居即村庄小屋,或者通常是由村庄小屋汇聚而成的"老房子公园",与欧洲的生态博物馆有些类似。为吸引更多的游客来参观,人们在老屋子里开餐馆,表演传统的手工艺以及出售纪念品和土特产。最引人入胜的景点之一,是位于金泽县的新建的温泉乡森林公园,它由一片重修过的芭茅顶民居组成,每座民居内都举办一种传统手工艺展示活动,诸如制作漆器、陶器、纸与烹制乡村风味等。这座公园由当地出租车公司的富有业主修建,耗资巨大,距附近一个知名温泉胜地只有几公里路程。② 日本的保护之道值得我们借鉴。

日本人的做法若再配上对地方标志性文化人物或文化的创造性开发,一定

---

① 访谈对象:李氏兄弟老四,农民,35 岁。访谈时间:2012 年 7 月 5 日。

② [美]Nelson Graburn 著、赵红梅等译:《人类学与旅游时代》,广西师范大学出版社 2009 年版,第 170—171 页。

能使传统民居文化遗产在城市化浪潮中幸免于难。村民对古村落的自豪感亦即认同感会因游客的凝视而被强化,也就是说游客来此凝视的不仅仅是景点、各种传承至今的遗留物,还有古村落自身的精神品位或文化内涵。游客与村民乃至村落形成某种精神互动。正如美国人类学家纳尔逊·格雷本所言:"任何一趟特定的旅行都不会只局限在一种吸引物上:人们总能在新鲜中体验到怀旧,在陌生或'自然'与文化的有趣结合中发现熟悉的东西。"①只不过,"旅游者的凝视是围绕着该文化的奇异性来构建的,因此提供的服务也不能影响或削弱凝视的质量,而且还应该提升这种凝视质量"②。古村落保护若真像村民所希望的那样,最好在开发中保护,在此玛丽·赫福德的观点也许值得我们重视,"若鼓励保护区的开发商对其地方特色保持敏感的话,土著和外来者的生活质量都将得到改善"③。当然古村落的外来者主要是游客。

四、结 语

综上所述,居住空间认同与古村落保护关系密切,前者认同的不仅仅是现代化的生活,还有村落的历史记忆和祖先传承下来的生活方式,而古村落保护若尊重村落主体的心理诉求,理解尊重村落保护背后的各种利益博弈,并对之调协到位,我们的保护才会落实到实处。"我只希望在安装了空调设备的现代书房里,依然会有一盏传统的明灯照亮我的原稿纸和打字机。新和旧是可以同时存在的:多少前朝旧宅的深深庭院里,处处是花叶掩映的古树。房子和树是老的;花和叶是新的。"④诚然这是董桥比较抒情的说法,但却意味深长。对居住空间的重构若未能使村落主体形成认同,像苍坡村这样的古村落最后或许就像里尔克在一首名为《这村里》的诗中所描绘的那样:

> 这村里站着最后一座房子,
> 荒凉得像世界的最后一家。

---

① [美]Nelson Graburn 著、赵红梅等译:《人类学与旅游时代》,广西师范大学出版社 2009 年版,第 171 页。

② [英]John Urry 著、杨慧等译:《游客凝视》,广西师范大学出版社 2009 年版,第 83 页。

③ Hufford:*One Space*,Mary *many places*,American Folklife Center Library of Congress-Washington,1986 年版,第 74 页。

④ 董桥:《英华沉浮录》(二),海豚出版社 2012 年版,第 4 页。

这条路，这小村庄容纳不下，
慢慢地没入那无尽的夜里。

小村庄不过是两片荒漠间
一个十字路口，冷落而悽惶，
一条傍着屋宇前去的通衢。

那些离开它的，漂流得远远，
说不定许多就在路上死去。①

[本文原载于《温州大学学报(社会科学版)》2013 年第 5 期]

---

① 梁宗岱：《宗岱的世界·译诗》，广东人民出版社 2003 年版，第 52—53 页。

在神圣与世俗的边缘游走[①]

——温州模式与民间信仰之关系初探

韩 雷

摘 要:温州模式的形成和发展与温州民俗文化密切相关,其中民间信仰扮演了很重要的角色。温州模式所包蕴的敢为人先、吃苦耐劳以及抱成团等温州人精神都与该地域的民间信仰文化有关。本文主要从三个层面展开论述民间信仰与温州模式的深层关系——民间信仰为温州模式的创造者筑就了一道道精神"防火墙";温州人通过民间信仰强化了温州人原有的血缘、地缘和业缘等关系;温州人生活在一种门槛的阈限阶段,游走于神圣与世俗之间。同时,本论文还对温州民俗文化进行了初步的省思。

关键词:民间信仰;温州模式;阈限;精神"防火墙"

法国著名学者丹纳早在 19 世纪就注意到,宗族、环境和气候能影响一个民族的文学发展,同样也能造就不同地域的民俗文化。日本学者和辻哲郎也曾从风土的视角探讨过世界各个民族文化的差异。实际上他就是从民俗文化的视域去审视一个民族文化的特质的。文化不同于文明,它是一个民族自古以来所经营出的一定的生活方式或传统观念。无论历史怎样变迁,生活发生什么变化,它都依然赓续。这种文化的创造与外界自然有着密不可分的关系。而且越往古代上溯,人类受外界自然的支配程度就越高。因此,考察文化中最基础的部分往往需要追溯到该民族历史发展的肇始阶段。早期人类靠天吃饭,极度依赖外部自然环境的赐予,因此,任何一个民族文化特质的形成必然受到其所居住地域的影响。

---

① 梁宗岱:《宗岱的世界·译诗》,广东人民出版社 2003 年版,第 52—53 页。

一、民间信仰:精神的"防火墙"

温州偏居浙江南部,山隔海阻,俗谓"七山二水一分田"。中国传统上是以农耕文化为主要特色的社会,温州这样的自然地理环境跟黄河流域相比显然没有任何竞争优势。山地多,给陆上交通带来很多不便,只有面朝大海的一面可以接纳随着季风而来的海洋文明,有利于发展海外贸易,或多或少能突破囿于内陆山隔路阻所造成的封闭性局限。但是温州夏秋两季总会受到台风的多次"骚扰"。温州内河水系虽然发达,但又很难与长江、黄河等大的水系相交通;这样的内河交通仅限于在温州地域内的"小打小闹"。诚然温州也有自己的优势所在,比如气候既不是很热也不是很冷,一年四季都配得上温暖之州的美名。温州人虽然无法改变自然赐予的"硬件",但可以通过信仰等精神的"软件"来应对、驯服、控制这些落后的"硬件",从而达到优化生活空间的目的。温州的民间信仰自东瓯王时代就很发达,司马迁在《史记·封禅书第六》中就曾说过:"越人俗鬼,而其祠皆见鬼,数有效。昔东瓯王敬鬼,寿百六十岁。后世怠慢,故衰耗。"[①]只不过,东瓯王敬鬼多是为了一己之长寿而已。

温州的民间信仰主要是地方俗神信仰,俗神崇拜与祖先崇拜共同构筑了温州人的精神"防火墙"。各种具有温州特色的市场之形成,往往跟本地民俗文化,尤其是民间信仰的发达有着千丝万缕的联系。如苍南鲸头杨府爷庙带动了当地经济的发展,甚至很多下游的产业也兴旺发达起来。有些集市因为与庙会的信仰、娱乐活动相结合而得以延续乃至扩大。如蒲岐九月市,是蒲岐民众祈求天神降福人间,为城隍爷九月寿诞举行的庙会。庙会期间,民间娱乐游艺众多,深受当地民众的喜爱。据笔者初步的调查研究,最能表征温州经济发展跟民间信仰相关的例子就是每年一次的清明节。每年清明节将至,在外地做生意的同宗亲戚除非有特别的原因不能成行外,几乎所有的家族成员都会赶回温州扫墓祭祖;扫墓祭祖之后就聚餐把酒话旧。这种超越日常的家族团聚,其规模甚至超过了春节。如此隆重而神圣的形式团结凝聚了家族的力量,使家族成员能有效应对生活中的困难和挑战;这既强化了血缘亲情,也充分展示了家族的社会关系。美籍华裔著名历史学家何炳棣先生认为,族的主要目的在于制造"成功者",在这点

---

① 司马迁:《史记·封禅书第六》,中华书局 1982 版,第 1399—1400 页。

上传统与现代家在族政策上并无二致。① 温州人如此重视家族和宗族的血缘关系，以至推及到地缘和业缘的关系上，就是为了制造更多的"成功者"，以延续家族乃至宗族的辉煌。

2008 年清明节，我们冒雨到温州苍南钱库镇调查。早上八点刚过，河面上早已马达声声，鱼贯而行的机动船上飘扬着印有姓氏的旌旗，天上飘洒着雨丝，各式船只载着亲人神圣的悲伤。乡间的公路上"塞"满了大小车辆，装满祭品和男女老幼，缓慢地在雨中蠕动着。温州人对清明祭祖非常重视，据陪我们一同调查的林亦修说，在经济上困难时通过祭阻，希望祖先保佑子孙发财致富；当经济上富裕时，通过更加奢侈的祭品和隆重的祭祀形式来表达对祖先的感谢，希望祖先继续保佑子孙。林亦修最后感慨道，实际上他们的祖先很累啊。20 世纪 80 年代以来，随着温州人在经济上日渐充裕，重修奢华墓地之风愈演愈烈，其中最根本的原因就在于他们有这样的信仰观念——生者和逝者共担现世责任，同享人间富贵。

一方面，"生者与逝者之间永存一种双向关系：生者经常以祭祀方式向祖先报恩，祖先经常对后代庇佑降福。人鬼之间关系密切的程度是其他任何宗教所不能比拟，而血缘与政治关系之密不可分也是人类史上所仅见"②。另一方面，"要将一个团体团结起来，单纯靠世俗利益的支持是缺乏足够凝聚力的；因此宗教成分恰到好处地赋予社团某种神圣的令人崇拜和敬畏的特征，完全可以起到加强团体成员的团结和提高其忠诚度的作用"③。宗教信仰的介入有助于减少成员之间因个体的、功利主义的利益而产生的冲突，并通过强调团体的神圣象征符号，将成员的意识提升到集体层面。温州地区的民间信仰无疑起到了这样的作用，成为温州模式诞生、发展的推手。血缘纽带通过祭祀祖先而获致强化，也使原本很世俗的经济利益变得神圣起来；换言之，这种对经济利益的迫切追求，并非只是为了满足一己之欲望，更多的是为了家族乃至宗族的存续。退一步说，即使这种追求就是为了满足一己的需求，也可以在家族或宗族那里寻找到冠冕堂皇的理由，即在费孝通先生《乡土中国》一书中所论及的在"差序格局"中找到令自己心安理得的理由。

毋庸讳言，类似清明节祭祀祖先的民间信仰，不仅是为敬悼祖先神灵，通过祖先认同强化凝结生者之间的血缘纽带，而且为温州人在商业经济利益上的合

---

① 何炳棣：《读史阅世六十年》，广西师范大学出版社 2005 年版，第 25 页。

② 同上，第 444 页。

③ 杨庆堃著、范丽珠译：《中国社会中的宗教》，上海人民出版社 2007 版，第 69 页。

作或抱成团奠定了分散性宗教基础。当然这种民间信仰基础跟制度性宗教的基础不是一个级别的。换言之,温州民间信仰对温州经济发展所起到的作用,跟马克斯·韦伯所论及的新教伦理对资本主义发展所起到的作用不可同日而语。

由于祖先崇拜的观念根深蒂固,温州的椅子坟随着经济的发展愈建愈豪华。一座座青山逐渐被白化,成为一道抢眼的风景。这实际上是古代厚葬习俗的延续。赞成厚葬者倾向于视神不灭且独立于形体,不只是为了在活人面前摆阔。因为相信亲人死后有知即有灵,所以生者要极尽孝顺之意,以让逝者的神灵满意,从而护佑子孙后代。所以说,温州人的椅子坟及对清明祭祖习俗的倚重都跟这些观念有关。换句话说,祖先崇拜在温州特别发达。中国原本就是祖先崇拜最发达的国家,科举和学校制度从生童第一天入学起,就必须填写祖上三代的履历。① 另外,温州人除热衷于建造豪华椅子坟外,还借助民间私人资本建造了大量寺庙,几乎每个村都有一座寺庙,天主教和基督教的教堂也很多。新中国成立后的"破四旧"等各种破除迷信运动曾使温州的寺庙毁灭殆尽,但"文革"一结束尤其是当温州人腰包鼓起来时,寺庙就如雨后春笋般地冒了出来,成为温州乡间最漂亮的建筑。有学者注意到,在中国台湾和中国东南部"那些想以财富获得地位进入文人阶层的商人都热衷于建造官庙……这种挣面子事业的一种做法是建造常被称为文武庙的孔庙和关帝庙,经常还要再建一所私立学校,这要胜过建造关帝庙和在民间影响很大的妈祖(天后)庙"②。温州素有重商经商传统,但商人在中国传统文化中的地位一直都不是很高,这在"无商不奸""商人都是暴发户"等俗语中就能窥一斑。温州本土学者中甚至有人认为,所谓商业文化就是暴发户文化,暴发户文化就是没有文化;极力反对把温州特色概括为商业文化发达。由此可见,传统文人包括士的阶层对商人的偏见至今还根深蒂固。由别人的偏见造成对商人阶层的抑制和打压,长此以往以致内化为商人阶层自己的自卑心理和相反的暴发户心态;换言之,商人阶层最终也认同人文阶层的看法,但又满足于这样的定位。自卑转换为对人文阶层的歆羡,而暴发户心态却发展成无序、我行我素乃至人情社会的极致。所以说,温州人建豪华椅子坟和寺庙,一方面是为了彰显自己的地位和经济实力,在潜意识中抗衡所谓的文人阶层,另一方面也是在祈求祖先护佑自己。温州人虽然有能力摆脱小农经济的束缚,大力发展商品经济,创造出名闻遐迩的温州模式,但温州人却无法摆脱灵魂深处千百年来束

---

① 当代中国人反复填写各种表格时,一定要填写直系三代亲属的情况,这应该也是祖先崇拜的表征。何炳棣:《读史阅世六十年》,广西师范大学出版社 2005 年版,第 311 页。

② 韦思谛著、陈仲丹译:《中国大众宗教》,江苏人民出版社 2006 版,第 102 页。

缚着他们的观念桎梏。这客观上是与温州的民俗文化相关的,但并非所有的民俗文化都是值得肯定的,我们要慎重对待这些根深蒂固的思想行为和心理。改良是可以的,但想连根拔除却很难。瓯越文化丰富多元,但在当下情境下唯独其经商传统文化被强化,应该说这是需要我们去反思的。

二、民间信仰:强化情感的媒介

在中国民俗学研究中,如何评价民俗文化的宗教性,是一个尚待解决的问题,其难点是如何准确区分民间信仰与封建迷信。有人把信神与社会进步完全对立起来,把民间崇拜和祭祀神灵的活动一概指斥为封建迷信,视其为愚昧落后,作为陈规陋习,必欲革除而后快,这就势必伤及民众信仰自由和民间正常的精神生活,造成传统的断裂、信仰的空缺或真空、文化的贫乏和道德的混乱。我们应当记取这方面的教训。笔者以为健康的民俗文化和封建迷信的区别不在于是否崇拜神灵,而在于:第一,是否有益于身心健康和社会进步;第二,是否能丰富文化和美化生活。我们必须把"封建迷信"的界定严格局限在借鬼神之道骗钱害人、阻碍科学、妨害生产的范围之内,而不能任意扩大化。早在 20 世纪 30 年代,潘光旦先生在《迷信者不迷》一文中评论当时民众求雨时就指出,一个能在理想和偶像这两个极端之间游刃有余的个人或民族便是一个健全的个人或民族。中国自古就有"神道设教"之说,如果神道果能设立教化,醇厚民风,充实生活,调节感情,不妨加以保留,然后通过改良的方式移风易俗,而无须大破大立。[①]

宗教对温州民俗文化的影响主要体现在以下几个方面。首先宗教和民间信仰为民俗提供信仰的寄托。温州民间信仰发达,制度性宗教的信徒相对占少数。传统的天神崇拜、祖先崇拜和社稷、日月、山川、风雨诸神崇拜告诉人们:万物本乎天,人本乎祖,吉凶在于鬼神,所以人们要尊天敬祖祭鬼神。民众受鬼神崇拜和佛、道二教的综合影响,往往把人生大事托付给神道,在逢年过节或遇有难事的时候,祭天祭祖,念佛拜仙,敬祀鬼神,求神保佑;相信头上三尺有神明,不敢为非作歹,内心有所敬畏。同时,有了宗教的支撑,民俗文化才能发挥它巨大的社会道德功能。

其次,宗教为温州民俗文化提供活动的内容和形式。经济生活中的民俗基本上是按照神的功能确定祭祀的内容,如农业祭社稷、龙王,海事祭妈祖、杨府

---

① 费孝通:《乡土中国生育制度》,北京大学出版社 1998 版,第 323 页。

爷。岁时节日中的民俗,祭祀各种应时的神灵是节日活动的重要内容,如春节祭祖祭灶祭财神,清明节扫墓祭祖,端午节祭屈原。还有祭拜玉皇大帝、东岳大帝、关圣帝君、城隍、观音与弥勒等神,皆成为传统民俗活动的重要组成部分。与宗教相关的活动也为民俗增添了丰富多彩的活动样式,如进香、庙会、节庆、礼仪、傩艺、婚丧、歌舞、禁忌等。有不同的宗教便有不同的民俗,有不同的神灵便有不同的祭仪,有不同的宗教行为便有不同的求神方式;宗教和神灵的多样性推动了中国民俗的多样性,使民俗呈现出千姿百态的态势。

第三,宗教为温州民俗文化提供活动的场所。庙会成为民间的节日,既带来娱乐的机会,又推动经济贸易的发展。温州拦街福习俗始于清代同治年间。拦街福是温州春季拦街祈福的传统习俗。在古代,民间有"春许冬还"的习俗,即:在春天,要举行春祈,以许愿形式祈求天神保佑当年生产丰收和一方平安;在冬天,要举行冬祭,以此感谢一年来天神给予的赐福。旧时,每逢春季,温州都要举行一次盛大的拦街福。时间是夏历二月初一到三月十五日,长达四十多天,从东门康乐坊开始到五马街为止。在此期间,温州几条主要街巷分段轮值,张灯结彩,红幔遮天,遍搭彩楼,百戏横陈,弦管奏作,娱乐活动丰富多彩。拦街福成为综合性的习俗活动,给民众搭建了一个娱乐和商贸活动的平台。

近现代宗教民俗是随着时间的推移而发展变化的。从 20 世纪上半叶开始,儒、释、道三教继续发挥着作为传统的因素影响着中国民众的日常生活,而新补充的现代民俗的成分则来自西方。民俗的习惯性和稳定性,决定了传统民俗仍然在近现代社会民俗中占据主导的地位,至少在很长的历史阶段不会如政治、经济、科技那样迅速变化。民国时期,中国的经济仍然以手工劳作的农业经济为主,家族社会的基本结构仍未被打破,所以广大农村民众的生活样式和文化样式沿袭传统的多,开创革新的少。农民、手工业者、城市贫民仍然祭拜各种传统的神灵,依然遵守家族的道德和各种祖传的宗教禁忌,依然过着传统的年节和人生礼仪,依然在辛勤劳动之余享受着传统戏曲、民间故事、通俗小说和民间技艺带来的审美乐趣。这其中,既有经济落后、社会封闭、教育低下和帝国主义侵略压迫等因素,造成民俗缺少更新的能力;也有民俗文化本身的民族性和其审美价值使其能够长行不衰的缘故,并不需要全部加以革新。这些变化都在温州民俗文化中展演过。

中国近代现代经历过两次大的批判传统文化的行动,致使传统文化发生了断裂,而新的意识形态又不能满足人们的心理诉求。行政的限制与思想的批评,致使儒、释、道三教全面衰落,它们在民俗文化中的影响大大下降。温州的情况又不尽如此,相对于其他地方温州的民间信仰较为发达,或多或少填补了这种信仰的空白。有鉴于此,民俗只能改良不能革命。简单否定传统,而又没有全新的礼俗加以替补,便会造成社会混乱、新旧杂列、不伦不类,使人无章可循。这在时代转型交替之际更是难以避免的现象。因此对那些已经不再是主要谋生之技的民间之艺,我们要切实加以保护,其中包蕴的信仰,以及精神倾向,我们要宽容地理解、尊重。作为民间艺术的信仰有着艺术的维度,能提升民众的审美品位;作为民间信仰的艺术有着信仰的维度,能满足人类的宗教精神诉求。中国台湾当代著名历史学家许倬云先生就曾结合自己的宗教体验,论述过宗教精神之于人类生活的重要性。

三、温州民俗文化的阈限

法国著名人类学家根纳普最大的贡献就是发现人类社会中充满了众多的过渡仪式,人类总是从一种状态过渡到另一种状态,过渡状态是最危险的,容易受到伤害;为了能顺利过渡,人类要举行各种仪式。[①] 英国人类学家特纳把根纳普的过渡仪式发展成阈限理论,认为在过渡仪式中,处在阈限即门槛——既不在室内又不在室外——是最危险也是最自由的;所以自由也是最具有创造力的。[②] 温州由于地理环境的限制,地处寒潮和副热带气流控制的末端,二者到达温州时都已经是强弩之末,所以温州气候适宜,既不太冷也不太热。同样由于山多,对内对外的交通都不方便。现代交通虽然发达多了,但即使是到达省会城市杭州尚需 4 个多小时;在古代,温州与外界交通的困难可以想象得到。温州总有一些天高皇帝远而被权利中心忽略乃至遗忘的边缘劣势。但是这恰好成就了温州的优势,即,温州人总是处于门槛阶段,注定生活艰险,但又赋予温州人敢为人先的自由创造空间。为了生活,为了拥有更多的财富,门槛阈限所赋予的自由创造能力,一旦遇到合适的条件就会获得海量释放。这样就成就了温州速度和温州人的世界性声誉。温州人的境遇跟犹太人、波西米亚人非常类似,只不过造成他们处于阈限阶段的历史情境不同,波西米亚人和犹太人把漂泊当作一种生存方式——其中的大部分犹太人还是要定居在现代的中东地区的,希望有个固定的既栖身又栖心的家园——而温州人漂泊更多的是为了发财致富,谋生是最低限度的需求。

---

① 范·根纳普著、岳永逸译:《通过仪礼第十章》,《民俗研究》2008 年第 1 期,第 36—40 页。
② 维克多·特纳著,黄剑波、柳博赟译:《仪式过程》,中国人民大学出版社 2006 版,第 129—131 页。

　　温州人在日常生活中不断出入于世俗与神圣之间,从信仰到乡土意识都是如此,所以温州人遍布世界各地,但乡土情结依然浓厚。地理空间和时间的分隔割不断温州人对本土文化的钟情,这体现在温州人的自恋和以家乡为荣的自豪感上。笔者通过对上海、杭州、温州三地的观察后发现,这三个城市都特别自恋。当然它们都有自恋的资本,上海靠西式文明,杭州靠自然和人文景观,温州靠经商致富的财气冲天。温州的发展离不开温州民俗文化所营造的既世俗又神圣的时空。世俗空间充满奢华和张扬,尤其是在当下,这种奢华几乎变成一种炫耀。这是一种被边缘、被压抑太久后的自我放大,也是一种文化上不自信的症候。换言之,一个地方的底气不只是来源于财力,文化上的丰赡创造力也很重要,能为该地经济发展提供持久的动力和思想灵感。温州的民俗文化诚然发达,但仅仅依靠民俗文化来真正提升温州的文化品位,在笔者看来这是很难实现的。这中间一定要有精英文化的参与。温州的民俗文化应该与精英文化形成良性的互动。

　　世俗空间需要神圣信仰的介入,从而获得滋润调节,进而让温州拥有超越现实的维度;神圣空间也需要世俗热量的不断渗透,否则民众就不会正视现实。家族和宗族的空间毕竟有限,大的联合一定要打破这样小的格局。温州的划龙舟几乎变成家族或宗族的较量,在凝聚血缘纽带的同时也拘囿了温州人的视界和胸襟。这里神圣空间已经完全被世俗化、商业化。若能加以改造,比如与生态环境的改善结合在一起就达到改良习俗的目的。划龙舟原本是为了驱害避邪,在当下历史情境这样的功能需要转换,朝着生态美学的建构是可行的。温州由于小工厂家庭式的作坊太多,缺少有序管理,极大地破坏了温州的生态环境。划龙舟这种民俗活动完全可以在尊重文化传统的前提下加以改造、重启。说到底,这还是人的问题;人的素质的提高是最重要的。概而言之,打造山水温州一定要借助民俗文化的平台。

　　当温州真正融入长三角后,旧的门槛阈限状态已经不再,昔日那种自由的无序乃至乱来蛮干都将被限制。也就是说温州民俗文化需要升级换代,不能总是处在阈限阶段,应该逐渐从无序走向有序,尽可能摆脱人情社会的"绑架",走向既深具现代意义又充满民间关怀的法治社会。

（本文原载于《浙江工商大学学报》2010 年第 3 期）

对袁珂神话观的新思考

刘丽萍

摘　要：对前辈学者神话研究已有成果的学习是进行大禹神话研究的重要基础，其中袁珂的"广义神话论"对后世影响甚远。在此基础上，神话还具有三个规律性的特点：迷雾思维、隐性力量、神话不"神"。对这些特点的总结有助于更深刻地理解大禹之类英雄神存在的意义和价值。

关键词：袁珂；广义神话；迷雾思维；隐性力量；神话不"神"

神话在我们一般人的认识范围内，是先民关于自然和社会不自觉的想象和创造，是"类人孩"似的幼稚却真实的认识和解释。如创世神话、造人神话、发明创造神话、战争灾难神话等。由此神话的数量极其有限。如灾难神话中的大禹治水，大禹作为神话中的治水英雄，三过家门而不入的典范楷模。他的神话被历朝历代的人衍化为不同版本的传说：如禹遇到九尾狐、禹娶涂山氏、禹化熊、涂山氏化石生禹等。如果按照神话的狭义界定，大禹神话的研究只能包括大禹古籍中仅有的超自然超人化的记录，已经带有明显后世思想情感的传说、仙话类就应当被剔除在外。对于这一神话学界研究的困惑，神话研究大家袁珂先生给予了正面的解答，从此神话研究领域云开日出，研究视野豁然开朗。

一、袁珂的神话影响及其神话观

前辈专家中最为突出的是袁珂先生。从其有志于"神话学"开始，毕其一生精研神话，先后撰写了《中国神话传说》《古神话选释》《神话论文集》《袁珂神话论集》《中国神话百题》《山海经校注》等 20 多部著作以及 800 余万字的论文。研究神话的后生晚辈是一定得向袁老"取经"的。

1996 年，四川大学出版社出版了袁先生著的《袁珂神话论集》，它不仅是一部"与前不同，面目一新"的论集，而且与 1982 年出版的袁珂《神话论文集》衔接，能比较全面地反映 50 年来袁珂对神话理论的研究成果。

《袁珂神话论集》共收有论文 48 篇,分为 4 个单元。他的诸多成果中最核心的是广义神话理论。他认为狭义的神话,专指上古神话,兴起于原始社会,到封建社会初期就逐渐衰竭了;但广义的神话却是生生未已,每个朝代,每个时期,天南地北,都有新的神话产生,所以广义神话是扩展后的神话。广义神话包括了狭义神话,却并不否定狭义神话,狭义神话仍然是学者们研究的核心与基础。而广义神话的概念使中国神话研究领域呈开放的局面,能够荟萃各个时代、各个民族、各个地区的神话,熔具有神话因素的仙话、传说、故事等于一炉。这就扩大了神话研究的视野,使神话从先前狭小的圈子里解放出来,走向更为广阔的天地。

袁先生又在《民间文学论坛》1984 年第 3 期上发表了《再论广义神话》,其中将仙话、传说纳入了神话的范围,"因为它们的精神和神话的精神是息息相通的""同属幻想的虚构"。并说:"广义神话,其实就是神话,它不过是扩大了神话的范围,延长了神话的时间,它只是包括了狭义神话,却没有否定狭义神话。狭义神话,仍然可以作为学者们研究的核心。"

对神话的狭义理解是和同迷信、传说的区别共同进行的。

(1)神话和迷信的本质区别是:神话往往对于世界的态度,富于人民性;而迷信则是消极的,往往反映统治阶级的利益。这种区别突出地表现在对待命运的态度上面。神话往往表现人们不肯屈服于命运。相反地,迷信则恰恰是宣传宿命论,宣传因果报应,让人们在命运面前低头。神话往往是敢于反抗神的权威的;迷信则是宣传人对神的无力,必须做神的奴隶和牺牲品。

(2)神话和传说的区别是:神话渐渐演进,作为神话里主人公的神渐近于人性,叙述这渐近于人性的主人公神的事迹的,就是所谓传说。总而言之,传说和神话的不同,是传说已随着文明的进步,渐排斥神话中过于朴野的成分,而代以较合理的人情味的构想与安排。从神话演进为传说,我们就可以看到人民是怎样把自己在政治和生活上的愿望渗入到神话中的这一事实,同时我们也就可以看到人类是怎样从文化的较低阶段进入文化的较高阶段的。

袁先生的神话观表明神话是始终给人以力量、信心和勇气的文学创造。它是朴野的,但也是开放的;是属于过去"万物有灵"时代的,但也是属于世世代代人民的。它是融汇古今、生动活泼，充满人性光辉的人类杰作。

"广义神话论"的提出，曾在国内外学术界引起了强烈的反响，早在 20 世纪 80 年代学者们就对此展开过激烈的讨论，今天这场讨论仍在继续。然而从这几年的研究中可以看出已有许多学者接受了这一观点，运用这一理论发掘和研究原始社会以后的神话论著逐年增多。可见袁珂"广义神话论"的影响是深远的，它在中国神话研究史上具有特殊的意义。笔者有感于袁珂先生对神话界定的开放性和积极迎世性，对其神话观进行了新思考和新认识。

二、迷雾思维

袁珂先生曾经指出神话产生有其特殊的背景。

> 原始社会随着人类的发展，"原始人开始在自己的想象中使周围世界布满了超自然的存在物——神力和魔力。他们对大自然所发生的各种现象，例如风雨雷电的搏击、森林中大火的燃烧、太阳和月亮的运行、虹霓云霞的幻变……产生了惊奇的感觉。惊奇而得不到解释，于是以为他们都是有灵魂的东西，叫它们作神。……这就是所谓的万物有灵论。从这些蒙昧的观念中，产生了原始神话和原始宗教"[1]。

袁珂先生的认识恰恰说明了布留尔对神话特点其中之一的总结——互渗律。在原始思维中，人与外在事物、主体与客体尚未区分开来，也不知道事物的因果关系，处于一种混沌不清的状态。法国著名人类学家列维·布留尔把这一特征称为"互渗律"：在原始人眼里，自然界的一切现象永远处于一种感性的神秘的互渗关系之中。例如，万物的肖像和它的原型对原始部落居民来说是不分的，肖像就是原型。于是，他们在岩壁上画一个人或一只动物，然后用长矛等武器猛刺这一肖像。因为在他们看来，对肖像的攻击和直接攻击那个人或动物的效果是同样的。他们还认为，吃一种食物就意味着同它互渗。吃老虎、野猪的肉，就会增强胆量和勇气；而吃了鸡、绵羊、乌龟，则会变得懒惰、虚弱和怯懦。

由以上的例子可知，人们对世界万物的认知处于一团迷雾之中，混沌朦胧，遂研究者命名为迷雾思维。这种叫法和布留尔的认识相近，但是更加接近中国

---

[1]　袁珂：《中国古代神话》，华夏出版社 2006 年版，第 2 页。

的东方思维,用一个中国的实例来说明迷雾思维。《庄子·应帝王》篇"泰氏,其卧徐徐,其觉于于,一以己为马,一以己为牛",注家西晋司马彪云:"徐徐,安稳貌。于于,无所知貌。一以己为马,一以己为牛。"清朝宣颖注释道:"浑同自然,毫无物累,未始陷入于物之中。"这就是原始先民物我混同思维方式的最好写照。中国的《艺文类聚》中记载着"盘古开天辟地"神话的第一句话就是"天地混沌如鸡子",按照唯物主义思维,外在的混沌决定了人们思维的混沌,人类懵懵懂懂地来到世界,似乎置身于一团迷雾之中,不知方向,不分彼此。万物皆我,我即万物,物我不分。这表现在口头文学中,便是创造了神话。神话是由原始社会人们政治、经济、文化、宗教、历史、心理等今人划分出的各类学科之汇总,是后来各大文明在原始社会的混沌表现。

神话既是混沌时代的产物,也是迷雾世界的"心灵鸡汤"。袁珂先生对神话的看法确有卓见,真正的有生命力的神话始终给人以力量、信心和勇气。如果没有神话,人们不知道该如何平抚充满疑惑、担忧、惊恐的心情,不知道如何面对比他们强大得多的自然,不知道该如何坚持生命的延续。神话出现后,人们可以在对人以外的有灵万物中寻求力量、精神依托和支持,于是用想象和幻想创造了一个神的世界。那里有他们认为的永恒世界的存在,以使他们可以坦然地面对死亡,丰富现世活着的意义;那里有从祖先、英雄神话中获得的不竭力量,以使人类拥有更加坚定的精神和恢复平衡的心理状态。

三、隐性力量

英国神话学家凯伦·阿姆斯特朗在其《神话简史》中谈到:人作为精神动物,始终追索意义何在? 例如,狗并不因为它们身为犬类而烦恼,不会为生活在别处的犬族的生存状况而焦虑,更不会换一个角度来体察生命。但人类却很容易陷入绝望之中,因而从一开始我们就创造出各种故事,把自身放置于一个更为宏大的背景之上,从而揭示出一种潜在的模式,让我们恍然觉得,在所有的绝望和无序背后,生命还有着另一重意义和价值。

神话能给人类提供这样的意义。因为人类需要在神话世界中直面现实,超越现实,寻求生的能量。神话赋予现实世界的直观性,使人们能够直接洞察一切。它们的重点既非描述神祇的言行举止,亦非出于无聊的好奇心或者娱乐之用,而是为了让人们得以模仿强大的祖先或者英雄,以及一切有能量的事物,实现精神的让渡体验,从而获得神话中的"神"性。于是有了战胜洪水的大禹、敢于射日的后羿、创造文字的仓颉等。他们的精神赋予现实人类"生"的力量。

阿姆斯特朗告诉我们，雷鸣、日食、月食、风暴、落日、彩虹、流星——它们在另一个无穷无尽的时空里上演着无休无止的剧情，恣意展示着自己的生命力。人类感喟于这些力量的时候，正是他们认识到自然力、万事万物巨大力量的时候，他们希望自己能够获得这些"隐形的力量"，帮助自己走出畏惧。当早期人类注视一块石头时，他们看到的并非是一块了无生气、千年不移的石块。它有力、永恒、坚固，是另一种象征着绝对的生命式样，完全不同于当时显得风雨飘摇的人类生活。石头迥异于人类的"他性"，为它带来了神圣感，在远古时代，石头成为最常见的"显圣物"——神圣之物的自我显现。再例如，一棵树的死而复生，来年还春，原始人认为这棵树不费吹灰之力就能进行自我复生，将凡人无法拥有的奇妙生命力具象化，变为可见之物。同样，当我们目睹月亮的盈亏，又再度发现了一种"复活"的神圣力量，它既严酷又仁慈，既令人恐惧又给人安慰。

这样看来，树木、石头和天体本身并不值得敬拜，但却因为它们所显现出来的某种隐形力量而受到敬拜。神话事实上也成了"人"话，是人要借助这股隐形的力量。于是神话就在人们既恐惧和欢欣，又敬畏和害怕的心理背景下产生了。

四、神话不"神"

神话不"神"的理解，主要体现在史前史后的神话比较中。具体解释如下：

1. 史前神话：人神不分，神话即人话，因为物我人神合一，是混沌世界造成的迷雾思维的必然结果。

2. 史后神话：神话走向世俗，从混沌走向分明的理性，人开始从"众生平等"的角度走向万物之中心，不再以更广的万物之眼光、更深的神圣不可侵的视角来看待世界。

（1）今天现代人所知的宗教、历史、哲学、心理学、人类学、生物、化工等学科在史前根本不曾分化，史后很长一段时间也没有达到像今天这样更加细致地划分的程度。在以"人类"为中心的视域内，我们对自己认为的世界进行了划分，而且是越来越细致、系统的理性划分。

（2）史前神话更多关注神圣世界。这个世界使人深刻敬畏、尊重、体会除了人以外的其他事物的隐形力量，更谨慎地持守人在万物之中的定位，从而谋求人与万物的和谐共存。然而史后神话，即进入阶级社会，人类愈来愈在战胜自然和社会中获得更多胜利，于是愈发增强了自信，相信自我的力量，甚至越来越忽视外在于人的隐性力量,外在于人的事物和世界。过多地将注意力投射在自我、现世上。忽视并不等于对方不存在,恰恰相反,越忽视越将自我置身于危险之境。

(3)史前神话是人们对现世的认识和理解,我们可以用现代人的眼光来看哪些"话"是"幼稚"的。但是这些"幼稚"也恰恰真实反映了当时的"客观实在"。虽然表现手法"幼稚",但所述内容真实。

(4)史前神话以及史后神话或者叫传说的,虽然几经洗心革面,但是从研究的角度来讲,都真实地反映了历代人们的思想、心理和客观实在。通过研究神话传说的发展变化,可以探寻人们思想、心理发展的真实历程。

五、神话出现的意义和价值

史前神话中的英雄众多,如大禹、后羿、神农……神话的意义和价值究竟是什么呢? 如袁珂先生言,首先,神话给人以信心。英雄神话传说的存在揭开了人类心智运作的神秘一角,揭示了那个时代的人们是如何调节他们内心冲突,获得战胜困难的信心的。并且鼓舞人类勇敢地战胜自然,让人们从英雄身上汲取力量,充满希望地生存下去。

其次,神话有益治疗,可以用以美化破碎的世界,让我们看到一种新的可能,于危险和苦难时给人们以方法的启迪,"如果……那么会发生什么?""如果遇到危险,应该像英雄那样……"正如英国阿姆斯特朗《神话简史》中所说的:"当人们口口相传地讲述部落的英雄故事时,他们并不只是想娱乐听众。神话的主旨是想告诉我们,如果想成为一个人格完整的个体,我们该如何行事。"[①]

再次,神话帮助人们领悟生活的真谛,让人类的生命贯穿过去未来,增加生命时间的人文长度和高度。承载过去的故事就是继承往古文明,开创未来的基点,而这样的承载也使得人类文明的高度得到了提升。伏羲、女娲、黄帝、轩辕……是神话的主角;创世、灾难、诞生、消亡也是神话主要传达的文明的价值。

此外,神话给人们以想象力的激发和鼓励。人类在早期和人类的童年相似,都具有天生的想象潜能,神话常常能满足童年好奇心的需要;随着年龄的增加,这种内心的动力,对生活和世界好奇的趣味性逐渐在想象力的驱使下变成解决现实困难的信心和勇气。如大禹出生,是母亲吃了薏苡,或是神珠,还是石头而有孕的呢? 对于这个出生问题的认识和解决都对人们有很深的生动刺激,以及

---

① [英]凯伦·阿姆斯特朗著、胡亚豳译:《神话简史》,重庆出版社 2005 年版,39 页。

自我力量的反省。

最后，神话有利于人类精神秩序和社会秩序的保持和发展。人类出生必须要明白为什么母亲可以生育子女，母亲生育的伟大功劳，这一点认知要从女娲而来。呱呱坠地要吃东西，这食物是怎么来的，是神农教化人们过上了农耕定居的生活。夜晚的到来，黑暗吞噬了光明，人类的恐惧随着火焰的升起一起消失，光明的火种是燧人氏的杰作；洪灾的到来让人们长期陷于危险和绝望，是大禹给人们带来了地平天成的安居生活。历史在生活中绵亘，当人们对自己和世界的来龙去脉及其秩序有了统一的认知，人类的绵延才能继续发展下去。

（本文原发表于《文史杂志》2013 年第 5 期）